U0815554

“十二五”国家重点图书
出版规划项目

国家出版基金项目
NATIONAL PUBLICATION FOUNDATION

陕西出版传媒集团
2011年重大出版项目

中国少数民族法史通览

ZHONGGUO SHAOSHU MINZU
FASHI TONGLAN

总主编
张晋藩

本卷主编
徐晓光　叶英萍　张世珊

参　编
吴大华

第十卷

侗族·海南黎族·土家族

陕西出版传媒集团
陕西人民出版社

丛书主编

张晋藩

张晋藩，男，汉族，1930 年 7 月出生，辽宁省沈阳市人。1952 年中国人民大学研究生毕业，历任该校法律系讲师、副教授、教授。1983 年至 1994 年任中国政法大学副校长兼研究生院院长、中国法律史研究所所长。现为中国政法大学终身教授、法律史学研究院名誉院长。

1983 年被评为中国法制史博士生导师，1988 年被评为国家重点学科法制史学带头人，1991 年享受国务院特殊贡献津贴。曾兼任：国务院学位委员会第二届法学评议组成员，中国法律史学会常务副会长、名誉会长，中国老教授协会副会长，全国人大常委会内务司法委员会特约研究员，中国法学会理事，等等。现兼任：中国法律史学会专业顾问，中国教育家协会名誉会长，最高人民检察院特约研究员，等等。

曾出版《中国法制史》《中国法律史论》《法史鉴略》《中国古代法律制度》《中国古代政治制度》《中国法律的传统与近代转型》《中国近代社会与法制文明》《中国宪法史》《中国监察法制史稿》《中华法制文明史》等 30 余部学术专著，主编《中国法制通史》（十卷本）大型学术著作。其中，有的已译成英、日、韩等国文字出版。迄今已发表专业论文 200 余篇。

2012 年，被中国法学会授予“全国杰出资深法学家”称号。

本卷主编

徐晓光

徐晓光，男，1958年出生于辽宁省盘锦市。1982年毕业于吉林大学外国语学院日本语言文学系，获文学学士学位。1988年西南政法学院中国法制史专业研究生毕业，获法学硕士学位，毕业后留在该校任教，长期从事中国法制史和民族法学的教学与科研工作，2000年7月获法学博士学位（中国政法大学中国法律史专业）。1999年起在贵州民族学院工作。现为凯里学院副院长、教授，“贵州省原生态民族文化研究中心”主任，《凯里学院学报》主编，《原生态民族文化》常务副主编。贵州省高校哲学社会科学学术带头人，省管专家，享受国务院特殊津贴，2003年荣获“中国杰出中青年法学家”提名奖。主要著作有《清代蒙藏地区法制研究》《藏族法制史研究》《中国少数民族法制史》《苗族习惯法的遗留传承及其现代转型研究》《清水江流域林业经济法制的历史回溯》《原生的法——黔东南苗族侗族的法人类学调查》。合著、合译的著作有《法律多元文化视角下的苗族习惯法——来自黔东南的田野调查》、《苗族习惯法研究》、《羌族法文化研究》、《中国少数民族法制史教程》、《法人类学基础》（日文）。主编《苗族法制史》《苗族法制史教程》等，在国内外学术刊物上公开发表学术论文130篇。

叶英萍

叶英萍，女，安徽庐江人，法学博士。海南大学法学院教授、副院长，硕士生导师，法律史学科带头人，中国婚姻家庭法学研究会常务理事，中国法律史学会理事，全国外国法制史学会理事。长期从事法学理论教学与研究工作，先后参加或主持多项国家或省部级研究课题，出版专著3部，发表论文20余篇。近年来主要致力于海南黎族习惯法研究，并出版专著1部。

张世珊

张世珊，女，湖南省社会科学院研究员。长期从事哲学、法哲学及民族文化方面的科研和教学工作。曾参加国家社科基金课题2项，主持省部级课题6项。在《哲学研究》《光明日报》《江汉论坛》《求索》《民族研究》等报纸杂志发表论文80余篇。独著、合著有《辩证逻辑学》《科学法学》《侗族文化概论》《诉讼逻辑》等。

《中国少数民族法史通览》总 序

早在公元前2世纪，中国便初步形成了多民族的统一国家，无论国家疆域、社会的物质文明和精神文明，都是由各民族共同开发、共同创造的，其中也包括辉煌的法制文明。在20世纪80年代中国法律史年会上，我首次提出了研究民族法史。在我的倡导与主持下，法史界的一些同道发宏愿纂修一部信而有征的少数民族法制史。希望借此传承与弘扬各民族法文化的优秀传统，展示少数民族的法律智慧，保存存在于少数民族地区的珍稀法制史料，进一步巩固以汉族为主体的中华民族大家庭。同时也可以充实中国法制史学的内容，提高中国法制史学的世界地位。

一、中华民族是统一的、多样性的伟大民族

在世界历史上的文明古国中，由于种种原因，多已失去独立自主的民族生命，或已沦丧其固有的文化传统，唯有中国历经五千多年的历史发展过程，始终绵永其独立的民族生命与文化。这和以汉族为代表的先进文化为基础所形成的统一的中华文化是分不开的。虽然古代有过华夏文化中心论的华夷之辨，有过“非我族类，其心必异”的狭隘民族观，也有过按民族划分社会等级的民族等级观，但并没有妨碍自秦汉以来中华民族便已形成的稳定共同体的绵延与发展。正像发源于巴颜喀拉山下的涓涓细流一样，中华民族也都发源于一个共同的文化传统，尽管血缘上有异，地域上有别，但不存在严格对立的民族隔阂与阻止交流的壁垒。

“中华民族”作为一个整体，不仅有着同源的文化，而且在漫长的发展过程中，不同程度地进行着相互渗透、相互亲和、相互同化。只是由于所处的地域不同、生产过程与方式不同、习俗不同而表现出“族”的特有的形式而已。

数千年来，各民族经过不断的迁徙、杂居、通婚、互市，在文化上互相学习，在血统上互相融合，你中有我，我中有你，民族畛域逐渐消弭，统一的民族精神日益凸

现，这个民族精神，早已超越了一族的界限。正是这种超越一族的磅礴之气，以及各民族在文化同源的背景下的多样性发展，才形成了绚烂多彩的中华文明，凝聚成厚重的“中华魂”。法律作为中华文化的一部分，也有其源与流、干与支的相互关系及内在联系，并由此形成了多样性的统一体。这是我们在探究中华少数民族法制历史时首先应该注意到的。

二、中华法系是集各族法律智慧共同缔造而成的

中国是世界法制文明的古国，具有四千余年从未中断的法制历史。中华法系是世界公认的特色鲜明的一大法系，其中也汇聚了中华各族的法律智慧。早在法律形成时期便表现出了民族间的相互吸收与传承。根据史书记载，上古时期，华夏族以外的苗民，便已开始制定法律，所谓“苗民弗用灵，制以刑……爰始淫为劓、刵、椓、黥。越兹丽刑，并制罔差有辞”①。其后黄帝灭其族而用其刑，使苗民的刑制发展成为整个夏商周三代通行的奴隶制五刑：墨、劓、刖、宫、辟，并沿用至汉初。

特别需要指出的是由战国末期至秦汉逐渐兴盛的匈奴族，是中国历史上北部游牧民族建立的第一个统一的军事政权，并且适应游牧民族调整内部生活与秩序的需要，开始设范立制。史书说：其法，拔刃尺者死，坐盗者没入其家；有罪小者轧，大者死。狱久者不过十日，一国之囚不过数人。②

自秦汉迄南北朝，在中华民族的大家庭中，又融入匈奴、鲜卑、氐、羌、羯等诸民族。从西晋末年开始的“五胡内迁”，到东晋时期与江南东晋政权抗衡的北方“十六国”，再到南北朝时期的北方五朝，少数民族相继在广大的中原地区建立了政权。同时根据统治广大地区的需要，结合本民族的习惯，制定了使用范围不同的法律，丰富了中华法文化的内容，甚至创造了为隋唐时期所直接取法的法律范本。例如，鲜卑族统治的北魏时期，自道武帝拓跋珪至孝文帝拓跋宏，都较为注重法制建设，经历了从习惯法过渡到成文法，再发展到引礼入法的几个阶段。在儒家思想的引导下，并经过汉族律学家的具体帮助，以“齐之以法，示之以礼”③ 为指导思想，终于在太和五年（481）颁布了著名的《太和律》。这部律典既融汇了汉魏晋以来法制建设的成果，同时也保留了某些元魏旧制，可以说是这个时期游牧文化与农耕文化大融合的产物。从程树德先生辑录的魏律遗文中可以看出儒家人本主义对魏律的影响：“世祖定律，

① 《尚书·吕刑》。
② 《史记·匈奴列传》。
③ 《魏书·刑罚志》。

妇人当刑而孕，产后百日乃决，盖本元魏旧制。”① 至于鲜卑后裔建立的北齐王朝，其在法制上的贡献具有承前启后的历史地位，程树德先生评论说：“南北朝诸律，北优于南，而北朝尤以齐律为最。”②《北齐律》开创的新体例，与隋唐律的传承关系十分明晰：“盖唐律与齐律，篇目虽有分合，而沿其十二篇之旧；刑名虽有增损，而沿其五等之旧；十恶名称，虽有歧出，而沿其重罪十条之旧。”③由于各民族坚持不懈地进行法制的创造和法文化的交流，才有隋唐时期中华法系的定型。历史雄辩地说明了中华法系是以汉族为主体，各族共同缔造的。

隋唐时期中国的法律文化、典章制度远播海外，中华法系成为相邻国家和地区的母法。而建立在祖国边陲的吐蕃、突厥、南诏等地方民族政权，各自有着一套行之有效的法律体系。尽管这些法律带有浓厚的地域色彩，并杂有民族习俗和宗教规条，但是不可否认，它们都包括在中华法文化的大法苑中，都是中华法制文明的重要组成部分，都体现了当时少数民族对法制的重视和思考。

唐朝统治者对少数民族的法律和习俗也持认同态度，《唐律疏议》在处理化外人相犯时就提出这样的原则，“诸化外人，同类相犯者，各依本俗法，异类相犯者，以法律论。”在此条的疏议中就特别提出：“‘化外人’谓蕃夷之国，别立长君者，各有风俗。制法不同。其有同类自相犯者，须问本国之制，依其俗法断之。”④ 由此开创了在统一的多民族国家中，不同的民族在特定条件下可以适用本民族法律的先河。这条规定也从一个侧面反映了各族法律的发展状况，以及在互相交流中不断地得到演进的原因。近年来随着考古的发现，隋唐时期各少数民族政权的法律文件已部分地公之于世，为我们认识这一时期少数民族法制状况提供了第一手资料。

由于唐朝对边疆少数民族实行“恩惠抚和”的政策，使众多的少数民族相继内附，而且由于统治者开明的民族观念，使得各民族关系更为和谐，唐太宗曾提道：“夷狄亦人耳，其情与中夏不殊。人主患德泽不加，不必猜忌异类。盖德泽洽，则四夷可使如一家。”⑤ 以致有唐一代，在内附的民族区域建立的羁縻府州县多达856个，“羁縻，犹言维系也”⑥。在这些羁縻府州县中，政权事务由当地少数民族首领世袭管理，原有风俗一概保留，中央政府不加过问。地方仅在军事上“奉征调”，在赋税上

①②③　程树德著：《九朝律考》，中华书局2003年版，第383、391、391页。

④　《唐律疏议》卷六“化外人相犯”条。

⑤　《资治通鉴》卷一九七，贞观十八年十二月。

⑥　《纲鉴易知录·唐纪》卷四十三，中华书局本。

纳贡。许多民族还制定了地方性法规。

宋朝是面对民族问题最多的朝代，宋朝统治者运用法律的手段调整与西北蕃族的关系，制定了《蕃官法》、《蕃兵法》、《蕃丁法》、《茶马法》等法规。在宋朝统治期间，契丹族、党项族、女真族先后崛起，建立了辽、西夏、金等国，分别制定了既吸收中原地区传统法律文化，又具有本民族特色的辽《重熙新定条例》、金《泰和律义》、西夏《天盛改旧新定律令》等。辽金律已佚，只有西夏国天盛年间制定的《改旧新定律令》保存完好。① 《天盛改旧新定律令》是中国历史上第一部用少数民族文字印行的法典，其详细程度为现存中古法律之最。法典总计二十余万言，没有注释和案例，全部是律令条文，其内容包括刑法、诉讼法、民法、经济法、军事法，多方位地反映了西夏社会生活的各个方面。②

至元代，在蒙古族的统治下，天下又合而为一，元朝统治的疆域空前辽阔，其法制的创造性则更加明显，譬如独具特色的刑罚体系，平反律目的创立、民事诉讼的程序化、行政法律规范的细化等等，都反映了法制的民族性与创新性。目前存留的《大元通制条格》，既是中华民族法制史上一部重要的法典，又是蒙古族法制文化所达到的高度的表征。

综上可见，隋唐以来各民族的融合和文化上的交流，为封建社会后期法律体系的趋于完备和法律制度的不断完善创造了条件。至清代，民族立法已臻于完备和成熟。

至清代发源于白山黑水的满族早在关外开国肇基时期，便通过颁布《盛京定例》的形式，与蒙古结成巩固的联盟，并促使蒙古族社会关系的法律调整。此外，还采用“参汉酌金”的立法路线，创造了民族特色鲜明而又迅速封建化的关外法制。1644 年入关以后，更将“参汉酌金”的立法路线推向全国。顺治三年的《大清律集解附例》其实是大明律的翻版，随着汉满法文化交流的深化，至乾隆五年修订的《大清律例》已经成为与唐明律相同的正统封建法典。

清朝统治者为了统治疆域辽阔的统一多民族国家，实行“因族制宜、援俗而治”的政策，一方面确认各族的习惯法在该民族地域内继续发挥效力；另一方面，为了巩固多民族统一国家，制定了一系列民族立法，如《蒙古律例》、《理藩院则例》、《回疆则例》、《青海蕃夷成例》、《西藏章程》以及适用于苗疆地区的条例等。《大清会

---

① 《天盛改旧新定律令》（史金波、聂鸿音、白滨译注，法律出版社 2001 年版），该法典从俄国引至国内，原文献藏于俄国科学院东方研究所圣彼得堡分所写本部。

② 史金波、聂鸿音、白滨译注：《天盛改旧新定律令》，法律出版社 2001 年版，第 3—4 页。

典》里也汇编了有关适用于少数民族的诉讼、审判、定罪、量刑等方面的律例近百条。这都标志着民族立法进入了前所未有的辉煌时期。

以上可见，自从中华民族进入文明时代起，在中华大地上便孕育了包括汉族在内的众多民族。尽管他们在不同的时代由于文化、经济、政治发展的差别而处于不同的历史地位，对于缔造中华法系所起的作用也有所不同，但无论如何，中华法系是各族人民共同缔造的，凝聚了各族人民的法律智慧，是各民族法律文化与法制经验相互交流与吸收的综合结果。

三、习惯法和民间法是少数民族法律体系中的重要组成部分

在悠久的历史长河中，建立独立政权的少数民族毕竟是少数，而建立全国性政权的少数民族也仅有元清两朝而已。绝大部分的少数民族依然固守在世代生活的一隅之地，遵循着传统的习俗和共同推崇的权威，维持着社会的秩序。在政治、经济和文化发展不平衡的统一多民族中国，这种状况是较为普遍的。这些民族的生产和生活如何维持，相互间的矛盾与纠纷如何解决，对财产的侵犯与人身的伤害如何制裁等，都需要依靠约定俗成的规则。这些规则有些是成文的习惯法，有些是不成文的习俗。虽然简陋，但却具有很高的权威性与约束力，发挥着对该族内部生活的调整作用，这是我们研究与撰写少数民族法制史所不可忽视的。事实上在国家大法难以完全覆盖到的角落，家族法、习惯法、民间法，或者其他风俗习惯都对建立与维持一定的秩序起了重要的乃至主要的作用。韦伯在论中国传统皇权治理模式时说："出了城墙以外，统辖权威的有效性便大大地减弱，乃至消失。"① 这论断虽然稍嫌绝对，但却揭示了一个现象：在乡土中国，确实存在王法难以达到的真空，何况在少数民族聚居的边远地区。所以在研究与撰写少数民族法制历史的时候，需要探究在该民族地区起着实际作用的法源；需要了解在该民族生活秩序中，法与情、法与理是如何统一的；尤其是需要掌握具有共同性的法律意识的生成、发展及其作用。毕竟一部法典的生命力是有限的，而内蕴在少数民族内心的法律意识是世代相沿的，尤其是在相对闭塞的角落中更是如此。

在20世纪50年代以前，独龙、怒、傈僳、德昂、阿昌、景颇、阿瓦、拉祜、纳西、基诺、黎、布朗、赫哲等十几个民族或这些族群所在的部分地区，原始社会色彩还相当浓厚。不仅不可能拥有成文法，甚至连本民族文字都没有，它们的法律还处在

① 韦伯著，洪天富译：《儒家与道教》，江苏人民出版社1993年版，第109页。

世代相传的祖先训谕与原始宗教规条以及部落首领的训诰层次上。如景颇族的“通德拉”，即属于早期习惯法的范畴，对于这些习惯法的解释和执行，由部族头人和巫师负责。正如前文所阐明的各少数民族之间的发展是不平衡的，譬如凉山的彝族在新中国成立初期还处于奴隶社会，头人作为奴隶主行使着处罚大权，运用习惯法（彝语称“节威”），来维护奴隶主的特权和对奴隶的剥削压迫。较之彝族发达的西藏的藏族、云南西双版纳的傣族在当时已经处于农奴制社会。

藏族是一个具有悠久历史的古老的民族，从吐蕃初期制定的教法戒律，到松赞干布根据佛教“十善”制定的“法律二十条”称为吐蕃成文法的母法，无论是《王朝准则之法》还是《伤人赔偿律》、《盗窃追赔律》，都以它为基准，逐渐形成了在历史上典型的地方少数民族的成文法体系和丰富的法律内容。至清朝统治时期，清政府还通过制定“则例”“章程”“条例”等部门法的形式对西藏进行全面的管理。与中央立法相对应，西藏地方政府也制定了一些重要的法规，主要有五世达赖时期的《十三法》、青海果洛地区的《红本法》、德格土司的《法律十三条》，毛垭土司的《十三条禁令》等。藏族法律形成的多样性以及宗教戒律、道德规范与法律规范的结合，构成了藏族独具特色的、多元的法律文化。

聚居在西南边陲的傣族，长期以来就适用本民族习惯法。远在12世纪，首领叭真统一各部建立勐泐政权，随后历代宣慰司和勐泐土司为了维持封建领主的地位，颁布了一系列封建法规，如西双版纳傣族的民刑法规、礼仪规程和孟连宣抚司法规等。此外，壮、布依、侗、苗、瑶、土家、畲、白、回、维吾尔、蒙古、满等30多个民族则处于封建社会的中前期。如在苗族地区，基本上是按宗支建立自己的社会组织，即所谓“立鼓为社”，各鼓社均有自己的民主议事制度，并根据古礼和传统习惯制定规约。明清时期，苗疆各民族的习惯法经过长期的演化，逐渐丰富起来，成为具有普遍约束力的“苗例”。它涉及社会生活各个方面，内容相当广泛。经过历代中央政府的认可，苗例在苗疆地区长期适用。

再如侗族，其习惯法为“约法款”，其中的法律条文成为“款词”。款词原本是靠侗族人民口耳相传，后来采用汉字记录语音的方式辑录下来，成了现在的成文形式的侗族习惯法。

总之，少数民族习惯法和民间法的数量是众多的，形式是多种多样的，其内容主要是对贼盗犯罪的惩治和以罚牲畜作为刑罚的主要手段；在审判上运用多种形式的神明裁判。① 这些少数民族的习惯法与民间法，历史悠久，特色鲜明，它密切联系社会生活，服务于社会生活，具有深厚的群众基础和较高的权威，起着相当有效的调整作用。它们的存在有其必要性与合理性，是需要以理性的态度对待的。

需要指出的是，有些少数民族经过一番斗争，才获得了适用本民族习惯法的法定权利。以苗疆各族为例，苗疆各族人民多次进行争生存、反压迫的武装起义，迫使清朝在立法中确认苗疆少数民族习惯法的法律效力。据《清高宗实录》卷一三九载："若苗与苗非聚众而自相杀伤、偷盗，苗人愿照苗例完结者，免其相验解审。""一切（苗人）自相诉讼之事，俱照苗例完结，不治以官法。"《大清律例》卷三七"条例"："苗人与苗人自相争讼之事，俱照苗例归结，不必绳之以官法，以滋扰累。"

随着社会的发展进步，少数民族间的习惯法与民间法也处于由粗俗趋向细密，由野蛮趋向"文明"的进步过程中。正因为如此，整理少数民族固有的习惯法、民间法对于保存传统的法文化资料是十分紧迫的。

四、"通古今之变"是研究少数民族法制史应有的态度

由于历史的发展具有连续性，所以研究少数民族法制史时不能只局限于特定的历史时期，还需要纵向地考察法律内容的嬗变与联系、法律思想的传承与发展，总之要通古今之变。但绝不意味着仅仅是为了叙述其发展过程，厘清其发展轮廓。首先，是为了抽象各少数民族法制历史发生发展的规律性。譬如，秦汉以降在统一多民族的中国，各个民族大小不同、强弱不同、语言不同、居住环境不同、经济类型不同、文化和社会发展程度不同，这些都必然反映在各族群的实际生活与思想意识当中，由此形成了不同民族的法观念和立法的特点，它们在共同性中又存在着明显的差异性。又如，少数民族在取得政权以后（无论是全国性的还是地方性的），法制建设都会出现跳跃式的发展，往往从简单、落后的习惯法跃升到封建性的成文法典，北齐律可以看作是一个最明显的典型。这不是偶然的，是适应先进的汉族的生产方式与社会生活借以存在的需要，同时也和法文化的交流融合分不开。恩格斯说："文明较低的征服者，在最绝大多数的场合上，也不得不和那个国度被征服以后所保有的较高的经济情况相

① 民族志研究者根据田野调查，发现时至今日，在我国一些少数民族地区，对一些纠纷仍然保留传统神判方法，如景颇族，村里的仲裁者在证据不足又不能排除犯罪可能的情况下，就运用神判，目的是借助于神的意志来判定告发人和嫌疑者谁是谁非。其常用的办法有闷水、捞沸油锅、煮米、鸡蛋清卦、斗田螺、捏鸡蛋、诅咒、叫天等等。

适应；他们为被征服的人民所同化，而且大部分甚至还采用了他们的语言。”① 法律的发展也是如此，中华民族内部法文化的交流与融合一直未曾停止过。

其次，是为了总结中央政府在处理民族关系上的历史经验与借鉴。譬如在汉族中原王朝“大一统”思想的主导下，从少数民族政治、经济、文化的差异性以及与内地发展水平的不平衡性出发，采取一定的因族因俗制宜的自治方式或原则。强调“修其教不易其俗，齐其政不易其宜”②，“以其故俗治”③，“各依本俗治”④，“天子之于夷狄，其义羁縻勿绝而已”⑤，“荡佚简易，宽小过，总大纲”⑥，“临时制宜，略依其俗，防其大故，忍其小过”⑦。既强调其因俗制宜，赋予一定的民族自治权，又强调中央政权的管辖与法律的统一适用。这两者结合，是中国古代治理少数民族地区成功的经验，对于今天加强民族关系的法律调整都有历史的借鉴意义。

除此之外，为了维护和巩固统一的多民族国家，中央政府还采取必要措施保证国家对少数民族地区的立法权和司法管辖权，从而形成了中国各民族多元一体的法律发展格局。如何发掘和利用民族法文化的本土资源，使民族的习惯法与国家法律有效地衔接并逐渐一体化，将会促进依法治国的方略在广大疆域的实施。

最后，通过深入挖掘整理民族法文化遗产，将会极大地丰富中华民族的法律文化宝库，繁荣民族法学。由于少数民族发展本身具有不平衡性，无论法律意识、法律思想、法律实践、法律表达在不同的少数民族间存在很大的差距。有的少数民族没有自己的文字，民族的形成又比较晚；而有的民族虽然显赫一时，如契丹族，却早已经消亡以至难觅其踪迹。所以要编写出少数民族法制史，必须要进行广泛的田野调查，收集散失在民间的珍稀法律史料，由今及古复原出少数民族最真实的法制发展进程中的图景。法国史学家马克·布洛赫提到历史学家的技艺时曾谈道：“史学家所要把握的正是它在每个阶段中的变化，但是在历史学家审阅的所有画面中，只有最后一幅才是清晰可辨的。为了重构已经消逝的景象，他应该从已知的景象着手，由今及古地伸出

---

① 恩格斯：《反杜林论》，载《马克思恩格斯选集》第3卷，人民出版社1972年版，第222页。

② 《礼记·王制》。

③ 《汉书》卷四二。

④ 《唐律疏议·刑名》。

⑤ 《史记》卷一一七。

⑥ 《资治通鉴》，卷四八。

⑦ 《后史记》卷八七。

掘土机的铲子。”①

系统地编纂中国少数民族法制史是一项前无古人的事业，它的出版必将深化已有的民族法制史研究成果，全面弘扬中华民族的法律文化，使原先隐藏在历史烟尘中的明珠能够在世界法制舞台上熠熠生辉！由于中国少数民族传统法律文化内容极其丰富，而且处于不断发展变化之中，所以编纂这套《通览》并不意味着对少数民族法制史研究的结束，而只能说是一个阶段性成果。“路漫漫其修远兮，吾将上下而求索。”屈子的吟唱同样适用于我们对于少数民族法制历史的探求。

早在1983年，我于中国法律史学会西安年会上第一次提出编写中国少数民族法制史的意见，其后在论及中华法系的特点时，也一再强调中华法系是由汉族为主体的中华民族共同缔造的，但是编纂少数民族法制史的想法一直未能落实。直到1999年岁末，在时任中共云南省委常委、政法委书记秦光荣同志的支持下，我于昆明召开了全国相关学者参加的编写《中国少数民族法史通览》研讨会，后又争取到多项基金的支援，才使得这个计划得以逐步实现。

编写这样一部卷帙浩繁的、前人所未做过的文化工程，困难是很多的。我们虽然勉力以赴，但缺点与不足之处，甚至错误都难以避免。敬请读者批评指正。

张晋藩

2014年9月

① 〔法〕马克·布洛赫著，张和生、程郁译：《历史学家的技艺》，上海社会科学出版社1997年版，第38页。

[目录]

侗族法制史

绪 论 / 3

第一章 “法岩”“款石”与“石碑法” / 21
——黔湘桂侗族地区从不成文到成文的“立法”活动
第一节 “法岩”：联合打击“贼盗”的基本法律 / 23
第二节 “款石”：保境安民的民间法规 / 26
第三节 “岩规”：主要作为判例的村寨法 / 29
第四节 “石碑法”：不同渠道法律的载体 / 32
第二章 “合款”与“款约法” / 43
——侗族地区社会组织及黔东南各地的“款禁”
第一节 “款组织”的范围 / 44
第二节 “合款”的形式与目的 / 53
第三节 “款约法”的内容 / 59
第三章 “款碑”与“婚俗碑” / 69
——大款联合的真实记录与侗族婚俗改革意图
第一节 从江高增款碑与增冲款碑 / 71
第二节 从款碑看大款联合“立法” / 78
第三节 从婚碑看“姑舅转亲” / 81
第四节 从婚碑看结婚彩礼 / 86
第五节 从婚碑看“离婚”和“拐带” / 89
第六节 婚俗改革的推力与阻力 / 90

第四章　款词与讲款　/ 95
——侗族村寨社会的口头“普法”及习惯法“内化”过程
第一节　“款词”及其分类　/ 96
第二节　“讲款”与“款约法”　/ 98
第三节　“款词”体现习惯法的基本特征　/ 100
第四节　“讲款”过程及特点　/ 105
第五节　“款词”自身的特征及讲款的社会效果　/ 114
第五章　鼓楼、寨老与村寨法　/ 119
——侗族习惯法订立与实施的文化场域和主导者
第一节　鼓楼是村寨法运行的文化场域　/ 121
第二节　鼓楼是寨老处理纠纷、裁夺断案的场所　/ 124
第三节　寨老的职能及在习惯法运行中的作用　/ 127
第四节　村寨法的不同形式　/ 132

海南黎族习惯法

前　言　/ 143

第一章　海南黎族习惯法概况　/ 147
第一节　海南黎族族源及历史概述　/ 149
第二节　海南黎族习惯法产生的历史条件与文化基础　/ 159
第三节　黎族习惯法的成因　/ 169
第四节　黎族习惯法的构成　/ 173
第二章　海南黎族的社会组织　/ 187
第一节　合亩　/ 188
第二节　峒　/ 201
第三节　中央政权统治下的黎族的管理机构　/ 210
第三章　黎族民事习惯法　/ 217
第一节　物权习惯法　/ 219
第二节　债权习惯法　/ 226

第三节 继承习惯法 / 239
第四章 黎族婚姻家庭习惯法 / 249
第一节 结婚 / 250
第二节 家庭关系 / 272
第三节 离婚 / 288
第五章 黎族习惯法的多元纠纷解决机制 / 293
第一节 纠纷的类型 / 295
第二节 解决纠纷的机构 / 307
第三节 纠纷处理的方法与程序 / 312
第四节 黎族习惯法责任形式与纠纷解决原则 / 323
第五节 黎族习惯法纠纷解决实例 / 330

土家族法制史

序 言 / 343
前 言 / 345
导 言 / 349
第一章 土家族概述 / 357
第一节 土家族地区自然生态环境 / 358
第二节 土家族的族称族源 / 359
第三节 土家族的形成 / 362
第四节 土家族的发展和人口分布 / 366
第二章 土家族社会概况 / 371
第一节 土家族社会经济的发展 / 372
第二节 土家族社会政治制度的发展 / 375
第三节 土家族社会文化的发展 / 378
第三章 土家族法制的主要特征 / 385
第一节 概述 / 386
第二节 土家族禁忌和习惯法的主要特点 / 387

第三节　土司时期土家族法制的特征　/ 392
第四节　清代及“改土归流”阶段法制的特征　/ 395
第四章　土家族禁忌及其社会功能　/ 399
第一节　禁忌是土家族习惯法的渊源　/ 400
第二节　土家族生产生活中的禁忌　/ 406
第三节　土家族禁忌的约束力　/ 416
第五章　土家族社会经济生活习惯法　/ 421
第一节　土家族习惯法概述　/ 422
第二节　土家族经济活动习惯法　/ 425
第三节　土家族宗族习惯法　/ 430
第四节　土家族村寨习惯法　/ 436
第五节　土家族婚姻家庭习惯法　/ 440
第六节　土家族兵制章程及征调　/ 444
第六章　土家族秦汉之际的行政建制　/ 447
第一节　概述　/ 448
第二节　土家族地区郡县制的推行　/ 451
第三节　“武陵蛮”的形成、演变和反封建王朝的斗争　/ 455
第七章　唐宋时期土家族地区的土官制度　/ 461
第一节　概述　/ 462
第二节　土家族地区土官制度的建立　/ 464
第三节　羁縻州的建立与分布　/ 467
第四节　中央王朝对羁縻州制的政策　/ 469
第五节　唐宋时期土官的地位与作用　/ 474
第八章　溪州铜柱铭文丰富的法律思想　/ 479
第一节　概述　/ 480
第二节　溪州铜柱铭文中的法律思想　/ 483
第三节　溪州铜柱铭文中依法治天下的进步思想　/ 491
第四节　溪州铜柱的历史地位和作用　/ 497
第九章　土家族地区土司制度概况　/ 503

第一节 土家族地区土司制度产生的历史背景 / 505
第二节 土家族地区土司制度的社会性质 / 507
第三节 土家族地区土司制度的社会历史作用 / 511
第十章 元朝土家族地区的政治状况及土司制度的建立 / 517
第一节 元朝建立及土家族地区民众的抗争 / 518
第二节 土家族地区土司制度的建立 / 522
第三节 元朝中后期土家族地区土司制度的整顿和完善 / 528
第四节 元朝末年土家族地区的动荡及控制 / 531
第十一章 明朝的建立与土家族土司制度 / 535
第一节 明朝建立与统一西南 / 536
第二节 明朝土家族地区土司的建制 / 538
第三节 土司的设置与分布 / 541
第十二章 明朝加强管理和完善土司制度 / 551
第一节 在政治组织方面加强了对土司的管理 / 552
第二节 明朝加强对土家族地区的军事控制 / 556
第三节 明朝土家族地区土司的政治统治 / 559
第四节 土家族人民反侵略的英勇斗争 / 564
第十三章 清雍正年间改土归流与诸土司的覆亡 / 569
第一节 改土归流的必然性 / 570
第二节 改土归流政策的实施 / 573
第三节 改土归流对土家族地区政治经济制度的改变 / 575
第四节 土司覆亡后中央王朝“法治”开始实施 / 578
第十四章 改土归流后土家族地区实行全国统一的政治经济法律制度 / 589
第一节 建立了全国统一的封建政治机构 / 590
第二节 商贸经济法律制度的产生和发展 / 593
第三节 财产所有权的法律制度 / 597
第四节 赋税与徭役制度 / 603
第十五章 鸦片战争对土家族地区政治经济文化的影响 / 607

第一节 概述 / 608
第二节 鸦片战争后封建统治制度的加强 / 609
第三节 鸦片战争后土家族地区政治、经济、文化制度的变化 / 611
第四节 土家族军事法制助反侵略斗争的胜利 / 618

附 录
（一）溪州铜柱铭文实录 / 623
（二）全国重点文物溪州铜柱大事年表 / 650
后 记 / 651

参考文献 / 653

侗族法制史

DONGZU FAZHISHI

绪　论

一

侗族是我国南方一个历史悠久且勤劳勇敢的民族，是中华民族大家庭中的一员。主要分布在贵州省从江、榕江、黎平、锦屏、天柱、剑河、三穗、镇远、岑巩、玉屏、石阡、江口、万山、铜仁、松桃、荔波、独山、都匀等县；湖南新晃、芷江、会同、靖州、通道、城步、绥宁、洞口、黔阳等县；广西壮族自治区的三江、龙胜、融安、融水、罗城、东兰等县和湖北省恩施、宣恩、咸丰、利川、来凤等县。侗族居住的黔湘桂交界地区处于贵州高原东南端，地势西北高，东南低，海拔200—2000余米之间；东有雪峰山，西有苗岭支脉，北有武陵山、佛顶山，南有九万大山和越城岭，中有雷公山自西北向东南伸展，为长江和珠江两大水系的分水岭；浇水、清水江、渠水、都柳江，贯穿其间；四周山峦，内有平坝，坝上溪水环流，史称为“溪峒”。平坝土壤肥沃，大者万余亩（每亩约667平方米），小者数百亩。这里雨水充沛，春少霜冻，夏无酷暑，秋无苦雨，冬无严寒，晨昏多雾，雨后晴朗。溪峒的地理环境和气候条件宜于农、林、牧、渔的发展，还有山中的矿藏可供开采，为侗族人民提供了丰富的资源。

据2000年人口普查资料显示，侗族总人口为2 960 293人，以贵州省为最多，共有1 628 568人，占侗族总人口的55%①。另外，侗族人口在5万以上的地区还有广西、湖南、湖北和广东等省（区）。贵州省黔东南州苗族侗族自治州侗族人口最多，为134.2万人，占全国侗族总人口的45.8%。侗族原来没有本民族文字，有自己的语言。语音属于汉藏语系的壮侗语族侗水语支。侗族分为南北两个方言：北部方言包括天柱、剑河、三穗和锦屏大部及湖南省的新晃、靖县；南部方言包括黎平、榕江、从江、镇远及湖南省通道县和广西的龙胜、三江、融水等县，习惯上大体根据南北方言的区域将侗族分为“南侗”和“北侗”。由于侗族与汉族人民长期交往，在侗语中吸收了不少古代、现代汉语的词汇，近代以来很多人会讲汉话。侗族大概在明末清初开始使用汉字。1956年国家组织专业人士对侗族语言进行调查，确定以南部方言为基础，以榕江章鲁寨侗语为标准语言，用拉丁字母为文字符号创立了侗文，但侗族新文字使用不广。

侗族世居地区是全国侗族原生文化的中心，由于历史及地域原因，长期以来处于相对封闭状态，侗族原生民族人文、生态系统保存比较完整。这里有全国最大的侗寨黎平肇兴；有被誉为“天籁之音”的侗族大歌；有由杉树演变而来的作为侗寨灵魂的鼓楼；有“林粮兼种”和“稻鱼鸭共生系统”等传统农林技术；有流淌千百年的“以歌养心、以舞养身、以酒养神”的侗族老百姓的普通生活。侗族文化与黔湘桂地区其他世居民族异彩纷呈的民族文化一起被誉为“世界上最大的民族博物馆”“人类疲惫心灵的最后家园”“人类保存的最古老的歌谣”，是世界乡土文化保护基金会授予的全球18个生态文化保护圈之一（亚洲有两个，另一个是中国西藏），是联合国教科文组织推荐的世界十大“返璞归真，回归自然”旅游目的地首选地之一②。

二

侗族源于古百越族系，秦汉时由百越西瓯中的一支自长江支流沅水向西南迁徙于今贵州、湖南、广西三省区毗邻地区，由于侗族及其先民历来居住在溪峒，唐代及以后史籍还以“峒（崮、洞）蛮”或“峒民”泛称。宋代始有专称，北宋为“佶伶”，南宋时变为“仡伶”。此时“佶伶”“仡伶”作为单一族称，其表现于政治、军事和经济方面的活动被载入史册。北宋熙宁五年（1072），懿、洽州（辖及今万山、玉屏、

① 国务院人口普查办公室编:《2000年人口普查资料汇编》，中国统计出版社2003年版。
② 《香港商报》。

天柱一带）发生了“蛮酋”和“佶伶”抗拒官军之事。其中，有“佶伶”万众乘舟屯托口（今湖南黔阳县属，位于渠水、清水江交汇处），到南宋，史籍将“佶伶”改称“仡伶”，仍以抗拒官军著称。陆游《老学庵笔记》卷四记载：“辰、沅、靖州蛮，有仡伶、有仡僚、有仡榄、有仡偻、有山徭，俗亦土著。”“诸蛮惟仡伶颇强，习战斗，他时或能为边患。”《宋史》载：“辰、沅、靖三州之地，多借溪峒。其居内地者谓省民，熟户、山徭、峒丁乃居外为捍蔽。其初，区处详密，立法行事，悉有定制。”① 苏辙在《论渠阳蛮事札子》中说：“湖北渠阳与湖南莳竹，本羁縻城、徽州也。访闻昔虽置为州县，然与沅州等处事体不同，盖沅州等处昔皆用兵诛锄酋领，或徙置内地，荡平巢穴，故置州县久远得安……又其种族遍据诸峒，跨涉湖南北广西三路，凡有措置，当使二路同之。”② 当时，在“仡伶”中，以靖州（辖及今黎平、锦屏和天柱南部一带）杨姓和沅州（辖及今万山、玉屏、三穗和天柱北部一带）吴姓的势力较强。淳熙十一年（1184），“沅州生界仡伶副峒官吴自由子三人，货丹砂麻阳，巡检唐人杰诬为盗，执之送狱，自由率峒官杨友禄等为乱”。同时，沅州西南的“古州”（辖及今玉屏、万山等地）和“思州”南部（辖及今镇远、岑巩、三穗、江口、铜仁、石阡等地），仍为“沅州生界仡伶”居住地。

明代及以后，对佶伶（仡伶）的双音切记改为“峒（峝、洞）人”或“侗人”的专称。其理由是：“侗人居溪峒中，又谓之峒人。”明洪武八年（1375），江阴侯吴良征“五溪蛮”由怀远（今广西三江侗族自治县）入时，该县附郭“侗、僮遐迩以居”。此后，“侗（峒、尚、洞）人”之名屡见明代史籍。弘治《贵州图经新志·黎平府·风俗》卷七、嘉靖《贵州通志·黎平府·风俗》卷三、郭子章《黔记》等，都详细记载了黎平府属“洞蛮”即“峒（侗）人”的社会组织、生活习俗等情况，也分别记述了镇远、思州、石阡、思南、铜仁等府“峒（侗）人”的实际生活。明嘉靖田汝成在《炎徼纪闻》卷四中说：“峒人，一曰洞蛮，散处于牂（牂）舸，舞溪之界，在沅者尤多。”到清代，“洞（峒、侗）人”主要聚居在湘黔桂毗邻地区，与今侗族分布情况相吻合。由于清乾隆时苗族农民起义声势浩大，与苗族相邻居住的“峒（洞、侗）人”又被称为“洞（侗）苗”“侗家苗”等。康熙《贵州通志·蛮僚·洞人》卷三〇及同书《户口》卷一〇记载，黎平、思南、石阡、铜仁、镇远等府

① 《宋史》卷四九四，《西南诸溪峒诸蛮》（下），中华书局1985年版。

② 苏辙：《栾城集》，转引自绥宁县志编纂委员会编：《绥宁县志》，方志出版社1997年版，第802—803页。

仍称为“洞（峒）人”或“洞蛮”居住地。爱必达在《黔南识略》卷一三清江厅、卷一七镇远及石阡府、卷二一黎平府、卷二二古州厅等处，则将“峒（洞）人”归为“苗”，称“峒（洞）苗”。除此之外，有“硐苗”“侗家苗”“峒人”“侗人”“硐人”，甚至有“侗崽苗”的专称。中华人民共和国成立后，正式定名为“侗族”。

现今侗族分布的地区，周代以前属荆州南境，春秋战国时属楚巫黔中郡。秦昭襄王三十年（前277），秦夺楚江南地，置黔中郡。秦始皇三十三年（前214），置象郡镡城县。汉高祖五年（前202），改黔中郡为武陵郡，辖镡成（城）县、无阳县、辰阳县。唐代，置有思州宁夷郡、邵州邵阳郡、叙州潭阳郡、奖州龙溪郡、象州象郡、融州融水郡、羁縻晃州、羁縻兖州等。北宋，置有诚州、徽州、晃州、思州、融州等。元代，属思州军民安抚司（后改宣慰司）、靖州、古州八万军民总管府（后废），置上黎平长官司，又置福禄永从、洪州泊里、潭溪、铜鼓、湖耳、亮寨、欧阳、新化、赤溪浦洞、中林验洞、龙里、八舟、曹滴、古州八万洞、诚州富盈等15个长官司（其中“蛮夷军民长官司”11个，“军民长官司”和“长官司”4个）。明代，除保留土司外，先后置靖州府、辰州府、思州府、新化府、黎平府、石阡府、桂林府、柳州府等。清代继以明制，设府、县、厅，基本废除土司。民国年间，以行政区辖县管理，一直延续到中华人民共和国成立后。

三

宋朝侗族地区出现了官方组织（官府）与民间组织（款）二者并行的机制。侗族历史上曾建立过一种以地域为纽带的村与村、寨与寨之间的地方联盟——“款组织”，它有较强的地域性，通过它形成了侗族传统社区政务、经济、法律和军事联盟等性质的民间自治联防组织和社会机制。所谓“款组织”，包括小款、大款和大款联合等不同地域范围的社会组织。宋朝中央政权为加强对侗族地区的控制，除了在该地区建立州、县、砦、堡等权力机构外，开始在该地区实行土司制度。宋朝在侗族“生蛮”地区设羁縻州，州下设县，县下设峒，任用当地封建　主和豪右任刺史县令、峒官，他们终身为官，并可世代相袭。宋代还特别设置“经略五溪蛮事”“湖南溪峒总事”等官职，专理侗族事务，并按地域大小分为州、县和峒，峒有50余所。元朝也普遍实行这种制度，中央政府承袭“因俗而治”的宗旨，在侗区建立了“羁縻州”和“土司”等地方政权，地方政权的官员常委任当地土人担任，其辖区内的政事也主要由当地土官做主，只是求其“奉正朔，贡方物”，以示该区域已经纳入其统治范围。中央政府在侗族地区设置了15个蛮夷军民长官司或军民长官司，多由当地土人出任长官，并令其子孙世袭其职。同时侗族款组织为了自保，也常常采取“归附”的权宜之计，使侗族款组织和封建官府的矛盾相对缓和，侗族的款组织得到了一个相对平和的发展时期。款组织和地方政府，“款约法”和国家法保持着长期既对立又合作的特殊关系，这种状况一直持续到封建社会末期。

明清时期，中央政府相继在侗区实行了“屯军”“圈地”“改土归流”等政策，通过这些手段加强对侗族地区的直接控制，因此危及了侗族款组织原有的生存状态，致使款组织与封建官府的关系空前紧张。明初，中央王朝就在允许土司制度存在的同时，又千方百计限制土司的发展，其主要方法是：①设立卫所屯制度。通过在土司辖区的边缘地区设立卫所，移民屯田，强化军事防范，以控制土司。②分土众建，相互牵制。将大土司的力量分散，将一个大土司划分为多个小土司，并安排一些异姓土司分其势力，使其互相牵制。③土流并用。明代以夷汉参用、土流共治为土司的统治原则，中央政府还常派“流官”进入侗族地区进行统治。土司制度的割据性使中央政府深感头痛，逐渐加深了对“改土归流”重要性的认识。明清时期各阶段在黔东南少数民族地区进行不同程度的改土归流，实际上反映了中央政府不断加强自己对西南民族地区和乡村的控制力所做的努力。这些措施自然会受到侗族地区传统款组织的对抗，所以明清时期款组织的起事活动频繁出现，且“起款”规模大，延续时间长。如明洪武十一年（1378），贵州黎平五开洞吴勉所发起的侗族历史上最大的一次农民起义，民间传说吴勉这次发起的大款联合“头在古州（今贵州榕江县）”，“尾在柳州（今广西柳州）”，说明当时款组织在侗族地区的影响是相当大的。

清朝在雍正年间开始在西南少数民族地区推行“改土归流”，到道光二十年（1840）除新辟“苗疆六厅”外，侗族地区基本上废除了土司制度，但是“流官”的势力只能到达县城周围和一些交通比较方便、开发比较早的地区，地处边远山区的侗族村寨仍然实行着“有款无官”的民间制度。对此，清人李宗昉之《黔记》、徐家干之《苗疆见闻录》以及道光年间编纂的《黎平府志》等书都有记载。封建朝廷还企图通过保甲、团练制度对侗族社会的款组织进行操纵利用。道光二十九年（1849），贵州巡抚蒋尉远在侗族地区推行保甲制度和团练制度，有些款组织实际上已为官府所指派的乡正、团长所把持。保甲制是一种严密控制人民群众的基层组织，在基层政权中，普遍地编户口，设保甲。一村立一甲长，十甲为一保，立一保正。有的地方是十户立一头人（首人），十头人立一寨长，实行“联保联坐”，逐村经理，逐户稽查。“一家被盗，全村干连”，保甲长不能察觉，左邻右舍不能救护，各皆获罪，无所规避。如光绪十九年（1893）十月清江清军理苗府杨氏“为编联保甲事叠奉藩臬宪札饬认真编联保甲清查户口以靖地方而杜盗源等因……仰汉苗清属人等一体遵办。凡一寨或一村公举团首一名，保正一名，甲长一名，凡十家公议牌头一名，凡一户各领门牌一面。注明作何生理。年若干岁，男有几丁、女有几口……如有一人为匪，九户协同拏解到案讯办。若有容隐宿留事，悉九家连坐办罪。不可疏忽遗漏，须至门牌者”①。随着国家权力在侗族地区的深入，国家政令开始施布于这一地区，这一时期民族地方立法形式更趋多样化，特别是清代中后期，“省例”的出现说明了国家地方立法进入比较成熟的阶段。此外，民族地区州县等基层长官颁布的条约、告示、檄文、禁约则情形各异，针对性强。即使在国家律典中也有专门条例或者针对某一地区的专门立法，如乾隆五年（1740）制定的《大清律例》中，关于苗疆的规定就有24条，这些条例的适用范围仅仅局限在苗疆地区，它们与地方政府或者长官颁布的政令一样，都属于适用于某一有限区域的法律规范，属于“民族地区性特别法”，而地方政府制定的省例与禁约、告谕等形式的规范可视为“地方法规”②。

四

侗族人民长期在黔东南这块土地上生产和生活、繁衍和发展，不仅创造了特定地域环境下的生计文化，也创造了极为富集、独具特色的习惯法文化体系。从文化上看，侗族传统款组织的存在保证了侗族文化整体的同一性，侗族虽然存在南北两大方言区，南北文化存在一定的差异，但总的说来侗族南北文化是一致的、统一的，南北文化的差异主要原因在于接受汉文化的辐射，覆盖的时间不一致。北侗文化涵化的机制更健全一些，因而其文化变迁的过程就快一些。

侗族人民自古以来就有集中居住的特点，较大的侗寨上千户，小者三五十户，基本上是一寨一姓。侗寨鼓楼一般是按族姓建造，每个族姓建一个鼓楼。所以鼓楼是家

---

① 凯里学院“清水江文书”研究小组收集“盘乐侗族契约文书”，第010号，凯里学院苗侗民族文化博物馆收藏。

② 详见姚旸：《清代刑案律例与地方性法规关系探析》，载《安徽史学》2009年第3期；王志强：《清代条例中的地区性特别法》，载王志强《法律多元视角下的清代国家法》，北京大学出版社2003年版；沈大明：《〈大清律例〉与清代的社会控制》，上海人民出版社2007年版。

族和侗寨的象征性建筑。侗歌中唱道："未曾建寨先立楼，砌石为坛祭祖母，鼓楼心脏作枢纽，富贵兴旺有来由。"由此也可以看出，鼓楼是祭祀祖先的场所，华丽、高大、艺术成分高的鼓楼能增强家族的自豪感和优越感，并能保佑后代，荫及子孙。鼓楼也是村寨民主议事和执行"约法款"，制订村寨规约，以及寨老处理民事纠纷，当众评判是非、裁夺断案的场所，"寨老"（乡老、头人、首人）是村寨的主心骨，是说话最有分量的人，他们由众人推选德高望重、热心公益、办事公道的中、老年人担任，有的就是家族的族长，他们代表族姓或村寨对外联系，负责迎来送往，参加款组织的集会；对内组织乡众修款定约，调处内部事务，裁决纠纷，维护村寨社会秩序。寨老在村寨社会中的作用非常大。

一般来说没有文字和文字功能不强的民族，口头传承的功能就特别强，而且形式多样，不仅习惯法的内容由人们口头传承，本民族传统伦理道德的内容也以各种歌唱的形式来传承，以此将道德和法律的规范内化于人们的行为中。侗族古老口传"念词文本"是反映侗族一些款区及村寨民事关系和社会治安规范的组合，但也要立一块巨石为据，内容包括家庭、婚姻、房屋、财产、森林、治安及男女青年交往活动等规条。通过每年的"三月约青""九月约黄"两次定期聚众倡款，增强民间的守法意识和观念；"款词"是"念词"中的一种，"款词文本"则是侗族习惯法的古老的口传文本①，一般关涉民族的重大事宜，如婚姻改革、各级款组织内部地方治理、联防自卫等，内容比较全面，调整的对象也比较广泛。

侗族最早的"立法"形式叫"埋岩"，又称"栽岩""竖岩"，侗族叫作"尽岜"(jinl biɑl)②，侗族各地发音不同，也有叫"定岜"（jin pɑl 或 ding biɑ）的，音异而意同，"ding"乃"建立""树立"之意，"biɑ"乃石头之意，而且是指那种大块的、完整坚硬的石头，这是在黔东南所能看到的最原始的习惯法的订立形式。它所体现出来的不成文习惯法内容称为"岩规"。栽岩起源很早，大概由家庭组成部落的时候就有了。这些石头一端埋在土里，另一端裸露出地面，是过去民间制度和"岩规"的标志。笔者认为：通过大款联合集中立法的内容和标志为"法岩"；大小款组织订立的盟约和载体为"款石"；而村寨范围内针对具体问题订立的规矩和形式统称"栽岩"，如划分地界，确定土地所有权的界石也叫"栽岩"一样。以上所有竖石定规活动从形

---

① "念词文本"和"款词文本"是用汉字记录的款书，最早抄于明万历年间，距今有400余年，目前主要的版本有湖南城步本、湖南通道本、广西三江本、广西融水本等。

② 《侗族简史》编写组：《侗族简史》，贵州民族出版社1985年版，第20页。

式上说都叫“栽岩”，从而建立了侗族社会独特的“岩规”系统。现在从江县庆云乡还存有一块“法岩”，九侗朝利寨和宰友寨各有一块“栽岩”。到今天人们都不知道它们所立的年代，但它的内容老人们还能记得，栽岩所表达的内容只能依靠口耳相传，为了便于记忆和流传，歌师们把一块块岩规编成韵文来传诵。后来，侗族中懂得汉文的人士（往往又是寨老、长老）便用汉字记侗音的办法把岩规的内容记录下来。

文化场域是口承法律文化中最重要的元素。“场域理论”是法国社会学家皮埃尔·布迪厄社会学体系中的重要内容，他认为：场域中充满着力量和竞争，场域有自主化的趋势，但场域本身的自主性又受到外来因素的限制。“场域理论”研究的任务就是揭示在不同的社会实践中那些隐藏最深的社会结构，同时揭示那些确保这些社会结构得以再生产或转化的“机制”和“逻辑”。为此他提出了“场域”和“惯习”相互对应的两个基本概念，两者始终紧密结合。黔东南侗族地区“款场”“款坪”“鼓楼坪”“斗牛堂”都是侗族法文化场域研究的重要内容。

“合款”（abs kuɑnt）是侗族的地域性的社会组织，“合款”的特点是由几个甚至几十个村寨共同参与“盟款”，参加的单位是村寨，有时较大的氏族按每户出一人的形式合众举行。为增强款组织的威严和神圣，照例要举行一定的宗教仪式，如杀牛盟誓等，让天神作为见证者和监督者。然后立定款约，有的要埋岩；有的挂牛头为记，务在款众中树立款约的严肃性和稳定性，不许任何人违犯。款约的执行者是参加每次合款活动时款众们民主公推的款首，由他们代表款众对违约者进行处罚。侗族地区不同层次的“款组织”都订立有自己范围内行用的“款约法”，这是款众在平等自愿基础上，通过“盟约”立款建立的侗族独特的民间法制度。侗族款约法开始也是口传的，清朝以后则表现为成文的和不成文的并存。侗族口传刑事习惯法的内容主要反映在《侗款》款约中叫“约法款”的部分，其中最主要的“约法款”是“阴阳款”，如“六面阴”“六面阳”等条款中。“六面阴”“六面阳”中“六”的含义是指东、南、西、北、上、下6个方位，意为来自不同方面的“越款”行为，都将按其违款情节的轻重，分别处以不同的处罚，相当于一部综合的刑事法典。其中“六面阴”指6种重罪，“六面阳”则指6种轻罪。其中规定了对严重损害村寨群体利益、违犯款约者的多种制裁方法，轻者有批评教育、游行示众、罚款、罚服劳役等；重者有杖刑、放逐、杀头等。侗族人把这些处罚条款概括为所谓“六面阴事”和“六面阳事”。“六面阴事”指凡偷牛盗马、偷金盗银、乱砍滥伐、抢劫杀人、吃里爬外、盗坟掘墓等行为都必处以死刑。“六面阳事”指破坏别人家庭、通奸、弄虚作假、偷引田水、偷鸡摸狗、移动界石（埋岩、栽岩）、引贼入寨，犯者也要严厉处罚，直至死刑。一般说来，“六面阳事”是一些尚未构成死罪的犯罪事项。此外，还有“六面厚”即重罚、“六面薄”即轻罚、“六面下”即“无理”等12细则条款、10条规章。这些都是我们研究侗族社会刑事法律的重要资料①。

口承法律文化的传承人是村寨的寨老、款组织的款首和民间头脑清楚、记忆力好的人，靠他们的努力，习惯法的内容才得以代代相传。但口传文化最大的缺点是内容的“易失性”与“易变性”，而法律文本应该是严谨和准确的。事实上记忆力再好的人也会忘却，记忆的“文本”可能根据传承者的思想变动会有所变化。② 所以才有同一个款约由于不同的传承人而留下不同的口传“文本”。大概从明末清初开始，汉文化在一些侗族地区开始渗透，汉字开始被部分侗族人所掌握。黔东南山多石多，侗族人们便以石碑为载体，借用汉字镌刻各类规矩条款，相继出现了很多刻有汉字的竖岩（立碑）。其中有村寨订立的规约，如“禁条”“条规”“乡例”“族规”“章程”；也有小款、大款、大款联合不同款组织订立的“款约法”，这种竖岩一般叫作“款碑”。随着国家行政权力在侗族地区影响的加强，官府也用竖岩形式推行政令，将重要的地方官府法令，如禁约、告谕、告示等刻碑公示，不但能让百姓遍晓，也能使之“垂诸久远”，这就在黔东南侗族法文化空间中形成碑碣器物群。近代著名史学家梁启超在《中国历史研究法》一书中指出过碑刻资料在边疆史研究中的作用，他指出：“大抵碑版之在四裔者，其有助于考史最宏……何则？边裔之事关于我族与他族之交涉者甚巨，然旧史语焉不详，非借助石刻而此种史料遂湮也。”③ 对黔湘桂边区石刻富集地区的民族资料进行收集、整理、利用，无疑会大大推进这一地区民族民间法研究的深入。侗族是喜欢立规矩和立石碑的民族，法规碑碣的密度极高，从清朝到现在从未间断，如繁星点点遍布于侗族村镇，清水江两岸。碑碣多的村寨有百余块，如三门塘，少的有三五块，如彦洞。据粗略统计，锦屏县境内现存有古代碑刻1200通④，天柱、

---

① 详见湖南省少数民族古籍办公室编，杨锡光、杨锡、吴治德整理译释：《侗款》，岳麓书社1988年10月版。

② 口语文学与书写文学一个重要不同点在于听者和读者之别。因纽特人的传说讲述者，经常会在讲述过程中受到听众的抗议，而不得不改变内容以适合当时的需要，台湾高山族中若干族群有时也有类似情况出现。口语文学的这种“应变”能力，确比书写文学更能发挥“文学”的作用。（叶舒宪主编：《文化与文本》李亦园序），中央编译出版社1998年版。法律的传承也是如此。

③ 梁启超：《中国历史研究法》，中国古籍出版社1987年版，第56—57页。

④ 杨秀廷、姜秀波：《锦屏碑刻：珍贵的古代环保记事》，载2008年5月6日《贵州政协报》。

从江、黎平、三穗等县的碑刻也不在少数，其中很大部分是各类“规约碑”“款碑”和“告示碑”。这些碑碣记录了黔东南地区社会经济、乡村治理和法制发展的历史，是侗族史和侗族法研究的重要资料。

款（kuant）是侗语译音，具有议事、交谈之意；也有盟誓定约之意；还有联姻集团之意，体现了侗族“以款为盟，以款设法”的显著特征，所以在侗语中“款”的出现频率最高，使用得最多，如：Huos kuant（“合款”）、weex kuant（“议款”）、Dos kuant（“讲款”）、Done kuant（“团款”）。此外，汉译的词还有“联款”“集款”“聚款”“议款”“吃款”等等。在民族法规层面上的用法也很多，如“款规”“款法”“款条”“禁款”“款约”等。《侗款》中的“约法款”章节是侗族“款文化”体系中最具有强制力和惩罚特征的部分，但它只是黔湘桂边界一些侗族地区无文字状态下的一种刑事法律制度；而本书使用的“款约法”，则是指在侗族“款文化”覆盖下历史上的款规款法、乡规民约、家族法规以及直接受其影响的侗族社会习惯法活动和作为一种意识形态的“款”意识等等。梁治平认为：“民间法具有极其多样的形态，它们可以是家族的，也可以是民族的；可能形诸文字，也可以口耳相传；它们或是人为创造，或是自然生成，相沿成习；或者有明确的规则，或更多表现为富有弹性的规范，其实施可能由特定的一些人负责，也可能依靠公众舆论和某种微妙的心理机制。”① 本书的主要资料来源于黔东南侗族地区世人还不太容易知晓的碑刻、契约文书、口传文本等，其中一部分资料是笔者通过几年的田野调查收集的。

五

黔东南地区在清代和民国时期是我国重要的林区，林业商品经济十分发达，该地林业发展的历史在国内乃至国际上都应具有一定的研究价值。林业契约文书以浩繁的数量记述和反映了独具特色的清水江流域林业经济的历史发展，目前在国内还很难找到与之相比的系统性林业历史文献。在清代民国时期仅黔东南州偏僻地区竟出现几十万计的林业契约，为我们提供了研究该地林业经济法制独特的、宝贵的资源。仅从林业契约来看，当时人们买卖山林、土地、租佃山场、利益分成等活动，都要通过签订契约文书来实现。据专家估计，从清朝康熙年间（1622—1722）直到20世纪60年代初的300年里，清水江流域林契总量推测不少于30万份。目前仅锦屏县农村大多数

① 梁治平：《清代习惯法：社会与国家》，中国政法大学出版社1996年版，第37页。

农户都还保存有旧契约文书，多的村寨有数千份，少的也有数十份。按每个村寨仍保存有500—1000份来计算，全县212个村（社区、居委会）目前保存各种契约文献资料至少有10万份。这是保守的估数，目前锦屏县档案馆就收藏契约书8万份，这些契约是黔东南清水江中下游侗族苗族林区古代近代经济和社会发展历史的真实记录和反映。其内容大体包括：林地和林木的权属买卖转让、合伙造林、佃山造林、山林土地析分、林木收入股份分成、山林管护及村寨环境保护、山林土地权属纠纷的调解及诉讼文书、家庭林农业收支登记簿册以及村寨管理、婚俗改革规定、官府文件等。

商品经济属于经济基础的范畴，法治则属于上层建筑范畴，它们各自所具有的属性截然不同。既然这两种不同的事物或现象存在着某种确定的联系，在它们之间必然存在某个中介，而且这个中介必须既具有经济属性，还具有某些法的属性。同时从社会历史主体来说，它必须具有自我认同、自我约束的价值观念的属性，而产生于清水江流域林业商品经济活动中的大量契约，恰恰是在民族地域社会里，人们普遍要求经济生活的规范化、法制化的具体反映。因为契约作为商品交换的条件和手段，蕴含了极为丰富的社会文化内涵。正如马克思指出的："具有契约形式的（不管这种契约是否用法律形式固定下来）法律关系，是一种反映着经济关系的意志关系，这种法律关系或意志关系的内容，是由这种经济关系本身决定的。"① 契约范畴所蕴含的丰富内容，恰恰符合充当这一中介的条件，从而在经济与法治上层建筑之间架起了一道由此及彼的桥梁。所以说目前尚存的清水江流域契约文书，某种程度上为我们提供了破解该地历史上林业经济法律关系和民族地域社会与法的不可多得的资料。

黔东南侗族苗族地区保留了一大批用汉字书写的山林契约，记载了林业商品经济环境下的山林买卖关系和租佃关系。它的发现，填补了契约史料中地域性、民族性和中国经济史上林业契约的空白，是经济学、历史学、法学等多学科领域研究的重要文献，也是研究我国西南林区封建社会林业生产关系的极其珍贵的文献资料。这些林业契约填补了中国经济发展史上的两项空白：一是少数民族地区缺少封建经济契约文书的空白；二是中国经济发展史上缺少反映林业生产关系历史文献的空白。在契约文献中，大量记录和反映清代林区土地流转、佃山造林、林农股份合作造林、青山（活立木）买卖、山林管护等林业生产形式，对当今的林业体制改革和生态环境建设有着重要的参考价值，同时对林学、农学、民族学、社会学、经济学、历史人类学、民族法学、法律史学、档案学、生态环境学等学科都具有较高的学术参考价值。清水江流域

① 马克思：《资本论》第1卷，人民出版社1975年版，第102页。

林业契约内容明确，时间跨度较大，并具有典型的地域性和突出的民族性特点，而最突出的是系统性和稀有性这两大特点。契约对清水江流域地区侗族苗族林区古近代林木种植、管理和采伐等人工林业生产过程有着系统和完整的反映；对一个家族各房族及几代人对山林土地的占有、经营管理以及经济兴衰情况有着系统和完整的反映；对一些大山场所有权、经营权的历次变化情况更有系统和完整的反映。

小江是清水江下游北岸的一条主要支流，它发源于镇远县的报京乡和金堡乡，由西向东贯穿三穗县中部，在三穗县桐林镇由北向南依次流经剑河县南明镇和磻溪乡以及天柱县石洞镇、高酿镇，锦屏县彦洞乡和平秋镇，最后在锦屏县城三江镇注入清水江。小江流域的侗族人口比例占90%以上，居民日常语言为侗语。剑河、天柱、锦屏三县毗邻地带山水相连，民风民俗相同，是高度同质的侗族社区。明清时期随着清水江流域卷入林业商品经济热潮，林业市场对这一带林木需求越来越多，市场供不应求的时候，木商们也会到小江流域中下游地区来采购木材，从而带动了该地林业商品经济的发展。小江流域也是木材的主要产区，木材贸易促进了人工营林业的发展和山林买卖，小江流域侗族地区人民栽杉谋生，反映出以木材为主的商品经济的发展，正在开始冲破自然经济的壁垒。现今小江流域民间还保留了部分林木土地买卖契约和佃山栽杉合同及抵押杉木等文书，说明小江流域地区经历以木材种植、采运业兴起为核心的经济发展与社会历史过程。以杉树为主的各种林木的种植与采伐，成为小江两岸村寨社会最为重要的生计活动，随之而来的山场田土买卖、租佃所产生的复杂土地权属关系、杉木种植采运收益分成以及地方社会体现其政治、经济、法律、历史事项等等。通过这些契约文书，我们对小江流域在清代及民国时期的社会状况、经济生活、林业经营以及相关诉讼中民间法与国家法的互动关系有了初步的了解，尽管我们收集到的只是一小部分资料，但它们还是反映了时代变迁、经济发展、社会演变等方方面面的情况，成为基于民间视角的区域社会历史过程的写照。而木材的种植与采运这一社会经济生活的主线也使小江契约保持了一以贯之的主题。小江林业契约文书则是在地权关系较为明晰的前提下，人们借以确定各种利益和规范各自行为的反映，也是黔东南各民族文化交流的反映。

英国法律史学家亨利·梅因在《古代法》一书中说："一个国家文化的高低，看它的民法和刑法的比例就能知道。大凡半开化的国家，民法少而刑法多，进化的国家，民法多而刑法少。"黔东南侗族地区历史上属于社会经济发展落后地区，以前学者的研究只着眼于《侗款》中的刑事习惯法的内容，而忽视了侗族地区"民法"的存在。“民法”的概念是用来处理民间普通百姓的横向关系，而不理会他们与国家间的垂直关系，所以任何社会的民法都授予普通百姓在日常生活的一些重要领域中的一定的权力①。契约是调整普通百姓民间经济生活的重要工具。在中国传统的乡土村落，人们处于一个熟人社会里，所以相互之间非常注重信用，否则将无法生存，只有非常重要的物品，如房屋、土地、牲畜交易，才订立契约文书，分家析产时还订立分家文书等。笔者研究的主要区域为小江中下游剑河、天柱、锦屏三县交界地带，即剑河东北部、天柱西南部和锦屏西北部。这一带是北部侗族居住的核心地区，据调查现今在小江流域，特别是在沿江的村寨中还保留了大量清代民国时期的林契、田契、分家契（分关合同）、清白字合同以及婚书、税契等文书。流传至今的小江流域的契约文书及其他珍贵的民间历史文献，我们称之为“小江契约文书”。从2007年开始，我们对小江流域的契约文书进行调查，收集契约的点选在剑河的盘乐村，天柱的柳寨，锦屏的翁寨村、坪地村，共收集上述各类契约文书800份，通过这些契约文书，我们对小江流域在清代民国时期的社会状况、经济生活、林业经营、婚姻家庭、财产继承以及诉讼中民间法与国家法的互动关系，有了初步的了解，这更增添了民族地域法制史研究的内容。

清代及民国时期的中国仍是庞大规模的社会，在中国广阔的土地上的大多数地方都有相当程度分化了的民事契约诸多类型同时并存，并在起作用，一个社会通过这样的方式得以运行，大体上维持民事秩序。这些问题引起了国内外学者的高度关注，并取得了突破性的成果。但先学的研究有这样的一个问题，即中国是幅员辽阔的大国，地域性差别十分显著，这种差别不但一般的对地方性的社会组织和知识形态有影响，而且在特定的情况下可能左右大的历史局面，他们的研究，对地域的和社会组织方面的差异似乎没有足够的重视。根据各地不同的契约文书，试图在习惯法的一般性与其地方差异之间寻求适度的平衡，可能未来的研究将包括各种地域研究的课题，它们会加深我们对历史上习惯法的认识，同时我们也相信，真正富有成效的区域研究，只有在研究者抱有某种全局性认识的情况下才是可能的，至少，这种强调区域研究与一般性研究之间互动关系的模式是适合于中国历史上习惯法研究的。② 小江契约文书贯穿清代、民国各个时期，从中我们可以辨认出一个相当完整的民事习惯法秩序，毫不夸

---

① 黄宗智：《清代的法律、社会与文化：民法的表达与实践》，上海书店出版社2007年版，第190页。

② 梁治平：《清代习惯法：国家与社会》，中国政法大学出版社1996年版，第184页。

张地说，这些在侗族民间生活中有着重要作用的契约文书体现了清代习惯法的基本形态，表现了习惯法的传统。清代民国的民事法律主要是调整选嗣、分家、土地交易与典卖、婚约债务等方面的民事关系。“封建统治者也保护产权、物权，而且是刑法伺候，这些压制法保护的民法虽然不彻底（同王朝命运紧密相关），但社会团结是封建统治者普遍追求的”，特别是步入近代，“以民法为主体的恢复性法律取代以刑法为主体的压制法成为折冲樽俎的主要手段”①。择取小江地区土地、婚姻和继承几种常见的民事事项进行探讨，正是民国民法中“物权”“亲属”和继承篇所调整的主要内容；也与清代法律所指的“户、婚、田土细事”相吻合。② 从现在掌握的资料情况看，研究的形式和内容结构并不难，难度在于探讨契约与林业经济、契约与民族地区社会及法律秩序、契约与侗族传统法律意识、该地与内地林业契约不同的文化背景等，从而深入研究侗族地区社会结构与家族结构经济利益调整的深层次问题。但本书囿于篇幅，这部分内容没能体现。

六

本编最大的特点就是用历史人类学方法研究侗族法，目前，学术界对“历史人类学”尚没有一个标准的定义，学者们倾向于将它看作一种新的视角与方法。从形式上看，它与传统史学的不同之处主要在于重视文献以外的资料，特别是来自田野调查的资料。在这种形式背后，有着多种人文社会科学理论与方法的支撑，并不仅仅是人类学一种。可以说历史人类学借鉴了人类学的学科特点，它的研究对象往往是一个区域社会，把研究对象视为具有内在联系的整体，强调在历史的情景中理解传统社会。历史人类学可以使研究者的视野变得更开阔，从而发现更多的资料；还可以使研究者从资料本身的脉络出发，让自己的解释体系具有更大的包容性，实际也起到了“历史民族志”的作用。

历史人类学是人类学的方法“做历史”，就要求将某一客观的历史（“各种文本”的历史）与主观的历史（行为、记忆与人们对自身理解的历史）嫁接起来。或许可以

① 舒建军：《物权法与社会有机团结——读涂尔干〈社会分工论〉》，载《读书》2008 年第 11 期。

② 民国成立后有意保留了《大清律例》的“民事有效部分”，并继续运行了 20 年，这样做的目的是认为在更适合中国实际的民法还没有颁布前，“民事有效部分”还是非常适合中国实际的。

说，它将以物质文化为出发点的考古学，与对文本、对行为、对社会实践、对语言、对本土历史知识的某种考古结合了起来。换句话说，它以对别的文化与时间的视角的敏锐意识与同情式理解，而对构成特定文化轨迹的实际事件、日期、人物与时期抱有兴趣。这里举一个例子，我们所能见到的黔东南最早的“款碑”是从江县《高增款碑》和《增冲款碑》，这两通石碑所立日期仅差1天，分别为清康熙十一年（1672）七月初二和初三日。高增侗寨距从江县城较近，是处在古时丙妹至永从古驿道上的侗寨，由于地理位置决定，受汉文化的影响比其他地区早，较早用汉字记载“款约法”（禁款），并刻在石碑上。而增冲距从江县城94公里，交通十分不便。两个侗族村寨相隔至少80多公里，历史上又分属不同的大款组织，即“二千九款”和“九洞款”。两寨却在几乎同一时间立下款碑。通过对比，两通碑文内容非常相似，且语音准确，条文清晰，已具有成文习惯法条文的性质。高增款碑仅比增冲款碑多出一条，条款顺序也多数相近，除“前言”有少许差别外，大都如出一辙。就此结合侗族大款联合立约的传统以及从明末清初汉字传入这一地区的事实，可以确定这两通石碑是以大款联合（或“二千九款”和“九洞款”之间，或更多的款坪参加的联合大款区）立约的形式，并用刚刚传入不久的汉字记录下“款约法”的同一个文本。这一法律文本是在大款联合时议定或宣布，并由懂得汉字的人记录下来的。根据合款的传统规则，凡参加联款的各大款都要在自己的小款内立碑布法，并有监督执行款约法的义务。由此推知，高增和增冲这两通款碑是根据此前大款联合“立法”的同一法律底本，之后在两个不同的大小款区内为执行该款约而分别刻立的款碑。同时也可以发现两地在刻立款碑时均根据各大小款的具体情况，内容有所损益，条目顺序有所变化，这也是很自然的。这两通款碑是清初侗族小地域社会历史的文物，史料价值非常珍贵。但由于以前的研究者缺少实地调查，对两者的关系未加注意，所录两通款碑（主要是后者）或有内容多处混淆者，或因抄录不准文字歧义者。笔者提出问题并尽量厘定，以防今后以讹传讹。从这种意义上来说，历史人类学是解决属于人类学类别的分析性问题的某种基于脉络（其运用是具体特殊的）的取向。随着语境、分析层面或视角的变动，要求工具与技术的同样变动（但不局限于考古学、文本分析与民族志），以拣选出特定的历史问题。在侗族习惯法文本中我们还可以看到通过大款联合制定的法律记录，比如《九十九老款》　（也称《十二款约》或《侗族古法十二条》），这是清道光年间（1821—1850）侗族各地大款在黎平县地扪腊洞举行的“大款联合”，聚集侗族地区99位款首联款议定的“款约法”，所以习惯上称《九十九老款》，至今仍流传于六洞、二千九地区。《九十九老款》的主要内容是：①治偷鸡鸭；②治偷猪狗；③治偷牛马；④罚十二；⑤治偷人妻；⑥抓歹徒；⑦治不孝；⑧治嫁娶；⑨治打人；⑩团结（侗族俗语“块块”）；⑪防火；⑫治不遵守此约。① 该法全文不到1000字，条目清晰，用语较为规范且简明扼要，已具有成文习惯法的特点。而岳麓书社1988年出版《侗款》所收《九十九公合款》是根据黎平赛洞老人用侗语口述用汉字记录的，有很多内容和《九十九老款》立法意图是一致的，只是后者篇幅很长，仅汉文文本就有700多行，明显带有口头传唱的特点。② 两者作为大款联合“立法”的地域范围应该是一致的，但两者是同一次合款订立的，还是不同时间的两次合款所订等问题，都有必要进行更深一步的研究。

田野调查与历史研究结合是学科对话的另一途径，但这种结合并不等于前述意义上的历史人类学，也不能穷尽历史人类学的外延。首先，田野调查并不是人类学家的专利，其他学科传统上也有使用田野调查方法的，正如现在很多史学家也进行田野调查一样。但对于史学家而言，这些方面不一定很重要，在大多数情况下，民间文献的收集与整理是其核心内容，田野调查也最终要与正式文献的研究相结合。③ 所以，运用田野工作法并不必然意味着史学与人类学的结合。但作为一种卓有成效的研究方式，历史研究中田野调查的运用，也可以方便地称为“历史人类学”。

历史人类学主要以记述历史上各族状况的历史民族志（Historical Ethnography）的资料为依据。它着眼于民族及其文化的过去，这与民族历史学（Ethno - history）有相似之处。但二者的区别在于，前者主要是对历史上某一时期、某一民族或族群的社会经济、生活文化和习俗信仰等方面进行横向的剖析和比较研究，而且资料的来源往往是亲身经历或当时人对当时事情的记述；后者则是按照时代顺序，运用具体历史事实，研究和阐述某一民族社会发展的具体过程和规律，因而是纵向的探索和研究。二者的着重点是不同的。但在各自的研究中却又是相辅相成、互相补充的。确实，在种种不同的“历史人类学”中，史学家和人类学家需要面临一些共同的理论和方法问

---

① 引自政协从江县文史学习委员会、从江县文化体育广播电视局编印：《从江文史资料》第7集，张子刚编撰《从江石刻资料选编》，从江县教育印刷厂2007年12月印刷，第63—65页。该资料是从江县高增乡退休干部吴生贤根据侗语意译的，岳麓书社1988年出版的《侗款》一书中也有相近的款约。

② 详见湖南省少数民族古籍办公室编：《侗款》，杨锡光、杨锡、吴治德整理译释，岳麓书社1988年版，第205—235页。

③ 〔日〕森正夫：《田野调查与历史研究》，载唐力行主编《国家、社会与民众的互动》，上海人民出版社2005年版。

题，比如结构与事件、结构与过程、客观事实与主观建构、田野工作与文献分析之间的关系，这都需要双方学者相互启发、相互借鉴。“通过从其他学科借用概念而又不从根本上改变我们自身学术传统的方式，丰富我们的词汇，并且，我们还希望由此而增加我们分析的深度”①。侗族是历史悠久和文化灿烂的民族，在长期的生产和生活中形成具有本民族特色的“款文化”以及侗族习惯法的主体部分“款约法”，其中很多深层次的问题都需要我们用历史人类学的方法进行深入的研究。

① 〔英〕彼得·伯克：《史学与社会理论》，上海人民出版社2001年版，第131页。

FAYAN KUANSHI YU SHIBEIFA
——QIANXIANGGUI DONGZU DIQU CONG
BUCHENGWEN DAO CHENGWEN DE LIFA HUODONG

第一章

“法岩”“款石”与“石碑法”

——黔湘桂侗族地区从不成文到成文的“立法”活动

Gaeml jiv yangp senl，侗置乡村，

Gax jiv ngac menc。汉置衙门。

Gaeml jiv jinl bial，侗置石头法，

Gax jiv banc gal。汉置枷锁。①

《侗款》中不仅谈到侗族与汉族在政治与法律发展上的差距，也谈到侗族最早的立法形式是无字的石头法。“勒石定规”是侗族款组织最重要的立法活动，大款联合中所立的“法岩”属于“上位法”，内容主要是打击“贼盗”，是广大侗族地区的基本法律，这是侗族社会的最高款规款约。按照约法款规定，侗族社会的运转都得按照最高款规款约办事。② 款组织中大小款订立的盟约一般称“款石”，记载着行用于大小款组织内的“禁款”，和前者比较是“下位法”。侗族村寨为解决纠纷和处理案件，通过栽岩活动竖立的“岩规”，记载乡规民约，与前两者比较更属于“下位法”，它涉及的问题多、内容丰富。以上三部分整体上都叫“埋岩”（或称“栽岩”），构成较为完整的习惯法规范“岩规”系统，但是根据“立法”主体不同是有层次的。

贵州山多石头多，为刻碑记事提供了优越的自然条件。举凡重大历史事件、重要修建工程以及与民众利益攸关的政府文告、乡规民约等，多以刻碑勒石传诸后世。侗族历史上没有民族文字，早期民间“合款立法”是以栽岩（无字的石头）的形式进行，习惯法的内容都是无文字可据的“不成文条款”，它的传承是以记忆在款首、寨老脑海里的款词（有的地方受苗族影响也称“理词”）为依据。③ 大概从明末清初开始，汉文化在一些侗族地区开始渗透，汉字开始被部分侗族人所掌握，出现了刻有汉字的竖岩（立碑）。这些竖岩属于款组织立的叫作“款碑”；属于村寨立的大体叫“规约碑”。随着国家行政权力在侗族地区影响的加强，官府为了推行政令，也将重要的地方官府法令勒于碑石，不但能让百姓普遍知晓，也能使之“垂诸久远”，所谓“勒石禁革事理”，“勒石永禁……亦除害务尽根株之意也”④。此外，当地侗族群众有时将官府的纸质布告刻在石碑上竖立起来，目的是征引国家有利于自己的法律规定来保护自己，防止地方官吏、劣绅的肆意压榨，这部分可以叫作“官发民刻碑”。

---

① 杨汉基、石林、张盛、梁维安：《侗族谚语》，贵州民族出版社 1996 年 6 月版，第 227 页。

② 杨昌嗣：《侗族社会的款组织及其特点》，载《民族研究》1990 年第 4 期。

③ 《“石头法”的嬗变——黔湘桂侗族地区从“款石”“法岩”到“石碑法”的立法活动》，载《贵州社会科学》2009 年第 9 期。

④ 天柱县地方志编纂委员会办公室编印：《天柱县旧志汇编》“批准照粮派差详文”，第 44 页。

第一节

“法岩”：联合打击“贼盗”的基本法律

“合款”是侗族古代的社会组织，相当于部落联盟。款组织有小款、大款、大款联合之分。小款即款坪，也有的地方称为“洞”，由同一溪流的数十个村寨组成；大款由数个、数十个款坪组成；大款联合由所有的款坪组成，古时有“头在古州（贵州省榕江县），尾在柳州，五十江河，寨寨立碑”的说法。黔湘桂边界的侗族地区直到1949年仍保留着款组织，共分为十三款坪，这个大款区所辖人口近30万人。① 侗族口传的“款词”（Leix Kuant）中的“款坪款”是记述各个款组织的地域和村寨范围，有如侗族地区的“地理志”与“款区略图”。如《十二款场和十三款场款》等，它记述了分布于黔湘桂边相连接的款坪、款场和款组织的地域区划范围。“款约”是款组织制定的规章约法，用以维护各款区的社会秩序的共同规约，虽然各地流传的条款不尽相同，有的12条，有的16条，也有的30多条，但内容都大致相似，都是侗族地区大款联合过程的真实记录。

设立“款约”是在无文字状态下侗族先民的一套独特的法律设计，所谓“有款无约则徒具躯壳，有约无款则无以实施”②。“款约”都是在款坪集会时议定或宣布的，大款联合时一般在款坪的中央砌一土台，称为“款坛”，坛上竖一巨石，形状方而扁平，称为“法岩”，法岩上无文字，款组织议定或宣布第一条款约时即立此石，称为“勒石定规”，以后款组织的活动，或聚款（处理重大的案件，定案断案）或讲款（宣布新的约法款或重申过去的约法款）或起款的出征仪式都在款坪举行。在通常情况下，每个款坪（数十寨组成）分别在每年的农历三月、九月各举行一次集会，称为“三月约青”“九月约黄”。这时各款坪所辖的各村寨的寨老都要到会。款会所宣布的款约、号令、规条户户必须遵守，人人必须信守。这些约法犹如款坛上的那块巨石，坚硬而不可侵犯。“碰石者伤，违约者罚”“人人引以为戒、

---

① 杨昌嗣：《侗族社会的款组织及其特点》，载《民族研究》1990年第4期。

② 向零：《洞款乡规及其演变——对侗族社会组织形式、功能及其演变的探讨》，载《贵州民族研究》1989年第3期，第10页。

寨寨同护其威”①。

由于“勒石定规”是大款联合组织最早、最重要的立法活动，往往规定的都是部落联盟中的重大问题。部落联盟的“大款首”，为维护当地的社会稳定，首先解决的是杀人、盗窃等严重危害社会治安的犯罪，所有这类竖立的“法岩”肯定是治理地方的首要内容。正如黎平《六洞公众禁约》“前言”所说：“盖闻朝廷有律法，乡党有禁条。律法是以严奸宄，禁条是以严盗贼。”我国古代最早的成文法律是战国时魏国的《法经》，其宗旨就是打击严重破坏社会秩序的杀人、盗窃犯罪，所以首先制定“贼律”和“盗律”，贼盗需要缉捕，接着制定了“囚律”和“捕律”；其他各方面要用刑法调整的问题就用一篇“杂律”装进去了，从此确立了法律控制的“王者之政，莫急于盗贼”② 的宗旨，这在古代侗族地区也不例外。③ 关于偷盗行为与侗族初民社会习惯法控制之间的关系，也有学者认为：偷盗行为甚至是侗族款约产生的原因之一。④ 事实的确如此，这在侗族《约法款·序词》中有所印证。“混沌之年……因为罗单公走过田坝偷了别人的鹅，因为罗董公走在路上偷了别人的羊，朝王的子子孙孙，睡不安稳，站不安宁”。于是，他们“一喊一，筹金子；二喊二，积银两”。将银两拿去买了一头白水牛，宰杀后“将牛头砍成四块，将牛的腮巴破为四瓣。一瓣送给周富创造侗歌，一瓣送给六郎创造约法。创得约法二六十二面，二九十八条；六面阴，六面阳，六面厚，六面薄，六面上，六面下”⑤。

“款词”是在无文字状态下一种立石为誓、订立盟诅要约的记述，即无字“法岩”内容的口头记述，款民将其视为金科玉律。侗族刑事民事习惯法的内容主要反映在“款约”中的“六面阴事”“六面阳事”等条款中，“六面阴事”规定的是刑事法律的内容，主要规定凡偷牛盗马、偷金盗银、乱砍滥伐、抢劫杀人、吃里爬外、盗坟掘墓、破坏人伦等行为都必处以死刑。同时款约也明确地反映了对盗窃、抢劫的犯岩者，不管轻重都要捆绑到款坪上审判和执行，该杀的杀，该罚的罚。款约却没有对贼盗以外其他犯罪必须到款坪处理的记录，这足以说明侗族款组织当初开款时的“勒石

---

① 吴浩：《款坪、埋岩、石牌的共同文化特征》，载《中南民族学院学报》1990 年第 1 期。

② 《晋书·刑罚志》。

③ 参见徐晓光：《原生的法：黔东南苗族侗族地区的法人学调查》，中国政法大学出版社 2010 年版，第 49、118 页。

④ 参见石开忠：《侗族款组织及其变迁研究》，民族出版社 2009 年版，第 112 页。

⑤ 湖南少数民族古籍办公室编：《侗款》，杨锡光、杨锡、吴治德整理译释，岳麓书社 1988 年版，第 19—96 页。

立款”主要针对的是贼盗犯罪。

六面阴事·二层二部规定：如有谁的子孙，胆像葫芦瓜……像恶虎，凶像龙。在楼上拱禾仓（偷谷），在楼下撬金银（偷钱），拱田埂挖鱼窝（偷鱼），挖深墙拱厚壁（偷猪）。我们寻蚂蚁足迹，找野猪脚印（沿作案者足迹寻查）。拿得上手，抓得上担；得真不得假，得实不得虚（证据充分、确凿）。用棕绳勒颈，用草绳绑臂。拿进十三款坪，推上十九款坪。翻屋倒晾，拆屋倒梁，打他屋顶板破碎，门砍断节，家财拉尽，金银拉完……压他碎得溶溶。撵他父亲三天路远，赶他儿子四处路长，父不让返家，子不让归林（意为被驱赶出家族）。

六面阴事·三层三部规定：如果谁的子孙，虎胆龙声，狗肚狼肠；拦路抢劫，夺取金银；深山抓人，路上杀人；抓人不识面，杀人不知名（暗杀）；……他放火烧屋，放火毁林；谋财害命，天地不平，这事态大啊，……拿进十三款坪，拿上十九款坪。有财财去当，无财命去偿；……让他成一堆木（棺木），让他成一堆乱石（将人犯埋入乱石）。要他命归阴，要他身归地府。

六面阴事·五层五部规定：如果谁人子孙，安心不良，安肠不善，吃上塘，拱下塘；塘里偷鱼，田里偷谷；失谷寻糠，失鱼寻鳞，我俩寻蚂蚁足迹……要得上手，装得上担（查找到真凭实据），抓上十三款坪，推上十九款坪……让他父没有宅基来坐，让他子没有村庄来住……去不给还家，走不给还乡（意指开除族籍）①。

总结下来有以下主要罪名：①盗窃财物罪，包括金钱、谷物、鱼等财产，一经查证证据确凿的，将罪犯捆到栽岩坪上宣判，重的对其抄家，没收全部财产，并将罪犯开除族籍，驱逐村外；②拦路抢劫罪、劫持人质罪、故意放火罪，这三宗罪是先捆绑到栽岩坪上去宣判，再用石块砸死后埋掉；③偷盗畜禽罪，有的虽价值不大，也规定了相应的罚款数额。盗窃的过程中抵抗拒捕的，要到栽岩坪上审判，从重处罚。

① 邓敏文、吴浩：《没有国王的王国——侗款研究》，中国社会科学出版社 1995 年版，第 77—78 页。

第二节

“款石”：保境安民的民间法规

侗族各地款组织的大小合款的目的：一是防御外来入侵的军事联合，有利于统一指挥、互相照应，在平常情况下军事组织的作用是保护地方的安宁；二是联合起来捉捕贼盗犯罪团伙，安定地方；三是维护款内各寨秩序及寨与寨之间的经济关系。不同时期、不同大小款组织订立的各类款约法的侧重点虽然不同，但目的是保境安民、打击贼盗，内容也是其中应有之义。“款石”在侗语中称为“blal jinl”（音译为“岜记”），意为岩石。古老的款石只是一块无文字的大石头。无文字状态下传统的合款活动中订立盟约也是通过“埋岩”形式进行的，就是在举行隆重的合款仪式时，埋下一块石头代表共同订立的“款约”。一般是一块长条形的石块，尺寸无具体规定，它是在参加合款的各村寨代表同意后竖立的，这类代表款约又无文字的石头就叫“款石”。清初侗族地区接受了汉文化，虽然有了纸质的用汉字记录款约的文本，但侗族地区大都是刻在石碑上的款约文本，这类石刻就是“款碑”。大量款碑资料表明侗族款约法的内容仍多是针对贼盗犯罪，而且一直到民国时期都如此。如现存于黎平岩洞的乾隆二十二年（1757）“款禁碑”，该法只有13个村寨联合订立，是针对盗窃、抢夺等犯罪行为的，具体要求和处罚也只有三四项，但规定对入寨偷牛、盗禾和挖墙穿壁、盗鸡鸭羊，拿获查实者，游历各寨，绑捆到款坪上，立即打死。并规定偷盗者不准报官府处理，偷盗人不得反抗拘捕，各村人等不得隐匿抗违。又如“弄吾款碑”以“功德碑”的形式规定了6项条款。从多次使用“我众等之内”，“今我同盟之人，既盟之后……”以及碑后开列的多位头首“百事等坪议礼若碑同”，说明该碑是一个区域范围内的“款约”。该碑前言规定对盗窃犯罪的处理：“既盟之后，如遇偷窃，识面首当即呼众捉活，须要捆来此处，一传众等来齐，以凭公罚；毋得狗（苟）情私放，众等之以遵行。”

议功德俾（碑）

议会众等同心为一，盖朝建设律法，原为世之惩恶安良；乡党议规条，故叹人之改邪尚正，宜遵礼法。势嬉游于光天化日之下，兹我众等之内，近年以来，人心不估（古），情因放荡，无法无天。有等不法之徒，放势（肆）乡妇，或盗田中之禾，或偷地内之花，并坡上一切生理（计），无分昼夜，朋奸偷窃，毫无□□，苦不复振，将来被盗无休。忆我农民有东作之勤劳，只望西成之收获，披日戴月，恒念务力艰难，今当秋收之际，五谷犹□摆□于田畴，我众等之内须要同心同德，庶可保于家收矣。今我同盟之人，既盟之后，如遇偷窃，识面首当即呼众捉活，须要捆来此处，一传众等来齐，以凭公罚；毋得狗（苟）情私放，众等之以遵行。庶□□道同风，我众等共乐，本寨众等升平之世，永称礼仪之乡，是所以望也。所有议规条，开列于左。

一议有人良心不工，严行不顺，如有人进田偷盗禾谷，入地讨棉花，开田偷鱼，人□两凭□□□□□□□三千一百文；

一议各人之寨，自合众等之后，须要日后外人打勾游火之事，谁人游得伍庙，入得天礼，□□□宰杀吃鸡，本寨众等谁（随）他一边，为一又邦酒饭银钱之用，为一不进天礼，不肯吃鸡，众等□银钱酒饭之事于此；

一议梁上君子，滥登之人，内勾外引，隐惹强端，众等或罚落钱拾四千文整；

一议谁家沿孩户，不论贫富，妇女接配之婚、奸淫、谦（嫌）贫爱富者，相呼价钱二仟三百文；分者，禾把二十六把，辛力计银一两；丢修（休）者，禾把一拾贰把，辛力之银二两六钱；元（原）配衣幅（服）新旧共罚赔；丢者罚银四千四百文，赏罚喜肉五十二斤，只宜族弟本房人口，不许多多此订；

一议本境内长者无凭大端小语，化消改散，饭食一餐了结；倘有人心不吝，抚遗入众者，看事而行罚；

一议居乡共境，老司无凭，红白大事，选择吉期，口传结清，人丁兴旺，永世平安，吉利发达。

水口所田寨石匠师夫石连生占造碑

右论通知。

头首潘成发、潘启贵、潘文少、潘富庭、潘学义、潘启德、潘才东、潘文遗、潘公古百事等坪议礼若碑同。

先生本寨潘文显手书字，功平德安吉利。

中华民国十五年丙寅二月初七日众等议事条俾（碑）

千秋万代□□守位①

民国三十七年（1948）六月，湖南靖州与贵州锦屏边界地带侗族苗族头人曾在凤冲（今三锹乡凤冲村）举行联款议约，款词600多字。主要内容为：皇粮国课，必须早完，以免拖欠受累。地方不准停留歹面生人，以免挖墙拱壁，偷牛盗马。匪盗入境，款众见户抽丁，各带伙食三天，集中追赶，如有半途退缩者，与匪同罪。地方谷米不许高抬时价，依照场市面，如有大升小斗以及称秤不足，公议罚处。田中禾谷以及山中核桃、桐油、茶子不准偷盗，如有违者罚款若干元，以作地方公益。不准乱放野火烧山，尤恐破坏森林，如有违者，除赔还业主外，按轻重罚处。田中鱼虾不准乱偷，如有违者，罚款若干元。田中禾谷打包之时，各家饲养家畜以及鸡鸭鹅不许糟蹋，如有犯者，依照每蔸赔还谷一斤给业主，有猪者将猪打死，一半归公一半偿还业主。核桃、茶子白露过后40天内不许乱捡，若先期入山强捡者，罚款若干元，以作公益。杉、桐、漆、棕、竹等各有主，不许乱砍乱偷，如有犯者，罚款若干元。园内瓜菜和坡上晒架不许乱偷，如有犯者罚款若干元。②

据清朝《靖州乡土志》载："其款禁甚严，峒无偷盗，秉性朴直，皇古之良民也。"清乾隆二十九年（1764）编纂的《柳州府志》载：怀远（今广西三江侗族自治县）"民间遇有偷盗，即鸣众集款，不与出，故里中鲜有敢为盗者"。民国年间的《三江县志·民间规约》说："侗区内昔亦有道不拾遗，夜不闭户之概。即今鱼塘之鱼，日夜常悬于村外之禾把，终年亦无盗窃。盖相习成风，是真能跻于自治之域也。"又说："民间设立条约甚严，遇有偷盗，不论大小，鸣众集款杀之，不报官司，故民不敢为盗，凡牛羊放草，任其他往，主不寻捕，听其自归，鲜有失者。"这是就侗族地区打击贼盗的效果而言，当某些地方社会秩序不好，贼盗犯罪多起来就又要"合款"或"聚款"了。

---

① 引自政协从江县文史学习委员会、从江县文化体育广播电视局编印《从江文史资料》第7集，张子刚编撰：《从江石刻资料选编》，从江县教育印刷厂2007年12月印刷，第59—60页。

② 转引自夏新华、王奇才：《论湖南靖州的"合款"——兼论国家法与民族习惯法的关系》，载吴大华、徐晓光主编《民族法学评论》第2卷，华夏文化艺术出版社2002年版。

第三节

“岩规”：主要作为判例的村寨法

“栽岩”是侗族村寨比较原始的一种习惯法的订立形式。在无文字情况下“栽岩”本身具有习惯法的效力，一般是一块不规则的长条形的石块，尺寸无具体规定，所以大小不一。它是在岩众及村寨全体乡众同意后竖立的。在侗族地区的“立法系列”中“法岩”“款石”应该是“上位法”，各村寨针对本寨具体问题的“岩规”是“下位法”，从“立法”层次上村寨栽岩订立的“岩规”要比侗款联合“勒石定规”和大小款组织“款石”要低，一般针对的问题比较具体，如村寨人们划分地界，确定土地所有权的界石也是“栽岩”。“岩规”调整的地域范围也小，一般是一寨或几寨的范围，但调整的问题却多，涉及村寨社会生活的方方面面。现在黔东南从江县庆云小学对面还存有一块关于林地地界的“岩规”；九洞朝利寨和宰友寨各有一块“岩规”①。栽岩起源大概在家庭组成部落的时候，由于私有制的出现，土地归各家私有（但有的田土、山林、墓地、斗牛坪、鼓楼坪、牧场、河流、溪沟仍然保留为村寨或氏族占有，既不许买卖，也不许霸占），各户之间的土地边界就以栽岩的形式确定下来，这种栽岩只在相邻的地主间有效力，所以侗族传统习惯法对“移动界石”行为给予严厉的惩罚，目的是保护土地私有权，竖立土地界石具有权利保护的性质。当村寨内发生土地争执或财产纠纷，当事人双方僵持不下、无法解决时，寨里的老人便召集大家在公共场所（相当于后来的鼓楼）集会，讨论怎样解决纠纷，大伙商量出一个结果后，这结果便成了这件事的判决。由于没有文字可以记录，恐口说无凭，因此人们用栽岩的仪式来引起大家对此事件的永久记忆，所以这类村民集会也叫“竖岩会议”。由此可见，“栽岩”的形式最早可能起源于土地界石的竖立。

现在从广西融水苗族自治县和黔东南榕江县的计划乡的部分侗族村寨还可以看见栽岩的一些残余，这些栽过岩的石头，一端埋在土里，另一端裸露出地面，石头上还

① 引自政协从江县文史学习委员会、从江县文化体育广播电视局编印《从江文史资料》第7集，张子刚编撰：《从江石刻资料选编》，从江县教育印刷厂2007年12月印刷，第63—65页；张子刚：《从江民族文化见闻录》，2010年内部印刷，第84—86页。

残留着一道道深浅不同的刀斧痕迹，这是过去村寨制度和岩规的遗留。黔东南从江县侗族地区也保有几块“栽岩”，最有代表性的是九洞朝利寨栽岩和庆云乡栽岩。朝利寨栽岩是为解决九洞地方的婚姻问题而立的；庆云乡栽岩是关于封山育林、禁止乱砍滥伐而立的，它们虽然都没有文字，但只要人们一看到该岩石就知道它们的具体所指了。

广西融水县滚贝乡保存的栽岩很多，内容涉及村寨社会问题的方方面面：尧贝村栽岩是讲各寨联合防匪的；吉羊村栽岩是讲婚姻纠纷的；大云村栽岩是讲青年男女交往应守侗家规矩的；之朵村栽岩是讲对付杀人放火者的；必伞坡栽岩是讲官兵骚扰的；尧岜村栽岩是讲侗族与附近苗族和汉族之间的婚姻关系的。这些栽岩虽然分布在各寨之中，但在滚贝范围内都有约束力，把这些岩规合起来，实际上就是滚贝地区过去的一部“习惯法丛”。在侗族原始的话语中都把“犯罪”叫作“犯岩”。所有“栽岩”上都没有文字，是一种“象征法”，但参加“竖岩会议”的岩众及村寨全体乡众心里对此次“栽岩”的目的和要调整的内容很清楚，如果村寨中以后出现这次“岩规”所指向的行为，犯了这方面的罪，就会把犯罪者拉到栽岩的地方，在这块石头前进行处理、判决，这种判决形式也形成了无文字状态下的“判例”。

也就是说以后如再发生以上类似事件，就没有必要就同一问题进行重复“栽岩”了，寨老便带着当事人来到从前栽岩的地方，据理调解并进行教育，处理过后当事双方用斧头在岩石上打下一个斧印，表示服从裁决，永不反悔。① 现在留存下来的栽岩，有的有三五个刀斧印，有的多达十几个印记，表示处理同类案件的次数。由此可见，“栽岩”也是一种判例法。所谓“判例法”是以判例的形式表现出来的法律规范，作为判例的先例对其他的案件具有约束力，可成为日后执法者判案的依据。判例法不是国外独有，在中国法制发展的历史上也曾有过判例的存在。黔东南侗族苗族在自己的审判活动中使用某种便于操作的判例法，找到本民族地域法文化形态下“同案同判”的方法，根据以前同类案件形成“先例”，并在长期的习惯法活动中形成独特的判例制度。

由于“岩规”是有针对性的，所以在侗族村落发生违犯习惯法的事情时，人们习惯上说是“犯了”哪个岩，作为“执法者”的寨老、长老自然是要找出与该案“案情”相关的条款和相应的埋岩地点，作为该案裁判的依据和审断场所。比如，盗窃案件就到“贼盗岩”前审理；婚姻纠纷就到“婚姻岩”上去解决；高利盘剥案件就到

① 石佳能：《侗族文化研究笔记》，华夏文化艺术出版社2000年版，第52页。

“放债岩”上去惩治；等等。这更说明每一“岩规”的内容都作为以后处理同类案件的“先例”来使用。由于侗族没有文字，“岩规”所代表的内容只能依靠口耳相传。现在，有很多“岩规”人们都不知道它所立的年代，但它的内容老人们至今还能记得。为了便于记忆和流传，歌师们把一块块岩规编成念词来传诵。后来，侗族中懂得汉文的人士（往往又是寨老）便用汉字记侗音的办法把岩规的内容记录下来。广西融水县侗族民间至今还流传着一些用汉字记侗音的岩规抄本。这些岩规内容十分丰富，除了法律条文外，还包括侗族古代的历史、风俗、语言等方面，是研究侗族古代社会的珍贵资料。直到今天，这些古老“岩规”对侗族人们的思想行为都有很强的约束作用，正如卢梭所说的：“这种法律既不是铭刻在大理石上，也不是铭刻在铜表上，而是铭刻在公民们的内心里；它形成了国家的真正宪法；它每天都在获得新的力量；当其他的法律衰老或是消亡的时候，它可以复活那些法律或代替那些法律，它可以保持一个民族的创制精神，而且可以不知不觉地以习惯的力量代替权威的力量。”①

融水县滚贝乡同乐村有一块栽岩：

同乐这块（岩），就在支文。没有哪个竖，得到不连、不花、同祖、娘好、娜陋、波敬等人来竖这块石。因为天天有人偷家，夜夜有人偷仓，白天卖男孩，晚上拐女孩。这样弄得村也逃走，寨也跑光，逃到贵州地界，跑到融县地面。大家白天来找，晚上来守。要得到人，要抓起来。罚他十二两银，十三两铜。散给寨老乡老，也散给群众。这是第七路的规约。

这是一块关于处罚偷盗和拐卖人口的岩规，地点是同乐的支文，以前这里的社会治安很好，没有过这类犯罪现象，所以没必要栽岩，但由于出现6个人的偷盗和拐卖人口的犯罪团伙，弄得人们不得安宁，社会大乱。因此才召开“竖岩会议”商讨如何捉捕犯罪分子，并规定了处罚措施。

“岩规”在侗族社会中具有很大的权威。在“岩规”所调整的范围内，所有群众都是本岩的“岩众”，人人都受它约束。“岩规”的权威还表现在它的古老性和最后的判决上，一般情况下，村里发生的争执和事端，可以由寨老据理劝说各方平息事端，调解解决。如弄吾《功德碑》第四款则规定了寨老处理纠纷的办法：“议本境内长者无凭大端小语，化消改散，饭食一餐了结；倘有人心不吝，抚遗入众者，看事而行罚。”这种方法在侗族社会一直为寨老所用。只有当事各方或一方不接受头人的调

① 〔法〕卢梭：《社会契约论》，何兆武译，商务印书馆1980年版，第73页。

解劝说，才到栽岩面前解决。重大事件则要召开“竖岩会议”来解决。当事情大到非要通过“竖岩会议”才能解决时，当事人就要拿出一定数量的钱物作为解决费用，最后对理输的一方还要处以一定数量的罚款，以充公用。

侗族村寨在修改过时、无用的规约，制定新规约时，由于条件的限制并不经常栽岩，而是把岩众召集到祖先早已埋好的地方，通过一定的仪式重申古已有之的埋岩规约，或根据现实情况的变化，补充一些新的内容。当地的寨老在讲述时，还一边用右手握着的一根插钎向前面的那块岩石凿去，背几句，凿一下。

随着侗族社会的发展和汉文化的传入，人们的交往已经不限于一村一寨，而扩大到附近的几寨或几十寨。这样一寨一村的栽岩，自然就不能适应社会的需要了。人们需要制定内容更多、范围更广、形式更规范的成文法规来代替“栽岩”。从清朝初年起，有的侗族地区汉文化开始渗透，汉字开始被侗族人所掌握，出现了刻有汉字的“岩规”。这些埋岩就是“规约碑”。“规约碑”上要镌刻汉字，形状、大小、修饰要有规格上的要求，不是就地取材就可以得到的，所以锦屏、天柱侗族地区很多石碑都是从锦屏“打石场”这个地方运来的，因为这类石头的材质最好，如天柱县三门塘所有的石碑材料都出自此地。“规约碑”比“岩规”有了很大进步，所载规约内容大大地丰富了，它不再是一块岩只记述一项内容，而是把大事罗列成条，一条一条刻在石碑上。这些规约言简意明，已具有习惯法条文的性质。竖岩位置上也有变化，它们从原来山坡或村寨的僻静之处移立在寨子中央、大路旁边显眼地方或鼓楼等公共场所。它也不只是寨老头脑里的歌词，而是有文可载、有字可据的大家可以随时看到的“习惯法条款”，在广大侗族地区这类“规约碑”最多。

第四节

“石碑法”：不同渠道法律的载体

清初开始有了汉字记录的“石碑法”文本，上面镌刻的内容既有乡规民约（寨法）、款约法，又有官府法令；官府法令中又有经政府批准立的告示碑，也有村民为达到自己的目的自发竖立官府禁约碑等。侗族地区官府为了推行政令，也将“告示”“禁条”载重要的地方法勒于碑石，不但能让百姓遍晓，也能使政府法令“垂诸久远”。此外当地群众有时将官府的纸质布告和判决书刻在石头上竖立起来，目的是引证国家有利于自己利益的法律来保护自己，防止地方官吏、劣绅的肆意压榨或诉讼另一方的翻案。而更多的是侗族款组织的大量的“款约”，它由过去的口头传承转而用汉字刻碑加以记载。

一、款碑

贵州从江县增冲寨的鼓楼里有 3 块残缺不全的岩规，其中有一块刻于清康熙十一年（1672），是目前侗族地区所能看到的刻有文字的最早的款碑之一。这是增冲地方款组织落实大款联合时所订规约的“款碑”。它开宗明义：“尝闻思事以靖地方，朝庭（廷）有法律，乡党有禁条，所以端士俗。近年吾党之中，有好强过人者，肆行无忌，勾串油火（谓专行欺诈的恶棍），受害良民，凡事不依乡规，殊甚痛恨。是以约集诸父集齐，严设禁条，凡婚姻田土之事，遵以碑（牌）长理论，其有不清，零（另）请乡正、团长理明，况于横亦不得奔城具控唆事。倘敢仍入前辙，众等致罚。如强不负老，老少同心协力，有福同享，有祸同当，不许吞吃银钱，以犯同罪，立此禁条，开列如后。”碑文除前言和后语外，罗列了 12 条法规，对侗族的恋爱、婚姻、家庭、道德、财产、社会秩序、民事诉讼等项都有明确规定，如男女行歌坐月“以男出银女出布为凭”，若双方明确了关系而一方毁约，“罚银一两四钱”。“男女坐月，身怀六甲”或“强奸妇女，出银三千三百文赔礼”。青年男女背着父母自行成婚，“赔酒水十件、肉一盘（给女方父母）洗面”。婚后“男不愿妇（或）女不愿男，出纹银八两，钱一千七百五十文，禾十二把”交经被遗弃一方，始能离婚。“偷牛马，挖墙拱壁，（偷）禾谷鱼等罚钱十二千文整”，“偷棉花、茶子罚钱六千整”，“偷柴、瓜，割蒿草，火烧山，罚钱一千二百文”。失火烧毁自家的房子，“用猪两头退火神”，若祸及“四五家、十余家，除猪两头，外加铜钱三百三十三千文”。“引进油伙”进寨滋事，为害地方，“罚银二十四两”。除上述各项各款外，还明确规定：“大事小事不得唆事具控，如有多事者，罚银五十两。”等等，涉及寨内所有重大事项和当时需要解决的问题。

坐落在侗乡黎平八舟河源头的茅贡乡寨母侗寨，依山傍水、古树参天，寨前田畴溪流阡陌，寨中门楼、鼓楼、木楼、水井错落有致，是侗族原生态文化保存完好的村寨。在寨前路口边上，有一块道光二十五年（1845）二月朔日谷旦众寨公立碑，该碑为高120厘米、宽80厘米的青石碑，碑文依稀可见，刻记的是该寨为整肃治安、移风易俗、处理寨务而订立的12项款约。现摘录于下：

盖闻：

朝廷有禁律，闾里有乡条，均所以约束人心，而近风俗也。近因人心不古，风气日下，其间相延相袭之规，俱非沿制，□□□有不争，先约束之训窝匪入寨勾赌，败坏寨中子弟，以致贫穷遂至，盗贼滋起，遗害甚多，忧心殷上，莫能安堵，爰会集四寨□□，□□公同严惩，自盗贼窝赌之大，以致诸事礼节之微，由此则婚姻以正，风俗以端，无作盗贼，无学赌博，无好争讼及凶吉之□，裁省冗费，禁止奢华，积赢余之财，以备不虞，岂不成相邻俗美之盛哉，是为序。

——婚娶乃人伦之始，风化所系，理宜百年不移，岂容朝令夕改！但此风俗相延已久，仍当从俗从宜，或无唆破婚姻，女心自不愿者，遵照古制，姑婊财礼色银八两，非姑婊四两，若查知唆破之家，使人妻离，构成仇隙，凭证拦阻就中，列贫富三等：上户姑婊现财礼一十六两；中户八两；非姑婊上户照加十二两，中户八两。自中户以下多寡不在条例。男放女财礼，亦照此例。然此只许阻一二真实之家，不许思财多阻。至若改嫁，别人经过财礼，花费酒水，照加四两，以补酒水礼费。设徒饮定亲媒酒，男女翻悔，色银一两五钱。其媒酒谨照旧制，无许更新。此俱系公议嫁娶定规，违者公罚银三两二。

——年节送新媳，礼多寡只许妇女挑送婆家，不许回礼。

——添丁喜庆至请酒之日，亲属无论亲疏远近，礼多礼少，清晨一切许齐欢饮一次，饮毕，主客齐退，其馈三牲婆家，听凭主家所留。

——送丧礼制，竟为奢靡，生者无升石之储，而财力尽，于坟上伏腊，无糟糠之费，而牲牢兼於奠糜，破积世之业，以供夕朝之费，子孙饥寒。岂祖宗之意哉！嗣后丧事款待客亲鱼食。只许见人发□，以免浮费。至房兄弟，帮送酒礼，只许款酒。一次即止，更有送提箩小礼，虚靡丧酒食，一切谨革。

——寨长处理案件，务宜公平，勿地徇情偏护，颠倒是非，小事酿成大事，违者公罚银一两五钱。

——寨中大小事情，当听凭寨长处理，如若二比俱劝不下，更须请到邻寨长秉公切解，寝息其事，或有充公事件，即许充公，以便举行善事。倘有恃强，动辄告状，公罚银一十二两。

——田产经买主过价耕种，及已将银杜过粮买，勿得滋事翻悔，违者公罚银五两。

——赌博之事，最为下贱，贫穷盗贼皆缘此出。嗣后各家儆戒弟子，不许聚赌打牌，倘有不遵约束，仍敢窝赌及诱打牌者，遇有拏获，获访闻知，俱银六两。

——其人果实别有事故不至，丧家留食，宜自向主人名言，毋得向司事人混取，主客俱然。

——八九月间，万宝告成，无田地人家，毋得闲游田坝内，窥窃人田鱼及践踏禾田、扯豆等项，违者公罚银二两五分。

——遇三五成群，面生可疑，盗匪获闲游山林或移入寨内，速即传知四寨，一体查拏，协同送究。

——妇女衣服总宜尚古，亦要随时改换，但从前愿改者半，不愿改者宜半，人心易悔。从今后各寨，务宜戒其左邻，儆其右舍，革故鼎新，易裙而裳，以成一道同风之雅，由此吟歌坐月之习，渐渐革除之，则后日之文物冠裳与子弟将以读书成名，亦莫非行，今日我等寨振兴之力也，岂不美哉！

以上公约数条，俱系谨慎，风俗美事，各寨务宜遵约自爱，倘不自爱者各寨自行处理，重则协同送究。

道光二十五年二月朔日谷旦众寨公立①

二、法令和判决碑

（一）法令

封建官府还利用侗族地区常用的“刻石铭记”的形式，发布政府通令，达到维护统治秩序的目的。立于今贵州黔东南从江信地村的《除暴安良》碑即如此。该碑立于清光绪二十四年（1898）三月，内容主要是对付当时的反清势力——会党，其碑说：

① 2009年笔者在该村拍照、录入。

古州厅属，界连湘粤，宵小最易潜纵，捕务亟须整顿。前经本镇、道督饬文武严办、保甲巡防，并历次示禁查拿在案。兹据厅三保各寨甲长吴正吉等禀称：会匪纵横，行劫掠，叠经报官，票差明拿暗纵，游行僻乡小寨，勒取酒肉脚费，何尝为民捕。恳示锄盗等情，到本镇、道。据此，除批示并扎古州厅严加查禁，认真保甲暨各营切实巡防外，合函会示，为此示：仰阖属汉苗军民人等知悉。自示之后，务各遵照历办保甲定章，切实举行。严杜窝留，清内奸即绝外匪，得阳奉阴违，视为具文。并于各寨设立梆锣，遇有盗警，闻声合捕，如匪持有洋枪、刀械拒捕者，格杀勿论，如已就拘执，仍照前例送官严办……经此次严示，各该民等，尤当守望相助，共保身家，并劝谕子弟乡党，勿受会匪煽惑，安分谋生，即从前被诱误入会党者，但能洗心改行，亦并宽其既往，予以自新，倘再怙恶不悛，不特立被格毙者，死不予究，即经生获到官，亦必处以极刑，决不宽贷……其有成群结伙，怙霸乡村，勾赌磕良，丢包放各匪徒，准由该甲长、土弁报同驻防营协拿，捆送地方官，从严惩办。他若暗盗牛马，明吃报口，捏词妄害，移尸嫁祸，又或假报木商横取人木，造老契税印，强争田产，以及差役下乡纵滋事等情，应由受害之家取有实据，指名控官究理，以儆奸蠹。

又如道光二十九年（1849）正月，黎平知府发布《府正堂示》，以民众商议条款形式，通令全府各地“捕盗”，借助侗族地区款约形式，达到维护地方安宁的目的。摘录于下：

府正堂示：

署黎平府事安顺府正堂加九级记录十五次　常　为晓事照得黎平郡地方，前因盗匪横行，抢劫无忌，本府曾经出示团练在案。兹据生民周沦等会议条款，禀送前来本府查阅，择其可行者存留之，通漏者补叙之，共得十条，均为今日之急务，盗捕之良策。合（今）再出晓谕。为此示仰府属绅耆民苗人等知悉：尔等务照各条所议章程，力为奉期永远。怠则盗匪闻风远扬，从此渐可安抚矣！尔等所议条款，贴列于后，各宜（禀遵）毋违特示。

一议见盗入境，即发木（牌）通知别寨，如有停留居时，罚钱五十二千文；

一议别寨接得木刻，不肯齐心追捉者，罚钱五十二千文；

一议追盗之时，各寨预备枪炮、火药、岩石、刀、棍器械，以备不虞，如无备办者，罚钱十二千文；

一议追盗之时，每寨备办锦被二床以搪炮，如不备办者，罚钱十二千文；

一议追盗之时，偿（倘）遇追者盘费尽，须当就便借取，如有心坚吝不借者，罚钱四百文，偿（倘）借者不还者，仍照借去数目加倍还钱；

一议追盗得胜，拿获盗□□盗匪者，赏钱六千文，如追盗受伤者，看伤轻重，重者议给钱十千文，轻者五千文，如因伤毙命者，议给钱五十千文；

一议追盗之时，如有受贿恂情，私放盗匪者，罚钱五十二千文；

一议盗来去必有踪迹，如有知不报者，查出罚□□□□□□；

一议追盗之时，倘若贪货取财，抢掳猪牛禾谷昔物，放走强盗者，罚钱五十二千文；

一议各寨每股出钱十千。

精壮人等，各持器械，访闻盗党所聚之处，即入山赶追，拿获一名者，议给钱五千文，送官到寨，官再赏钱五千文，□□系属首要犯，官另赏银五十两，以数（鼓）励。

以上各条，便系众寨同心合意，甚属可嘉。本府照原议章程各寨公举公正头人三四名，继理其事，将头人名单书薄送府存案，如有不遵款条，临时推故不前者，除□□寨头禀明到官，定照通盗例加倍究办。

府发给土料纸张，本籍此赏，具禀题究。

道光二十九年正月初九日　寨晓谕①

再如，清同治三年（1864）三月湖南靖州直隶州绥宁县正堂出示严禁示：

署湖南靖州直隶州绥宁县正堂加十级纪录十次　孙　为出示严禁示：照得本县访闻绥邑地方，近有无业游民在此设局赌博，一经输□无出，遂起意偷盗。更有一等无赖之辈，或纵容……牲畜践踏禾苗，或盗砍树木，偷摘茶子。虽然业主亲见，亦竟肆行无忌。种种为害地方，实勘痛恨。□□□差查办间接捉。龙道路等禀请示禁前来，除禀批示，以合行出示严禁，为此，示仰该里军民人等知：

自示之后，尔等务容安守本分，痛改前非，毋得重蹈前辙，自罗法网，倘敢性恶不悛，该保团练立即查办，以凭严究惩办，决不姑宽。该保团练亦

① 此碑立于从江县停洞区增冲乡增冲大寨楼内，详见贵州省志民族志编委会：《民族志资料汇编》第三集“侗族”，1988 年内部印刷出版。

不得挟嫌妄拿滋事，致干并实。共各凛遵毋违。

特示

同治三年三月夏合乡同立。①

（二）判决书

还有一种是官府的就具体案件的判决书，记载当时纠纷的经过、官府的判决和立碑的目的，虽然碑中没有写明该碑竖立者，但可以推知是官司胜诉一方为固化官府判决结果，达到永绝纠纷的目的而立的。请看下面二碑：

1. 大冲“碑墩”

遵批立碑，万代不朽

贵州镇远府天柱县巡厅张

查讯得袁克恒、秀清、德凤、光辉、士贤、生员盛猷、世经等以强砍古树等情，具控杨裕远等一案，随据两造投递情况前来。当经本厅亲临踏勘，验得杨、袁二家门首溪岸之上，砍倒重杨树四蔸，约大四五尺不等，此树想因培植风水所蓄。勘毕集案研讯，其树乃先年所蓄，并无干碍杨姓，质乡保人等，各供如绘，其不宜擅砍明矣。乃杨裕远妄信勘舆狂言，将树强行砍伐，反敢行凶，肆横已极。本应详究，按律惩治，姑念乡愚无知，量予枷责，断令仍于原砍之处蓄栽树木，以培风水。并令埋石为界，上截归袁姓，下截归杨姓，永远敦好，不得滋事。杨裕远等俯首诚服，自愿凭证书立虑合同二纸，朱批执拟，外各具遵结在案。诚恐杨姓等复行藐断，更为详情立案，竖立石碑，永绝讼端可也。

此批

贵州镇远府摄理天柱县正堂博大老爷批，既经勘明讯断，如详立案。

此徼

乾隆五十七年十一月二十九日详

十二月初二日批　十二日到②

---

① 绥宁县文化局、文化馆编：《绥宁县文物志》，1987年内部印刷，第12页。该碑于绥宁县东山侗族乡表华村四组院落内。

② 该碑位于三门塘下游五华里的大冲，有百余户人家，分别为袁、杨、李等姓，该碑四方立柱，高三米余，上部四面均刻有文字，碑柱立于大冲河畔细草坪上，人们称之为“碑礅”。

2. 锦屏《岔路梧洞坳分界碑》

万古不朽

贵州黎平府锦屏正堂加五级记录十次　宋

贵州黎平府湖耳正堂加一级随带记录二次　杨

为勒石定界以杜争端事，照得梧洞坳原系府属地介，因龙正卿控告吴容华、贵华、高华成先等所占山场一案，控经前任府主郑，蒙批前任县严三勘三详在案，而龙正卿不服。前任府主郑当堂审讯，复委县主严登山踏勘，梧洞寨后管山六岭，吴容华等就近开挖茶、杉树木俱已成林，断归吴容华等管业。所有黄匡冲一带，东至丹梁介，西至岑脚坡，南至江北至杨梅山止，仍归吴姓管业。但龙姓所管之业上至岔路起，下至龙海坟脚止，并荒寨屋基一所，黄匡冲有龙正卿当出茶山一幅、冲品田一丘，听其龙正卿赎取，而正卿复勾刘文德盗检山中茶子，又控经前任开泰县主费审讯追赔吴容华等茶子银三十六两，给执照，着形收执。于乾隆三十年九月内龙正卿盗砍黄匡冲界内杉木一株卖于邱益生，控经本县，依照前案断明，追回木价，复又勾杨老羊盗检茶子，自取跌伤，具控府主王批发下县，本县登山勘验，细查询问，委果无异，立碑定界，详明府主王在案，吴容华等系愚民无知，是以勒石为界，永杜后患。

乾隆三十一年六月十八日立①

（三）官发禁事民刻碑

清代前期在黔东南苗侗地区的土司税役极重、征粮不善。有的土官应纳钱粮不过300余两，却“取于下者百倍”②。官军、官员过境所需夫役，由土司向所属苗民征派，用以运粮、抬轿。遇有战事，土司则征调苗众服兵役以作前驱。到乾隆中后期，在黔东南地区出现“赋外加赋”“差外加差”的现象，官吏“征粮不善”③给苗侗人民带来沉重的经济负担，滥派劳役引起了苗侗人民普遍不满，引发各族人民的反抗，终于在同治年间爆发了张秀眉领导的大起义。每当朝廷得知上述问题，便会责令地方官府减粮减役，以减轻苗侗人民的负担，因为安抚苗疆始终是清政府在西南地区的一

---

① 锦屏县志编委会:《锦屏县志》（下册，未刊稿），第1110页。

② 《圣武记·雍正西南夷改流记》。

③ 《清史稿》卷五一五，《土司传·贵州》。

项重要工作。苗侗人民斗争的结果一定会在国家与地方民族立法上有所反映，现在黔东南地区保有很多的“抗粮碑”“抗捐碑”，也有官府的“减粮碑”“减役碑”。在清代地方官府发布的禁约中，对苗民减役减粮内容的规定比较常见。在剑河县城东南67公里的翁座乡翁座村东路口处立有一块载有同治十三年（1874）十一月二十七日贵州巡抚曾碧光“出示严禁事”的石碑，共13条，主要内容是规定差役不准向苗侗人民摊派勒索、禁止苗侗人民结盟拜会、村寨严查贼盗及其他社会治安问题。① 到光绪二年（1876）贵州巡抚黎培敬又发布“免地方当赴应役事禁约”，此碑今于黔东南州黎平县坝寨乡青寨鼓楼前，碑文所记如下：

太子少保品顶戴兵部侍郎兼都察院右都尉使巡抚贵州等处地方提督军务加节制通省兵马衔兼班粮饷军功加二级世袭云骑尉黎

为出示严禁事，按查

前抚部院曾　原示内开照得苗疆粗（初）定，民困未苏，亟应剔除陈弊，加意妥为抚绥，以作长治久安之计。兹据省通善后总局转据署都匀府罗守具禀：地方官及土司衙门、书役向有苗民轮流当差应夫，并供应器具什物，每遇差使过境或因公下乡，土司书役联为一气，勒派夫马、酒食，无不恣意苛求。且有营汛、员弁、官绅责令苗民负役，其弊相等，各路防管见而效尤。遇有移营樵采等事，亦相率拉夫，似此劳烦民力，骏削民膏，实不堪命，应即严行禁革，以安闾阎。除行善后局分移镇、道，并行各营属遵照外，合行出示晓谕。为此，示仰各属地方官绅及各等营汛、员弁并土司、民苗人等知悉。嗣后除主考学院过境照旧派夫迎送，此外无任何项差役，不准派令民苗应夫供役，一切供应陋规，概行革除。偿（倘）有仍前勒派索扰情弊，或被告发，即行照例分别参处究办，决不稍宽。

勿谓言之不预也。等因缮（誊）发挠（晓）谕在案。兹据黎平府属团民杨宗刚等禀请，查案示禁，前来相应，照缮（誊）谕禁各宜禀遵，毋违特示。

右谕通知

光绪二年正月十二日　发给②

与青寨石碑内容相同或相近的石碑在黎平县茅贡区寨头乡寨头村大寨寨内过道上

① 《剑河县志》“文物、名胜”，1988年11月（打印稿）。

② 2000年12月笔者在青寨调查村规民约时偶然发现并抄录。

有一块，该乡坝寨村寨中鼓楼坪上有一块，该县天甫乡坝寨村中鼓楼坪上也有一块①。从上文“发给”字样看，官府是根据团民的请求誊抄给各村的纸质文书，由各村组织刻碑竖立的。再从青寨石碑刻写水平看，字迹很不工整，错字、别字、漏字很多，与贵州省志民族志编委会所编《民族志资料汇编》第三集“侗族”所录茅贡区寨头乡寨头村大寨寨内过道上的那块同一内容的碑文相比较文字顺序有出入，刻写不一致。这些都说明各处所存石碑均为当地村民所立。村民们为什么乐于出资竖立这些官府的法令呢？因为这些法令的内容某种程度上保护了苗侗人民的利益，各族人民经过各种合法的、不合法的斗争，才使官府明令免除额外苛派，轻徭薄赋，所以人们才乐意竖立它。

① 详见贵州省志民族志编委会：《民族志资料汇编》第三集“侗族”，1988 年内部印刷出版。

HEKUAN YU KUANYUEFA
——DONGZU DIQU SHEHUI ZUZHI JI
QIANDONGNAN GEDI DE KUANJIN

第二章

“合款”与“款约法”
——侗族地区社会组织及黔东南各地的“款禁”

侗族历史上曾建立过一种以地域为纽带的村与村、寨与寨之间的地方联盟——“款组织”，它有较强的地域性，通过它形成了侗族传统社区政务、经济、法律和军事联盟等性质的民间自治联防组织和社会机制。所谓“款组织”，包括小款、大款和大款联合，不同层次的“款组织”都订立有自己范围内行用的“款约法”，“款”（侗音kuant）本身就有“盟誓”和“条约”之意。“盟誓”指的是结盟和发誓，这是一种具有习惯法性质的法律约束形式，是各民族早期习惯法的渊源之一。“盟誓”在我国古代部落联盟和诸侯割据情况下经常使用，在中央政权建立后，国家常采取这种方法与地方势力较强的民族进行盟誓。侗族“合款”的重要内容也是订立“盟诅要约”，“合款”是为了某种共同的利益和共同防御外敌、防御盗贼等目的结成盟约，并通过“歃血为盟”的仪式，要求会盟各村寨共同遵守，不得违反。这是在平等自愿基础上通过“盟约”立款建立的侗族独特的民间法制度，其名称有“款约”“合款各条”“款示”“禁约”“禁款”等。本章通过现存有黔东南从江、黎平、三穗、锦屏、天柱等县的“款约法”资料，分析款组织的范围、“立法”活动及“款约法”的内容。

第一节

“款组织”的范围

“合款”有悠久的历史，大概产生于侗族历史上的部落联盟时期，应该是侗族迁入黔湘桂交界的山地之后的事情，当时这片山地还有苗族、水族、瑶族等民族，氏族间经常发生战争，刚刚衍化成为单一民族的侗族，需要借助款组织这种形式，来加强民族凝聚力。可以说，款组织加强了侗族衍化成单一民族的进程，维护了侗族文化的独立性，虽然这一独立性开始是脆弱的，有严重的依附性，但通过款组织侗族社会成为整饬严明的社会，社会行为具有规范性和约束性。① 直到今天侗族人都还在地域界限和社区归属上认同“款区”的传统划分，如“六洞地区”“二千九地区”等等。“合款”作为民主自治组织大约产生于唐代，这种组织经常集会的地方称为“款坪”（也叫款场，有的地方称为“洞”），现在在黔东南三穗县（清代为邛水）还有叫“款

① 傅安辉、余达忠：《九寨民俗》，贵州人民出版社1997年版，第63页。

场”的乡，是过去该地侗族人民“聚款”的地方。在湖南靖州靠近贵州一带保留过去的款坪还很多，如双江鹅凤口款场（今三锹乡菜地村）、岩板田款场（今三锹乡地背村）、牛盘岭款场（今藕团乡老里村）、芦笙界款场（今藕团乡新街村九芦冲山界上）、凤冲款场（今三锹乡凤冲村）① 等等。

历史上，黔湘桂边区的侗族村寨不可胜数，但村寨只是侗族社会组织的细胞，并不是“款”，村寨与村寨因为某种目的结成联盟，订立“盟约”，才能叫作“款”②，他们联合的过程以及共同的行动叫“合款”或“联款”，共同订立的“盟约”为“款约法”，历史上侗族法律从整体形式上一般成为“侗款”。“合款”开始由几个或十几个地域相邻的自然村寨组成“小款”，然后逐渐扩大，形成“大款”和“大款联合”。明代刘钦《渠阳边防考》说：“其曰峒蛮者……皆从古无大豪长……或千人团哗，百人合款，纷纷籍籍，不相兼统……徒以盟诅要约，终无法度相縻。”真实地反映了明朝时侗族款组织的相关情况。由于历史上侗族地区的交通极为不便，支系较多，分布较广，迁徙也比较频繁，始终没有形成地方性的民族政权，分散而无统一的权力管辖，处于一种没有国家法制管辖的状态。侗族习惯上把款叫“团款”，也可以单叫“团”。参加大款联合会议的一般都有上千人，这里说的“百人合款”是指小款组织，它的联合会议一般也有上百人，是各村寨和主要氏族的代表。

湖南绥宁县发现的明万历三年（1575）的《赏民册示》，是较早地解读侗族合款和当时湘黔边界民族关系以及政府民族政策的重要资料。湖南通道、绥宁紧邻贵州黎平，为侗族世居地区，又邻近“苗疆③”，与周边的苗族、汉族有很深的接触。明朝

---

① 夏新华、王奇才：《论湖南靖州的“合款”——兼论国家法与民族习惯法的关系》，载吴大华、徐晓光主编《民族法学评论》第2卷，华夏文化艺术出版社2002年版，第63页。

② 杨昌嗣先生重点强调指出：“合款是侗族的社会组织，而不是‘款’是侗族的社会组织”（参见《侗族社会的款组织及其特点》，载《民族研究》1990年第4期）。

③ 所谓“苗疆”有广义、狭义之分，广义的“苗疆”泛指黔、滇、湘、川、两广等省（区）各少数民族聚居的地区；而狭义的“苗疆”则是指黔东南苗族、侗族（包括瑶族、水族等其他少数民族）以古州（今黔东南榕江县）为中心的核心区。本书使用该词主要是指狭义“苗疆”，或称“黔省苗疆”。正是在明代时有了把古州为中心的黔东南地区称“苗疆”的提法，如史所载：“明永乐时，贵州虽列为行省，而其东南湘桂等处，仍为苗蛮所据，以古州为中心，周围三千里，环寨千三百余，名曰‘苗疆’。”（民国《贵州通志·土司志》四，民国三十七年铅印本）清代史籍也称：“苗疆当贵州、湖南之境，叛服靡常，历代皆剿抚渐施。”（《清史稿》卷一三七，《兵部八·边防》）民国以前民族识别不明确，史料中把与苗族相邻居住的“峒（洞、侗）人”，称为“洞（侗）苗”者多矣，如爱必达在《黔南识略》卷一三《清江厅》、卷一七《镇远及石阡府》、卷二一《黎平府》、卷二二《古州厅》等处，则将“峒（洞）人”归为“苗”，称“峒（洞）苗”。《赏民册示》从整体分析看，所称“恩苗”是指“受朝廷恩赏的侗族款首”。

政府为稳定该地社会秩序，安抚当地款首，特颁行《赏民册示》，规定："赏恩苗头盔衣甲，倒牛合款，三年一小赏，五年一大赏，花红牛酒，要恩苗紧把隘路，不许苗蛮入境，乡村相互守望，听从款令调换，大小事听洞长乡约公道排解，要安分，男耕女织，不许争占欺弊，四洞各村不许汉人坐住苗疆，百计盘剥扰害之弊。四洞每岁立冬同会四安坪（今湖南省通道侗族自治县下乡）合款，约禁各条各款，不得违令。"① 朝廷鼓励侗族"倒牛合款"，保护地方，赏给本地款石头盔衣甲，扎有红结的牛和酒，并成为定例"三年一小赏，五年一大赏"，但恩赏是有目的的，其目的是：①把守要隘，禁止苗族人入境以至进入内地，也不准汉族人长住该地，以免有汉人盘剥扰害、挑动事端；②侗族人本身要安分守己，各安本业，有纠纷由寨老、长老妥善剖解，侗族村寨"相互守望"，听从款令的安排；③所辖"四洞"侗族每年立冬时共同汇集在"四安坪"合款，详细订立"约禁"，制订"各条各款"。该资料传递了诸多重要历史信息：①早在明朝万历年间政府在侗族合款的当时就赏给祭品和礼品，朝廷要借助侗族地区早已家喻户晓的合款形式，达到维护地方安宁的目的；②《赏民册示》的内容指向与传统《侗款》内容是一致的，所以能被侗族所接受，如禁止苗族入境和汉族长住，正好和《侗款》打击的吃里爬外、"勾生吃熟"等合拍；③明朝在湖南侗族地区的这些"因俗而治"的政策经验为以后清朝政府统治黔东南地区侗族提供了路径。

一、"小款"有多小？

资料显示，民国以前贵州从江县境内的丙妹、平毫、平瑞三寨约900户为一小款；板娘、八町、弄盆、歹背等寨约700户为一小款；大榕洞、小呆、围里、小榕洞、上乐等寨约1300户为一小款；谷洞、高纤、银潭等寨约1200户为一小款；高平、流架等寨约1700户为一小款；占里、富中、驼里等寨约500户为一小款；高增、岜扒、小黄等寨约1500户为一小款。在"小款"中也有大小之分，宋代文献里"款"又叫作"门款"，即"联防武装"之意。宋人朱辅《溪蛮丛笑》称：侗人

① 《赏民册示》资料很重要，但学者们引用时都没有说明原始出处，内容也有歧义。邓敏文、吴浩：《侗款的历史变迁》（《民族论坛》1994年第2期）转引洪寒松《侗族"合款"制试析》（载《湖南民族研究》1985年第11期），该文认为"四洞各村"为"罗岩峒、芙蓉峒、石阳峒、扶城半峒"。

“彼此相结，歃血叫誓，缓急相救，名曰门（盟）款”；宋洪迈《渠阳蛮俗》说：“田丁之居，峭岩重阜，大率无（五）十家之聚。遇仇杀，则立栅布棘以受之，各有门款。门款犹言伍籍也。”由此可见，从50户到2000户以内均为“小款”。小款不论村寨多小，哪怕只有几个村寨也可以通过合款订立“款约”，典型的如黎平纪堂、登江、弄邦、朝洞四寨于光绪十八年（1892）七月八日款众等同立的《永世芳规》，就是六洞大款中四寨所组成的小款自己订立的“条规”。《永世芳规碑》碑文如下：

盖设禁碑流传，以挽颓风而同款古道事：照得人有善恶之悬殊，例有轻重之各异。故效朝廷制律，以平四海而安九州。□野□条，以和宗族而睦乡里。因此始得公共酌议，即将此冠婚丧祭之礼，吉凶富嘉之义，一一以定其而无移，又将放僻邪侈之类，奸宄背逆之流，在以深其禁而有□。不特此也，且严内攘室家，资财货物，外盗田园鱼谷蔬果，并杉茶竹笋。古树山林，不准斧斤妄伐。而偷禾谷薪柴，养牲六畜不许乱食。而窃自今定碑以后，咸欲制事，以义制心，以花以格，非心而再臻于盛世，则士食旧德，农服先畴，工而居市，商也贸易，俾我等人，人各安于本份（分），户户讲义而型（行）仁。此善果虽微，岂非千古不朽，章程未尽修斋，明列条规于后。

——议衙门一切公务，应宜同心即办，不可违误。

——半途盗窃，要齐团送官治罪。

——翻田串磕 一切等事，罚钱十二千文千。

——偷窃牛马货物、田鱼、禾谷一切，罚钱八百文。

——窝主客留匪类，罚钱十二千文。

——赌博烂棍罚钱十二千文，违者送官治罪。

——砍伐古树竹笋，罚钱三千文。

——偷杉、茶、木柴、棉花一切，每项罚钱八千八百文。

——攘摸鸡狗罚钱一千二百文。

——偷窃蔬菜罚钱一千二百文。

——通奸事罚银四两，猪肉七十二斤，酒十二斤。

——奸事妄讼罚钱十二千文。

——拐夫罚银廿四两，前夫听去，现规（归）后夫全退，又赔猪肉七十二斤，鱼十五斤，酒廿四斤，并房族猪肉一百斤。

——婚未过门者，男弃女嫌，二同规（定），（罚）银七钱，（棉）花二斤，织布一匹，春夏（棉）花织（布）折钱，男六百文，女三百文，秋冬概不准折。

——婚已过门者，男弃女嫌，二同规（定），（罚）银一两六，（棉）花（织）布同上。

——婚已得（纺）车、被（子）者，男弃女嫌，规银男十二两，女七两，（棉）花（织）布同上。

——婚久年生育者，男弃规银十四两，禾十二把，酒廿四斤，草鱼十五斤，白口银五百文，猪肉五斤，熟饭卅斤。

——婚婊妻者，要自动凭媒言定，女嫌规银六两，猪肉七十二斤，酒二十四斤，草鱼十五斤，男弃无规。

——女诬赖登门，男弃规银五两整，别无规。

——夫故妻出，银四两，白口银五百文，熟饭卅斤，猪肉五斤，女奁要凭二房，先有过秤多少后同退，妄言不准。

——父母临丧，饭布五包，酸鱼五吊（条），父归女婿，母归娘家。至送丧猪肉十斤，饭五包，鱼五吊。

——女婿犯，赔岳父礼，猪肉五十二斤，酒十二斤。

——丧岳父母者，婿之绹郎，酒饭倘后，女嫌赔钱一千二百文，婿之吊丧礼钱全退，或二三，女谁嫌谁赔。

——妄开砍禁山，公罚钱八千八百文，复谢龙在外。

以上等条倘有违抗不遵者，公罚钱十二千文，各宜凛遵。

光绪十八年七月初八日　众等同立

纪堂、登江、弄邦、朝洞寨①

在侗族地区这类款碑极多，有着丰富的碑刻流传，可谓“村有石碑，寨有碑铭”，但由于交通条件限制，远远未能将石碑收录殆尽，还有很多石碑存留于黔东南侗族地区的崇山峻岭之中，等待学者们收集研究。我们在黎平岩洞一农家收集到一块已作为该户门槛垫脚石的乾隆二十二年（1757）“款禁碑”，该法只有13个村寨联合订立，

① 《永世芳规》资料详见黄才贵收集、整理：《黎平县肇洞的纪堂等四寨合款条规》，载《民族志资料汇编》第三集“侗族”，1987年10月内部印刷。

是针对盗窃、抢夺等犯罪行为的，具体要求和处罚也只有三四项，但仍属于“款约法”中的“禁款”。竹坪、薪洞、岩洞、朋岩、述洞、已炭、同关、寨拱、平吝、迷洞、四寨、坑洞、山洞等是13个寨联成的小款，历史上成为“十洞小款”①。其内容如下：

今天下承平日久，屯寨杂处，女织男耕，熙熙攘攘，均沾皇恩升平之世。如无数年来，有无知之棍徒，约济两三人，一入其寨，或偷牛盗禾，或挖墙穿壁，或盗鸡鸭，或盗羊，受害无休。兹我众寨商议，立禁款禁，以安地方事。

如有偷盗，拿获查实者，通历众寨，绑捆款上，立即打死。

一不许赴官；

二不许动凶；

三不许隐匿抗违。

如有三条查一，同治罪。

立此款禁。

竹坪：善法、干赏、老命。

薪洞（今新洞）：田看、今太、岑宇。

岩洞：良（银）共、才□、朝干。

朋岩：王仲仁、朱德如。

述洞：华倒。

已炭：世川。

同关：香挽。

寨拱：才通。

平吝：今敖。

迷洞：吴老铁。

四寨：吴松楼。

坑洞：吴跟□。

山洞：吴法良。

① 石开忠：《侗族款组织及其变迁研究》，民族出版社2009年版，第144页。

乾隆二十二年二月初五十三寨　同立款禁[①]

二、“大款”有多大?

前面列举的从江各小款以共同的“斗牛场”（牛塘）八孖为中心联成一个大款。其范围以八孖为中心，东到高增10公里，西到大榕洞5公里，南到丙梅（丙妹，现在的从江县城关）5公里，北到银潭3公里。总面积约120平方公里。八孖就是这个大款的“款坪”②。“大款”是较大规模的村寨联盟，至少由相邻数十个大小村寨组成，由于村寨众多，便以小款合款的“款坪”为参加单位，有的大款由数个、数十个款坪组成。黔湘桂边界的侗族地区直到1949年仍保留着大款组织，共有“十三款坪”。据一些老人回忆，民国以前黔湘桂三省的通首、黎平、从江、三江、龙胜这几个县的侗族共有13个大款。由此可见，“千人团哗，百人合款”的记载说明了“大款”“小款”的区分。传统的大款组织有的是以参加的户数来命名，如“二千九款”；有的是以小款组织的基础数来命名，如“九洞款”“六洞款”等。

大款也根据其组成的不同区域分成各个部分。高增寨过去属于“二千九款”的范围，“二千九”就是说有2 900户的一片广阔地区的若干个村寨组成的村寨联盟，它是地域性的“大款”③，该款分为上九百、中九百、下九百（河边）3个部分，其中“中九百”就包括高增乡各寨，丙妹镇的峦里、岑报（苗族）以及与占里为邻的托里，这与前文提到的高增、岜扒、小黄等寨组成的小款范围大体相合。现在在从江县的增冲、信地等地仍然可找到这种大款的典型形态，这一带在历史上被称作“九洞

---

① 石开忠：《侗族款组织及其变迁研究》，民族出版社2009年版，第144页。另贵州大学崔海洋提供该款禁的又一版本：“今天下承平日久，屯寨杂处，女织男耕，熙熙攘攘，均沾皇恩升平之世。无如数年来，有无知之棍徒，约齐两三人，一入其寨，或偷牛盗禾，或挖墙穿壁，或盗鸡鸭，或盗猪羊，受害无休，兹我众寨商议，立禁款禁，以安地方事：如有偷盗，拿获查收者，通历（游示众寨），绑捆款上，立即打死，一不许赴官，二不许私凶，三不许隐匿抗违。如有三条查（之）一，同治罪。此立款禁。竹坪：善法、干赏、老命。薪洞：田看、今太、岑宇。岩洞：良（银）共，才□、朝干。朋岩：王仲仁、朱德如。述洞：华倒。已炭：世川。同关：香挽。寨拱：才通。平旮：今敖。迷洞：吴老铁。四寨：吴松楼。石里（坑）洞：吴跟□。山洞：吴法良。乾隆二十二年二月初五十三寨　同立□禁。”

② 也有学者认为：“洞”是侗族古代社会组织形式，凌驾于家族组织之上，是村寨联盟款的基层单位（见向零：《六洞侗族社会组织调查——一个古代军事联盟组织的遗迹》）。对款组织的划分也有使用“小款”“中款”“大款”和“特大款”叫法的，“特大款”便是“大款联合”。

③ 向零：《高增与“二千九”的社会组织》，载贵州省民族研究所、贵州省民族研究会编《贵州民族调查》（九），1990年内部印刷。

款”，该款由上半款和下半款组成，上半款当地人称之为“上千二”，就是说有 1 200 户；下半款称之为“下九百”，由900 户组成，全款号称2 100 户，这便是大款规模的款了。增冲等寨就在“下九百”之中，因为他们的活动中心在往洞平寨，该寨又叫平楼寨，所以也叫“平楼款堂”，平楼不仅处于九洞中心，而且有较为宽阔的田坝，便于举行大型的群众活动。在清代以前，九洞既是基层行政单位，又是其管辖下的各寨的联合组织，也是一个地域范围的“大款”①。近代黔东南北部侗族地区类似于大款组织的以“注溪十八寨联款”最为出名，它是清朝末期至民国时期县北侗社会的接近大款的款组织，参加的村寨包括现今注溪乡的上注溪、下注溪及蓝田镇碧雅、凤阿、塘涧、闪溪、贡溪、三岔塘、两岔等较大侗族村寨，大小计 20 余个，这可能也是北侗地区最小的“大款”了。“注溪十八寨联款”曾在抵御外盗抢劫、维护地方社会治安、保护民众生产等方面起过重要作用。

当时注溪、蓝田自然灾害频仍，民生凋敝；加上地方不靖，匪患猖獗，为了保障本族民众利益，让族内民众安心农事，平稳生活，必须有较大的村寨联盟才能保境安民，而一姓或一寨是无力抵御外来武装势力侵扰的，于是村寨之间结成地方联盟。该款组织还在蒲溪、塘涧、碧雅之间的山坳上设 3 个哨所，日夜轮流值班守望，有警即鸣枪为号，各寨鸣锣聚众，寨老带队出发。大款组织具有浓厚的地方自治武装性质，对维护地方治安曾起到积极的作用，每当境外土匪抢劫十八寨时，因有联款防御，多数村寨幸免于难。民国三十八年（1949）春，湖南芷江匪首蒲光翠率数百名武装土匪经常滋扰该县北部边界，天柱县保警队屡攻不下，致使匪焰嚣张。一次，蒲匪由关坪村进掳十八寨时，各寨迅速集中力量联款抵御，一时各寨要道、山头布满人群，吆喝声、呐喊声响成一片，蒲匪只好向湖南逃遁②。

三、什么是“大款联合”？

侗族“大款联合”相当于部落联盟，若干大款联盟组成“大款联合”。宋人李诵在其《熟降台记》中记载：淳熙三年（1176），湖南靖州中洞姚民敖组织起义，“环地百里合为一款，抗敌官军”，这是至今所见最早对“大款联合”的记载。明代吴勉

① 向零：《从江九洞侗族社会组织与习惯法》，载贵州省民族研究所、贵州省民族研究会编：《贵州民族调查》（三），1990 年内部印刷。

② “注溪十八寨联款”资料，见天柱县宣传部 http//www. gz. xinhanet. com。

领导的农民起义有“头在古州（贵州省黔东南榕江县），尾在柳州”的说法。①“大款联合”一般以某地的“合款”为基础，以前贵州黎平、从江和广西三江交界的水口、高岩等六洞地方称为“四脚牛”，因合款杀牛后分牛的4只脚，将其分给4个寨而得名。② 清光绪年间曾经在此爆发“四脚牛”农民起义，起义军在侗族首领石大力、黑大汉领导下，以款组织的形式“聚党万余人，袭破下江厅，连陷永从县，并焚掠丙妹、洪州暨湖南通道之播阳所，凶焰号鸟张，楚黔大震”。广西《三江县志》也有关于林溪、武洛、猛江与和里等五百余寨于同治二年（1862）组成大款联合的记载。时有“头在古州，尾在柳州，五十江河，寨寨立碑”的说法。在民间口传资料中也有大款联合的记录，如《从前我们做大款》的款词中曾提到“头在古州，尾在柳州，古州是盖，柳州是底”的大款联合组织，但在当时的条件下，交通不便，信息传递困难，很难发挥作用。款词也提到“等古州来救我们，水来时火已过。等柳州来救，盐巴来时肉已臭”；“亲戚闻远难看望，远水救不得近火”。由于大款联合聚集起来非常不易，所以非到发动大型农民起义和有大规模的外敌入侵，侗族聚居地整体生存受到威胁以及进行民族风俗改革时不会进行大款联合。

在侗族习惯法中我们还可以看到通过大款联合制订的“款约法”，比如《九十九老款》（也称《十二款约》或《侗族古法十二条》），这是清道光年间（1821—1850）侗族各地大款在黎平县地扪腊洞举行大款联合，聚集侗族地区99位款首联款议定的“款约法”，所以习惯上称《九十九老款》，至今仍流传于六洞、二千九地区。《九十九老款》的主要内容是：①治偷鸡鸭；②治偷猪狗；③治偷牛马；④罚十二；⑤治偷人妻；⑥抓歹徒；⑦治不孝；⑧治嫁娶；⑨治打人；⑩团结（侗族俗语“块块”）；⑪防火；⑫治不遵守此约。③ 该法全文不到1000字，条目清晰，用语较为规范且简明扼要，已具有成文习惯法性质。而岳麓书社出版的《侗款》所收《九十九公合款》是根据黎平赛洞老人用侗语口述用汉字记录的，有很多内容和前面《九十九老款》“立法意图”是一致的，只是后者篇幅很长，仅用汉文记录的文本就有700多行，明

① 转引自吴浩：《款坪、埋岩、石碑的共同文化特征》，载《中南民族大学学报》1990年第1期。

② ［清］徐家干：《苗疆见闻录》“四脚牛”，吴一文校注，贵州人民出版社1997年版，第232页。

③ 引自政协从江县文史学习委员会、从江县文化体育广播电视局编印：《从江文史资料》第7集，张子刚编撰：《从江石刻资料选编》，从江县教育印刷厂2007年12月印刷，第63—65页。该资料是从江县高增乡退休干部吴生贤根据侗语意译的，岳麓书社出版的《侗款》（1988年版）一书中也有相近的款约。

显带有口头传唱的特点。① 两者作为大款联合立法的地域范围是一致的，但两者是同一次合款，还是不同时间的两次合款，尚有进一步研究的必要。

第二节

“合款”的形式与目的

明万历三年（1575）的《赏民册示》中说：“最（有）用者，莫如峒有长，款有头，丁有牌，寨有主。”大款和小款虽都没有常设机构，但都有议事款坪，也都有“款首”（团首②、首人）。款首是款组织的领导者，也是侗族社会的管理者。“款首”在侗语里叫“GaoKuant”，在特定场合有叫“MungGao · Mung”或者“宁老”。“Mung”在侗语中的含义是指一个有一定社会地位、有官职的人等。“款首”是研究者用汉字书写的，《赏民册示》中称为“款头”；徐家干《苗疆闻见录》记作“头公”；民国姜玉笙编撰的《三江县志》记载为“款首”。款首多为男性，有巫师、款师、拳师等，既有略识汉语文的，也有不知汉语文的。款首由款众民主选举产生，通常由款内经验丰富、德高望重、处事公道、熟悉款约、组织能力强的一些寨老人担任。小款的款首由各寨寨老或款内成年男女推选，大款首则是在特殊时期从小款首中民主产生，小款首则由各寨的寨老、头人中产生。大小款首平时都不脱离生产劳动，无特殊报酬，只是有事时才出面处理，处理完后，当事人适当给些酬劳。由于“款首”不是终身任职的，只要其不称职，款众可以随时罢免其职务。“大款首”一般由数人共同担任，这些款首分工总理款务。在一个基层立款单位，款民所选的款首不是一个，而是若干个，是一个款首群，款首群中又有自然领袖，从而形成具有核心的领导集体。③ 湖南会同的款组织，小款有款首三五人，大款七八人，多到十几人，共同

---

① 湖南省少数民族古籍办公室主编：《侗款》，杨锡光、杨锡、吴治德整理译释，岳麓书社1988年10月版，第205—235页。

② 在地方资料中，往往把“款首”叫作“团首”，如锦屏县启蒙镇归固村高增寨《亘古昭垂》碑载：锦屏县知事邓为出示禁止事案，“据高增团首龙盛荣、黄光荣、黄光凤等以‘培植风水、禁砍阴木’恳准勒石，永保昌盛‘呈称：缘团等高增一寨，四维风水等木，承先人之栽培，启后昆之昌盛，人心如一……’”。

③ 杨昌嗣：《侗族社会的款组织及其特点》，载《民族研究》1990年第4期。

处理款区发生的问题。① 款首负责召集款集会，在小款集会时，参加合款村寨寨老首先代表本寨参加小款会议，如果被选为小款款首，到大款集会时，又必须代表本小款参加会议。有些关系到全款群众利益的大事件，款首无法定夺时，则需要召集款众或提交到联合大款中去商议处理。如黔东南黎平地区侗族当年为了改革同姓为婚、“有女远嫁”的婚俗，每个小款首都做不了主，最后头人们互相串联，直到串联了99个寨子的99位老人来商议，才制订了“破姓开亲”的规定。

侗族历史上没有统一的地方政权，所以“古无大豪长”，但在大敌当前或者重大习俗改革时，有威信、有胆识的人往往被推举出来充当这一角色，这时款组织的集体领导体制也会向着个人专制的领导体制过渡，“改变了原始性质的军事性质，吴勉当‘王’，虽是大家推选，但其权力已经发生了根本改变，他可以独立行使自己的指挥权，无需像过去那样事事经集体商量，而个人只能按照集体制定的盟约行事。从这以后，侗族地区所出现的规模较大的农民起义，都采取了这种领导体制，如林宽、吴金银、姜应芳等人领导的侗族农民起义，也都自称为‘王’”②。正如弗雷泽所说：“一个部落只要不再被哪个胆小的意见不一的长老会议所左右而服从单一坚定果敢的人的引导，它就变得比邻近部落强大，并进入一个扩张时期，这在人类历史的早期阶段，就十分有利于社会生产和智力的进步”③。

款首的职能主要是负责处理寨内事务，宣讲款约，调处纠纷；在外敌侵入之时，款首同时还是款的军事首领，率款众抵御外敌入侵。起款时，款首需当众宰杀一头大水牯牛，割下牛头，并用红布扎绣球系在牛头上，然后高高举起，接受款众欢呼朝贺，此即古书记载的“盟诅要约”或“倒牛”。可见侗族的合款一般都以杀牛分肉为标志，故又称“倒牛合款”。合款时，参加的村寨集资买来一头（有时是送来）大水牯牛，牵到款场坪杀掉，分给每家每户。牛肉不论多少，家家都要分到，这样就算户户“入款”了。仪式结束后牛头或牛角则挂在款坪的鼓楼里，以示永久联盟，从此以后大家都要受到“款约法”的约束。徐家干《苗疆闻见录》记载：“地名四脚牛，初不知其何义，即执苗人问之。凡地方有事，须合众会议者，则屠牛分四脚，传之以为

---

① 杨运干、梁自顺：《会同历史上的款组织》，载全国政协暨湖南、贵州、广西、湖北政协文史资料委员会编《侗族百年实录》（上册），中国文史出版社2000年7月版，第35—36页。

② 邓敏文、吴浩：《没有国王的王国——侗款研究》，中国社会科学出版社1995年版，第102页。

③ 〔英〕弗雷泽：《金枝——巫术与宗教之研究》（上），中国民间艺术出版社1987年版，第73页。

之约。因即以四脚牛名，曰水口，曰南江，曰古邦，曰高岩，号称四脚首寨，余各随所近者附之。主其寨者皆称曰头公。而首寨头公尤见尊大，牛传毕至，相应如响。故一旦狡启，数千之众，随时可集……”①

“注溪十八寨联款”要求各寨各姓各户，不分贫富，男性青壮年必须一律参加团款组织，每人自备武器一件，或长矛、大刀，或鸟铳、火枪；规定凡有一百挑田的人家，必备步枪一支，两百挑田人家自备步枪两支，三百挑田人家自备步枪三支，其余人家不限。平时随时配备草鞋一双，有事则立即上路；参加人员听到警报后，自家农活再忙、家务再忙，也要参与集体活动。若借故不到，则按款约法处罚。每年各小款首自带本款人员在约定日期，到塘涧的河沙坝集中，互相检阅各寨武器装备，称为“亮团”。并由款首宣讲款约，整顿纪律，共同商议增修款规。②

如前所述，款具有“立法”的职能，“立法”场所在款坪，一般在款坪中央砌一土台，称为“款坛”，坛上竖一巨石，形状带方而扁平，称为“款石”（汉字未传入时立的是无字的石头），款组织议定或宣布第一条款约时即立此石，即所谓“立碑戒告，万古不移”。以后款组织的活动，或聚款、或讲款、或起款的出征仪式都在款坪举行。联合大款起款时也在一个固定的款坪上举行。“款约”经大家商议一致后颁行，其各项内容称为“款约”或“禁款”，均是在款坪集会时议定或宣布的。在通常情况下，每个款坪分别在每年的三月、九月各举行一次“聚款”，称为“三月约青”、“九月约黄”。在黎平的九龙村，1949 年以前三龙小款每年进入款坪讲款两次，第一次是每年农历的二月初二，称为“约青”；第二次是每年的八月初八，称为“约黄”。③ 这时各款坪所辖的各村寨的款众（乡民）每户的户主都要到会。聚款所宣布的款约、号令、规条和判例户户必须遵守，人人必须信守，所以规定“碰石者伤，违约者罚”。如清雍正六年（1728）湖南靖州地笋（今三锹乡地笋村）吴文之破坏款规拦路抢劫，拐弄妇女，欺骗其嫂，款众就将其押至岩板田款场溺水处死。④ 在黔东南锦屏县九寨侗族地区，款组织对惩处偷盗是很严厉的。在平秋和石引寨，对于偷鸡摸狗、偷鱼砍

① ［清］徐家干：《苗疆见闻录》“四脚牛”，吴一文校注，贵州人民出版社 1997 年版，第 232 页。

② “注溪十八寨联款”资料，见天柱县宣传部 http//www. gz. xinhanet. com。

③ 龙耀宏：《黔东南黎平县九寨村侗族习惯法民族志》，载吴大华主编《民族法学评论》第 4 卷，华夏文化艺术出版社 2007 年版，第 211 页。

④ 夏新华、王奇才：《论湖南靖州的“合款”——兼论国家法与民族习惯法的关系》，载吴大华、徐晓光主编《民族法学评论》第 2 卷，华夏文化艺术出版社 2002 年版，第 61 页。

树之类，一旦抓到，就由款首通知各户拿出一块柴来，放在土坪上，把小偷捆在土坪中央的木桩上，再由被偷的宗族人放火烤他（她），甚至烤出汗油。在彦洞寨，小偷被捆在木桩上，柴火堆好后，要叫小偷的父母或兄弟姐妹来点火。对偷猪偷牛偷粮仓的惩罚比小偷小摸加三等。在彦洞偷了猪或牛，一旦发现，要令其退出赃物或赔偿相应的价值，再把他捆在土坪中央的木桩上，在他四周堆起干柴，由款首令其父母或别的家人点火，把他烧死。①

通过盟誓订立的"款约法"对参加款的所有村寨都有约束力。各款为使款众遵守和谨记款规款约，每年基层款组织的款首在规定的时间集中款众到款坪宣讲或增修款约法，每当款首宣讲完一段款词后，款众便齐声合应"是呀"，使款众以此为誓，具有一种永世不可违逆的神圣之感，凡盟誓而立的新款约一经通过，就成为款区内人人必须遵守的习惯法规范，要"人人引以为戒、寨寨同护其威"。较早对"款约法"加以记载的是宋人周去非，他在《岭外代答》中说："款者誓也，今人谓中心之事为款，狱事以情实为款。蛮夷效顺，以其中心情实，发其誓词，故曰款也。"这一记载表达了三层意思：①"中心之事"，是参加款组织的所有村寨或款坪面临的重要问题及民族关系、军民关系问题；②"狱事"，即刑事案件，在侗族地区主要是贼盗问题，捕到盗贼后若证据确凿就应该严厉惩罚，所以很多"款约"是对强盗、盗窃、杀人犯罪的立款；③立款后参加款的所有村寨都必须执行，侗族人淳朴，守信用、重誓言，所以通过"发誓"来约束。

由于款组织一般每年"议款"，所以款设"款脚"一人，由各户出米供给生活。议款时"款脚"鸣锣喊寨通知全体寨民各户户主参加，来商讨款内有关事宜，议定款约。"款脚"平时鸣锣喊寨，督促众人共同遵守款约，谁人"犯款"，则照约赔罚。秋冬时，各户凑集钱米到款首家会餐一次，总结当年执行款约情况或修订条款，俗称"吃款"或"吃定款"。会同的款组织在款首之下，设收支一人，负责款区的收入、支出、结算、公布；还设专职"长拨"一人，一般5—10公里设一"拨"（以村寨是否处于交通重要位置而定）。"长拨"平时负责公共场所的柴火供应，有事鸣锣击鼓，或传唤村民集会，鸣放信炮，传递信件等。②

参加合款的各寨寨老负责本寨具体事宜，有警则统一行动，无事则各自生产劳

---

① 傅安辉：《九寨侗族的传统社会规范述略》，载《黔东南民族师专学报》1996年第1期。

② 杨运干、梁自顺：《会同历史上的款组织》，载全国政协暨湖南、贵州、广西、湖北政协文史资料委员会编《侗族百年实录》（上册），中国文史出版社2000年7月版，第35—36页。

作。各村寨的“寨老”（族长）是村寨的主心骨，是阅历广、说话最有分量的人，由村寨众人推选那些为人正直公道、德高望重、热心村寨公益事业、懂得本寨历史和风俗典故，且能说会道的中、老年人担任。村寨的寨老是自然形成的，一个村寨有很多寨老，代表族姓或村寨对外联系，或接待来客，对内调处内部事务，裁决纠纷，修订乡规民约，对外代表村寨参加合款，并在村内严格执行款约法。从村寨头人代表村寨制订和执行款约法的职能来看，仍显示了村寨头人在地方事务中的权威，他们不但代表各自村寨参加款组织议定款约，而且须在各自寨内监督执行，表现了村寨头人在地方事务上的支配。① 就侗族地区地方治理而言，这种支配的权威继承了传统侗族村落长老制的角色，在原始民主色彩的合款活动之中，一些村寨的寨老和头人发挥着“首唱”的作用。乡众对寨老和头人不敢冒犯，对款首、款头更是抱着敬畏的心理，对于越款和诬陷款首的行为，要由群众讨论从重处罚。

随着国家统治的深入，清朝从雍正、乾隆时期就利用保甲之法来加强对侗族等民族地区的统治，强调“清盗之源，莫善于保甲”②，到清朝咸丰年间以后黔东南地区已经实行了保甲制度，侗族地方基层纳入国家行政管辖，但原有款组织的款首、村寨寨老在生活中自然形成的权威并没有削减；相反，国家对“其土目即可改为里长、甲长”，将原有的土司、土目及其他村寨自然领袖的地位基层化。③ “款约法”仍由甲长、团首、寨长执行。如现存启蒙镇边沙村启蒙小学的“边沙八议碑”所载：“……以上诸条，凡合款之家，共计七百余户。若有故犯，俱在各甲长指名报众，倘或隐瞒，公罚甲长儆众。”④ 甲长、团首、寨长在侗族地方仍发挥其在社会治理中之作用，这样既可利用他们对村寨秩序的号召力，稳定原有的村寨秩序，也可借助其社会权威，减小推行国家政策的阻力，更好地贯彻其“因俗而治”的统治策略。

道光二十九年（1849）胡林翼任镇远知府时，就曾以御盗为名，认为“与其拘成法而缓不济急，不如借民力而先事预防”，制订并颁布《镇远府团练章程》，强调“内盗宜清”“外盗宜巡”“赏罚宜明”“守望宜严”“私派宜禁”“私仇宜禁”“路径宜清”“防范宜周”。咸丰元年（1851）胡调任黎平知府后，在建立保甲制度的同时，

① 龙宪华：《清代清水江下游苗疆地区法律文书研究（1693—1911）》，中国政法大学2010年博士论文，第55页。

② 转引自吴大旬：《清朝治理侗族地区的政策研究》，民族出版社2008年版，第255页。

③ ［清］魏源：《西南夷改流记》，载《小方壶斋舆地丛钞》第八帙。

④ 锦屏县政协文史资料委员会等编：《锦屏碑文选辑》，姚炽昌选辑点校，第73页。

又上书督抚，组办团练。在“御外寇莫如团练”的思想指导下提出了一系列主张。①他认为与其“招远方之惰民以充练，不如即本境之农民以自守”“征兵满万，不如招募三千”。他还上书陈说：“用兵不如用民，用民以自卫，优于营兵。‘乡民守土’无征调遣发之烦，土著之民，保护乡里，其情既切，其勇自倍，节浮费而收实效，计无善于此者。”② 这样不仅可以节省国家财力物力，而且战斗力强。

咸丰二年（1852），云贵总督张亮基奏令黔省正式开办团练。咸丰三年二月，清廷任命在籍前任漕运总督朱树、陕西布政使陶廷杰、湖北布政使唐树义等赴黔督办团练事宜。当时，在黎平府境内，胡林翼共“办团练一千五百余寨”③，团练的编组采用保甲制，即“十户立一牌头，十牌立一甲头，十甲立一保长”④，每户皆出壮丁，以二三保或数保级成一团，每团设团总一人，团附（副）数人，团丁人数无定。同年胡林翼以黎平府境各村寨“团而不练”为由，申谕5条《保甲团练章程》。胡林翼所推行的保甲、团练制度实际上是一种以侗制侗、以款制款的政治制度，由于这种制度的推行，侗族地区的款组织进一步被中央政府所利用，有些地区的款组织，实际上已被封建官府所指派的乡正、团长所把持，他们既是乡正、团长，又是当地的大小款首。尽管封建官府企图通过保甲、团练制度来对侗族社会的款组织进行操纵和利用，并企图以此来达到他们镇压人民反抗的目的。但是款组织的自治和自卫性质并没有因此而全部改变，款组织的活动仍十分频繁，而且绝大多数并没有成为官府的代表人物，大多数人始终和人民群众站在一边。民国《三江县志》对此做了如实的记载，官府“对团众之战死者为之立祠祀，出力者赏功牌，并拽擢得力人员吴大玉、杨光宗为县丞，吴大鹏、吴大宾、吴万国为外委，皆辞不就。盖其志在桑梓，不在博利禄，尤非在拥护清廷，此则款史中之特点也”⑤。有时款组织的活动因官府的插手无法进行，如民国年间，八洞大款“300小款”曾发生一起抗拒款组织公道评判的案件，该案中败诉一方，在一保长的怂恿下上控到黎平政府。县长因为受贿，反曲为直，“300小

① ［民国］《贵州通志·前事志》载：“元年七月，接黎平府篆。黎平界连粤、楚，久为盗数。公访查情形，亟求安辑之法，御外寇莫如团练，清内匪莫为保甲。严定条约，实力奉行。如本寨有人出外为盗，则责成本寨乡正、团长、牌长交人，如外寨有匪而不救援、不追捕，则责成本寨、邻寨乡正、团长，罚钱入寨充公备用，而官不经手。其乡正、团长等因公来署，待之以殊礼，送贼到府，给以重资，一刻不迟，一钱不花，随叫随审。”

② 光绪《黎平府志》卷五上，《武备志·师旅》。

③ 光绪《黎平府志》卷六，《秩官志》。

④ 《绪光清会典事例》卷一五八，《户部·户口》。

⑤ 转引自邓敏文、吴浩：《侗款的历史变迁》，载《民族论坛》1994年第2期。

款”的款首和头人深感不平，于是他们将款牌抬到公堂上，要求政府尊重地方习惯和规约，但都被县长拒绝。传统的乡条洞理和款规款约因此受到严重打击，款组织的威望受到了严重的破坏。①

第三节

“款约法”的内容

“款组织”的主要职能是组织力量防奸防盗防火，抗御外来抢劫，对内维护治安，保护生产，禁止乱伐森林，协调和处理内部经济关系和纷争；加强款社间的睦邻互助友好关系和军民关系，共同维护社区安宁。所以“款约法”的内容多为防匪盗和外族入侵，保护农林生产、治安、消防、婚姻等方面的禁款，当然也有为平衡经济利益关系议定的款约。下面以清代从江侗族《二千九款约》，黎平侗族《十二款约》《六洞公众禁约》，三穗侗族《邛水上里各洞合款各条》，以及锦屏培亮《拟订江规款示》等为资料，勾勒清代侗族地区“款约法”的基本内容。

一、《二千九款约》

前面说到，“二千九”就是说有2 900户的一片广阔地区的若干个村寨组成的村寨联盟，它是地域性的“大款”形式的军事、政治联盟组织。该款组织早在清朝中期就订立了《二千九款约》，内容如下：

1. 村寨范围内如有些意外紧急事，即时上鼓楼敲紧急鼓声，咚、咚、咚三声，速度快，不能拖长声。人们上坡或去远处听到鼓声响，要及时回家。

2. 有外来客人莅临，敲报喜（鼓）声要拖长。寨里的人听到后，立即到鼓楼集中迎宾、待客。

3. 节日期间，男女在鼓楼唱大歌或搞其他活动，要敲长声鼓音，通知

① 转引自邓敏文、吴浩：《侗款的历史变迁》，载《民族论坛》1994年第2期。

寨里人到鼓楼来商协。

4. 二千九之间要有福同享，说话要和气，永远团结友爱，患难相扶。

5. 要文明礼貌、（讲）道德、（对人）和气，态度要和谐。

6. 倘若款内发现偷牛盗马、猪羊犬豕，被抓罚款500元。

7. 偷菜、偷豆瓜抓得罚款壹拾叁两。

8. （偷）禾把（水稻收割后捆成大小相等的捆）抓得决议罚款壹拾叁两。

9. 偷开田塘捉鱼抓得罚款壹拾二两。

10. 偷鸡鸭鹅抓得罚款壹拾二两。

11. 诬说（告）假报偷盗无依无据，则罚款壹拾叁两。

12. 属于“二千九”款范围，如按社堂，或谢土，忌寨，规定“二千九”内，可让他将谢土的礼品，所拿的骨头挂起，将骨头抹过嘴可进寨。不是二千九范围的，那就不许进寨，限他三天就三天，限他五天就五天。共是二千九范围，让他入河可以捉鱼，入溪可以乘（冲）凉。条款决定，决不虚言。立此款词，共同遵守，执行为据。

清嘉庆十二年①

这个款约法的特色是它的第12条，规定了适用的地域范围，侗族人从地域安全起见，实现“款内款外有别”的原则，对外款的人入寨的限制非常严格，所以这个款约法的适用只在“二千九”款范围内。过去的款组织都有“款塘”，参加款塘的成员以寨为单位，是固定的具有一定权利与义务的成员。如九洞款的平楼款塘，有九洞款内的村寨，也有九洞款外的村寨。属于九洞内的有：信地（包括宰成、宰友、宰兰、荣福四寨），吾架，增盈（包括德桥、牙观二寨），增冲，朝利，往洞（包括平楼），贡寨，孔寨；属九洞以外的村寨有：托苗、撒网等寨。托苗等寨与九洞各寨毗连，并与九洞内某寨结成兄弟联盟关系，所以才能以平等的正式成员的资格加入平楼款塘。平楼款塘还有附属成员及客寨的规定，所谓“附属成员”，是要求参加平楼款塘活动的村寨，要杀牛宴请平楼各寨寨老，经寨老们商议同意后，取得加入款塘的资格。

① 录自吴仁和搜集整理、吴生贤审译：《关于款洞的传说暨“二千九款”活动的两件事》一文，张广恒收集提供。

二、《十二条款约》

前面提到，这是清道光年间（1821—1850）侗族各地大款在黎平县地扪腊洞举行大款联合，聚集侗族地区 99 位款首联款议定的款约法，所以习惯上称《九十九老款》，至今仍流传于六洞地区和二千九地区。该款约法前三条是整理偷盗的规定：

1. 治偷鸡鸭：偷鸡偷鸭，偷柴偷米；地头偷菜，园里偷梨。抓得住，拿得到，罚银四两四。

2. 治偷猪狗：偷狗偷猪，偷砍树林；地里偷棉，田头偷谷。抓得住，拿得到，罚银五两二。

3. 偷狗牛马：偷牛马，拱仓库，揭房瓦；塘头摸鱼，地里摘瓜。抓得住，拿得到，罚银八两八。

4. 治冤枉好人：偷菜罪重，偷粮罪轻。抓住贼人罚十二，冤枉好人罚十三。

5. 治私通人妻：偷牛死在圈边，偷妻死在床边，拐骗人妻，私通人妇，抓得住，拿得双，打伤勿论，打死勿言。

6. 治抓住的歹徒：抓住贼人先吊打，敲锣喊寨告大家，须有亲友出面保，方能按款再论罚。

7. 治不孝：老人的话要听，父母之言要信，儿不能打骂父母，媳不得虐待老人。父母在，儿子养，父母死，儿子葬。谁不孝顺，任意虐待，不遭天公雷劈，也绝子后代。按情论罚，不许宽贷。

8. 治嫁娶：女大当嫁，男大当婚，女满十七始嫁，男到十八才婚。女嫁先问表哥，不娶再嫁别人。父母有命才订婚，订婚三年才过门。女退婚赔彩礼，男不娶不取分（女家不退礼）。要是父母不允许，男女私下约逃奔，切用猪（和）酒去“洗脸”，才算正式成婚。

9. 治打人：有事要好商量，切忌相争动气，先骂人错误，先打人无理，骂人要赔礼，打人要包（负责）医。夫妻要和睦，老幼不相欺。

10. 防贼：一根棉纱容易断，十根可把牯牛拴。三人同行老虎怕，一人走路猴子欺。要像鸭脚板连成块，不像鸡脚爪分叉叉。贼到哪里哪里报，逃到哪里哪里打。人人要防贼，寨寨要“守卡”。窝藏与匪同罪，坐地分赃重罚。知匪不报，遇贼不打，哪个地段发生，由哪里赔偿、搜查。

11. 防火：世间唯火最无情，既是为人又害人。人人都要防火，不得掉以轻心。哪个用火不慎，烧毁杉山柴林，除了赔偿损失，还要杀猪“打平”（“大平伙”，大家凑钱凑物），烧毁村寨房屋，驱邪费用他一人。还要赶他出寨，不许再害全村。

12. 治不遵款约：凡我侗寨侗人，须遵乡条洞理。如马不愿配鞍，牛不肯拉轭，马尾往外扫，鸡爪往外扒，纵鬼害人，引贼入里，赶出外村居住，开除他的“族籍”，还要罚他银两，使他永世孤独，众叛亲离。①

这个款约法的特色是除“以礼入款”的内容较多外，就是它的“罚则”部分，如通奸和拐卖妇女的“打伤勿论，打死勿言”；对勾结外贼，引贼入寨，用迷信方法害人的人要开除他的“族籍”，让他成为流浪的“孤狼 ”；抓住贼人先吊打，敲锣喊寨告诉大家，须有亲友出面担保，方能按款论罚。说明款约法的强制和惩罚作用非常大，该法和前面的《二千九款约》中都有诬告罚款的规定。

三、《六洞公众禁约》

“六洞”范围大概在今天从江东南部和黎平县南部，辖有从江县的贯洞、龙图、新安、庆云 4 个乡和黎平县的肇兴、顿洞两个乡，东西南北方圆百余里。《六洞公众禁约》便是六洞地区大款范围内公众议定的款约法。

《六洞公众禁约》盖闻朝廷有律法，乡党有禁条。律法是以严奸宄，禁条是以严盗贼。近来吾乡之内有等不畏法之徒，不守本分，不务正业之辈。日则窝藏众赌，夜则肆行狗盗。山中货物网罗肥已。对此熟（孰）不睹心伤？人人切齿，处处寒心。若不齐心严禁，巩（筑）成浇漓之风，而地方之受害岂不大哉？今我众等，齐集鼓楼公议，严禁盗风。自今以后，倘谁不遵众禁，仍前偷人之货物者，近则捉拿 ，远则报信；轻则公众处罚，重则送官治罪。庶几一道同风，蔚成仁里之俗。所有条规，列列于下：

第一条　窝藏聚赌，停留匪类，内勾外引，坐地分肥，均非良善，如有

① 该款约法录自《从江县民族志资料汇编》第 2 辑。张子刚编撰《从江石刻资料选编》也载有内容大体相同的《十二条款约》，录自《从江民间文学资料集》第 1 集，载吴生贤《侗族古法十二条》。

此情，轻则撵出境外，重则送官枪毙。

第二条　挖墙拱壁，偷牛盗马，以及山中田鱼、禾、瓜蔬菜类，有私引偷窃，拿获者罚银五百五十毫，或撵出境外。

第三条　摘禾已毕，开山检茶，应由公众约限日期放捞，倘不遵约限，私捞他人茶子者，罚款一百二十毫，以充公用。

第四条　山上劈有柴堆，不许妄行偷窃，违禁偷人柴堆者，被人拿获，罚洋捌拾毫。

第五条　鸡犬鹅鸭，放牧成群，务须物各有主，不准私行隐匿。如有图谋隐匿者，一经查实，物归失主，并罚银伍拾毫，以充公用。

第六条　田塘鳅鳝，不许私行放照，倘有假以照鳅鳝为名，暗存取鲤之心，拿获者与盗论罪，罚银一百二十毫，以充公用。

第七条　天气亢阳之候，草木焦爆，不许乱放野火，务须各宜谨慎，妄行纵火者，烧毁山林杉木，一经查实，除赔脏外，罚银五百毫，以充公用。

第八条　谋财害命，掳掠奸淫，罪重罔根，以头易头，以命偿命，当押朝廷。

第九条　事理不平，先经团众公论是非，释纷不下，再送朝廷。倘有不遵众议，妄行禀告衙门者，团众先行举罚，后论是非。

第十条　以上九条，无论何种，概系禁止。从今以后必须出入相友，守望相助。庶几盗贼弭息，良善有磐石之安，四境有升平之福，道不拾遗，是所厚望也。①

该款约法除开宗明义，体现“王者之政，莫急于盗贼”② 的立法宗旨外，第九条主要讲到了民间法和国家法适用的关系。清代在黔东南民间存在二元诉讼体制，民间解决和诉讼到官的途径选择，关键是看哪种对当事人更合算、更经济以及寨老、中人等为村寨的和睦进行调解的干预程度。当事人对寨老裁定不服的可到官府提起诉讼，也可以不通过调解直接到官府解决，但该款约明确规定先由团众解决，不行再官解决，不许自行诉讼到官，违者要受处罚。此外，黄才贵先生收集、整理的《六洞议款

① 张子刚编撰：《从江石刻资料选编》，从江县教育印刷厂2007年印刷，第53—54页，原载《从江县民族志》（油印本）卷二，“侗族篇”，原文未注明碑立于六寨何处，仅书“清末民初六寨某地立”字样。

② 《晋书·刑罚志》。

条规》①、向零先生收集的款约②都是历史上六洞地区以口头传唱形式流传到今的款约法，篇幅较长，明显带有口头传唱的非简洁性特点。与《六洞公众禁约》一样作为大款联合定款的地域范围应该是一致的。

四、《邛水上里各洞合款各条》

2008年笔者在三穗县（清代为邛水县）档案馆发现了清光绪十九年（1893）议定的《邛水上里各洞合款各条》，这份资料非常珍贵，是笔者见到的唯一纸质的款约文件。虽然原件磨损较大，折叠部分字迹模糊，但仍然反映了侗族地方合款的情况。该款约虽只是集中针对盗窃、地痞犯罪的，只有3个条款，但反映的问题却非常深刻、最为清楚。

“上里各洞合款各条”：

一捕盗之款。来自邛水多盗□□，近年偷牛盗马偷米盗谷以及家财兼及妇女，各寨受害□□不堪枚举，揆厥由来皆缘乡多游民，习为内应□□□□□，勾结外痞，相互恣肆，或佩马刀或佩双刀或佩洋炮，横行不服，□□伺使举事可估者估，可抢者抢，不估不抢偷拿定被□□，不过送究，送究不过责押，所以贼盗如此充斥。像我上里各洞俱近苗疆，而究（竟）不如苗疆之安静者，实由近蛮地而不能学蛮法，故肆无忌惮，使唤奈何，今我等既经合款，凡遇捕盗有敢拒捕者，照例格杀勿论，即或跟踪追获赃真犯实者，明知大款，公同照苗疆水火二法，或沉塘或烹死，不使一盗偷生，则盗风自无不靖，抄窝家亦准此议。倘盗有尸亲，大款逗钱抵控，更好追抵党与斩草除根。

一合御痞之款。痞之所仗者同领人多，又有凶□□，又更有价值之说，所以故肆，今我等既合大款，一家之事各洞均以各洞人抵数十痞，何难之有。现在行有保甲，凡甘服保甲□□□者非痞不服保甲约束者即痞也。各洞

---

① 《六洞议款条规》资料详见黄才贵收集、整理：《黎平县肇洞的纪堂等四寨合款条规》，载《民族志资料汇编》（第三集·侗族），1987年10月内部印刷。

② 口承的款约法口头传唱性强，如“今天我们大家吃了枪尖肉，挂了牛肉串，喝了鸡血酒。从今以后有饭大家吃，有话大家听，地方百姓同安宁”。“六洞款词”是向零先生调查六洞老人梁普安及其他寨中老人的记录（参见向零：《六洞侗族社会组织调查——一个古代军事联盟组织的遗迹》），载贵州省民族研究所、贵州省民族研究会编《贵州民族调查》（八），内部印刷。

各先驱逐，倘不服驱逐者再鸣大款重议。

一合逗钱之款。今既公议捕盗禁痞之条，必需经费又不能预定多少，兹不计多少，而□□退各洞□□皆以□□准我亩均摊，任问现各洞总甲里长洞长归数每亩□□多少，临时大款酌量。另有知单其余小条各洞，各议大款，不暇琐及。

光绪十九年四月吉日合款公议

这个款约法的特点是指出在国家行政与法律的管辖情况下，盗窃案件频繁发生时习惯法与国家法适用上的冲突和解决的办法。国家法律规定刑事案件要送官按照国家法律来处理，但送官后“不过责押，所以贼盗如此充斥”。上里各洞与苗疆毗邻，但却不如苗疆安宁，原因是什么呢？实因“近蛮地而不能学蛮法”，才致使盗贼肆无忌惮。所以各洞合款议定：凡遇捕盗有敢拒捕者，照例格杀勿论，另外跟踪追获赃证据确凿，要按照本次议定的“大款”处理，共同准据“苗疆水火二法”，即沉塘（水法）、烹死（火法），不使一个盗贼生还，如此盗窃之风马上就会绝迹，对窝藏盗贼之家亦应准此办理。特别是讲清了小款对大款的服从，小款执行大款款约的管辖和“法阶”关系。

五、培亮《拟定江规款示》

尝思江有规而山有界，各处各守生涯，或靠水，或靠山，随安本业，是以乡村里巷恪成规。我等乌下江沿河一带烟火万家，总因地密人稠，山多田少，土产者惟有木植，需用者专靠江河，富户贩木以资生，贫者以放排为业。从地里入至苗光原非新例，由苗光接送江山者是旧规。自父老生此长斯无异议也。自迩年人心刁恶，越界取利，下江夫属之上来包揪（撬）包放，上河客沿江买卖即买即卖。即□不顾万户之贫，惟贪一己之利息。仰□□畜之□□□□□朝饔夕□之□散，以至身独□□□□□，倘且怕其冻馁，我有家室，岂忍受厥饥寒。彼是以逸待劳，我等坐以待毙。由是人人疾□，个个伤怀。爰因约集各寨头人同申款示，永定条规，上河只准上夫放，不可紊乱江规；下河夫只准接送下河，须要分清江界。如有蹈前辙拿获者，禀公罚处，不服者送官究治。行见规款整而人心□，贫者富而惰者勤，则我地方不至饥寒无路，望救无山矣。至嘱下河朋友，仍守旧规，勿干众怒，勿谓嘱之不早预为告白。所有禁开列于左：

一议上下游久久账目，各有契约为凭。如有争论，不准阻木，只许封号银两，问清底实。

一议源来招椿旧规，每挂取银五厘，无有新例。

一议洪水漂流，不问主家之事。

一议木到，如□交主等□。

一议下河木客买卖上河发木，不准自带水夫，恐有□分争持，放木延拦，丘本勿怪。

一议夜盗木植，照数照价主家赔还。

一议□优设故生端油火等情，各寨头公论，自带盘费，捆绑送官。

一议山中子木恐有偷砍，拿获者罚纹银三两二钱，拿者赏纹银五钱，见者不拿，与贼同□，应罚纹银。

罗闪　孟彦　者官　者晚　拱背　五湖　八党　亚榜　者羊　者麻　罗里　卷寨　八卦　溪口　平信　八里　八龙　八受　塘头　归斗　美罗　双江口　南喉　苗乜　苗馁　培亮

咸丰元年四月廿二日众寨头人同心刊立　永远不朽①

款组织是为了某种目的而结成，不一定只是为了达成联合军事防御，有时却是为了某种经济目的，这一点且不可忽视。这通碑文所涉及的范围包括培亮、罗闪、孟彦等26个村寨，属于传统小款范围议定的“禁款”，小款有时由同一河流的数十个村寨组成，培亮村位于乌下江西岸，其他各寨也在乌下江中游和下游地区。清代锦屏林业贸易兴盛，对乌下江流域这一盛产杉木地区的木材需求量加大，根据木材采运过程中山间拖木、江河排运、分段进行、互不侵犯、利益均沾的传统原则，各寨在乌下江中、下游均应占有“江步”② 股份，但一些地势有利的村寨对经过所管江段木材行使放运专权，为争夺木材放运专利，各寨之间经常发生纠纷，一些纠纷不得不到官府解决。为协调各寨之间的利益关系，传统的款组织发挥了作用，咸丰元年（1851）四月

---

① 锦屏县政协文史资料委员会等编：《锦屏碑文选辑》（内部印刷），姚炽昌选辑点校，第56页。

② “江步”这一民间制度是指在清水江干支流河道上，民间制度设计把沿河居民参与开修修浚河道工程与他们在相应河段放运木材的权利联系起来，也就是说，沿江村寨所处的地理位置和居民对开浚河道的付出，作为他们获取“江步”权利的基本前提，形成清水江水道网络的大小河流“按步分江”、放排获利的新格局。

二十二日，众寨头人同心刊立这一“款示”，规定“爰因约集各寨头人同申款示，永定条规，上河只准上夫放，不可紊乱江规；下河夫只准接送下河，须要分清江界”，试图通过明确江界分上下河，来达到保障自已村寨利益的目的。

六、天甫《军民合款碑》

天甫距黎平府城35公里，是黎平通往古州（榕江）、剑河的要道，明洪武二十一年（1388），五开卫曾在此设立五阳所，军民关系较密，后经明到清末，曾先后发生多次武装斗争。天甫与府城唇齿相依，军民关系非常重要，因此百姓与驻军结盟，双方均考虑了各自的利害关系，一方面百姓不至于被他方利用，另一方面要驻军也减少对百姓的骚扰，以恢复较为和谐的军民关系。于是，道光二十九年（1849）双方订立了比较特别的军民合款。碑文内容如下：

一、不许杀官兵、掳官担，挖仓窝库，阻抗钱粮，军民各安。

二、不许偷牛盗马、劫屯堡。

三、不许偷割田禾、盗鱼塘以及坡上生理（计）。

四、不许面生歹人杀人放火，刿禾砍车，假马投帖害良。如有此等全家抄灭。

五、不许停留外界军民奴婢结党成群，遥乡打劫。

六、不许丢筹讲事①，坐地分赃。如有此等会款罚治，擒拿正法。

七、不许里应外合，一边拿水，一边拿火，大坏地方。

八、不许远占田地，军不许占民，民不许占军。

九、不许军民人等上下往来，不得持枪架弩，只许只身带伞。

十、不许军民人等为非作歹，大小事务俱要解释，毋得以挟私仇，致生

① 侗族的款师在讲款时一般都站在高高的石台上或板凳上，手中拿一大把用禾秆草或芭茅草绾的草结。每讲完一条，听众就齐声高呼“是呀”“对呀”，然后讲款者就将一根草结放在神台上，以示此条已经讲完。接着再讲一条，直至将各条讲完。款组织每议一件事，先由款首让当事者与款众据理对话，每提到一件，即折稻草一节置之，让款众议决；当事者可以反驳，如查证属实，按款规约规定处理，否则把草收回，意即此事被取消。（参见粟丹：《侗族传统法律文化研究——以款约为中心》，中国社会科学院博士后报告）这条资料没有交代来源，资料的可靠性尚待研究。但黔东南苗族榔头在议时多使用芭茅草作为权力象征，理师在审理案件时也使用芭茅草棍（筹）作为当事人双方胜负的计算工具（参见徐晓光：《芭茅草与草标——苗族口承习惯法中的文化符号》，载《贵州民族研究》2008年第3期）。

嫌隙。如有此情，会款罚治。

倒牛合款于州交界，碑已毁，道光岁在乙酉孟夏于请业堂①

① 该碑文内容引自石开忠：《侗族款组织及其变迁研究》，民族出版社2009年版，第147页。

KUANBEI YU HUNSUBEI
——DAKUAN LIANHE DE ZHENSHI JILU YU
DONGZU HUNSU GAIGE YITU

第三章

“款碑”与“婚俗碑”

——大款联合的真实记录与侗族婚俗改革意图

黔东南州从江县高增与增冲两个侗族村寨相隔80多公里，历史上分属不同的款组织（大款），在几乎同一时间立下内容相近的款碑。这两通款碑是清初时期侗族小地域社会历史的文物，史料价值高，非常珍贵。但由于以前的研究者没有实地调查，对两者的关系未加注意，所录两通款碑（主要是后者）或有内容多处混淆者，或因不够仔细，抄录不准，文字歧义者。笔者提出问题并尽量厘定，以防日后以讹传讹。本章的上半部分通过从江县高增与增冲两个侗族村寨于清康熙十一年（1672）分别立下的两通内容相近的“款碑”，探讨侗族大款联合订立“款约法”及其与国家行政管辖的关系；下半部分探讨侗族地区婚俗改革的重要问题。

“人之寿夭在元气，国之长短在风俗”①。黔东南侗族地区的碑碣的密度非常大，尤以婚俗碑为最多，有些是专门的婚俗碑，如“彦洞、瑶白定俗”碑和边沙“八议碑”，有些虽不是专门为婚姻一事而立，但多涉及婚姻的内容，如《公纳禁条碑记》《寨母碑记条约》《平江恩德碑》《四里塘“恩垂万古”碑》② 等。侗族传统的婚姻圈（婚姻半径）很小，姑舅表亲婚盛行不衰，这与侗族传统的家族意识、经济意识有关，也与原始的“款”活动有着文化联系。“款”在侗语中既有“情人”的含义，也有“朋友”的意思。由此看来，这种交结朋友、情人的古代婚姻关系，很可能是款的前身，也是款这种组织名称的由来。③ 款组织大概产生于族外群婚制这个历史阶段，当时同胞兄弟姐妹之间的婚姻关系已被禁止，族内婚姻已经排除，但是群婚制还没有失去它的地位，也就是说，这个氏族和另一个氏族的男女之间仍然保持着群体性的性爱关系，这种交往的长期保持，便形成了一种牢固的联盟关系，这就是最早的“款”。④ 清代民国婚俗改革的重要内容之一就是“姑舅转亲”问题。

---

① ［宋］苏轼:《上神宗皇帝书》。

② 后两通碑所在地方虽在当时黎平府管辖范围内，但却并不在纯粹的侗族村寨，所以本章只作为旁证资料。

③ 邓敏文、吴浩:《侗款的历史变迁》，载《民族论坛》1994年第2期。

④ 邓敏文、吴浩:《没有国王的王国——侗款研究》，中国社会科学出版社1995年版，第174页。

第一节

从江高增款碑与增冲款碑

一、高增款碑

高增寨现在是高增乡的一个行政村，为乡政府所在地，位于从江县东部，距从江县城 8 公里，寨内有 3 座古楼分属上寨、中寨、下寨 3 个自然寨。全寨 300 多户，3000余人。高增乡一带是侗族文化传承的核心地带，所辖小黄村以侗族大歌名扬于世。高增寨款碑刻于清康熙十一年（1672）七月初三，是目前“二千九”地区所能见到的最早的一块碑刻。该碑文除前言外，列有 12 条款，全文共计 560 多字。涉及的内容非常广泛，有关于禁止偷盗、砍伐林木、通奸强奸、内外勾引、山场纠纷、无赖生事、嫁祸于人等条文，以及婚姻关系、男女拐带、失火烧房烧坟等，都有明确的规定，此外还有处罚数额；对侗族的恋爱、婚姻、家庭、道德、财产、社会秩序、民事诉讼等项都做了明确规定。所有这些对维护地方秩序、革除不良习俗无疑具有积极意义。

为尝思事以靖地方，朝廷有法律，乡党有禁条，所以端土俗。近年吾党之中，有好强过人者，肆行无忌，勾串油火敲诈勒索，危害庶民，凡是（事）不依寨规款法，殊甚痛恨。是以齐集诸父（老）于鼓楼前议款，严设禁条，凡婚姻、田土、民情纠葛之事，遵以长辈理论，其有不清，另请乡正、团长理明，决不容横行无理，奔城具控咬情生事。倘敢仍入前辙，众等严处。地方欲兴盛，长宜正，老宜公，树以良风正气。鼓楼共育人，族长教子孙，老少同协力，有福同享，有祸同当，倘有受贿作弊，贪赃违纪，与犯同罪。立此禁条，开列如后。

——偷牛、马猪、羊、鸡、鸭，与挖墙拱壁，盗窃禾谷，衣服银钱，放田摸鱼等，共罚钱十二千文整。

——一议砍伐山林，风水树木，不顾劝告，罚银三千文。

——一议男女婚姻，男不愿女，女不愿男，出纹银八两八，钱一千七百五十文，禾十二把。

——一议男女行歌坐月，身怀六甲有孕；强奸妇女，女方出嫁，男出银三千三百文赔礼。

——一议内勾外引，偷鸡摸狗，伙同抢劫，为非作歹者，退赃物外，罚银一两四钱，严重众议。

——一议男女拐带，父母不愿，男方赔礼十千，肉一盘洗面，父母养女，不得补钱。

——一议山场杉树，各有分界，若有争执，依据为凭，理论难清，油锅为止。

——一议卖田作典，不得翻悔，将典作新，一卖百了，粮税随田，不能无田有税，有税无田（无税有田），宜各理清。

——一议横行大小事，不得具控，如有生事行蛮，众等罚银五十二两。

——一议进行油火，嫁祸与（于）人等项，罚银二十四两整。

——一议偷棉花、茶子，罚钱六千文整，偷堆柴、瓜菜、割蒿草、火烧或养牲践踏五谷，罚钱一千二百文整。

——一议失火烧房，凡自烧己屋，惟推火神与“割汉”；若有烧寨毁自家，须用两个猪推送火殃；火苗蔓延他寨，猪两个外，又罚钱三百三十千文，失火烧石坟雕墓者，亦同处罚。

康熙十一年七月初三立

二、增冲款碑

增冲寨位于从江县西北部，距从江县城94公里，该寨现有325户，1256人，侗族人口占总人数97%以上，寨中有康熙十一年（1672）建的13层重檐鼓楼，现在是国家重点文物保护单位。增冲《万古传名碑》与增冲鼓楼同年①，就立在古楼中，时间是清康熙十一年七月初二。该碑右下部残缺，缺失一部分文字。碑文记载款约11

① 该鼓楼确认的年代，疑与鼓楼中的《万古传名碑》的时间有关。

条，内容主要有治理偷盗、婚姻关系、娱乐越轨、田地买卖、山林纠纷、内勾外引、失火烧屋（坟）和恃强无忌等行为及其处罚办法和金额。

“万古传名碑”

为尝闻思事以靖地方，朝庭有律法，乡……俗。近年吾……之中，有好强过（人）者，肆行无忌……民。凡事不依乡规，殊堪……恨，是以约诸请父……婚姻田土之事，遵依牌长理论。其有不清，另请……况于横行，亦不得奔城具控咬事情况。倘敢仍……罚。肆强者老不，同心协力，有福同享，有祸同当……钱，以犯同罪，立此禁条开列于后：

一议偷牛马……拱壁、禾谷、鱼共罚钱十二千文……

一议婚姻男女，男不愿女，女不愿男，出纹银八两（禾十二把）……一千把……七百……文。

一议姑娘之项不得瞒算，或男丈夫和去银两算之。

一议男女坐月，身怀六甲，又一条强（奸妇女，嫁去丈夫），共出钱三千三百文赔理。

一议拐带，父母不愿，赔酒水十件，肉一……洗面母养女不要补钱。

一议山场杉树，各有乡界，争论油锅为止。

一议卖田不……将典作断，一卖百了，（止）田有粮，无田之粮，以后（记田有粮，进油锅为）止。

一议横行天下，大事小事不得咬事具控，如有多事……罚银伍十二两；

一议引进油伙……项，共罚银二十四两整；

一议偷棉花，茶子，罚钱六千整，偷柴、瓜菜、割……罚钱一千二百文。

一议失火烧屋，自己之屋推火神……临寨四五家、拾余家，铜钱一千二百文，其失火烧坟墓亦同罚处。

四爪公石天……石纪文，杨有……石金达……以上二十名大事小事必行，头四爪公。

康熙十一年七月初二日立禁条为据。①

三、内容比较

这两通款碑是清初时期侗族小地域社会历史的物证，史料价值高，非常珍贵。下面就两通石碑内容进行比较和解释。

两通碑文“前言”均开宗明义：“尝闻思事以靖地方，朝庭有律法，乡党有禁条，所以端土俗。”（增冲碑有多处脱字）之后指出村寨社会出现的新问题以及联款订约的重要性；村寨社会内部问题由牌长、乡正、团长解决，不准申控到官府。两碑分别规定“倘有受贿作弊，贪赃违纪，与犯同罪”（高增）；“不许吞食银钱，以犯同罪”（增冲），这是从不同角度对款首、寨老在执法过程中的责任规定。“前言”还要求共同遵守款约，“强不负老，老少同心协力，有福同享，有祸同当”，团结一致，共同对外。

两通碑文第一款均是关于偷盗的规定，对村寨社会维持地方稳定，打击贼盗非常

① 以上两通碑文引自政协从江县文史学习委员会、从江县文化体育广播电视局编印《从江文史资料》第7集，张子刚编撰：《从江石刻资料选编》，从江县教育印刷厂2007年印刷，第45页。该碑文另据贵州省民族研究所、贵州省民族事务委员会编：《贵州“六山六水”民族调查选编·侗族卷》（贵州人民出版社2008年版，第314页），载潘永荣《从现存碑刻内容看增冲传统文化的变迁》中录：“尝闻思事以靖地方，朝庭有律法，乡党有禁条，所以端土俗。近年吾党之中，有好强过人者，肆行无忌，勾串油火，受害良民。凡事不依乡规，殊堪痛恨，是以约诸父齐，严设禁条。凡婚姻田土之事，遵依牌长理论。其事有不清，另请乡正、团长明理。况于横行，亦不得奔城具控咬事等情。倘敢如前辙，众等致罚。如强不负老，老少同心协力，有福同饷（享）有祸同当。不许吞食银钱，以犯同罪，立此禁条，开列于后：一议偷牛、挖墙拱壁、禾谷鱼共罚钱十二千文整；一议婚姻男女，男不愿女，女不愿男，出纹银八两，钱一千七百五十文，禾十二把；一议女陪嫁之项不得瞒算，或男丈夫用去银两算之为平（凭）；一议男女坐月，身怀六甲，又一条强奸妇女，嫁去丈夫，共出钱三千三百文赔理；一议拐带，父母不愿，赔酒水十件，肉一盘洗面，父母养女不要补钱；一议山场杉树，各有乡界，争论，油锅为止；一议卖田不典，将典作断，一卖百了，止田有粮无粮，无粮之田以后说田有粮，进油锅为止；一议横行大事小事，不得咬事具控，如有多事，众等罚银伍十二两；一议进行油伙等项，罚银二十四两整；一议偷棉花，茶子，罚钱六千整，偷柴、瓜菜、割蒿草、火烧山，罚钱一千三百文；一议失火烧房，烧自身之房，惟推火神与洗（寨），须用猪二个，若（烧）临寨四五家，拾余家，猪二个外，又罚铜钱三百三十六，失火烧坟墓者亦同处罚。康熙十一年七月初三日立禁条为挂（据）。”这里有个问题，我们在增冲所见碑文与张子刚编撰《从江石刻资料选编》碑文相同，因该碑右下部残缺，缺失一部分文字，所失文字无法判断，而《贵州“六山六水”民族调查选编·侗族卷》却文字较全，是根据高增款碑内容补齐，还是在该碑缺失前就曾经有过抄录的文本，现在尚不清楚。据从江县张子刚先生介绍，高增款碑在1958年被砸烂，碑文是在此之前由县文化局抄录的。

重要，口传的《侗款》对此也非常重视。《侗款》二层二部：如有谁的子孙，胆像葫芦瓜……像恶虎，凶像龙。在楼上拱禾仓（偷谷），在楼下撬金银（偷钱），拱田埂挖鱼窝（偷鱼），挖深墙拱厚壁（偷猪）。对于此项高增款规定得细些，增冲款规定得粗略些。高增款碑第十一款、增冲款碑第十款规定对偷棉花、茶子，罚钱六千整；偷柴、瓜菜，割蒿草等罚钱一千二百文，说明对盗窃犯罪采取的是重罚主义，打击非常严厉。

高增款碑第二款和第七款是保护山林和林木所有权的规定，而增冲款碑则规定在第六款中，内容大体相同。世居在黔东南的侗族人民与森林有着密切的联系，明清时代就开始植树造林。立于锦屏、镇远、黎平、从江一带清朝和民国年间的护林碑文，就记载着黔东南侗族人民爱惜森林、保护森林的业绩。侗族较为丰富的成文与不成文的习惯法规范对森林保护起到重要作用。习惯法重视林地的疆界，不论任何人，只要破坏了原有的林地疆界，就会受到重罚。如“七百深山苗界念词（款约）”：“合款发誓，杀猪来分山界，杀牛来定田块，住哪山得哪山，弄盆来帮守山，当苟来帮守鱼，占里和黄岗守江山，还剩下岑高、歹碑，他们还得守鱼塘。土地各有主，荒山仍共有，谁人抢占他人田死无后，谁人抢占他人田死灭绝，七百深山苗土地绝不让外人来入侵。”①《侗款》第十层第十步”规定：“屋架都有梁柱，楼上都有川枋，地面各有宅场。田塘土地，有青石作界线，白岩作界桩。山间的界石，插正不许搬移；林中的界槽，挖好了不许乱刨。不许任何人推界石往东，移界线往西。”“山坡树林，按界管理，不许过界挖土，越界坎树。不许种上截，占下截，买坡角土，谋山头草。你是你的，由你做主；别人是别人的，不能夺取。屋场、园地、田塘、禾晾、家家都有，各管各业；各用各的。”以上款约把维护林业经营权的稳定视为人人必须遵守的基本行为准则，宗旨是强调“让得三杯酒，让不得一寸土”。侗款第十二层十二步说：“山头坡岭，田土相连，牛马相聚，山林地界，彼此相依，山场有界石，款区有界碑，山脚留火路，村村守界规，不许任何人砍别人的树木，谋别人的财物。”

新中国成立前在黔东南苗族侗族村寨中，“烧汤捞斧”是一种常见的神判方法，用以解决比较大的纠纷。比如对寨与寨之间争山林，户与户之间争地界，乃至一些放火、抢劫、偷盗、蛊等事件中证据不足，悬而未决的案件，当款头、寨老解决不了的时候，就用“烧汤捞斧”的办法解决。届时，款首、寨老召集群众聚到款坪，当众生

① 崔海洋：《人与稻田——贵州黎平黄岗侗族传统生计研究》附录，云南人民出版社 2009 年 10 月版。

火架油锅，待锅中的油烧沸，由巫师焚香化纸念咒请神，然后投一把铁斧到油锅内。能将铁斧捞出，并不受伤者为胜；反之为败，须承担一切责任。①

高增款碑的第三、四款和增冲款碑的第二、三、四款是关于男女婚姻方面的规定。侗族有独特的婚姻习俗，议定婚姻（订婚）是重要的环节，具有婚姻效力，如果男女悔婚，罚“纹银八两八，钱一千七百五十文，禾十二把”。增冲款碑的第三款：“议姑娘之项不得瞒算，或男丈夫和去银两算之。”虽文字表述不甚清楚，但从字面分析，可能是习惯法规定的“嫁姑娘”时的各项彩礼不能少算和瞒算，侗族习惯法中还有议定姑娘彩礼的具体标准，不得违反。此外为维护夫妻双方的正当权利，保持家庭的稳定，侗族地区通过大款联合订立的《九十九公款》规定：“女子出嫁，结草山头相许，唱歌山中定情。男丢（抛弃）女罚银七钱二，女丢男罚银七钱二。女子出嫁，凡出了黑糯饭、白糍粑，过了大担礼，这时女丢夫罚六两六，男丢妻也罚六两六。若是已经生儿育女，夫妻不和，窝火打架，相争吵闹，为此婚姻拆散，要罚十二两银子，种田合九十九才熟谷，处事合九十九才成理；不准谁吃过田口之水，割过田埂之草。如若乱搞，罚他五十二两，拿他到款坪说理，要他当大众认错。若是教不服，劝不转，拿他到石法场处罚。”② 两通款碑都有恋爱越轨的规定。“行歌坐月（夜）”是侗族男女青年娱乐、谈情说爱的形式，青年恋爱借助当地的“以歌为媒”的集体交往方式。爱情的表白和恋爱关系的确立都是在集体交往活动中实现的。一般情况下，大多数青年是在自发的活动中逐渐确立了自己的恋爱关系。但在侗族男女青年娱乐、谈情说爱中男女发生性关系，“身怀六甲”，或女方不同意的情况下男方实施了强奸行为，要受到处罚。

高增款碑的第五款是关于勾引外贼、伙同抢劫的规定。侗族款约法强调集体主义和内外有别的原则，这方面“侗款”有更详细的规定：“不许谁人，作奸通贼，日里做人，夜里做鬼，勾外（外人）吃内、勾生（生人）吃熟，千只牛脚进，百只牛脚出（指藏匿坏人）。哪人不听，当众捉到，铜锣传村，千家事众人理。众人判杀就杀，众人判打就打。”如《侗款》“四层四步”就说：“不许谁人，内勾外引，隐藏坏人。以内奸论处，取他性命。”款约法还有防御外来敌人的方面，在敌人来犯前，严肃告

① 详见徐晓光：《苗族习惯法的遗留、传承及其现代转型研究》，贵州人民出版社 2005 年版，第 78 页。

② 详见湖南省少数民族古籍办公室编：《侗款》，杨锡光、杨锡、吴治德整理译释，岳麓书社 1988 年版，第 232—233 页。

诫各村寨做好准备，团结一致，这一点极受头人的重视，所以不少地方对内部的败类，如“勾生吃熟”的内奸都严惩不贷。“今天我们捏成一团，拧成一把；连合像鸭脚板，不像鸡脚叉，连合能战胜敌人，分散被人欺压”①。

高增款碑的第六款和增冲款碑的第五款是关于抢婚方面的规定，抢婚是侗族结婚的一种形式，男女恋爱，父母不同意，有时实施抢婚仪式，之后尽量征得父母的同意，如果不同意，男方要花钱给女家父母作为“洗面费”。

高增款碑的第八款和增冲款碑的第七款是买卖土地和收税的规定。在过去田地买卖是正常的现象。但侗族地区曾出现钻侗族人民没文化、土地买卖没有文字凭据以及为人憨厚等空子，常以“没有买断”“只当不卖”为借口，企图再卖取第二、第三次钱，造成社会上纠纷频增。为了端正社会风气，维持生产生活秩序，侗族头人们订立岩规，违者必究。如款词说：“四通有个龙姓人塘作三破，田作三卖（指玩弄花招，无理狡赖的行为），把一丘田分三次卖，第一次卖田里不卖田外，第二次卖田塍不卖田坎，第三次才卖完，卖里不卖外，留田塍种豆，留田坎种菜，务农怕劳累，懒做又好闲，脚歪心不正，手勾又眼浅，乱了村和寨，俗规有威严。”

高增款碑的第九款和增冲款碑的第八款均是限制诉讼的规定，黔东南侗族地区由于交通等环境的限制，直到清初仍处于“户不统辖”、由头领自行管理的村寨自治状态，对民间事务的处理，地方政府鞭长莫及，加之民间不准横行乡里，“亦不准奔城具控，咬事情况”，民间纠纷主要依靠款约法由民间自行处理。

高增款碑的第十款和增冲款碑的第九款都规定：“进行油火，嫁祸与（于）人，罚银二十四两整。”反映了侗族“款”与官府的矛盾和其内部各村寨的矛盾。在长期的社会活动中款组织内部的矛盾是不可避免的，为防止本寨人勾结外寨流氓无赖到本寨来为非作歹，所以款约法强调“内防油火，外防官府”。

高增款碑第十二款、增冲款碑第十一款都是关于放火、失火的规定。侗族的建筑多是木制的，而且村寨布局紧凑，一旦失火，不但自家被烧，还会殃及别人家。所以侗族村寨历来对防火非常重视，对失火户处罚也比较重，同时通过传统的仪式进行消灾。

---

① 转引自向零：《六洞侗族社会组织调查——一个古代军事联盟组织的遗迹》，载贵州省民族研究所、贵州省民族研究会编《贵州民族调查》（八），1990年内部印刷。

第二节

从款碑看大款联合“立法”

侗族的大部分地区很早以前就纳入了封建王朝的管辖，在唐宋时侗族地区设置州、郡，侗族的大部分地区属羁縻州①，其官员多由当地大姓首领或“土人”担任，辖区内的军事、政治由其自行做主，封建王朝只是责令其“奉正朔，贡方物”，所以当时侗族社会内部仍然处于互不相统、制法不一的状态。到元朝至元二十年（1283），朝廷讨平“九溪十八洞”（今湘西南和黔东南侗族地区），召集各“溪峒酋长赴阙，定其地之可以设官者与其人之可以入官者，大处为州，小处为县，并立总管府”②。到至治二年（1322）元朝在今黎平、锦屏、剑河境内设置福禄永从、铜鼓、亮寨、新化、龙里、八舟、曹滴、古州等13个长官司，均世袭职③，明朝时虽有归并，但无大变化。从此贵州侗族地区皆为大小土司管辖。增冲所在的九洞地区是行政建制较早的区域，元至元二十年朝廷在该地区设置土司管理，叫曹滴洞长官司，隶属湖广行省思州宣慰司。清康熙元年（1662）曹滴洞长官司改土归流，其地归黎平府经历司管辖。由于民族地区文化的差异，政治统治的成本较高，国家还没有更多的政治资源来统治这些地方，所以明清时期乃至20世纪50年代侗族款组织保存得仍然比较完整，并一直发挥着较大的作用。

在历史上，侗族地区还没有发展到政权组织的水平，前述，“合款”是侗族古代的社会组织，相当于部落联盟。款组织在宋朝就已经产生，到明代逐步完善，疆界逐步明确，禁款逐渐严密，权力逐渐增大。小款即所谓“款坪”，也有的地方称为“洞”，由同一溪流的数十个村寨组成，大款是在小款联合的基础上形成的，由数个、数十个款坪组成，不受行政区划的限制；临近的若干小款区联合形成大款区，也叫“团款”。贵州黎平、从江、榕江和广西三江的交界处是侗族聚居的中心区，在这一区域里，历史上大款规模的有“九洞款”“二千九款”“六洞款”“千七款”“千五款”

① 在州这一建制中又分经制州和羁縻州两种。

②③ 《元史·地理志》。

“千三款”等，直到今天侗族人都还在地域界限和社区归属上认同侗款的传统划分。现在从江县增冲、信地等地仍然可找到这种大款的典型形态，如前所述，这一带在历史上被称作“九洞款”，该款由上半款和下半款组成，上半款当地人称之为“上千二”，就是说上半款有1200户，下半款称之为“下九百”，由900户组成，全款号称2100户，这些便是大款规模的款，增冲等寨就在“下九百”之中。因为他们的活动中心在往洞小寨，该寨又叫平楼寨，所以也叫平楼款堂，平楼不仅处于九洞中心，而且有较为宽阔的田坝，便于举行大型的群众活动。在清代以前，九洞既是基层行政单位，又是其管辖下的各寨的联合组织，也就是一个地域范围的“联款”①。

高增寨过去属于“二千九款”的范围，“二千九”就是说由2900户的一片广阔地区的若干个村寨组成的村寨联盟，它是地域性的军事、政治联盟组织②，该款分为上九百、中九百、下（河边）九百3个部分，其中“中九百”就包括高增乡各寨，丙妹镇的峦里、岑报（苗族）以及与占里为邻的托里等寨③。高增寨古时也称“二百高增”，意为有200户人家的高增寨。该寨历史上是由吴、杨两姓大家族组成的社会，两姓相互依存，组成封闭的小社会，生存的空间一般不超出5公里半径的范围，清代和民国时负担政府公役，担负公差内容包括承担地方官员过境挑抬行李，官府委员下乡的伙食费以及平时的送信，等等。款组织与国家政权组织并不合而为一，它们之间相互配合和抵触，矛盾时常出现，而款组织则更多地是群众性的自发组织，所以它在很多情况下代表侗族群众的利益，当政府的一些措施与当地群众利益发生矛盾时，侗族人民会利用这种传统进行反抗。比如说政府派粮、派款、派夫过多，压榨过重，各寨头人会“传派”起款，有所行动。

大款的进一步联合又形成联合大款区。小款和大款均是军政合一的民间自治和联防组织，“大款联合”是侗族的区联合自治的高层次组织。可见没有联合盟约就不可能构成侗族地区的社会组织，“因为自然村寨的立款只是社会组织形式的细胞，只有合款，侗族的社会组织结构才能最终形成，正由于此，侗族人才称自己的社会组织形式为‘合款’”。随着侗族社会款组织的发展和中央统治力量的逐步深入以及其他外部势力的威胁，过去一寨一村的栽岩自然就不能达到据地自保的需要了，为了增强民族

---

① 贵州省民族研究所、贵州省民族研究会编：《贵州民族调查》三，（1990年内部印刷）所载向零：《从江九洞侗族社会组织与习惯法》。

② 贵州省民族研究所、贵州省民族研究会编：《贵州民族调查》九，（1990年内部印刷）所载向零：《高增与“二千九”的社会组织》。

③ 石开忠：《侗族款组织及其变迁研究》，民族出版社2009年版，第50页。

的凝聚力，联合已扩大到附近的几寨或几十寨，甚至整个部落联盟，这就需要联合大款区在合款时制订“根本大法”。由于“勒石定规”是“大款联合”的最重要的“立法”活动，往往规定的都是部落联盟中的重大问题，“大款联合”的大款首，为维护当地的社会稳定，首先解决的是杀人、盗窃等严重危害社会治安的犯罪，所有竖立的这类“法岩”肯定是治理侗族地方的重要内容。所定法律称为“禁款”，这些“禁款”都是在“大款联合”聚款时议定或宣布的，凡参加联款者，都有相互支援的义务和立碑布法与监督执行款约的权利，落实到各个村寨便形成“寨寨立碑”的局面，这一点便不难理解了。

汉字开始被侗族知识阶层所掌握以后，出现了刻有汉字的竖岩（立碑），这些竖岩也叫作“款碑”①。款碑比栽岩有了很大进步，所记录的“款约法”内容大大地丰富了，它可把大事罗列成条，一条条刻在石碑上。人们需要内容更多、范围更广的成文款碑来代替过去不成文的“栽岩”，以有效地调整村寨社会的各种关系。款碑竖立的地点，也从原来栽岩在山坡或村寨的僻静处所，堂皇移立在寨子中央、大路旁边或鼓楼内等最显眼的地方，款民可以随时看到这些“习惯法典”，以便遵守执行。高增寨距从江县城较近，处在古时丙妹至永从古驿道上的侗寨，由于地理位置决定受汉文化的影响比其他地区早，较早用汉字记载款约法（禁款），并刻在石碑上；而增冲距从江县城 94 公里，交通十分不便。两个侗族村寨相隔至少 80 多公里，历史上又分属不同的大款组织，却在几乎同一时间立下内容相近的款碑，不得不令笔者思考和深究。前面通过对两通碑文的分析，发现两通碑文条款内容非常相似，且言简意明，已具有成文习惯法条文的性质。高增款碑仅比增冲款碑多出一条，条款顺序也多数相近，“前言”除少许差别外，大都也如出一辙。两通石碑所立日期仅差一天，分别为清康熙十一年（1672）七月初二和初三日。就此结合侗族有大款联合立约的传统以及从明末清初汉字传入这一地区的事实，可知这两通石碑是以大款联合（或“二千九款”和“九洞款”之间，或更多的款坪参加的联合大款区）的合款的形式，并用刚刚传入不久的汉字记录下“合款立法”内容的同一份法律文本。这种成文的“禁款”仍叫“款约法”，是在大款联合时议定或宣布，并由懂得汉字的人记录下来的。根据合款的传统规则，凡参加联款的各大款都要在款内立碑布法，并有监督执行款约的义务。由此推知，高增和增冲这两通款碑是根据此前大款联合“立法”的同一法律底

① 据从江县专门研究碑刻资料的当地学者张子刚先生介绍，他所见到的最早的汉字记录的石碑是明朝崇祯十五年（1642）。

本，之后在两个不同的大款区内为执行该法律而分别刻立的款碑。同时也可以发现两地在刻立款碑时均根据各款的具体情况，内容有所损益，条目顺序有所变化，这也是很自然的。

在侗族习惯法中我们还可以看到通过大款联合制定的法律文件，比如《九十九老款》（也称《十二款约》或《侗族古法十二条》），这是清道光年间（1821—1850）侗族各地大款在黎平县地扪腊洞举行的“大款联合”，聚集侗族地区99位款首联款议定的款约法，所以习惯上称《九十九老款》，至今仍流传于六洞、二千九地区。《九十九老款》的主要内容是：①治偷鸡鸭；②治偷猪狗；③治偷牛马；④罚十二；⑤治偷人妻；⑥抓歹徒；⑦治不孝；⑧治嫁娶；⑨治打人；⑩团结（侗族俗语“块块”）；⑪防火；⑫治不遵守此约。① 该法全文不到1000字，条目清晰，用语较为规范且简明扼要，已具有成文习惯法的特点。而岳麓书社出版的《侗款》所收《九十九公合款》是根据黎平赛洞老人用侗语口述用汉字记录的，有很多内容和前面《九十九老款》立法意图是一致的，只是后者篇幅很长，仅汉文文本就有700多行，明显带有口头传唱的特点。② 两者作为大款联合“立法”的地域范围是一致的，但两者是同一次大型联款，还是不同时间的两次大型联款，尚有进一步研究的必要。总之，《九十九公合款》（或九十九老款）作为侗族历史上较为完整的民族习惯法规（成文或不成文），为调整侗族地区社会秩序、维护地方安定团结都起到过非常积极的作用。

第三节

从婚碑看“姑舅转亲”

侗族的款规说道：

你是我姑表亲表，

① 引自政协从江县文史学习委员会、从江县文化体育广播电视局编印：《从江文史资料》第7集，张子刚编撰：《从江石刻资料选编》，从江县教育印刷厂2007年印刷，第63—65页。该资料是从江县高增乡退休干部吴生贤根据侗语意译的，岳麓书社1988年出版的《侗款》一书中也有相近的款约。

② 详见湖南省少数民族古籍办公室编：《侗款》，杨锡光、杨锡、吴治德整理译释，岳麓书社1988年版，第205—235页。

娶你不要有怨言，

娶你没有身价钱。

我们不要，别人也不能娶到你，

我们剩下，你不能成别人妻。

表哥断腿断脚你要嫁，

表弟眼瞎耳聋你要依。

上天，你用竹竿来戳；

下地，我们用锄头来挖。①

历史上侗族地区盛行“姑舅世婚”“侄女跟姑妈婚”等婚俗，姑舅世代相互交往，结为所谓“亲上加亲”“石板桥亲”“扁担亲”等封闭式近亲婚俗。宋朝洪迈撰《容斋四笔·渠阳蛮俗》中叙说：靖州（湘黔交界处，侗族聚居之地）峒（侗）人“姑舅之昏（婚），他人取（娶）之，必贿舅家，否则争，甚至仇杀”。《黔记》卷三说：“（侗人）姑之女，必适舅之子，聘礼不能措，则取偿于子孙，抑或无子，姑有女，必重贿于舅，谓之外甥钱，其女方许别配，若无钱贿赂于舅者，终身不敢嫁也。”按康熙六十一年（1722）八月思州知府蒋深撰成的《思州府志》云：“婚嫁不凭媒妁，姑家之女，必子舅氏之男，名曰‘酬婚’。”② 说明“姑舅转亲”由来已久。所谓“姑舅转亲”又称“转娘头”“还娘头”，就是“舅家之子必娶姑家之女”的婚姻习惯。到清代和民国“姑舅转亲”婚姻在苗族地区最为普遍，侗族也比较常见。如果违反这种婚姻习惯，往往就在姑家和舅家之间产生矛盾，矛盾主要表现有：①姑女和舅子年龄差距太大，导致不愿结婚或婚姻不和。男女的年龄差距大，仍要强行婚配。②姑家本无女，舅家“要头钱”，导致财产债务纠纷。③姑家许嫁他人，舅家强要钱，导致财产债务纠纷。如“姑抚有女，非有行媒，舅公估要；女有不欣意，舅公要银数十余金”，“出室受穷，舅公反富。倘若郎家穷困并无积蓄，势必告贷；告贷不成，势必售产”。④姑家女不愿意，而私奔。“舅公估要女转娘头，若女有不喜之心，不由媒说，随同后生私走，或去日久未回，舅爷要女匹配，或揞数十金，或以拐案呈控，或将屋宇拆毁”。⑤姑表结亲的“悔婚”和“赖婚”纠纷。所谓“悔婚”是指由于“姑女”不满意舅家，在迎娶前以私奔、逃脱、自杀等方式拒绝“估娶”。所谓“赖婚”，

① 转引自吴浩：《从侗族婚俗看古越人婚姻制度的演变和发展》，载《苗侗文坛》1988 年创刊号。

② 康熙《思州府志》卷一，《区域志·风俗》。

是指姑表结亲发生纠纷后，诉至官府，没有婚书、媒人等法定证据，无法认定婚姻关系的情形。以上这些矛盾便出现了拐骗妇女等控诉官司及暴力拆毁房屋等重大的社会纠纷和冲突，甚至出现了“屡次上城具控，总是舅公估要姑女之事”的讼累。如清道光年间湖南靖州三锹中锹万财寨一个叫潘好山的姑娘被迫嫁到背地寨舅父家为媳，因丈夫是呆子，潘非常怨恨，放毒药药死丈夫，尸首三年未埋，由此引起一场官司。清道光十九年（1839）潘的舅父到靖州三岩桥陵溪司告状，此案惊动锹里24寨寨头，他们将此案呈禀于靖州府。州官宋晏春、陵溪司郭某审案后批示：“婚姻听人择配，岂容欺压霸占，倘有阻于陋习霸婚苟索情事，许于（予）追究，毋容率情，示禁。”此后，锹里24寨头人为禁止“舅霸姑婚”分三款进行了讨论商议：上锹9寨头人龙彩鹤、龙昌培、潘远炽、谢永泽、张子秀、吴应久等68人在牛筋岭合款，并立有碑文（道光二十二年，1842），内容为：“尝思一阴一阳之谓道，故道之在人，乾道成男，坤道成女，男女以正，婚姻以时，媒妁有言，配合宜均，此古帝国盛治祀重夫妇之伦，以端天下之俗然也……道光十九年禀州司二主，均蒙尝示……不许舅霸姑婚，索诈土民等，如有不遵行碑记，各寨传知，同攻其人，以教风化。”中锹9寨头人吴光律等17人在背岩回合款，并于道光二十一年（1841）立石碑载“禁款”4条：一、婚姻听人择配，不许舅霸姑婚，如违示禁，公同禀究；二、不许舅氏苟索钱银，如违示禁，公同禀究；三、聘金财礼，只许一十六两，如违公罚；四、过门财礼，议定银八两，如违公罚。同时规定：“以上款条正赖各遵州主示禁，如违者，被害之家备银三两三钱，通众齐集，公议禀究”。下锹6寨头人吴昌鸾、潘高文、潘仕向、杨秀应、杨光华等13人在大梁坡合款，合款议定：不许舅霸姑婚，并刻碑垂记，以示永远遵行。①

清代国家调整婚姻的法律规定中禁止“姑舅转亲”。《大清律例·户律·婚姻》规定：“若娶己之姑舅两姨姊妹者，杖八十，并离异。”但在所附条例中却规定“其姑舅两姨姊妹为婚者，听从民便”，这似乎很矛盾。其实禁止“姑舅两姨姊妹为婚”，是明朝洪武三十年（1397），根据翰林待诏朱善的建议，已经松弛该禁止律条，但没有进入《大明律》，清继而沿用之。清朝雍正八年（1730），才正式定有“其姑舅两姨姊妹为婚者，听从民便”之例，乾隆五十三年修并过一次②，对此清代锦屏地方官吏也应该是清楚的。从《彦洞、瑶白定俗碑》的碑文来看，其主要内容都是锦屏的地方

① 转引自夏新华、王奇才：《论湖南靖州的“合款”——兼论国家法与民族习惯法的关系》，载吴大华、徐晓光主编《民族法学评论》第2卷，华夏文化艺术出版社2002年版。

② ［清］薛允升：《读例存疑》，《大清律例·户律·婚姻·尊卑为婚》。

政府的“晓谕”公文，就表明锦屏的地方官员了解国家立法的情况，于是官府就此问题表明了官方的态度。请看《彦洞、瑶白定俗碑》：

定俗垂后

……惟有我彦、瑶二寨，姑抚有女，非有行媒，舅公估要；女有不欣意，舅公要银数十余金，富者售尽家业以得为室，贫者绝灭香烟不得为家……康熙在位时用毛银，舅礼要银九两，申扣纹银贰两八钱以下。至嘉庆之间用色银，舅仪要银十二两，扣归纹银六两。同治之岁，苗匪作叛，父离子散，难以度日，鞠育有女，不用冰人，至舍饭一餐就成缔偶。迨光绪以来得升平之世，普用宝银……舅仪勒要纹银数十余金。你贫我富，屡次上城具控，总是舅公估要姑女之事。府主俞爱民如子，睹见斯恶习，要首次（事）上城当堂领示禁改，则可剔斯舅仪，方得仁里勒石垂后，永定乡风，遗存千古。是为序。

钦加盐运使衔补用道转授黎平府正堂铿鲁额巴图鲁加三级记录十次俞（渭）为出示晓谕，永远遵行示。案据瑶白寨总甲滚发保、滚天凤、滚必录、范永昌等禀称：“……惟有总甲等二寨，养女出室，舅公要郎家礼银二十余金，出室受穷，舅公反富。倘若郎家穷困并无积蓄，势必告贷；告贷不成，势必售产，穷者益穷，富者益富，祖遗薄产尽归于人。此等之规□□剔出。今欲依古从俭，公议上户出银五两，中户出银肆两，下户出银叁两，不过作订亲之仪，并不以（与）买卖相似……惟有总甲二寨之风……或大十岁、二十余岁不等。舅公估要女转娘头，若女有不喜之心，不由媒说，随同后生私走，或去日久未回，舅爷要女匹配，或搕数十金，或以拐案呈控，或将屋宇拆毁。此等地方恶俗，总甲等难以挽回，公同邀恳赏准出示严禁。嗣后愿亲作亲，免致舅公需索，依示遵行”等情到府。据此……查舅公礼虽系该寨遗风，然亦何得需此多金，自应酌定数目，所标分别下、中、上等户各色，定以三至五两之例属，酌中办理，自可照准。至于舅家之子必娶姑家之女，谓之转娘头，此事原干禁例，现虽听从民便，然需年岁相当，两相情愿方可办理；为此……自示之后，仰即遵照此次批示，凡有舅公礼者，必须分别上、中、下三等，祇准自三两至五两止，不得再行勒索多金；至于姑舅开亲，现虽在所不禁，然亦年岁相当，两家愿意方准婚配，不得再行仍前估娶……倘有不遵仍前勒索估娶，或经查处，或被告发，定行提案严究不贷。其各凛毋遵违。特示。

右谕通知。

（牌长11人，除1名外，均为滚姓，姓名从略；另有彦洞同事总甲4人，牌长3人，2名刊刻人，姓名从略；作者注）

光绪十四年十二月初五日

实贴瑶白晓谕①

总体而言，官方对于民间婚俗陋习是禁止的，体现了官府对户婚等普通民事案件的管辖，也表现出“因俗制宜”的特征。《彦洞、瑶白定俗碑》碑文则显示一定的包容性。此碑立于光绪十四年（1888）十二月初五日，碑文主要针对彦洞、瑶白二寨的婚姻陋习颁行，尽管已至光绪年间，当地仍然“姑抚有女，非有行媒，舅公估要；女有不欣意，舅公要银数十余金，富者售尽家业以得为室，贫者绝灭香烟不得为家”；舅仪勒要纹银数十余金，使得“你贫我富，屡次上城具控”，因户婚而结讼，与狱讼清结的追求背道而驰，自然为地方官所不愿，黎平府正堂遂出示严禁，加以剔除，但并没有对“舅爷钱”等习俗严行禁止，只是认为“舅爷钱”虽系该寨遗风，但需要这么厚的礼金甚属不妥，于是晓谕“自应酌定数目，所标分别下、中、上等户各色，定以三至五两之数例属，酌中办理，自可照准”。至于“转娘头”，即舅家之子必娶姑家之女的习俗，知府俞渭认为：“此事原干禁例，现虽听从民便，然亦需年岁相当，两相情愿方可办理；若不论年岁必须估娶，势必滋生事端。此等风俗，均应极力挽回。”在地方甲等的禀请之下，俞渭即如禀出示晓谕，示抑该寨人等知悉：“自示之后，仰即遵照此次批示，凡有所谓舅公礼者，必须分别上、中、下三等，祇准自三两起至五两止，不得再行勒索多金；至于姑舅开亲，现虽在所不禁，然亦须年岁相当，两家愿意方准婚配，不得再行仍前估娶。此系为地方风俗起见，该民等务各遵照办理，以挽颓风而免滋事。倘有不遵，仍前勒索估娶，或经查出，或被告发，定行提案严究不贷。”

对彦洞、瑶白二寨的婚俗，知府俞渭在出示晓谕之时，明显给予较大的宽容，“舅爷钱”按照家庭状况分为三等不得再行多索。至于姑舅开亲，晓谕的内容与《大清律例》相一致。但在民间，姑舅、两姨姊妹为婚习俗禁而不止。故而晓谕“现虽在

① 《彦洞、瑶白定俗碑》，锦屏县政协文史资料委员会、县志编纂委员会编：《锦屏碑文选辑》，姚炽昌选辑点校，1997年内部印刷，第74—75页。彦洞、瑶白均各立一块内容相同的碑，只是序与落款人名不同。二村均为侗族，历史上瑶白曾有苗族居住，现已被侗族同化。

所不禁，然亦须年岁相当，两家愿意方准婚配”。强调双方的年龄与意愿，亦即禁止以“转娘头”为名强行嫁娶的行为。又说：“至于舅家之子必娶姑家之女，谓之转娘头。此事原干禁例，现虽听从民便，然亦需年岁相当，两相情愿方可办理。”但从所辖村落遗存的碑文分析，即使官府大力革除，地方头人倡首禁止，但在许多的村落“舅爷钱”依然存在，且历久不除，相沿至今。

第四节

从婚碑看结婚彩礼

“彦洞碑序”开宗明义：“盖闻人伦之始，夫妇为先，王道之源，婚姻为重。”据《开泰县志》载：锦屏、黎平等地“婚礼、问名、纳采、亲迎皆与中土同，其尤近古者，盛时结姻后或男家力歉女家即量力自备衣物，以完儿女之债，两家皆乏，至亲厚友助成之”①。这些只是正面的提倡，但很多时候一方想在缔结婚姻中获得利益和相互之间进行攀比。清道光年以后，由于木材在全国市场流通中大获其利，清水江流域侗族人民生活水平提高。侗族地区男女结婚，彩礼越来越高，子女结婚弄得有些不太富裕的家庭一贫如洗，也生出了不少矛盾，不利于社会的稳定。每到这时，款组织或村寨就会制订规约，限制彩礼的数额。主要规定在男方聘礼、女方嫁妆、姑舅之间的彩礼、嫁娶迎送之间相赠的礼物等方面要降低标准。

如清道光十一年（1831），婆洞、留洞、魁洞、寨楼、寨母、寨蒙、边沙、寨伍、八教、者晃、西洋店等寨寨老率众700余户聚集边沙合款，商议婚俗改革，形成著名的“八议”款规，并将该款规刻碑多块，立于各寨，俗称“八议碑”，现在边沙小学院内还存有一块，摘录如下：

因时制宜

……而姑表分财之规，不无陋弊。或藉此而赖婚枉利，或因此而悬搁终身，以致内怨外旷，覆宗绝嗣，因以构讼经官，倾家荡产，呜乎殆哉，祸甚烈也！……于是一带乡邻，合同计议……将见俗兴化美，益己利人……谨将

① ［清］乾隆《开泰县志·风俗》（夏）。

规例，特勒贞珉。

一议行亲之家，财礼六两，女家全受。舅父只收酒肉，水礼财礼不妄受分毫；

一议送亲礼物，只许糍粑一槽，其酒肉多寡听其自便；

一议送陪亲婆礼，只许酒肉，不得又送糍粑；

一议嫁女之家，妆奁多寡，随便其有，手中概行禁止；

一议纳彩之后，禁止节礼，日后行亲节礼，只许馈送一年；

一议喜爱礼物，禁送卷联祭轴；

一议姑表结亲，不得混赖，必要庚书媒帖为凭，其财礼仍照六两；

一议生男育女，只许嫡亲送礼，不许搭配。

以上诸条，凡合款之家，共计七百余户。若有故犯，俱在各甲长指名报众，倘或隐瞒，公罚甲长儆众。

道光十一年十月二十二日

（十寨48人同立，姓名从略）①

从整个碑文看，核心内容是限制“姑舅转亲”的彩礼。碑文认为这一婚俗实属陋习，本应永远革除，但因相沿已久，无法一时根除。碑文既限制“姑舅子女必应成婚”，又限制“藉甥女许嫁必由舅氏受财”，表明至道光年间在锦屏（当时为开泰县）在地方政府政策的推动和影响下②，民间款组织对婚俗陋习已经很反感，并在很大的

① 载锦屏县政协文史资料委员会、县志编纂委员会编：《锦屏碑文选辑》，姚炽昌选辑点校，1997年内部印刷，第74—75页。文中省略号为当时漏字，编者这样处理，因不能断定漏字字数，故而照录。

② 在此前乾隆五十六年（1791），锦屏文斗、尧里村等苗族村寨寨民姜廷干、李宗梅等禀请官府出示晓谕，黎平府向府属人等出示：“嗣后男女订婚，必由两家情愿，凭媒聘订，不得执行姑舅子女必应成婚，及藉甥女许嫁必由舅氏受财，于中阻扰滋事致于控告，严究不待。”地方村寨出首头人将此禁勒为碑，在锦屏县河口乡四里塘村，仍留存有碑一块，其碑文内容如下：“一、遵刊府主示：凡姑亲舅霸，舅□财礼，措阻婚姻一切陋习，从今永远革除。如违示者，众甲送官治罪。二、众遵示禁勒：凡嫁娶聘金，贫富共订八两，娘家收受外，认舅家亲礼银八钱，如有违禁者，送官治罪。认亲礼在郎家，不干娘家事。三、众遵示禁勒：凡女子出室，所有簪环首饰，郎家全受，娘家兄弟不得追回滋事。如违者，送官治罪。四、禁勒：凡问亲必欲请媒，有庚书斯为实据，若无庚书，即为赖婚。如违治罪……五、禁勒：凡二婚礼，共议银两两两，公婆、叔伯不得措勒、阻拦、逼迫生事。如违送官治罪……众勒：其有写外甥女礼银抵人银两者，大皆丢落，不许转追借主。如抗，送官治罪。计开各寨出首头人姓名于后，如有犯禁者，照开甲数均派帮补费用……皇清乾隆五十六年孟冬月谷旦。”锦屏县政协文史资料委员会、县志编纂委员会编：《锦屏碑文选辑》，姚炽昌选辑点校，1997年内部印刷，第68—69页。

地域组织范围内有改革行动。

《庆云乡例碑》第二款规定："二比联姻，接承宗祀，皆以媒妁为凭，男不许依势逼婚，女不许登门坐虿。倘二比不偕，听从改嫁，照俗碑记，毋许过索多金，未过门者五钱五分；过门者三两五钱。男女嫌怨，照例均皆如是。室妻不守妇道，所犯之条，休逐钱贰拾两，住及三年，无工力除此之外，洒扫工资每年一两，衣服从今革除。"① 侗族过去有"不落夫家"的习俗，女子结婚后要先在娘家住上几年才到夫家与丈夫住在一起。如黎平、从江交界侗族村寨订立的《十二条款约》规定："女大当嫁，男大当婚，女满十七始嫁，男到十八才婚。女嫁先问表哥，不娶再嫁别人。父母有命才订婚，订婚三年才过门。女退婚赔彩礼，男不娶不取分。"

道光二十五年（1845）二月黎平茅贡乡《寨母碑记条约》说："婚娶乃人伦之始，风化所系理宜百年不移，岂容朝成夕改，但此习俗相沿已久，仍当从俗从宜，或无唆破婚姻女心自不愿者，遵照古制。姑表财礼色银八两，非姑表四两，若查知唆破之家使人妻离构成仇隙，凭证拦阻就中别贫富三等。上户姑表照现财礼加一十六两，中户八两，非姑表上户照加十二两，中户八两，自中户以下多寡不在条例。男放女财礼亦照此例，然此只许阻一二真实之家，不许思财多阻至。若改嫁别人经过财礼花费、酒水照加四两，以补酒水礼费。设徒饮定亲媒酒，男女翻悔罚色良（银）一两五钱，其媒酒谨遵旧制，无许更新。此俱系公议嫁娶定规，违者公罚银三两二。"

《公纳禁条碑记》规定：①拐人姑表亲者，上等亲受财礼银十三两；中等亲受财礼银七两；下等亲受财礼银五两；如不遵禁，额外重索者，将此项款缴入众。②上等亲男女嫁娶，男自愿娶，女自愿嫁，两造父母不依，男女私约拐带，上等娘家，准吃财礼银十一两；中等娘家，吃财礼银七两。《高增款碑》规定："议男女婚姻，男不愿女，女不愿男，出纹银八两八，钱一千七百五十文，禾十二把。"② "于归完娶，是次生男育女，运命不和，爱新弃旧，改折等规定五十二千文。"

《乡规民约碑》关于彩礼方面的规定有："一议求亲，不许相退，罚银八两八；一议姑表，勿论男女相退，罚银八两八；一议成亲，男女相退，罚银五十贰。"等等。

---

① 张子刚编撰：《从江石刻资料选编》，从江县教育印刷厂2007年，内部印刷，第53—54页。

② "禾把"，侗族在收割水稻时，用一只手尽最大可能将稻秆抓住，然后割下捆住，叫"一卡"，二三十卡捆成一捆，称"一把"，40—50斤重，然后挑回村内晒在晒禾架上。秋天金黄的稻墙与鼓楼、吊脚楼相映生辉，非常好看，这是侗族地区特有景色。

第五节

从婚碑看“离婚”和“拐带”

侗族年轻人恋爱缘于当地的“以歌为媒”的集体交往方式，爱情的表白和恋爱关系的确立都是在这种集体交往活动中进行，他们通过“行歌坐月（夜）”（侗族男女青年娱乐、谈情说爱的形式），寻找心上人，建立恋爱关系，这一种自主婚姻结婚时还是要征得双方父母的同意，但有的男女却要受到“姑舅转亲”习俗的困扰。侗族习惯法对夫妻离异责任及相关财产规定得非常细致，一般来说，在夫妻离异中责任大的，赔偿给对方的财物、金钱就多，责任小的少赔或不赔。如岜扒《万古章程碑》规定：

婚未过门者，男弃女嫌，二同规（定），（罚）银七钱，（棉）花二斤，织布一匹，春夏（棉）花织（布）折钱，男六百文，女三百文，秋冬概不准折；婚已过门者，男弃女嫌，二同规（定），（罚）银一两六，（棉）花（织）布同上。婚已得（纺）车、被（子）者，男弃女嫌，规银男十二两，女七两，（棉）花（织）布同上。

婚久年生育者，男弃规银十四两，禾十二把，酒廿四斤，草鱼十五斤，白口银五百文，猪肉五斤，熟饭卅斤；婚婊妻者，要自动凭媒言定，女嫌规银六两，猪肉七十二斤，酒二十四斤，草鱼十五斤，男弃无规；女诬赖登门，男弃规银五两整，别无规；夫故妻出，银四两，白口银五百文，熟饭卅斤，猪肉五斤，女奁要凭二房，先有过秤多少后同退，妄言不准。婚未过门者，男弃女嫌，二同规（定），（罚）银七钱，（棉）花二斤，织布一匹，春夏（棉）花织（布）折钱，男六百文，女三百文，秋冬概不准折。婚已过门者，男弃女嫌，二同规（定），（罚）银一两六，（棉）花（织）布同上。婚已得（纺）车、被（子）者，男弃女嫌，规银男十二两，女七两，（棉）花（织）布同上。

《公纳禁条碑记》规定：

男女已成婚配，初则两愿，即成亲后，或三五日，男若悔亲，括女银一两六钱，饭一笠，鱼一个；女若悔亲，括男银二两四钱，男之聘金多寡，加倍退还。至三五载之后，璋琅两耳，女若悔亲，括男财礼银七两，男若悔亲，括退女银七两，土禾十二把，聘金概不准退；拐闺女，其女家父母不愿，退回娘家，作洗裙脚银一两，饭一笠，鱼一个，男妇私通，犯奸捉双，罚银一两二钱。

“抢婚”，是违背当事人的意愿，利用暴力手段强行与之订立婚姻，这是一种犯罪行为。而黔东南以前的“抢婚”却具有民族和地域特征：一种情况是女方为了避免舅权的强迫婚姻而让自己中意的男人“抢去”成婚，这种“抢婚”实际是对舅权制婚姻的一种反抗，并逐渐演变为侗族村寨婚姻习惯法规则下的一种婚姻缔结仪式。另一种是避免过重的财礼，黔东南侗族婚姻缔结习俗程序很多，从订婚到结婚一般要经过三四年的时间。每逢节日男方都要去女方家拜访，这种“漫长的婚礼仪式，是不断强化社会对夫妇身份的确认过程”①。这也在无形中加重了男方的负担，通过“抢”的方式来强行成婚，男方亦可减少婚姻开支，是简洁婚姻的表现。“抢婚”在侗族地区被习惯称之为“奔逃”“拐带”等。

《十二条款约》规定：要是父母不允许，男女私下约逃奔，且用猪酒去“洗脸”，才算正式成婚。岜扒《万古章程碑》规定：“拐夫罚银廿四两，前夫听去，现规归后夫全退，又赔猪肉七十二斤，鱼十五斤，酒廿四斤，并房族猪肉一百斤。”《公纳禁条碑记》规定：“拐闺女，其女家父母不愿，退回娘家，作洗裙脚银一两，饭一笠，鱼一个，男妇私通，犯奸捉双，罚银一两二钱。”

第六节

婚俗改革的推力与阻力

婚俗改革的目的是“为挽颓风”，“俗兴化美，益己利人”。方式有两种：一是地方头人在自己无力“挽回”的境况下，“鼎新连名具禀于黄堂，叠沛悬纶于天下”，

---

① 李向玉、徐晓光：《“抢婚”习俗的现代遗留及其民间法处理——黔东南基层司法实际的困惑》，载《政法论坛》2010年第6期。

借助官府的支持以实施自己的主张；二是地方头人共同商议，订立款约，利用地方力量以实现婚俗改革的目的。① 康熙平江碑、乾隆四里塘碑、同治已得碑、光绪彦洞瑶白碑属于前者；光绪启蒙碑和嘉庆四里塘碑则属于后者。地方官府为正地方风俗，显自己的政绩，不仅批准支持地方头人要求改革婚俗的请示，同时也发出禁革的告示。

一、社会精英的作用

任何“立法”是制定一种适用于一定区域内所有人的规则，追求法的普遍性和一般性，力求系统性、全面性和预见性。同时立法是一件非常实际的事情，它植根于社会现实生活中，其好坏无法从其本身得到答案，只有符合实际情况的法律才是好法。正如苏力所言：“真正能得到有效贯彻执行的法律，恰恰是那些与通行的习惯惯例相一致或相近的规定，一个国家只靠国家强制力才能贯彻下去的法律，即使理论上再公正，也肯定会失败。”而在“民间立法”中社会上层的力量作用明显，而来自社会基层的力量的作用较为微弱，有时立法者不论是在自然的时间、空间还是在人文的时间和空间上更接近于社会上层的力量，特别是以本地政治、经济和文化精英为主体而形成以民族利益和社会利益面貌出现的社会上层的力量，就更容易受这种力量的影响，这时立法在很大程度上往往成为当时政治精英和文化精英的一种理想制度设计的蓝图和主流意识形态的具体体现，更可能受立法者个人主观愿望、政治热情等因素影响。正是在这些因素和良好的愿望的作用下，将引导社会的规则自觉或不自觉带进了“民间立法”之中。甚至“民间立法”倡导者本身就是其中的一员。如清道光十一年（1831），边沙、寨伍、八教、者晃、西洋店等寨头人率700余户聚集边沙合款，商议婚俗改革，形成著名的“八议”款规。“八议”碑的碑名就叫“因时制宜”，碑的“前言”痛陈“姑舅转亲”的恶果，认为“姑表分财之规，不无陋弊。或藉此而赖婚枉利，或因此而悬搁终身，以致内怨外旷，覆宗绝嗣，因以构讼经官，倾家荡产，呜乎殆哉，祸甚烈也！……于是一带乡邻，合同计议……将见俗兴化美，益己利人。……谨将规例，特勒贞珉”，倡导革除这种相沿已久的陋习。由于地方有识之士的倡议，地方官为维护地方安靖以显示政绩，不仅批示支持地方头人要求改革婚俗的请示，甚至自己也发出“禁革”的告示。在剑河小广环龙庵遗址上有一块嘉庆二十二年（1817）十月十四日立的《永定风规碑》，记述以潘老乔为首，联合化敖、谢寨等侗族

① 姚炽昌：《清代锦屏苗族、侗族的婚俗改革》，载《苗侗文坛》1989年第2期。

村寨的寨老王士元、彭宁绍、谢贵乔、杨德桂、文登朝等就“姑舅转亲”的陈规陋习具禀首告到府，经镇远府正堂大人批准，特立此碑，碑文有这样的记载：“嗣后男女婚娶照定例，须由两家情愿，请凭媒妁，发庚过聘。严禁舅家强娶滋事。如违重咎不贷，各宜凛遵毋违，特示。”① 同治五年（1866），黎平知府徐达邦、光绪二年（1876）黎平知府袁开第就曾出过“禁革”告示。②

二、民间法律制度的调整

正式制度是国家安排的有意识的创造物，非正式制度安排则主要是人们在长期交往中无意识的、世代相传的具有持久生命力的一套规则，它是作为文化一部分的未经国家认可却具有相当普遍约束力的行为规范，实际上是活生生存在的“习惯法”与“民间法”。非正式制度主要有道德规范、传统习惯、文化观念与意识形态等，它具有持久性与包容性。随着社会的发展，它通过价值观、态度、习惯等对社会制度、人们的生活起着潜移默化的影响，成为社会制度与生活方式的组成部分。非正式制度与正式制度相伴产生，共同维系社会秩序，在进行制度创新时，非正式制度又作为先在的环境因素，对国家正式制度产生重要的影响。有时非正式规则在不同领域也发挥着与国家法同等效能的作用，在国家法无法提供应有职能，即国家法短缺时，这些非正式规则很大程度上成为正式法律的“替代者”。

国家法必须具有普遍性、统一性、稳定性以及原则性等特点，但到了乡土社会狭小空间反而可能变成国家法的劣势。比如，国家法为了统一性也就很难照顾到乡土社会事务的特殊性；再如，要体现原则性它就不可能、也无必要涉及乡土社会生活的方方面面。由于我国古代地区间的政治、经济、社会文化发展不平衡，各地基层司法资源配置差别比较大，造成国家法在一些乡土基层社会的运行过程中存在着不少供给不足，甚至是极度匮乏的情况。事实上正式法律制度与非正式制度的沟通与理解以及在此基础上形成的良性互动和耦合，正是法律制度创新与变迁取得成功的关键。当国家制定法的禀赋与其作用下的民间法、习惯法相一致或大体一致时，后者就能成为前者的正确而积极的“解释者”，会加速前者的推进过程，从而扩充其效能。国家立法与

① 陈远卓：《“永定风规碑”的由来》，载全国政协暨湖南、贵州、广西、湖北政协文史资料委员会编《侗族百年实录》（上册），中国文史出版社2000年版，第60—64页。

② 详见光绪《黎平府志》及光绪《古州厅志》《知府袁开第革除苗俗》。

非正式规则之间的调和意味着人们将借助非正式规则某种程度自觉遵守国家制定法，也意味着国家制定法逐渐融入人们的日常生活与行为中，并以其所体现的价值和所要求的制度模式改变人们的行为和观念，从而使法律制度的实施成本降低到最低点，实现收益的最大化。清代的国家婚姻法在律条中是禁止“姑舅转亲”的，《大清律例·户律·婚姻》规定：“若娶已之姑舅两姨姊妹者，杖八十，并离异。”但在所附条例中却规定“其姑舅两姨姊妹为婚者，听从民便”。从锦屏四里塘《恩垂万古碑》、《彦洞、瑶白定俗碑》的碑文来看，其主要内容都是锦屏的地方政府的“晓谕”公文，《彦洞、瑶白定俗碑》：“至于舅家之子必娶姑家之女，谓之转娘头。此事原干禁例，现虽听从民便，然亦需年岁相当，两相情愿方可办理。”而在“姑舅转亲”国家法、习惯法与民间婚姻习俗存在冲突的情况下，地方精英在倡导移风易俗中起到重要作用①。

三、国家法、民间法向婚俗的妥协

拉德布鲁赫强调：“正是因为习俗自身把约束方式的外部和内部的双重效力统一了起来，无论其是否只是通过虚构的方式，所以习俗才比道德和法律更具有威力。”②“法律多元”的格局一直是我国侗族地区法律文化的实质特征之一，在这种多元体中国家法是指由国家各级有权机构依法制定并依靠国家强制力保障实施的法律；而民间法则是指在法律多元文化背景下，存在于广大乡土社会中的与国家法不同的民间社会控制规范；而习俗则是村寨社会的人们祖祖辈辈相沿成习的惯行。由于国家正式法律制度供给不足，使政府不得不更多地依赖于民间法和民间惯行。历史上在侗族那些村寨中，纯粹以国家法建构的秩序没有出现，而是结合民间法和民间惯行形成的“混合型法”的法制秩序，即国家法、村寨法、民间惯行共同构成了村寨的规范体系。村寨法作为“地方性知识”，贴近村寨现实生活，是当地人所熟知的规范，在村寨发挥实

---

① 《平江恩德碑》的摘录：“恩德碑 云贵总督部院范 巡府都察院 黎平军民府 良寨长官司督学龙 为禁革□民□□□□劫盗□变俗□□□□康熙二十九年七月初五日，奉协镇贵州黎平督学龙□□□元月二十日，提督贵州全省军民□府□批准，本协□□祥谕……一、求聘定亲，止许为凭，革除酒席会亲……一、姑舅转亲，仍补外家礼银三两五钱，不得勒借。以上条□□□司寨不得□□□，本司以凭参宪两府请法重处。特禁。谭溪司 □□□；新化司 杨志贵 ；亮寨司 □□□；胡尔司 □□□；欧阳司 吴万斋。康熙二十九年岁庚午七月十五日（载姚炽昌选辑点校：《锦屏碑文选辑》，1997 年内部印刷，第 66—67 页）。

② 拉德布鲁赫：《法哲学》，王朴译，法律出版社 2005 年版，第 50 页。

际作用。对村民们来说，经验的、现实的、管用的民间法比国家法更有利于解决问题，他们更多地是选择民间法。但有的时候，国家法、村寨法与民间惯行也有突出的矛盾，比如在侗族一些地区人们普遍相信的“有蛊”迷信，国家法、村寨法一直反对，并对残害所谓“蛊女”的不法行为进行制裁，但直到今天都没有彻底消除这一迷信的存在。“姑舅转亲”和“放蛊”的情况有时一样，作为一种惯行一直在黔东南侗族苗族地区盛行，但“姑舅转亲”的涉及面更大、影响更深，长期以来很多青年缔结婚姻都照此惯行行事，认为是天经地义的。历史上黔东南侗族地区文化相对落后，生产力发展水平极低，陈规陋习较多，偏远地方的侗族群众几乎完全不知国家法律为何物，他们长期遵守习俗惯制，所以民间习俗的改革通过国家法律的提倡和政府的推动实现不了时，使自然想到借助“民间立法”的形式来完成，但在一些更为落后的地方，民间法执行的情况也不是很好，阻力很大，地方官府也只好采取肯定习俗、稍作限制的妥协做法。如《平江恩德碑》（康熙二十九年），云贵总督部院、巡抚都察院、黎平军民府、亮寨长官司督学联合发布的禁示，做出“姑舅转亲，仍补外家礼银三两五钱，不得勒借”。即如果姑舅两家不结亲，姑女许嫁他人，就要给舅家三两五钱礼银，但是不能强迫写借据的规定。在民间“姑舅转亲”婚俗特别盛行的情况下，官府也清楚地知道通过一纸告示是难以改变的，也就只好“以俗而治”了。

KUANCI YU JIANGKUAN

——DONGZU CUNZHAI SHEHUI DE KOUTOU

PUFA JI XIGUANFA NEIHUA GUOCHENG

第四章

款词与讲款

——侗族村寨社会的口头“普法”及习惯法“内化”过程

第一节

“款词”及其分类

世界上任何一个没有文字的民族，他们的口传文化便很发达，无文字的民族在传承或记载本民族的历史、文化诸方面的内容时，都必然借用一定的符号或表达方式来作为完成记忆、交流和传承文化的载体。侗族历史上没有文字，便选择了“念词”或称词话（Leix Kuant）这种形式，对本民族文化加以传承。因此人们理解“念词”的过程，就是侗族人民潜移默化地接受本民族传统文化教育的过程。每当祭祀仪式、春播秋收（“开秧门”“吃新节”）、婚嫁、起屋、建楼、迁居、“祭萨”以及节日期间、集体活动之前，都要由寨老或族中长者唱“古歌”或“念词”追溯本族祖先的来历、追忆祖先创业艰难的过程，对后代子孙进行本民族历史的口头传授，其目的就是缅怀祖先，告诫后代不要忘记本民族的历史。侗族的先民把一些历史事件、民族迁徙、事物由来都用念词的形式传承下来，并在族众聚会时宣讲。因此它的内容从原来的社会规约发展到历史、文学、艺术、民俗、宗教等等领域，成为侗族文学史上独有的一种文学样式。

“款词”是念词中的重要内容，“款词”源于原始社会的宗教祭词，款组织出现以后，人们常常用原始宗教祭词的形式来发布款约法或叙述历史，这就是最初的款词，这时的款词仅限于款众集会时由款首在款坪内讲诵，其内容也仅限于发布款的规约或讲述款的历史。款首为了便于讲诵和记忆，在有重大事项发布时使听众感到兴奋，款首们便口头背诵款词，逐渐练就了款首背诵的基本功，他们凭自己的智慧尽量找一些生动形象的语言来表达款约法的内容，款词便变成一种幽默风趣、寓意深刻、妙趣横生、典雅清新的表达方式，成为具有一定的严肃性、艺术性的口头文学作品。后来，这种讲述活动逐渐地越出款坪，内容也越来越丰富，语音和节奏也逐步讲究起来，于是款词就变成了一种独特的文学体裁。起初的款词只限于款首口头发布，其内容也只限于表达款约法或记述款组织的有关活动，由于它的原则性、严肃性强，广大群众喜闻乐见，款词的流传和应用范围就越来越广了。到今天，款词这种古老的文学形式仍在侗族人民群众中广泛流传，侗族人民根据新时期的需要，用这种古老的文学形式来描述生活景象，反映新生活的气息。[①] 款词发展到后来，内容相当广泛，有叙述天地形成和人类起源的，如“创世款词”和“族源款词”；有叙述民族来源和历史变迁的，如“迁徙款词”和“祖宗入寨款词”；有宣扬历史人物英雄业绩的，如“祭萨款词”和“勉王款词”；有劝教诫世、惩恶扬善的，如“乡规款词”；有反映生产生活和社会习俗的，如“丰收款词”和“习俗款词”；有发号施令和惩治犯罪的，如“出征款词”和“约法款词”；等等。如果将所有的款词汇总起来，可称得上侗族的“百科全书”[②]。通过它，人们获得共同的“历史记忆”和“集体记忆”，充分认同本民族文化，共同延续生生不息的法律文化。

按款词内容可作如下分类：

（1）款坪款词。这是记述各个款组织的地域和村寨范围的款词。就像侗乡的“地理志”与“款区略图”。如《十二款三款场款》等，它秩序井然地记述了分布于黔湘桂边相连接的侗族款坪、款场和款组织的地域区划范围。

（2）约法款词。这是各款组织制订的规章约法的款词，也是维护各款区的社会秩序的共同规约。虽然各地流传的条款不尽相同，有的十二条，有的十六条，也有三十多条的，但内容都大致相似，原始的款约法是一种立石为誓的盟诅要约等不成文的法，款民视之为金科玉律。[③] 它是款词中最核心的部分。

（3）出征款词。这是款组织集结款众抗御外来强暴、出征战斗前宣誓用的款词。内容主要是鼓舞士气。

（4）英雄款词。这是歌颂缅怀侗族历代英雄人物的款词。如《萨岁款》《吴勉王款》等。

（5）族源款词。这是讲述侗族历史和迁徙经过的款词。其中包括人的根源，如《姜良姜妹》《宗支款》《祖宗落寨》等。

（6）创世款词。这是叙述世界万事万物来源的款词。如《天地、山河的来历》《牛的由来》等。

（7）习俗款词。这是介绍侗族风俗习惯来历的款词。如《破姓结亲》《行年根由款》等。

---

①② 邓敏文、吴浩：《没有国王的王国——侗款研究》，中国社会科学出版社 1995 年版，第 64、63 页。

③ 湖南省少数民族古籍办公室编：《侗款》，杨锡光、杨锡、吴治德整理译释，岳麓书社 1988 年版，第 2—3 页。

（8）祝赞款词。这是侗族人民在交往活动中用来互相祝福、赞颂的款词。如《赞老人》《赞妇人》等。

（9）请神款词。这是进行合款活动时，要讲诵顺序的第一款词。主要是叙述款的来历，邀请诸神都来参加合款活动，并作佐证以增加款的神威。

（10）祭祀款词。这类款词包括两个方面：一是悼念款，是族人去世时举行丧葬仪式念诵的款词，其内容主要是对死者的悼念及对亲属的安慰；二是送神款，是讲款活动结束时讲的最后一个款词。内容是宣布讲款活动已告结束，请各位神灵各自归位，并请求永远保佑村寨里的人们，同时也忠告各寨款众要牢记祖先传下来的规章约法。

从形式上来看，款词比较活泼，没有固定的格律。款词分为若干条，每条短则数十句，长则可达数百句，甚至上千句，多用暗喻的表现技巧和排比法的句式。句子长短不一，以简短句子为主，一般是3个音节或4个音节一句，也有5个音节以上构成一句的，偶尔也有十多个音节的长句。款词由上下两个音节数基本相等的分句构成一个整句（即一联），节奏感强，朗朗上口。款词多为对偶句，有韵但不严格，以上下句押尾韵为主，抑扬顿挫，起承转合，铿锵有力，听之有浑然天成之感。款词的韵以上下之间的勾韵最为常见，一般是第一句最后一个音节与第二句的第一个音节相互勾连，构成上下句之间的勾韵，这种押韵的方式与传统侗族民歌的勾韵（或称联韵）基本相同，只是款词的勾韵不像侗歌歌词那样严格。

第二节

“讲款”与“款约法”

前述，侗族的款组织不论小款、大款、大款联合，都订立较为系统的款约法并发誓共同遵守，凡盟誓而立的款规款约一经通过，就成为款区内人人必须遵守的习惯法。这种在平等自愿基础上“盟誓”立款的民间制度，促进了侗族地区人与人的和谐、人与社会的互动，增强了侗族人平等互助、团结友爱、同心同德的亲和力和民族凝聚力，更强化了本民族文化的认同感。各款为促使款众（村民）认真遵守和谨记款规款约，每年在规定的时间里统一集中在“款坪”，宣讲或增修款规款约，款众便以此为誓，不折不扣地遵守、执行，具有一种不可违犯的神圣之感。专门研究非洲黑人传说的当代马里学者 A. 哈姆扒特·巴认为：“在非洲传统社会里，深远而神圣的联系把人的行为与语言结合在一体，人们必须信守自己讲过的话，并受其约束，他就是他的语言，他的语音就是他自身的证明。社会协商依靠语音的价值和对语音的尊重。”① 侗族的口承法律文化也是如此。

最初，口头背诵是款约法主要流传方式，广西三江、湖南通道等侗族地区通过春秋两季的“三月约青”“九月约黄”，即农历三月农忙备耕和农历九月作物即将收获之时，重申款约条规；即由那些才华出众的讲款人当众背诵款约法或其他款词。春季的讲款活动安排在农历三月举行，故称为“约青”，表示春天已经来临，万物复苏，农作物将转青发绿，人们都忙于上山劳动，所以通过讲款提醒大家要按照款约的规定爱护庄稼、保护山林，同时也要注意村寨的安宁，防止扰乱破坏事情的发生，以确保生产活动的顺利进行。秋季讲款安排在农历九月初举行，故称为“约黄”，即五谷丰登，收割季节已经到来，所以讲款提醒大家要爱惜自己和他人的劳动成果，不要乱偷乱拿。同时，秋冬季节还要举行各种社交活动，大家要按照祖宗传下来的规约行事。

讲款活动一般以村寨或鼓楼为单位进行，全寨或全族人都参加，由有威望的寨老、款首或款师当众背诵款约法或其他方面的款词，并使讲款活动一直处于一种庄重而神秘的气氛中。讲款人在侗语中称为 Sangh Kuant（可译为“款师”或“款匠”），他们在村寨中享有很高的威望，其中有的就是款组织的头领，有的是巫师。款组织每年都要讲款，而且每次讲款都要举行隆重的仪式，一般是在款坪或鼓楼进行。讲款款师都要穿上古老的民族服装，周围有背着刀、穿着特制花衣的卫士簇拥着，并有芦笙队奏乐。讲款人每讲完一条，众人都要高声大吼“是呀!”然后讲款者就将一根草结投于神台上，以示此条已经讲完。接着再讲下一条，直至将各条讲完。由此而使家喻户晓，人人皆知。一般说来，在无文字或文字传承功能不强的口头文化背景下，口头法在表现形式上有许多环节都很注重特定的程序和仪式，这也反映出传统社会对口头文化的依赖和倚重。英国法律史学家梅特兰曾指出：“只要法律不是成文的，它就必定被戏剧化和表演，正义必须呈现出生动形象的外表，否则人们就看不见它。”② 通过每年这两次大的、定期的、仪式化的聚众宣讲，增强了民间的守法意识和观念。在

① 〔马里〕A. 哈姆扒特·巴：《逼真的传说》，转引自夏新华、何志辉《口头法与非洲传统法律文化》，载《湘潭大学学报》2006 年第 5 期。

② 转引自舒国滢：《在法律的边缘》，中国法制出版社 2000 年版，第 88 页。

侗族人民日常活动中，如“月也”（侗族走亲访友的联谊活动）时，也把“讲款”作为活动的重要内容之一。后来汉字在侗族地区输入，汉族记载习惯法的“款词文本”出现了，一般关涉民族的重大事宜，如婚姻改革、各级款组织内部地方治理、联防自卫等，其内容比较全面，涉及的面也更广。侗族的款词和苗族理词一样，社会生产、生活的各个方面无不涉及、无所不包。讲款还有另外一种方式，即款首在宣布有关纠纷的处理决定时，或是处罚违约者宣判时，也必须进行各取所需的讲款。

侗族的款师或歌师是侗族习惯法文化的主要传承者，其中有的本身是款组织的款首，有的就是既通人事亦懂神事的巫师。款师是在长期的讲款活动中逐步培养起来的，以血缘传承为主，其次是师徒传承。精熟款词、才华出众的款师还常常被邀请到别的村寨去讲款，他们不取报酬，只收少许礼品，如猪头、糯米饭等①。汉文化传入侗族地区后，汉字还只为少数人所掌握，大多数人不懂汉字，汉语的普及程度不高，所以用侗族语言的讲款活动一直延续下来。

第三节

“款词”体现习惯法的基本特征

一、广泛的社会调整功能

一个地方民众的生活必定有其既定的生活秩序及族群组织方式，而将其表达出来的就是法律。法的社会调整功能是指法在调整各种社会关系中的作用，侗族习惯法的社会作用是十分广泛的，包括政治、经济、思想各领域，执行由一定社会性质产生的各种社会公共事务的职能。所谓社会公共事务，是指有益于社会的那些公益事业。在侗族村落社会，各阶级、各阶层的人们要想生存下去，就不能没有一定的生存条件，不能没有一定的生产、流通、消费的秩序。在侗族地区，公共事务主要是：①保证社

① 邓敏文、吴浩：《没有国王的王国——侗款研究》，中国社会科学出版社 1995 年版，第 69 页。

会劳动力生殖繁衍；②维护人们生存的基本自然条件；③发展经济，互通有无，便利生活和交往。从广义上说，为保持基本社会秩序，惩办奸淫、烧杀、抢掠、偷盗、惯盗行为也属于社会公共事务。侗族习惯法从杀人放火到小偷小摸，从婚姻缔结到财产分析，从山林争执、水源纠纷到市场交易、借债关系，凡社会实际生活中遇到的各种法律问题都有相应的调整规定，并不同程度地以款约法和寨规寨法明确加以规定，并以款词的形式表达出来。

（一）在婚姻关系上

侗族曾实行族内婚，由于历史的原因，侗族人民不断地迁徙到新的地方，使他们独自生活或与别的兄弟民族杂居在一起。由于受到传统观念的束缚，加上语言、生活习惯的不同，男女青年寻找配偶还得找自己的同胞，本地不太好找时，他们只好到遥远的侗族村寨寻找。各地款词都说明侗族曾实行族内婚，但族内婚给侗族生存、发展以及生活秩序带来诸多不便，由于男女青年外出寻亲一般都自带银饰和银子，路途上不安全，且时间过长，往往耽误农时而影响收成。因此，族内婚直接阻碍侗族社会的进步和发展。侗族头人经酝酿决定做“埋岩”活动，于是在清代乾隆年间，99 位款首“倒牛合款”，商议“破姓开亲”。款词“九十九公款”记载侗族婚姻从族内婚向外婚转变，从此侗族可以同其他兄弟民族通婚，这一重大转变在款词中也得以反映：“男的娶妻，要到独坡八寨。女的嫁夫，送到上元潘老。男怕路长道远，女难翻山爬坡。山隔九重，来来去去也担心。会的寨里计议，聚众商量。姓张配姓李，姓吴嫁姓杨。好比当初姜妹配姜良。”①

（二）在财产关系保护上

在生产资料私有的社会里，田地、山林、园地、池塘为私人的重要生产资料，款词界定了各自财产的界限，并严格加以保护。“屋架都有梁柱，楼上各有川枋，地面各有宅场。田塘土地，有青石作界线，白岩作界桩。山间的界石，插下不许搬移；林中的界槽，挖好不能乱刨。不许任何人，推界石往东，移界线往西。这正是，让得三杯酒，让不得一寸土。山坡树林，按界管理，不许过界挖土，越界砍树。不许种上截，占下截，买坡脚土，谋山头草。你的是你的，由你做主，别人的是别人的，不能夺取。

① 湖南省少数民族古籍办公室编：《侗款》，杨锡光、杨锡、吴治德整理译释，岳麓书社 1988 年版，第 438 页。

屋场、园地、田塘、禾晾，家家都有，各管各业，各用各的”。“讲到田塘用水，也要合情合理，共源的水，同路的水，公有公用，田塘有利，大丘不许少分，小丘不许多给”。“不许别人，砍别人的树木，谋别人的财物，路上捡得财物，挂榜找寻原主；要有高尚道德，莫做贪财小人”。同时也是为了端正社会风气，维持生产生活秩序。

（三）土地买卖关系上

在过去田地买卖是正常的现象。但侗族地区曾出现钻少数民族没文化、土地买卖没有文字凭据以及为人憨厚等空子，常以“没有买断”“只当不卖”为借口，企图再卖取第二、第三次钱，造成社会上纠纷频增。为了端正社会风气，维持生产生活秩序，侗族头人们订立岩规，违者必究。“四通有个龙姓人塘作三破，田作三卖（指玩弄花招，无理狡赖的行为），把一丘田分三次卖，第一次卖田里不卖田外，第二次卖田塍不卖田坎，第三次才卖完，卖里不卖外，留田塍种豆，留田坎种菜，务农怕劳累，懒做又好闲，脚歪心不正，手勾又眼浅，乱了村和寨，俗规有威严”①。

（四）在社会治安上

实行社会教育、维护社会治安、纯正社会风气是侗族习惯法的重要内容。款词中凡是有价值之物，不属于自己的东西都不要占为己有。如：“因为梭等傻等心不良，手勾眼浅；梭等过田坝偷祖母的鹅，傻等过田坎偷外婆的纱，朝黄的孙子偷祖母的棉，朝黄夫人睡不安，站不稳。”侗族重视对偷盗抢劫犯罪的处理，侗族款词所反映的内容，必须做到违者必究、执法必严、震慑坏人、保护群众利益。侗款规定：偷盗，根据情节轻重分别罚金银和牛。“一喊要罚十两金，二喊要罚百两银，三喊罚他牵金口母水牛来抵”②。另外还规定：老实认罪态度好的少罚，顽固抵赖的多罚。

二、明确的社会规范作用

法作为一种特殊的行为规范体系，在调整不同社会关系中发挥作用，法律规范是逻辑严谨、明确、具体、肯定的行为规范，所以具有预测作用、指引作用、评价作用、教育作用和强制作用，侗族款词也体现这些特征。

---

①② 湖南省少数民族古籍办公室编：《侗款》，杨锡光、杨锡、吴治德整理译释，岳麓书社1988年版，第41、424页。

（一）预测作用

所谓预测作用，即人们根据法的规定，预先可以知道或估计到自己的行为带来的后果，这种后果包括合法行为受法律和社会公众的保护，也包括违法行为要受到法律的制裁和社会舆论的谴责。清道光年间（1821—1850）侗族各地大款在黎平县地扪腊洞举行大款联合，聚集侗族地区99位款首联款议定的款约法，所以习惯上称《九十九老款》，至今仍流传于六洞和二千九地区。《九十九老款》规定：为维护夫妻双方的正当权利，保持家庭的稳定，“女子出嫁，结草山头相许，唱歌山中定情。男丢女罚银七钱二，女丢男罚银七钱二。女子出嫁，凡出了黑糯饭、白糍粑，过了大担礼，这时女丢夫罚六两六，男丢妻也罚六两六。若已经生男育女，夫妻不和，窝火打架，相争吵闹，因此婚姻拆散，要罚十二两银子……不准谁喝过田口之水，割过田埂之草。如若乱搞，罚他五十二两，拿他到款坪说理，要他当大众认错”。款词也说：“男女花时已过，应成家自乐，切莫风流浪荡，拦母鸡进窝，离间别人夫妻，脱妇人裹脚，挑拨人婚事，挖他人墙脚。如果拐卖妇女，诱惑强奸，伤风败俗，该受发落。”

（二）指引作用

法为人们应该如何行为、不应该如何行为和可以在什么范围内自由选择自己的行为指明了方向，法的指引作用可以帮助人们自觉守法，将自身的行为纳入法要求的轨道上来。款词说：“不讲别的村的款，只讲双江、黄柏、龙头、吉利村。只因文传、万传，听说八万、古州（从江、榕江一带）将古来规矩破坏，无人恢复。鹰鹰相斗，兄弟为敌，为十二棵小树也相争不宁；坏了双江、黄柏、龙头、吉利这条村，引来议论。一起进村来，共同整好寨。讲完了双江、黄柏村的款……”①

（三）评价作用

侗族谚语说：“造桶要有底，说话要有理。”② 法是评价、判定人们行为是否公平、正义、理性的标准和尺度。合法行为被视为符合公平、正义、理性的。于是，人们便可以据此评价自己与他人行为的合法性。人们的合法与违法不是固定不变的，公

---

① 湖南省少数民族古籍办公室编：《侗款》，杨锡光、杨锡、吴治德整理译释，岳麓书社1988年版，第42页。

② 杨汉基等编：《侗族谚语》，贵州民族出版社1996年版，第32页。

平、正义、理性也各有不同的标准，但就维护侗族村寨法律秩序而言，这种评价作用无疑是十分重要的。

如款词中的"村脚有个雄龙洞，村头好比雌龙寨，村中遍地是金银，合款保护各寨村……大众合心合意；就这样约定、这样讲成；立约威力比地大，合款威力大如天"；《约法款·立约》说："古时人间无规矩，父不知怎样教育子女，兄不知如何引导弟妹，晚辈不知敬长者，村寨之间少礼仪。兄弟不和睦，脚趾踩手指；邻里不团结，肩臂撞肩臂。自家乱自家，社会无秩序。内部不和肇事多，外患侵来祸难息；祖先为此才立下款约，订出侗乡村寨的俗规。"①

（四）教育作用

法所具有的评价作用，必然产生其特殊的教育作用，因为评价本身就确立了某种明确价值标准，即合法行为受到保护和奖励，可以鼓励人们加以效仿；违法行为必受惩治，以警诫众人切勿重蹈覆辙。教育作用并不仅仅指法在实施以后才发生，其实在法律适用过程中也往往运用教育手段。《侗款》第十五款："向来正月带刀斧上山砍柴，二月用竹笠衣，三月用钉耙，四月用犁耙，五月有茄豆、黄瓜，六月禾抽穗，七月莫坐仓恋花，八月莫留伴玩耍（意指在收获季节，不要谈情说爱，误了农时）。这些规矩，家家有男要教，养女要训。哪人不听，四村不容，六洞不许……"

（五）强制作用

侗族习惯法对于违犯了"岩规""款约法"的人，轻的罚牛、罚款；重的拆房、驱逐、杀头、活埋、沉水等。例如《侗款》一层一部：有谁的子孙，胆大骨头硬，肚横肠弯（即诡计多端），砍鹅颈，斩龙腰（破坏地气龙脉）；骑坟葬祖，挖坟平墓；挖生尸，拱干首，开板见人，撕棺见骨（挖坟盗墓）……这事态大得登十，这事体重得登百。今天我们拿红衣要他穿，短衣要他披（指罪犯穿的刑服）。抓他三父子共埋老洞，大潭让他去住（沉水），大窖让他去睡（监禁），塞他三尺黄泥，填他三丈黄土（活埋）。

---

① 湖南省少数民族古籍办公室编：《侗款》，杨锡光、杨锡、吴治德整理译释，岳麓书社1988年版，第40页。

第四节

“讲款”过程及特点

一、完整性

口头文化传承的特点是保持所讲事情的完整性，对案件的来龙去脉要有交代，这样大家才能听得懂。讲款的过程就是侗族的“普法”过程，款师要从习惯法的产生开始娓娓道来，所以首先要求的是它的完整性。《侗款》“开款立法”说：

当初村无款规，
寨无约法的时候，
好事得不到赞扬，
坏事没有受惩处；
内忧无法解除，
外患无法抵御。
有人手脚不干净，
到处偷菜偷瓜，
笼里偷鸡摸鸭，
有的心起歹意，
白天执刀行凶，
晚上偷牛盗马。
还有肇事争闹，
逞蛮相打，
杀死好人，
造成祸事，
闹得村寨不安宁，
打得地方不太平。

村村期望制止乱事，

寨寨要求惩办坏人。

（众合）是呀！①

这则“款词”讲的是款没有产生的时候，出现内忧外患、盗贼横生现象，好人得不到安宁，坏人得不到惩罚，说明一个社会如果没有一种具有约束力的规矩，就无法安居乐业，村寨社会对法产生了强烈的需求。为了整饬村寨，安定社会秩序，古代侗族社会必然地产生每个人都应遵守的规约。紧接着“款词”订立约法款的过程，“订了二六一十二条款，二九一十八章程，这些款约、章程，宣告各寨村乡”②。

法是要人们遵守的，不被遵守的法就等于无法，所以法必须得到人们的认可和遵守。法不管是否用文字表述，只要人们认真遵守就会达到应有的社会效果。真正的法是印在人们心中的，它比刻在石头上和写在纸上的文本能起到更好的社会效果。讲款过程中款师非常注意听众对所讲内容的认可和回应：

混乱年间，

官家上芙蓉、针定，

事无人肯当，

人死无人葬，

钱粮不认承，

赋税无人上。

田地无人种，

路上无人行，

只听蛇虫叫，

没有人声音。

今要聚众商议，

协力复兴寨村；

我们要修理寨子来住，

靠寨子谋生。

祖训如何？

俗规如何？

①② 湖南省少数民族古籍办公室编：《侗款》，杨锡光、杨锡、吴治德整理译释，岳麓书社1988年版，第84、85页。

如何嘱咐?

如何遵循?

少讲多知,

重在力行,

表说清楚,

带上青龙款坪。

(众合) 是呀!①

每当款首宣讲完一段款词后,款众便齐声合应“是呀”,可见款师讲款时非常注意款词的完整性,避免遗漏,也注意听众的反应。听众此时的应声,表示已经听懂和记住了,款众从此以此为誓,具有一种永世不可违逆的神圣感,凡盟誓而立的款约法大家无一例外地遵守。在口承法文化情形下,款词的内容只能靠大家的记忆,逐渐印在脑海里,并内化为自己的行为。款组织要使大家知道这些内容也会经常安排宣讲活动,时常进行“款坪”或“款场”宣讲,使大家知法、守法。款组织也会不断地增补款规款约,随着时间的推移,又加入“新款”,以后“新款”又成老款,这样款词的内容逐渐增多,习惯法的实体和程序规定就更加周密。

二、针对性

讲款的内容很多,但最多的是社会治安和杀人、盗窃等问题。所以款词具有很强的针对性。如“勒石定规”是大款联合组织的最重要立法活动,往往规定的都是部落联盟中的重大事项。部落联盟的“大款首”,为维护当地的社会稳定,首先解决的是杀人、盗窃等严重危害社会治安的犯罪,最先竖立的“法岩”,肯定是针对地方上的重大问题。下面一段款词讲的是针对一起案件的立款过程:

争吵到团寨,

吼闹众头人,

款首传乡老,

头人邀众人,

商议上款坪,

① 湖南省少数民族古籍办公室编:《侗款》,杨锡光、杨锡、吴治德整理译释,岳麓书社 1988 年版,第 43 页。

定规约调解纠纷，

买来白母水牛，

牵来膘肥水牯，

拿到九湾河九层滩边杀，

要他父亲拿牛腿传告各寨村。

砍上腭送周富，

送下腭给立规约的六郎，①

送给制刑法的周富，

送给立规约的六郎。

立得法规二六一十二面，

二九一十八条。②

三、援引性

早期侗族地区的习惯法的表现形式都是没有文字的“岩法”，所以款约法和寨规寨法都只能靠寨老头人的记忆，埋下的那块石头只不过是一种象征而已，所以“栽岩”又是一种“象征法”，但参加聚会的款众心里对每次“栽岩”的目的和要调整的内容很清楚，如果村寨中以后出现了岩规中所指向的行为，犯了这方面的罪，就会把犯罪者拉到款坪上，在过去的栽岩前进行处理，这就是“聚款”。如前所述，当有人违犯了规约，需要处理的时候，也要举行处理仪式；款师在宣讲时会涉及同类案件，不厌其烦，显得比较冗长，甚至还有些重复，目的是让人们加深印象。这是在先例中寻找依据，同时依据先例处理时下的案件的侗族社会独特的“判例法”。

先讲庚辰村，

村脚着人管，

村头着人守。

村脚下宅，

由金留、门通、金满、曹龙守。

---

① 周富可能是款首，下面可能是六位款师。

② 湖南省少数民族古籍办公室编：《侗款》，杨锡光、杨锡、吴治德整理译释，岳麓书社1988年版，第424页。

富坪、吉大，由双虎、富雄守。
坪寨、河边，由保发、朝阳守。
塘寨、盘寨，由银朝、共央、满松、杰松守。
村中中步，由英兰、英龙守。
村头路塘，由景戈、景龙守。
这些人为首，整顿村寨；
村脚放甑底，
村头放甑盖，
盖安得圆，
底放得正，
这些人三同六合。
村村有人把守，
寨寨有鸡报时，
事事有人处理，
防备村里出事，
四坳上立四桩，
四桩上做四标，
年年太平安乐，
讲完庚辰村的款。

其次讲戊午村，
讲到普头、都垒、松度破姓招夫，
松必同姓娶妻。
姚家四子，
破姓娶姐妹，
隔一栋屋，
结一堂亲；
隔条沟，做亲戚，
隔后门，成一对。
有的看父乱子，兄乱弟；

其实是新的款约俗规，
破姓结亲戚。
这是新定款约，
不是胡作乱行；
有请各寨头人，
奉告族众百姓。
村脚放人管，
村头着人守，
村脚塘头，安排陆曹、桃翻管。
村头传头，安排满曹、桃万管。
村头等斗，安排海素、宋文管。
这些人一同六合。①
村村有人把守，
寨寨有鸡报时，
事事有人处理，
防备村里出事，
四坳上立四桩，
四桩上做四标，
年年太平安乐，
讲完前戊午村的款。
再讲后戊午村，
讲到大坪村上，
……
村脚放人管，
村头有人守。
村脚黄土，
由文传、万传守。
村头高友、高秀，

① 意为合款的村寨头人都是同心同德、团结一致的，具体指天同、地同、族（人）同，东南西北上下合拢团结。

由汶传、万付守。
这些人三同六合。
村村有人把守，
寨寨有鸡报时，
事事有人处理，
防备村里出事，
四坳上立四桩，
四桩上做四标。
年年太平安乐，
讲完前戊午村的款。
讲完了丁未林溪、戊子程阳村。
村脚马鞍、村头罗冲，
由四公汤、杨公万守。
村中冠洞，由石才银守。
这些人三同六合。
村村有人把守，
寨寨有鸡报时，
事事有人处理，
防备村里出事，
四坳上立四桩，
四桩上做四标。
年年太平安乐，
讲完了丁未林溪、戊午村的款。
……①

四、“涵容性”

在汉字传入侗族地区以前侗族处于口承法阶段，传统的“款约法”就是口耳相传

① 湖南省少数民族古籍办公室编：《侗款》，杨锡光、杨锡、吴治德整理译释，岳麓书社 1988 年版，第 40—44 页。

延续下来的，由于口承法制订标准低、规范水平差及口头传承的易变性，所以法律规范与道德规范的“涵容性”更强。如《侗款》“开款词”：

只因当初无款到处乱，
父亲不知对子女慈爱，
兄长不知对弟妹忍让。
脚趾对着手指，
肩膀对着小腿。
家里乱家里，
自己乱自己。
稗草乱禾苗，
饭盆乱潲盆。
死白牛，杀好人；
村脚砍树，寨头偷林。
地方没人管，
只因为当初无款到处乱。

这一首“开款词”对当初无法状态下道德混乱的现象做了生动的比喻，说明一个社会如果没有法律和道德约束，人民就无法安居乐业。为了调整人际关系，安定社会秩序，古代侗族社会人们就订立了每个人都应遵守的款约法，有了款约法就一定要遵守，以建立良好的生活秩序。

众乡亲静听，
无古不有今。
规约老人订，
违犯莫留情。
柴火莫乱砍，
田地各有份。
屋基莫强占，
水田要分匀。
瓜菜莫乱讨，
手脚要干净……

这些款词都表现了侗族朴素的法律观道德“涵容”互渗特征。强调集体行为和社会伦理的村寨社，明确的伦理规范、共同的行为准则是必不可少的。这样的开款使人们认识到款约法在调整社会行为中的重要作用。

《侗款》“六面威规”的一部分是有关民事法规的内容，如“一层一部”要求家长教育自己的子女有良好的品行和生活习惯；“二层二部”要求青年们懂得待客之道，对客人要大方热情；“三层三部”是有关兄弟分家的规定，更主要的则是有关伦理道德方面的规范；“四层四部”要求家长教育自己的子女不准有小偷小摸行为；“五层五部”则要求家长教育好自己的子女不准逞强行霸等。

如“三层三部”：讲到家中兄弟，说到弟兄分家。分到梳中棉纱，分到园中竹子。分到锅、鼎、箱、架，分到碗、盏、瓢、盆。竹园随竹林，禾仓随住房。田有埂为界，山有石为碑。不许哪家孩子，把上边的界石移到下边，把右边的界碑移到左边。家中兄弟，千年石压不垮，万年砥柱冲不毁（意为紧密团结）。金子不许私留一包，银子不许私藏一两。要让池塘越来越深（意为加深友谊），要让堤坝越来越宽。肩膀不许相磨，膝盖不许相碰。

又如“四层四部”：如果谁人子孙，头不识耳（意为不听劝告），眼不识珠（意为目无款约、款规），嘴巴不认兄弟（意为无长少秩序），肠肚不认亲戚。他做公公的去爱媳妇，做兄弟的去爱姐妹。……他把斧头称锄头，把顶罐称锅头。要木当竹，要泥当石，捞乱了礼仪，解乱了条规（意为破坏了人伦关系）。

又如，《九十九老款》第七、八、九条就规定：

治不孝：老人的话要听，父母之言要信，儿不能打骂父母，媳不得虐待老人。父母在，儿子养，父母死，儿子葬。谁不孝顺，任意虐待，不遭天公雷劈，也绝子后代。按情论罚，不许宽贷。

治嫁娶：女大当嫁，男大当婚，女满十七始嫁，男到十八才婚。女嫁先问表哥，不娶再嫁别人。父母有命才订婚，订婚三年才过门。女退婚赔彩礼，男不娶不取分。要是父母不允许，男女私下约逃奔，且用猪酒去“洗脸”，才算正式成婚。

治打人：有事要好商量，切忌相争动气，先骂人错误，先打人无理，骂人要赔礼，打人要包（负责）医。夫妻要和睦，老幼不相欺。①

款词和款约法包含了侗族人民源远流长的道德文化，对款词道德元素的揭示，有利于更加全面地分析款词的强制力，认识法律与道德相辅相成在调整侗族村寨社会中

① 引自政协从江县文史学习委员会、从江县文化体育广播电视局编印：《从江文史资料》第7集，张子刚编撰《从江石刻资料选编》，从江县教育印刷厂2007年内部印刷，第63—65页。

的实际作用。

第五节

“款词”自身的特征及讲款的社会效果

款词来源于侗族实际社会生活，它以规则对仗、和仄押韵、凝练浓缩、生动形象、简洁明快的语言形式，概括了对社会问题规律性的认识，作为表现习惯法的主要形式，它具有简练性、普遍性、生动性等特点。

一、精练、简洁性

法律规范上有逻辑严谨、明确肯定的特征。侗族款词重阐明法理，不重抒情；重训诫，不重生活细节描绘；重概括，不重铺陈。这就最大限度地符合法律规范的要求。款词句短精练，内容一般十分明确。《侗款》六面阳事·三层三部：哪村崩田哪村垒，哪寨滚牛哪寨剽（喻这类案件各村有权自行处理）。说明侗族款词设定的诉讼规范是明确的。

“向来山林禁山，各有各的，山冲大梁为界。瓜茄小菜，也有下种之人。莫贪心不足，过界砍树，莫顺手牵羊，乱拿东西。谁人不听，当众提到，铜锣传村，听众人发落……”（十三款）。“不许客人争地方，老鼠钻禾仓，糟蹋一仓粮，猫儿骑老虎（指以小欺大，以客欺主），无理又荒唐。不许盘剥地方，大秤进，小秤出；四村不许，六洞不容。若还捉到，款条就会显灵”（十四款）。这一系列的规范规定得很明确。

“庚子年戊午日，州王置条规在岩洞下，处事三年不取肉，理事九年不索布；庚子年戊午日，州王置条规在岩洞下，处事三年不取肉，理事九年不拿钱”①。以此来教育寨老、头人不要滥用手中职权。这些都是侗族在习惯法实践中，对法律知识和经

① 湖南省少数民族古籍办公室编：《侗款》，杨锡光、杨锡、吴治德整理译释，岳麓书社 1988 年版，第 422 页。

验的简短、明确的归纳概括，这些规范在侗族社会生活中发挥着预测、指引、评价和教育的功能。

二、普遍性的特点

法具有对一定的地域范围内所有人普遍适用的特点，这就需要人们都知道法律、认识法律。“仓有四方，屋有四向，仓要四方捶紧，事要八方了解，祖言父语，讲到哪处，我就讲到哪里。当初我们的祖先，就地商量议款，立款大家遵行，（众合）是呀”①。这样才能发挥其普遍规范的作用。款词作为侗族习惯法的载体，简短易记，易于传播，在没有文字的侗族社会中已深扎在人们的心里，处理各种法律问题时，很容易找出自己最熟悉的款词来判断是非，保护自己的权利。在习惯法的执行中，款首、款师、寨老、头人等也往往会使用他们熟悉的款词来裁决定案，使其定案结论更有说服力，为人们所接受。

三、生动形象的特点

侗族款词的内容丰满、生动、具体、形象，它在侗族习惯法延续中起过很大的作用，这就要求这种口头传承形式要以形象的话语表达出深刻的道理，既生动感人，又耐人寻味，是形象思维和逻辑思维的结合。款词运用生动语言反映深刻的法理，对侗族村寨法律现象的表述有时采用比喻、对比、排比、夸张等艺术手法。

《侗款》中这样的手法使用得最多：“脚趾对着手指，肩膀对着小腿。家里乱家里，自己乱自己。稗草乱禾苗，饭盆乱潲盆。”《出征款》说：“今日有妖怪过河，今日有妖婆进村；今日有老鹰抓小鸡，今日有鸱枭捉小鸟……联村进场，团款进坪。我们要像蚂蚁聚众杀穿山甲，我们要像蜜蜂合力刺毒蛇。咱们要像猛烈的阵阵过山风，咱们要像天上突降的冰雹……不许谁人，像鸡那样怕老鹰；不准谁人，像鸟那样怕鸱枭。”《侗款》二层二部：如有谁的子孙，胆像葫芦瓜……像恶虎，凶像龙。在楼上拱禾仓（偷谷），在楼下撬金银（偷钱），拱田埂挖鱼窝（偷鱼），挖深墙拱厚壁（偷猪）。表示正面的如立款的良好效果时，也会使用这种手法：“大家共伞遮雨，立有堂

① 湖南省少数民族古籍办公室编：《侗款》，杨锡光、杨锡、吴治德整理译释，岳麓书社 1988 年版，第 424 页。

棚遮风。”等等。

侗族款词在表达违法行为上语言非常形象，大的问题，如“肚横肠弯（即诡计多端），砍鹅颈，斩龙腰（破坏地气龙脉）”；小的问题，如妇女卫生和行为上，“讲到上粟、下粟、贝妞、贝纳，裙带不捆紧，裙子不穿好；蓬着发，拖着帕，三天不洗头臭如蚯蚓，九天不洗澡臭如死蛇。引来议论，一起进村来，共同整好寨”。

在罪名的表达上，“骑坟葬祖，挖坟平墓；挖生尸，拱干首，开板见人，撕棺见骨（挖坟盗墓）……这事态大得登十，这事体重得登百”。“倘有哪个男人伸脚踩右，伸手摸左，狗用脚爬，猫用爪抓，摸脚掐手，强摘黄花（男人作风不端）”①。

在处罚的表现上，“今天我们拿红衣要他穿，短衣要他披（指罪犯穿的刑服）”。如使用“沉潭”“活埋”刑罚则这样表述：“抓他三父子共埋老洞，塞他三尺黄泥，填他三丈黄土（活埋）”“大潭让他去住（沉水），大窖让他去睡”等等。

在证据收集的表达上，“我们寻蚂蚁足迹，找野猪脚印（沿作案者足迹寻查）。拿得上手，抓得上担；得真不得假，得实不得虚（证据充分、确凿）。用棕绳勒颈，用草绳绑臂”。

战国著名的法家人物商鞅说：“为法，必使之明白易知”，“行法，令明白易知”。② 这些款词的寓意侗族人民群众一听便知，心领神会，同时能起到约束自己行为的作用，从这个意义上说款词也具有一定的人民性。

四、讲款的社会效果

侗款本身的群众性、民主性、严肃性就决定了讲款的社会效果。由于侗族没有自己的民族文字，习惯法只有靠口头传唱才能保留下来。这些口传规约是侗族社会承担裁定与审判事务的款师、寨老在论理决事时所依据的习惯法标准。习惯法的基本精神、要求和人们遵守的规范以款词形式体现出来，并在社会上广泛流传，人们根据款词的精神和要求调整自己的行为，使之更合乎习惯法的规定。

侗族十分重视对村民习惯法观念和习惯法意识的培养、普及和内化。在他们看来，习惯法观念是民族意识的重要方面，特别是对年轻一代注意进行信仰习惯法、遵

① 湖南省少数民族古籍办公室编：《侗款》，杨锡光、杨锡、吴治德整理译释，岳麓书社 1988 年版，第 233 页。

② 《商君书·定分》。

守习惯法、维护习惯法的教育，并把它看成是培养本族人才的重要内容。在日常生活中，他们十分注意把本民族的传统规范和格言、谚语、宗教知识用口授形式对年轻人进行告诫、规劝、提醒、警告，使乡村人人遵照风俗，做到和睦相处、避免纷争、依约行事、依礼做人、同心合力，使遵守习惯法的观念从小就深入人心，让绝大多数人从孩童起就明白要遵循这些习惯的道理，将违反这些习惯规范看成是一种耻辱，是与本民族伦理不相容的，并随着年龄的增长和对习惯法理解的深入，逐渐将其铭刻在每个人的心中。使讲款真正起到“细雨湿衣看不见，闲花落地听无声”① 的效果。从这一角度讲，村寨社会侗族习惯法已经成了国家法不可替代的“法”。

① ［唐］刘长卿：《别严士元》。

GULOU ZHAILAO YU CUNZHAIFA
——DONGZU XIGUANFA DINGLI YU SHISHI DE
WENHUA CHANGYU HE ZHUDAOZHE

第五章

鼓楼、寨老与村寨法

——侗族习惯法订立与实施的文化场域和主导者

官家设衙门，
侗人选乡老；
朝廷设官府，
民间推头人。

口承法律文化的表现形式，既要有它的传承人，又要有它的文化空间及与之相适应的器物形态。其中文化场域是口承法律文化中最重要的元素。湘黔桂三省居住的侗族是擅长建筑的民族，他们在漫长的历史发展中，不仅构建了许多精美的鼓楼，也在鼓楼这个文化场域中构建了本民族独特的习惯法文化系统，这种建筑文化与民间制度文化完美结合的社会生态文化是其他少数民族中罕见的。“场域理论”是法国社会学家皮埃尔·布迪厄社会学体系中的重要内容。场域这一概念和分析视角来自他早年的人类学研究，他认为场域中充满着力量和竞争，场域有自主化的趋势，但场域本身的自主性又受到外来因素的限制。布迪厄通过场域研究认为：实践理论研究的任务就是揭示在不同的社会实践中那些掩藏最深的社会结构，同时揭示那些确保社会结构得以再生产或转化的“机制”和“逻辑”。为此，他提出了“场域”和“惯习”这两个概念，惯习是与场域对应的一个基本概念，同时两者紧密结合。

村寨是侗族社会最小的单位，侗族人有“大树护村，老人管寨”的说法，所以款词说：“官家设衙门，侗人选乡老；朝廷设官府，民间推头人。”寨老大多是自然产生，也有少数由各房族推选产生。对内寨老有权召集民众召开村民大会，讨论有关寨内重大事情，管理村寨公共财产，在村寨法的订立、执行、实施与认可等活动中发挥着主导作用，并按传统习惯法解决寨内各种纠纷，动员或组织本寨群众创办各种公益事业，组织村寨祭祀活动，等。对外则作为本寨代表处理涉外事务和进行经济交涉，组织并指挥全寨青壮年抵御外来侵略和掠夺。当寨老被推为小款或大款的首领时，要积极组织款组织的活动，并认真在本寨执行“款约法”，由此可见，在村寨社会活动中寨老的作用最大。

寨老的对内职能是调处内部事务，裁决纠纷，制订、修订乡规民约，代表村寨参加合款，并在村内严格执行款约法。所以寨老是村寨内部乡规民约的倡导者和组织者，乡规民约一般由寨老们提出，交村民会议讨论通过后就可以发布，有的还要举行仪式，勒石发布。村寨法的形式很多，称谓很不同，有的叫“禁条”（“条规”），有的叫“乡例”，有的叫“章程”（一般在清朝后期），还有直接就叫“乡规民约”的；有的是一个村寨独立制订的，有的是几个村寨联合订立的，有的是一个大寨和相邻几个小寨联合制订，但又都不同于“合款”颁布的“款约法”。

第一节

鼓楼是村寨法运行的文化场域

湘黔桂三省（区）侗族居住的地区多产杉木，干直叶茂，很久以前侗族的先民常在大杉树下纳凉休息，唱歌、“摆古”（口传历史）、议论村政。后来在构思建筑“蓝图”时受此启发，便修建杉树形状的鼓楼，作为公共活动场所。我们从现今黎平县岩洞区述洞村保留的独柱鼓楼可以看到巨杉的影子①。干栏式建筑的最初形式是树居，就是在一棵大树杈上架起木板，支起立柱，再用草或树皮盖上屋顶，这样可以防止野兽的袭击和洪水灾害。鼓楼从形态上可以从“树居”中窥其源头。

侗族人民自古以来就有集中居住的特点，较大的侗寨上千户，小者三五十户，基本上是一寨一姓。侗寨鼓楼一般是按族姓建造，每个族姓建一个鼓楼。所以鼓楼是家族和侗寨的象征性建筑。侗族祖祖辈辈遵循着“先修鼓楼，后起住房”的古训，也就是说先集中物力、财力、人力把鼓楼修好，然后再修自家的住房。因为华丽、高大、艺术成分高的鼓楼能增强家族的自豪感和优越感，并能保佑后代，荫及子孙。所以侗歌中唱道：“未曾建寨先立楼，砌石为坛祭祖母，鼓楼心脏作枢纽，富贵兴旺有来由。”由此也可以看出鼓楼又是祭祀祖先的场所。

有学者认为侗族鼓楼与汉族村镇的炮楼和羌族村寨的碉楼是同一性质的建筑，主要是报警御敌的功能，以后派生出其他一些功用。②这种说法不准确。侗族鼓楼内设大鼓可以报警，但作为御敌的场所无法与“炮楼”和“碉楼”相比，因为木制建筑最怕火攻，不可能全寨人都集中到鼓楼上来抵御敌人的攻击。到20世纪50年代侗族社会组织功能发生很大变化，“各款”军事联盟的功能已不复存在，鼓楼也就完全失去了它的防御功能，所以说鼓楼应该是家族和侗寨凝聚力的象征。

总体上说，侗族的鼓楼有以下5种功能：一是村民平时休憩的场所；二是执行乡规民约，召集鼓楼议事会的场所；三是调解村民纠纷，由族长、寨老召集当事人到鼓

---

①② 参见严昌洪：《侗族鼓楼的起源与功用新论》，载《中南民族大学学报》1996年第1期。

楼商议解决；四是迎送集体宾客和对唱大歌的重要场地；五是当发生战争时，鼓楼成为武装人员集会地和战时指挥部。其中有两项功能与村寨社会法律生活息息相关。

看过鼓楼的人都会感受到它建筑华美，秀丽多姿，在村寨中鹤立鸡群，位于寨中央。最高的有23层，最下一层为四方大厅，可容数十人至100人不等，地中央为火塘，周围有粗木板凳。往上，一层比一层面积小。楼上层置一面大鼓，用原木挖空做成鼓框，两面蒙牛皮，以竹钉固定。鼓的两端钉入铁环，悬于楼的梁柱上。有事时以槌击鼓，声音浑厚，响彻村寨。

陈国钧在《侗家中的鼓楼》中谈到击鼓议事的细节："当寨内发生某件事，必召众会议时，有一专看守鼓楼名为'传事'者（又名管脚，全寨每年给他一千斤谷为酬），他就进鼓楼攀登木柱到顶，敲动皮鼓，并大声呐喊，敲时急徐多寡，皆有定则。鼓声'统！统！'可闻数里。击第一度，是表示有事召集，那时寨人都放下工作侧耳细听；接着击第二度，是表示催告速来鼓楼；到后听第三度，是表示马上就要开会了。大凡击鼓三度之后，各寨有一代表，齐集于鼓楼不误。"

村民在寨老（或称乡老）的主持下聚会，集中到鼓楼讨论村内重大的事情。中小型的会议在楼内一层召开，大型群众集会在楼前石板铺成的广场（鼓楼坪）上进行。乡老主持议事，或议防御土匪骚扰，或议扑火防火，或者议定粮食价格，或是商议兴建村寨公共设施，或是议定保护田中庄稼。通常在每年的五六月份粮食紧缺，外面市场上粮价暴涨，为解决村内缺粮的困难，不使粮食外流，寨里要讨论稳定粮价，禁止粮食外流的办法。

农耕社会是经验型社会，社会经验多、年长的人最有发言权。所以侗族村寨有敬老之风，每寨都有为人正直、办事公道、谙熟古理的乡老。他们是自然领袖，根据情况的变化，人数不等，人员也不固定。他们对村寨事务最有话语权，有一定的决定权，但他们不享有特权，只不过是平等群众中的一个头领而已。"开会时间由老年者先发言，说明事实和见解。几位年老者商酌定后，就问年轻者赞成不赞成。因为事由老年者出主意，但要年轻人去执行，所以必得他们赞成才愿照着执行。会议时人们杂坐无序，谈不到先行仪式，看去似乎杂乱无章，毫无条理，实则会议却有独到之处。他们间的言论是极端自由，任何人都可以尽量发表意见。但许多年轻者素来敬老，认为老年者见多识广，提议内容当然由老年者去考虑，年轻者却自信只有执行的义务，不敢妄说一词。所以凡事由老年者表达处理的意见，一经征询老年者的同意后，年轻者只是应诺一声，便各分头实干，从不迟疑一下”①。陈先生70年前对侗寨议事场景的调查和现在的情况基本相同，只是现在议事由村干部主持，老年者参加并发表意见。据《三江县志》：“鼓楼，侗村必建此，已于前述居处详之矣。楼必悬鼓立座，即该村之会议场也。凡事关规约，及奉行政令，或有所兴举，皆鸣鼓集众会议于此。会议时，村中之成人皆有发言权。断事悉秉公意，依条款，鲜把持操纵之弊。决议后，虽赴汤蹈火，无敢违者。”②

由此可见，侗族最高权力机构是“议事会”，而不是寨老本人。因为寨老是自然领袖，是靠自己的本领、经验受到人们尊敬才取得这个地位的，不是权力本身赋予的。他不能强迫村民做什么事情。村寨社会的运行是生活和生产的压力促使每个人按家庭需要从事自己的劳动，寨老不能干预。家族群体对乡老的要求，是让他为家族群体的利益服务，他们是为家族而存在的，不能违背自己社会群体的利益，不能把自己的意志强加给家族成员。只有寨老的名字与自己的家族非常密切地联系在一起时，才有特殊的个性和享受某种精神慰藉。在侗族民主和平等的社会中，个人的自由和集体的平等是一致的，寨老只起到辅助作用，社会感情作用占有支配地位。没有政权形式的村寨社会，社会的运转仍离不开一定的社会结构，“议事会”在决定集体事务中的作用，召开“议事会”的方式等是离不开一定社会结构背景的。在“鼓楼议事”中寨老的言论是有效的，但不总是具有权力价值，因为他们不能完全控制社会的活动。寨老的权力受到所有家族成员的限制，寨老本人也只希望家族成员甘心情愿地服从他的意见，但不想被迫地服从，因为他指挥做的事都是家族成员应该或愿意做的。

在某个款组织的中心地带，“款”的重要活动也常在该村寨的鼓楼进行，一般在款首的主持下在鼓楼之中或鼓楼坪上召开款民大会，成年男子听到聚众的鼓声都必须参加，要求全体成员共同遵守。侗族每款均有款坪，是款内适中的空旷场地，一般就在鼓楼坪，有的鼓楼坪还立有“栽岩”，作为款众聚会的地点。款内还保有专门的通信员，称为“款脚”，平时承担鼓楼的火塘用柴；有事时负责通信联络，如有外部战事也作为本寨代表与对方交涉。“约法款”在侗乡具有“法典”性质，各寨都有落实、执行和“普法”的责任。广西三江县马脚鼓楼南端便立有侗族款组织订立的“款

① 陈国钧：《侗家中的鼓楼》，吴泽霖、陈国钧等著《贵州苗夷社会研究》，民族出版社2004年版，第157—160页。

② 民国《三江县志》，三江县侗族自治县地方志编纂委员会办公室2002年翻印。

约碑”，告诫人们行善守法①。说明款组织的“约法款”一般会在寨内落实，通过订立具体的条款来执行。如：该“款约碑”规定限定粮食价格，不准外运时期便在村边路口设置关卡检查，违者不但粮食充公，还要根据情节承担不同的责任；兴建村寨公共设施各户承担的费用和劳务的实施细则；保护庄稼，管理好牲畜及造成他人损失的赔偿标准；调整和处理寨内各种扰乱地方治安和社会秩序的不法行为；商议有关村落共同体生存和发展的重大事项；等等，针对以上问题约定共同遵守的“乡规民约”，并要求相互监督。

“鼓楼议事”通过的习惯法规范，也就是在鼓楼议会中制订出的一种乡规民约。它是维护侗族社会秩序的准绳，对保护侗寨，维护社会治安，强化道德观念，打击邪恶习气等起到了积极的作用。20 世纪 50 年代以后，侗族传统社会组织的社会功能大大萎缩，以致逐渐消失，但是习惯法文化在侗族民间生活中仍然扮演着一定的角色，传统规约的社会功能很多依然被保留下来了②。

第二节

鼓楼是寨老处理纠纷、裁夺断案的场所

侗族村寨是以家族为基础的，因亲属纽带关系，年长者有主要的决定权，处理内部的某些纠纷。但在没有政权和国家机构的情况下，寨老又不具有给村寨成员下达指令的权力，寨老通常是运用传统习惯法规则来实施某些决定。由于村寨社会要求严格遵守习俗、道德和宗教信仰，习俗、道德、宗教信仰就成了维持社会秩序的主要工具。寨老的言论、决定首先是表达符合村寨群体社会习俗、道德和信仰这一基本思想和意愿，这一点在寨老平时的活动中有所体现。寨老通常不使用强制手段，但这并不意味着没有必要和能力采取强制手段，而是说强制手段不符合传统治理观念，并不是怕遭到社会舆论的谴责。所以首先理解村寨社会人们这种心理活动状态，对于理解少数民族村寨人们的一切行为都是非常重要的。英国人类学家莫里斯·弗里德曼在《努

① 严昌洪：《侗族鼓楼的起源与功用新论》，载《中南民族大学学报》1996 年第 1 期。

② 贵州省文化厅编：《图像人类学视野中的侗族鼓楼》，贵州人民出版社 2002 年版。

尔人》和《非洲政治体系》中研究了非洲在没有西方社会所具有的政治制度情况下，如何维护社会秩序并解决纠纷问题后认为：非洲是处于一种有序的和整合的状态，而不是处于无序动荡的情形之下，这是因为这里的社会制度发挥着政治制度的功能。他把世系群（宗族）组织和村落体系作为基本分析单位，分析了它的结构、世系群头领（宗族长）会议的政治功能，认为前国家状况下少数民族社会中非正式制度下社会组织的功能是十分强大的。① 他在中国华南村落研究中也使用了这一理论。

村寨的执法者为寨老、族长等，寨老等的权力是为了保证家族群体的利益，防止这些利益受到损害，他们有责任惩治罪恶，但是寨老不能自行惩处暴力者，他们既不具有“神性”，也没有独立的惩治权，侗族村寨的寨老不能在脱离款会的情况下，实现惩恶扬善的积极作用。所以侗族村寨寨老个人的工作，重要的是道德教育，对一些行为不端者进行说服教育，动员家族群体的舆论和力量来进行挽救。

议定重罪时寨老、族长、款首（有款首在该村的，或请住在外村的款首）都要到场，举行“鼓楼议罪”，他们聚在一起根据所犯者罪行的轻重，比照“款约法”和乡规民约的规定议定。要处何种刑罚，须经过充分的讨论拿出处理意见，这一过程一般都在鼓楼中进行。议罪时几个人的意见不一致，要交“款会”来最后定夺。“款会”是侗族社会的最高裁决机构。

“鼓楼议罪”或“款会”的裁定结果就成为最后的判决，发生“法律”效力，任何人都不能改变。我们在侗族地区调查时常发现鼓楼的立柱上钉着很深的铁钉，问寨里的老人，他们说这是“定罪”后钉到柱子里的，表示一旦做出判决，结果不得改变，除非当事人用嘴或者手将钉到立柱中的钉子拔出。表明“鼓楼议罪”和“款会”的最后判决具有不可更改的权威性。如侗族谚语说：“白纸写黑字，木柱扎铁钉。”②

一般来说，侗族村寨轻微的犯罪执行就在鼓楼附近的“款场”上，死刑有专门的刑场。执行者都是罪犯的亲属，这从现代惩罚观念看有些不人道，但在村落社会，刑罚的目的是维持稳定和和睦的人际关系。首先，要求对犯罪所处刑罚，其亲属必须认可，使其亲属心服口服，没有异言。在和睦的“熟人”社会，如果亲属认为“鼓楼议罪”和“款会”的判决缺乏公正，心中不服，会影响村寨可持续的和睦关系，给村寨稳定留下隐患。由亲属执行本身就表明罪犯家属对判决是赞成的。其次，历史上在侗

① 〔英〕莫里斯·弗里德曼：《努尔人》，褚建芬、阎书昌、赵旭东译，华夏出版社 2002 年版，第 150—170 页。

② 杨汉基等编：《侗族谚语》，贵州民族出版社 1996 年版，第 224 页。

族村落社会始终没有建立起真正意义上的司法机关，由亲属执行可以有效地避免“复仇”等私力救济行为的出现。这种由亲属执行死刑的做法在古老的氏族社会中就存在，在这样的社会中有两种情况：一种是属于危害集体利益和社会秩序的行为。如果一个人经常打架斗殴，破坏集体的宁静与和睦，那么集体就要做出决定，将他放逐；另一种是有的人纯属为满足个人的欲望去杀人，集体就要将他处死。往往是让他的直系亲属去执行，并告诉他这是集体决定的，以避免出现血族复仇，北美的伊女伊人就是这样做的①。中国汉代唯物主义思想家王充早就看到了这一问题，他在谈到古代政治中，借“神事助政”时说：“欲人畏之不犯，受罪之家没齿无怨言也。”②

1933年在黔湘桂三省交界处，有一个名叫高定的侗寨，一位年轻的侗族歌手吴宏庙因一时糊涂，偷了本寨人的东西，被送进鼓楼进行公开处理。寨老和乡亲们经过讨论后都认为，吴宏庙平时知歌达理，偷人家东西只是一时糊涂，又属于初犯，应当从宽处理，决定罚他四十两银子，寨子里还有人愿意替他出银子赎罪。但吴宏庙却认为“我偷了乡亲们的东西，犯了祖先的规约，只能用死来赎回自己的罪过”，并提出：“大家都知道我爱唱歌，我有一个要求：在处死我之前，能为大家再唱一首告别歌。”寨老和乡亲们见其坚决赴死，再三劝告仍然无济于事，最后只好满足其要求，全寨的人都含着眼泪围着鼓楼倾听这位年轻歌手的绝唱：“最后一晚与大家聚会，请听我唱首告别歌。我是老鹰，如今被棕索住难解脱。好心的朋友劝我改恶从善另做人，他们凑足四十两白银为我把罪来洗刷。好心的朋友越劝我就越难受呀，我的心好像那蓝靛桶越冲泡越多。因为我的过错把亲戚朋友的脸面全丢尽，有如一处塌方捣浑了一条河。因为我的过错把父母爹妈也连累了，有如一只粪蛆使一口井的泉水不能喝。树根断了树木再也难生长，人心坏了再也难找医治的良药。如今我是断根的树木坏心的人，我偷了乡亲的货物违背了祖宗的规约。我是老鼠就该受竹夹来夹、石板来压，我是老虎就该受猎枪来打、利刀来割。别了，父老乡亲，别了，爹娘兄弟。此生我造下的罪孽太多，下世变牛变马我再来为大家干活。”唱完告别歌，根据习惯法的规定，由吴宏庙的亲叔伯兄弟将其带到山上执行活埋的处罚。③

近代以来，侗族习惯法逐渐衰微和废弛，大多数刑事案件交由国家司法部门处

① 参见杨国章：《原始文化与语言》，北京语言学院出版社1992年版，第71页。

② ［汉］王充：《论衡·是应》。

③ 邓敏文、吴浩：《没有国王的王国——侗款研究》，中国社会科学出版社1995年版，第14—15页。

理。但村寨日常生活中的诸多民间纠纷仍由寨老根据乡规民约来裁夺。由于侗族文化的延续性和鼓楼功能的特定性，乡规民约的制订还都是在鼓楼里进行，这样，就能得到大家的共同认可，因此便具有了“合法性”，也就成了写在人心上的规约，才会在侗族社会生活中发挥真正的作用。鼓楼作为侗族法文化场所以及相关习惯做法一直延续到现在。

第三节

寨老的职能及在习惯法运行中的作用

一、寨老的产生和职能

村寨的寨老（也称“乡老”“头人”“长老”）是自然形成的，是村寨的自然领袖。条件是辈分较高，年纪大，或虽系青壮年，但能说会道，办事公平，正直公道，热心地方公益事业，在群众中有一定威信。一般一个村寨有很多寨老，包括妇女在内①，在村寨实际工作中取得群众信任之后，如果办事总是没大错，就会一直保持这种信任，直到身死为止。人们因争端请他调解，若调解得令人满意，请他调解的人就会增多，渐渐具有威望，久而久之便成为寨老。如果办事总是不妥就会丧失在群众中的威信，大家有事不再去请他办，他无形中就丧失寨老的地位。侗族中没有世袭寨老，也很少有终身的寨老。寨中的公益也往往由寨老头人主持。只要某人有办事能力，群众信得过他，听从他管，久而久之，他就是寨老了。寨老没有什么特定的经济收入，仍然依靠自己耕田种地过日子。他们的经济生活没有超出本寨同等家庭的标准。为村寨办事，在他们来说对社会只不过是一种公益，对自己是价值实现和人们的肯定。有时因为纠纷调解得好，当事人会给送点小礼，或在处理事件过程中，也可能

① 在家族关系上侗族仍然保持着母系为中心的原则，侗族信仰的主神“萨”就是女性始祖神，历史上女性的社会地位很高，但以男性为中心的父系氏族社会制度也有所体现（《侗族简史》编写组：《侗族简史》，贵州民族出版社 1985 年版，第 19 页）。

在结束之后，享受一两餐酒肉招待，或少量钱财。① 有能力的人通过长期积极作为，久而久之到达寨老的位置，在实际生活中取得群众信任。寨老的工作是一种成就感的体现，希望的是村寨人们的信任和认可。

清朝苗疆地区在“改土归流”后，除新辟“苗疆六厅”以外，乡村都设置基层政权组织——保甲制。保甲制是一种严密控制人民群众的基层组织，在基层政权中，普遍地编户口，设保甲，立一甲长，十甲为一保，立一保正。有的地方是十户立一头人（首人），十头人立一寨长，实行“联保联坐”，逐村经理，逐户稽查，“一家被盗，全村干连”，保甲长不能察觉，左邻右舍不能救护，各皆获罪，无所规避。如光绪十九年（1893）十月清江清军理苗府杨氏“为编联保甲事叠奉藩臬宪札饬认真编联保甲清查户口以靖地方而杜盗源等因……仰汉苗清属人等一体遵办。凡一寨或一村公举团首一名，保正一名，甲长一名，凡十家公议牌头一名，凡一户各领门牌一面。注明作何生理。年若干岁，男有几丁、女有几口……如有一人为匪，九户协同拿解到案讯办。若有容隐宿留事，悉九家连坐办罪。不可疏忽遗漏，须至门牌者”②。实际上，侗族村寨社会的保长、甲长、寨长、头人也都是从当地的自然领袖中转化而来的，他们所熟悉的纠纷解决办法仍然是传统的那一套。

侗族的寨老职能大概有以下几个方面。

（一）主持本寨集会，参加合款集会

氏族或寨民（乡众）会议是村寨中最高权力机构，许多重大事件的决策都要由寨民会议来决定。不少地方皆以村寨或族姓为活动单位，且有称号和法规以及集会场所。集会一般有公益集会、年节集会、定约集会、宗教集会和军事集会，这些会议都由寨老组织和主持。无论男子或女子，户主都可以参加并有发言权及表决权。如前所述，侗族的款组织，小款数寨，大款方圆数十里。在大小款集会时，本寨寨老首先代表本寨参加小款会议；如果被选为小款款首，则在大款集会时，又代表本小款参加会议。

（二）组织公益事业，举行宗教活动

每个村寨都有一定的公共事业，如建鼓楼、修桥梁、设义渡、筑道路、垒庙堂、

---

① 《侗族简史》编写组：《侗族简史》，贵州民族出版社1985年版，第19页。

② 凯里学院“清水江文书”研究小组收集“盘乐侗族契约文书”，第010号，凯里学院苗侗民族文化博物馆收藏。

修萨坛等。凡是兴建、保护、维修这类公共设施，一般都由寨老出头，乡众则投工献料，捐钱捐粮。侗寨的一座座鼓楼和风雨桥就是这样捐资建的，义渡、义田的捐款也由寨老组织并带头捐献 。如三门塘《次修渡船碑》载：至雍正五年（1727），“幸获戒僧悟透，中年出家，秉性仁慈，专存利济心，发普度愿。先修坌处一渡，次及三门塘。约本寨耆老王茂祥、刘子盛等，慕化本寨中并附近村内，共得银柒拾余两，买渡田，造渡船，招舟子（划船人），上下往来，乘舟登岸，（交通）虽无舟亦若有舟也”①。村寨的宗教祭祀活动也由寨老主持，但主持祭祀活动的寨老必须是最先到寨中定居的房族成员，如寨中一年一度的“敬萨”活动，寨老就要组织群众“踩歌堂”。若寨内发生瘟疫、火灾等灾祸时，寨老就要组织全寨“扫寨”②，驱逐瘟神和却退火殃。

（三）组织村寨间的联谊活动

侗族的“月也”（年轻人集体唱歌跳舞）是一种寨与寨之间的联谊活动，也是通过双方寨老协商进行的。如一寨到另一寨去演侗戏，事先要派人送帖子给对方寨老。寨老同意，就收下帖子，并贴在鼓楼上，示意全寨各户准备接待。届时客方也在寨老的带领下前往。过去九洞地区平楼牛塘是最大的“斗牛场”，对附属成员及客寨要求参加平楼斗牛的村寨，要杀牛宴请平楼各寨寨老，经寨老们商议同意后，取得放牛入堂角斗的资格。附属成员各寨有权接受各正式成员寨发出的斗牛请柬——“传牌”，但他们没资格发出邀请。客寨是九洞附近各友好村寨，他们虽不是正式成员和附属成员寨，但为了巩固友好关系可以放牛入堂角斗，但只能排在正式成员的牛角斗之后，在举行入场仪式时客寨也被排在后面。

（四）维护社会秩序，调解各种纠纷

侗族寨老在村寨法的订立、执行、实施与认可等活动中发挥着重要作用，侗族有这样的老话：“篱牢狗不进，寨牢事不出”，“地方不好，老虎进寨；头人不好，祸事进村”。就是说，一个地方管理得好坏，全靠寨老头人的能耐。侗寨里发生什么纠纷一般都找寨老头人评理，由他们调停解决。侗族地区的民事纠纷以婚姻、偷盗、房

① 王承炎：《侗族古寨三门塘》，三门塘村1999年打印材料。

② 详见徐晓光：《原生的法——黔东南苗族侗族地区的法人类学调查》，中国政法大学出版社2010年版，第228页。

产、地界等为多，寨老在处理这些问题时，主要是起调解作用，大事化小，小事化了。如弄吾《议功德碑》规定："议本境内长者无凭大端小语，化消改散，饭食一餐了结；倘有人心不吝，抚遗入众者，看事而行罚。"由于他们平素的威望，经过他们调处的纠纷，即使在一方利益受到损失的情况下人们也会接受。寨老在调处纠纷中首先考虑的不是公平，而是在习惯法原则和侗族传统伦理要求下的"解决问题"，目的是理顺关系和息事宁人。① 如果遇到大案，除了按规定剖理外，还得集体处理，寨老不得独断专行。如有的事情在本寨鼓楼里解决不了，或当事人一方不服判决，可以要求集体决定处理。但经过寨老们集体商量，一般即可解决。如果仍有不服，可报请"款会"解决。国家司法深入到该地后也有向当地官府告状的。可是那样的话，全寨的村民和寨老就不给予感情上的支持，可能会完全孤立他。但在一些"汉化"比较严重、政府司法管辖比较深入的地区情况就不一样了。如果官府对此案的判决与众寨老的判决相悖，使用国家法，还是侗族习惯法，各地情况也不同，有时两者兼而用之，即双重处罚、"一罪多罚"的情况也会出现。

二、寨老在习惯法制度运行中的作用

寨老是村寨中的"智者"和"主心骨"，寨老在村寨法的订立、执行、实施与认可等活动中发挥着重要作用。侗族谚语说："村有头人树有干，龙蛇无头不能行，村村有婆婆补烂衣，寨寨有头人理事情。"村寨法的订立、执行、实施与认可离不开寨老作用的发挥，主要体现在以下几个方面：

（一）在规约订立中的作用

组织各自村寨订立禁条、规约是寨老们的重要职能。所以很多乡规民约后面都刻有寨老的名字，如岜扒《万古章程碑》就有"首人"石大成、石绍贤、石和金、石绍祥、贾明辉、王绍斌、贾补团、贾明儒等的名字，这些"首人"就是大小村寨的寨老，他们了解村寨事务和面临的问题。寨老们有时要亲自起草规约，坐下来反复讨论，然后召开村民大会，将重要条款交由村民讨论，就有关寨内重大事项听取大家的意见。这不仅体现了村寨头人在地方事务中的权威，也说明村寨头人在村寨事务上的

① 锦屏县政协文史资料委员会等编，姚炽昌选辑点校：《锦屏碑文选辑》，1997 年内部印刷，第 56 页。

结构性支配，对地方治理而言，这种支配的权威来自传统侗族村落的“长老制”，在具有原始民主色彩的乡众立约活动中，寨老、头人很好地发挥着“首唱”的作用。随着国家统治的深入，原有寨老、头人在村寨社会生活中自然形成的权威并没有削减，相反国家对“其土目即可改为里长、甲长”①，将原有的土司、土目及其他村落头人的地位基层化，发挥其在社会治理之中的作用，既可发挥他们维持村寨秩序的号召力，稳定原有的村落秩序，也可借助他们的社会威望，减小推行国家政策的阻力，更好地贯彻其“因俗而治”的统治策略。

（二）在规约认可中的作用

一般乡规民约经村寨村民大会通过后就可以镌刻竖碑了，但有些村寨就一些专门问题，为了增加习惯法的效力，要报请当地政府认可，甚至以政府的名义颁发，这样“立碑”就需要政府批准了。现在锦屏县启蒙镇归固村高增寨还立有一块《亘古昭垂碑》，是民国地方政府根据高增“团首”在这一带“培植风水、禁砍阴木”，罢园栽树、退耕还林的要求，批准他们“勒石严禁”的。该碑开头就说：“锦屏县知事邓为出示禁止事案。据高增团首龙盛荣、黄光荣、黄光凤等以‘培植风水、禁砍阴木’恳准勒石，永保昌盛呈称……”说明这通“禁碑”是根据团首们的要求政府才予以批准的。又如三门塘《禁条碑记》是乾隆年间天柱县政府根据三门塘各寨寨老的申请颁发的关于整顿三门塘渡口秩序的法令，内容则是以三门塘渡口长期行用的惯例为基础的，主要是防止木排堵江，影响来往行人过渡。以前天柱县正堂虽然对此发布过“禁条”，颁布“印簿”，但形式上却只在码头的各处插牌提示，而一些只贪图利润、不顾他人利益的商人仍不加以理会，实施的效果并不好。于是不得不奉颁簿内“禁条”，备列刻碑，强调如再不遵守规定，可以“送官惩治”，这无疑增加了习惯法的强制力。

（三）在规约实施中的作用

乡规民约多是从本地实际考虑，为解决面临的重要问题，由一位或几位当地有头有脸人物发起，再由一些积极参加者和一大批支持者参与，经过集体讨论订立出来的“自治条款”。村寨寨老、头人组织订立村寨事务性条款的“首唱”活动仅仅是其职能的一部分，欲使这些乡规民约真正发挥作用，还需这些寨老、头人秉公执行。如谁

---

① ［清］魏源：《西南夷改流记》，载《小方壶斋舆地丛钞》第八帙。

违反了乡规民约的规定，轻则批评教育、罚款，或不准进入鼓楼及参加族内或寨内活动，或开除于族姓或村寨之外；重者，处以吊打、勒头、火烫，直至死刑，并由其亲属执行。对无据可依、无规可判、难以公断之争讼，则采取“砍鸡”“煮米”“捞油锅”等“神明裁判”方法解决①。相反如果“执法不力”，他们会因执行中的过错承担责任，这在一定程度上加强了乡规民约对地方的约束力。如黎平茅贡乡《寨母碑》规定：“寨长理处事件务宜公平，勿得徇情偏袒，颠倒是非，小事酿成大事，违者公罚艮（银）一两五钱。”“寨中大小事件当听凭寨长理处，如若二比俱劝不下，更须请到鄰（邻）寨长老秉公切解，寝息其事，或有当充公事，即许充公，以便举行善事，倘有恃强动辄告收公罚艮（银）一十二两。”作为寨老、头人做事要公正，办事须得体，村民矛盾争端请他们调解，如解决得合情合理，让人满意，以后请他的人就会越来越多，威望就会越来越高，久而久之，便成为有威望的寨老或头人，甚至成为远近闻名的“名寨老”，也会被款组织推为款首，负责更大区域范围的事务，这也是他们的荣誉。

新中国成立以后，侗族的寨老制度作为一种政治制度已不存在了，但老人管寨的风俗仍然存在，寨老们组织村寨公益，组织村寨之间的联谊活动，调解寨中民事纠纷等，但现在作为寨老的也不一定是村内年龄最大的。②

第四节

村寨法的不同形式

“乡有条，峒有理”，以前的研究最大的问题就是没有理清款组织制订的“禁款”与各村“乡规民约”的区别，有时将两者混为一谈。前面说过，村寨只是侗族社会的细胞，不是“款”，村寨内虽有“款碑”，如“增冲款碑”等，但只是为执行款组织的“禁款”而立的，这种成文的“禁款”是在合款时议定或宣布，并由懂得汉字的

---

① 《侗族简史》编写组：《侗族简史》，贵州民族出版社 1985 年版，第 20 页。

② 我们在侗族村寨调查时发现，一般是年龄大、威望高、办事能力强的为“寨老”，但并不是以年龄为标准，有些年龄是较大，但能力差，没有为村寨做过什么贡献的人，虽然也受到尊重，但不是寨老，而比他年轻的却是寨老。

人记录下来的。从效力上看款规对参加合款的各村寨有约束力，而且效力高于本寨法。现在保留“款碑”的村寨，过去应该是款组织活动的中心。“禁款”的约束范围不仅限于有“款碑”的这个村寨，而是参加合款的所有村寨。与此同时各村寨自己订立的寨规，种类很多，内容丰富，其中也有直接叫作“乡规民约”者。① “民间法具有极其多样的形态，它们可以是家族的，也可以是民族的，可能形诸文字，也可以口耳相传；它们或是人为创造，或是自然生成，相沿成习；或者有明确的规则，或更多表现为富有弹性的规范；其实施可能由特定的一些人负责，也可能依靠公众舆论和某种微妙的心理机制”②。

一、乡例

庆云乡例碑：

为酌定规条以端风化事，窃思朝廷之所重者，祀典而礼乐之以兴；乡党之所贵者，规条庶几乃以不紊，若是乎规条之尚由来未久矣。今逢季世，人心不古，谋为之志，每见其无法无天，作事之机，安见其有仁有义。风俗固足以移入，人心不可挽乎？风俗是以梓里诸公厥修乃来遂立碑碣，所以约束人心，使贤愚皆纳身于轨物，虽不能恢宏先人之绪，亦俨然古之流风善政犹有存者。所有碑条，备陈于后。

一议山坡、命脉、石、树附近，所系之处，自古封禁，毋许妄为謦犯，陷毙地方。如违，百事产业一概充公。

一议临终埋葬、修斋、设祭、举哀、戴孝分所当为，至宰冢繁华，不过

---

① 《乡规民约》碑：“当闻国家有律，官府有刑，乡党有禁，无外除盗安良之自意也。今我地方，居住零星，山多田少，生斯长斯，全赖山坡生理，取之不竭，因用之不穷。近来有□无耻之辈，不法之头（徒），游手存闲，春耕而不稼 之维艰，至秋成只图偷盗之便□，不知田中鱼谷，皆自主下苦而成，坡上生理，亦由勤俭而得。说（谁）料颓此日起，专以偷窃为常情，世道日哀（衰），竟视王章如日（儿）戏。如不再加振（整）饬，是必愈至不堪，而善良比之□勤，将来尽归乌有。是以我等商议，设立禁条，以惩刁风，以安良善，人庶几法恶归仁。倘仍蹈故辙，姿（肆）意妄为，一经查明，拿获例应送究惩治，决不姑宽，有各项条规，间为□知。一议求亲，不许相退，罚银八两八；一议姑表，勿论男女相退，罚银八两八；一议成亲，男女相退，罚银五十贰；一议偷宅、牛马六畜，罚银五十贰；一议勾生吃熟，罚银二两二；一议放田偷鱼，罚银四两四；一议山坡柴山、绵（棉）花百样作事，罚钱八百八十文；一议菜园，各家各管，不许乱近（进），罚钱八百八十文。行规老立。”（贵州大学张广恒在从江县收集并提供）

② 梁治平：《清代习惯法：社会与国家》，中国政法大学出版社1996年版，第37页。

掩生人之耳目，徒靡费银钱，今舍重从轻，诸亲吊丧答礼二斤。

一议二比联姻，接承宗祀，皆以媒妁为凭，男不许依势逼婚，女不许登门坐蛋。倘二比不偕，听从改嫁，照俗碑记，毋许过索多金，未过门者五钱五分；过门者三两五钱。男女嫌怨，照例均皆如是。室妻不□妇道，所犯之条，休逐钱贰拾两，住及三年，无工力除此之外，洒扫工资每年一两，衣服从今革除。

一议买卖田业、山场，即卖即休，皆经文约为凭，毋许加敷栽粮苛虐等弊。如违，鸣鼓上众，自甘重究。

一议柴山各管各业，界限分明，毋许罩占砍伐柴薪□。如违，照例罚钱十二千文。

外批：指腹襟为婚，私禁银两不准此条。

一议不法之徒，三五成群，数十结党，朝夕游乡，串通油火，脱人衣裤，掳人财物，杀害无辜，牵人牛马，凌辱妇女，种种不法，轻则劓耳，重同大辟。

一议士、农、工、商，各安事业，如素行不端，各寨父兄指责交加，使伊回心向道，改恶从善，敦古道，殊多庆幸。

咸丰拾年岁次庚申闰三月二十七日立①

汉字大概在明朝末期传入侗族地区，最早的碑碣据说是在明崇祯年间，但笔者无缘得见，从江侗族村寨最早记载“款约法”的碑刻是清康熙十一年七月（1672年7月）的《高增款碑》和《增冲款碑》，到清朝末期的咸丰年间，侗族寨老们的汉文水平已经比较高了。《庆云乡例碑》立于从江县庆云乡寨全村的歌堂内，该村距从江县城48公里，是个侗族村寨。该碑文字清楚、用词恰当、表达准确，而且运用了古代的法言法语，如“劓耳”“大辟”等，“劓耳”就是割掉犯人的鼻子和耳朵，这种刑种在汉代内地中央王朝的法制中就已经废除，仅存于军法中，而清代在西南侗族村寨法中还在使用，应该是乡土文人附会古意而显才学也。“大辟”是死刑的统称，清朝也不使用此词，使用该词只是一种文化的表达，不仅说明碑文的书写者汉学修养较好，也说明死刑的判决和执行可以在村寨内部由寨老和乡众决定。

① 张子刚编撰：《从江石刻资料选编》，从江县教育印刷厂2007年内部印刷，第61—62页。

二、禁条

公纳禁条碑记：

夫国以民为本，本固则邦宁。民以食为先，食足则信守。此民事之重，而王政之首务也。缘我公纳、腊俄两寨计三百户，历祖□□密，纲常伦纪，尊卑有序。其婚姻嫁娶，照依民俗。田地山场，谷（各）营正业，则仓厢丰盈，六畜牲口，兴（四）时兴旺，所谓民丰物阜，道不失（拾）遗，正是太平景象，敦厚之乡井也。近年寨近萧条，纲常紊乱，小人之播弄是非，鼠盗乘之撬壁，醇厚之村成战场，良家子弟起盗心，架端异常，殊堪惊叹。是以两寨合议，设立禁条，效举先人之志，挽败振兴，家道自然日新，门风从此茂盛。鼠盗之辈，宜改前非，倘仍陷（蹈）故辙，照条规罚，各宜慎之。今将所议禁条开列于左：

一、拐人姑表亲者，上等亲受财礼银十三两；中等亲受财礼银七两；下等亲受财礼银五两；如不遵禁，额外重索者，将此项款缴入众。

二、上等亲男女嫁娶，男自愿娶，女自愿嫁，两造父母不依，男女私约拐带，上等娘家，准吃财礼银十一两；中等娘家，吃财礼银七两。

三、男女已成婚配，初则两愿，即成亲后，或三五日，男若悔亲，括女银一两六钱，饭一笠，鱼一个；女若悔亲，括男银二两四钱，男之聘金多寡，加倍退还。至三五载之后，璋琅两耳，女若悔亲，括男财礼银七两，男若悔亲，括退女银七两，土禾十二把，聘金概不准退。

四、拐闺女，其女家父母不愿，退回娘家，作洗裙脚银一两，饭一笠，鱼一个，男妇私通，犯奸捉双，罚银一两二钱。

五、田地买卖，上田二两一把，下田一两二把。买已成交多年，其买业之人家，以翻卖为典，如果真是典，必有典有质证，方准退还。若无中证，即系刁唆藉端翻田，罚银三两三钱。

六、开坎田各自开已荒坪，不许越界强占。至于六月天旱不许斩田垦讨水，犯指二条，克己复礼，只罚三两三钱。倘捉鱼坑干，传众齐集，罚银一两二钱。

七、炎天修理田坎，不许放火烧毁禾苗。犯者罚银一两二钱。

八、盗田禾、田鱼，挖墙撬壁，并盗仓禾，罚七两之牛一只，若本财力不及，问叔伯兄弟完此盗项。

九、盗水牛、黄牛，拿双者，罚七两之牛二只，其捉盗之人，传众照条规罚，如捉不得，不可诬良为盗，揪者罚银二两四，禾六把。

十、无故依势辱骂，径中理讲理屈，罚银一两二钱。

十一、婚姻、田土，凡一切大小事故，经本寨中人理，实如纨绔等辈执行具控，集众一齐送公究治外，罚七两，牛一只。

十二、男女私通至女有孕后，男后悔心，括女银二两，女已有夫，作银一两六钱以赔夫礼，禾一把以作女熬粥，无孕□□题禾……

十三、盗讼案又及翻田……

道光十四年六月十一日立①

该碑现立于从江县下江镇公纳村，该村距从江县城32公里，碑记是公纳、腊俄苗族侗族村寨的村民为解决近年出现“鼠盗乘之撬壁，醇厚之村成战场，良家子弟起盗心”等问题订立的“条规”，内容包括“拐带妇女”“田地买卖”“开田越界”“偷盗财物”“烧毁禾苗”“男女通奸”“无故辱骂”和案件管辖等方方面面的问题。特别是与前举“乡例”不同的是：规定凡婚姻田土之事由“寨中人”理剖，游手好闲、偷盗成性的人集众执行具控，“送公究治”外，按村寨的处罚标准罚七两银，牛一头。

三、章程

“章程”应该是后起的一种形式，从另一六洞地区新塘《永世芳规碑》前言：“章程未尽修斋，明列条规于后”语，说明“章程”可能是清末和民国时期政府对乡规民约要求的名称，且使用“第一条”“第二条”现代方法形式，用这种形式可能更能体现“村民自治章程”的性质。如邑扒《万古章程碑》便是。邑扒属从江县的高增乡，距县城18公里，从该碑的内容看属于一个大寨连同附近几个自然村寨订立的乡规民约，所以才有后面8位首人的落名。但因碑文多处使用“本寨公议”“禁止本寨生事”等语，应该不属于通过联盟制订的小款约法。碑文如下：

窃思世道不平，狗盗甚多，磕害良民，法律混乱。田地被人先典，然后反造故实为断，如同产业无主，荒林无宗，原卖重翻。每有不耻之徒偷割田

① 张子刚编撰：《从江石刻资料选编》，从江县教育印刷厂2007年内部印刷，第41—43页。

禾，或护棉花屡被盗干，野外田鱼护掠尽，室屡□害无休。今凭父老设立规章，如后谁人所犯者，必须照章办理。恐后遗失，故予立碑，可传后世，不得行刁越法，暗控官府，和须遵守乡规为要。切记此示。

第一条　本寨公议屡被狗盗，开释田塘，外乡偷鱼，今失主拿获查出，罚金十三千文。

第二条　禁止放火烧山，如有何人暗放火烧山，众等查出，罚金十二千文。

第三条　秋时禾谷渐熟，棉花正开，如有何人私心不善，偷盗棉花、禾谷，失主追获人赃，以后查出，均皆罚金十三千文。

第四条　山林□禾□砍柴生，山主得见此，积设堆之人偷盗，或者观望，但是查出，均皆罚金八千八百文。

第五条　偷盗鸡鸭，失主或观望查出，罚金二千二百文。

第六条　挖墙拱壁及偷马盗牛，失主寻旋查出，罚金五十二千文。

第七条　□卖业产以后三反退赎，折约所归卖主，众等同心协力作为斩断。

第八条　男婚女嫁，过门三岁五年，运命不和，男不从女不顺夫改嫁，众等规定十六千文。

第九条　询问之妻不得□□，以后不和改嫁，众等规定三千六百文。

第十条　于归完娶，是次生男育女，运命不和，爱新弃旧，改折等规定五十二千文。

第十一条　禁止寨内之人，不许好行歹恶，内勾外引，受害良民，公众查得可知，一体同罚金五十二千文。

第十二条　禁止本寨生事，未许告官开局，现有首人改劝了事，如有暗行告控，众等罚金五十二千文。

第十三条　本规则务须仍照章程，不许何人越规，如有越碑者，公众罚金二十六千文。

第十四条　本乡来兵多寡，贰名各在牌户供应一日，送夫亦在牌上；如其三名以上，由地方供应送夫，如有委员下乡，都皆照章办法。

第十五条　本乡人民无论贫富，无子结（接）后，立规章仍结本房侄子到家管理。

首人　石大成　石绍贤　石和金　石绍祥　贾明辉　王绍斌　贾补团

贾明儒

右谕周知

石绍安　潘明贵手书

中华民国十九年十一月二十六日　立①

该章程内容主要是议定偷盗、烧山、婚嫁等刑事和民事案件的处罚范围和罚金数额，同时还规定“接待供应”和无子户继嗣的问题。在诉讼关系上规定：禁止本寨生事，到官府控告，说明以前曾有过这种情况发生，现在加以杜绝，改由首人劝解了事，如有暗行告控，众等罚金五十二千文。还规定本规则务须仍照章程，不许何人“越规”，如有“越碑”（违反碑文规定）者，公众罚金二十六千文。

四、族规

村寨的基础是家庭、房族。侗族的家庭形式是父系家长制，但是家长对处理全家经济和家庭事务一般都与家庭成员中的成年者民主讨论决定。妇女也是家庭的主要劳动力，有的家庭甚至主要靠妇女持家政。房族是一种以父系血缘为纽带连成的宗族组织，一般按姓氏来分；不同的姓氏分属不同的宗族（也有通过一定手续吸收异姓成员参加的），在南部侗族地区一个姓氏修建一座鼓楼，如黎平的肇兴侗寨建有5座鼓楼，说明在这里世居着5个古老的宗族。每个宗族都有一名或数名族长，他们都是自然产生，由热心家族公益事业、熟悉家族史的老年男子承担。其职责是主持家族会议，商讨族内事务，掌管家族公共财产，制订修改族规，调节处理族人违规，代表本族和其他家族共同制止或处理家族与家族之间发生的山场纠纷或械斗等事宜。族规是村寨法的形式之一，很多家族都订有本家族的族规，并以石碑来记录，如美满《百忍遗风碑》，内容如下：

戊戌岁设帐加约寨，见吾本家男勤于耕，女勤于织，而且为父兄者损俭不务奢华，为子弟者乐业营生，不好游惰。有此美德是唐魏之遗风未泯也。家家□事□事愈多，人人惜财而财愈费者何也？由亲亲之义明故耳。盖所里亲者相友相助相扶持。父与父言慈，子与子言孝，兄与兄言友，弟与弟言恭，而且无事则缓急相周，有事则急难相恤。庶几亲其而亲者，无失其为亲。美德明以驯至于睦，□任恤，共登仁寿之域。□本圣天子□亲亲治天下

① 张子刚编撰：《从江石刻资料选编》，从江县教育印刷厂2007年内部印刷，第51页。

之雅意也。是为序。

廪生族人本厚载之撰

有规条开列于右：

一议族中有事务，宜同心合力相帮，在约不笼（拢）者罚良（银）五钱。

一议族中有事务，或是或非，务请族里人理讲。讲不落（合）者再请外人；理落者倘不请族人商议，独断独行，祸福自己承当。

一议族中有事务与族人商议，或入宗祠，或到官，务宜同心。

一议族中有事，有力者出力，能言者出言，其有用费，我族分□须大帮小补，贫者不帮为不法不帮，有不帮者罚银二两三。

一议族中有事请不到者不笼（拢）。

一议有不遵约束，不凛规条及应罚不肯罚者，众等齐心攻之。除革黜外，不许与往来。

一议族中子弟务宜醇谨老成，安分守己。倘为非礼之事，不孝不悌及吹烟、赌钱，不听约束，请族中父老惩治重责。

（各规条下的名字均略）

道光十八年孟秋月　公立①

该族规的宗旨是加强族内的团结，如族中有事要同心同德，族内要“抱成团”；族内有矛盾要请族中人剖解，不许请外族人介入，对族内团结不利；族内有事，有钱出钱、有计献计、有力出力，族内有事共商不到的属违反族规的行为；等等。不遵守以上规定的和拒不接受处罚的族人全族共讨之，开除他们的族籍外，全族人不许与他们往来。此外规定寨老对族内弟子严加管束，对他们的非礼之举、不孝不悌行为及吹烟、赌钱，不听劝诫的，由族中父老惩治重责。

五、“联合规约”

前举《公纳禁条碑》是公纳、腊俄苗族侗族村寨联合制订的，而岜扒《万古章程碑》是属于一个大寨联同附近几个自然村寨订立的乡规民约。又如《黎平寨母碑》：“爰会集四寨……以上公约数条，俱系谨慎，风俗美事，各寨务宜遵约自爱。倘不自

① 贵州大学2000级研究生张广恒在从江收集并提供。

爱，轻者，各寨自行处理，重则协同送究。”从碑文全文看，其约束力已经不局限于一个村寨，适用的范围包括了寨母以外的更广的地域，规范的对象以尊重他者习俗与禁忌为由，延伸到与该村互相往来的他族成员（如规定丧葬礼仪中，外来人员凡不吃油者可以另行接待），碑文的目的从“条约”订立的场域来看，是想以寨母寨为中心建构的共同体，虽然只是一种地域上边缘族群的共同体，但这与常见的局限于一村一寨共同遵守的那种碑文还是很不相同的，因为它的适用的空间和对象扩大化了。① 几个村寨联合订立村规民约的形式如今在侗族地区仍然存在。现在的村规民约虽然与过去的乡规民约有一定的联系，但已经完全没有法的性质，村规民约只是村民自我管理、自我约束、自我教育的集体约定，虽然在这些规定中还有过去一些习俗惯例，但在村寨中无法起到过去那样的作用。从我们收集的大量侗族村寨村规民约看，民族地域文化特色没有苗族地区村寨明显，应用程度也没有苗族地区高，与内地村寨的村规民约没有多大的区别。这说明近代以来，侗族地区的社会变革程度比苗族地区，特别是雷公山、月亮山地区深刻得多。但 2010 年 11 月我们在天柱县金凤山上看到了一块《金凤山风景区保护山规民约》，是金凤山所在邦洞镇六合村、摆头村、灯塔村和社学乡平甫村共同订立的保护金凤山风景区的自然环境，特别是保护金凤寺僧人、尼姑的生命和该寺的财产以及维护香客的礼佛秩序的规定，该“山规”共 10 条，除规定佛山保护的区域范围及保护区佛寺的土地要退还给寺院，任何人不得损坏保护区的林木外，还规定“金凤山和尚、尼姑的生命安全我们必须加以保护，任何人不得进入庵堂抢劫、偷盗”；“对前来朝拜礼佛的游客，不论大小善会都必须服从庵主安排，任何人不得随意违反”；等等。其内容与一村一寨的村规民约明显不同，调整的范围也相对集中，虽然这一“山规”订立较晚，时间是 1994 年，但金凤山在历史上是黔东南地区的风景名胜区，金凤寺也有几百年的历史，过去香火旺盛，这一形式的规约很可能是过去村寨法的继承。又如我们最近收集的《加榜梯田景区加车、加页、党扭联合村规民约》，是加榜梯田景区所在几个村寨联合订立的，形式与前面的“山规”相同。从江加榜梯田与云南云阳梯田、广西龙胜梯田齐名，是全球重要农业文化遗产，2010 年 5 月 8 日在村民通过联合村规民约时举行了隆重、神秘的祭典活动，并刻碑立于加车芦笙堂旁，参加活动的除村民和乡政府领导外，还有来自贵阳、兴义、凯里、天柱、从江等地的摄影家及摄影爱好者。

---

① 详见徐晓光：《原生的法——黔东南苗族侗族地区的法人类学调查》，中国政法大学出版社 2010 年版，第 57—58 页。

海南黎族习惯法

HAINAN LIZU XIGUANFA

前 言

海南黎族习惯法是指海南黎族在历史的生产、生活过程中长期形成的、不成文的、本民族成员自觉遵守的、与本民族传统文化相符的，并且在中央政府长期以来允许自治的条件下形成的一系列涵盖黎族社会治理方面的习惯法规则的体系。

作为中华民族大家庭的一员，黎族习惯法是中华法系的重要组成部分，是多元一体的中华法文化中的一元。特别是清代，中华民族得到了高度的统一，以中央国家法为基础、由各民族习惯法共同构成的清朝法律，是中国各民族法律的集大成，中华法系的发展在民族范围上也达到了顶峰。黎族是全国56个少数民族之一，人口超过100万，同其他少数民族一样，黎族也有自己的风俗习惯和本民族约定俗成的行为规范，在与中原汉族的长期交往中，在中央政府的统一法律管理下，黎族习惯不仅上升成习惯法，而且还在保持自身特色的同时，接受了中原的先进文明，自身得到了极大的丰富、发展和提高。探索黎族习惯法产生、发展的脉络与规律，研究其内容，分析其特点，不仅有利于挖掘、提高黎族习惯法的价值，而且也有利于加深对中华法系的研究，丰富中华法文化的内容。

黎族习惯法研究，需要考虑以下问题：

一是时间阶段的划分。作为海南岛最早的居民之一，学术界较普遍地认为大约在3000年前黎族就居住在海南岛，其先民在长期共同开发海南岛的过程中形成了自己的习惯法规则。黎族的发展历史虽然漫长，但通常意义的奴隶社会、封建社会的历史分期，在黎族则表现不明显。政治上虽受封建国家中央政权的统治，但经济上却并无与之适应的生产力水平，也无与之相应的社会关系存在，如“合亩”这种原始社会民族性质的组织，新中国成立初期仍然在一定范围内存在。无明显的历史分期，其习惯法也就不能依此划分阶段，尤其是时间下限无明显的节点。有鉴于此，本文关于黎族习惯法的研究，不以时间为线索，而依习惯法的属性或调整范围为脉络，按照现代法律部门的分类方式进行。

二是研究材料的来源。黎族没有自己的文字，关于黎族的历史都是由外人来记载或描述。从现有资料来看，涉及黎族的文献主要有：①古书典籍，如宋代乐史编著《太平寰宇记》、明代顾岕编著《海槎余录》、清《琼州海黎图》《琼黎一览图》《琼黎风俗图》、清乾隆年间张庆长编著《黎岐纪闻》，等等。记载黎族史料最为完备的应属海南地方志，最早的是《珠崖传》，晋代人盖泓所撰，明清时期海南地方志著述颇多，《海南地方志丛刊》中收录的现存方志有70余种。几乎每部方志中，都辟有章节专门论述黎事，多冠以“黎情”“海黎”“防黎”“平黎”“抚黎”等名，内容主要是对当时发生的黎族抗争和剿抚活动的记录，并有士绅官员提出的防黎治黎的各项措施，黎族地区的风俗也占相当篇幅。其中《广东通志》《琼台志》《琼州府志》《儋州志》《乐会县志》《陵水县志》《昌化县志》《定安县志》等最具代表性，这些方志对当时当地黎族社会发展状况、风俗习惯以及治理政策均有记载，对研究黎族社会的法制状况具有重要参考价值。从内容上来说，古代黎族文献，以“采风录俗”和“议事备治”为主要内容，前者是因黎俗与中原文化异质引发的关注，后者则主要出于汉族官员地方行政治理的需要。②铭刻石碑类。主要是指以石块、铜铁器物为载体的记录有关黎族内容的古籍文献。据《中国少数民族古籍总目提要·黎族卷》收录，现已发现的铭刻石碑有60件，其中有“禁碑”4块，这些“禁碑”一般都是根据黎族当地的实际需要而立，针对性很强，直接记录了禁止性的行为规范，对于研究黎族习惯法的禁忌和禁令具有很高的资料价值。③文书契约类。《中国少数民族古籍总目提要·黎族卷》共收录明清时期黎族地区契约、合同、借据、遗书、执照、各种单据等法律性质的文书150件，涉及田地林场买卖、典当、借贷、租赁以及分家析产等民事关系，是研究黎族社会民事法律弥足珍贵的资料。④调查资料类。调查类资料，是有关研究工作者在对黎族社会深入考察了解的基础上，经过归纳整理、分析研究而形成的文字资料。如德国民俗学者史图博（H. Stubel）之《海南岛民族志》（Die Li—stamme Der Insel Hainan），日本著名人类学学者冈田谦和尾高邦雄之《黎族三峒调查》（又名《海南岛黎族的社会组织和经济组织》），新中国成立后中南民族学院编写的《海南岛黎族社会调查》（上下册）。本文作者还组织了调查团队进行了“黎族法制与和谐社会田野调查”，其成果编印成了三册调查资料，对黎族法制的研究有自己的第一手材料。⑤研究成果类。自民国初民族学研究开展以来，就有学者展开了对黎族的研究，并取得了一批有参考价值的成果。如刘咸论文《海南岛黎人刻木为信之研究》（载《科学》1935 年第 2 期），王兴瑞《海南岛的汉黎交易》（中山大学《社会科学论丛》1932 年第 3 卷第 2 期）、《黎人的文身婚丧》（广州《风物志》第 1 期）等。基于研究资料来源的特殊性，使得在时间节点上两次突破了历史分期的约束，特别是新中国成立后及近年来的田野调查，基本上都是年长者的回忆。以上资料对黎族习惯法制史研究具有十分重要的参考价值。

在对黎族习惯法的研究过程中，海南大学法律史 2007 级和 2008 级研究生在导师的带领下，深入黎族地区进行实地调查，从七八十岁的黎族老人那里挖掘整理了一批濒临绝迹的习惯法传说，2009 与 2010 级研究生参与了本课题的研究，做了大量的资料搜集与整理工作，研究生们为本书的最终完成做了十分有益的基础性工作。因此，本研究成果可以说是海南大学法学院法律史专业师生集体智慧的结晶。在此向他们表示诚挚的感谢！

第一章

海南黎族习惯法概况

如果非有分期不可，则我们可根据黎族习惯法的传统与变迁情况，将之区分为习惯法的传统时期和变迁时期，在时间上大致以宋朝为界。从现有掌握的资料来分析，宋代及其之前，黎族习惯法受外来因素影响比较少，传统的风俗习惯对社会秩序的维持起着主要作用，这一阶段可称之为黎族习惯法的传统时期。据宋朝乐史撰写的《太平寰宇记》卷一六九中的《儋州》《琼州》《万安州》条目记载："有夷人无城郭殊异居，非译语难辨其言，不知礼法，须以威服，号曰生黎。"文献中所说的"不知礼法"，则意味着生黎尚不知晓汉族统治地区的礼法规范，仍然保持着黎族的传统。需要进一步说明的是，这时的黎族有"熟黎""生黎"之分，"其服属州县者为熟黎"①，"熟黎"包括汉化程度较高的黎族和从黎俗的汉族移民。"生黎"是海南原住民。在宋代，黎族的大部分是不服王化的"生黎"，分布较广，全岛四郡中的琼州、儋州和吉阳军都有"生黎"活动。② 因此，代表黎族大部分的"生黎"不知礼法，则意味着黎族传统的风俗习惯在黎族社会仍然占据主流地位。历史事实也是如此。据南宋王象之编著的《舆地纪胜》第 124 卷《琼州·官吏》记载，北宋开宝年间"初平岭南"后，"命太子中允周仁浚知琼州"，置"儋、崖、振、万安四州"，"因其俗治之"。这一时期，统治者通过确认黎族习惯法效力的方式，将其纳入中华法系文明之中。宋代之后的元明清直至民国时期，由于统治者加强了对黎族地区的有效统治，通过征剿和招抚等途径，强制"生黎"向"熟黎"转化，因而黎族社会受中央政府和汉文化的影响越来越大，黎族的传统习惯也发生了越来越深的变化。据此，我们把这一阶段可称为黎族习惯法的变迁时期。

---

① ［元］脱脱等撰：《宋史·蛮夷传三·黎洞》。

② 王献军：《黎族历史上的"生黎"与"熟黎"》，载《海南大学学报·人文社会科学版》2010 年第 2 期。

第一节

海南黎族族源及历史概述

一、海南黎族的族源

海南黎族主要分布在海南岛的中部和南部地区，相对集中在海南岛的三亚市、五指山市、东方市、琼中黎族自治县、保亭黎族苗族自治县、陵水黎族自治县、昌江黎族自治县、乐东黎族自治县、白沙黎族自治县等9个市县，分为哈、杞、润、美孚、赛等5个方言区。据海南省2010年第六次人口普查数据公报，截至2010年11月1日零时海南的黎族人口为1277359人，占全省总人口的14.73%。①“黎”是汉民族对黎族的称呼，黎族普遍自称为“赛”。

大约一万年前，华南大陆或马来半岛上的原始人类在四处寻觅食物的过程中，发现并登上了海南岛，从此，海南岛上便有了人类的繁衍生息（但目前尚不能确定是否为黎人）。海南有文字记载的历史是从汉武帝元封元年，即公元前110年设置郡县开始的，在此之前的历史称作海南史前时期。② 据现有史料记载，黎族是海南岛最早的居民，在海南的历史已有3000多年。③ 关于其族源在史学界有着不同说法，其中代表性的观点有两种，一种观点认为海南黎族来源于南洋群岛的一些古老民族。例如德国人史图博在其《海南岛民族志》一书中，认为黎族的物质文化和精神文化，与印度尼西亚的古代马来人、印度支那大陆各族有更显著的类似，是经过几次的民族迁徙浪潮，从南方进入海南岛的。刘咸教授在《海南岛黎族起源之初探》（《西南研究》1940年第1卷第1号）中，提出从黎族的文身、妇女服饰、口琴、织绣物品等方面所表现的特点，可推断黎族的文化系属于“太平洋四个文化区中的印度尼西亚区”，“与南洋群岛各民族所有者大同小异”，从而得出黎族源于南洋各民族的结论。

---

① 见2011年5月11日《海南日报》：“海南省2010年第六次人口普查主要数据公报1”。

② 赵全鹏：《海南社会结构问题研究》，海南出版社、南方出版社2008年版，第1页。

③ 王学萍主编：《中国黎族》，民族出版社2004年版，第2页。

另一种观点认为海南黎族族源系南方百越支系的“骆越”。新中国成立后，我国学者根据文献记载、考古发掘以及语言学、民族学等各方面材料，结合前人的研究成果，较为一致地认为黎族与“百越”的一支“骆越”有较密切的关系，是由古代“百越”族发展而来的。王学萍主编的《中国黎族》从历史地理学、考古学、语言学、地名学以及民族学等5个方面论证了黎族与古代骆越人的关系①：

首先，在地理上，古时骆越分布地域广泛，相当于今天的广西大部、广东西南部、越南北部及海南岛等地，《史记》中称之为骆。② 对此，历史典籍中也多有记载。《通志》卷五下载，西汉元鼎五年（前112），南越王相吕嘉反，汉武帝派兵征讨，“遂定越地，以为南海、苍梧、郁林、合浦、交止、九真、日南、珠崖、儋耳郡”，其中珠崖、儋耳二郡在海南岛。可见汉武帝平定南越后，在越人故地开置九郡，海南岛自然是越地的一部分。《汉书》则证明了海南岛上的先民是骆越人：汉初珠崖反叛，朝廷议征讨之事时，贾捐之说：“骆越之人，父子同川而浴，相习以鼻饮……本不足郡县置也。颛颛独居上海之中，雾露气湿……又非独珠崖有珠犀玳瑁也。”③《后汉书·南蛮列传》则对黎人之名有最早记载：“建武十二年（36），九真徼外蛮里张游，率种人慕化内属，封为归汉里君。”④ 对此，李贤注曰：“里，蛮之别号，今呼为俚人。”⑤从《南州异物志》《旧唐书》卷二八下、《地理志》等书记载，黎人是由俚人演变而来。其次，从考古学看，海南岛出土的石器表明海南黎族与骆越关系密切。20世纪50年代，在海南岛各地发现了大量的新石器时代中晚期的文化遗址。根据出土器物所表现的文化性质考察，它与我国两广沿海地区发现的器物同属一个文化类型，特别是与广西钦州地区、广东湛江地区（包括雷州半岛）发现的原始文化遗存更为相似。在石器方面，海南岛的石器，特别是具有特色的双肩石器，数量大，分布广，形式多。我国的双肩石器，主要分布在两广地区，特别是大石铲，多发现于雷州半岛、西江两岸、广西南部以及海南岛，这正是骆越之人及先民活动的范围。总之，从考古挖掘的资料来看，黎人先民与古代百越诸族在文化上有着密切的关系。再次，从语言学上看，黎族与骆越也有关系。其语法特点中最为人熟知的是，修饰式的合成词中一

---

①⑤ 参见王学萍主编：《中国黎族》，民族出版社2004年版，第2—6、4页。

② 《史记》卷一一三，《南越尉佗列传》中记载：“秦已破灭，佗即击并桂林象郡，自立为南越王……佗因此以兵威边，财物赂遗闽越、西瓯、骆役属焉……南越已平矣，遂为九郡。”

③ 《汉书》卷六四下，《贾捐之传》。

④ 《后汉书》卷八六，《南蛮列传》。

般中心词在前，修饰成分在后，俗称倒装，如红花作“花红”、大哥作“哥大”等等。清代道光《琼州府志》卷三《舆地志》说：黎语“虚上而实下，如鸡肉曰肉鸡，县前与前县”。黎语这种语法习惯，与壮语、布依语、傣语、侗语联系紧密，且在语音、语法、词汇等方面都有共同的特征。在一个民族的形成发展过程中，语言是一个重要的考察指标，从语言的相通、相似性可以推断，黎族与壮、傣、侗等少数民族有着共同的族源，黎族属于百越的一支也就顺理成章了。最后，在地名以及民族学上，黎族与百越诸族也有共同之处。如称河流为南，称村庄为抱、包、蕃等，在生活习惯上断发文身、契臂为盟、善铸铜器等。

综上，《中国黎族》一书汇聚目前国内关于黎族族源的研究成果，认为海南岛黎族居民的族源可追溯至古代百越一支——“骆越”，黎族起源于百越也是国内大多数学者的共同观点。

二、黎族发展历史概述

自汉代在海南建珠崖、儋耳两郡开始①，至宋之前，历代中央政府对海南的管理基本上是放任的，只有在发生黎人暴动时才出兵清剿，甚至还一度取消了建制。至始元五年（前82），汉中央政府将儋耳郡并入珠崖郡，元帝初元三年（前46）则下诏放弃珠崖郡，在海南仅保留了朱卢县建制②，汉王朝在海南的统治仅保存在交通便利的极为有限的区域。西汉时期，中央政府虽多次征伐海南，但因为各种原因，都没有建立长久稳固的统治，位于海南本地的政府管理机构时建、时废，或由在广东大陆的官署遥领海岛治理。公元1世纪中叶，东汉伏波将军马援抚定珠崖，在海南建立城郭市井，中原汉族社会范式在海南始现，后世遂有“伏波将军开琼”之说。南梁大同（535—546年）年间，当时的耳归附的俚僚首领冼夫人③率领1000多峒黎人归附南梁政府，冼夫人还请命于朝，废儋耳郡置崖州。隋文帝开皇十一年（591）冼夫人招慰

---

① 汉武帝元鼎六年（前111）平南越，元丰元年（前110）建珠崖、儋耳两郡。

② ［南朝］范晔：《后汉书》卷一一六。

③ 冼夫人，又称冼太夫人，岭南圣母，原名冼英（512—590），南朝广东高凉人，俚族，后嫁于当时的高凉太守冯宝。冼夫人善于结识英雄豪杰，550年，在参与平定侯景叛乱中结识后来的陈朝先主陈霸先，并认定他是平定乱世之人，551年，冼夫人协助陈霸先擒杀李迁仕，梁朝论平叛功，册封冼夫人为“保护侯夫人”。557年，陈霸先称帝，陈朝立。陈永定二年（558），冯宝卒，岭南大乱，冼夫人平定乱局，被册封为石龙郡太夫人。隋朝建立，岭南数郡共举冼太夫人为主，尊为“圣母”。后冼夫人率领岭南民众归附，隋朝开皇十年加封谯国夫人，去世后追谥“诚敬夫人”。

诸俚僚，历10余州，隋文帝赐夫人临振县汤沐邑1500户，冼夫人在政府的授权下，实现了一次较为统一的黎族人的自治，以归附朝廷的方式达成了汉人政权与黎人的和平。在南北朝以前，大体上是“汉在北，黎在南”。隋唐五代时期，随着海上国际贸易的发展，唐朝与东南亚、南亚和西亚贸易往来日益频繁，位于海上交通要冲的海南岛得到进一步开发。唐在海南岛设置琼、崖、儋、振、万安等5州，辖22县，奠定了海南岛州县建置的基础。海南州县建置的建立，提升了海南岛的经济与地理地位，封建王朝开始积极经营海南，大批中原汉人也纷纷跨海来到海南岛①，中央政府的影响力随之有所扩大，汉族移民的居住区域逐渐向南扩展，形成了“汉在外，黎在内”的分布格局。

至宋代，统治者明显加强了对黎区的控制和对黎民的管理。为了黎境的“长治久安”，对于“黎乱”大多给予沉重军事清剿，同时也推行文治，采取“抚黎”政策，“琼郡为黎，相为表里，生熟互异，叛顺靡常，故抚剿并行，置画宜审”②。剿抚并行是宋中央政府对黎族的基本政策。承袭唐之少数民族羁縻政策，在被征服地区，宋一方面对犯乱之黎人进行讨剿，另一方面又招降黎人，对黎族上层“首领”委以官禄，通过他们来统治黎族人民，并通过他们来吸引更多的黎族头人归降，奖赏对政府统治有功之黎人，奖惩分明，以达到分化黎人、维护地方安定之目的。北宋太宗太平兴国年间（976—983），李崇矩为琼崖儋万四州都巡检使，“时黎贼扰动，崇矩悉抵其洞穴抚慰，以己财遗其酋长，众皆怀附”。崇矩在岭南四五年，“恬不以炎荒婴虑”③。宋仁宗皇祐年间（1049—1053）和神宗熙宁年间（1068—1077），琼州36峒黎族统领王二娘之祖归顺宋。“元祐三年正月，诏广南西路珠崖军开示恩信，许生黎悔过自新”④。北宋徽宗崇宁年间（1102—1106），“经略广西安抚使王祖道抚定黎贼九百（零）七峒，结丁口六万四千，开通道路一千二百余里，自以为汉唐以来不臣之地，皆入版图”⑤。“宣和间，儋人陈大功招抚符元亨等三十余峒黎入贡，补元亨等承信郎，诰令其子孙各以官名承袭，世为峒首。大功亦补丁班，只应官至融州巡辖”⑥。

---

① 据国家民委全国少数民族古籍整理研究室：《中国少数民族古籍总目提要·黎族卷》序言介绍：迁移到岛上的汉人既有戍守边疆的士兵和封建官吏，也有普通的劳动者和商人。中国大百科全书出版社2010年版。

② 万历《琼州府志》卷八，《海黎志》。

③ 《二十五史》卷八，上海古籍出版社1986年版，第6176页。

④ 光绪《崖州志》卷一四，《黎防志》。

⑤ ［宋］周去非：《岭外代答》。

⑥ 道光《琼州府志》卷二二，《海黎志》。

孝宗“乾道九年八月，乐会黎贼劫省民，焚县治。黎人王日存、王承福、陈颜招降之。琼管安抚司上其功，借被承节郎，诏许子孙承袭”①。孝宗淳熙元年（1174）五指山黎族峒首王仲期、王仲文等率10峒、丁口1820人“归顺”，淳熙二年（1175）初，“万安军峒黎王集结兆多囊三峒叛，知军赵绛乞师屯贼冲，未几剿平三峒”②。“淳熙初，知万安军赵绛以峒黎王集结三峒叛，乞师剿平……咸淳六年春，琼黎犯边，以钦守马威旺征之。威旺偕子抚机间关数二战，恢扩省地。乃命抚机颛管寄截黎出入，诸峒始不敢肆。”③ 宋之所以在黎区推行征剿与羁縻政策，与当时宋王朝对黎人的认识不无关系，其中最具代表性的言论如苏过的《论海南黎事书》：“仆以为以力胜者，兵罢而复塞；以利啖者，贼贪而不叛也。朝廷若捐数官以数人，则贤用于师矣……使赍金帛入喻诸黎，晓以利害，惧以祸福，若能开复故道，使行旅无壅，则籍其众所畏服者，请诸朝，假以一命，而岁与其禄，不过总十余人，岁绢千缗耳。今珠崖屯师千人，岁不下万缗，若取十一以为黎人之禄，可以罢千师之屯矣。”正是基于这一认识，宋王朝开始大量任用黎族峒首为黎区地方官。需要指出的是，在剿抚黎民的同时，宋还将海南作为官员贬谪④、罪犯流放之地，贬谪官员来到海南，带来了中原文化，中原文化从此逐渐渗入到海岛人民的生产生活中，黎族人民受中原文化影响的步伐因此而加快。这一方面使中原文化得以随被贬谪之人深入到海岛人民的生产生活之中，另一方面也表明了封建政府对海南统治方法的改变，即由过去单纯的武力镇压，改变为剿抚结合，并辅以文化影响，以促进海岛及其居民的文明进化和思想改造。此后，元、明、清各朝基本上都是采用这种剿抚并用的软硬两手，加强对海南黎族地区的管制与治理。

在唐宋羁縻政策的基础上，元代统治者对少数民族地区特别是南方少数民族地区实行土司制度，即对归附的少数民族及其首领假以爵禄，宠之名号，使之仍按旧俗管理其原辖地区，民族和部落首领服从中央王朝的统治，并承担一定的赋税及军事义务等。但在海南，元统治者对黎族人民的政策重在剿上，在元朝90多年的统治中，连续用兵三年，大举“征黎”的行动不下10次，武装镇压的规模更是前所未见。在武

① 万历《琼州府志》卷八，《海黎志·抚黎》。

② ［清］康熙《广东通志》。

③ 万历《琼州府志》卷八，《海黎志》。

④ 宋太宗宰相卢多逊、真宗宰相丁谓、大学士苏轼及抗金大将李纲、李光、赵鼎、胡全等均先后被贬谪海南。中原贬官的到来，无疑为海南的文化荒漠注入了甘霖，他们推动了海南的教育，传播了中原文化。

力征服之后，至元十六年（1279），海北海南道宣慰使朱国宝，前往琼州，“宣示”朝廷的“恩威”，在元军强大兵力的压迫下，一直不肯“降服”元朝的黎族，如南宁军的谢有奎诸峒，只好前往“投效”。在这次军事行动中，朱国宝“降服”的黎族前后达3000户，30个峒。至元十八年（1281），朱国宝奉朝廷之命，再次对黎族用兵，攻破临高县黎族聚居地，“降服”了居亥、番亳、铜鼓、博吐、桐油等19个峒，遣部将韩旺率兵略大黎、密塘、横山，诛黎族首领李实等，焚毁了这些地方黎民的房屋，并活捉了大钟、小钟诸部首领18人。① 至元二十四年（1287）南宁军（统辖宜伦、昌化、感恩三县）的黎族上层首领谢有奎招降“三十峒首与三千户同时内附”②。元世祖至元二十八至三十一年（1291—1294）海南岛统治当局对“黎乱”③ 进行大规模军事清剿，“琼州清水以下十九个峒，主要峒首有符十九、符察、陈萃、梁六犊、王郎、王嗣、陈子渊、黎福平等渠魁，降附者不可胜数，得峒六百，户口二万三千八百二十七，招收户口一万三千四百九十七。从省幕乌木孙泽议，立寨学训谕诸峒，奏置屯田府，立定安、会同二县，万全一寨”④。军事行动结束后，元则在海南岛专门设立“黎兵万户符”，下辖千户所，千户所下又辖百户所，在黎族地区实行土官制度，万户以下一般都任用“归降”的黎族上层为“峒首”，统治者给他们封以官爵，付以实权，世袭其职，统管地方上的军事和民政。

至明朝，虽然大多黎峒已编入版图，居户编入里甲，黎人与汉民杂处现象较普遍，但五指山区仍不断有黎为乱，对此，中央政府采取了以抚黎防黎为主，以剿黎平黎为辅的治黎政策。明太祖洪武二年（1369）永嘉侯朱亮祖领兵进驻海南岛，利用黎族首领所辖黎兵，先后平定乐会、南建州、万州、儋州、崖州、琼山、文昌、澄迈、临高等州县。成祖永乐二年（1404）琼州府文昌县林彬招服黎峒30余村，被授土官典史，可世袭；崖州监生潘隆本自愿请求招黎归顺，被授予知县职名。明成祖永乐十一年（1413）前后共招抚诸黎1670处、3万多户。永乐十二年（1414）十二月，明成祖接受监生、崖州人潘隆本的建议，下诏任命潘隆本当知县，持敕抚谕“生黎”。

---

① 参见《二十五史》卷九，上海古籍出版社1986年版，第7683页。

② ［清］道光《琼州府志》卷四二。

③ 元文宗至顺元年至顺帝元统元年（1330—1333）琼山、澄迈等地的黎族王马、王六具、王官福等领导黎族百姓2万多人举行起义，连陷会同、乐会、文昌、南建州（今定安县）等州县城，斗争持续三年之久。

④ 参见［明］嘉靖《广东通志》卷八七，见《二十五史》卷九，上海古籍出版社1986年版，第7678页。

翌年三月，潘隆本带着黎人那万胜一同上京，又一同领受敕语，担任招抚事务。四月，依据广东都司的上奏，使七方峒以下8峒“生黎”8500人、崖州抱由村以下18村1000余户，一同归化。由于汉、黎经济文化交流的频繁，在那些黎峒居户已统一编入里甲的地区，黎人与汉民一样，受地方官管辖，受中央政府法律的统一调整。“在一些开发较早的熟黎地区，明初曾实行‘都图’制度，当地官府对他们采取直接治理的方式，他们与汉人一样纳粮当差，到了嘉靖年间文昌、乐会、琼山等多个黎峒的黎族已和当地汉族一样编入都图，载入黄册与鱼鳞册，其中不少人‘习书句、能正语’，有些土官子弟入县学、大学读书，到明代后期，部分熟黎民族特点日趋减少，逐渐与汉族同化，已不再被视为黎族了”①。“洪武初，尽革元人之弊：土酋主都者，元帅陈乾富以降免罪，徙为广西平乐通判；州县各另除官，不用土人；兵屯子孙尽革为民，以峒管黎。二十九年革除广东公差。大理寺丞彭与民等奏言：琼州府所属，周围俱大海，内包黎峒，民少黎多。其熟黎虽是顺化，上纳秋粮各项差役俱系民当。其生黎时常出没劫掠，连年出镇征剿，为害不息。今询访各处熟黎俱有峒首，凡遇公差役，征纳秋粮，有司俱凭峒首催办，官军征捕亦能凭峒首指引。今所属各有防黎及备倭巡检司，如将各处峒首，选其素能抚服黎人者，授以巡检司职事，其弓兵就于黎人内签点应当，令其镇抚熟黎当差，招抚生黎向化，如此则黎民帖服，军民安息矣。诏如所请。明年五月十一日，琼州府宁远县藤桥巡检司添设副巡检黄旗，通远巡检司添设副巡检黎让，十月十一日，万宁县莲塘巡检司添设副巡检王钱，陵水县苗山巡检司添设副巡检符森”②。可见，土人被任命为官协助管理黎区，这一政策对被招服之黎头适用，对有功有能之黎人也适用，如宜伦县熟黎峒首王贤祐。中央政府对黎人，“各验其招抚多寡受赏，除官有差，专一抚黎，不预他事”③。永乐年间，明朝统治者又在已顺化的熟黎地区实行土官土舍制度，开始给倾心朝廷的黎族峒首以较高的政治地位和军事权力，选择有能之熟黎峒首，授以官职，管理黎区；对尚未归顺并仍犯乱之生黎实行剿杀，剿杀之后实行善后抚化政策。土官的任命使用，在黎族地区发挥了极大的影响力，已授禄之黎首，主动请缨招黎受降。据史籍记载，永乐年间，以至洪熙、宣德、正统各朝40余年中，黎族人民的反抗起义仅有5次。这些起义被镇压后，封建王朝严诫“抚黎诸官”不得“生事激变”，“宣德正统以来革去抚黎知府等官，

---

① 国家民委全国少数民族古籍整理研究室：《中国少数民族古籍总目提要·黎族卷》序言，中国大百科全书出版社2010年版。

②③ 道光《琼州府志》卷二二，《海黎志八·防黎》。

而管黎知县等官子孙不得世袭，节奉甚合熟黎归属有司，革官子孙毋得占营，仍回州县当差”①，以缓和黎族人民的反抗情绪。

清朝对黎族人民的统治仍然沿袭明代的一套办法，剿抚结合，世祖顺治四年（1647）崖州士绅彭信古联合罗活、官坊诸峒的黎族起事，清崖州知府于有义督军进剿，清军未能达到目的。翌年春，崖州知府于有义再次进兵攻剿黎民起义军，与黎民大战于抱旺村，这次黎民大胜，知府于有义战死。彭信古发动的黎民起事直到清顺治十六年（1659）三月才被署中军将姚启章剿平。② 顺治十年（1653）二月，“副将马可任遣土弁邢圣纪将兵攻抱显。时可任至崖，诸黎皆出投诚，惟抱显负隅抗拒，始进剿平服。冬十月，淡亚枕叛，引罗葵等峒为援，三亚一带焚掠不堪。十一月马可任督兵亲剿，未克”③。“顺治十六年己亥（1659）三月，马可任请发兵大剿崖州侵宇诸黎，侵宇自明崇祯八年（1635）叛后益跳梁，畜亡命，储器甲，数引罗葵诸黎蹂躏东里，至是可任出兵进剿，贼先仗险隘以待，可往奋斩十余人，鸣炮举火，贼不能支，逐大溃，王亚锦、王畏等尽驱男妇牛畜逃入拖劳岭，结寨自保。次日纵兵搜山谷，贼复合岐黎数千人攻营，营中举炮出骑兵逐之，诸黎尽弃弓矢远遁，遁入深岐。时我兵久露于外，贼深入亦数为岐所窘虐，亚锦不得已，遣子亚捐出降，可任数其罪，抚平之”④。清圣祖康熙八年（1669），“定安县大河土舍王之铣（一作诜）等谋变，千总杨廷等统兵大进贼巢与战，杨廷死之，随军遇害者数人。中军游击丁月桂厚赏旁峒黎人，授以方略，俾诱渠魁斩之。是年冬，之铣传首，陆续俘获之试、之华、之志、之诒等并男妇数十余人，解报督抚，得旨处决，其妇女发大臣家为奴”⑤。同年冬十二月，在崖州境内的东、西黎因为定安县黎族的“暴乱”影响，同时接到定安县黎族的传简，也联合行动，使得崖州境内一片动荡。清崖州知府张擢士、游击张德远集中全州的兵力进行剿捕，同时派与当地黎族相熟的人进入该地，以利害关系相劝说，结果当地黎民听从劝告，三十余峒就抚。“雍正八年正月，崖州黎峒三十九村生黎王那诚、向荣等，定安县潮村等十四村生黎王天贵等，琼山县番否等到处十八村生黎符天福等，陵水县生黎那萃等，共二千九百四十六人输诚向化，愿入版图。每丁岁纳银二分二厘，以供赋役。三月，总督郝玉麟等奏闻。奉旨：生黎诚心向化，愿附版图，朕念其无田可耕，本不忍收其赋税。但既倾心依向，若将丁银全行豁免，恐无以达其输诚

① ［明］嘉靖《广东通志》。

②③④ 参见光绪《崖州志》卷一四，《黎防志》。

⑤ 《古今图书集志·职方典》。

纳贡之悃忱。将递年每名输纳丁银二分二厘之数，减去一分二厘，止收一分，以作徭赋。地方文武大臣，时时训饬，所属有司员弁等加意抚绥，悉心教养，务令安居乐业，各得其所，以副朕胞与地方之至意。恩诏既颁，黎民感泣，自是琼属诸黎悉化为良民矣”①。

在实现了对黎族地区的实际占领后，黎族地区的各级管理者，基本上都是经过中央政府的任命，由中央授权且世袭的在册官员。如宋朝宣和年间，陈大功招抚符元亨等三十余峒入贡，补元亨等承信郎，诰令其子孙各以官名承袭，世为峒首。② 宋朝对招抚归顺的黎头授予官衔，虽然多为虚职，但却是经过任命、为朝廷效命、联结朝廷与黎人、享有世袭爵位的官员。元朝不仅承袭了宋的羁縻政策，继续任用黎人为官，而且还大幅度提高了黎官的品级，掌管军政大权，担任千户、万户的常常有之。元顺帝元统二年镇压黎族农民起义后，为防备黎族人民起义的再次发生，朝廷重新设置黎兵万户府，“又以土人吴斌为万户，自是土官愈炽”③。“元设黎兵万户府，统十三翼，兼管民兵黎峒万千百户，以土人为之，致黎乱终元之世”④。

明代的黎官任用制度较元代有了进一步的提高，达到了鼎盛阶段，“明永乐六年春二月，琼州府抚黎知府刘铭率生黎峒首王贤祐、王惠、王存礼等来朝贡马，命贤祐为儋州同知，惠、存礼为万宁主簿，赐冠带币钞，俾专抚黎人”。明朝统治者不仅继续任命归顺之黎头为官，而且将黎官管理纳入了国家统一的官吏管理制度中，同时还将黎官区分为军政两类，从而避免了因手中权力过大而造成对朝廷的不利影响。黎官的广泛设置使得在“宣德四年，以黎峒多侵扰不利，革去抚黎流官”⑤，“正统五年琼州知府程莹奏革抚黎土官，黎人自是总归于府，民黎称便”⑥。元朝的土官制度对明清两代西南广大少数民族地区的施政与立法影响很大，明朝土司制度更在元朝的基础上进一步完善，将土司官职完全纳入地方官体制之内。清代“改土归流”之前，基本上沿袭了明代旧制，很多原则与具体措施也来自于元朝。

清代抚黎之土官政策一直延续到清末始有较大变化，光绪十二年（1886）出现了专管黎人的机构——抚黎局。广西提督冯子材在平定黎乱后，大行改革原黎族组织，

① 道光《广东通志·琼州府》之《岭蛮》。

②⑤ 道光《琼州府志》卷二二，《海黎志》。

③ ［明］嘉靖《广东通志》卷六八、［清］道光《琼州府志》。

④ ［明］嘉靖《广东通志》。

⑥ ［明］嘉靖《广东通志》卷六八，《外志五》，第1840页。

设立抚黎局，抚黎局下设有黎团总长，统辖所属黎境，黎团总长下有总管，统辖全峒，峒内黎户十家为排，三排为甲，三甲为保，所有排长、保长、总管均由黎人担任，抚黎总长则由黎首或汉族地主充当。抚黎局的业务在于负责处理诉讼、缉命盗匪、修路垦田、设墟招商、任免村峒土官等事务。有清一代，虽然也实行以黎治黎的政策，但是，黎族土官远没有元、明时期的地位与权限，中央政府对他们及普通黎民实行了比较严密的监督与管理，土官只能是中央政府治理地方的一个基层代表而已，严密的保甲制度，打破了黎人村峒的血缘划分，转而成为依地缘而分的地方性组织或团体。

自宋代至清代的黎族土官任命，虽然方法不尽一致，但基本上有两点是共同的：一是通过黎族土官的任命与使用，将中央政权逐步渗透到黎区，从而实现对黎族地区的有效管理；二是通过黎族土官的任命，彰显中央政权对黎区的羁縻政策，达到因俗而治的目的。事实证明，黎族土官为中央政府实现了对黎族基层社会的实际控制。

综上所述，海南黎族的历史发展，从政治上来说，宋是比较明显的一个分水岭，宋之前黎族基本上处于自治的状态下，自宋开始逐渐完成了中央在海南的建制。宋、元、明、清以及中华民国时期，中央政权逐步向五指山中心地区推进，建立地方政府，不仅实现了中央政权在海岛的全面覆盖，而且实现了对海南岛的真正统治。“宋代置靖海军节度统治全岛……元置乾宁军民安抚司于琼山，属广西中书省，治理全岛……明置琼州府，统治全岛，属广东省……清将琼州府改为崖州道，仍属广东省，统治全岛……民国成立后，设琼崖道于琼山，置道尹治理全岛……十七年由广东政治分会将广东全省分为四善后区，设南区善后公署于琼山，统辖阳、交、雷、钦、廉、琼、崖七属，十八年撤销。二十二年设琼崖绥靖委员会公署于海口市，为全岛军民行政最高机构。二十九年广东全省分为九行政督察区，而以本岛为第九区，由专员兼区保安司令，并于是年六月划黎境为白沙、乐东、保亭三县”①。与中央政权的介入相对应，从宋代开始，黎族地区逐步被纳入了中央政府的统一法律秩序之中，黎族民众的原有生活、生产秩序被不同程度地打破，黎族地区传统的自治秩序发生了变化，加快了融入中原文化和中华法系的步伐。

---

① 陈植编著：《海南岛新志》，海南出版社2003年版，第13—14页。

第二节

海南黎族习惯法产生的历史条件与文化基础

同其他少数民族一样，黎族习惯法的产生，既有其民族自身因素，也有客观的自然地理条件和经济发展水平的影响，自然条件制约了经济的发展，经济的发展又严重制约了黎族自身的进步，民族文明进化的程度高低，决定了该民族习惯法的发展演变。

一、封闭的海岛环境与频发的自然灾害

“琼居海洲中，东西广九百，南北袤一千一百四十里，绵亘三千余里……内包黎峒。五指峻拔，周匝大海，远接诸番”①。海南四面环海，琼州海峡将之与祖国大陆隔开，在古人看来，海南无疑就是天边。虽只一水之隔，却减低了黎族与中原的联系密度。黎族所居之海南，“海中洲居，广袤千里”（《汉书·贾捐之传》）。“周回二千里，径度八百里”（郦道元《水经注》）。“四州各占岛一隅。外环大海，中盘黎峒”，“南溟之浩瀚中，有奇甸数千里，历代安天下之君必遣勇者戍守”②。交通技术的落后和交通方式的简陋，使得海南与中原之间的往来成为艰难之事，中央政权欲对海南实行有效管理，也是一件十分艰难之事，只有勇敢者才能胜任。也正是大海的天然阻隔，使得汉初虽在海南建立珠崖、儋耳两郡，却并没有实行有效统治。路途遥远固然是原因之一，海岛的封闭落后也是封建中央统治者不重视海南的另一原因。

大海将海南岛封闭起来，也阻隔了岛上居民与外界的联系与交流。秦始皇统一中国以后，经过几千年的发展演变，至宋，封建中国的生产力已有很大提高，先进文化和科学技术推动了社会的发展，提高了中原人民的物质生活水平和文明程度。然而大海的天然屏障，却阻挡了中原先进生产力和文化的进入，整个海岛仍然处在较低层次

① ［清］方岱修、璩之校正：康熙《昌化县志》卷一，《舆图志·疆域》。
② ［清］李有益纂修：光绪《昌化县志》卷一〇，《艺文志》。

的生产力水平之上，尤其是黎族居住地区，位于海岛中部，大山环绕，林深叶茂，黎民不仅无缘广泛接触中原文化，而且与岛内的汉族和沿海居民也少有往来，他们仍然生活在刀耕火种的原始状态，生活在具有浓厚血缘联系的相对封闭的村峒里。落后的生活方式，低层次的生产劳动，其劳动产品仅能满足自身生存的需要（低层次的生活水平）；中央政府无求海岛赋税，使得岛上居民少了中原地区居民缴纳赋税的生产压力。封闭的海岛生活，没有外力压迫的生产生活，使得岛上居民比较满足于现状，偶有争斗或暴动，通常也只是在黎汉之间或黎人内部，对封建中央政权难以产生大的影响和危害。正是这种封闭的海岛环境和大山阻隔，以及只满足自身需要的生产，使得黎族发展缓慢，并在缓慢发展中产生了对自然的崇拜与禁忌，并以此为基础构建了黎族社会的自治秩序。

黎族居住地区处在亚热带、热带地区，雨量丰富，气候湿热，大海环绕。独特的地理位置与气候条件，一方面造成剧烈的自然灾害多发，另一方面使位居深山的黎族人民生活条件比较恶劣。“周岁多东风，秋夏间飓风，或一岁累发，或累岁一发……发在秋夏，有云物之先驱，非青蘋为起。未几率然凌寻，飘忽怒号，极万籁之变，屋瓦皆飞，坤轴欲转，人物震慑，沆瀣奔湃，嶦嵣倏吼，海鸟翔，天脚晕若半虹，则飓风”①。《方舆志》：“周岁皆东风，秋夏飓风。”台风是海南破坏严重的自然灾害，也是给人们带来恐惧的常见灾难。“雾露气湿，多毒草虫蛇水土之害”（《汉书·贾捐之传》），“病无药饵，但烹犬牛祀神”②（乐史《太平寰宇记》）。关于海南的气候与自然条件，康熙《昌化县志》卷一《舆图志》“风土”中有如下描述：“一日之内，一身之间，冷热互见，是以人体疲倦，脚气之患不时有也。有蝇则无蚊，有蜈蚣则无蝎螫，此定数也。而海南诸种皆备，蝇无四时皆有。蚊有二种，有小而黑者，昼不避人，咿唔左右，闻为可厌；夜间流毒者，诸方所有也……东坡云：海南风俗，食无肉，出无舆，居无屋，病无医，冬无炭，夏无泉，惟夏无蝇蚊则可喜也。”“地居炎方，多热少寒，时忽瘴云埋树，若非仁人君子，岂得而寿耶。”③ 在原始黎族社会里，影响其生产和生活的主要有两个方面因素：一是湿热气候及毒草虫蛇，使黎族人民生命健康时刻受到威胁，面对疾病，无医可诊，无药可治，他们只能从自身找原因，求助于神灵保佑。二是自然灾害对农业生产的破坏，兽灾是最为常见的自然灾害，黎民

① ［清］方岱修、璩之校正：康熙《昌化县志》卷一，《舆图志·风土》。
② ［清］和珅等纂修：乾隆《续修大清一统志·琼州府》。
③ ［清］李有益纂修：光绪《昌化县志》卷一〇，《艺文志》。

辛勤耕种的粮食作物，经常在一夜之间就被山猪、猴子等野兽啃食破坏。水、旱灾害、台风也是每年多发的灾害，因为海南总体降雨量大（大多数地区年均降雨量在1800毫米至2000毫米之间），但降雨分布不均匀：降雨多集中在八九月间，容易发生水灾；2至4月则是旱季，多发生旱灾。对于病、虫灾害，黎民多束手无策，只能以其原始的超自然的方式来解释。对于海南地区的各种自然灾害，黎族没有先进的文化知识和生产技术来应对，直到新中国成立初期，仍然没有改变靠天收成的局面。例如，1953年黎族聚居的乐东县遭受旱灾，其中玉米60%没有收获；次年，乐东县连遭旱灾，大面积稻田无法插秧。① 各种自然灾害，也是导致黎民生产力低下的一个重要原因。

面对频发的自然灾害以及人的生老病死等不可抗拒的自然力，黎民无法以自身的知识进行解释，无法以自身的力量来避免。因而，黎民求助于神秘的超自然的力量来加以解释，通过各种神灵崇拜和禁忌规则试图达到人与自然的和谐，避免自然力的无情伤害。

二、优越的自然环境和原始的生产力水平

海南黎族主要分布在海岛的中部和南部，这些地区多位于北回归线以南，属海洋性热带季风气候，以暖湿为气候的主要基调，全年都阳光充足，雨量丰富，而且土壤肥沃，动植物资源丰富，更兼“中部高耸，四维低洼”的地形，使得河流纵横，编织了天然的灌溉网络，在这样优良的自然环境下，水稻在南部地区可以达到一年三熟，而玉米、番薯等主要粮食作物甚至可以终年种植，可以说黎族具备得天独厚的自然环境。

但是，海岛四面环海，与大陆存有天然屏障，在航海技术尚不发达的年代，凭借人力难以逾越海峡，使得海岛环境的封闭性与其自然环境的优越性同样突出，因此黎族的科学文化在漫长的历史时期中发展缓慢。黎族的社会生产直到近现代都处在落后的原始状态，并且生产力水平十分低下。宋代周去非在《岭外代答》里记载说：“其（指黎族）耕也，乃就田点种，更不移秧，既种之后，旱不求水，涝不疏决，既不粪

① 中南民族学院本书编写组：《海南岛黎族社会调查》（上卷），广西民族出版社1992年版，第21页。

垠，又无籽耘，一任于天。”① 在生产领域中，种植农业是唯一独立的生产部门，狩猎、手工制作都是辅助性的补充。

黎民所使用的生产工具极为原始简陋，其主要器具为木器、竹器和石器，铁制工具到了宋朝以后才通过汉民少量输入。从事黎族历史研究的学者认为：到了新中国成立前200年，黎族人民才较大范围地利用通过汉民输入的铁制器具。② 即使如此，铁制器具也没有完全取代传统工具，经常和木犁、竹耙共同使用。黎民的生产耕作分为山栏耕作、旱地耕作，少数地区有水田耕作，山栏和旱地耕作的生产方法主要以原始的“砍山栏”“收山栏”③ 为主，属于“刀耕火种”的原始集体生产，在很大程度上依靠土壤的肥力和天然降水来实现作物的生长，农作物的单位产出比率很低。至明代，在汉民的帮助下，黎民的农具、生产方法有了很大改进，但是仍未改变粗放式耕作方法。时人顾岕在《海槎余录》中记述道：“黎俗四月晴霁时，必集众柝山木，大小相错，更需五七日，浩洌则纵火，自上而下，大小烧尽成灰，不但根干无余，土下尺余，亦且熟透矣。徐徐锄转。种棉花，又曰见花。又种旱稻，曰山禾，禾粒大而香，可食。连收三四熟，地瘦，弃置之，另择地所，用前法别治。”“迁徙不常，村落聚散无定，所耕田在是即居于是，日久地瘠则去而之他，故村峒土名，数年间数迁数易，其地不可考也。”④ 正是由于生产力低下，生产方式简单，农业耕作靠天收，才导致黎族村峒的经常性迁徙。当一块土地肥力丧失不再适合耕作时，黎民便整村开始迁移，寻找新的适合生存的土地。黎族最先进的旱田耕作就是采用“牛踩田”，即由人驱赶牛群在田地里来回走动，把泥土踩碎，然后再以竹、木器具插穴、投种。

水田的耕作要比山栏、旱田的耕作更有效率，但其耕作技术仍然十分落后。最先进的水田耕作就是采用牛犁，一般劳动力组合十分原始，犁地效率很低。到了20世纪50年代初，牛犁仍然停留在一个低水平上：“在一块2亩左右的田上，驱赶着24

---

①② 转引自陈立浩、陈兰、陈小蓓著：《从原始时代走向现代文明——黎族“合亩制”地区的变迁历程》，南方出版社、海南出版社2008年版，第70、19、26页。

③ 参见王学萍主编：《中国黎族》，民族出版社2004年版，第288—289页。“砍山栏”是与落后生产力相伴的一种农业生产方式，主要可以分为两种情况：一种较为原始，种植地离住所较远，在将山砍为耕地后，用木棒等工具在地表戳出浅穴，即开始耕种，不翻土，不施肥，纯粹靠自然积肥，种1—3年便丢弃10—20年，再进行耕种；另一种方式在技术上有所进步，砍山种植一年后，便进行翻土，将收获后的稻秆压在土下作为天然肥料，并挖坑种植番薯，来年春季借挖出番薯之机松土，再种上稻子，似此往复循环直到收成锐减后抛荒，待10—20年后，重新砍树种植。

④ 道光《琼州府志》卷二〇，《海黎志》。

头水牛拉犁，造成牛碰牛的现象时有发生，影响犁田的效果。”① 加之，当时普遍使用的犁是竹制或是木制的②，比铁制犁的效率要低 50% 以上，且耕牛的数量也较少，还没有田间除草、施肥等精耕技术，总体生产效率还处在极低的水平。

直到新中国成立后，黎族的农业生产经历了诸多改进，普遍采用了铁制器具，但仍然维持在一个很低的水平，“稻谷的产量是很低的，水田每亩产稻谷百余斤，旱田几十斤”。稻谷纵然有每年两熟或三熟，在正常年景下，“每亩年产量仅达 120 斤左右”。③

除了粮食作物外，黎族也利用优越的自然资源进行副业生产，但是同样受限于生产力的束缚，带来的经济效益有限，其种类主要包括：纺织业、狩猎和捕鱼、饲养禽畜、种植热带亚热带水果等。

在自然环境优良但是生产力水平有限的背景下，黎族族群的生存一方面依赖自然资源，另一方面主要依靠群体的协同合作，因此，群体主义是黎族社会最基本的特征，也是族群得以存续和繁衍的保障。

黎族的自然状态在一定程度上影响了黎族习惯法的形态与内容：海岛封闭的状态为习惯法提供了一个相对稳定的生成环境，使得黎族习惯法保持了高度的原生状态，对黎族居民有很强的针对性和适用性。脱离海岛的自然和社会环境去研究黎族习惯法将必然缺乏实证意义；而黎族居民生产力水平的局限性和其他自然科学知识的匮乏也决定了其习惯法所确立的秩序目的和价值追求。

三、黎族的神灵崇拜与禁忌

按马克思主义的宗教观念，神灵的本质是原始人将支配其生活的自然力量进行人格化，是这种伟大力量在人类意识中的虚幻反映。海南黎族文化落后，生产力水平低下，基本上是靠天吃饭。黎族居民对能够左右其生死温饱的自然力量无法进行科学解释，自然将其视为神灵，为了族群的生存繁衍和粮食丰收，各地黎民普遍有着不同的

① 广东省编辑组：《黎族社会历史调查》，民族出版社 1986 年版，第 84 页。

② 根据考古发现，早期黎族的主要生产工具包括石斧、石铲、石锄、木棒、木锄等，石质工具虽然坚硬，但是系打磨而成，非常粗糙，劳动效率低下，而木质工具虽然便于使用，但是容易受损，使用寿命也较短。

③ 陈立浩、陈兰、陈小蓓：《从原始时代走向现代文明——黎族“合亩制”地区的变迁历程》，南方出版社、海南出版社 2008 年版，第 25 页。

神灵崇拜，包括自然崇拜、图腾崇拜、祖先崇拜等。为避免灾祸，黎民敬畏鬼神，恪守祖先传承下来的各种禁忌。神灵崇拜和传统禁忌，反映了黎民的自然观和社会观，是法律秩序的观念基础，也是习惯有效性的文化基础，对神灵的崇拜与禁忌是黎民自觉遵守习惯的力量源泉。

（一）神灵崇拜

据说黎人内心深处有“三怕”：一怕天上“雷公”；二怕人间“禁公”；三怕地下“祖宗”。“雷公”与“祖宗”，一属自然，一属祖先。

海南各地的黎民均有神灵崇拜，其崇拜的神灵包括自然神灵崇拜、图腾崇拜、祖先崇拜。各地自然环境不同，所崇拜的神灵也有很大的差异。就自然神灵崇拜而言，有的黎民崇拜天，有的崇拜地，有的崇拜水，有的崇拜山；① 还有崇拜火、日、月、风、树木的；② 就图腾崇拜而言，有崇拜龙（鱼）图腾的，有崇拜鸟图腾的，有崇拜牛图腾、狗图腾的等，③ 还有崇拜葫芦瓜、木棉、竹子的；就祖先崇拜而言，有崇拜祖先鬼的，还有自认为本部族由某种神灵繁衍而来，把祖先崇拜和自然神崇拜结合为一体。直到新中国成立初期，黎民社会虽经过两千余年的演变及与周围民族的融合，却仍然保持着普遍的神灵崇拜。这可以从新中国成立后的民族调查资料中发现：“在调查的22个点中目前仍以祖先崇拜为主的有8个点，以信奉自然的天鬼（雷公鬼）为主的有4个点，英雄崇拜（峒主公）的有3个点，其余便是因接受道教以后改奉‘神’的。”④ 祖先崇拜是较多的，而每一地区的黎民无一例外地都有神灵崇拜。这说明黎民应对自然现象的普遍文化特征。

出于对神灵和祖先的崇拜，黎人也注重祭祀。负责主持祭祀的人员都声称自己具有和鬼神直接进行沟通的能力，在一定情况下可以使鬼神附于其身上，并借自己的口

---

① 以拜山神为例，由于狩猎是黎族居民获取食物来源的最初方式之一，而狩猎又必须潜入深山进行，所以一些地区的黎族居民对山神非常尊崇，认为山神是他们生存下去的保障，在出猎前，大家要进行祷告，祈求山神保佑能够捕获到猎物。

② 自然崇拜的共同规律是被崇拜的对象都与农业生产和族群生活密切相关，天气日月循环往复，从不间断，这是黎族人所无法解释的伟大现象，只能认为是神明的安排，而至于水、火更是与生活密切相关。

③ 在图腾崇拜中，还有崇拜猴子和蛇的现象，这可能是因为猴子和蛇是其农产品和家畜的主要侵袭者，故对这两种动物的崇拜一方面说明黎族人应对自然灾害能力的匮乏，另一方面也能看出其较为原始和传统的万物和谐的共处观念。

④ 中南民族学院本书编辑组：《海南岛黎族社会调查》（上卷），广西民族出版社1992年版，第97页。

传达鬼神的意志，黎人对此也深信不疑。一般主持对自然鬼神祭祀的被称为“娘母”，而负责祭祀祖先鬼的被称为“鬼公”。

（二）禁忌与占卜

为了不触怒神灵，保佑家口平安、生产顺利，黎民在生活、生产等各种活动中有诸多禁忌。黎人的禁忌充满社会生活的方方面面，主要有生产禁忌、生活禁忌、饮食禁忌、婚姻禁忌、家庭禁忌、生育禁忌、丧葬禁忌和宗教、节日禁忌等。

生产禁忌。黎族在犁田、播种、插秧、收割、上山砍树烧荒山时都必须选择吉日。① 如鸡日不能下种、插秧，否则田里会长害虫，颗粒无收；牛日忌用牛生产，不然牛会染上瘟疫或死亡或会烂脚变瘦，人也不能播种、拔秧、栽秧。合亩制地区的黎人在年初一至初五忌田间劳动；每逢“牛”“虫”“鸡”“蛇”日则不犁田耙田，以免禾苗遭受鸟兽侵袭；遇有丧事，则同祖公三代内的亲属七天不下田、不劳动。砍山栏一定要择龙日、马日、兔日、蛇日等吉祥日，同时亩头不能在日间睡觉，否则庄稼将经不起风吹雨打。狩猎前举行鸡卜仪式，切忌妇女在场，否则会打不到猎物；男子上山围猎时，妇女禁忌在家纺织，否则猎人会被野兽咬伤；打到的猎物要在村外杀死，不能带活的猎物回村内，否则会带来灾祸。

生活禁忌。无论白天或者夜里，忌在室内吹口哨，否则会引“鬼”进入家门，扰得人畜不得安宁。平常不能将刀等物随便挂在门口，否则家人会害病；睡觉时头不能正对门口，否则家里会有人死亡。到黎族人家做客，切忌太过客气或少吃，否则会被视为对主人不尊重或嫌主人饭菜不好；请客人吃饭时，忌将两根筷子头尾颠倒而放，这被认为是“抬死人的竹杠”，也是对客人的侮辱；不得把饭碗倒扣，倒扣饭碗似坟墓，会不吉利。

饮食禁忌。黎族地区普遍不吃猫肉，认为猫是家门灶神，家猫死了要埋葬；禁忌在吃饭时用筷子敲打饭碗或吹口哨，认为敲打饭碗会招来饿鬼，吹口哨会把饭魂赶走；在家吃饭不得戴草笠，不得狼吞虎咽，认为这种行为似强盗，将会影响来年收成；酿酒的时候，在家门口挂树叶，禁忌外人进家门，否则将会酿不好酒。

---

① 黎族的历法类似汉族的“十二地支”，十二天为一个周期，两个半周期为一个月，五个周期为两个月。每周以十二天计算，每天以动物命名，其顺序为：鸡日、犬日、猪日、鼠日、牛日、虫日、兔日、龙日、蛇日、马日、羊日、猴日。其中鸡日、牛日、虫日、马日为生产上的禁忌日。参见广东省编辑组：《黎族社会历史调查》，民族出版社 1986 年版，第 15 页。

婚姻禁忌。黎族严禁同一祖先的后代和姨表之间通婚，不能通婚的青年男女，严禁在同一“寮房”① 内玩耍、对歌，否则会遭到“祖先鬼”的惩罚；男女订婚时，忌用白鸡，认为白鸡会使夫妻不和睦；成亲必须选择牛、鸡、龙、兔等吉日，切忌在鼠日、猴日、狗日成亲，否则子嗣不昌；新娘入宅时若未行“过火堆”和“摔鸡蛋”仪式，不得入宅，否则鬼会随新娘入宅作祟，致人生病；在婚宴上，忌打破碗碟，否则新婚夫妇会丧偶；结婚时忌哭泣，否则会带来不祥。在海南东方市东河、江边地区的美孚方言黎族，自古沿袭“异姓不通婚②，‘翁袓’禁嫁娶③”的婚恋形式。

家庭禁忌。黎族很重视家庭关系，生活中也有一定的禁忌：哥哥忌坐已婚弟弟的床，忌穿已婚弟弟的衣物，忌用弟媳的斗笠、腰篓，忌与弟媳同桌吃饭和碰撞，路上相遇弟媳要主动让路；公公与儿媳、兄弟与姐妹之间忌讲粗话；男的不能动女的衣裙、针线、纺织工具，女的不能动男的粉枪、尖刀、弓箭等狩猎工具。

生育禁忌。孕妇不能吃蛇肉、狗肉，否则将难产，不能入牛栏、猪舍，否则生下来的小孩子就会有像猪、牛一样的性格；孕妇家忌在室内搬移其他杂物，否则会损害胎儿；在怀孕期间，夫妻不能吵架，否则将来的孩子先天体弱不健康；妇女生小孩子的房间，来客不准入内，也不准大声喧哗，说是怕赶跑母子的“灵魂”，小孩将会不平安；妇女分娩，有些地方忌丈夫三日内入内，本村人四日内入内，外村人十二天内入内，也忌本家人持火把外出，认为这样做会使母婴不宁，丈夫出猎扑空。

丧葬禁忌。忌在上午或中午出殡，认为人死如太阳落下，故入殓必须在下午进行，否则会触怒鬼魂，家人会得病；出殡时抬棺的人只能左肩抬行，不得换肩，否则鬼魂会降祸；埋葬时使用的锄头、铁铲不能洗，要带回死者家中，待孝期满后才能

---

① “寮房”是海南黎家人的一种特殊居所，是黎族人的女儿房。因为黎族的习惯，女儿到十四、十五岁，便不能与父母同屋而睡。男的要自己上山砍木料盖“笼闺”，女子则由父母盖“笼闺”。于是汉族人就把黎族男子住的“笼闺”称为“兄弟寮房”，少女住的称为“姐妹寮房”。大的可住四五人，小的仅住一人，住一人的为数较多，也是青年男女对歌、幽会之所。

② 美孚方言黎族聚居区，在东河、江边地区的美孚方言黎族基本上都是符氏。由于世俗的原因，过去的美孚方言黎族与其他方言黎族是不通婚的。因此这个地区的美孚方言黎族都只能在符姓范围内婚配，故有“异姓不通婚”的习俗。

③ “袓”是美孚方言黎族社会最基本的氏族组织。同一“袓”的人们，内部互称为兄弟，这些兄弟后代之间互称为“翁袓”。“翁袓”青年男女之间是同祖同族，亲如手足，因此他们之间是禁止嫁娶的，这就是“‘翁袓’禁嫁娶”的习俗。

洗；死者家属通常要反穿衣服一个月，切忌换洗；夫（妻）故，未经埋葬，妻（夫）忌进别人家门，否则会致别人不祥；丧偶之妻（夫）忌与子女共餐，否则会让儿女将来也丧偶；黎族的墓地多长有树木，严禁砍伐，否则会招来灾祸。非正常死亡的人，尸体不能抬进村子，更不能放在家里，亲属也不能放声大哭，否则死者的灵魂将又会回到世间，招致家人生病，甚至死亡。凡是与死者同名的人，死者的亲属也不能直接呼唤同名者的名字，以图吉利。

宗教、节日禁忌。敬神之物，忌乱翻动，不然会头痛、手痛；用粪溺污亵"土地公"，会招致头痛、腹痛；供祭鬼神的牛骨头，忌乱动，要不然会令放骨头的人家不得安宁，得杀牛宰猪祭鬼才能消灾。凡有祖先牌位的屋子，不能把狗肉端进去，要不然就是有意污秽祖先神位，会招致疾病。大年初一闭门守家，认为初一外游不吉利，必须在初二以后才能走访亲友拜年；大年初一忌洗衣、扫地，怕全家的钱财都被洗掉、扫光；春节期间忌讲粗话、不吉利的话；初一至初五忌用臼舂米，否则庄稼不丰收，狩猎不获；三月八日的牛节忌杀牛，而且要给牛喝一种用牛魂石浸过的酒，以保来年丰收。黎人生活在神灵崇拜与禁忌的网络中，对于生活、生产问题，或是面对自然灾害，他们多希望得到神灵的指导与启示，通过自己的虔诚得到神灵眷顾，并能够在现实中完成与神灵的对接，而巫术和占卜就是黎人完成这一目的的主要手段，它们既是黎人与神灵沟通的主要方式，也是最基本的习惯规则。

黎人多信巫术，尤以采取合亩制的地区为甚。① 在对自然界认识受限的情况下，黎人常常通过进行充满神秘感的各种行为以实现目的，其中最为主要的是治疗疾病。黎人认为疾病主要是由鬼神附体作祟导致，所以在有人患病时，通常采用巫术，将导致疾病的鬼神找出，并使其离开患者，以实现治病的目的。

占卜是黎人生活中的重要组成部分。由于对自然界不确定性的畏惧，黎人在进行捕猎、打渔、婚嫁、丧葬等活动时都要进行占卜，以确定吉凶，只有占得吉相，方进行活动。②

对神灵的祭祀、对禁忌的遵守，以及占卜活动，一般由黎人中的尊长率领族众来共同进行，也是黎人最重要的团体活动。频繁的祭祀、诸多的禁忌、重要活动的占

① 巫术是通过幻想，依靠特定主观行动来支配或影响客观事物的现象。是已知人类意识活动的最早形态之一。

② 黎族合亩地区狩猎者在出发前进行鸡卜，只有出现吉光方意味着山神允许他们出猎。参见陈立浩、陈兰、陈小蓓著：《从原始时代走向现代文明——黎族"合亩制"地区的变迁历程》，南方出版社、海南出版社 2008 年版，第 74 页。

卜，凝聚了黎人的团体意识，这些活动也传承着黎人的文化，支持着习惯规则的遵守。

黎族的禁忌具有以下特点：

首先，神职人员是禁忌规范的重点。神职人员，主要是道公、娘母。他们都是能够与鬼相通的人，神职人员不具有专业性的性质。神职人员的一举一动可以为村民带来福音，也可能带来灾祸。历史的发展为神职人员设置了众多的禁忌规则，对于他们的宗教仪式和日常生活都予以较为详细的规定。村民认为只有这样才能不触犯鬼，甚至获得鬼的帮助。

其次，禁忌规范的对象不仅包括人的行为，甚至包括动物的行为。这或许是受到“万物有灵”及“鬼神面前，万物平等”观念的影响。多数黎族人过去存在着“万物有灵”的迷信思想，认为日、月、天、地、山、水、田和树木等自然万物都有“灵魂”，都是显灵的圣物和鬼神栖息的地方。为了获得丰收，保佑平安无事，大家都必须祭祀它们。动物尽管不会主动依照禁忌的要求去行为，但是，通过它们的主人和其他人，人类对于动物的行为也会提出一些必须遵守的要求，违反的动物及其主人也会受到不同程度的惩罚。

再次，黎族社会的禁忌与本民族的生存压力密切相关。由于长期以来社会生产力水平低下，加上恶劣的自然环境的影响，黎族社会长期处在一个低水平的人口自然增长率上，为了保持本民族的世代延续，黎族人民格外重视生命，重视黎族社会的人口问题，这就必然使黎族社会的一些禁忌与生命、生育有关。此外，婚育方面如“放寮”子女的抚养、不落夫家以及纠纷解决方法、械斗的选择性处理方式等，都与禁忌及其对生命的重视分不开。

最后，禁忌的强制力和约束力往往来自鬼等超自然力。禁忌所涉及的事物往往被视为某种神圣的、不洁的、危险的事物，因此不能随意违反。违反禁忌的行为一般不被认为是违反他人利益的行为，应当向他人承担相应的义务；违反禁忌的行为从传统的眼光来看，首先违反的是鬼的利益，破坏的是人与鬼之间的和谐关系，应当向鬼而不是其他凡人承担责任。违反禁忌的行为也不可能来自世俗世界，而只能来自鬼和其代理人（即神职人员）。正因为如此，村民也更加笃信禁忌的威力，即使找不到违反禁忌行为与处罚后果之间的因果联系，也不影响大家对其的遵从。

第三节

黎族习惯法的成因

“习惯法是独立于国家制定法之外，依据某种社会权威和社会组织，具有一定的强制性的行为规范的总和”①。习惯法的产生可简单归结为：“当一些习惯、惯例和通行的做法在相当一部分地区已经确定，被人们所公认并被视为具有法律约束力，像建立在成文的立法规则之上一样时，它们就理所当然可称为习惯法。”② 黎族习惯法的形成产生也遵循了这一规则。

一、神灵崇拜与禁忌演变为习惯法

不考虑其内容的科学性，神灵崇拜、占卜和禁忌等活动对于黎族习惯法的形成意义重大，在深刻理解这些活动的寓意后，结合历史文献和相关资料，我们能够大致勾勒出一幅习惯法形成的可能性图景：受限于原始状态的生产力水平，黎人无法掌握自己的命运，也不能预测将会发生怎样的灾难，面对自然界各种神奇的现象和巨大的能量，黎人只能将其归结为神灵的意志，由此他们对神灵、图腾和祖先产生了无限崇拜，出于这种崇拜和忌惮，就必然在生活中小心谨慎，会考虑每个行为与神灵可能产生的关系，为了实现趋利避害的目的，会刻意地对一些言行加以限制，如果为不该为的行为，或说不当说的言语，会导致神灵的不悦，进而招来灾祸，这对黎族人来说是最终极的惩罚。而这种限制经过世代传习，形成稳定的规矩也就是禁忌，这种禁忌已经具有了法律的雏形。

但是禁忌距离实际的习惯法尚有距离：首先，禁忌调整的事实上是人和神的关系，它很难直接应用于人与人之间关系的调整；其次，禁忌是一种消极性的规范，它只能指引人们不去做什么，但是在具体的社会生活中，很多情况下需要由规范来指引

① 高其才：《论少数民族习惯法文化》，载《中国法学》1996 年第 1 期。

② 《牛津法律大辞典》，光明日报出版社 1989 年版。

人们怎样去做，这个问题靠禁忌是无法解决的；最后禁忌的禁止性规范是笼统的，而生活中的各种情形是具体的，主观意图上的故意或者过失，客观程度上的严重或者轻微，以笼统的禁忌去规范具体的行为，很可能会造成显著的不公平，所以为了更进一步、更细化地指导生活行为，习惯逐渐产生。

习惯是对禁忌的一种主动选择和生活化，在面对共同的自然和社会环境时，如何行为能够产生最优的效果是黎人必须思考的问题。远古留下的禁忌经历了时间的考量后，有些被保留，有些被弱化，有些被淘汰，根据被保留下的禁忌和生活中积累的经验，黎人开始总结生活中的各类与禁忌相冲突和不相冲突的惯常做法，并由模糊的观念变得清晰、具体，进而成为大家共同遵守的行为模式，经过较长时间的历史积淀，成为稳定的习惯。

从习惯到习惯法则是另一个漫长的过程。习惯法即“独立于国家制定法之外，依据某种社会权威和社会组织，具有一定的强制性的行为规范的总和”①。习惯最初产生于小范围的群体，随着该习惯的不断推广，适用的区域到达了一定的范围，同时经历了时间的考验后，趋于成为整个民族共同承认并遵守的行为规则，规则被遵守与认同后逐渐形成了稳定的社会秩序。黎族人彼此之间在进行交往时根据这种习惯形成了一种稳定的权利义务关系，这种权利义务关系进而得到黎族社会的公认，如果违背了这种关系，将会对行为人产生不可避免的消极后果。当人们的行为有意无意地被习惯约束，违反习惯时受到内心自责和社会公众谴责并承担不利后果时，习惯法就已经以润物细无声的方式得到了确立。

二、黎族习惯法形成的内部原因

黎族传统的习惯法，内容涉及生产和生活的方方面面。司法大权掌握在峒长、哨官、头家手中，一般案件由头家处理，大的案件由哨官、峒长裁决，大事报总管，总管处理不了上报县衙。案件处理时对通奸处理较轻，对盗窃处理较重，对本村人处理

---

① 高其才：《中国习惯法论》（修订版），中国法制出版社 2008 年版，第 3 页。关于习惯法的界定还有另外一种意见，认为“习惯法反映国家认可和由国家强制力保证实施的习惯……在国家产生以前的原始习惯并不具有法的性质”。参见《中国大百科全书》总编委会：《中国大百科全书·法学》，中国大百科全书出版社 1984 年版，第 87 页。有关两种界定意见的区别也可以参见张文显《我们需要怎样的习惯法研究？——评高其才著〈瑶族习惯法〉》，载《法制与社会发展》（双月刊）2011 年第 3 期（总第 99 期），第 156 页。

较轻，对外村人处理较重，对峒里人处理较轻，对峒外人处理较重。对罪犯的处理多处以罚款、罚牛、没收田产，除此之外还罚猪、鸡、酒、谷慰劳峒长和其他长老。对穷人、富人照罚无误。穷人少罚，富人多罚，穷人无力赔偿，家族或氏族分担赔偿的责任。对于处罚的方法按不同情节给予罚物、罚款、肉刑、开除村籍甚至死刑等。①关于黎族习惯法产生的内部原因，主要有以下两个方面：

（一）团体主义为本位的合亩制经济体系下的社会劳动生产方式

法律总是与一定的社会形态相适应，一个社会处于什么样的历史发展阶段，就会有什么样的法律。正如马克思所说："每种生产形式都产生出它特有的法权关系、统治形式等等。"② 在所有的社会范畴里，生产力是最终起决定作用的因素，法的产生和发展最终也受到生产力发展水平的制约。

如前所述，传统的海南黎族地区长期与内陆地区分离，与外界交往很少，自然环境原始而恶劣，生产力发展水平极为低下，黎族人的耕作技术、生产工具都非常落后，基本上是靠天吃饭。恶劣的自然地理环境决定了黎族人不可能独立进行生产，个人生存能力弱小，只能以合亩的方式生产和生活，强调合亩内集体利益优先，合亩利益和个人利益的综合平衡，个人的利益因其社会团体成员的身份受到一定的限制。例如在"合亩"组织中，土地、耕牛等主要生产资料，不论你的我的都合在一起，由全"亩"统一使用；合亩组织内部成员的债务或经济惩罚，以其组织内的共有财产承担连带责任；而峒作为黎族社会中源远流长的组织，从最初表现为血缘关系发展到血缘和地域结构结合的社会组织，并最后逐渐加强了血缘关系、经济关系在峒中的地位，从而形成了千百年来一直左右黎族人民政治生活的思想基础——"同峒皆兄弟"的意识。这些规定和思想都在客观上促进了海南黎族习惯法的产生和发展，促使黎族社会得以存续发展。

（二）黎族内部的社会关系也是习惯法形成的重要原因

黎族社会长期以来重视人口问题，黎族的繁衍成为黎族长期以来的首要任务，为此，在解决社会纠纷问题时通常会注意到这一问题。此外黎族习惯法是在黎族长期生产、生活实践中总结形成并需要普遍信守的规范，其目的正在于维护黎族整体的社会

① 王学萍主编：《中国黎族》，民族出版社2004年版，第113页。

② 《马克思恩格斯选集》第4卷，人民出版社1972年版，第103—104页。

关系和社会秩序。生存环境决定了黎族人民团体意识的形成，也使得习惯法带有浓厚的自治色彩和原始的民主痕迹。黎族习惯法是在长期的社会生产、生活实践中产生的，黎族的习惯法也因此形成了自己的一系列特点，比如黎族的首领并没有特权，这一特点无论是在社会生产还是界分解决方面，首领和一般民众具有平等的地位；黎族社会中女性的地位较高，这可能与黎族社会保留有大量母系社会的遗留不无关系；黎族社会在继承的过程中，男性和女性的地位平等，这主要是由黎族社会的婚姻家庭关系习惯造成的。不论怎样，黎族习惯法的实施基本体现了人人平等的原则，无论是头人或普通成员，也不管富人或贫穷者，都同样受到习惯法的保护，都必须遵守习惯法。若有违反，都要受到制裁。黎族习惯法的这种民主性的形成基于群体成员间原始平等的事实，同时它的存在又起到了保证黎族成员平等的利益和应该履行的责任。黎族习惯法的这种原始民主源于其平等理念，继承了氏族的民主传统，适应了维持生存的自足经济的要求，维护了社会秩序的自然稳定，缓和了争端纠纷而引起的矛盾，增进了血缘亲情，加强了黎族社会内部的团结，稳定了黎族社会的秩序。

三、中央民族自治政策的推动是黎族习惯法形成的外因

从历史进程上看，“大抵人物旷悍，风俗荒怪，不可尽以中国教法绳治，故羁縻之而已”①。汉武帝元封元年（前110）封建中央王朝在海南设立儋耳、珠崖二郡，中央王朝开始正式实施对黎族的统治。其间黎族人民一直不断地反抗。《后汉书·南蛮传》载，在汉武帝末年（前87），黎族先民在反抗珠崖太守孙幸强征广幅布时，曾攻破郡城，杀了孙幸。可见当时中央政府对海南岛只是一种“遥领”的状态，并未完全实际控制。

我国幅员辽阔，并且黎族社会地处偏远，与外界交往甚少，黎族社会内部形成了独特的生存规则与秩序。正如恩格斯所说：“在社会发展的某个很早阶段，产生了这样的一种需求：把每天重复着的生产、分配和交换产品的行为用一个共同规则概括起来，设法使每个人服从生产和交换的一般条件。这个规则首先表现为习惯，后来成了法律。”② 这种习惯法规则，就是历代中央政府所称的“俗”，在黎族社会内部有着顽强的生命力。“真宗大中祥符二年十一月，琼崖等州同巡检王钊言：黎母山蛮递相雠

① 《史记》卷一一六，《西南夷列传》。

② 《马克思恩格斯选集》第2卷，人民出版社1972年版，第538—539页。

劫，准前条约，不敢擅领军马直入掩袭，即委首领捕捉到为恶蛮人，悉还剽夺赀货及偿命之物，饮血为誓，放还溪峒，悉以平静。诏曰：朕命诫边臣无得侵扰外夷，若自相杀伤又本土之法，苟以国法绳之，则必致生事，羁縻之道，正在于此。”① 上述言论，表明了“国法”的一种妥协与消解。在黎族社会内部，应当实施的是其“本土之法”或“俗”例，才是至善之策，否则就会导致社会动荡的恶果，不利于中央政府的统一与管理。

因此可以说，中国古代实行“因俗而治”和“修其政不易其俗，齐其政不易其宜”的民族和边疆政策，赋予了黎族社会一定程度的自治权，这也正是黎族社会组织与首领、习惯法得以存在的前提。中央政府权力在国家和黎族地区之间进行合理设置，对黎族地区不是按照中央政府的同一法令实施统治，而是任用黎族社会首领按其“俗例”进行统治，充分认可黎族社会内部运作机制。“以黎治黎”，一方面使黎族习惯法获得了合法性，强化了黎族人民对本民族习惯法的认同，保护了黎族人民的生存与发展；另一方面，也实现了中央对黎族地区的有效治理与管辖的目标。

第四节

黎族习惯法的构成

黎族百姓在很长的历史时期内共同劳动、平均分配，基本上是首领和民众平等、男女平等。一般认为黎族传统社会处于原始社会末期，同时还有不少母系氏族社会的残余。这里没有发达的私有制，没有显著的贫富分化，在中央政府加强对海南的管理与控制之前，黎族人民遵循的是原始氏族习惯。中央政府加强对海南特别是黎族地区的管理以后，社会关系发生了变化，随着经济的发展和民族的文明进化，黎族习惯法在汲取中原法文化的基础上也发生了变化，内容不断丰富，其地位也跃升为中央政府在黎族地区施行的国家法的组成部分。

---

① 《宋会要》卷一五六六，《蕃夷五》。

一、黎族传统习惯法的表现形态

在黎族传统社会里，指导村峒部落成员行为的主要是习惯、习俗，这些习惯习俗是黎族群众在长期的社会交往、婚姻家庭和经济关系中逐渐形成的道德准则和行为规范，在中央政权对黎族地区实行管辖、国家法在黎区生效后，那些与国家法不相冲突的习惯习俗被中央政权所确认或认可，赋予国家强制力，成为习惯法，对黎族群众继续发挥着规范调整作用。黎族习惯法内容广泛，涉及生产生活的方方面面，其中有的还与宗教规范、道德规范难以区分。总体来说，黎族习惯法主要有以下几种表现形态：

（一）禁星或插星

黎族没有文字，对于民间出示广告、启事、禁令、订契之类，都使用禁星或插星的符号来表示。禁星或插星就是具有告示和警示功能的符号或标记，生小孩、猪下崽、家中有人生病或播种、酿酒时，都在家门口挂树叶，禁止外人进屋。除宗教性质的禁星外，插星主要用于财产占有、停止侵害等财产所有权和民事交往方面，具有所有权宣示性质。插星是以插棍结草或画“×”形符号，当在村外看见有好的山地、果木、茅草、蜂窝、鱼塘，一时不能利用而需要保护下来时，便以插星为记号，表示此物已有主人了。禁星、插星是人人都遵守的习惯，如违反了，违者将被众人谴责为不道义，将来有困难时众人也不相帮。

（二）刻木为契

刻木为契是初民社会应用比较广泛的交易立信方式，黎族没有文字，深居深山，日常交易，以物换物，各得所需。但随着私有财产的出现，田、地、牲畜可以买卖抵押时始出现刻契交易。“山地的批租，银钱的借贷，往来货物的订购，承揽其彼此的契约，都以竹箭代之。其法以竹管一段，用刀刻纹标志记号。刻毕后，自竹管正中破分为二，彼此例如执，以为凭据。”① 在《黎族三峒调查》中称这种记录借贷的借据

① 陈献荣编：《琼崖》，《海南地方志丛刊》，海南出版社2003年版，第384页。

或票据为“对牌”①。依据该刻契，无论过了多久，子孙都可持契据前来讨债，如果借方偿还了部分，则双方都要将契据的相应部分切掉，债务全部还清后，则双方都废弃契据。契据的制作要在长老的监督下进行，大家一起喝酒。与刻木为契相类似，反映黎族人民在民事交往中记事、守信的做法还有结绳记事和砍箭为信。②

刻木为契不仅在黎族民间交往中盛行，而且还被官府所认可，用来处理政府与黎民的关系。明万历四十四年（1616），“参将何斌臣会同知州曾邦泰，差官兼里排，招抚儋州黎岐、恶来、催顶等八十村，刻箭承认粮税编册”③。这是黎族刻木为契的具体体现，官员与黎民一起刻箭确定粮税编册，这不仅说明中央政权承认了黎族刻木为契的习惯规则，而且还将其适用到社会管理中来。

（三）峒组织习惯法

直到1949年前，峒仍然是黎族地区县以下的主要民间基层组织，虽然峒是“人们共同居住的一定地域”，但该地域内的居民却在一定程度上有着血缘上的联系，峒内各血缘集团还保留着各自的公共墓地和共同的祖先崇拜。正是基于这种血缘上的联系，峒组织内部存在有为峒内成员共同自觉遵守的习惯、习俗，这种习惯习俗在自然法秩序时即已存在，在中央权威的统一管理下，峒组织习惯得到了国家政权的确认与维护，成为由国家强制力保障的习惯法。峒组织习惯法不同于禁忌的意识控制，它是黎族人民在日常生活中世代相传的一种行为的准则。峒组织习惯法包括：

（1）对峒疆界和财产的保卫责任。黎族每个峒都有固定的地域，峒与峒之间一般以山川河流为界，当一峒通过插星宣布自己的区域范围以后，其他峒则不得侵犯，也不得越界活动。峒辖财产神圣不可侵犯。峒管辖的土地、山林、河流等属于全峒人共同所有，未经许可外人不能越界砍山、开荒、采摘、伐木、打猎、捕鱼和居住，若需

---

① 参见：〔日〕冈田谦、尾高邦雄著：《黎族三峒调查》，金山等译，民族出版社2009年版，第211—213页。

② 根据海南史志网·地方志书·海南省志·民族志·第一章记载：黎族人习惯在竹子上（带有竹节的圆竹）刻各种纹痕来记典当、借贷中的数目，一般称为“押”或“契竹”，它主要有三种，“指长押”（用一根中指长度的小圆竹刻纹）、“掌长押”（用从中指端至腕跟长度的小圆竹刻纹）和“肘长押”（用从中指端至肘跟长度的小圆竹刻纹）。黎族社会约定俗成的规定是：凡契值在30元（光洋，下同）以下的，用“指长押”，每刻纹代表1元；契值在40元至100元的，用“掌长押”，每刻纹代表5元；百元以上用“肘长押”，每刻纹代表10元……黎族社会中的各种借贷、典当、买卖等都会用到牛只，在竹契中有特定的纹痕表示，它往往用较粗黑的横纹表示，一条粗黑横纹代表1头牛……

③ 万历《琼州府志》卷八，《海黎志》。

越界须经本峒许可，还要上缴一定数量的物产给峒长，上缴多少视行为和内容而定，打猎、捕鱼需上缴猎肉和鱼，砍山开荒、居住，则需上缴猪、牛等物品。峒内成员有保卫本峒疆界和共同财产的责任，当外人侵犯了本峒利益而发生械斗时，全峒人都要参加战斗，共同负担战斗所需费用。

（2）峒内成员相互援助和保护的义务。峒内成员不仅要保护峒的公共利益与疆界，而且彼此之间还要相互援助和保护，全峒人也有保护峒内成员的私有财产不受他人侵害的责任。如本峒人受到外峒人欺侮时，必须为其复仇。

（3）械斗。械斗是解决峒村矛盾的主要手段，参加械斗则因此成为黎族人民为峒村利益而必须承担的责任。

（4）响应信传召唤的义务。黎族人民居住在山区，峒内各村都有一定的距离，每个村人口比较少，耕地也比较分散，因此，在需要结集村民或峒内黎民时，黎族人民有几种传统的传信方式：一是击鼓传约，即在村长家门口悬挂一面独木大皮鼓，每当村里有急事需通知大家时，村长便击鼓传约，村民根据鼓点的节奏、轻重缓急做出相应的行为反应。如果是械斗，村民会很快拿武器到村长家集合待命。二是鸣枪传约，主要用于人死亡时的通知，当村里有人死亡时，几把猎枪同时朝天鸣放，附近村峒的人就知道哪个村子有人死亡了，有亲戚关系的人就会去奔丧。三是断箭传信，即用斩断的箭头去联络各村寨（各地区）的群众，主要用于黎族人民起义时或起义过程中的联络，或受到外敌入侵时向异地村寨求援。受箭的村峒村民依约到指定地点集合，及时前往支援受侵的村寨抵制外侵。四是鸡毛信，即用一根雄鸡毛加一对辣椒送给友方，友方就知道对方有战事，会快速击鼓鸣锣集合去支援对方。虽然上述几种传信方式较之今天十分原始，但在黎族地区却是普遍适用的、十分有号召力和强制力的通知或通告方式。为了村峒的集体利益或村峒成员利益，积极响应信传，及时救援，是黎族内部严格的族规之一，是黎族人民必须遵守的公共秩序。清张庆长的《黎岐纪闻》就记载了这一传信规则：“遇有事，峒长黎练以竹箭传唤，无不至者，其信而畏法如此。”“黎头有事传呼，截竹缚藤，以次相传，谓之传箭，群黎见而趋赴，若奉符信，无敢后者。”① 击鼓传约、断箭传信，黎民对之的认同与遵守，犹如禁忌中对神灵鬼符的信仰，十分虔诚与自觉，究其原因，一是来自黎族人民朴素的族群意识，二是来自峒长黎头的权威。

---

① ［清］张庆长：《黎岐纪闻》，光绪三年刻本。

（四）神明裁判

神明裁判是原始宗教的产物，当人们对某事物缺乏识别能力和不能以确凿证据判断某事物解决争端时，就通过神明的指点，来判断事情真伪并给予嫌疑人以处罚。海南黎族如世界上其他民族一样，也用神明裁判来维护族内社会秩序的稳定。海南黎族的神明裁判主要是鬼神判和雷公判，这与海南黎族原始时期对鬼神、雷公的崇拜密切相关。

鬼神判主要用于对通奸、盗窃等行为的裁定。如果丈夫怀疑妻子与人通奸，但又没有抓住把柄时，就采取这种方式：用燃烧的木炭或火灰撒在自家茅草屋门里，对妻子说："你光脚从这里走出去，如果你与别人通奸则眼睛会变瞎，否则是我的眼睛变瞎。"眼睛变瞎，在当时的黎族社会，意味着丧失劳动能力，给家庭带来沉重的负担，让其眼睛变瞎，是鬼神对犯事者非常严重的处罚。雷神判主要用于盗窃时的审判。如某个人的财物被盗窃，但又没有抓住盗贼，只是怀疑某人，在这种情况下，无论是被偷的一方还是被怀疑的一方，都可以将口水吐到手心里，对对方说："如果你确实没有偷我的东西，你敢用你的手掌击我的掌心吗?"或者说："你确实认为我偷了你的东西，你敢击我的掌心吗?"击掌后由雷神来判，雷神劈死谁，谁就是做了亏心事的人。人们相信，雷会劈死做亏心事的人。① 鬼神判、雷神判是黎族维护和执行本民族习惯法的一种辅助而又具有强大威慑力的手段。黎族人民信仰原始宗教和巫术，十分相信鬼神判的效应，因为对鬼神的禁忌而产生了心理约束力，因此，鬼神判、雷神判这种神明裁判本身也成为黎族习惯法的一种，是一种解决纠纷的习惯法。神明裁判的结果不仅对当事人双方产生约束力，而且对其他黎人也产生心理畏惧和行为约束的警示效果。

（五）血族复仇

在汉人眼里，黎人善射好斗，积世之仇，也要记报，对此，古代文献多有记载："重复仇，有杀其父祖及乡人者，易世必复。"②《海槎余录》："黎人善射好斗，积世之仇必报，每会聚亲友，各席地而坐，饮酗顾梁上弓矢，逐旨报仇之志，而众论称焉。其弓矢，盖其祖先有几次失败之耻，射之于梁上以记之。"③《琼州海黎图·械

---

① 参见王学萍主编：《中国黎族》，民族出版社 2004 年版，第 114 页。

② ［清］陈梦雷：《古今图书集成·广东黎人岐人部汇考一》。

③ ［明］顾岕：《海槎余录·黎人考》。

斗图》："黎性重仇杀，轻生死，与滇黔苗倮同，挟器惟标枪弓矢，健者则衣著吉贝，头缠红布，乘牛驰骋，以示夸耀云。"《黎岐纪闻》："一语不合，辄持弓矢标枪相向，势不可挡，有妇人从中间之，即立解。"① 保亭县政协办公室副主任张应勇在《奇特的骨片——黎族氏族恩仇报答标志实录》一文中记录了什聘村人恩仇必报的故事，展示了黎族的民族性格特点。他认为，刻骨记事这件事很有民俗价值和历史意义，什聘人对于家族的恩仇信息采取刻骨铭记的方式世世代代进行传递：记仇是在动物骨片上刻一只箭头，记恩是在动物骨片上刻一片榕树的叶子。

二、黎族习惯法的调整范围

黎族习惯法的内容主要包括：海南黎族传统"峒""亩"组织习惯法，海南黎族物权、债权与侵权习惯法，海南黎族婚姻家庭习惯法，海南黎族惩罚性习惯法和海南黎族纠纷调处，神判和械斗五大部分。

海南黎族传统"峒""亩"组织习惯法，以海南黎族传统社会内部的"峒"和"合亩"为调整对象，反映了黎族社会内部组织的运作方式。群体主义是黎民生活的最基本特征，"以维护群体的利益为标准"在黎族习惯法中体现得非常明显。它首先体现在黎族紧密型的社会组织上。为了克服各种不利的自然因素，确保族群的生活安全和生产有序，黎人选择了一种紧密联系的生活方式。他们在地域上分布尽可能稠密，保持彼此之间的联系，在生活上互相帮助，有时共同参加劳动，平均进行分配，通过满足群体的方式实现个体成员的利益最大化，这类生活方式的典型就是合亩制度。合亩的基础是户。基于婚姻而形成的家庭，是黎民的社会消费单位——户。户掌握一定的生产工具和资料，而黎民在家庭的基础上，有血缘关系的家庭组成合亩。②合亩是基本的生产组织、生活组织，是几个家庭合伙占有土地进行合作耕种的形式，家庭是合亩组织的细胞。村和峒都是地域性社会组织，在未被封建王朝统治之前，它是维持黎族社会内部正常秩序和推动黎族社会发展的社会政治组织。黎族古代社会中存在三种不同的村落或行政组织：村、弓、峒，其中弓、峒是具有鲜明黎族特色的社

① ［清］张庆长：《黎岐纪闻》，光绪三年刻本。

② 最初的合亩在黎语中被称为"纹茂"，即血缘近亲组成的家族之意，可见合亩最初在于强调血缘的整合作用，但实际上"合亩"最重要的意义在于共同生产，因此合亩在黎语中的称呼最后变为"翁堂沃公"，就是大家一起来做工的意思。

会政治组织，是黎族一种古老的氏族部落或村落组织。① “山凡数十重，每过一重，稍有平坦之处，黎人即编茅居之，或数十家、数百家相聚为一村，亦名一弓。有众至千余人者为大村，其小者仅止数家”②。从组织上说，即数个合亩组成一村，每个自然村有一个村头，在一些地区被称为“亚雄”③，其职能是处理本村的内部事务。若干个村组成一个峒，作为黎族最大的社会团体单位。峒、亩组织习惯法，主要有三个层次：一是合亩关系，二是各合亩与村的关系，三是各村与峒的关系，内容涉及各层次头领的产生及其权利义务，每一个人及其家庭与合亩、村、峒之间的权利义务，组织内个体彼此之间的权利，等。

黎族物权、债权与侵权习惯法则是着眼于黎族社会内部物的流转和使用，不仅实现了原始团体主义经济下的物尽其用的原则，而且也满足了黎族传统社会的发展。它包括财产所有权的形式、财产取得的方法、民事交往规则等诸多与财产有关的内容。

黎族婚姻家庭习惯法是黎族传统社会中的婚姻家庭习惯，其内容十分丰富，既有体现婚姻自由如“玩隆闺”与“不落夫家”的结婚制度，讲究公平、手续简单、不受歧视的离婚制度，也有受禁忌习俗影响的各种婚姻禁忌，还有体现对生命尊重的生育制度与男女平等制度，还有具有保护性质的收养制度，等等。黎族的婚姻家庭习惯法，内容丰富，特色鲜明，反映了黎族传统社会在复杂自然社会环境下对人口繁衍的需求和对婚姻自由的尊重。

海南黎族惩罚性习惯法和海南黎族纠纷调处，则是以黎族传统社会内部存在的公权力为背景，对违反“峒”或者“合亩”等黎族社会习惯法规则行为的惩罚性规则，突出表现了黎族社会对于公共群体和个人利益的保护。在个体方面，既有对普通民事侵权行为的财产性制裁，如通奸、盗窃、损害他人财物等侵权行为的处罚，也有对人身伤害的刑事处罚和与财产赔偿相结合的惩罚性制度。在村峒等组织方面，每一个人都负有为集体而参加械斗、同态复仇的义务。由黎头（奥雅）主持下的纠纷调处、神判和械斗是黎族解决纠纷的主要方式，它体现了黎族传统社会纠纷解决方式的便利性，以财产赔偿为主的惩罚方法，体现了黎族人民重视实际的朴素价值观，它们共同维护了黎族传统社会内部的秩序。

---

① 弓、峒意思一致，只是使用的区域不同而已，称为弓的多出现在现今的保亭黎族自治县与陵水黎族自治县的交界处，其他黎地均称为峒。

② 明谊、张岳崧等纂修：道光《琼州府志·海黎志》卷二〇。

③ 陈立浩、陈兰、陈小蓓：《从原始时代走向现代文明——黎族“合亩制”地区的变迁历程》，南方出版社、海南出版社2008年版，第55页。

三、黎族习惯法的特点

黎族习惯法作为中华法系中的重要组成部分，除具有中华法系的共同特征外，也有其自身的特殊性。

（一）黎族习惯法在形式方面的特征

首先，黎族习惯法是通过口耳相传而存在并传承下来的。黎族传统社会没有一般意义上作为阶级统治工具的法，没有文字，因此它没有产生制定法，黎族习惯法也没有被文字记载固化。黎族习惯法是黎族人民在长期的社会生活中逐渐形成的，以习惯为基础、社会组织确认的、具有强制约束力的、不成文的社会规范，它通过人们强烈的内心信念而自觉遵守并世代相传。黎族地区没有成文法，是由于黎族生活的传统社会条件没有这种现实的需要，并不简单地意味着落后或愚昧。这也正如费孝通先生所言：我要辨明的是乡土社会中的文盲，并非出于乡下人的愚，而是由于乡土社会的本质。实际上，黎族传统社会长期以来一直秩序井然，甚至达到“路不拾遗，夜不闭户”的程度，远不像外部世界那样容易产生社会混乱。①

其次，黎族习惯法各个部门之间的界限模糊，并无特别严格的区分。比如关于“械斗”问题的处理方式，就具有三种纠纷解决的方法，其一是类似民事制度的“赔命价”制度；其二是类似刑事的惩罚性械斗方式；其三才是诉之于地方政府。然而第三种方式并不常见。在黎族传统社会内部，由于各种纠纷的解决目的都是为了黎族社会的存在和发展，因此往往纠纷的解决方式也并非严格地适用各个习惯法部门的规定。但是这些并不影响黎族习惯法在黎族传统社会中发挥自己独特的作用，正是由于这些习惯法才维护了黎族社会内部秩序的稳定，才促进了黎族地区的生产生活和发展。

（二）黎族习惯法在内容方面的特征

1．团体主义。在黎族社会，人们的生产生活大多表现为团体主义形式，团体是人们共同的生产与生活的家园，每个人都要以团体为中心，为团体承担责任与义务，

---

① 韩立收：《黎族传统法文化中的“鬼判”探讨》，载《山东大学学报》2009 年第 6 期，第 74 页。

当然每个人也会受到来自团体的庇护和照顾。团体是黎族习惯法法律关系的主体，家庭、合亩、村、峒，都是一个团体，对内它是人们的公共组织，对外它代表了本组织的全体成员，在具体行为中以一人或数人为代表。在家庭中家长是代表，他带领全家从事生产劳动和其他活动；在合亩内亩头是代表，掌管亩内的生产；村有村头，峒有峒首，分别承担类似的责任。

合亩是除家庭外的最小公共团体和生产单位，它由家庭构成，在这个团体内，全体亩众充分享受着集体的福利。在“亩头”夫妇的带领下，全体亩众进行简单的集体劳动，对劳动力的使用和分配一般事先不做有计划的调配，而是以“一起做完”为原则。例如，犁田时，事先不考虑需要翻土的面积有多少，而是“合亩”内男性成员一齐下田，犁完之后再做其他工作；妇女插秧，也是一齐动手把秧拔完后再插秧。① 合亩的生产习惯是共同劳动，同出同归，每一样农事大都集中全亩的男劳动力和耕牛一起干，插秧亦是集中全亩妇女一起下田，表现了平均主义的简单劳动协作。如果不履行劳动的义务，亩众就可能被取消亩众资格，强制其退出合亩组织，这在当时的社会条件下，相当于被判了死刑。如“极个别好吃懒做的亩众，屡教不改，便有勒令退亩，成为单干户的可能”②。合亩制地区都是小家庭制，以户为消费单位。合亩对劳动产品的分配原则是按户平均分配，不考虑每家的人口多少、劳动力多寡的区别，共同劳动、按户分配，家庭消费是合亩团体性的首要表现。合亩内的团体主义还表现在公共财产的预留与使用上，每到收获季节，在分配产品之前，都要预先扣除集体用粮，如种子、稻公稻母、新禾、聚餐粮、公家粮、青年粮等，排除其中的迷信色彩，这些预留基本上都是以集体名义用于亩内成员的。“聚餐粮”交由亩头酿酒，待来年插完秧后合亩成员共饮，有剩余米则煮饭吃。留“公家粮”的数量由大家商定，需要动用也由大家商定，亩头也可以用它来待客，因结婚、盖房或者有困难的合亩成员也可以动用此粮。有的合亩还设有“青年粮”，一般是劳动力强的给 24 把（约 48 斤），劳动力弱的给 12 把，供他们积攒做衣服。当年要办婚事的青年（一年只限一人）应留糯谷 72 把以备酿酒。

村、峒两级组织，虽具有基层行政组织的性质，但其是按一定的血缘或地缘构成的。村长、峒首是头领，全体成员既受到村峒的保护，同时也需为村峒事务出力出资，每遇大事，召开全体会议公议解决，村峒的公共资产同样也用于集体事务和集体

---

①② 中南民族学院本书编辑组：《海南岛黎族社会调查》，广西民族出版社 1992 年版，第 36、41 页。

福利。

黎族习惯法的团体主义特征，还表现在对侵害行为的处罚及连带责任上。当本团体内的某一个个体成员侵犯了另一个团体的集体利益或个体利益，受侵害方的全体成员有义务为其讨回公道，本族内的长老与对方族内长老进行协商，协商不成还可通过上一级组织的黎头出面调解。当黎头做出了处罚决定后，侵害方首先承担赔偿责任，当其无力清偿时，同族的其他成员都有义务为其承担清偿责任。如果双方达不成协议，则可能引发两个团体的械斗。正是因为族内成员要承担连带责任，所以大黎族地区，族内成员往往会将那些屡教不改、经常惹事的人，驱逐出本团体。

在这些黎族社会团体中，成员间彼此相互尊敬，按照团体的要求履行自己的社会义务，进行生产劳作，互帮互助。这些团体主义的习惯习俗与黎族社会内部的天理和人情是一致的，成员内部讲究诚实守信。从黎族习惯法文化的团体主义特征里，我们可以很容易地看出，团体主义内部的义务性要求与封建中央集权下的土地制度所放射出来的义务观念是一致的，这也是为什么中央政府在黎族地区“因俗而治”的政策能够顺利实施的原因所在。①

2. 平等互助。团体主义属性，表现在团体内成员之间的关系方面，就是不分等级的平等，不分贫富的互助。黎族社会成员权利义务的平等性，就是指每个成员享有共同的权利，履行相同的义务。黎族社会强调团体主义的重要性，在传统社会的内部不会允许出现权利的不对等现象，更不允许出现超越团体主义之上的特权主体的存在，黎民之间的权利和地位是相互平等的。这种平等主要表现在身份的平等，黎民并无中原汉族的身份贵贱之分，即使是黎头峒首也并非中原汉族的特权阶层，当然此类平等不排除黎族人民在团体内部行使权利时的限制。从黎族社会的首领问责制，我们可以看出黎族社会成员之间的权利平等的程度。例如，亩头责任追究的一种方式是撤换和罢免，一般是由亩众对其身体条件和能力条件综合考量。一种情况是亩众认为亩头领导生产不好。例如：毛贵乡的合亩中王某某任亩头时，由于收成不好，改换由王某某担任亩头。② 另外，在黎族社会调解社会纠纷的程序中，团体主义的主持人即亩头等人的权力在很大程度上也受制于全体亩众的同意，这就是对黎族社会权利平等且

① 今天的黎族社会，其团体主义仍然存在，族内习惯法仍然影响着黎民的生活，重合村黎民与外村、外族的械斗，新中国成立以来已多次发生，每次都有伤亡发生，然而在该村黎族人民内部，却很少有打架斗殴等恶性事件的发生。在对外关系方面，村内成员可谓是高度的团结一心，协调一致。

② 广东省编辑组：《黎族社会历史调查》，民族出版社1986年版，第183页。

有限制的最好例证。

互助也是黎族社会团体主义的另一个集中表现，帮助他人的义务与接受帮助的权利，同样是黎族社会生活的重要内容。人是社会的动物，人不能离开社会而生活，黎谚充分展现了黎族人民的互帮互助观：

一个人不能养活全村人，全村人可以养活一个人。

兄弟姐妹要团结一心，就像紧围的篱笆一样拥抱在一起；兄弟姐妹要互相照顾，大家才有母鸡孵蛋般的温暖。①

帮助的形式主要是金钱帮助和劳务援助，帮助的内容涵盖了黎族社会生活的各个方面。无论婚宴还是丧礼，同合亩的人都会去帮忙。有人患病举行宗教仪式时，全亩成员也给予关怀和照料。这些都是义务的，不需要给任何报酬。

在“合亩”内，亲兄弟间有人缺粮或遇到婚、丧、病等大事，其余兄弟一定主动帮忙，并且对归还无任何限制性要求，不限期，不计息，甚至今后有则还，没有也可以不还。除亲兄弟外，一般亩众也会伸出援助之手，虽然有归还的要求，但一律不限期，不计息。②

在生活上，如遇老人生病，一般先由族内处理，处理不了，村里处理。有人有困难，族内先帮，如果解决不了，全村帮忙。家庭内、合亩中，孝敬老人，保护儿童，重视女性，安宁和睦，其乐融融。

长期落后的社会生产力决定了团体主义的社会劳作的生产方式，团体内部的互助因此在生产劳动上也有体现。在农业生产方面，分工合作，共同劳动；在族内村民个体如建新房、办婚丧大事等事务时，黎民是不请自帮，有请必帮，无偿互助，一家有需全村支援。黎族人民的平等互助还体现在纠纷解决的方式上。每当黎民彼此之间发生了不愉快或纠纷，则由长老（奥雅）出面，利用调解、请酒的方式解决，而且处理的结果应是大家共同认可的。

不仅一家有事大家帮，而且当族内某一个人受到外族欺侮或侵犯时，族内全体成员都会为其讨公道。讨回的赔偿除用于弥补受害人损失外，其余的用于族内成员的饮酒聚餐，庆祝胜利。

从习惯法的角度来讲，群体主义和群体之间的平等互助，奠定了黎族社会内部的平等观念，奠定了黎族习惯法的秩序价值。在黎族传统社会里，在人们的日常生活和

① 海南省民族学会本书编写组：《黎族田野调查》，2006 年编印，第 152 页。

② 中南民族学院本书编辑组：《海南岛黎族社会调查》，广西民族出版社 1992 年版，第 135 页。

民事交往中，没有中央政权统治下的相对不平等的现象存在，人们固守着那份朴素的平等互助的习惯法文化理念。黎族习惯法中平等互助的因素，与中华法文化想要建立的“大同社会”颇有相似之处，暗合了那种“老吾老以及人之老，幼吾幼以及人之幼”的理想境界。

3．诚实守信。讲究信用，遵守承诺，是黎族人民的优良品质，也是黎族习惯法文化的一个重要特征。诚实守信首先体现在黎族人民的民商事交往中。每当黎民之间有借贷情况发生，则刻木为契或结绳记事，各自保管，世代不忘，权利人可以持契在任何时间内讨要，债务人每必认可，债务人也可在条件允许的情况下随时归还。刻木为信，既是黎族人民在民事交往中诚实守信的一种表现，同时它还表现为立誓或盟约的信物。刘咸在《海南黎人刻木为信之研究》一文中记载道：“加钗峒黎董王家祥语予，竹押除做交易之契据外，亦可用作双方媾和、立誓之信物，如此，则稍变其制度，竹段稍粗、大、圆形，只刻符验之标记，不刻记银数之横纹，但由媾和或立誓方之代表，各在契上研一刀以为信，再经中人剖分之，各执其一，以资信守。如此，双方前此仇杀者，至是和好如初，并具酒肉相庆，是竹押除为交易之契据外，又为和约之典章，其用途更有重大之意义矣。”①

诚实守信不仅存在于黎族社会的契约往来中，还体现在黎族人民的日常生活中，与人交往，以诚相待。黎族人民的诚信品德被世人公认，“黎民待人接物是很诚信，他们有‘一诺千金’、不瞒人不欺人的美德。譬如说，他们和汉人交易，是不记账立约的，只要略说几句，哪怕千万两的生意，也不致发生误约欺瞒的行为。”② 黎族社会内部，人信则如至亲，借贷不吝；或负约，见其人，即擒之以为质，枷以横木，偿始释。与贸易不欺，亦不受人欺。

诚实信用原则是人与人之间必须遵守的基本的道德规范，在黎族社会内部，通过黎族人民的亲身实践，将黎族社会内部诚实信用的观念逐步外化为黎族社会的习惯法规范，而且这一规范，在黎族社会被普遍接受和一体遵守，成为黎族社会内部调解黎民行为的最基本准则。《史记·商君列传》中说：“商鞅变法令既具，未布，恐民之不信己，乃立三丈之木于国都市南门，募民有能徙置北者予十金。民怪之，莫敢徙。复曰：‘能徙者予五十金。’有一人徙之，辄予五十金，以明不欺。卒下令，令行于民。”黎族习惯法的这一特征与我国古代法家人物所提倡的诚实信用虽然在目的上不同，但

① 刘咸：《海南黎人刻木为信之研究》，载《科学》1935年第2期，第199—200页。

② 陈献荣编：《琼崖》，《海南地方志丛刊》，海南出版社2003年版，第380页。

理念和行为要求上却有着高度一致的契合，在融入中华法文化后，黎族习惯法的诚实信用原则得到了传承和发扬。

4. 本分处事。黎族社会的本分处事，我们可以借用孔子的“己所不欲，勿施于人”来理解。国内有学者对于“己所不欲，勿施于人”的认识理解是：有“己所不欲”，当然也就有“己所欲”“他所欲”“他所不欲”。这里的“欲”既是愿意的意思，也有欲望的意思。每个人都有私欲的存在，所不同的是每个人对自己私欲的控制程度有差。黎族人民也有私欲，也有侵占他人财产之行为，“寻常黎俗藏置酒米乾肉衣布之属，不于其家，必择一高坂之地。离家百步，内外周以树，略加缭绕迴获，辇置其中，名曰殷。虽村家丛杂，亦不少混闲。有盗之者，每犯辄获，法曰迹痕，即足迹也”①。但这种现象在黎区是极个别的。恪守本分，是黎族人民基本的财产价值观，是财产行为的基本准则，它表现在两个方面，一是只取属于自己的，二是不许他人侵占属于自己的东西。

在财产占有和取得方面。黎族人民只取属于自己的财物，不贪恋属于他人的非分之财。黎族人民不取非分之财，不偷、不盗、不贪，生活物品要通过自己的劳动获取，土地、山林等采取先占原则，对于已经有人插星先占的土地、果树、水塘、蜂窝等财产，其他黎人则不再侵占或提取。很多地方的宗族都把不偷窃作为族规，“贫不行盗，富不行暴”。甚至对父母财产也不贪恋，“父母死，敛所遗财帛，会黎长埋之，谓恩深无以回报，不敢享遗赀，而旁人亦不敢窃”②。正因为这种只取属于自己的不偷不盗思想，使得黎区出现了路不拾遗、夜不闭户的安宁景象。黎人的谷仓建在离村较远的路边，不上锁，只防雨淋，无须防偷。黎人发现遗失物，会拾起放在高处或显著位置，以便失主寻找发现。

在私有财产保护方面，黎族人民十分珍惜自己的私有财产，不容他人任意侵占或践踏，即所谓不受欺、不受偷。1949 年以前，盗贼夜晚行窃被打伤、打死，都要罚其家人赔偿牛、谷等，罚来的物资全村人享用。现在，一些农村抓到盗窃犯罚 4 个 100，即 100 块钱，100 斤米，100 斤酒，100 斤肉（猪肉或牛肉不限），4 个 100 相当于 1000 块钱。若抓到盗牛贼除罚 4 个 100 外，还罚一头牛，这头牛归被偷的家族所有，

---

① ［明］顾岕：《海槎余录》。

② ［清］檀萃撰：《谈蛮》，见《海南地方志丛刊·历代文人笔记中的海南》，海南出版社 2006 年版，第 184 页。

全家族人享用。① 黎族视偷牛、偷铜锣为最严重的盗窃行为，被捉拿的盗窃者被苛以成倍惩罚，“一般的情况是‘偷一赔十’。失主将罚得的牛只杀掉两头宴请乡亲们；若偷盗者无法即时赔偿，则责令其‘刻木为契’，日后陆续还清；若罪犯无力赔偿，亲族又不愿意帮助的，被盗者可以将罪犯杀死”②。另外，偷牛、偷铜锣的被抓现行，倘若当场被打死，打人者也不承担任何刑事责任。外村、外峒如侵犯了本村、本峒的财产，轻则对直接行为人予以人身和财产处罚，重则引发村峒之间的械斗。

从上文的叙述可以看出，黎族社会的本分处事，是黎族人民朴素的财产私有观点的本能反应，这与黎族人民的生产生活条件与水平是相适应的。低下的生产力、简陋的生产技术、常发的自然灾害，使得黎族人民的财产量小种类少，有时甚至还不能满足日常生活需要，因此，保护维持基本生存的财产则成为黎族人民特别关注的大事，对侵占财产的惩罚也都与财产补偿、弥补损失相关。

虽然特殊的地理环境与生存条件以及没有本民族文字的缺陷，限制或阻却了黎族人民自身的发展和迈向文明进步的步伐，造就了黎族人民在与外民族交往中的弱势地位。但这些并没有影响到黎族习惯法的效能发挥，也正是这些客观条件的存在，使得黎族习惯法能始终保持自身的特色，即使在中原汉族文化大量输入、中央政权在黎区实行统一法律秩序的情况下，黎族习惯法也能在接受汉族法文化的同时，保持自己的基本准则不变。黎族习惯法的这些特征，是其精髓所在，反映了黎族人民的道德品德和行为准则，是与黎族社会及其所处的那个时代相适应的。

---

① 王学萍主编：《中国黎族》，民族出版社 2004 年版，第 111 页。

② 黄庆印等撰、中华文化通志编委会：《中华文化通志·民族文化典（侗、水、毛南、仫佬、黎族文化志）》第三典，上海人民出版社 1998 年版，第 511 页。

HAINAN LIZU DE SHEHUI ZUZHI

第二章

海南黎族的社会组织

海南黎族作为中华民族的成员之一，文化古老，历史悠久。作为一个社会群体，尤其是在早期历史时期，社会生产力各方面都不是很发达，人们为了生存，便产生了一种社会组织形式，以便集中所有的社会力量满足人们生存发展的需要。这样，由共同居住在同一地域的人们共同组成的合亩和峒的组织形式便应运而生。合亩和峒作为黎族社会发展的一种社会产物，随着社会生产力的发展以及各中央王朝对黎族政策的不同，其组织形式也发生了一些变化。在这一章中，我们将通过对合亩和峒这两种组织形式的论述，以及历代朝廷对黎族的治理的研究，加深对海南黎族社会组织的理解。

第一节
合　　亩

“合亩”一词，是汉语的意译。黎族称“合亩”为“纹茂”，直译为“有血缘关系的集体”，意即“家族”。黎语对“合亩”又称为“合袍”或“家袍”（袍：祖公）、“蕃茂”（同姓）等，他们用汉语直译为“有血缘关系的集体”，即同宗同姓同血缘的集体。从上述黎语“合亩”的原始含义看，黎族“合亩”的历史渊源是相当古老的，它生动地体现了原始社会的诸多特征，如原始的合作共耕生产形式、原始的血缘家族的社会组织形式等。

作为海南黎族特有的社会生活组织形式，合亩有其特有的特征，主要表现为以下几个方面：

一、“合亩”的组织形式

“合亩”是原始公社氏族制的遗迹。“合亩”的组织基础是血缘关系。“合亩”的组织有大有小，最小的仅有 2 户，通称“兄弟亩”“父子亩”，最大的多达 30 余户。一般说来，2 至 6 户的“合亩”较为普遍，20 至 30 户的大“合亩”是比较少的。从“合亩”的组织形式看，可分亲属组织和混合组织。其亲属组织由父子、亲兄弟、叔侄、堂兄弟、岳父女婿和舅父外甥等直系或旁系血亲组成，而混合组织仍以亲属组织为基础，吸收外来的龙仔和工仔参加，间有个别“合亩”的外来户大于或相当于亲属户的。据调查，亲属组织的“合亩”，约占“合亩”总数的70%。由此看来，大多数“合亩”是以血缘关系组成的，血缘关系是组成“合亩”的基础，这是“合亩”组织的一大特征。

“合亩”的指挥组织者是亩头，他对亩众实行家长式的领导。亩头的黎语含义，是指“带头犁田的老人”，由“合亩”内亲属的男性长辈担任（亩头死后按亲属中的男性长辈轮次继任）。亩头不是选举产生，在“合亩”内也没有什么会议制度。亩头有着传统的权威，负责组织、计划和领导“合亩”的生产劳动，如犁田、耙田等农事活动都由亩头带头先做，然后亩众才掌管。他还负责调解“合亩”内亩众之间的纠纷，并对外代表“合亩”处理一切社交关系。总之，亩头在“合亩”内是一亩之长，亩众对亩头绝对服从。与此同时，亩头的妻子也是亩内妇女们生产劳动的带头人，如拔秧、插秧、割稻等，都需由亩头妻子领头先干，妇女们随后跟着下田劳动。

一个“合亩”包括若干个一夫一妻的父系小家庭，各家庭之间有着血缘关系。这种小家庭制，虽然能以户为消费单位分配粮食，但正如“合亩制”地区的土地私有制仍未最后确立一样，其小家庭亦未最后成为独立的社会生产单位。在“合亩”内虽有个别单干户出现，可是一般都未完全脱离“合亩”。当时的这些父系小家庭，具有以下特点：

首先，小家庭的经济基础薄弱。每一户小家庭虽然拥有全部农具，不少家庭还有私牛，个别家庭甚至还占有私田，但私牛和私田都一律交“合亩”共同使用，不计报酬。更为主要的是：田地基本上由“合亩”伙有合种，上述基本生产资料的占有关系，决定了只有“合亩”才是当时社会的生产单位，而一户户的小家庭的经济仍是不独立的。

其次，小家庭只掌握动产的私有和处理权，能够单独经营的仅是饲养禽畜等副业。所以，一户户的小家庭，只是一个可以进行交换、享有独立分配权的消费单位。

再次，“合亩”内的小家庭，还残留着一些较为原始的家庭遗迹，其主要表现有：一是出嫁女子在夫家患病后，往往返回娘家护理，这被人们看成是自然的事情。因为在群众的观念中，女子始终属于娘家的氏族，有病回娘家治疗，是极为正常的，符合情理的。女子死于娘家的，埋在娘家祖先的公共墓地；死于夫家的，有的将尸体抬回娘家安葬，有的就近埋在夫家的墓地。无论葬于娘家或夫家，死者永远都是属于娘家的氏族。死者埋时若有棺材，每当娘家人祭祀祖先鬼时，由鬼公念其鬼名，视为本氏族祖先之一而加以祭奠。二是青年妇女婚后一般不落夫家，先回娘家住一段时间。因此，夫妻关系不是从男女结婚之日起，必须等待妻子回到夫家定居（一般是生了小孩）后才稳定下来。这表明“合亩”内的小家庭，从对偶婚向一夫一妻制的过渡还未最后完成。三是女子嫁到别村后，每当娘家村中的男子到夫家的村子来时，女主人必以酒肉款待，而来客也必须接受，如果来客拒绝接待，女主人便感到十分难过。因为，女主人认为这将意味着在她死后，娘家人将不为她料理后事，不再视她为同一氏族的人了，所以女主人不接待或来客拒绝招待的事，在“合亩”地区从未有过。

“合亩”内小家庭的上述情况，说明黎族当时的父系小家庭最大的特色，是受古代氏族制度观念的支配，夫妻双方从生至死永远属于不同的氏族，“合亩”的土地制度和家庭制度都处于家庭公社瓦解后、小家庭完全确立之前的中间过渡阶段。

二、“合亩”的经济基础与生产关系

人类的历史，首先是生产经济发展的历史。黎族的“合亩制”地区，是以农业生产为主，畜牧业、家庭手工业为副的农业经济。“合亩”的农业生产，不仅生产工具落后，而且耕作方式也很原始。早在宋代周去非《岭外代答》里，就有记载：“其耕也，乃就田点种，更不够秧，就种之后，旱不求水，涝不疏决，既不粪垠，又无耔耘，一任于天。”直到新中国成立前，“合亩”的农耕还存在牛踩田、手捻稻的落后方式。他们收割时不选种，种之后既无中耕除草，也无积肥施肥的习惯，更无什么水利设施，水流到哪里就种到哪里。这种极为原始的耕作习俗，束缚了农业经济的发展。而“合亩”的畜牧业、家庭手工业以及商业经济等，都还没有从农业经济中分离出来。“合亩”的商业经济极不发达，尽管早已存在着交换，但多半是带有偶然性的劳动产品直接交换。即使没有交换的标准，只要双方同意便可进行，这种交换关系，主要是在黎族人和汉、苗族商人之间进行，黎族“合亩制”地区还没有形成本民族的商人阶层。综上所述，足见黎族“合亩制”地区的生产力极为低下，生产方式甚为落后。“合亩”的经济，乃是原始的自然经济，这就决定了早期的“合亩”，其生产资料占有的形式和分配的方式，带有鲜明的原始社会父系氏族公社的特点。

黎族“合亩制”地区，“合亩”一般都是共同劳动，平均分配，“合亩”内人们之间的关系，基本上是互助合作的关系。但随着社会的发展，不少地区出现了亩头和亩众、亲属关系的亩众与外来龙仔之间在劳动和分配上不平等的现象。在人类社会发展的进程中，“合亩”生产力的发展是比较缓慢的。但是，由于后来有了铁制农具的输入、耕作方式的改进以及外围汉区经济的影响，使生产力得到新的发展。到了新中国成立前夕，“合亩”生产力水平已超过了原始氏族公社的水平。“合亩”新的生产力水平，与“共同劳动、平均分配”的原始氏族公社制的生产关系，发生了较为深刻的矛盾。这种矛盾展示出“合亩”经济在新的历史时期的特征，其主要表现形式有下列三个方面。

其一，公有制和私有制共存。这是“合亩”生产关系方面的主要特征。在“合亩”内，小家庭的私有制早已出现，而且在各个经济环节上显得比较活跃。全部的工具、牛只及土地的一部分，为各家所私有，副业生产及其交换，都由各家单独进行。“合亩”最主要的生产资料是土地。而“合亩”的土地，经历了自身的演变过程，即由公有制逐渐向私有制转化。它正如恩格斯指出的那样：“一切文明民族都是从土地公有制开始的。在已经经历了一定的原始阶段的一切民族那里，这种公有制在农业发展中变成生产的桎梏。它被废除、被否定，经过了或短或长的中间阶段之后转变为私有制。”① 黎族“合亩制”地区的土地，先是全峒集体所有，或“合亩”集体所有，实行公有公耕，后来随着私有制的不断强化，经历了“合亩”内几户伙有共耕、“合亩”内一户独有共耕和个体家庭私有自耕这样三个“或短或长的中间阶段”，逐渐从公有向私有转化。其演变的实际情况，基本符合恩格斯的论述。黎族或短或长的中间阶段的牛只不仅是生产资料，而且是更主要的实物财富，它充分体现了商品交换的私有属性。据《黎岐纪闻》记载，至少在清初，牛只已被当作实物财富使用，甚至起着一般等价物的作用，人们可以用它来购买土地和铜锣，也可以继承转让、借贷和出租，牛只成为财富积累的手段和标志，逐渐形成了富有者和贫穷者的差别。在“合亩”内，正是由于公有制和私有制矛盾的发展，才逐渐出现了借贷、土地买卖、租佃等贫富悬殊、剥削的现象，阶级的对立，已日渐显著。这是“合亩”内公有制和私有制矛盾发展的必然结果，它作为一种过渡形态的经济，正是黎族“合亩制”处在原始社会末期的一种经济特征的表现。

其二，共同生产按户分配。前文已论述，“合亩”的生产资料是公有与私有并存的，但对生产资料的使用却是统一经营，不管私有或公有都一律不计报酬。这种生产资料的占有和使用之间本来就构成矛盾。另一方面，“合亩”的生产是共同劳动，但产品分配的原则又是不管人口与劳动的多少，纯属按户平均分配。于是，在劳动与分

---

① 《马克思恩格斯选集》第3卷，人民出版社1995年版。

配之间，存在着突出的矛盾，这种矛盾的发展，势必加速土地的私有化以及生产的个体化。

其三，家庭是“合亩”的细胞。“合亩”是由若干小家庭组成的，“合亩”里的家庭，不仅是分配和消费的单位，而且副业生产和交换也是由家庭独立进行的，一个个小家庭的发展，就有逐渐脱离“合亩”而独立存在的趋势。可是，“合亩”的农业生产则由全体亩众共同进行，在经济上家庭对“合亩”还有着很大程度的依赖性，所以在新中国成立前，“合亩”里的家庭仍然未能发展成为个体家庭。但是，“合亩”和家庭的矛盾进一步发展，必然使大“合亩”逐渐分化为小“合亩”，最后出现一些血缘亲近的两代或一代的“合亩”。这样，“合亩”的公有制便缩小到非常狭隘的范围，进而导致“合亩”瓦解为个体家庭。上述种种矛盾，实质上是“合亩”逐渐削弱的公有制与日益增强的家庭私有制的矛盾，是生产力和生产关系矛盾的表现，也是“合亩”经济特征的具体体现。

三、“合亩”的母权制遗迹特征

黎族的“合亩”产生于农村公社以前母系氏族社会之后，属于父系氏族社会的范畴。“合亩”组成基础血缘关系，亩头必须由男性担任，以及它的劳动组织形式和生产关系等，都体现了父系为本的氏族社会的诸多特征。然而，仔细考察“合亩”的实际情况，前于父系氏族社会的母系氏族社会，其母权制的种种遗迹，在“合亩”内仍有多方面的体现。这是“合亩”的一大特征，我们于此对它进行具体论述。

首先，从妇女在“合亩”里的重要地位看“合亩”内母权制的遗迹。在母系氏族社会，妇女居于支配他人的显赫地位，当人类社会由母系制过渡到父系制后，妇女的权力随着这种演变而逐渐削弱，但在其演变的早期，妇女仍有很大的权力。如在云南省拉祜族的家族公社里，家族长已由男子担任。但家族长之主妇，在生产上尤其是在家族内部仍然拥有很大的权力，甚至可以随时左右家族长。在黎族的“合亩”里，亩头的妻子作为主妇，其权力虽然不能与拉祜族相提并论，但仍然占有重要的地位，这确是事实。“合亩”中亩头的妻子，具有在“合亩”领导妇女进行生产的权力，可以与丈夫共同执行与“合亩”生产有关的自然崇拜的祭祀活动。在“合亩”内，还把是否有妻子作为考核亩头的条件之一。男女订婚都由双方“合亩”的妇女主持，峒与峒之间传送械斗通牒，或对械斗进行和解，其使者和仪式的主持者，都必须由妇女充任。如新中国成立约50年前，毛道峒与毛枝峒械斗后进行和解，谈判时毛道的代表带了一位老寡妇，毛枝的代表也由一位老寡妇作陪。毛道的老妇来到门前时，毛枝老妇站在门内。两位老妇手托一碗清水，碗内放一个铜钱。毛道老妇先从碗内拿出铜钱，抹毛枝老妇的双眼，口念“毛道打死你们的人，你们不要蒙眼，要开开眼，以后好来往，好做亲戚”等语，念毕，把钱放回碗中。随后，毛枝老妇又拿出铜钱抹毛道老妇的双眼，口念“毛枝打死你们的人，要你们的牛，你们也不要蒙眼，要开开眼，以后好来往，也可以做亲戚”等语，念毕，把钱交给毛道的老妇，双方再饮酒言好，砍箭盟誓，这样和解以后，便恢复了正常的通婚和友好往来。这里列举的事例，皆是母权制的遗迹，足见妇女在“合亩”里仍占有重要的地位。

其次，从“合亩”的婚姻习俗看“合亩”内母权制的遗迹。黎族“合亩”里的家族，不仅逐步由对偶家庭向一夫一妻制家庭过渡，而且还成为分配、交换、消费和不完全的生产单位的父系小家庭。但是，从“合亩”的有关婚姻习俗看，由从妻居到从夫居这种转化过程的迹象斑斑可见。如“不落夫家”，便是母系残余的一种反映。在“合亩制”地区，女子结婚后，遵循“不落夫家”的习俗，不几天就回到娘家居住，到了农忙时，才回夫家帮助干活，农忙过后又回娘家了。婚后妇女不落夫家的时间长短不一，大致取决于男女双方家里劳力的强弱，女子的娘家有无亲人需要照顾，以及女子年龄的大小，等。其中最主要的一点决定于女方是否怀孕，凡怀孕的妇女必须要回夫家。丈夫在妻子要来定居时，即约请族人帮助盖一新茅房，以迎妻子成家立室。

再次，从血统按母系或母系父系同时计算看“合亩”内母权制的遗迹。在黎族“合亩制”地区，“鬼公”（巫师）“做鬼”（进行迷信活动）时，先念父系祖先鬼名，后念母系祖先鬼名。出嫁妇女若遇疾病，要请娘家的“鬼公”“做鬼”。如果是重病，需要送回娘家，死后必埋于娘家“合亩”的坟地。妇女的丈夫死后，可回娘家“合亩”生活。因为妇女们认为自己是属于娘家“合亩”的人。在“合亩制”地区，“娘母”（似巫师，一般都由男子充当）“做鬼”，身上穿的衣服，必须服饰有妇女的上衣、花裙、头布、项圈和大耳环。凡此种种，都可以说是残留的一些母系制遗迹。

最后，从“共产制”看“合亩”内母权制的遗迹。“共产制”包括共有制、共房制、共仓制等，它是母系制的本质特征。马克思、恩格斯在他们的著作中将母系制的公社称为共产制家族公社，并与家长制家族公社区别开来。我国云南的崩龙、布朗、拉祜、怒、独龙，以及内蒙古自治区的鄂温克等较为原始的兄弟民族，新中国成立前的社会形态，都普遍地体现了“共产制”特征。在黎族“合亩制”地区，父系小家庭的建立较早，没有明显的共房制的遗迹，但却有共仓制和共食制的遗风，如有些“合亩”储存公家粮食帮助困难户；未婚青年在“合亩”也分到一定数量的稻谷，由他们自行支配使用；若遇荒月缺粮，近亲各户便主动帮助，互通有无；每逢节日，“合亩”成员集聚亩头家中，饮酒欢宴，亲如一家。这些带有共仓制和共食制性质的事实，是“合亩”内母系制遗迹又一方面的体现。

四、“合亩”的宗教和巫术特征

在黎族“合亩制”地区，人们的宗教信仰和巫术信仰，是体现“合亩”社会意识形态的一个重要方面。考察“合亩”的宗教和巫术，对我们了解人类的早期意识活动，探讨“合亩制”地区黎族人民的意识和思维特征是很有必要的。

马克思主义认为：宗教是原始社会发展到一定阶段的产物，最初是作为原始人群的自发信仰产生的。在原始社会，生产力极端低下，人们在自然力面前无能为力，原始人混沌未开，分不清自然力和人的区别，于是便把支配自己生活的自然力人格化，变成超自然的神灵。实际上，宗教是支配人们日常生活的外部力量在人们头脑中的虚幻反映。而“历史的初期，首先是自然力量获得了这样的反映”（恩格斯《反杜林论》）。在黎族的“合亩制”地区，相当长的时期是处于原始社会阶段。所以，“合亩”的宗教信仰，是盛行自然崇拜。“合亩”的人们，以为各种自然现象或生物都是有神灵的，从而信奉天神、山神、风神、雷神，以及石头、蛇和猴子等等。他们的这种自然崇拜，与其生产和生活有着密切的关系。以信奉山神为例，最初，狩猎活动在“合亩”的经济活动中占有重要的地位，故人们对山神的崇拜尤为突出。出猎前，人们要祷告山神，以祈求其能保佑他们猎获又大又多的猎物。人们祷告时还要进行鸡卜，只有出现吉光即意味着得到山神允许时，狩猎的人群才出发。不难看出，山神崇拜之出现，是因为人们以为冥冥中有一种超自我的力量（山神）在主宰着他们的狩猎活动。人类早期的意识活动，带有浓厚的神秘色彩，总是被原始宗教所笼罩。黎族“合亩制”地区的种种自然崇拜，正表明人们对原始宗教的虔诚信仰。他们对宇宙万物的认识和见解，具有鲜明的神秘性，这是“合亩制”地区人们的意识和思维特征之一。

“合亩制”地区的人们，还信奉祖先崇拜。原始人是以氏族活动为中心的，他们的命运与氏族紧密相关。氏族的人们，结成血缘的关系，每个成员都认为自己与氏族是永远不分离的，对于他们来说，置身于氏族之外，是不可思议的。氏族的祖先，在氏族成员的观念里具有神灵的作用，于是，在人们的思想上便产生了祖先崇拜。人类早期的社会组织——氏族公社，为世界各民族所必经之过程。考察氏族公社的历史，几乎每个民族都有祖先崇拜的观念。比如日本，人们的意念中都有自己的氏神，即氏族的祖先神。黎族“合亩制”地区，祖先崇拜在人们的宗教信仰中占有重要的地位。其崇拜的方法还较为原始，人们尚未懂得以偶像加以体现，而是把祖先的名字视为神圣，只有在杀牲供奉时才能念祖先的名字，平时则忌讳提及，如有违禁，便会招致疾病，这说明他们对祖先是敬畏的。

黎族“合亩制”地区，虽然于20世纪初传入了道教和基督教，但人们的宗教观念仍是以信仰原始宗教为主，特别是早期，原始宗教遍布“合亩制”地区的每个角落，其色彩相当浓厚。所以，“合亩”的禁忌特别多，在生产、生活、生育、婚丧等诸多方面，都有种种禁忌，以生产而论，禁忌就很多。黎族的历法类似汉族的“十二地支”，每周期以12天计算，每天以动物命名，其顺序为鸡日、犬日、猪日、鼠日、牛日、虫日、兔日、龙日、蛇日、马日、羊日、猴日。12天中的鸡日、牛日、虫日和马日为生产劳动中的禁忌日。如鸡日妇女不能插秧、拔秧；牛日男子不能犁田、耙田；马日和虫日妇女不能插秧、捻稻。在一个月里，鸡日、牛日、虫日和马日各有两三天，从时间看，对生产的影响确实不小。“合亩”在生产劳动过程中，还有其他一些禁忌和迷信仪式。比如撒播秧谷时，当天清早，亩头夫妻都要去河里洗澡，换上新装回来；下午，亩头出工时，一路上要小心翼翼，忌见蛇、水蟆等动物，忌与陌生人说话；到秧地后，由亩头先做几下象征性的挖土动作，接着撒下几颗谷粒，回家后在门顶插上一束青叶。又如插秧，也有相应的禁忌和仪式活动。首先是亩头夫妻洗头、更衣，随后亩头先下田插秧两三株，再用竹枝将其严密围起，以防牲畜糟蹋；时至下午，亩头的妻子单身下田插一大片秧；次日，全“合亩”的妇女才去插。插秧过程中的禁忌语播种与播种时相同。在“合亩”内，同祖先的人死了，在未埋葬前不能犁田耕地，同时按血缘亲疏及村落距离的远近，分别遵守不同的禁忌。对于死者的家属来说，每月在其死亡的那天不能出工，年年如此。不过，家中若再有人死亡，其禁忌日就代替了前者的禁忌日。人死了禁忌再说其名字，为了表示悼念还必须在死者的墓地放置其日常用品，如小萝、酒瓮、竹筒和稻谷等。上述种种禁忌，充分体现了“合亩制”地区人们自然崇拜和祖先崇拜的观念，具有浓烈的原始宗教色彩。

“合亩制”地区的黎族人民，普遍相信巫术，认为巫术既可以为自己谋取利益，又能使别人蒙受灾害。“合亩”内的人们，巫术信仰颇具特色。如当禾稻生长不好时，亩头夫妇就到河里洗头发，以此象征巫术，达到稻穗扬花的目的。他们信仰巫术，主要表现在疾病方面，人们除认为生病是鬼魂作祟外，还相信一种称为“禁”的巫术，这是“合亩制”地区的人们巫术信仰的一大特征。

“禁”是“合亩制”地区黎族人民迷信的说法，认为有的人能使用巫术使人遭灾生病。这种人男的称为“禁公”，女的称为“禁母”。人们患了疾病，往往要“查禁”，以便确定谁是“禁母”。“查禁”的做法是用一块土，以藤系之，悬于小竹竿上呈丁字形。查者在地上蹲着，俯首，双手持小竹竿之两端，地上放米一撮，口中念词。如念到某人，悬于小竹竿上的土块动了，便认为某人为“禁母”。查问过程，是从远到近，即从峒到村，再到“合亩”。在血缘关系上，查问是从疏到亲。“合亩”的人们认为：“禁母”只是由于她的“灵魂”不洁，并不是她有意识地要去“禁人”（即害人），而“禁公”即是故意“禁人”的。所以，对“禁母”和“禁公”的处理是截然不同的，若查“禁母”捕捉到了“禁公”，一定要将此人处死。对于“禁母”，只要“解禁”就行了。就调查的有关材料看，“合亩制”地区还没有发现过“禁公”。“禁母”要得到“解禁”必须到河里去洗澡，这样便洗涤了“灵魂”的不洁。而遭受“禁母”致病者，要除去病魔，则要请宗教主持者做“禁鬼”，驱鬼除邪，方能恢复健康。

在“合亩制”地区，宗教主持者，有娘母、鬼公、道公和圣经诵读者（基督教徒），一般以前两者居多。娘母和鬼公，都是男子充任，但两者各有特点。在一般情况下，属自然崇拜的鬼，主要由娘母献祭，在主持宗教仪式时，服饰以女用物为主（可能早期是由女性主持），以巫术舞蹈为主要活动形式；属祖先崇拜的鬼，主要由鬼公献祭，在主持宗教仪式时，服饰为男用物，以念祖先鬼为主要活动内容。娘母的传授可超出血缘关系。其传授的形式，主要是在“做鬼”（主持祖教活动）时，让徒弟在室内旁听和观察，因其是以巫术和跳舞为主，所以动作多而念咒少，学会巫术跳舞是很重要的。鬼公是以血缘近亲传授。鬼公传授的形式灵活，既可在平时向徒弟传授，又可在为别人“做鬼”时带徒弟去，让他在旁边观看学习。经过一个阶段，可让他独立主持宗教活动，鬼公在旁边提示，直到他完全学会为止。鬼公传授的主要内容，是记述祖先的鬼名和本族的历史等基本情况。由此可见，娘母的活动没有血缘的限制，而鬼公则受近亲血缘所限制。

五、“合亩”的发展演变

任何一种社会，作为其一种历史产物的社会组织形式，随着社会生产力的发展以及其他因素的影响，必然导致其产物——社会组织发生变化，黎族地区的合亩也同样如此。

黎族“合亩”地区虽然闭塞、偏僻，但并不是孤立的，而是不断受其外围汉族经济的影响。随着社会的发展，“合亩”地区逐渐使用了铁锄工具，促进了生产的发展，农业生产力日渐提高，“合亩”也随之发展变化。这一点，我们可以从不同类型“合亩”的比较中，了解到“合亩”发展变化的概貌。从大量的调查材料看，“合亩”大概可以归纳为三大类型：第一类，“合亩”由有血缘关系的亲属组成，这类“合亩”规模很小，一般是几户人家组成。其原始社会的残余较多，原始社会的特色较明显。“合亩”内生产合作共耕，产品按户平均分配，亩头和亩众一样参加劳动，没有剥削现象。第二类，“合亩”的组成以血缘关系为主，但却包括一些非血缘关系的外来户，亩众中有了龙仔、工仔。同第一类“合亩”比，这类“合亩”规模也不大，一个“合亩”大体上也只有几户人家。“合亩”的亩头一般都较富裕，亩内还出现一些富裕户，他们在分配中往往多占产品，或者向“合亩”内外贫困成员放债、出租土地等，产生了轻微的剥削。第三类，“合亩”的组成有一定的血缘关系，而非血缘关系的外来户较多了，龙仔、工仔要占一半以上。这类“合亩”的规模比第一、二类大，一般的六七户，大的则有十户以上。亩头不参加生产劳动，有的只参加辅助劳动，但分配时占大量产品，不按户平均分配。亩头通过租佃、高利贷和处罚等方式，进行严酷的剥削。

上述三大类型的“合亩”，它们在历史的长河中是依序相承的。第一类“合亩”应属原生形态的，它在发展演变的过程中，伴随着时间的推移，依次演化出第二、第三类“合亩”。我们从三大类型“合亩”的对比中，看出“合亩”的血缘关系和所有制关系有着明显的变化，展示出“合亩”发展演变的轨迹。从血缘关系看，其演变的进程是由强到弱，“合亩”的血缘关系逐渐削弱，地域关系不断增强。在历史上，“合亩”成员原来都是有血缘关系的。在第一类“合亩”内，成员全是以血缘为纽带，依据血缘关系而组成的，它是血缘亲属组成的“合亩”。但是，随着“合亩”的发展，“合亩”又出现了新的分化趋势：血缘亲属从远至近，逐渐从“合亩”内分离出去。

所以，“合亩”在分化中产生的一代代的“新合亩”，便接受了越来越多的非血缘关系的龙仔、工仔等外来户。这样，原来的血缘关系削弱了，地域关系随之加强了。我们试看毛道乡的调查材料，原保亭县毛道乡的抗班、文团、抱曼、抗律、南冲、抗公、抗茅等7个村的黎族同胞，据说都是其远祖朴基的后代。这7个村的黎人的祖先，最初都在一个“合亩”里。这一个“合亩”逐年发展，经过8代人的演变，7个村共有了13个“合亩”，129户，445人。其血缘关系的具体情况是：13个“合亩”，纯血缘的“合亩”3个，14户，52人，它们分别为总“合亩”的23.07%、10.85%、11.68%；非血缘的“合亩”10个，115户，393人，它们分别为总“合亩”的76.93%、89.15%、88.32%。① 其他“合亩”，情况也是相似的。例如，原通什乡福关村王老由的“合亩”，一共4户，除亩头王老由父子两户外，其余两户都是非血缘关系的龙仔、工仔。又如原番阳乡万板村徐新东的“合亩”，6户成员中只有两户与亩头有亲属关系，占多数的4户全是非血缘关系的龙仔、工仔。不难看出，“合亩”的发展变化，其血缘关系逐渐减弱、淡化，不少“合亩”的血缘关系已缩小到父子和兄弟的范围了。马克思指出：只有在农村公社前的“其他公社”，才“容许有血缘亲属或收养来的亲属”②。农村公社已割断了血缘纽带联系，它是一个没有血缘联系的社会联合组织。因此，“合亩”血缘关系由强到弱，这是“合亩”发展、演变的必然结果。它不断依照直系、旁系血亲的数目而分为许多支系“合亩”，其规模由大而小，数量由少而多。原乐东县二区毛农乡毛或村，在1932年至1938年间，共有5个“合亩”，从1939年到1951年间，发展为7个“合亩”。1952年后再次分亩，一共有了9个“合亩”。其中，王志兴的“合亩”，在1938年前由11户组成，而1954年后就分成3个“合亩”了。“合亩”的规模愈小，其血缘关系就缩小到狭窄的范围，形成一批批的“父子亩”“兄弟亩”。这类小“合亩”，如果革除“合亩”的传统习惯，它与一般的个体农户中的大家庭就没有多大的差别了。若再分化成个体小农户，“合亩”血缘纽带的作用便从此中断，“合亩”血缘纽带的束缚就彻底解脱了。

“合亩”所有制的变化，又从另外一个方面充分体现了“合亩”的发展演变。生产资料所有制是生产关系的基础，其形式决定人们在生产中的相互关系和产品分配的性质。在不同的历史阶段，社会生产力发展水平不同，生产资料所有制也不同。黎族“合亩”的所有制，从来都不是单一的，即是原生态的“合亩”，那些有着血缘关系

① 广东省编辑组：《黎族社会历史调查》，民族出版社1986年版，第27页。

② 《马克思恩格斯全集》第19卷，人民出版社1979年版。

的亩众，各户都拥有一些生产工具和粮食等动产之物。同时，“合亩制”地区的黎族同胞，也早有民间的物物交换，他们与邻近的汉、苗同胞进行初级的集市贸易。《海槎余录》载曰：“黎村贸易处，近城则曰市场，在乡则曰圩场，又曰集场，每三日早晚二次，会集物货，四境妇女担负接踵于路。”人们将山区的土特产品与入山收购的汉、苗商人进行贸易，换回铁锄、镰、盐、针、线等生产工具和生活用品。“合亩”这种动产私有和交换，势必促进不动产的私有。对此，马克思曾做过论述：“这种不受公社控制的动产，个体交换的对象（在交换中，投机取巧起极大的作用），将日益强烈地对整个农村经济施加压力。它把别的因素带进来，引起公社内部各种利益和私欲的冲突。这种冲突会破坏耕地的公有制。然后会破坏森林、牧场、荒地等等公有制。”① 由此看来，“合亩”早就蕴含着“引起公社内部各种利益和私欲的冲突”的因素。它本身就孕育着所有制的变革，即原始形态的公有制随着社会的发展，必将逐步转化为私有制。这一点，在三种类型“合亩”顺序发展演变的过程中，表现得十分突出。在生产发展和动产私有及交换的作用下，“合亩”内各户开始积攒财产，甚至谋求占有和使用土地。于是，人们为争夺和维护自己的利益而发生这样或那样的矛盾，“合亩”内便有人拆产分居了。可是，在当时生产力水平低下的条件下，还不能单靠一家一户独立进行生产。几户合伙，合作耕耘，显得非常必要。这样，“氏族联盟在耕耘方面的事实上的公社合作制，转移到自愿的，以契约为基础的联盟身上了，‘在这种联盟中有共同所有制和合作制’”，这种“合作社，即以各人凭自己的劳动促进共同事业获得成功为目的而结合起来的人们”组成。从“合亩”内拆产分居的户，就是从这样的目的出发，为获得和充实各自的生活资料，并进而取得土地等不动产的私有权而联合起来，彼此相助，合作耕种土地。这时的“合亩”，生产资料、耕地、牛只等多为几户合伙所有，少数为“合亩”共有或一户私有。而亩头多数拥有较多的财产，家境变富了，亩众中也有了富裕户，轻微的剥削出现了。“合亩”发展演变到这个历史阶段，即第二种类型的“合亩”时代，显示出较大的差异，所以生产资料所有制也就不同了，这就是私有制的成分增加了。“合亩”以合伙占有土地为主的合作耕种的形式，是黎族“合亩制”地区的农民在新中国成立前从事农业生产活动的主要组织形式。到新中国成立前，“合亩”名称便由原来的“纹茂”改称为“翁堂沃”，称“合亩”的田地为“翁堂打”。前者直译为“大家一起做工”，后者直译为“大家的田”，两者的合成意思，即是“大家在合伙有的田地上合作耕种”。这一称谓，正好说

① 《马克思恩格斯全集》第 19 卷，人民出版社 1979 年版。

明此时“合亩”合作耕作合伙共有土地的特点。

“合亩”进一步的发展演变，到了第三种类型“合亩”的时代，其所有制又有了新的变化，私有制更加强化，贫富悬殊了。在“合亩”成员中，有的成了从事个体耕作——“沃偏”（私人种的耕地）的单干户，有的成了剥削他人的富裕户。从“合亩”的亩头来看，他们有了严重的剥削行为，有的还担任了地方政权的职务，甚至血债累累。例如，新中国成立前保亭县毛道乡王老本“合亩”，其亩头就与原乐东县番阳乡任国民党军中队长的王明则，伪正、副乡长王老带、王老光结为兄弟，其儿子又相继充任国民党军中队长，他的兄弟王老南也勾结国民党为非作歹，抢夺他人财产，甚至杀害无辜良民。所以，群众把王老本、王老南称为“奥也门”，意即“权力最大的人”。在王老本“合亩”内，多数亩众是龙仔。他占有大量的生产资料，不参加任何劳动，出租水田、旱田各数十亩。“合亩”内收获的农产品，他通过留“稻公稻母”①、留谷种等多种名目，占去了全部收获的绝大部分，亩众各户分得的产品是很少的。他还向龙仔放高利贷，粮食借一还二，息上加息。王老该和王老开，皆因高利盘剥，还不起借款，王老本就把他们的儿子卖了，其手段十分残酷。又如原保亭县雅袁乡王老论在任亩头时，还兼任雅袁的伪甲长。在“合亩”内他从未参加劳动，但分配产品时他往往要占总收获的60%，其他亩众总共才分得40%。更为狠毒的是，他借口亩众的祖先都借过自己祖先的牛“做鬼”，便强行把“合亩”共有的13亩耕地全部卖给外村，独自侵吞了这笔巨款；他用低价强买亩众耕地转手以高价出卖；他强迫被他诬罚而不能付出罚款的人为自己的“龙仔”，并要“龙仔”到他家服杂役，不给“龙仔”人身自由。上述王老本、王老论的事实，说明这个历史阶段的“合亩”，其原生形式的公有制发生了很大变化。在这样的情况下，“合亩”内的一般成员，特别是那些贫困户，在多方面深受亩头的剥削和压迫。“合亩”有了阶级的对立，表现出阶级剥削关系。伴随着这种变化的趋势，“合亩制”地区的土地买卖以及租佃和借贷等高利贷剥削也就越来越严重。这时“合亩”的所有制，便是原始形式的公有制和其他形式的私有制，以及封建所有制，几者交错共存了。这说明“合亩”的原始形式的公有制，如同任何公社和公社所有制都在历史发展中必然趋于解体一样，是不可避免的历史使命，这是一条普遍规律。

① “稻公稻母”，它是“合亩”收获时由亩头保管留作备荒或待客用的谷子，但实际上是归亩头所有。而亩众却认为：如不给亩头，则来年不会得丰收。可见被蒙上一层迷信色彩。

第二节

峒

在黎人社会中，把“峒”这一社会组织叫作“gum（Kom）”，汉语写成“峒”或“弓”。在历史上，黎人有自己的语言，但是没有创造出自己的文字，因此“峒”的名称是外来的，应当是汉人对黎人社会组织的称呼。

一、峒组织的构成与表现形式

峒的组织形式起源很早，它是百越时期岭南地区有血缘关系的氏族部落组织形式。汉人称呼这一组织形式也有一个变化过程。最初称呼为“洞”，南朝萧梁时期史籍中都称为“俚洞”，比如：《梁书·兰钦传》记载兰钦对“长乐褚洞”① 进行征讨；《陈书·沈恪传》记载，“梁新渝侯萧映……迁广州，以恪兼府中兵参军，常领兵讨伐俚洞”②；《陈书·萧允传附萧引传》记载，陈朝广州刺史马靖“每年深入俚洞，又数有战功，朝野颇生异议”③；等等。直到宋代时，苏轼在流放海南途中作《行琼儋间，肩舆坐睡，梦中得句》，描述海南地势和族群时也云：“儋州环一岛，百洞蟠其中；我行西北隅，如度月半弓。”而“洞”在汉语里是地理概念，常用来指山洞。中原汉人之所以用“洞”来称呼俚人组织，大概因为岭南多山，原始居民以洞穴为室，比如广西来宾盖头洞、崇左矮洞、柳州白莲洞及广东封开洞等。汉人很可能因岭南百越族群居住的山洞称呼他们的组织，后来，当百越族群走出山洞，耕作河谷平原时，汉人仍然沿袭这一称呼，汉字也相应地从“洞”演变为“峒”。除“洞”之外，“峒”还被写成“垌”“峝”“同”等。

“洞”“峒”在我国西南少数民族聚集地区曾被广泛使用，如苗、侗、壮等民族都使用“峒”。今天在广西壮族地区只要有几丘水田的地方就可以称之为“峒”，一

① 姚思廉：《梁书·兰钦传》卷三二，中华书局1974年版，第466页。
② 姚思廉：《陈书·沈恪传》卷一二，中华书局1974年版，第193页。
③ 姚思廉：《陈书·萧允传附萧引传》卷二一，中华书局1974年版，第277页。

个村镇、一个州县所在地及其周围的盆地也可以称之为“峒”①，以致有人认为“峒”就是周围被峰林石山包绕的小盆地或谷地。② 实际上这一时期的“峒”已经是变化过的地理概念。海南黎人的“峒”应当是从岭南百越传过来的，“峒”是汉人用地理概念指代的岭南地区的氏族部落组织。

“弓”是峒的另一种称呼。海南陵水、崖州等地将峒称为弓，如陵水宝停司管辖生黎十八弓（宝停弓、指婆弓、指妈弓、昂沟弓、抱巴弓、福安弓等），管辖熟黎十四弓（喃春弓、多昧弓、梯村弓、母盛弓、喃温弓、江淡弓等）。陵水捕衙管辖熟黎六弓（大董弓、岐村弓、马岭弓、文村弓、深田弓、廖二弓等）。弓内也包括一定数目的村庄，陵水宝停司管辖生黎十八弓，陵水捕衙管辖熟黎六弓，有二十三村。③《黎岐纪闻》记载：“惟崖州曰村，陵水曰弓，其散处各村并附于一村一弓，亦如峒制。”④

最初，同住一峒的黎人都有血缘关系，因此“峒”是黎人氏族部落组织。到1950年海南解放之前，“峒”内绝大多数成员仍然有血缘关系。根据海南解放后对美孚地区“峒”的调查，每个峒分成若干个氏族，氏族又分为若干胞族（锅），胞族又分成若干家族，即从部落—氏族—胞族—家族逐渐分化。比如海南解放之前美孚方言区江边地区，报英峒含有“多数者”“少数者”“鸡日”等3个氏族，每个氏族又分化出来若干胞族，“多数者”分出来陈、成、藏、臣、者、彭、当等7个胞族（或称锅）；“少数者”分出来独、担、丁、度、电、东等6个胞族；“鸡日”分出来崖、仁、包、京等4个胞族。江边峒也含有“榕树下”“少数者”“野藤下”等3个氏族，这3个氏族又分别分化出3、4、3个胞族。土眉峒含有“多数者”“少数者”“刺桐树”等3个氏族，它们又分别分化出4、4、3个胞族。⑤ 这些胞族（锅）从氏族中分出来以后，各有自己的锅头和祖宗，各胞族之间不认为是兄弟，而认为是“同群”。只有各家庭内部认为是同祖，是兄弟关系，但实际上都是具有血缘关系的氏族部落组

---

① 黄家信：《试论壮族的“峒”》，载《学术论坛》2005年第8期，第170—172页。“峒源于广西、广东西部的地理环境，这里峰峦林立，形成一个个天然的小盆地或谷地，谷地内有泉源河流，水田肥美。每一个谷地称为‘峒’，根据谷地的大小，形成大、中、小峒。”

② 曾昭璇、曾新、曾宪珊：《西瓯国与海上丝绸之路》，载《岭南文史》2004年第3期，第26页。

③ ［清］瞿云魁纂修：乾隆《陵水县志·地舆志·都图》卷一，海南出版社2003年版，第118页。

④ 张庆长：《黎岐纪闻》，光绪三年刻本。

⑤ 符和积主编：《黎族史料专辑》第7辑，南海出版公司1993年版，第3—6页。

织。不过随着社会的发展，到新中国成立之前，“峒”也逐渐由血缘组织向地缘组织转化，也包含有非血缘关系的成员。

海南黎族是隋唐时期从岛外迁徙而来，峒内已经与汉族村庄多有类似之处，若干同姓之家聚而为族，若干族聚而为一村峒。“村内分族，族各有长，称为老爹。一村数姓，则有几族长焉”①。熟黎村峒是由不同血缘关系的几个家族构成。

无论生黎村峒还是熟黎村峒，都有峒首。熟黎是隋唐时期从岛外迁移而来的，先迁入者为峒主。“熟黎，旧传本南、恩、藤、梧、高、化人，多王、符二姓，言语皆六处乡音，因从征至者，利其山水田地，占食其间，开险阻，置村峒，以先入者为峒首，同入共力者为头目”②。民国《海南岛志》也记载：“黎人择地而居，自谋生活，先至者为峒主，称头家”③。峒首实行世袭制，万历《琼州府志·海黎志》记载：“熟黎……以先入者为峒首，同入共力者为头目。父死子继，夫亡妇主。”④清人所著《黎岐纪闻》中也记载：峒首，“大抵父死子代，世世相传，间有无子而妻及弟代之者”⑤。民国《海南岛志》记载：“头家世袭，父死子继，间亦有村人公举，有官厅加委者。”⑥除了男子世袭外，在熟黎村峒中，妇女也拥有峒首继承权。

峒首作为黎人社会基层组织的首领，率领组织成员从事经济、军事以及维护治安等多方面的活动。峒首负责召集和率领村峒成员对外防御或进攻，由于岭南和海南地区多崇山峻岭，骆越人当时就使用铜鼓传递信息。峒首家中放置有铜鼓，遇事敲击铜鼓召集村峒全体成员。鼓用铜铸造，铜鼓一头有面，中空无底，侧附四耳，由鼓面、鼓胸、鼓腰、鼓足组成。民国《海南岛志》记载：“头长或族长家内长备有大鼓一面，有事时，击以为号，或遇盗，或办公事，或议事，击法不同，村人则闻而知之。鼓声响处，村人毕集听命。”⑦《崖县现状》也记载：“酋长家设一鼓，凡有攻守事……击鼓召全村人共赴之。”⑧ 因此，铜鼓在黎人社会中非常珍贵，是权势的象征。除使用铜鼓之外，峒首还使用传箭的方式传递号令信息。清人所著《黎岐纪闻》中记载：“遇有事，峒长黎练以竹箭传唤，无不至者。”峒首主持峒内打猎、喜丧事等生产和日常活动。明人所著《海槎余录》中记载：“二月、十月则出猎。当其时，各峒头会遣一二人赴官告知。”《续资治通鉴长编》也记载：宋代“黎洞田土，各洞通同占据，

---

①③⑥⑦ 陈铭枢总纂：《海南岛志·人民》，海南出版社 2003 年版，第 138 页。

②④ 戴熺、欧阳灿总裁，蔡光前等纂修：万历《琼州府志·海黎志》卷八，海南出版社 2003 年版，第 409—411 页。

⑤ 张庆长：《黎岐纪闻》，光绪三年刻本。

⑧ 詹慈编：《黎族研究参考资料》，广东省民族研究所 1983 年版。

共耕分收"①。《崖县现状》记载："凡有村中喜丧事，击鼓召全村人共赴之。"另外，峒首负责处理村峒与村峒之间的纠纷，主持宗教仪式等，峒首在村峒中拥有较大的权力，黎村中时有盗牛窃物之事，一经捉获，必有处罚。重则宣布死刑，抄没家产；轻则断指鞭笞。其执行死刑，有斩首、剖腹、枪决、火焚各种。其处分，小则由族长独裁，大则开联村族长会议。一般情况下，族长拥有很大的权威，但也有势力较小的族长。"头家与族长之命令，例不能抗；然无势力之头家，亦往往号令不行"②。

峒内成员之间存在互助关系。在峒内，各家庭成员之间相互平等，互相扶持，凡同村、同弓、同峒内的成员有婚丧、遭人欺侮、生产等事情，都相互帮助。峒首和成员之间也平等相待，共同劳动生活。峒内成员因其德望，也服从峒首号令，具有原始氏族民主议事的残余。民国时期陈献荣考察发现，黎人"对于同村、同弓、同峒之人，出入相友，守望相助，一家有事，全部尽力，事成之后，不取报酬。食尽则群赴他村，食之又尽，则又赴他村，皆无彼此之别"③。每遇到婚丧事互助，《崖县现状》记载："酋长家设一鼓，凡有村中喜丧事，击鼓召全村人共赴之。""人死第八日奠祭，名曰'作八'，亲戚乡邻咸送牛、猪、羊、酒、米等物。奠后，群相宴饮歌舞，殊为热闹。"④ 族人受到欺侮要协助族人复仇，峒内成员与其他峒的成员发生冲突，峒内成员有义务协助其复仇，"喜仇杀，谓之'捉拗'。其亲为人所杀，后见仇家人及其峒中种类，即擒取而械之。械用荔枝木，长六尺许，其状如碓，要牛酒银饼乃释，谓之赎命"⑤。

黎峒的数量，历史文献中缺乏详细的记载。南朝时期，冼夫人以德怀集百越，"海南、儋耳归附者千余洞"。宋赵汝适《诸蕃志·海南》曰："黎之峒落，日以繁滋，不知其几千百也。"⑥清代道光《琼州府志·海黎志》记载黎人村峒1203个，分布在除会同县之外的所有州县。

峒的规模大小不一，宋代淳熙元年（1174），五指山生黎峒首王仲期率其旁边80峒，丁口千八百二十归化，平均每峒22.75人。熟黎地区的峒稍大，"各州邑距黎境，远二百里，近百余里，亦有二三十里者，出入不必皆越山巅，自有平坡大路可行，十

---

① 李焘：《续资治通鉴长编》卷三一〇，中华书局出版。

② 陈铭枢总纂：《海南岛志·人民》，海南出版社2003年版，第138、157页。

③ 陈献荣：《琼崖志·居民》，转引自詹慈编：《黎族研究参考资料》，广东省民族研究所1983年版，第267页。

④ 詹慈编：《黎族研究参考资料》，广东省民族研究所1983年版。

⑤⑥ 赵汝适：《诸蕃志》，《文渊阁四库全书》，第40页。

数里、二三十里即有一峒，每峒皆有十数村，村有大小，而家之多寡因之，沃土稠烟，与在外民村无异”①。生黎居住在山区，峒的规模要小一些。

峒作为海南黎族地区的一种社会组织形式，随着社会的逐步发展和其他因素的影响，也逐渐发展演变。

小峒原来居住着同一个血缘集团的人，他们之间严格禁止通婚。随着经济发展和人员迁徙混杂，峒内开始存在两个以上可以互相通婚的血缘集团。峒内各血缘集团保留各自的公共墓地，有各自崇拜的祖先。

随着峒的发展演变、不同血缘集团的加入以及峒内经济、文化、宗教等方面发展的需要，经济的、地域的社会联系代替了原先血缘纽带的关系，小峒慢慢地扩大为大峒，大峒随着时间推移又慢慢地分化为若干个小峒。在中华人民共和国成立前，黎族地区大部分的峒已不是单纯的血缘关系，而是血缘和地域有机结合的峒组织了。峒作为黎族社会中最早的政治组织，从最初以血缘关系为基础的集团逐渐发展到血缘和地域相结合的社会组织，并最后逐渐加强了地域关系、经济关系在峒中的地位，从而形成了千百年来一直左右黎族人民社会政治生活的思想基础——“同峒皆兄弟”的意识，这种意识在黎族人民精神世界中有顽强的生命力，另外峒组织的内涵外延也发生了变化，主要表现于：

第一，不管历代统治阶级以何种统治方式在黎族地区出现，都必须以峒为基础来逐步建立其统治“大厦”，否则这个“大厦”不容易立起。

第二，峒意识的升华，也使“黎”意识和本土意识升华，因此历来黎族人都认为自己是海南岛的主人，而其他后来进入海南岛的民族都是“外人”“客人”。

第三，峒原意为“人们共同居住的一定的地域”，但发展到现代黎语，其含义小的只有某一村落乡里的区域，大的却延伸到某一国家地区乃至某大洲的范围。这种概念的转变，对于中华人民共和国成立后在黎族地区行政区划的设置，起到了重要作用。②

---

① 曾邦泰等纂修：万历《儋州志·地集》，《日本藏中国罕见地方志丛刊》，书目文献出版社1991年版，第116页。

② 高泽强：《论黎族历史上政治制度和职官制度的基本特征》，载《民族古籍》1999年第4期。

二、峒组织的社会关系

峒作为黎族社会的一种社会组织形式，因其自身所具有的特征，使得其在社会当中与其他社会组成部分发生各种社会关系，具体表现为：

（一）峒与村的关系

在黎语里，村称为“抱”或“蕃”。黎村规模大小不一，崖州黎人居住在崇山峻岭之中。“山凡数十重，每过一重，稍有平坦之处，黎人即编茅居之，或数十家、数百家相聚为一村，亦各一弓。有众至千余人者为大村，其小者仅止数家。”①“大者千余家，小者百余家”②。村内成员基本上是单一血缘关系。由于不知道使用肥力，生活在山区中的黎人村峒迁徙频繁，崖州黎人“屋宇迁徙不常，村落聚散无定，所耕田在是，即居于是，日久地脊，则去而之他，故村峒土名，数年间数迁数易，其地不可考也”③。农业耕作水平低下造成村庄经常搬迁。黎人村庄具有防卫功能，“村之周围植刺竹为篱，厚者十余丈，择险要处开一二门户以为出入。门之左右常积多量竹木支干，以备遇敌时填塞门路之用。竹密而坚固，较之砖石围砦实为安盘”④。

峒与村有一种明显的从属关系，“黎地多以峒名，峒内散处各村，并附一峒，明所属也。惟崖州曰村，陵水曰弓，其散处各村并附于一村一弓，亦如峒制”⑤。一般情况下，一个小峒包含几个村，也有少数一峒为一村，故村峒合称。而一些大峒包含十几个村，如明代儋州“十数里、二三十里即有一峒，每峒皆有十数村，村有大小，而家之多寡因之，沃土稠烟，与在外民村无异”⑥。民国《海南岛志》记载：“黎人择地而居，自谋生活……峒之大者十村八村，小者三村五村。”⑦

---

①③ 明谊、张岳崧等纂修：道光《琼州府志·海黎志》卷二〇。

② 黄佐：嘉靖《广东通志·礼乐志》卷三六，嘉靖三十七年刻本。

④⑦ 陈铭枢总纂：《海南岛志·人民》，海南出版社 2003 年版，第 138 页。

⑤ 张庆长：《黎岐纪闻》，光绪三年刻本。

⑥ 曾邦泰等纂修：万历《儋州志·地集》，《日本藏中国罕见地方志丛刊》，书目文献出版社 1991 年版，第 116 页。

（二）峒与峒之间的关系

一般情况下，峒与峒之间是相互独立的，相互之间没有隶属关系。宋人赵汝适《诸蕃志·海南》记载：“黎之峒落，日益繁滋，咸无统属，峒自为雄长。”① 黎峒各自拥有自己的活动区域，峒与峒之间比邻而居，相互之间以山脉、河流等作为天然的边界，并以立碑、砌石、栽树、植竹、插木板、埋牛角等方式作为边界的标识，相互之间不能越界，凡是越界狩猎捕鱼、垦荒种地、偷盗抢劫等都被视为对自己的侵犯。黎峒之间既存在互助，又存在争斗的关系。

黎峒之间经常因土地、财产、部属等纠纷发生械斗。万历《琼州府志·海黎志》记载：“其去省地远不供赋役者，名生黎，质直犷悍，不受欺触，不服王化，亦不出为人患，足迹不履民地，而自相雠斗。”② 熟黎“争田夺地起雠衅，屠牛聚众构生黎，以为州县之患”③。明代王伯贞任琼州知府时，当时崖州黎民之间以私愤相斗，部属建议发兵征剿，王伯贞不同意，认为是黎人各峒之间自相仇杀，不必征讨。卫将不听，派人侦察，发现果然是黎峒之间仇杀，逮治数人，黎人遂安。④ 黎峒之间也经常因争夺部属而发生争斗。万历《儋州志·地集》记载：“符那榄并各峒黎，皆因土舍，恃其世袭，根深蒂固，种类依附已久，不思安辑，肆意科害。如甲之黎被科已甚，转投于乙，乙则受之，盖伪为抚恤之道，迨过一二年来，科害渐加，则又转于甲矣……为典首者，不责自己不能抚恤，反责别人占管祖黎，官则兴词，私则仇杀，酿成大祸，莫此为甚。”⑤ 1921 年，报英峒与玉道峒之间发生一场旷日持久的争斗，起因是报英峒的一头牛被玉道峒的冲南村人偷走，报英峒派人索要未果，遂联合江边、江边营和报白峒，劫掠了冲南村的牲畜等物品。冲南村到玉道峒求救，酋长击响大鼓，玉道峒峒众听到鼓声，拿起弓箭、长矛和粉枪等武器，汇集在峒长家，随后在峒长的带领下，到报英峒回路上堵截。报英峒遇到伏击，丢弃抢劫的牲畜夺路而逃。报英峒不甘失败，在路上又劫持了十几个探亲回家的玉道峒人，将妇女儿童放回去，留下主要人物做人质，向玉道峒索要财物，两峒结怨越来越深。此后，受到损失的玉道峒经常

① 赵汝适：《诸蕃志·海南》，《文渊阁四库全书》第 594 册，第 37 页。

②③ 戴熺、欧阳灿总裁，蔡光前等纂修：万历《琼州府志·海黎志》卷八，海南出版社 2003 年版，第 409—410、409—411 页。

④ 张廷玉：《明史·广西土司列传三·思陵州列传附广东琼州府列传》卷三一九。

⑤ 曾邦泰等纂修：万历《儋州志·地集》，《日本藏中国罕见地方志丛刊》，书目文献出版社 1991 年版，第 110 页。

攻打报白峒，报英峒也挺身相助。与玉道峒有宿怨的玉龙峒知道后，主动要求代替报英峒惩罚玉道峒，但条件是从报英峒获得酬劳。最终，玉龙峒打败玉道峒，玉道峒被迫割让一段河流给玉龙峒。①

当黎人面临外来势力威胁时，峒与峒之间往往结成联盟，尤其面对外族威胁时更是一呼百应，同仇敌忾。铜鼓是联络各峒的重要工具，当一峒面临威胁时，峒首敲击铜鼓召集其他各峒，四方各峒闻声而来。因此只要峒中有铜鼓，就能发号施令。铜鼓早在骆越人及其后裔俚人就已经使用。《隋书·地理志》记载："欲相攻，则鸣此鼓，到者如云。鼓号为'都老'，群情推服。"② 《太平御览》引晋裴渊《广州记》载："俚僚贵铜鼓……风俗好杀，多构仇怨。欲想攻击，鸣此鼓集众，到者如云。有是鼓者，极为豪强。"双方打斗时，击鼓敲锣鼓舞士气。"其弓矢固利器，然其进也惟吹铜铙鼓，一往之气，群争发矢相向，人马中者辄自披靡"。向邻峒求援的另外一种方式是传矢。"一弓为难，则传矢他弓，附者自刻一痕其上，则又传他弓。遍则订日群赴。为首之村椎牛剧饮，食弓手片肉，即为之死不憾……至其初传箭，附者固为用矣，其有不附，则于事后群起而攻之，盖胁以不得不从之势，非全黎尽桀骜也。然亦有不附之者，必其力足以御众侮，如指婆一弓，则生岐中之最驯者也"③。无论铜鼓还是传矢，峒与峒之间没有特权的峒或首领，相互之间是平等互助的，这种松散的联盟也是临时性的，威胁结束后也随之解散。

（三）峒与世家大族的关系

三国至隋唐时期，载岭南地区俚人社会出现了跨越山洞的世家大族。世家大族往往控制数十、数百个峒，甚至数千个峒。南朝冼氏家族是俚人历史上最大的组织，"世为南越首领，跨据山洞，部落十余万家"。冼夫人施以仁义，"海南、儋州归附者千余洞"④。南宋淳熙年间，海南王氏统领三十六峒。⑤ 世家大族与各峒之间的联合并非建立在血缘关系上，而是地缘上的组织。世家大族作为区域性社会组织，约束所辖各峒。冼氏家族数世为南越首领，管辖范围跨据山洞，部落十余万家。冼夫人嫁给高凉太守冯宝后，协助丈夫冯宝多次挫败反叛朝廷的地方叛乱，维护了封建王朝对岭南

---

① 符和积主编：《黎族史料专辑》第7辑，南海出版公司1993年版，第16页。

② 魏征：《隋书·地理志》卷三一，中华书局1999年版，第601页。

③ 樊庶纂修：康熙《临高县志·黎岐志·黎情》卷一〇，海南出版社2003年版，第158页。

④ 魏征：《隋书·谯国夫人传》卷八〇，中华书局1999年版，第1209页。

⑤ 脱脱：《宋史·蛮夷三》卷四九五，中华书局1964年版，第14219页。

地区的统治。如高州刺史李迁仕反叛，冼夫人率军击败。后广州刺史欧阳纥谋反，召冼夫人儿子冯仆至高安，挟为人质，逼诱一起为乱。冯仆遣使归告冼夫人，冼夫人以维护国家统一为重，置儿子安危不顾，率百越酋长平叛，击败欧阳纥。冼夫人因此被册封为中郎将、石龙太夫人。隋亡陈后，冼夫人又归顺隋朝，并协助中央安抚岭南地区。没多久，番禺人王仲宣叛乱，冼夫人派遣孙子冯暄率师平叛。冯暄与逆党陈佛智友善，迟留不进。冼夫人闻知大怒，将冯暄逮入州狱，又遣孙子冯盎率军攻打佛智，平定叛乱，岭表平定。① 宋代时，王氏家族也协助中央维护地方稳定。“王氏居化外，累世立功边陲，皆受封爵。绍兴间，琼山民许益为乱，王母黄氏抚谕诸峒，无敢从乱者，以功封宜人”②。周去非《岭外代答》也记载：“峒中有王二娘者，黎之酋也，夫之名不闻，家饶于财，善用其众，力能制服群黎，朝廷赐封宜人，琼管有令于黎峒，必下王宜人，无不帖然。二娘死，女亦能继其业。”③ 王宜人死后，由女儿袭封。“宜人王氏年老无子，嘉定九年（1216）五月，诏宜人王氏女吴氏袭封，统领三十六峒”④。

封建王朝授予这些世家大族官职，通过世家大族控制岭南和海南地区各峒，这一政策取得了成效，冼氏家族、王氏家族都能管辖各峒，维护岭南和海南地区稳定。这些世家大族的官职采取世袭制，但随着时间的推移逐渐被纳入封建郡县。世家大族是黎人历史上阶段性的产物，大约存在于三国至宋代。除冯冼家族控制岭南和海南大部分地区，其他世家大族控制的区域相对较小，比如南宋淳熙年间，海南王氏统领三十六峒。在元代之后，世家大族消失之后，海南各峒重新处于分散状态。

---

① 魏征：《隋书·谯国夫人传》卷八〇，中华书局1999年版，第1209页。
② 王贽、关必登纂修：《康熙琼山县志·海黎志》卷八，《中国地方志集成》，第149页。
③ 周去非：《岭外代答·外国门·海外黎蛮》卷二，《文渊阁四库全书》第589册。
④ 脱脱：《宋史·蛮夷三》卷四九五，中华书局1964年版，第14219页。

第三节

中央政权统治下的黎族的管理机构

一、剿抚并用、以黎治黎的政策

封建中央王朝在海南设立郡治之后的相当长一段时间里，封建统治政权与黎族峒的组织处于相互排斥状态。于是出现了封建王朝的多次强征与黎族先民的多次反抗斗争。自汉武帝元封元年（前110）封建中央王朝在海南设立了儋耳、珠崖两郡后，黎族先民的反抗斗争就一直此伏彼起，使海南的建制时置时废。据《汉书·贾捐之传》载，从设立儋耳、珠崖郡后，到昭帝始元元年（前86）的20多年间，岛上大小反抗斗争就有6次之多，以后在神爵三年（前59）、甘露元年（前53）、初元元年（前48）都爆发过反抗斗争。《后汉书·南蛮传》载，在汉武帝末年（前87），黎族先民在反抗珠崖太守孙幸强征广幅布时，曾攻破郡城，杀了孙幸。当然，经过多次强征之后，北部沿海一带的黎族先民已出现了同化于汉民族的情况。据清道光《琼州府志》卷二九载，东汉明帝永平年间（前58—75），首任儋耳太守的僮伊，“远至珠崖，戒勒官吏毋贪珍赂，劝谕其民毋镂面颊，以自别于峒俚，雕题之习，自是日变”。但这种局面非常有限，直至三国时，吴国孙权策划远征海南岛时，就受到大臣全琮和陆逊的劝谏，认为该地“隔绝瘴海，水土气毒”（见《三国志·吴志》），“易以为乱，难使从治”（见《三国志·吴志》）。最后孙权不接纳大臣的劝谏，还是派聂友和陆凯进兵海南岛。结果，在这次军事行动中，虽然黎族先民的反抗被镇压下去了，但因“士兵疾疫者有十八九”，不久就被迫撤军了，只得在现今的雷州半岛上另立行政机构珠崖郡和朱卢、珠官两县，对海南岛只是“遥领”而已。

南朝的梁朝以前，封建中央王朝一直采用征剿和征服的方式来对付黎区，未能与黎族社会组织“峒”建立起合作关系，因此，封建统治势力在黎区的发展极为缓慢。梁大同间，由于“南越首领”高凉冼夫人进入原儋耳治地，使封建统治集团与黎族社会的长期对立状况得到缓解。据《北史·谯国夫人冼氏传》卷九一载：“越人俗好攻击，夫人兄南梁州刺史挺恃其富强，侵掠旁郡，岭表苦之。夫人多所规谏，由是怨隙止息，海南儋耳归附者千余峒。”于是由夫人“请命于朝”而置崖州。至此，中央王朝通过“南越首领”冼氏夫人，开始与黎族社会政治组织“峒”发生了间接的联系。“峒”作为黎族古代社会政治组织亦开始被封建中央王朝所认识。

隋、唐时期开始有黎峒归附于中央王朝，据《旧唐书·宪宗本纪上》卷一四载元和二年（807）四月，“岭南节度使赵昌进琼管儋、振、万安六州六十二峒归降图”。同时，黎峒反抗封建统治斗争亦时有发生。据宋王象之《舆地纪胜》卷一二四“琼州”条载，“唐《志》云：显庆五年（660）置乐会县，隶琼州。《琼管志》云：黎人屡攻破县，迁徙不一，今见治南管村。”

二、黎族土官担当黎族地区的基层管理

经过多次的征剿和抚绥归附黎峒之后，封建中央王朝开始转变其在黎区的统治政策。由以征剿为主转为征剿和抚绥并施的治黎政策，从而开辟了黎族峒的组织与封建统治制度相结合的先路。于是，出现了宋代大批黎族峒首被中央王朝授官封爵的局面。

宋时，统治者正式给黎族峒首授官封爵。通过招抚、授官封爵，使黎族峒首听命于朝廷，从而达到了统治黎族的目的。正如宋人苏过《论海南黎事书》一文所言：“仆以为以力胜者，兵罢而复塞；以利啖者，赋贪而不叛也。朝廷若捐数官以数人，则贤于用师矣……使赍金帛人喻诸黎，晓以利害，惧以祸福，若能开复故道，使行旅无壅，则籍其众所畏服者，请诸朝，假以一命，而岁与其禄，不过总十余人，岁绢千缗耳。今珠崖屯师千人，岁不下万缗，若取十一以为黎人之禄，可以罢千师之屯矣。”基于上述认识，宋朝统治者十分注重招抚归附的黎族峒首，并授官封爵。于是黎族峒首开始步入封建统治集团的行列之中，成为封建统治政权基础组织的一个组成部分。

宋代，以黎族峒首为基础组织起来的土官制度逐渐发展为定制，大多数土官一旦被册封，则可以世袭，其结果是封建中央王朝的土官世袭制度冲击了黎族峒组织的民主选举制。黎族峒首的性质开始发生变化，由原来单一的处理本峒日常纠纷等事务的职责，兼有为封建统治集团服务的任务。

但是，由于宋代黎族峒的组织与封建统治政权相结合还处于较松弛状态，黎族峒首受封的官职多为虚衔，且品级低下，如：宜人，为县君之封；承信郎、承节郎、进

义校尉、进义副校尉均为品级低下的散官衔；牙校，则为下级军官衔。黎族土官虽然有俸给之名，但多未领取。据《宋会要辑稿》蕃夷五之四九载："王氏祖父母及黄氏，自受官爵封号以来，逐月俸不曾请领。"尽管如此，由于利用黎族峒首在黎族峒的组织中的威望，封建统治集团通过黎族峒首的作用，达到了治理黎峒的目的。如《岭外代答》卷二"海外黎蛮"条载："琼管有令于黎峒，必下王宜人，无不帖然。"由于宋王朝大批任用黎族土官，也由于黎族土官的作用，使宋代黎族地区社会相对稳定，黎族诸峒的反抗斗争相对减少，黎族社会的发展也相应加速了。

元初，元军对黎区实行空前规模的征战，使大批黎族峒首臣服，封建王朝的统治势力直接深入五指山腹地。由于元朝统治者从北方入驻中原，不免对汉人心存戒备，且其人数与兵力均不足。因此，元朝空前广泛地重用黎族峒首，以维护其在海南黎区的统治地位。元代黎族土官具有如下特点：首先，他们不仅掌握实权，而且官职官阶较高。黎族土官担任的职务有万户、千户、总管、知州、县尹等职。据明嘉靖《广东通志》卷六八载："元设黎兵万户府，统十三翼，兼管民兵，黎峒万千百户，以土人为之……"又明嘉靖《广东通志》载："又以土人吴斌为万户，自是土官愈炽。"以黎兵万户府为例，万户为正三品，千户为正五品。足见元代黎族土官地位及权力远高于宋代黎族土官。其次，元代黎族土官制带有浓重的军事色彩。元代，黎族土官制不仅建立了从万户、千户至百户的一套军事性质的土官组织，而且，州县等地方土官也掌握军权。据《元史·文宗本纪二》卷三三载：天历二年（1329）十月，以南建峒主王官知州事，佩金符，领军民。可见，土知州是军民兼领的。再次，黎族土官集军政大权于一身。不仅土知州、县，"领军民"，而且，黎兵万户府所统十三翼也是"照管民、兵"①，"兼管民、兵"② 的。可以说，元代黎族土官，均是军政合一、兵民兼管的。黎族土官势力的壮大，使"以黎治黎"政策得以有力推行，加强了元朝在海南黎区的统治势力。

黎族土官成为元朝在海南统治的社会基础和统治秩序的维护者。如清道光《广东通志·列传三十四》卷三〇一载："王丽珠，万州人，世为峒首。元至正间，陈子瑚陷州城，元帅陈安远拟授万宁县主簿。已而，土酋符奴达、陈杰甥等窃发，子瑚弟有庆等复攻城，丽珠又举义兵收捕之，达鲁花赤入都请于元帅分司，升县尹，统民兵保障。"同时，黎族土官所率领的黎兵，还能协助元军远征别域。据《元史·世祖本纪

① ［清］顾炎武：《天下郡国利病书·广东下》。

② ［清］道光《广东通志·岭蛮》卷三三〇。

十一》卷一四载：至元二十四年（1287），诏发“海外四州黎兵”等“以讨交趾”。又载：同年九月，“湖广省臣言：‘海南琼州路安抚使、南宁军总管谢有奎、延栏总管符庇成，以其私船百二十艘、黎兵千七百余人，助征交趾。’诏以仲达仍为安抚使，佩虎符，有奎、庇成亦仍为沿海管军总管，佩金符”。

明代是黎族峒的组织与封建统治政权相结合的又一重要时期。

明王朝建立伊始，鉴于元朝任用土人之弊，即宣布废除元代黎族土官制度，改而委派流官通过各地“峒首”实行直接统治。据清道光《琼州府志·防黎》卷二二载：“凡遇差征，有司俱凭峒首催办；官军征捕，亦凭峒首指引。”实际上，峒首的主要职责是：协助当局催办差役和指引征捕。与前代相比，此时，黎族峒首已没有实权可言了。这是明王朝为防止元末黎族土官拥兵称雄并互相吞并、互相混战局面的再现，所采取的应对措施。然而，在汉族人口稀少的黎族地区完全废除黎族土官制是行不通的。至洪武末年又采取恢复土官制的某些措施。据清道光《琼州府志·防黎》卷二二载，洪武二十九年（1396）：“大理寺丞彭与民等奏言：‘琼州府所属周围俱大海，内包黎峒，民少黎多。其生黎虽是愿化，上纳秋粮、各项差役，俱系民当。其生黎时常出没，劫掠连年，出镇征剿，为害不息……如将各处峒首选其能抚服黎人者，授以巡检司职事，其弓兵就于黎人内签点应，当令其镇抚熟黎当差，招抚生黎向化。如此则黎民帖服，军民安息矣。’诏如所请。”这说明在当时的历史条件下，实行土官制是有利于王朝在海南黎区的统治的。至明成祖时，改而全面推行黎族土官制。由于“以流官治黎”使政令推行效果不佳，更使黎人“未易信从”。有鉴于此，明成祖大量授予黎族峒首官职，采取“以黎治黎”政策，大批任用黎族峒首为官，使诸黎纷纷归附明王朝。据《明史·广西土司列传三》卷三一九载：永乐四年（1406），琼州属县生黎峒首罗显、许志广、陈忠等33人来朝。初以生黎多未向化，遣（通判刘）铭招抚。至是向化者万余户，显等从铭来朝，切乞以铭抚其众。帝遂授铭琼州知府，专职抚黎。仍授显等知县、县丞、巡检等官，赐冠带钞币，遣还。自是诸黎感悦，相继来归……通计前后所抚诸黎共千六百七十处，户三万有奇。

明朝黎族土官，州一级有土官同知、判官，县一级有土官知县、县丞、主簿、典史以及土官巡检等。授职标准按照峒首“所招民数多寡授以职”，授官衔号“以劳绩之多寡，分尊卑之等差”。据清道光《琼州府志》卷二二载：土官之职，“专一抚黎，不预他事”。即不让土官掌握州、县权力，以削弱其权力，目的在于防止元代土官权力膨胀局面的再现。

明代峒首除了在州、县府任职外，有的还被推为土舍。明代土舍制度，是在卫所制度下设立的地方民族武装组织。土舍的职责是：“遇有调发，随军征进，专为前锋，无事则派守各营，听管营官调度。”

从明代土官制度看，黎族土官已没有多少实权了。其主要职责是处理黎峒内部事务，并服从于州、县统治。

与黎峒大批归附中央王朝，诸多峒首听命于州、县的局面对立，明代黎族峒的组织亦有自己独立性的一面，从而使峒的组织在反抗封建统治的斗争中，表现得异常活跃。明代史籍对此多有描述。

由于峒的组织与封建统治政权的不断碰撞与结合，致使大批黎族峒的组织性质发生了变化，成为维护封建统治的基础组织。但峒的组织千百年来所形成的习惯法和行为准则却仍然在发挥作用。如“刻箭传约”“歃血为盟”等习俗，一直在峒的组织里发挥作用。清初顾炎武《天下郡国利病书·广东》载：（黎人）“刻箭结藤为信，斩牛歃血为盟”；又据明王佐《湛钺平黎记》载，弘治十四年（1501）儋州七坊峒黎符南蛇反，“刻箭传约，三州十县黎贼各皆领”。

又据《明世宗实录》卷三五一，“嘉靖二十八年（1549）八月庚申”条在论及当时黎人反明形势时写道：“传箭邻村，一时响应。”

又据《明世宗实录》卷五三一，“嘉靖二十八年（1545）八月庚申”条载：“黎俗乃今渠魁要胁椎牛饮血，人人保其约结，与官府抗矣。”

峒的组织以“刻箭传约”“歃血为盟”的习俗和行为准则，组织了多次规模宏大的反封建斗争，说明其具有较强的军事组织性质。

明朝中后期，黎族起义规模不断壮大，与黎族“刻箭传约”“歃血为盟”的习俗具有极大的号召力不无关系，同时，黎族土官权力的削弱，“以黎治黎”政策推动不力，亦为其中原因之一。

清王朝在沿袭明代黎族土官制基础上，进一步削弱了黎族土官的权力，州、县一级官府已不设黎族土官的职位。清代建立的黎族土官制，主要是在黎族峒的组织基础上建立起来的。“峒”下设峒首、黎总、哨官等职，“村”则设黎甲或黎首。黎族土官的主要职责是管理所属村峒的日常事务和遇有黎人造反时承担协助清军作战与招降之责。据清人张庆长《黎岐纪闻》载：“凡小事听哨官处断，大事则报诸总管，总管不能处断，始出而控告州、县。”又载：“遇有事，峒长、黎练（则）以竹传唤。”

清代中后期，封建统治政权在黎族地区得到进一步加强，至道光年间（1821—

1850），岛上几乎所有黎族地区都划入州、县的统治范围。于是，黎人归入版籍中日众。据嘉庆《大靖一统志》一六九册“黎峒”条载：雍正八年（1730），琼山、定安、陵水、崖州诸生黎2946人相率愿入版图……自是诸黎感戢，悉为良民。

又据道光《琼州府志·村峒》卷二〇载：“黎人归化既久，与齐民等。”

由于黎人归入版籍中日众，也由于相当部分黎人归化日久而“与齐民等”，使州、县有效地辖制了大部分的黎族地区。这样，在五指山外围地区的黎族土官的作用日渐式微，于是出现了部分黎族土官被革除的事实。据道光《琼州府志·村峒》卷二〇载：崖州“东路生熟黎村，凡七十有二，向设峒长六人，总管六人，哨官十三人，今革”。又据光绪《崖州志·村峒》卷一三载：崖州在黎境，“向设立峒长六人，总管六人，哨官十三人，今革。独总管尚存，而无常额，检有头目者充之。每村自立头目一人”。这说明，清代所建立的峒长、总管、哨官等黎族土官制，至清末，在黎区外围大部分地区已趋向衰落。只有五指山腹地仍保留下来，并一直沿袭至民国时期。

清代，由于黎族社会封建化程度的提高，以及封建统治势力在黎族地区的进一步加强，以黎族峒首为基础的黎族土官制趋向衰落，这是黎族峒的组织与封建统治政权之间长期冲突与结合的结果，是黎族社会进步的一种表现。

几千年的黎族社会发展史，可以说是黎族峒的组织在不断地与封建统治政权碰撞、排斥、结合的交错过程。一方面，保持了黎族社会发展的相对完整性；另一方面，又不断地推动黎族社会的封建化进程。其结果是，最终实现了中央王朝对黎族地区的全面统治。

总的来讲，海南黎族因其自身所处的地理位置，以及各种生存环境，造就了其独有的社会组织形式。然而，作为社会组成的一部分，它又必然会随着社会的发展而向前发展，尤其是各中央王朝为了实现其大一统，必然会对其采取各种措施以实现对海南黎族的统治。我们不得不承认，随着社会的发展以及各中央王朝的影响，海南黎族的社会组织形式已经发生了很大的变化，许多海南黎族所特有的东西已经随着历史的进程而消散。但是，作为社会发展的必然，我们必须给予承认。

第三章

黎族民事习惯法

在黎族先民原始氏族社会时期，黎族本民族内部没有“私有”的概念，没有交易、交换的概念，所以也没有狭义的民法制度存在。但是，自秦汉以来，海南岛与内地的物产开始互通有无。《汉书·地理志下》卷二八载：粤地“处近海，多犀、象、毒冒、珠玑、银、铜、果、布之凑，中国往商贾者多取富焉”。《后汉书·循吏·孟尝传》卷七六载：合浦郡“不产谷实，而海出珠宝，与交趾比境，通常商贩，贸籴粮食”①。海南地处粤地，东汉时属合浦郡，故上述记载同样适用于海南。到清代前后，黎族地区出现了墟市，此时黎族与其他民族间的交易逐步规范化。因此，随着黎族与其他民族尤其是汉族的往来日渐密切，出现了私有财产，有了以物易物的交易，有了简单商品经济的发生，在这种背景下，黎族传统社会的民事习惯法逐渐得以产生与发展。

黎族社会的民事习惯法主要包括物权、债权与继承习惯法等主要方面，其在黎族法制中具有相当重要的地位，它保护家族以及有产者的利益，引导黎族民间的各种民事行为，规范财产的流转秩序。

黎族没有自己的文字，其物权、债权习惯法主要以结绳为记、刻木为信的方式得以体现。虽然，黎族漫长的原始社会历程决定了其物权与债权习惯法的简单、原始与落后；但是，从这些朴素的物权与债权习惯规则的分析中，我们能发现以维系种族繁衍为目的发展而来的黎族物权与债权习惯法，与近现代民事法律中的法律原则具有一定的相符性，如刻木为信使物权受到习惯法的严格保护，暗含了物权神圣这一社会趋势，同时也符合诚信的价值观，共有与私有并存原则达到了物尽其用的“和谐”效果。由于黎族的继承习惯法受到母系家庭习俗（如“不落夫家”）遗留的影响，其继承并不限于遗产，而且还有身份上的权利；同时，继承可以在被继承人死后进行，也可以在其生前以分家析产的方式进行。这种具有民族特色的继承制度是黎族在其自身历史发展过程中形成的，适应社会生活和自然选择的行为规范，得到了黎族人的普遍认同和遵循，在维护人口繁衍、促进社会安定方面，发挥了举足轻重的作用。

① 转引自吴永章：《黎族史》，广东人民出版社1997年版，第31页。

第一节

物权习惯法

一、黎族传统社会物与物权的种类

（一）物的种类

物是指除自然人身体之外，能够满足人们需要且能够被支配的物质实体。黎族的物权法律活动所指向的物可以分为不动产和动产两种加以讨论。不动产主要包括土地和房屋，只是此二者极少作为转让的标的。其主要原因在于黎族多居住于偏僻山区，虽然地广人少，但可供耕种的土地并不多，黎族传统社会的物权习惯法对土地的占有有着非常明确的先占规则——结绳为记，只要是已被人占有的土地均不得被侵犯，暗含了物权神圣的原则。至于房屋，多为船形茅草房，简陋易盖，基本没有转让价值，所以，在田野调查中没有发现黎族传统习惯法中存在关于房产问题的规定。

黎族地区的动产主要有牲畜、生产工具、日常用具、特产等。牲畜在其中占有最重要的地位，尤其是牛。牛是划分黎人财富级别的重要标准，是交易中的重大商品。由于黎族人生活环境的恶劣和生产力的落后，对原始生产生活方式最重要的两种物就是耕地和牛只。下面，在阐述黎族传统社会的物权习惯法之前，先介绍一下黎族传统社会中最主要的这两种物。

1．耕地

耕地是黎族人重要的生产资料，在合亩制地区，耕地包括水田（指一年可种两造的水稻田）、旱田（一年只能种一造水稻）、山栏地、坡地、园地等5种。从各种耕地所占的比例来看，主要是水田、旱田；其次是山栏地；再次是坡地、园地。

从水田、旱田和坡地的占有情况来看，区分为合亩内各户集体所有、亩内几户伙有和一户所有三种形式。合亩内各户集体所有（以下简称合亩所有）的耕地，都是祖先遗留下来的；几户伙有和一户所有的水田，主要是所有者用猪、牛或光洋换买进的，旱田多是自己开垦得来的。开垦的山栏地种植旱稻和杂粮，大家都可以自由地选择地段，不受限制。一般都是合亩内的近亲属分别组合，一个合亩分成两个以上的组合进行耕作，也有一家一户单独进行的，只有规模小且由血缘亲属组成的合亩，才可以合亩为单位进行开垦。晚近时期，有一部分山林、荒地、河流已为地主恶霸所侵占，在这些山林、河流中种山栏、狩猎和捕鱼，事先都要征得所有者同意，并向其缴租或送礼，形成了出租等特殊剥削方式。至于屋前屋后的园地，都归开垦者一户所有。①

2. 牛只

牛只是合亩地区仅次于耕地的重要生产资料，分为耕牛和非耕牛，耕牛主要用于耕作，而非耕牛不耕作。牛只（包括耕牛和非耕牛）的占有也分合亩各户集体所有、几户伙有和一户所有三种形式，但合亩所有的成分已不占优势，绝大部分地区和大多数的合亩以一户所有为主，几户伙有次之。②如毛道乡 18 个合亩的牛只中，属合亩所有的仅占牛只总数的 10.41%，几户伙有的占 42.90%，一户所有的则占 46.69%。又如通什乡，90%以上的牛只归一户所有和几户伙有。③

3. 其他生产工具

除了耕牛之外，农业（包括园艺、饲养牲畜等）、手工业、捕鱼、狩猎等活动所使用的一切工具，完全属一家一户私有。合亩成员从事合亩的集体生产时，都使用自己的工具，损害也由自己负责修补或添置。手工业、副业以至大部分的山栏地耕作，都以户为单位进行，产品归该户所得，已属于家庭私有经济的范畴。④

（二）物权的种类

对于黎族人生活中最重要的两种物来说，黎族传统社会习惯法中的物权主要分为两种，即对物的所有权及特殊的用益物权——合亩制。

1. 所有权

所有权的内容，是指财产所有人在法律规定范围内，对于其所有的财产可以行使的权能，而权能则是指权利人在实现权利时所能实施的行为。对于黎族人来说，土地和牛只是其最重要的财产。

我们知道，在当今的社会环境下，财产所有权是我们最基础的一项权利，它由法

---

①②③④ 《黎族简史》编写组：中国少数民族简史丛书《黎族简史》，广东人民出版社 1982 年版，第 288—289、230、159、230 页。

律予以明文的保护，我国《民法通则》第七十一条规定：“财产所有权是指所有人依法对自己的财产享有占有、使用、收益和处分的权利。”而黎族社会那时并没有统一的文字，更没有成文的法律，财产的保护依靠的是习惯法，集体与集体、集体与个人、个人与个人的相互财产关系都是由它来调整的。

黎族的私有制很早之前就存在，例如在《海槎余录》中就有这样的记载：“寻常黎俗藏置酒米乾肉衣布之属，不于其家，必择一高坂之地。离家百步，内外周以树，略加缭绕迴获，辇置其中，名曰殷。虽村家丛杂，亦不少混闲。有盗之者，每犯辄获，法曰迹痕，即足迹也。”① 黎族习惯法关于私有财产权的规定涉及房屋、土地、牛只、竹林、果树等财产。黎族的小家庭是独立的生产、交换、副业生产和交换单位。每个家庭都有属于自己的财产。这些财产的所有权属于男子，女子参加家庭劳动，但没有财产的继承权。

在合亩制地区，由于生产资料的所有权属于整个合亩共有，有的家庭虽然有属于自己的田地、牛只等生产资料，但只要是合亩内的成员都可以无偿使用这些生产资料。②

黎族的公共财产主要存在于峒组织之下，包括山林、土地、森林、河流等。峒与峒之间以山川河流为界，峒管辖的范围神圣不可侵犯。峒内的土地、森林、河流未经许可，外人不能越界砍山开荒、采藤、伐木、打猎、捕鱼和居住等，若需越界，须经本峒许可，还要上缴一定数额的物产给峒长。上缴物产的多寡要根据内容和行为而定：采藤、打猎、捕鱼要上缴一些猎肉、鱼，这些物产由峒长和峒长所居住的村庄的奥雅享用；砍山开荒、伐木、居住上缴的物产多，如上缴猪、牛、光洋等，这些物产是峒长所居住村庄的公共财产。当外人侵犯了本峒利益而发生械斗时，全峒人都要参加战斗，战斗所需要的费用由全峒人共同负担。峒的公共财产受到全峒人的保护，全峒人也要保护峒内成员的私有财产不受他人侵犯。

由上面所述可以看出，黎族社会的财产所有权跟现在有很大的区别。由于特殊的合亩制生产生活方式，在群体之中，作为个体的黎族人对财产——土地、牛只等生产资料——不享有完全的所有权。但是，这些生产资料作为群体的财产，又是不受其他群体和个人侵犯的，具有绝对的排他性。

---

① 《黎族研究参考资料选辑》第一辑，广东省民族研究所 1983 年编印，第 158 页。

② 王学萍主编：《中国黎族》，民族出版社 2004 年版，第 146 页。

2. 用益物权

用益物权是物权的一种，是指非所有人对他人之物所享有的占有、使用、收益的排他性的权利。用益物权的特点包括：

第一，是对所有权有所限制的权利，用益物权人的权利也受一定的限制；

第二，是非所有人基于法律、合同或者其他合法途径而取得的权利，也是对他人财务享有的直接支配权；

第三，是从所有权的权能分离出来的相对独立的他物权；

第四，只能设立于不动产。

黎人对土地的权利包括土地的所有、占有、支配和使用等方面，在漫长的黎族社会发展过程中，长期盛行的“合亩制”具有用益物权的特征。

首先，“合亩”黎语原称“纹茂”，直译为“有血缘关系的集体”，新中国成立前，一般都称作“翁堂沃工”或“翁堂打”，直译为“大家做工”或“大家的田”，意即共耕公田，合亩即是不动产土地。符合用益物权的第四个特点。

其次，合亩制的土地为合亩集体所有，对合亩成员来说只是享有共同使用、收益的权利，是从合亩集体对土地的所有权中分离出来的权利；同时，合亩成员对土地的使用收益权是作为非所有人时通过黎族传统社会习惯法的合法途径而取得的权利，也是对其他合亩成员财产享有的直接支配权。因此，符合用益物权的第二、第三两个特点。

所有权人（即合亩集体）对土地的所有权受到用益物权人（合亩成员）的限制，因为，合亩所有的土地出卖，须得到全合亩成员的同意；同时，用益物权人（合亩成员）对土地的使用权也受到所有权人（即合亩集体）的限制，即合亩成员一起参加劳动，在生活上互相帮助，无论付出的劳动有多少，土地上的产品都是按户平均分配，符合用益物权的第一个特点。

所以，合亩制即是合亩成员对集体土地所享有的用益物权，合亩成员即相当于用益物权人。

二、黎族传统社会物权的取得及其效力

物权习惯法的主要职能是保护财产的所有权和调整财产关系，包括社会成员的私有财产和全合亩的公共财产。无论是社会成员的私有财产还是全合亩的公共财产，其

所有权的取得都是先占和平分两种方式。无论是通过哪种方式取得的财产，都具有绝对的排他性，不受任何群体和个人的侵犯，否则要受到习惯法的惩治。

（一）先占及其效力

先占主要体现在对无主物的占有上，这里的无主物主要是指没有被主张所有权的荒山、树木等，牛、猪等家畜由于是放养，即使走失也不属于无主物的范围。黎族人种山栏先是在峒内本村的公有土地上，选一块肥沃的土地，确定要开荒种植的面积，然后用茅草在树干上打结，表明砍山的范围。这样这块山栏地就归自己所有，别人看到树干上打结的标记就会很自觉地到别处种山栏。在本村的公有土地上，长出一棵果树苗或者其他实用树苗，哪怕只有一尺高，谁先用茅草在树干上打结或用刀在树干上砍一个交叉做记号，这棵树长大成材或开花结果，则归打草结或砍交叉做记号的人及家人世代所有，其他人不得采摘、砍伐，违者按盗窃罪论处。① 在本村或本峒的土地范围内，如果本村或本峒有人看见可用作棺材的树木时，用刀在树干上砍一个交叉，说明此树已有主，当此人老弱、病重时，他的家人便砍那棵树给他做棺材，其他人不会去砍那棵树。②

树木插星示意

此树已有主人③

峒内村与村之间也以山川河流为界，村与村之间也不能越界砍山开荒、采藤、伐木、打猎、捕鱼，违者峒长负责仲裁，罚款赔偿。

（二）平分及其效力

在黎族特有的合亩制地区，合亩制的组织基础是血缘关系，一个亩包括若干家庭，各个家庭之间有着血缘关系，有时候，不同血缘的弱小户也可加入。生产工具为各个家庭所有，牛和土地等主要生产资料，有的为各家所有，有的为合亩所有。生产资料无论归谁所有，都由合亩统一经营，共同劳动。在五指山市冲山镇福关村里，生产上，族内共同出资买大型机械，大家共同使用。人们在劳动和社会交往中互相协作，劳动产品归集体所有并平均分享。原始的平等观念，在分配方面表现得尤其明

---

① 王学萍主编：《中国黎族》，民族出版社 2004 年版，第 111 页。

② 王恩：《谈黎族特殊标志符号的含义》，载海南省民族研究所编《海南民族研究（二）：越过山顶的铜锣声》，云南民族出版社 2006 年版，第 15—16 页。

③ 国家民委全国少数民族古籍整理研究室：《中国少数民族古籍总目提要·黎族卷》，中国大百科全书出版社 2010 年版，第 111 页。

显，不但农产品的分配是人均一份，猎物的分配也是如此。“一个人猎获的野兽，全村男女老少平分享受；如果是集体围山猎获的野兽，则把它抬回亩头的家里，每户收一碗米煮成肉粥，然后，呼喊全村大小男女到亩头家领一份肉和吃粥。”①

但是分配前要先将5种类型的粮留下：一是种子，留下作为来年稻种；二是“稻公稻母”，收获时由“亩头”保管留作备荒或待客用的谷子，实际归“亩头”所有；三是“留新禾”，收割时先留10—12把稻谷约24斤给“亩头”煮饭酿酒，人们在“亩头”家吃了新谷后亩众才能开始吃新粮，有祈福丰年的意义；四是“聚餐粮”，留谷几十斤，交“亩头”酿酒，待来年插秧完后全体合亩成员共饮；五是“公家粮”，数量由大家商定，需要用时也由大家商定，“亩头”可以用它来待客，凡结婚、盖房或者有困难的合亩成员也可以动用此粮。

这种制度的产生，一方面，是因为在原始的、恶劣的自然环境中，生产工具简陋，个人的力量在自然面前是微不足道的，个人必须依靠氏族和峒或者合亩才能生存；另一方面，在氏族之间、峒之间、合亩之间发生争夺猎场、牧场、渔场和砍山垦荒的冲突中，如果不依靠集体也不能保护自己和自己的利益，并且最初龙仔投靠龙公加入合亩，就是为了寻求龙公及合亩的保护，以求得个人生命的安全。

三、黎族传统社会物权习惯法的特点

（一）物权习惯法的保护体现地域性与群体性

海南岛的地形地貌特点用一句话来说便是：“高峰中峙，台地还周，逐级梯降，四面濒海。”② 海南岛因中高周低地形而形成的岛上独特的放射状水系布局，河流无法形成一水系。河流季节变化悬殊，水位和流量易暴涨暴落，这对傍河而居的黎人，在经济、交通、生产、生活等方面均产生极大的影响。海南的植物、动物、微生物之间能量传递与交换迅速，物质循环旺盛，是各种动物生息的天然乐园。这种自然生态环境和动植物自然群落状态，对于自古以来在自然经济中生产发展的黎人来说，有极大的相关性。

---

① 王国全：《黎族风情》，广东省民族研究所1985年版。

② 转引自邢关英：《黎族人的自然生态环境意识》，载海南省民族研究所编《海南民族研究（一）：五指山脚下的耕耘》，云南民族出版社2004年版，第17页。

黎人主要是和自然做斗争，所以人与人之间非常和谐，一致对外。黎族习惯法的和解精神也体现在物权习惯法领域，在没有触犯禁忌或者道德底线的情况下，一般的财产争议和纠纷均能通过赔偿、道歉的方式得以和解，诉诸暴力的情况极少。

（二）共有与私有并存的原则实现物尽其用

在合亩地区，对生产生活有重要意义的物向来都遵循共有与私有并存的原则。由于黎族生活地区自然条件的艰苦，生产工具的落后，所以，合亩成员一般都一起劳动，牛只、工具等生产资料由于数量少而共同所有分别使用，劳动的所得全部由亩头平均分配，充分达到了物尽其用的结果。在个体思维和能力不发达的状况下，个人无力猎取野兽、抵御自然灾害或反抗入侵之敌，而以群体行动、群体力量来代替个体能力不足的缺陷，维持群体的物质再生产和民族的繁衍。①

（三）结绳为记暗含物权神圣观念

黎族传统社会物权习惯法通过结绳为记的先占方式确立物的绝对排他的所有权，暗含了物权神圣不被侵犯的观念。

结绳为记也体现黎人在物权习惯法中重视诚信的原则。黎人非常恪守信用，不偷，不受偷，不欺，不受欺。只要有言在先，各方都恪守信用。耍诡计、欺骗人的行为，为黎族社会所不容。《桂海虞衡志》有记载："（黎人）与省商人博易，甚有信，而不受人欺给，商人有信，则相与如至亲，借贷所有不吝，岁望其一来，不来则数数念之。"在日常生活中，人们若是看中了某一棵树或是一个鸟巢、一块荒地，只要在旁边打个草结，就不会再有人来侵占或是提取；如果路上有失落的东西，也要拾起来放在容易被人发现的地方，以便失主寻找；耕牛野牧，不会丢失；谷仓建在离村较远的路边，不上锁，不用看守，也不必担心被偷。总之，诚实信用是黎族社会几千年遗传下来的处事信条，暗含了近现代物权法的重要原则。

① 高其才：《中国习惯法论》，湖南出版社 1995 年版，第 425 页。

第二节

债权习惯法

黎族社会私有制存在已久，而且出现了黎族内部和黎、汉之间的贸易及其他经济活动，对有关契约、买卖、典当、借贷、租佃、侵权方面，习惯法都有所规定。

一、契约是黎族传统社会债权制度的基础

契约是两人以上签订的相互间以权利、义务为内容的具有约束力的协议。黎族没有文字，通常都是用刻木或者结绳的方式订立契约。这种看似简单的文本模式，依赖黎族人族群生活中普遍存在的万物有灵、生灵有信的信仰，在黎族社会中产生了深远的影响。对黎族社会契约观念的深刻解读，有助于我们确切理解黎族社会民事交往中债权制度的各种现象。

（一）契约观念的产生

《周易·系辞下》曰："包（伏）牺氏之王天下也……作结绳而为网罟，以佃以渔，盖取诸离。包牺氏没，神农氏作，斫木为耜，揉木为耒，耒耨之利，以教天下，盖取诸益。日中为市，致天下之民，聚天下之货，交易而退，各得其所，盖取诸噬嗑。"《淮南子·齐俗训》曰："尧之治天下也……其导万民也，水处者渔，山处者木，谷处者牧，陆处者农。地宜其事，事宜其械，械宜其用，用宜其人。泽皋织网，陵阪耕田。得以所有易所无，以所工易所拙。"① 从古代文献的记载来看，中国契约的萌芽时间大约是在伏羲、神农、黄帝、尧、舜时期。这时候契约观念萌芽的原初动因是在生产力发展以后广泛的社会分工的基础上，人们以物易物的社会生活需求。

黎族传统社会以合亩为基本单位进行生产活动。在合亩内土地、耕牛等重要生产资料，大多是由集体共同所有或者是私人所有由集体共同使用，人们的生产生活资料

① 《周易》卷八，《十三经注疏》（上册），中华书局影印本，第86页。

比较单一。黎族传统社会群居的生活特点决定了早期合亩内没有商品交换。合亩之间人们的生活水平差距不大，人们都是自给自足。因此在早期的黎族社会人们的商品观念不强，说黎族人的契约观念来源于商品交换恐难以成立。

黎族的部落与部落之间、村与村之间经常发生械斗，有的要持续好几年的时间。械斗主要是因为一些宗族原因或者财产原因引起。械斗发生后，势力较弱的一方就会屈服，将一些钱财或土地给势力较大的一方。械斗双方达成和解协议时通常都是砍箭为盟，这样双方都要遵守，从此不再相互侵犯。黎族人的砍箭为盟实际上是黎族社会最早的契约形式，这种契约直接关系到黎族人的生命安全，它比先占契约、买卖契约、租赁契约出现的时间要早，因此黎族人的契约观念最早来源于械斗时的和解。

（二）契约的种类

黎族社会的契约主要有买卖契约、借贷契约、租赁契约等多种。

黎族社会的交易一般没有契约，因为它采取的是以物易物或一手交钱一手交货的交易方式，但是涉及重大物件且又无法一次性付款的，仍以刻木为信的形式制订契约。

黎人刻划记数的方法，在本质上仍是一种刻木记事的方法，当人们发生借贷关系时，双方即请来老人或有威望或比较信赖的人当公证人，将一根上等的竹节从中剖开，把剖开后的一边削成宽5—10cm、厚约0.5cm的竹片，长度则根据借贷的数目来定。然后在竹片上刻划所借贷的数目，刻划完毕，双方确认无误，公证人即当场执刀从中间剖开，借贷双方各执一半作为凭证。如遇到有“半（>）”的数字记载，当竹片剖开后，“>”就一边呈“\”，另一边呈“/”。若没有将两片并在一起，很难看出是代表“半”的意思。

借贷契约是由债主自制一节竹片，用刀在竹片上割出一道道横线，一道横线等于5公斤米或10元钱，打两个交叉用刀劈成3半，债主、借户、中间人各执一块竹片，无论经过多少年，借户都承认这笔债务，他死后，债主拿竹片上门找借户的儿子，其子必须偿还这笔债务。一次偿还债务，债主收回竹片；当分几次偿还债务时，每偿还一次，债主用刀砍掉已偿还部分的债务，直到偿还完为止。白沙县南开乡润方言的人借牛，债主用一根白藤，量牛前身胸围长度，用刀砍断，根据白藤的长短，来确定牛的大小，债主把白藤存放在藤篓里保管，借户病重，债主便持藤到借户家，借户便把还牛的事委托给任意一个儿子偿还。①

（三）契约的制作

黎族人多用木簪或竹片量出长短、刻上度值（称之为“押”），然后从当中剖开，双方各取一半作为凭证来制成契约。这类契约分为两种：一种是木簪或竹片的正面用汉字书写契约的内容，由识字的汉人代笔，并加盖当事人和中间人的手模，背面则刻有数道横纹，每道代表出典或卖的价值；另一种则无汉字，全由横纹组成。

这些木簪或竹片根据价值的高低，横纹之间的距离也不同，共分为 3 种：指长押、掌长押、肘长押。凡是价值在 30 元以下的，用指长押，每刻 1 元；40—100 元，用掌长押，每刻 5 元；百元以上的，用肘长押，每刻 10 元。指长押又分为 3 种：价值在 10 元以下的，用中指的中节；10—20 元的，用中指的中节和前节；20—30 元的，用整个中指。制作契约用的木簪或竹片大都由卖主提供。木簪或竹片上的价值度量，以卖主的手为标准，刻数值在上面，两端都刻上检验真伪标志的缺口。制成后，当着中间人的面，在两端的缺口处用刀从中间剖开，再由中间人交给买卖双方各一半。买卖双方检验无误后将它好好保存。这时买方就要按照契约上的钱物交给卖方，一旦交付完成，买方就开始接手卖方的物业，直至卖方赎回为止。赎回时必须按照契约上的数值，不增不减，也可以陆续赎回，如指长押赎回 1 元则削去一道横纹，掌长押赎回 5 元则削去一道横纹，肘长押赎回 10 元则削去一道横纹，依此类推，直至赎完为止。赎无定期又无利息，只要原契约在，父亲死后儿子可以赎回，儿子死后孙子可以赎回。假如契约丢失的话，卖方永远不可赎回，而买方就可以转卖了。②

刻木为信是黎族特有的契约订立方式，而女性可以订立重大契约，证明在黎族社会里女性的社会经济地位很高，享有与男子平等的民事主体地位。但是，此约其他内容都有了汉化的色彩，如以文字记载、田艮作保等。

（四）契约的效力

黎族人“万物有灵、生灵有信”的生活观念使黎族人非常注重诚信。黎族人认为天地万物都有自己的灵魂，自己处于天地万物之间，自己的行为有天地万物可以佐

① 王恩：《谈黎族特殊标志符号的含义》，载海南省民族研究所编《海南民族研究（二）：越过山顶的铜锣声》，云南民族出版社 2006 年版，第 21 页。

② 毛公宁主编：《中国少数民族风俗志》，民族出版社 2006 年版，第 740 页。

证，作恶必将受到惩罚。黎族人的契约大多是以刻木的方式或结绳的形式出现，在出现纠纷时多以宣誓的方式来解决。由此可以看出，黎族人潜意识中认为契约不仅是人与人之间的契约，而且还是人与神之间的契约，必须遵守，否则就会遭到天地间鬼神的惩罚。因此黎族人非常注重诚信，订立的契约不论经过多长时间，只要原契约在，黎族人必会遵守。

二、买卖

（一）族内交易贫乏，土地买卖限制多

黎族的经济生活深受自然生态环境的影响，作为黎族主要生产部门的农业长期处于原始状态。在早期原始社会时期，黎族社会是单纯的采集经济，后来随着生活的需要与生产工具的改进，逐步发展为山地农业（烧垦农业经济），也就是现在所说的砍山栏。

黎族社会男耕女织，分工非常明显。家庭手工业常见的有纺织、制竹木器、制陶、酿酒等，在农闲时进行。另一重要副业是饲养家禽家畜，但无论是养牛还是喂猪都是放之于野外，不会像汉人一般造牛栏猪圈。另外，黎人在农闲时也会进行捕鱼与狩猎活动。

因此，黎族社会的农业和副业基本上都是自给自足性生产，商品生产长期得不到发展，交换也不发达，尤其是黎族社会内部的交换更是少之又少。

在黎族传统社会习惯法中，合亩制土地也有通过买卖转移的情况。

合亩所有的土地出卖，须得到全合亩的同意，几户所有或一户所有的土地自行决定出卖。但在出卖时，首先应卖给本合亩的人，如本合亩无人购买，就按血缘关系的亲疏，依次卖给同村的其他合亩、同远祖的其他村；最后，才卖给无血缘关系的人。

在买卖土地中，由买者备酒邀请村内亩头、奥雅、本合亩的兄弟亲属，以及卖田者全合亩的人喝酒。双方在酒会上讲明价格，成交。日后如有纠纷，则由参加饮酒者作证。另外有一些村子在买卖土地中，还“刻竹为凭”，即将价格刻在竹片上，砍为两片，由买卖双方各执一片。

合亩所有的田地卖了，所得之牛由合亩共同使用，所得之钱财则由全合亩各户平均分配。若所得的少，便由亩头保存，在必要时，做救济合亩内困难的费用。卖私田

所得之牛、钱财，归田主所有；若田主不把所得之牛“祭鬼”，则牛就由本合亩共同使用。

（二）族外交易以物物交换为主，进行不等价交换

黎族社会没有独立的商人阶层，但自古代起，黎人就积极与周边的其他民族发生贸易关系，尤其与汉商的交换较多，并形成初级市场——墟市，但数量很少。据史料记载，明朝期间，崖县、陵水、昌东、东方四县的城镇和港口，较大墟市有6个，清代18个，民国时百余家。主要是汉商贩运铁制工具、食盐、针线、纱布、火柴等，以及收购土特产品，如牲畜、家禽、名贵木材、野生动物和木耳、水晶、金砂等。交换的主要形式是物物交换。据《诸蕃志·海南》卷下载：“（黎人）无盐、铁、鱼、虾，以沉香、缦布、木棉、麻等就省地博易，得钱无所用也。”以昌江水头乡老乡村为例：在1949年之际，汉商挑来贩售的货物有盐、镰刀、斧头、锄头、犁、衣服、布、线、针、碗、锅等，换取黎人的土特产品，如香料、药材、野味等。

参与贸易的人数众多。《桂海虞衡志》：熟黎“能汉语，变服入州县圩市，日晚鸣角，结队而归”。说明与汉人杂居和靠近汉区的黎人已经大批进圩市交易了。当时不懂汉语远离汉区的生黎，也已进行圩市交易，苏轼《和陶诗·拟古九道》曰：“黎山有幽子，形槁神独完。负薪入城市，笑我儒衣冠……日暮鸟兽散，家住孤云端。问答了不通，叹息指屡弹……遗我吉贝布，海风今岁寒。”

到民国初年，外地商人开始深入黎区开办店铺打造铁器、贩卖日用百货。最初，外地人带上工具，到黎区走村串户，每到一个村便停留几日，住在黎人家中，替黎人打造或修缮所需物品。后来一些外地人便定居下来，开设店铺。这些人事先要得到当地乡长、保长的同意，主要打造钩刀、镰刀，贩运食盐、衣服，卖给附近的黎人，多半以实物交换。以乐东黎族自治县永益乡为例，一般交换行情如下：

1把锄头——1箩谷；1口锅——1箩谷；

1把斧头——3斗谷；1把刀——1斗谷；

5个花碗——8升米；2把小镰刀——1碗米；

1个犁头——1只狗或者1头20斤重的小猪……

但是，汉商的贸易活动多以不等价交换剥削黎人，如：

1颗针——1只母鸡；1椎头——3箩谷；

1把钩刀——1箩谷；1把锄头——1头猪；

1 件好衣服——10 箩谷；1 件旧衣服——5 箩谷；

1 箩盐——4 箩谷；1 把铲子——1 箩谷……

有俗语说：“客不吃黎，鸡不吃谷。”汉商凭借其先进的打造生产工具的技术，几乎垄断了黎族社会铁制生产工具的打造。除此之外，黎人别无他法，因为黎人不懂冶铁技术，所以便出现了上述不平等的交易，一般人家一年很难置办几件铁制工具，这也是黎族社会生产工具非常落后的关键原因。但是为了生存，为了种族延续，黎人默默接受了这种交易习惯，借汉商的铁制工具提高生产，维持黎族社会的和谐与种族延续。当然，这在客观上也密切了汉黎之间的经济联系与技术交流，供给黎人先进的生产工具，促进黎族地区的生产发展和生活改善。

受外地商人影响以及对不平等交易的反感，个别富裕的黎人也开始经办店铺。1920 年，保亭有百来户人，有 10 多家小店铺，都为外地人所开。抗战爆发前夕，保亭商店已有 20 多家，黎人经营的已有 6 家。

三、典当及抵押

关于典当和抵押，黎语里没有“典当”和“抵押”的词汇，这里借用的是汉语海南话。

典当的发生，最初是由当事人双方直接进行的；只要双方同意，典押关系便成立。后来才出现了中间人，其义务、权利均与租佃关系的中保人相同；但在报酬上，则与中保人不同，不论典当田地数量多少，中间人均按田地典押的牛只数来收取报酬。

典押没有严格的时间限制，大抵要在两年后才可赎回典押物。有时父亲出典的东西，到儿子时才赎回。

典押价格，一般相当于该物出售价格的 1/2—1/3，个别典价也有和卖价几乎相同的。

在典押关系成立后，双方还要剖竹为凭，即用一块一寸宽、五寸长的竹片，把典押价格用钩刀刻划于其上（如典价为 2 头牛，即刻二画），然后由中间人（如无中间人，就由当事人的某一方）将竹片一劈为二，由出典人各执一半为据。日后赎典时，便以此为凭。出典人归还典价后，就收回出典物；同时，当场焚毁竹片，典押关系即结束。

典押也可演变为买卖，如出典人在出典期间，要把出典物卖断，征得受典人同意后，双方协商，由受典人再给卖主一些牛或钱，土地所有权就属于受典人的了。①

上述双方都要遵守约定的典押关系，不得违约。个别人有违约的，由于文献资料的缺乏，关于违约之后的处理情况尚且不清楚。

四、借贷

借贷关系普遍存在于黎族人的生活当中，如不同村合亩间、同村合亩间、合亩内部以及黎族各分支间的借贷。借贷的内容一般包括：借牛、借钱、借粮。但借贷的利息则因借贷双方的关系不同而有所差异。如关系越近则利息越低。另外在借贷方面，还有一些特殊的习惯，如遇上灾年家庭困难，一般去跟亲戚、朋友讨粮，各家各户给几斤，集成一担挑回家渡过难关，这种情况不需要归还；而别人缺粮找上门时，也必须回送一些粮食，这叫互助。所以，黎族社会凶年不见逃荒者，无饥寒之民。

缺粮借粮上百斤需偿还，借粮400斤偿还的期限一般为三年，可用一头牛来折算抵债偿还。三年后无力偿还的，用一个男孩去帮债主养牛三年抵债。如在三年里家里有人生重病，需杀牛祭祀又向债主借了一头牛，就等于借债主两头牛，实际上就相当于把儿子卖给了债主。债主把这个孩子当自己的儿子一样对待，改名换姓随债主供奉一个祖先鬼，孩子的后人（即使是新中国成立后），也一直留在债主的村子里和债主的后人供奉同一个祖先鬼。②

黎族传统社会的借贷主要是借钱和借粮食。合亩内主要是互帮互助、相互救济，借贷的现象很少发生，合亩外借贷也不经常。

（一）无偿借贷

无论是合亩内还是合亩外，黎族人之间借钱都不用付利息，只要偿还本金即可，并且偿还的期限没有具体的限制。同一合亩内，直系血亲之间的借贷有互助的性质，借钱和借粮食不用还。有些合亩内旁系血亲之间的借贷一般是借一还一，属于帮助性质的也不用偿还。

① 广东省编辑组：《黎族社会历史调查》，民族出版社1986年版，第155—156页。

② 王学萍主编：《中国黎族》，民族出版社2004年版，第112页。

（二）有偿借贷

合亩外粮食的借贷一律要计算复利，即借一还二。黎族人认为借钱不用付利息是因为钱不能生钱，而借粮食不同，粮食种到田里能长出更多的粮食，因此借粮食要加倍偿还。在盖章村王老捆做亩头时，合亩内的王老陆向堂侄王老识借稻谷一对，同年还稻谷两对。如果当年不还则要利上加利。①

（三）借贷方式

有关买卖及借贷关系、缔结契约的方法以刻木为信、砍箭为信、结绳记事、书面契约4种为主。其中，最主要的是黎族人的“刻木为信”方式。宋代《诸蕃志》即有生黎“刻木为符”的记载，可见自古如此。结绳记事也早见于清初《广东新语》云：“有所借贷，以绳作一结为左卷，或不能偿，虽百十年，子若孙，皆可执绳而问之，负者子孙莫敢诿。”当发生借贷，立誓时，则又斩箭作誓。这也是汉族早期常用的方法。负债人往往用中指长度的小竹筒，刻木则以粗线代表牛只，幼线代表钱数，等等。这种情况在今天落后的地区仍使用着，因为文化还未普及，文字还未为老年人所认识和应用。②

上文谈到黎族是一个恪守信用的民族，那么，为什么在借贷时还要用竹片立字据？原因有三：第一，黎人借贷从借到还的时间可能很长，有的历经两三代人；第二，形成借贷关系后，双方如果发生矛盾，借方会不认账，有竹片为证，借方也奈何不了；第三，黎族社会认为借贷立竹片、木片为证，是社会公正平等的象征。

五、租赁

由于黎族传统社会最主要的物是耕地和牛只两种，所以，租赁的对象也主要是针对这两种物，分为田租和牛租两种。

（一）田租

黎语中没有恰当表述“租佃”的词汇，这里借用的是汉语海南话。黎语把租佃称

---

① 广东省编辑组：《黎族社会历史调查》，民族出版社1986年版，第122页。

② 曾昭璇、张永钊、曾宪珊：《海南黎族人类学考察》，华南师范大学地理系2004年编印，第63页。

作“同寅田”，即租佃双方是基于完全平等和合作、出于兄弟情谊互相帮助耕田的意思。①

土地租佃的范围，除租佃水田、旱田外，还有山林等。而山栏是公地，峒内任何人均可砍伐，但谁也没有权利出租。

具体而言，在田租关系形成过程中遵循以下几个习惯法则：

1. 以宰杀牲畜的种类和数量来决定租种年限

土地的租佃关系一般发生在同村的合亩与合亩之间或合亩与别村合亩个人之间。在租田时，除少数村必须由亩头出面租田外，一般农户需要租种土地时，便自己去找田主联系。联系好后即杀鸡、猪、牛去和田主达成协议。杀牲畜的种类代表着租赁年限的长短。按习惯杀 1 头牛租 9 年，杀 1 头猪租 3 年，杀鸡或杀小猪租 1—2 年；不论土地面积的大小、种类或肥瘠程度，都以它们表示年限。如果租田期满而双方同意续租的话，便要杀牲畜来决定年限。

2. 以租种土地收获的分成来折抵租金

在收割前，租田者便要通知田主来分稻谷，田主亲自或者派人来监视。收割后，租田者先留出种子、田主及其随从饮酒吃饭所需的谷子后，分成两份，双方各取一份；有的由田主根据收成的好坏来决定田租的多少。

另外，租田者还要杀牲备酒来招待田主及其随从，一般是从中午到晚上吃两餐。在酒席上如果租田者不想继续租田，就会对田主说这是最后一次请客；如果想继续租种，就说欢迎明年再来饮酒。如果田主同意继续出租就说酒菜很好明年再来，否则就会说酒菜很糟，并当场提出收回土地。

3. 租种协议中断后的处罚以赔偿牲畜或谷物为主

租田关系如果按照原协议履行完毕，租佃双方都不负任何责任。如果租田关系还未到期，由田主提出中止租田关系时，田主要根据剩余租田期限的多少对租田者进行赔偿。如 9 年的租期第 6 年时田主提出收回田地，田主要给租田者一头猪或价值相当于一头猪的稻谷。②如果是租田者提出提前解除租田关系，田主则不对租田者进行赔偿。租田关系的中断一般选在收获季节，那样不至于耽误来年的收成。

4. 在租田关系中中间人的作用重大

从现有的材料来看，租佃关系是近百年来发生的事情。后来，租佃关系除了当事

①② 广东省编辑组：《黎族社会历史调查》，民族出版社 1986 年版，第 157、158 页。

人双方外，为便于监督双方履行协议，便出现了中保人（或称中间人）。据说，只要能说会道的都可做中保人，一般都是男性，女性不能做中间人，因为女性丧偶后多数回娘家居住。新中国成立前，大多数中保人是伪保甲长。中保人是世袭的，父死子继。

中间人的主要义务就是在宴会上把双方的权利义务说清楚，并监督双方的履行。此外，中间人还负有解决租田双方纠纷的义务。中间人除参加饮酒外还可以从租田的农户那里获得1—2个光洋作为报酬。不论租种田地的面积大小、期限长短、土质好坏，中间人获得的报酬是相同的，但是他对租田双方当事人的违约行为只负调解责任而不进行赔偿。

（二）牛租

在关于耕牛的出租方面，虽然各地有所差异，但习惯法中有一些为各村共同遵守的租牛习惯法：

第一，牛若被偷走，租牛者要负赔偿。如牛在夜晚被偷，按原数偿还；白天被偷，加倍偿还。

第二，如牛瘟死，租牛者不负任何责任，但要及时通知牛主抬回去；牛主还必须将牛颈、牛腿等给租牛者。牛主如不要肉，可由租牛者所在的合亩分食，另以一头猪及相应的钱送给牛主。如在牛瘟死后，租牛者未及时通知牛主，被牛主知道后，要罚租牛者。

第三，牛老死或因劳累过度而致死，租牛者必须以一赔一，死牛归租牛者。

第四，租牛所生的小牛归牛主，如被人偷去小牛，租牛者要赔偿一头猪。①

1. 牛租租金固定化

合亩租牛，由亩头代表合亩去租，租金由合亩出。个人租牛由个人联系，有的村还需亩头去交涉。每头牛的租金不论租期的长短都是两个光洋，即租1年是两个光洋，租10年也是两个光洋。例如，万板村徐伯娘的父亲租空透村张阿各的牛一头，5年付租金两光洋。徐柏磊的父亲租南打村尊勤的牛一头，20年付租金两光洋。②另外牛主每年还要到租牛户看牛一次，租牛户要杀牲畜来招待，否则牛主就会把牛收回。

---

①② 广东省编辑组：《黎族社会历史调查》，民族出版社1986年版，第157—158、158页。

2. 租牛死后租牛者要根据不同情况进行赔偿

在租牛的过程中，租牛户对牛有照料的义务。如果在租期内牛因正常原因或意外原因死亡，租牛户都要进行赔偿，赔偿的方法因租牛户是否完全履行照料义务而有所区别。

如果在租用过程中牛被偷走，租牛者要进行赔偿。如果是在夜间被偷，按原数赔偿，即赔偿一样大小的牛；反之，则租牛户要加倍偿还。牛如果得瘟疫死掉，租牛者不负任何责任，但要及时通知牛主把牛抬回去，牛主还必须将牛颈、牛腿等送给租牛者。牛主如果不要肉，可由租牛者所在的合亩分食，租牛者要送一头猪和一个光洋给牛主。如果牛得瘟疫死后租牛者未及时通知牛主，牛主有权对租牛者进行处罚。牛如果因老死或劳累过度而死，租牛者须以一赔一，死牛归租牛者所有。租牛所生的小牛归牛主所有，如果小牛被偷，租牛者要赔偿一头猪给牛主。①

六、侵权

（一）侵权的类型

在黎族社会，侵权的类型主要有占有他人之物、偷盗、人身伤害三种类型。占有他人之物主要发生在不同合亩之间。在黎族地区牲畜大多放养，牲畜如果跑到别的合亩内通常会被其他合亩占有。在同一合亩内，如果牲畜祸害了别人的庄稼，也会被其他亩众占有。盗窃主要发生在不同的合亩内，盗窃物主要是牛、猪等家畜，盗窃铜锣的现象极为少见。人身伤害主要包括伤人和杀人两种类型，并且黎族社会对家庭内部伤人的行为做出了特别的规定。黎族同一合亩内人们和睦相处，伤人杀人的情况很少发生，不同的村之间由于宗族的原因常发生械斗，伤人、杀人在所难免。

（二）侵权的归责原则

黎族社会侵权的归责原则以过错责任原则为主，同时为了照顾弱者、维持生产，以公平责任原则为辅。在黎族社会不适用无过错责任原则，像自己饲养的牲畜对别人造成了人身伤害，牲畜的主人没有进行赔偿的责任，伤害发生后，对方只能要求牲畜

① 广东省编辑组:《黎族社会历史调查》，民族出版社1986年版，第158页。

的主人尽必要的照料义务而不能要求其进行赔偿。对此种现象黎族人解释为不能用规范动物行为的归责来规范人，人是没有过错的。在乐东县抱由村的一起杀人事件中，弟弟喝酒后把他亲哥哥杀死，亩头的判决是由弟弟娶他的嫂子，对他的侄子、侄女要像自己亲生的一样进行抚养。

（三）侵权责任的承担

1. 占有他人之物

违规占有者会遭到击鼓通报，这样他在全村人中间的诚信就会下降。击鼓通报后峒长、亩头会前来批评、调解。峒长、亩头前来批评、调解时首先问违规占有者是否承认违规占有了他人财物，如果被通报者能证明自己是合法占有，峒长或亩头也要为他主持公道，由另一方向他赔礼道歉，并由控告者宰杀牲畜请全村的人来吃，向大家说明情况。如果确实是违规占有了他人之物，就要把占有物返还给原主人，还要宰杀牲畜来招待大家。

2. 偷盗

黎族地区偷盗不是常见的事，大多数小偷是因为生活所迫、被逼无奈。如果抓住小偷则交给村头处理，根据偷盗的多少来决定处罚的多少。对待盗窃行为时，如果是盗窃牛以外的小物品被抓到，一般会割掉一只耳朵。当抓到偷牛的时，当场打死，然后通知死者的亲属来领，如果没有人来领，就会用火烧掉。偷盗者也可以赔钱，如果偷到手要双倍返还。

黎族视偷牛、偷铜锣为最严重的盗窃行为，被捉拿的盗窃者按习惯法科以诚信惩罚。对于瓜菜类被盗，失主将部分遗留物用木条挂在路口，让“天地看见”，表示民众愤慨，预兆缺德者总有一天会受到应有的惩罚。对于偷牛者，牛如果没有被杀死，就要把牛还给被偷的人。盗贼还要拿出一头猪，从中间砍成两半，选一半送给被偷的人；再拿出一坛子酒来请大家吃，并且在席间保证以后不再偷。牛如果被偷了，而且被宰杀了的话，偷牛的人就要赔偿两头牛，还要出一头黄牛用来赔罪。牛也是从中间砍成两半，一只腿送给被偷的人，另外一只送给说理的人。说理的人一般是村子里很有威望的人，通常为“奥雅”。对于偷盗谷物的，如果谷物还没有碾成米，稻谷要退回去，还给被偷的人，而且要罚一头猪和一坛酒。猪从中间砍成两半，一半给说理的人，一半给被偷的人。如果偷东西的人实在太穷，经被偷的人的同意，稻谷也可以不退回去，但是一头猪和一坛子酒的处罚是必须支付的。如果是外村的人偷东西被抓到，会叫他同一家族的人和全村的人过来协商解决，具体的解决方式由双方协商进行，一般按照上述的习惯法解决。①

3．侵害人身权的行为

黎族地区侵害人身权的行为主要是杀人和伤人行为，并且对家庭内伤人的行为做出了特别的规定。出现打架时，如果有过错方把无过错方打伤时，有过错方要负责照顾好无过错方。一旦打死人后，就由死者这方的舅舅跟死者家属共同出面去处罚凶手，处罚的方式一般是要求凶手赔偿受害人家庭 5 头牛、1 个铜锣。凶手只有将这些东西送到受害者家时，家属才会埋葬死者。打架时，如果是轻微的，就私了，一般是通过罚钱的方式解决。一般要罚 50 个光洋。另外，伤人者还要出一头猪、一坛酒请大家来吃，以此赔罪。严重时，请村头处理。如果两个人再出现打架的情况时，村头会杀死先动手的一方。但对方讲情时可以放生。

在家庭内部，如果父母打子女不是很严重，并没有什么处罚手段，但是丈夫打了妻子的话情况就要复杂一些，因为这要涉及两个家族的利益。丈夫打妻子情节较为严重时，妻子方就会有舅子、丈人、丈母娘等一大家子人过来和丈夫家说理，这时，男方不论有理无理，都要杀猪一头并备酒款待，在酒席上双方再协商和评理。这时女方人大多会进行劝解，劝解理由多为不影响生产和生活。②

4．其他侵权行为的处理方式

因侵权造成的损害一般以赔礼道歉为主。有无因管理行为的，受益人得请管理人家族和本族吃饭，一定要让大家知道。烧掉别人的房子由家族内部解决；帮人干活致伤，由被帮工人出钱疗伤，但是帮工一般会拒绝，尤其是轻伤。因为黎人认为邻里之间相互帮忙是应该的，也是一种荣幸。若帮人干活致死，则由被帮工人出棺材，以一头牛作为赔偿。如果赔不了，则由其家族承担。

---

①② 张跃、周大鸣主编：《黎族——海南五指山市福关村调查》，云南大学出版社 2004 年版，第 257、259 页。

第三节

继承习惯法

黎族由于地处偏僻，生产力低下，因此原始社会的时间很长，即使进入了父系氏族公社时期，甚至到半封建半原始的社会时期和现代社会的今天，黎族的习惯法也受到母系家庭习俗（如“不落夫家”）遗留的影响。相对于现代法律概念上的继承主要指遗产继承而言，黎族传统习惯法中的继承并不限于遗产，而且还有身份上的权利；同时，继承可以在被继承人死后进行，也可以在其生前以分家析产的方式进行。

这种具有民族特色的继承制度是黎族在其自身历史发展过程中形成的适应社会生活和自然选择的行为规范，得到了黎族人的普遍认同和遵循，在维护人口繁衍、促进社会安定方面发挥了举足轻重的作用。

一、析产与继承并存

黎族传统社会经济发展水平较低，一般家庭都不是很富有，家庭积累的财产多是通过分家析产的形式在父母生前分配给成家的儿子们。黎族的传统继承制度有别于中国古代的分家析产及继承，在家庭财产的处分中呈现分家析产与继承并存的形式，具有遗产不外流的民族特色。

梁治平认为，在中国古代汉族习惯法中，析产迥然有别于继承，“析产只涉及家庭财产的分割和分配”①。古人强调的析产的“产”是“同居共财”之共同共有的财产。与汉族习惯法中的分家析产不同，黎族析产之“产”是父母之产，不是家庭的共有财产。因为黎族分家析产是产生于儿子结婚成年，脱离家庭独自生活之时，所分的财产是儿子未成年时期的财产，儿子对这时期的财产取得基本上没有贡献，“产”仅仅是父母之财产。

---

① 梁治平著：《清代习惯法：社会与国家》，中国政法大学出版社 1996 年版，第 75 页。

在中国古代国家法中为了防止供养有阙，“总是禁止父母在别籍异财”①。黎族的分家析产也不同于中国古代国家法层面的“别籍异财”。黎族社会中的家庭一直是父母加子女的小家庭，不存在汉族社会所推崇的四世同堂的大家庭，长者的供养问题是通过另外一种制度来安排的，如：在合亩制地区，生产发展以合亩为单位进行，小家庭成员是合亩团体中的一员，无论是亩头还是亩众，分家析产仅仅是基于小家庭基本生活资料的分配，老年人、长者的供养由合亩团体供给，也就不存在供养有阙的担忧。

“继承制度乃是宗法的而非财产的”②，与戴炎辉论述的汉族继承制度不同，黎族没有形成宗祧概念，“家产的取得即不宜视为遗产的继承”③这一论断不适用于黎族传统社会。在黎族传统社会里，通过分家析产取得财产与继承遗产共同构成子女（主要指儿子）对父母积累的财产的两种分享途径。分家析产是儿子对父母生前财产分享的方式，遗产继承则是父母死亡后剩余财产的再次分割，分家析产与遗产继承并行不悖。

身份继承只是部分存在于首领身份继承中，黎族社会里首领一职多为世袭的，因此也就存在一定的身份继承。

依照黎族习惯法规定，普通遗产只能在氏族内部和家庭成员之间分配，防止本氏族成员的遗产外流，以维护继承中家族成员的切身利益以及家族的整体利益。至于一些特殊形式的财产，则是特殊处理，比如女性的嫁妆，则只能由女儿取得，儿子不得觊觎。

对于一般的黎族小家庭来说，财产的继承是秘密的④，是家内的事，不足为外人道，所以遗产的处理多是在家庭内部自行处理，一般不借助外力。另外，由于黎族人没有孕育出自己的文字，遗嘱也就因载体缘故而基本缺失。

---

①②③ 梁治平：《清代习惯法：社会与国家》，中国政法大学出版社 1996 年版，第 76、75、75 页。

④ 黎族习惯法调查小组 2008 年 7 月 25 日访五指山市南圣镇亚南下村黄中平记录。载于《调研笔录》，海南大学法学院图书馆，2008 年 7 月。

二、黎族传统继承制度的基本内容

（一）分家析产与嫁妆的取得是子女分享父母生前财产的习惯法途径

黎族社会里，由于上述原因，父母的财产分生前与死后两个环节处置给子女，死后处置的是典型的遗产继承，生前处置则是一种特殊的习惯法途径，即分家析产与嫁妆的取得。这两种形式不同于现代民法意义上的赠予，其最大特点是不依赖父母的意愿而发生，而是基于习惯法规定事由（儿子成家或女儿出嫁）而必然发生的。

1. 分家析产是儿子结婚成家对父母财产的一种分享途径

分家析产即父母在世而诸子因成家等原因分配家庭财产，黎族谚语曰："树大树分枝，儿大儿分家。"① 除独子家庭外，多子家庭在儿子长大成人后一般都要分家，黎族传统社会分家现象十分普遍。

在黎族习惯法中，妻子落夫家，建立小家庭，并不意味着成为独立的生产和消费单位，这是因为家庭刚建立，生产资料以及一些日常生活必需品，如锅碗瓢盆等，尚未具备，需逐年逐件准备。这期间，夫妻俩还须与父母同耕共灶，少则一年，多则三五年，待条件成熟后才分出去。有的人虽然具备了分家的条件，但弟弟尚小，未结婚成家，也不会分家，而是与父母分住不分灶，待弟弟成家后才分出去。一般来说，分家时父母都要为将分出去的孩子盖好新房，这所房子也就相当于给新婚夫妇的一部分财产。② 分家时，父母会把一些财产，如粮食、田地、牛、猪、鸡、果树以及日常生活必需品分给他们，以便他们能够进行独立的生产和生活。③

到父母年老不能劳动也不能自己照顾自己时，兄弟中谁愿意照顾父母，谁就可以得到父母名下的那一份财产。一般幼子承担赡养父母的义务，为父母养老送终。④

2. 母亲的嫁妆只能由女儿取得

黎族家庭中存在一项比较特殊的财产，即女子出嫁时娘家赠予的随嫁物品。由于

① 白沙黎族苗族自治县地方志编纂委员会编：《白沙县志》，南海出版公司1992年版，第289页。

② 张跃、周大鸣主编：《黎族——海南五指山市福关村调查》，云南大学出版社2004年版，第219页。

③ 王学萍主编：《中国黎族》，民族出版社2004年版，第146页。

④ 王养民、马姿燕：《黎族文化初探》，广西民族出版社1993年版，第39页。

黎族的家庭都不富裕，所以妻子的随嫁财产并不会价值很高。一般而言，该随嫁财产是由女子的母亲赠予的，例如筒裙、银簪、手镯、耳环，等等，这些财产是黎族女子在结婚以后所拥有的自己的独立财产。当她的女儿出嫁时，她也会把这些属于自己的东西赠送给女儿，随嫁的财产一代一代在女子一方流传下来。

（二）身份继承仅适用于部分首领

传统黎族社会中由若干个血缘氏族联合在一起，组成一个简单的社会组织形式——峒。“峒有峒首，负责管理全峒内部的生产生活与处理成员之间发生的一切问题”。峒长死后，一般不另选，由其子继位，无子则由弟继。①

“合亩制”是海南黎族部分地区历史上长期盛行的一种特殊经济文化现象。“合亩制”的首领为亩头。亩头身份的继承原则，是按班辈长幼依次充任，即兄终弟及。亩头若无弟，或弟先于亩头死，则由兄之子继任，如果亩头死时，既无弟也无子，或子年幼，则由全体亩众另行决定亩头。黎族“合亩制”地区，还有收养义子和因投靠而结为龙公龙仔关系②的情况，收养的义子“要拜义父的祖先，改为义父的姓氏，不能和义父有血缘关系的女儿结婚”③，如果龙公或义父是亩头，则龙仔或义子在一定条件下能够继承亩头的身份。“原乐东县番阳乡抱隆村王老易父亲死后无亲生的儿子，义子王明享继承了他的全部财产，后来还当了亩头”④。

在峒长和亩头身份的继承中，突出地体现了女性在黎族传统社会中的重要地位。历史上也确有女性继承峒长身份的案例：“宜人王氏年老无子，嘉定九年五月，诏宜人王氏女姜氏袭封，统领三十六峒。”⑤“王二娘者，黎之酋也，夫之名不闻，家饶于财，善用其众力，能制服群黎，朝廷赐封宜人。琼管有令于黎峒，下王宜人，无不帖然。二娘死，女亦能继其业。”⑥ 明代田汝成《炎徼纪闻·蛮夷》卷四“黎人”条载：“峒各有主，父死子继，夫亡妻及。”清代《黎岐纪闻》写道：“其俗贱男贵女，有事则女为政”“遇有事妇人主之，男不敢预也”。⑦ 不仅如此，在合亩制地区，是否

---

①③④ 陈立浩、陈兰、陈小蓓：《从原始时代走向现代文明——黎族“合亩制”地区的变迁历程》，南方出版社、海南出版社2008年版，第56、63、63页。

② 投靠人为寻求经济、政治上的保护，通过改姓等程序与被投靠人形成近现代法意义上的收养关系。黎族合亩制地区称被投靠人为“龙公”，投靠人为“龙仔”。

⑤ ［元］脱脱：《宋史·蛮夷三》卷四九五，中华书局1974年版，第2377页。

⑥ ［宋］周去非：《岭外代答》卷二，《海外黎蛮》，广陵书社2003年版，第7页。

⑦ ［清］张庆长：《黎岐纪闻》，光绪三年刻本。

有妻子是作为“合亩”内考核亩头的条件之一。丧妻独身的人，哪怕在合亩中辈分再高，也不能担任“亩头”①。

（三）遗产继承是再次分割父母剩余财产的习惯法途径

1．父母身后财产（含债权）构成遗产

在黎族生活地区，由于自然条件的艰苦，生产工具的落后，家庭成员一般都一起劳动，劳动的所得全部交给家里，由于所得甚少，家庭成员一般不可能保留自己特有的财产，夫妻俩共同支配家中的财产，也使黎族家庭中并不存在私房钱的概念。因此，黎族传统社会的财产继承的遗产较为简单。

但是，一些富裕的地区，可供黎民继承的财产范围广泛，每个家庭都有属于自己的房屋、田地、牛只、竹林、果树等财产。②

2．继承人以男性为限

黎族继承习惯法，以血缘关系为继承的基本条件，以履行赡养义务为继承的重要环节。凡能孝敬父母、养老送终者，才有资格享有继承权利；分家析产时，与父母在一起居住，承担赡养义务多者多分。自立门户尽赡养义务少者少分。③ 即使在同等财产份额的情况下，多尽义务者也有优先选择的权利。有的地方则是谁赡养父母和料理父母的后事，谁有继承权。④例如美孚方言地区，如果养子对养父母不尽赡养义务，那养父母只好将财产传给侄儿继承，并由侄儿抚养照顾老人及为老人送终。⑤

黎族直系血亲中的男性占据了继承的主导地位，黎族家庭财产采取父系继承制，只有男性后嗣才有继承权，一般最小的儿子多分一份。其他兄弟也有继承权，但在分家时父母已经分给财产，一般不再继承或少有继承。⑥

黎族习惯法中财产的所有权原则上属于男子，死者无嗣，继子继承，无继子则兄弟的孩子继承。⑦入赘女婿也有财产继承权。入赘的女婿一般都视为家庭中的一员，他将承担岳父母的养老送终义务。岳父母死后，财产由他来继承。⑧女子虽然参加家庭劳动，但没有财产继承权。⑨黎族人认为女子嫁人后，就是人家的人了，而黎人在

---

①④ 王养民、马姿燕：《黎族文化初探》，广西民族出版社 1993 年版，第 53、76 页。

②⑥⑦⑧⑨ 王学萍主编：《中国黎族》，民族出版社 2004 年版，第 146—147、112、147、112、147 页。

③ 张跃、周大鸣主编：《黎族——海南五指山市福关村调查》，云南大学出版社 2004 年版，第 219 页。

⑤ 符兴恩：《黎族·美孚方言》，香港银河出版社 2007 年版，第 221 页。

习俗里一直是“财产不出室”。不仅出嫁的女儿没有继承权，未出嫁的女儿一般也没有继承权，妻子在夫家也没有继承权。但是夫亡，不回娘家且不改嫁的寡妇可以占有、使用和管理丈夫留下的财产，等儿子成人时，由儿子继承亡夫的遗产。合亩制地区，寡妇只带上原属于她自己的那部分财产如衣裙、席被、首饰（项链、手镯）以及部分钱、粮回娘家。经家族同意寡妇可以招赘，后夫在不离开前夫家族的前提下可分享前夫的财产，待两人死亡后，其财产由其儿子继承。①

3. 以概括继承、无遗嘱为继承习惯法的原则

（1）幼子具有优先继承权

黎族习惯法上的法定继承主要是幼子继承制，与汉族嫡长子继承制不同，黎族实行幼子继承制。兄弟几人围坐一起一边吃饭一边商量，黎族人对于私有财产的占有观念并不深，所以大都很谦让，一般会把多数遗产让给小弟弟继承。②

幼子继承制的原因，首先，在黎族妇女“落入夫家”后形成的父系家庭中，幼子为亲生子的概率更大，为维护血统的纯正性，需要推行幼子继承制。其次，幼子尚幼时，尚需父母抚养，父母年迈时，幼子年富力强，能够更好地照顾父母。这种继承制合情合理，为黎族社会所广泛遵循。

由于黎族传统社会经济不发达、遗产简单、民风淳朴、家庭关系和谐，所以，幼子继承的习惯法规则，既能够满足简单的遗产继承关系的需要，也能够达到育幼与养老的目的。又由于黎族是没有文字的民族，口头遗嘱具有很大的不确定性，所以，除了法定的幼子继承外，没有、也不需要遗嘱继承。

（2）概括继承是遗产继承的前提原则，被继承人遗留债务必须清偿

黎民在继承财产的同时，无论是租佃、抵押、典当、借贷哪一种法律关系，都由继承者从被继承者那里原封不动地承袭下来，继续承担其特定的权利和义务。在继承过程中，“债务不死”“父债子还”习惯法内容被普遍认可和严格执行。继承人接受继承后，对被继承人所欠债务，应倾其所有，予以全部清偿。当债务超过遗产的实际价值时，也要设法清偿。只有放弃继承者，可以不承担偿还债务的义务。严禁只继承财产、债权，而拒绝继承还债的义务。缔结契约的方法以刻木为契、砍箭为信、结绳记事、书面契约4种为主。借贷不能偿还的，无论过了多久子孙都可拿借据前来讨债。③

（3）无继承人的遗产由家族或村寨处置

①②③　参见王学萍主编：《中国黎族》，民族出版社2004年版，第147、147、112页。

在黎族家庭中，父母去世，遗产由儿子继承，一般是由赡养老人的小儿子继承，也有几个儿子将遗产平均分成几份继承的情况；没有亲生儿子，可以过继兄弟之子或收买养子、招上门女婿为继承人；未招收养子、未招上门女婿者，其家产由本家族从亲到疏血缘关系中的男性继承；如果老人只有女儿，而且已经出嫁不能照顾老人了，那么就可以由老人家族中的一位近亲来照顾老人，老人的田地归他耕作，收获归他分配，日后老人的财产也由他继承；① 如果无家族成员继承，或者家族中无人愿意继承，该遗产即由家族或村寨收归所有。

当家庭中妻子一方身亡了，如果没有女儿继承，那么她所随嫁的财产就会成为陪葬物品。

三、繁衍人口是黎族传统继承制度的首要功能

由于黎族社会的自然环境十分恶劣，随时都会受到生命威胁，面对这样的生存状况，人们必须团结起来，依靠群体的力量才能保护自己。在这种情况之下，维持一定的人口数量是非常必要的，这就使得人类本身的生产显得尤为重要。体现在黎人的继承制度上就是分家析产与继承并存、继承以赡养为条件、养子赘婿有继承权等特点。同时，在“不落夫家”习俗影响下，黎族继承习惯法还体现了母系社会的遗留，如女性没有继承权，但却可能承担身份继承的重责。

（一）分家析产是基于生存资料的基本需要

“对财产的最早观念是与获得生存资料紧密相连的，生存资料是基本的需要。”② 黎族家庭人口少，大多数黎族父系小家庭，通常只有一对夫妻及子女。上文已经论述过黎族的分家析产不同于汉文化下成年诸子均分③“同居共财”，而是因为儿子结婚建立家庭时给予基本的生存资料，如新房、粮食、田地、牛、猪、鸡、果树等日常生活必需品。对于生存资料无法一次性分给另立家庭的夫妇的，直到生存资料配备齐全

---

① 张跃、周大鸣主编：《黎族——海南五指山市福关村调查》，云南大学出版社 2004 年版，第 219—220 页。

② 〔美〕路易斯·亨利·摩尔根著：《古代社会》（下），杨东莼、马雍、马巨译；商务印书馆 1977 年版，第 533 页。

③ 唐宋以来的法律，都把强制性的“均分”奉为析产的一项基本原则。参见梁治平：《清代习惯法：社会与国家》，中国政法大学出版社 1996 年版，第 76 页。

为止，夫妇即使另立家庭也可以与父母合灶吃饭。

黎族特殊的分家析产产生的原因与社会经济低下的情况有关，但更多的是反映了在相应的经济条件下，析产并非是基于多余财产的分配，而是满足黎族小家庭人口生存的必要需求，是以生存繁衍为根本目的的。

（二）幼子继承保持血统延续

新中国成立前仍存在的“不落夫家”习俗使黎族人生活中的两项重大事件——婚姻的成立与家庭的产生——之间发生了时间上的脱节，婚姻缔结后并不随之产生家庭，而是以女子怀孕定居夫家为建立家庭的标志。黎族社会并不强制未落夫家的女性对丈夫保持性的忠贞，非婚生子女的存在也就不足为怪了。对非婚生子女，黎族习惯法表现出与现代家庭法同样的宽容心，按习俗规定，女子出嫁但私通怀孕的，不允许在娘家分娩，需要到夫家分娩；而夫家和民间也认为这是正常的事情，生下来的婴儿，是夫家的成员，孩子的命名和抚养都是由夫家负责办理。

虽然分家析产中诸子是同等对待，但是，相比于给予基本生存资料的分家，幼子赡养父母及优先继承更具有遗产继承的意义，在黎族传统继承制度中占据重要的位置。因为相对于“不落夫家”习俗中所生的兄弟来说，幼子是母亲在夫家后怀孕所生的孩子，肯定是父母的血脉，而幼子的年龄最小，年轻力壮的幼子更能够承担赡养父母的任务。所以，幼子优先继承不仅能保持父家血统的延续，还能更好地尽赡养义务，这种继承习惯是黎族人们为更好地生存和繁衍所创制的规则。

（三）继承以得到赡养为最终目的

无论是幼子优先继承，还是收养的义子继承、建立投靠关系的龙仔继承、招入赘女婿继承，甚至近亲属继承，黎族继承制度都是以赡养为条件。如果诸子或其他继承人没有履行应尽的赡养义务，财产所有人还可以剥夺其继承权，把遗产留给赡养自己的人。赡养人得到遗产的制度也得到黎族人的普遍认可。

由此可见，财产所有人以得到赡养为最终目的，一切为了生存是黎族社会自然环境下人们遵循的基本法则。

（四）女性身份继承与财产继承体现母系习俗遗留

“在氏族制度建立之后，就出现了第一条继承大法，它规定把死者的所有物分给其氏族的成员”①。由于“不落夫家”习俗的存在，黎族家庭最大的特色就是，夫妻双方从出生到婚嫁组成家庭，再到死亡，分属于两个不同的集团。丈夫的死即宣告小家庭的解体，女方会被接回娘家由娘家的亲属照顾，即使夫妻双方得以终老，妻子也要埋在娘家墓地，认娘家的“祖先鬼”。女子从出生到死亡，都归属于她娘家的血缘集团。

由于黎族母系氏族时代的长期影响，婚姻家庭习俗中仍保留有母系氏族时期的遗风，女子即使出嫁也与娘家亲属保持密切关系。比如，女子出嫁后，仍然被公认为原来家族的一个成员；按惯例妇女不必为自己的丈夫洗涤和缝补衣服，但却有为自己已婚的兄弟和孩子缝洗衣服的义务；已出嫁妇女患病或难产要“做鬼”时，必须念娘家的而不是婆家的祖先鬼名；丈夫死后，寡妇即回娘家和自己的父母兄弟一起生活，照顾回娘家居住的寡妇，成为她的娘家亲属应尽的义务。又如，妇女患重病要抬回娘家治疗；若患重病死在丈夫家，也要把遗体抬回娘家，由其父母或兄弟主持丧事，将其葬在家族的公共墓地里，其遗物也归其亲兄弟所有。

在妻子“不落夫家”时，夫妻两人对对方没有什么责任和义务，尤其是女子，她的权利属于她娘家的父亲而不是丈夫。所以，父系制的产生同时剥夺了妻子的财产继承权，而女儿因为嫁人在另一“氏族”组成新家庭，基于“财产不出室”的观念，女儿也没有父母的遗产继承权。女性去世后的特殊财产，如嫁妆、首饰等并不属于夫家的财产，所以不作为普通遗产继承给儿子，只能由女儿获得，没有女儿的即成为随葬物品。但是，受到母系习俗的影响，女性地位尊崇是黎族社会普遍的价值观，如果没有儿子，也会产生未出嫁的女儿继承父母首领身份的情况。

特殊的历史形态、社会经济条件和生存环境形成了独具黎族特色的继承制度。黎族社会长期孤悬海外，人口增殖是其生存的基本保证，面对恶劣的自然环境，分家析产、幼子继承、以赡养为条件就是黎族社会在长期生存发展过程中为生存和繁衍选择的制度保障。女性能够继承首领身份及没有遗产继承权，是这个少数民族在历史长期发展演变过程中，母系习俗遗留影响而形成的制度规则。黎族继承制度的产生是符合其社会独立发展的内部规律的，使黎族的继承习惯法不仅适应父系家庭的维持，也符合传统的母系氏族时期的习俗遗留的价值观，是黎族传统法律文化自主发展的重要例证。

---

① 〔美〕路易斯·亨利·摩尔根著：《古代社会》（下），杨东莼、马雍、马巨译，商务印书馆1977年版，第535页。

第四章

黎族婚姻家庭习惯法

几千年来，大部分黎族地区的社会状态一直是原始氏族公社，而处于聚居地的五指山区有少数远离州县治所在的地区，更是地处偏僻，交通闭塞，几乎不受外来影响，这使得整个民族文化水平低下，同时与之相适应的婚姻习惯法的发展也是缓慢的。黎族的婚姻习惯法经历了从血缘婚到禁绝血缘内婚、逐步走向成熟的渐进式发展过程。

第一节 结婚

一、黎族婚俗概况

“婚俗”，或者可称为婚姻习俗、婚姻习惯，是社会发展过程中长期积淀下来的被某一特定地区的人们反复适用、遵循的关于婚姻家庭的非正式的规则。婚俗不像婚姻法那样明白地写在书本上，而是体现在人们的行动中，只有通过对人们行动细致的观察，婚俗才能被发现；只有运用它时，才能感觉到它的存在。黎族婚俗主要有以下几方面的内容：

（一）男女地位平等

传统黎族没有重男轻女的现象。在黎族家庭中，男孩与女孩都受到同样的对待，不存在汉族广为流传的重男轻女的现象；在处理家庭事务中，丈夫和妻子共同协商，行使相同的决策权；结婚后，女方可居住在男方家庭，男方也可居住在女方家庭。一般婚后都与父母同居。父母、子女一同耕作，共同承担劳动，粮食一起分享，保留有较浓厚的家长制。但在汉化较重的城镇地区的黎族人随着与外界的接触，经济的发展，知识的增长等原因，部分人也开始产生了重男轻女的思想。

（二）恋爱、婚姻自由

黎族的青年男女在恋爱时是自由的。一般不讲究门当户对，只要双方合意就行。

男青年若喜欢上某一个姑娘，可以经过唱情歌、吹唢呐、吹鼻笛等方式表达自己的爱慕之情，女孩子会采用同种方式来拒绝或接受。颇富神奇色彩的“隆闺”，其实也是一个男女交流的场所。在黎族不论男女都有自己的“隆闺”，晚上，成年男女就在“隆闺”里聊天，如果双方的关系确定后，再由男方父母亲自上门提亲。由此建立的婚事才能被大家公认、接受。黎族把提亲看成是婚姻必经的程序。

乐东县抱由部落的哈黎，更多地体现了恋爱、婚姻自由。双方婚事如果父母同意，便以父母包办的形式举行婚礼，若一方或双方家长不同意，女方可以违背父母的意愿到男方家去住。几天后，女方家族会组成一支寻女队伍到男方家论理，若双方谈妥，男方便用酒肉招待女方客人，算是定了这门亲事。女方便可以与男方正式同居，双方共同劳动、生儿育女。在家庭经济许可的条件下，双方再回女方家举行婚礼，叫补婚，至此才算完成了结婚的手续。如果不补婚，在女方百年之后，由女方家族组成一支讨债队伍，在送葬之日向男方索取一头牛或一头猪作为补婚赔偿。

（三）同部族、同血缘、同姓不通婚

在黎族，有的地方同部族、同血缘不通婚，同村绝对不通婚；有的地方甚至同姓也不通婚。如有违背者，将会受到一种叫作“神罚”的惩罚，在打雷下雨天，违背祖训的男女爬在草地上吃草。该惩罚一般由双方父母提出，若不同意将被赶出部族。需要指出的是，同血缘关系远不止在三代以内。

（四）婚姻实行一夫一妻制

据资料显示，我国云南地区少数民族一夫多妻、重婚等现象非常普遍。但黎族无论是富人还是穷人，都恪守一夫一妻制。这一婚俗可能是我国少数民族中黎族独有的优良传统。根据我们采访的几位黎族老人介绍，他们一生只结过一次婚，有的女性即使早年丧偶，也不曾改嫁，独自含辛茹苦把孩子拉扯大。他们的夫妻关系是和谐的，家庭暴力在当地是非常罕见的，离婚率出奇地低。

二、玩“隆闺”自由恋爱

婚姻的前提是恋爱。恋爱，在不同时代有不同的定义。现代定义为两个人基于一定的物质条件和共同的人生理想，在各自内心形成的对对方的最真挚的仰慕，并渴望

对方成为自己终身伴侣的最强烈、最稳定、最专一的感情。那么海南岛上的黎族人民是如何恋爱的呢?

黎族的青年男女在恋爱时是自由的。黎族男女一般不讲究门当户对，只要双方合意就行。黎族众多的节日，为青年男女公开、自由的交往提供了种种方便和机会。原始偶婚的遗风使青年男女能自由恋爱。《黎岐纪闻》中记载道："男女未婚者，每于春夏之交，齐集旷野间，男弹嘴琴，女弄鼻箫，交唱黎歌，为情投意合者，男女各渐凑一处，即订偶配，其不合者，不敢强也。"又云："未婚黎女，不禁野合。"① 那么颇富传奇色彩的隆闺，其实就是一个男女交流的场所。当男子和女子长到十五六岁时就不在父母家居住，男子自己上山备料盖"隆闺"，女子由父母帮助盖"隆闺"。"隆闺"建在父母家旁边或在村边。"隆闺"是只有8—10平方米的小房子。入住"隆闺"是黎族男女的成人礼，同时也是其择偶自由的一种明示。玩"隆闺"是黎族婚恋的习俗。男女青年相互倾情后，以"隆闺"为相会地点。男子以玩"隆闺"方式找情人，于傍晚时步行到女方村子的"隆闺"。经女方同意后，在"隆闺"里相互对歌，吹奏鼻箫、洞箫和弹口弓，订婚约。下列为男女青年玩"隆闺"的情歌：

开门歌

男唱：远路行来脚都软，行到花园见花开；
　　　欲想摘花因篱隔，有心给花请开门。
女唱：妹种花来哥浇水，香花专等哥来开；
　　　哥欲有心把花摘，妹愿引哥进花园。

闩门歌

男唱：好久不来妹的村，请妹起来把门开；
　　　请妹点灯和哥坐，俩人交谈互相陪。
女唱：从来不约哥上门，请哥转头去别村；
　　　妹难点灯与哥坐，妹无精神与哥陪。

求婚歌

男唱：欲想吸烟又无火，欲吃槟榔又无灰；
　　　欲想煮酒又无水，欲想交情又无媒。
女唱：哥想吸烟妹送火，哥吃槟榔妹送灰；

① ［清］张庆长：《黎岐纪闻》，见吴江、沈氏世楷堂：《清道光中昭代丛书合集己集广编》第三十三卷，影印本，上海古籍出版社1990年版，第11—12页。

哥想煮酒妹担水，哥想交情妹做媒。

忠情歌

男唱：与妹交情生了根，情如天高与海深；

天高两人携手上，海深俩人挑土填。

女唱：与哥交情多挂念，情爱都如线与针；

哥似银针妹如线，针插千层线都跟。

订婚歌

男唱：与妹交情难分离，十月十五月正圆；

良时吉日订婚事，日盼夜望到婚期。

女唱：与哥交情难分离，天定婚缘做夫妻；

木棉花开办婚事，喜结良缘嘴笑眯。

“隆闺”的婚恋活动，大致经过半年至两三年时间，情投意合后各自向父母亲提出成婚意愿，如果双方不合意就分手。婚恋期间，双方互赠爱情礼物。五指山地区的黎族男子，以编织精致的小腰篓和草笠送给女友，女子以织绣图案鲜艳的花带送给男友。沿海平原地区的黎族，男子赠送耳环和银圈给女友，女子给男友赠送小挂包，以表钟情。男女婚恋期间，不允许三角恋爱，否则就会发生械斗。女子在“隆闺”爱情生活中私生孩子，民间无非议。

“隆闺”体现了黎族恋爱下面的两大特点：

（一）父母不干预

古籍今文中记载：“人民集会之时，男女自相可适，乃为夫妻，父母不能止。”①“凡男女出游，歌舞呼答曰作好。设有相窃成婚者，父母勿禁。”②

（二）自由选择配偶

黎族男女恋爱强调双方自愿与情投意合，将爱情视为婚姻的基石。“男女未婚者，每于春夏之交，齐集旷野间，男弹嘴琴，女弄鼻箫，交唱黎歌，有情投意合者，男女渐进凑一处，忌订婚配，其不合者不敢强也。相订后，各回家告知父母，男家始请媒

① 《三国志·吴书·薛综传》卷五三。

② ［清］毛奇龄：《蛮司合志·两广四》卷一五。

议婚。"① 黎人认为强扭的瓜不甜，以爱情为基础建立的婚姻比较稳定，这也是黎人离婚率极低的原因之一。

三、婚姻习惯的发展

婚姻习惯即婚姻习俗，是社会发展过程中长期积淀下来的被某一特定地区的人们反复适用、遵循的关于婚姻的非正式的规则。② 由于婚姻家庭形态是随着社会形态的变迁而变化，黎族的婚姻习惯法也如此经历了一个渐进式发展过程。

（一）从上古传说的血缘婚到禁止血缘内婚

人类的婚姻形态经历了从无拘束的原始乱婚到血缘婚，再经对偶婚到一夫一妻制度的演变。血缘婚是人类早期的婚姻形态，其低级形态是同行辈兄弟姐妹之间的集团婚，高级形态则排除了同胞或不同胞的兄弟姐妹间的婚姻关系。在众多少数民族关于人类起源的传说中，不少都提到了血缘婚这种婚制形态。黎族也不例外。血缘婚禁止父母与子女间之结婚，由同一世代的同胞或不同胞的兄弟姐妹间相互集团的结婚。③ 据刘咸 1934 年所作的黎族调查，黎族民间有这样的传说④：

上古之时，人类遭遇大灾难，仅剩下姐弟两人，但碍于天伦禁忌，二人无法婚配，于是雷公在姐姐脸上画上线纹，弟弟认不出姐姐，姐弟俩通婚，人类得以延续。

黎族百姓也有很多关于血缘婚习俗的传说与神话故事，典型者计有以下几则：

《三月三的传说》⑤ 记载：

远古时期，洪水泛滥吞没了大地，灭绝了人烟，天下只剩下兄妹两人——天妃和观音，他们抱住葫芦漂流到昌化江畔的燕窝岭，然后分头去寻找人类，约定每年三月三回到燕窝岭相会。可是眼见兄妹快要衰老，人类就要灭种，哥哥仍然找不到妻子，

---

① ［清］张庆长：《黎岐纪闻》。见吴江、沈氏世楷堂：《清道光中昭代丛书合集己集广编》第三十三卷，影印本，上海古籍出版社 1990 年版。

② 吴碧英：《传统福州山区村落婚丧习俗述论——以闽清县村落调查为例》，载《福建省社会主义学院学报》2005 年第 4 期，第 23 页。

③ 参见史尚宽著：《亲属法论》，中国政法大学出版社 2000 年版，第 91 页。

④ 焦勇勤、孙海兰：《图腾崇拜与黎族妇女文面的关系》，载《文艺争鸣 · 地方》2006 年第 3 期，第 146 页。

⑤ 中国民间文学集成全国编辑委员会、《中国民间故事集成 · 海南卷》编辑委员会编撰：《中国民间故事 · 海南卷》，中国 ISBN 中心 2002 年版，第 311—312 页。

妹妹仍然找不到丈夫。为了繁衍人类，妹妹拿定主意在自己脸上刺上了花纹，这样一来哥哥就认不出妹妹了，在这年的三月三，兄妹俩就在燕窝岭下结成了夫妻生儿育女。

据《人类的起源》① 讲述：

天降洪水，神把兄妹两人放入葫芦瓜里，世上只剩他们两个人，雷公经过要他们结为夫妻，其生的孩子四男四女相配成婚，繁衍人类。

据《黎族支系的来源》②载：

在洪水之后，黎族仅存下一男一女，他们结成夫妻后生下兄妹二人，名为阿伐和娜黑。阿伐和娜黑长大了，双亲就叫他们分头去找对象。阿伐向东走，娜黑向西走，他们走遍天涯海角，结果找不到人，最后绕了一圈，兄妹重逢。后来父亲暗中叫阿伐结鬃在前，母亲也暗暗地给娜黑的脸上刺上花纹，告诉她，如果遇到结鬃在前的男子汉，便可与他结婚。同时父亲也暗暗告诉儿子，如果撞见文面的女子便娶她为妻。于是，两人历经辛苦，翻山越岭后遇到，不认识的兄妹对千年树拜了又拜便成了亲。婚后生下八男八女，仍按此方法结合。

闻一多先生对我国西南各少数民族的血缘婚俗传说作过考证曾指出，“在中国的西南诸少数民族中，乃至域外，东及台湾，西及越南与印度中部，都流传着一种兄妹配偶型的洪水遗民再造人类的故事”，而“葫芦则正做了人造故事的核心”。③

与其相类似，我国西南各少数民族都流传着远古洪水泛滥后兄妹结婚繁衍后代的故事。如苗族的央公、央婆，侗族的丈良、丈妹，哈尼族的佐罗、佐卑，拉祜族的扎笛、娜笛，壮族的伏依兄妹，彝族的《创世纪》传说和云南拉祜族长篇史诗《牡帕密帕》中，都记载有在远古洪水泛滥的时代，人类是靠葫芦孕育而来的传说，这都是兄妹结合的血缘婚故事。④ 这些流传的传说故事情节大体相似，洪水遗民、兄妹婚，且都存在葫芦之类的躲避人类大灾难的工具，反映出原始社会血缘婚的存在。

这些口口相传的故事对研究者来说，最有价值的是故事传播者代表的各民族社会的普遍心理及生存状态。传说中所提到的避难工具，解决延续后代的办法以及对图腾

①② 中国民间文学集成全国编辑委员会、《中国民间故事集成·海南卷》编辑委员会编撰：《中国民间故事·海南卷》，中国 ISBN 中心 2002 年版，第 3—4、6—8 页。

③ 闻一多：《闻一多全集》，开明书店 1948 年版，第 56 页。

④ 罗桂环：《葫芦考略》，载《自然科学史研究》2002 年第 2 期，第 11 页。

的信仰，都体现了当时黎族人民生存的疾苦与无可奈何以及希望被拯救的心态。黎人本有披发、翦发之俗。《礼记·王制》中记载：“东方曰夷，被发文身，有不火食者矣。”《史记·赵世家》又载：“夫翦发文身，错臂左衽，瓯越之民也。”《史记索隐》引刘氏云：“今珠崖、儋耳，谓之‘瓯人’，是有瓯越。”但《黎族支系的来源》故事中却说道，父亲暗中叫兄长阿伐结鬃在前，兄妹对千年古树祭拜成亲。故事中结鬃的行为明显不是黎人习俗，强加给血缘婚中当事人的兄长以非黎人习俗的结鬃情节，就是未来增加血缘婚中婚姻当事人拟制陌生感的仪式，也反映了编造传说者的救赎心态。

相反，黎族关于种族起源的另一类故事则记载了没有遮蔽道具（葫芦）的存在和女性文身相伴的血缘婚，会付出别居或生怪胎的后果。

《三个民族同一源》① 说兄妹婚配，则必须别居：

天发大水，老先和荷发兄妹在南瓜里躲避，水退后南瓜漂到五指山，兄妹俩在五指山建房屋住下，兄妹隔床而睡，日子长久了，南风将哥哥的阳气吹进了妹妹的体内而使之受孕，天帝听到兄妹通奸很生气，但是地神说情，说海南岛没有人烟，保兄妹传下了人种。之后，雷公为了禁止人间兄妹通婚之事，用雷电劈开石头、劈倒大树，并说：“如果人间有兄妹通婚之事，就用雷鸣电闪来报复。”从此，兄妹分房而睡成为规矩。

《螃蟹精》② 中提到，兄妹婚配，必出怪胎：

远古时，天下洪水，一对兄妹躲进一个大葫芦瓢里，随着洪水漂流到海南岛的五指山上，洪水退后，兄妹为保存人种结为夫妻。结婚十月后，妹妹生下一个怪物，没有手脚，没有眼鼻，只是一个肉团。俩人非常害怕，哥哥用刀把肉团砍成肉块，抛下山去。一群乌鸦飞来，把一些肉衔上山来，更多的肉块顺河水流到山下的平原。山上的肉块变成黎族、苗族，山下平原的肉块变成汉人。

由此不难看出，黎人关于血缘婚的传说、兄妹相婚配的故事也仅限于种族起源时的无奈与无助，几乎看不到自由恋爱的甜蜜与婚姻家庭的幸福，所以说黎族人民后来对血缘婚的禁止是根据其祖辈传说中来的，并不是意识到血缘婚对种族繁衍所带来的

---

① 中国民间文学集成全国编辑委员会、《中国民间故事集成·海南卷》编辑委员会编撰：《中国民间故事·海南卷》，中国 ISBN 中心 2002 年版，第 9—11 页。

② 韩伯泉：《民间故事与民族观念——从黎族民间传说谈起》，载《民俗研究》2005 年第 2 期，第 25 页。

危害而禁止的。

（二）血缘婚向偶婚制的过渡

随着血缘婚的禁止、氏族组织影响的增强、生活技术的改善，一部分人类进入低级的野蛮社会，排除了同胞或不同胞的兄弟姐妹之间的血缘婚姻，在集团婚的基础上产生了相对稳定的一男一女的婚姻，即对偶婚，① 对偶婚制已脱离了血缘结合的生育弊端。纵观黎族婚俗传说，同是有关种族起源的婚姻故事，非血缘婚男女的结合明显顺利得多，繁衍后代的描述也更显简洁畅快，叙述者的轻松心态跃然纸上。

《黎母山传说》中说：远古时，雷公以雷电将一藏于山中的蛇卵击破，蛇卵中跳出一个女孩，雷公为之起名黎母，黎母后与一从大陆渡海进山采集沉香的青年男子结合，繁衍了许多子孙后代。②

虽然现有成果无法界定黎族传统社会出现偶婚制的具体时间，但是从上述传说中关于种族起源时就同时出现了血缘婚与非血缘婚两种情况来看，我们可以初步判断，偶婚制在黎族传统社会出现的时间是很早的。换言之，偶婚制与血缘婚几乎同时出现，而且很快取代了后者，乃至多数学者在研究黎族传统社会时就忽略了血缘婚的存在。

黎族宗教研究专家邢关英认为："有属于不同'峒'及不同'峒'的血缘集团的人才能通婚，保留着各氏族图腾的标志。"③ 《黎族合亩制调查综合资料》中提到："解放前，'翁统打'（合亩制）地区的婚姻不受姓氏（指汉姓）的限制，也不受地域的限制，而受血缘关系的限制。"④ 例如调查中提到的保亭县毛道小峒的"朴基""朴冲"原是两个不同的血缘集团（也是两个不同的黎姓集团），他们之间无论汉姓相同与否都可以通婚，而集团内部因存在血缘关系则禁止通婚，其他各个小峒的情况也是这样。

上述两项成果初步证实了黎族偶婚制的存在，通过进一步分析黎族婚俗，则能够

---

① 〔美〕路易斯·亨利·摩尔根：《古代社会》（下），杨东莼、马雍、马巨译，商务印书馆1977年版，第505页。

② 王海：《古远而丰厚的沉淀——试论几组黎族神话和神奇故事的文化意蕴》，载《民俗研究》2005年第2期，第202—203页。

③ 邢关英：《黎族的母权制遗风》，载《中央民族大学学报》（哲学社会科学版）1983年第2期，第94—95页。

④ 中国科学院民族研究所广东省少数民族社会历史调查组编印：《黎族合亩制调查综合资料》第4册，1963年7月至10月，第35页。

有力地揭示黎族传统社会典型的偶婚制特点。

1. 文脸

现有资料表明，黎族女性在到达一定年龄（13—20岁左右不等）时要施行神圣的“文脸”仪式。在血缘婚传说中，文脸曾被表述为一种血缘婚的遮蔽道具，随着社会的进步，文脸的功能在不断地发生转变，据《纳加西拉鸟》① 记载：

黎族的祖先有个女儿，出生后不久母亲就去世了，被一个名为“纳加西拉”的鸟口含谷类哺育长大。为了不忘鸟的养育之恩，以后的黎族妇女便一代传一代地在身体上文上“纳加西拉”鸟翅膀上的花纹，以示纪念。

在这则材料中，文脸被表述为纪念养育之恩的仪礼，而更多的材料表明文脸后来被定义为女性的成人礼、氏族图腾的标识。尽管我们无法得知文脸功能转变的确切方式和时间，但可以确定的是，在偶婚制时代，文脸是不同氏族黎族女性的身份识别标识。由于黎人没有自己的文字，在没有其他有关血缘传承记载的前提下，文脸则被作为确定的血缘关系识别标识，在男女交往中很容易被作为区别血缘关系的可靠根据。这样一来，文脸的流行，便成为排除血缘婚的可靠保障，进而成为偶婚制形成的基础。

2. 隆闺

隆闺也是黎族女性成熟可以婚配的重要标志。与文脸仪式所不同的是，隆闺不仅是女子性成熟的标志，也是男子性成熟的标志。“子女幼年，常与父母同寝食。女子年长，父母则为之筑私室，间亦有为丈夫子筑者。女子在私室可自由择配，男子于此室则准备娶妻成家”②。可知，当男女被认为成人时，父母就会在他们所居住房屋的附近盖起隆闺。但是隆闺对于男女的作用是不同的，黎人的习俗是：夜游是发生在女子隆闺里的，女子住入隆闺就获得充分的自由权，即使男女结婚，女子也可住在隆闺里，即不落夫家，相比之下，男子的隆闺只是为娶妻成家准备的。

3. 夜游

夜游是黎族青年男女谈情的一种独特形式，它与隆闺有密切的联系。每当夕阳西下，男青年们便穿戴整齐，跋山涉水到远山别村的“姐妹隆闺”去，通过对歌和吹奏口弓、鼻箫来寻找情人。男女方情投意合后，就可同床过夜，往后相互邀约，夜间常

---

① 王海：《古远而丰厚的沉淀——试论几组黎族神话和神奇故事的文化意蕴》，载《民俗研究》2005年第2期，第202页。

② 陈铭枢、曾蹇：《海南岛志》，海南出版社2004年版，第87页。

来常往。① 这种往来关系，有的可能持久，这时可以缔结秦晋之好；也有的好景不长的，那就互唱断情分离歌，如女唱“妹移妹花别处插，哥撤哥篱异处囚”，男唱“花谢无香再移栽，妹找情人哥不拦”，② 之后便互不干涉，各自寻找新的情人。倘若小伙子与姑娘情意相投的话，小伙子必须告诉家长，然后请两名媒妁上门到女方提亲。男方到女方家提亲时要带一定的提亲礼，如槟榔、烟丝、米等，槟榔要用新毛巾包好，若女方家长辈打开毛巾吃槟榔，则表示同意，接着双方就可商定放槟榔的时间及议价。时间多定于农历六月或八月的双日，象征成双成对。

4. 不落夫家

在男女结婚仪式结束后，新娘也跟着女家的人回去，回去后什么时候来夫家定居没有固定的时间限制。比如夫家在农忙时或有什么事需要帮忙干时，才派人去请她回来，做完了工作后她即返娘家去。直到生了小孩，女方可选择正式回夫家常住，也可选择一辈子都不回夫家。“哥你不用走多回，放心宽宽等天光。等到花开花结籽，连根连丛送到门。”③ 歌谣中描述的正是黎人不落夫家的习俗，黎族女子一般生下孩子才到夫家，与丈夫一起居住。根据 1956 年对毛道乡的抱曼、南冲、抗板、抗律 4 个村 90 名已婚妇女的调查，大约 2/3 是婚后选择仍居住在娘家，时间最短的是 1 年，最长 17 年，妇人是怀孕后才回夫家定居。④

上述 4 种独具黎族特色的婚姻习俗，明显地揭示出偶婚制的特点：文脸习俗作为区分氏族血缘的标志，排斥了血缘婚配，成为偶婚制产生的基础；隆闺与夜游的习俗体现了不同血缘氏族间男女交往后，一男一女结合的婚姻模式。而一男一女的结合正是偶婚制的特色；婚后女性不落夫家的习俗则体现了偶婚制“无独占的同居”这一最明显的特点，也是黎族婚姻偶婚制习俗最有力的证据。

（三）蝶变：一夫一妻制的确立

随着黎族传统社会经济的进一步发展，偶婚制也逐渐被一夫一妻制所代替，一夫

① 中华农历网——中华民族［2009 年 12 月 25 日引用］。访问路径：http：//www. nongli. com/item1/custom/li. html.

② 王海、江冰：《从远古走向现代——黎族文化与黎族文学》，华南理工大学 2004 年版，第 103 页。

③ 《中国歌谣集成·海南卷》编辑委员会：《中国歌谣集成·海南卷》，中国 ISBN 中心 1997 年版，第 280 页。

④ 中国科学院民族研究所广东省少数民族社会历史调查组编印：《黎族合亩制调查综合资料》第 4 册，1963 年 7 月至 10 月，第 36—37 页。

一妻制的确立，标志着黎族婚姻习惯法的成熟。与偶婚制相比，黎族一夫一妻制婚姻的成熟之处在于形成了全新的爱情婚姻观——婚姻自由。据《三国志·薛综传》记载："珠崖除州县嫁娶，皆须八月引户，人民集合之时，男女自相可视，乃为夫妻，父母不能止。"① 这种观念与古老的"不落夫家"婚俗有着密切的联系。

前文已经论及，不落夫家是黎族社会源远流长的一种习俗：凡夜游结合的男女，一旦双方有共同生活的愿望时，便可以组成同居家庭，不需经过正式登记结婚的法律手续和那些繁杂仪程，不受任何限制，双方也不费大量的金钱和物资；在"不落夫家"期间，男女双方仍可各自结交情人，直到有了孩子，才逐渐固定成为终身伴侣。

这种偶婚制时期的"无独占的同居"的不落夫家风俗，在一夫一妻制时代有了脱胎换骨的蝶变。青年男女自由择偶、自由交往的精神主旨被进一步发展成为婚恋自由的新观念，繁衍后代的简单功能被放大为保障男女爱情自由的现代婚姻理念。

为摒除偶婚制婚姻分合混乱的弊病，黎族社会逐渐发展出一系列精巧的配套制度：一是严惩通奸行为，促使不落夫家习俗在功能上得以发生根本性的转变；二是婚姻习惯法中产生了一系列的程序性规则，使一夫一妻制从订婚到结婚，直到婚姻终止的过程中都得到保障。

一夫一妻制时期严惩通奸的规则使不落夫家习俗脱胎换骨，摆脱了偶婚制的落后，从而保护了婚姻关系的相对稳定，是一夫一妻制与偶婚制习俗的显著区别。在黎族传统社会中，为维护一夫一妻制的稳定，黎族人视通奸为耻辱，要受到相当严厉的惩罚。"既婚，既不能有私，有则群黎立杀之，故无敢犯者"②。昌江黎人"家规极严，贞操亦重。如妻有外遇，则抄没外母财产；夫有外遇，则抄没夫家财产，各无反悔"③。

虽然同样是遵循"合则一起，不合则散"规则，但在自由自主的婚姻观念下，婚姻关系的确立以爱情为基础，黎族男女双方在婚姻中地位平等，他们自愿结合，关系融洽。而严惩通奸的规则更是维护了一夫一妻婚姻的稳定。女子"落入夫家"之后，双方都比较注意维护已经建立起来的婚姻关系，从而摒除了原始社会下偶婚制婚姻分合混乱的弊病。此时的不落夫家习俗，相对于偶婚制时期而言是形似神不似，其配套

① ［晋］陈寿撰：《三国志》下册，［宋］裴松之注，岳麓书社出版2002年版，第833页。
②③ 参见赵全鹏：《海南社会结构问题研究》，海南出版社、南方出版社2008年版，第194页。

惩罚措施的产生使一夫一妻的婚姻制度得到保障。

黎族婚姻的基本形式是一夫一妻制，但是在婚姻制度蝶变的过程中，由于受到汉文化中封建婚姻制度以及经济发展不平衡的影响，还存在一些不合理的婚姻现象，如一夫多妻、包办婚姻等情况的存在。据《海南岛志》记载：黎人“通常一夫一妻，而资产家辄有数妻，最多者九妻。各妻别室而居，惟一切家务必同力合作”①。

交换婚的存在。所谓交换婚，实际是包办婚姻的一种，即甲乙两家子女的嫁娶均由父母做主，其前提是甲乙两家都须各有一儿一女，双方家长商定后，儿女互为夫妻，即甲儿娶乙女，乙儿娶甲女。②

黎族个别地区因经济原因而存在一些特殊形态，如合亩制地区的夫兄弟婚、妻姐妹婚，入赘婚等。③

夫兄弟婚，即弟弟可以娶兄长遗弃之妻子或遗孀为妻。此类婚，因弟弟娶嫂子为妻可免交身价（类似于聘礼，但具有不同的文化内涵——笔者），多发生于家庭贫穷、无钱娶妻者的家庭；妻姐妹婚，亦称“姐妹续婚”“姐终妹及”和“接婚”，即姐姐死了，姐夫可以娶妹妹为妻。④

入赘婚有3种类型：一是丈夫过世后，妻子在原夫家招郎，免收男方身价费，只举行“入室”婚仪即可；二是男方交不起聘礼到女方家“短期入赘”，以劳力抵偿聘礼，3—5年后将妻子带回家或长期留住。在对白沙县南开乡道小村的调查中证明那里有入赘婚现象，一般兄弟多的都可以入赘。⑤再就是没有生育儿子的人家，为了传宗接代，延续家族香火，确保有人继承财产、照顾老人的生活起居，便提出招婿入赘。入赘婚姻的婚礼仪式等均在女方家里举行，入赘新郎同样不落妻家，男女双方长大成人后，入赘女婿便回妻家长住，成为妻族的新人。⑥

这些一夫一妻制婚姻的例外，说明黎族的经济形态还未发展到一定的阶段，受到经济因素的影响，婚姻形态出现了多样性的特点。虽然出现了这些不合理的例外情况，但是，从主流上看，无论是符合世界法文化的自由婚姻观，还是暗合现代婚姻制

---

① 陈明枢总纂：《海南岛志·人民》，海南出版社2003年版，第139页。参见赵全鹏：《海南社会结构问题研究》，海南出版社、南方出版社2008年版，第126页。

② 白沙黎族苗族自治县地方志编纂委员会编：《白沙县志》，南海出版公司1992年版，第320页。

③④⑤ 黄庆印等撰、中华文化通志编委会编：《中华文化通志·民族文化典（侗、水、毛南、仫佬、黎族文化志）》，上海人民出版社1998年版，第504—505页。

⑥ 符兴恩：《黎族·美孚方言》，香港银河出版社2007年版，第215页。

度的程序性规则，都说明黎族一夫一妻制的婚姻习惯已具有成熟性的特点。

四、黎族婚姻习惯的具体表现

黎族婚姻习惯表现在婚姻禁忌、通婚对象的限制以及婚姻仪式上，从订婚到婚姻成立，再到婚姻终止的一系列婚姻习俗的产生，使黎族传统社会的婚姻得以程序性的保障。这些程序性规则包括：通婚的范围和条件、聘礼的选送、婚姻缔结的仪式及婚姻终结等程序。

（一）通婚的范围

黎族分为五大方言区：哈、杞、润、赛、美孚。黎民多在本方言内择偶，不同方言的黎族通婚很少。在过去，黎汉、黎苗通婚均不常见，即便是本民族内的嫁娶也有很多限制。

1. 同氏族不通婚

乐东二区头塘乡（今属乐东黎族自治县三平镇）邢姓按一、二、三、四表与五、六、七表各自分成两个通婚集团，保留了氏族社会严格的外婚制，至今不同血缘集团通婚的习俗还保留着。① 白沙县的“喃唠峒”最早的居民有连满、连鸟、连鸡、马棉和马喧五支人，而“连”与“马”分别代表两个不同的氏族集团，因此，他们之间可以通婚，但是氏族内部不能通婚。②

各地区为示区别，不同氏族黎族妇女在文面和织绣衣裙时，都遵照传统习惯编织各自特有的款式及花纹；有一些地区还习惯以动物、植物的名称，如水牛、芭蕉等作为同一血缘集团的称号。“东方哈应方言黎族的姓氏中有‘木棉的孩子’‘芭蕉的孩子’和‘番薯的孩子’之意。反映了他们把这些植物分别作为不同血缘氏族集团的称号”③。以动植物为名作为不同氏族的标志，实际上是黎族原始图腾崇拜的显性标志。在黎族的神话传说中，有与龙、狗、蛇、鸟等动物婚配的故事。如与青蛙婚配的故事：“有一妇人因吞食神果而生下一只青蛙，后来青蛙长大了很有本领，它通过了非

①③ 王学萍主编：《中国黎族》，民族出版社2004年版，第110、160页。

② 邢关英：《黎族》，民族出版社1990年版，第29页。

凡的考验，得以同一位漂亮姑娘成亲，他们的后代便是黎族人。”① 《龙与少女》② 是人与龙结合的故事，《蛇姻缘》③反映了人与蛇相配的故事，《公主与黑狗》④ 描述了人与狗婚配的故事。显然，原始社会的图腾崇拜演化为后期“鸟”“鸡”“马”等氏族的名，这种氏族的命名方法可以明显标示氏族集团内部的血缘关系，同氏族不通婚的规则通过氏族称号得以显现出来。

2. 同血缘不通婚

黎族禁忌血缘婚的范围很广，包括亲兄弟姐妹、拟制兄弟姐妹、堂兄弟姐妹、姨表兄弟姐妹、姑舅表兄弟姐妹，甚至连上一代认过“老童”“同年”（即结拜兄弟姐妹）的都不能通婚。忌血缘婚在最早的神话传说中就有所体现：古时，由于洪水吞没了大地，人皆死于水患，独存一姐一弟。为了繁衍后代，姐想与弟成婚，但是同胞兄弟姐妹是绝不能成婚的，当时并不知道近亲成婚的危害，只知道同胞兄弟姐妹成婚是要被雷劈的。姐姐于是将自己的面、手、足、胸部刺上了种种花纹。弟弟没认出自己的姐姐，便与她成了亲，繁衍子孙后代。可见兄弟姐妹婚并非自然而然，而是被迫的、为人们所忌讳的。

黎族还有“婚亦避同姓”⑤ “婚姻不避同姓”⑥ 的说法。前者之“同姓”是指同一祖先传下来的血缘宗族集团，“婚亦避同姓”即禁止近亲结婚；后者之“同姓”是指不同集团之间的同姓，已完全不存在血缘关系或血缘关系已相当疏远。而且现代黎族的姓，都是取的汉姓，只是一个符号而已，所以同姓不一定同血缘，婚姻也不必“避同姓”。需要说明的是，如果同属一个黎姓集团，在不同地区又分属几个汉姓，虽汉姓不同，但不能通婚。如东方县的符姓黎人原来分为 5 个血缘集团，各有一姓氏，每个血缘集团又分为大公、中公、尾公，叫五姓十五公。五大姓可以相互通婚，但是十五公内部不能通婚。⑦

禁绝血缘婚是黎族最重要的婚姻规则，直至今天仍为黎族人所遵守。黎族所禁血缘婚范围很广，包括直系血亲婚、旁系血亲婚与拟制血亲婚。

---

① 唐绪祥：《中国少数民族身体装饰》载《装饰》，1997 年第 1 期，第 64 页。

②③ 中国民间文学集成全国编辑委员会、《中国民间故事集成・海南卷》编辑委员会编撰：《中国民间故事・海南卷》，中国 ISBN 中心 2002 年版，第 456—457、381—382 页。

④ 符兴恩：《黎族・美孚方言》，香港银河出版社 2007 年版，第 35 页。

⑤ 光绪《崖州志・黎防一・黎情》卷一三。

⑥ 康熙《陵水县志・海黎志》。

⑦ 邢关英：《黎族》，民族出版社 1990 年版，第 31 页。

（1）直系血亲间的通婚范围。直系血亲间禁婚的历史几乎与人类婚姻家庭的历史一样悠久。早在人类还蹒跚于历史发展阶梯的底层——蒙昧时代之际，自然选择法刻板而无情的制裁就已经使人类在家庭组织上发生了第一个进步——“在于排除了父母和子女之间相互性交关系”这一禁例的产生，标志着人类结束了“毫无限制的两性关系”阶段，开始了自己婚姻家庭的历史。① 黎族婚姻习惯法正是以直系血亲间禁止结婚规定为起点而发展起来的规则体系。

（2）旁系血亲间的通婚范围。旁系血亲即非直系血亲而在血缘上和自己同出一源的亲属。根据习惯法的规定，无论是父系亲属还是母系有血缘关系的亲属都禁止通婚。需要指出的是，此处禁止通婚的同血缘关系远不止三代。琼中红毛地区黎族隔十多代也不能结婚，如两人执意要结婚，族中长老罚两人脖子上挂牛轭、牛铃铛游村方可结婚。② 上述峒组织内部禁止通婚就是依据这个原则而来的。

（3）拟制血亲间的通婚范围。习惯法规定禁止通婚的直系血亲，不仅包括自然血亲（即父母子女间），而且还包括法律拟制的直系血亲，即继父母子女、养父母子女、因投靠所形成的亲属关系及结拜兄弟家族等。例如，上辈认了“同年”“老童”（即结拜兄弟姐妹），虽然没有血缘关系也不能通婚；③ 在合亩制地区，已举行过“做鬼”宗教仪式（黎人法事的一种说法——笔者），并认了该合亩的祖先作为自己的祖先的“龙仔”（黎族特有的收养方式，下文会具体介绍），也不能跟合亩制内以及与该合亩有血缘关系的人通婚。

（4）忌“血倒流”婚。黎族主张族外婚，但是反对一村对一村的循环婚。例如，甲村的女子可以比较固定的嫁给乙村的男子，但是甲村的男子则不可以娶乙村的女子，即“血不倒流”。

（5）忌哥娶弟媳，姐嫁妹夫。黎族有转婚制一说，即哥哥死后，弟弟可以娶嫂子为妻；姐姐死了，姐夫可以娶妹妹为妻。但是，弟弟死了，哥哥不能娶弟媳为妻；妹妹死了，姐姐也不能嫁妹夫。

（6）忌与仇家村落通婚。这是黎族家族复仇主义的体现。如果两个村落祖辈们因争抢女子发生过械斗或仇杀，其子孙后代一般都忌讳联姻。如保亭黎族苗族自治县加茂镇毛林村 1 队的陈姓不与 2 队的黄姓通婚，因为陈、黄两姓的祖先，因争附近村一

---

① 王学辉：《从禁忌习惯到法起源运动》，法律出版社 1998 年版，第 135 页。

②③ 王学萍主编：《中国黎族》，民族出版社 2004 年版，第 112 页。

女子为妻而发生谋杀事件，两姓祖先订下规矩：陈、黄两姓永不通婚，违约者罚吃青草。如果陈、黄两姓青年谈恋爱被人发现，村中长者去摘一把青草强迫两人吃，或者叫两人像牛一样爬着去啃青草，啃完青草后两人必须分手，不得继续谈恋爱，几百年来，陈、黄两姓从未有人敢通婚。①

上文提及，几乎毫无例外的在各原始民族有关人类及其生命来源的传说中，都反映了兄妹结合的血缘婚并非“自然而然的事”，而是迫不得已而为之，“这说明在神话产生时期，血缘婚已被禁止”②。不仅在传说故事中，在黎族通婚范围的禁忌规则中也能找到这一判断的佐证。

（二）婚姻缔结程序

根据黎族习惯法，婚姻的缔结大致如下：

男女双方合意订立婚约，黎族男女由订立婚约揭开缔结婚姻的序幕。恋爱关系确立后，男女双方若有结婚的意愿，就由男方父母带槟榔、酒、茶等物品亲自到女方家说亲，女方应在双方父母在场的情况下做出同意还是不同意的表态。如果同意，男方家又要第二次带上述物品来女方家举行定亲仪式。定亲后，两家可互相往来。

在以杞、赛方言为主的保亭地区，黎族的定亲较为复杂。一般由男方的两个女性长辈到女方下聘，聘礼包括槟榔、烟丝、茶等用物，女方若同意，经过三次反复地退还后再留下来，这时便可选择定亲的日子。③

婚约在黎族的婚姻成立过程中充分发挥着习惯法的效力，婚约不仅是黎族婚姻成立的必要要件之一，也对订立婚约的男女具有财产上及道德上的约束力。定亲后，若是男方提出退婚，托人告诉女方家长，取得同意，聘礼一般不退回；双方未申明解除婚约前，都不得另行择婚，违者受到村寨众人的斥责，认为是侮辱别人的家门，要赔礼道歉。

通常情况下，在确立婚约后，婚姻当事人达到当地习惯认可婚龄，男方家长则会与女方家长共同协商选择结婚吉日。结婚当天，男方需携牛、猪、米、酒作为彩礼到女方家，女方则会摆酒席，大吃大喝，场面非常大，气氛隆重。男方将新娘迎回家，新娘通常有娘家人陪送，接过来后，男方要请全村人喝酒，举行隆重的结婚仪式。④

---

① 参见《黎族田野调查》，海南省民族学会2006年7月编印，第42页。

② 王学辉：《从禁忌习惯到法起源运动》，法律出版社1998年版，第60页。

③ 保亭黎族苗族自治县地方志编纂委员会编：《保亭县志》，南海出版公司1997年版，第495页。

④ 王学萍主编：《中国黎族》，民族出版社2004年版，第196—198页。

黎族婚仪有别于汉族的特色主要有二①：一是以牛和槟榔等物为聘礼。“婚礼以牛为重，黎酒、槟榔、吉贝等物佐之”②。二是整个婚姻仪式较为简便，不像汉区那样繁琐。“其女家送亲者至，则入屋饮酒，并无礼仪，夫家宰牛猪等畜盛待之”③。下面根据《黎族田野调查》④（此次田野调查活动对黎族聚居区五指山、琼中、保亭、三亚、乐东、白沙、东方等市县的8个自然村进行实地调查，这8个自然村分别属于黎族哈、杞、润、赛、美孚五大方言，具有一定的代表性）一书的第一手资料，细述黎族结婚礼仪之禁忌。

八村婚仪表（一）（2002年调查数据）

村名／仪式	槟榔村	毛林村	福关村	番响村
提亲	又称“放槟榔”。男方父母择吉日，带槟榔（个大长相好，忌单数）；女方忌公开退回槟榔；与仇家村落通婚要举行“洗眼睛”⑤仪式	称“问亲”，男方亲戚1次6人或6人分3次（忌鳏夫寡妇）前往提亲，竹篮1个（槟榔数10个，盖红纸，忌其他颜色及单数）；女方家长揭红纸为同意；女方请吃饭忌杀鸡	男方媒人（忌寡妇）捎蓝布6尺（不能少）、钱不等，前往提亲	称“接排南”。男方2妇人（忌寡妇）登女方家门提亲；女方父母派人了解男方
定亲	又称“定日子”。男方2媒人的丈夫带4只鸭、20斤酒、20斤米、槟榔前往定亲（忌单数、忌短斤少两）	称“定日子”（一定要择吉日）。商量婚期、彩礼；女方父母索要“草席（棺材板）”，忌苦子木	择吉日；礼物、礼金忌单数	称“慢开”“串鸡腿”⑥；下聘礼；谈礼金；四日之忌⑦

① 吴永章：《黎族史》，广东人民出版社1997年版，第415页。

② 清人《黎族风俗图》。

③ ［清］张庆长：《黎岐纪闻》。

④ 《黎族田野调查》，海南省民族学会2006年7月编印。

⑤ 如果两个村的青年男女相恋结婚，其祖先曾经因为种种原因互相仇杀、械斗、罚款、赔偿等结下仇，现在他们的子孙要联姻，就要举行洗眼睛仪式，要不就会变成睁眼瞎。

⑥ “席间，拿出鸡腿骨两个（左边代表男子，右边代表女子），查对婚事吉凶，比如两个鸡腿骨上下端各有一孔或这两个鸡腿骨只下端有一孔，那么表示吉利，婚事就成。如两个鸡腿骨只有上端各有一孔相对应，那么表示不吉利，则婚事不成。”参见海南省民族学会：《黎族田野调查》，海南省民族学会编印，2006年7月，第129页。

⑦ 忌四日内任一方家中打烂锅和碗、弄断筷子、家畜死亡等，否则退婚。

续表

村名 仪式	槟榔村	毛林村	福关村	番响村
送彩礼	婚礼头一天送彩礼（新中国成立时：2头猪、200斤酒、200斤米；20世纪80年代：同上加80元；现在：以金钱为主，三四千元不等，且女方有了陪嫁）	婚礼头一天送彩礼；彩礼忌短斤少两，否则婚姻不成	婚礼头一天送彩礼；彩礼忌短斤少两，否则婚姻不成	定日子；送礼金（要一次全部送完，忌拖欠礼金）
接亲	男方10时左右到女方家；新郎、伴郎、4个媒人带礼物（50斤米，粉丝包红纸条，槟榔，1只提篮，篮底放米，上放筒裙，1块黑布）；起名①忌动物名；忌单方择日、忌下雨、忌见蛇	男方上午11时接走新娘 忌下雨	双方聆听父母长辈教诲 忌下雨	男方派2名中年妇女（忌寡妇与生产不顺者）接新娘
送亲	女方4男2女（忌鳏夫寡妇）送亲；新人打伞、披红、戴礼帽	女方伴娘送亲	不限	女方2名中年男子、2名妇女（忌鳏夫寡妇）与陪娘队伍送亲
迎亲	14时左右男方人在村口放鞭炮迎接，新郎“披红”②；请新娘（忌遇不正常死亡之事与醉酒之人，如有，请道公做法事）	挖坑立桩，搭棚遮阳，修灶支锅迎接新娘（忌遇不正常死亡之事与醉酒之人，如有，请道公做法事）	回到村口一般不搞仪式，忌遇不正常死亡之事与醉酒之人，如有，道公作法事；迎新娘忌超过午夜12时	新娘晚上8、9时入村（忌超过午夜12时）；女方派男子射鸡蛋；男方派1名妇女回男方家报喜；新娘换筒裙；男方点火把迎新娘

① 新郎在接亲时，女方家要给新郎起一个新的名字，起名以方位、地域、吉利、祝福等为原则，植物名字也可，如“中村”“山脚”等。

② 回到男方家后，新郎先进自家院子，院门口已摆1张桌子，上放4个碗，斟酒后，新郎的好友轮流上前给新郎披红，1人送1条，披红从右肩挎至左侧，原来前去接亲时的披红是从左肩挎至右侧。新郎左右手各端1碗，互相喂饮，依次与所有好友喂饮后才结束。

续表

仪式＼村名	槟榔村	毛林村	福关村	番响村
成亲	拜堂；“量米①”；新娘敬槟榔②；起名③（穷人“押命”④及“槟榔公”⑤禁忌）	喝喜酒；送红包；闹洞房；起名（忌与他人同名）等	不限	祖屋拜堂；男方、男方外婆家、女方送亲队依次放炮
饮福酒	新人共饮福酒，酒宴通宵达旦，不闹洞房；逗娘⑥；对歌	不限	不限	男方男子陪送亲队喝喜酒；唱黎歌；对山歌；闹洞房
回门	“不落夫家”不严格，婚后第二天早饭后，新娘与送亲人一起先回娘家；新娘如果愿意，婚后可长住夫家，不会受到非议	婚后新郎择吉日上午送新娘回娘家，下午自己回来。第2天新娘自己回夫家，两个小姑子挑糯米饭去嫂子娘家，下午回来。新娘常回娘家住。可在娘家生孩子之后，回夫家长住	新娘婚后第4天回娘家，如第4天非吉日可以推后（忌单日子）；带1小坛biang酒，1小腰篓米，小姑子陪同；8天后又回一次，自己当天往返	基本同福关村

---

① 拜堂完后，新娘开始履行主妇仪式，到伙房量米，男家预先在米中放1块光洋，感谢新娘前来担当主妇，激励新娘尽好主妇职责。新娘将光洋收好，将米放入锅里，量米仪式结束（现在光洋之事渐为淡忘）。

② 量米后，新娘给男方父母及高辈分家人、亲属敬槟榔，被敬的长辈都有红包相赠，这些红包不直接送到新娘手上，而是放在堂屋的桌上。

③ 同给新郎起名。

④ 男方2个中年以上女性亲属带礼物到女方家：过去2条鱼、2块光洋、5—6斤米、5—6斤酒、槟榔，现在1头猪、1筐米（50斤）、50斤酒、手镯、2块光洋、槟榔、粽子或糕饼12个。

⑤ “槟榔公”指没有正式办过结婚酒而同居或成家的男性，这种家庭除完成了“下槟榔”程序外，很可能也举行过“押命”仪式，但由于家庭状况不济，无力举办结婚酒，因而不被当地社会舆论看好，成为一种特殊形式的家庭。

⑥ 婚礼独特有趣的程序。参见王学萍主编：《中国黎族》，民族出版社2004年版，第198页。

续表

仪式＼村名	槟榔村	毛林村	福关村	番响村
请妻	婚后第2天下午，新郎赶往新娘家，带50斤米、30斤酒、槟榔，请妻回家，新娘择吉日回夫家。以后新娘可以择日自回夫家	农历8月份，小姑子请嫂子（新娘）回家吃“新米”；年二十八、二十九，婆婆亲自接媳妇（新娘）回家过年	小姑子陪同；主妇仪式①	小姑子陪同；主妇仪式

八村婚仪表（二）（2002年调查数据）

仪式＼村名	道小村	西方村	头塘村	福报村
提亲	又称“放烟叶”（忌单数）	不限	不限	男子与1名男伴带槟榔、糖果等礼品到女方处见女方父母
定亲	有入赘婚。（一般有兄弟几人的家才有可能让家里男子入赘）	幼时（最小8岁）父母包办订婚，但不影响长大后的自由恋爱，不合心意者可解除婚约	孩子9—11岁时，父母帮忙物色对象，双方父母同意后吃一顿饭。孩子长大后不满意对方可退婚，无需赔偿	男方母亲带菜、礼品去女方。（19个糯米饼，忌双数；30—40斤酒、80斤猪肉、400—500口槟榔）
送彩礼	彩礼重，4000—6000元左右；女方有嫁妆	婚前男方亲戚按提亲或定亲时约定如数送去彩礼（具体规定不同一）	婚前男方亲戚按提亲或定亲时约定如数送去彩礼（具体规定不同一）	婚前10天男方亲戚如数送去彩礼（糯米10斤、大米15斤、酒200—300斤、猪肉150斤、槟榔500—1000口、彩金2000—3000元）

① 婚后两个月或半年，婆婆择吉日，给米缸、小锅、铁锅、碗筷等，自己开始煮饭，小姑子陪同（忌他人），忌将饭吃完，忌将剩饭喂猫狗，忌洗碗。

续表

仪式＼村名	道小村	西方村	头塘村	福报村
接亲	请老人择吉日，忌在男女双方的忌年忌日（即亲人去世的年和日）接亲	择吉日（忌在男女双方的忌年忌日）接亲	择吉日（忌在男女双方的忌年忌日）接亲	新郎、伴郎、媒人等带礼物在中午前到达女方家，太阳落山前要离开女方家
成亲	择吉日（忌在男女双方的忌年忌日）成亲	择吉日（忌在男女双方的忌年忌日）成亲；寡妇再婚不受限制	择吉日（忌在男女双方的忌年忌日）成亲；寡妇再婚不受限制	择吉日（忌在男女双方的忌年忌日）成亲；新娘一定要穿花筒裙
饮福酒	晚宴喝酒	晚宴喝酒	晚宴喝酒	晚上，男女分坐两边喝酒
回门	“不落夫家”不严格，有关回门的日子、礼物的习俗不一	“不落夫家”不严格，有关回门的日子、礼物的习俗不一	“不落夫家”不严格，有关回门的日子、礼物的习俗不一	婚后2—3天男方择吉日，送新娘回娘家，带熟猪肉20斤、蒸熟糯米饭1锅、酒20—30斤
请妻	男方接回或自己回	男方接回或自己回	男方接回或自己回	新娘回娘家几天后，男方择吉日接其回夫家

从以上8个村的婚俗习惯可以看出，8个村的婚仪过程大多包括提亲、定亲、送彩礼、接亲、成亲（有的含起名）、饮福酒、回门、请妻等几个步骤。概括而言，黎族婚仪主要有如下禁忌：

（1）忌单方择吉日。在整个婚仪过程中，从提亲、定亲、接亲、成亲到回门，都要求择吉日，而且择吉日须经双方同意。

（2）嫁娶忌双方的忌年忌日。一般选择猪、龙、兔日（一般为双日），忌牛日结婚，忌猪日嫁娶杀猪，双方的忌年忌日（即亲人去世的年和日）不能嫁娶。

（3）忌鳏夫寡妇。从提亲到迎亲，双方忌鳏夫寡妇参与，说那样不吉利。

（4）礼物忌单数与短斤少两。除福报村定亲时的糯米饼为19个（单数）外，其他村的礼品、酒、礼金、红包多为双数，特别是槟榔的数量。而且，男方所送礼品、礼金、酒等绝对不能少于商议之数，否则要想办法补全。

（5）忌公开退回槟榔。黎人好面子，女方不接槟榔为拒绝提亲。因此，生活中往往形成这样一种习俗：女方不满意男方，并不直接退回槟榔，而是过几天后告知男方婚事不能成。有的则是假意退回槟榔，往往要男方反复送几次才能成功。

（6）忌下雨、忌见蛇。黎人认为嫁娶时逢下雨，见到蛇不吉利。

（7）忌遇非正常死亡之事与醉酒之人。婚嫁之日，黎人忌遇到非正常死亡的人和醉酒的人，如果遇到，一定要请道公作法驱邪。

（8）忌订婚后出现异常现象。订婚后，男女任何一方家里如果出现打烂碗筷、家畜死亡等异常之事，则认为不吉利，婚事不成。

（9）忌不办结婚酒。黎人将办结婚酒视为婚姻的必经程序，没有办结婚酒的婚姻不为舆论所认可，俗称“槟榔公”。“槟榔公”家庭的女人死时，还要象征性地补办一次“请酒”，黎语称之为“趁敖”。这时，要杀一头猪，一提篮重约5斤的米，一小坛酒（约3斤），请道公做鬼，祈求列祖列宗接纳该女人，之后，就可以宣布该女人正式属于男家，可以葬入男家坟地，否则，只能葬在乱坟里。做鬼仪式完成后，将猪破成两半，一半交给女方家人。

（10）起名忌同名、动物名。男女双方嫁娶时，都要由对方另外取名，男子一般以植物命名，女子一般以其娘家在男方家的方位命名。不能与其他人的名字相同，也不能取动物名。

（11）新媳妇忌将饭吃完、将剩饭喂猫狗，忌洗碗。

（12）忌婚后通奸。黎女在婚前的性生活比较自由，但结婚后，尤其是生孩子入住夫家之后，就必须忠于丈夫。新中国成立前，通奸者判死罪。

虽然黎族的婚俗不断受到汉文化的影响，但上述这些禁忌依然存在于黎俗之中，并且随着历史的变迁逐渐发展成为黎族的传统习惯，传承至今。

与此同时在婚后生育方面黎族没有重男轻女之说，“生男传家种，生女育财根”。但是在与汉文化的交融中，也逐渐出现了重男轻女的现象。新中国成立前的有钱人家、纯女户有纳妾、包二奶的，但比较少。现在的年轻人生了一男一女后都不愿意生第三胎。不过有许多禁忌还沿用至今：

（1）孕妇之禁忌。黎女怀孕后，忌触摸男人使用的狩猎工具（黎人认为妇女在怀孕、生育、经期时的身体是污秽的，一旦接触男人或男人使用的生产工具，可能会触怒鬼神）；孕妇忌堕胎；孕妇忌吃蛇肉和猴子肉，忌跨越动物尸体（否则会怀怪胎或死胎）。

（2）产妇之禁忌。生小孩 12 天内，产妇忌与他人（包括公婆、丈夫及其他人）共用生活餐具（包括刀、碗、筷子、凳子等），忌食油性食物与带腥味的食物（鱼、肉）；产妇 1 个月内忌沾冷水和干重活。

（3）丈夫之禁忌。丈夫忌打骂孕妻；忌在妻子怀孕期间安装刀把、锄柄和犁耙等；忌洗小孩尿布；1 个月内忌坐妻子的床；3—4 个月内忌同房。

（4）他人之禁忌。产后 12 天内，他人忌进入产妇家。某家生小孩后会在屋顶或门前插上标志，如槟榔村以插野菠萝树为标志。外人看到此标记便知道该家已生小孩，不便串门，直到 12 天后方可拜访。另外，他人忌坐产妇专用的小凳子，尤其是男子，说那样会导致产妇子宫下垂。

（5）其他禁忌。第一，黎人忌将家人下葬的日子作为孩子的生日，忌将亡婴埋到坟山。如果婴儿体弱，一定要缝一个红布口袋，内装火药、黄姜、狗牙、米，在系绳上串 5 个铜钱，挂在小孩儿脖子上辟邪。第二，忌歧视非婚生子女。黎族认为婚前生子是正常现象，"多子多装（嫁妆）"。过去，黎女多带子结婚，男方不管是否自己亲生都一样对待。所以说黎族的非婚生子女地位基本与亲生子女无异。但是，在财产继承上，一般最小的儿子会多得财产。小儿子一般承担赡养父母的义务。在有些地方，父母死后归长子埋葬，如果是母亲过世，则由女儿捧香炉。

第二节

家庭关系

家庭是黎族社会的细胞，家庭成员是社会发展的动力。男子婚娶后，父母亲给其盖房子，选择吉日良辰立火灶，自食其力。如黎族歌谣（意译）："一间茅房三石灶，一条绳子挂家当；一把钩刀砍大山，一碗谷种养全家。"家庭成员一般 3—5 人不等，因为男孩长大要分家，女孩长大要出嫁。通常一户只有夫妻、子女和抚养年老父母等眷属。家庭成员关系和睦，夫妻恩爱，尊老爱幼，同甘共苦。子女家教严谨，父母亲以传统观念影响子女的规范行为。因此，自古以来，婚姻家庭结构牢固，很少发生杀妻抛子和杀人越货的恶性案件。在婚姻家庭地位和权利方面，受到社会保护，村中一家遭受灾难，全村都给予赈济。夫妻地位平等，丈夫有责任保护妻子。舅权大于父权，出嫁的女子，受到丈夫的欺负，娘家兄弟出面谴责和处罚。夫家因其他原因丧失抚养子女的能力，舅家收养并资助其成家。女子在夫家违反家规，经丈夫出面向娘家说明，娘家负有教育责任。出嫁的女子，在夫家发生危及社会公德的行为，夫家和娘家要共同承担赔偿责任。

一、家庭伦理道德

（一）夫妻关系

丈夫是一家之主，享有家庭经济和其他事务的决定权，妻子虽处于从属地位，但大事要事丈夫仍要与妻子商量。在生产劳动中，夫妻分工合作：丈夫犁田、耕地、砍山栏、砍柴、狩猎、修缮房屋、编织竹藤制品、制作生产工具、主持家庭祭祀仪式等；妻子则拔秧、插秧、除草、收割、挑水、舂米、煮饭、纺织、饲养家禽等。在处理家庭事务中，如耕地、牛只的买卖、修缮房屋、子女婚姻等重大事情，均由两人商量决定，再通报其他家属和族人，妻子如不同意，丈夫亦不可擅自主张。生产上互相帮助，生活上互相关心、体贴。空闲时间丈夫帮助妻子管教子女，挑水做饭，饲养家禽；妻子则帮丈夫管理家庭事务、砍柴、养牛等。汉族妇女的“三从四德”等封建礼教在黎族地区影响不深，所以黎族社会没有男尊女卑的思想。婚姻一般都是通过自由恋爱而结合的，因而离婚现象不多。夫妻间都严格要求自己，不忘恩，不背德，不丧义，不做违背伦理道德的事情。

（二）关心爱护子女

黎族对子女的养育非常重视，把子女视为自己生命的延续，家中之财富。爱护子女，胜过爱护自己，宁愿自己受饥挨饿，也不让子女受苦。为了子女的幸福，不辞辛苦，日夜操劳，把养育子女当作自己最大的职责。在黎族社会里，虐待或抛弃子女是不存在的，生男生女一视同仁。即使是收养的，也与亲生子女一样对待，一样疼爱。

（三）赡养父母

赡养父母是每个子女应尽的职责，父母是家庭幸福的标志和象征。尊重父母、赡养父母是黎族的传统美德。人们在劳动时，尽可能地让父母做些轻活；生活上关怀备至，父母如有病痛冷热，子女们会尽心尽力，细心照顾。在家庭事务的处理中，尊重父母的意见，即使要和父母分家，也必与父母商量，征求意见，不自作主张。分家后，媳妇不仅做好自家家务，还帮公婆挑水、舂米、做饭。新媳妇入门后，往往晚睡早起，给家里挑水，还要主动给伯、叔等亲属家挑水。

（四）兄弟、姐妹、妯娌之间

兄弟姐妹情同手足，福祸与共，休戚相关，平等互爱，互相关心、互相帮助。黎族中一家内的几个兄弟结婚后，大家只分住但不分灶，仍然共同劳动，共同赡养父母，这样的家庭被视为最幸福的家庭，备受社会的称赞。凡有婚丧节庆，兄弟姐妹共同操办，互相帮助；父母健在，兄弟姐妹平等相待；父母去世，为兄的必负起养育弟妹的责任，所以人们常说“兄似父，嫂似母”。姐妹妯娌之间关系也十分融洽，互帮互爱，家里的事一般在嫂嫂的指导下，共同操作，互相协助，为姑的有帮助嫂嫂理家之责任，为嫂的有抚养姑姑之义务。

（五）家庭禁忌

哥哥忌坐已婚弟弟的床，忌穿已婚弟弟的衣服，忌用弟媳的斗笠、腰篓，忌与弟媳同桌吃饭和碰撞，路上相遇弟媳要主动让路；公公与儿媳、兄弟与姐妹之间忌讲粗话脏话；男的不能动女的衣裙、针线、纺织工具，女的不能动男的粉枪、尖刀、弓箭等狩猎工具。

千百年来，人们不但要求父母、继父母不虐待子女，而且父母去世后，还要求哥哥嫂嫂抚养照顾弟弟妹妹。若哥嫂虐待弟妹，同样会受到谴责。总之，在黎族的家庭中，一般都把赡老扶幼、教育后代作为道德规范来遵守，从而使黎族人民养成了敬老爱幼、与人为善、以诚相待、热情好客、礼貌谦让、从善弃恶的传统美德。

二、社会伦理道德

在社会中，人们常常共同遵守的生活习俗，一般都会上升为伦理道德，并在人们的日常生活与交往中反映出来。1949 年以前，黎族社会的政治、经济、文化发展较为缓慢，有的地区仍带有浓厚的原始氏族社会残余，因此黎族社会的伦理道德一直受着黎族地区经济文化发展的影响，封建礼规较少。黎族人民按照传统的伦理道德规范自己的行为，人与人之间和睦相处，因此在黎族村寨中，很少有泼妇骂街、蛮汉说粗话的现象发生，体现了黎族社会良好的社会风尚和道德规范。

（一）英勇无畏，敢于斗争

黎族是一个热爱和平、渴望过平静生活的民族。只有在被凌辱、欺诈、压迫到忍无可忍的情况下，为了民族平等和换取平静的生活，他们才奋起抗争。人们敬仰那些为争取民族平等、为民族过上平静生活而勇于斗争的勇士，而那些甘愿受欺的懦夫和叛徒，则被人们唾骂和抛弃。黎族这种坚韧不拔、爱憎分明的性格，至今仍具有现实意义。

历史上，黎族人民在同自然界和统治阶级作斗争的过程中，逐步养成了一种勤劳勇敢、尚武善斗的精神。从小父母便教之练武习弓，平时弓箭不离手。南宋范成大在《桂海虞衡志》中就是以“执长靶刀，长鞘弓，长荷枪，跬步不舍去”这样的语言来描写黎族的。历代统治者在开发海南岛时都对黎族人民进行了残暴的压榨，为了反抗剥削压迫，争取自由，黎族人民曾多次掀起反抗斗争。

（二）团结友爱，乐于助人

黎族一个村子里，谁家有红白喜事，或遇什么天灾人祸，全村人都会前来帮助，甚至远近邻村和素不相识的人都会来，这种帮助是无条件的，不计任何报酬的。

父母双亡的孤儿，会得到亲戚和全村人的关照；无劳动能力者，亲戚或村人会帮犁田、耕种、收割。鳏寡孤独者，不管是否有直接的赡养责任，都会尽力照顾，过年过节还请他们去饮酒，年长的让坐首位。哪家盖房子，全村男女老少会主动前去帮忙，直到房子盖好为止。房子建成后，房主为酬谢乡亲们的帮忙，往往要杀牲口摆酒席来招待众乡亲。哪家要娶亲，人们都纷纷前来当帮手。无力娶亲者，亲戚和全村人都会帮助他筹钱筹粮为他完婚。哪家媳妇坐月子，同村的姐妹们会主动来帮洗尿布、做家务、干农活。村里有人病故了，乡亲们会根据自己的能力予以帮助，出钱、出米、出酒、出菜、出力，或帮助丧家挑水、煮饭、做菜、砍树制棺材，直到丧事办完，真是一家有难百家帮。过去，只要有外人来劫寨，全寨人会共同起来反抗，保卫家园，其他村寨获得消息也会前来相助。在村寨中，人们往往以勤劳来判断人品的好坏，劳动光荣，勤劳人备受人尊敬，懒惰人被社会鄙视，将娶不到媳妇。

（三）注重礼节，尊老爱幼

讲究礼节礼规，讲究语言美，扶老携幼，礼貌待人，是黎族的传统美德之一。黎族在日常交往中，男女一向互相尊重，平等互爱，和睦相处，不能混坐在一起，而是男女各一处。在不同辈之间，异性之间，要注意礼节礼规，不随便开玩笑，讲粗话。人们围坐着聊天，不能从人们中间走过，如不得已而非过不可，要弯下腰，伸出双手，说声道歉。同姓（指黎姓）男女，不能混坐在一起，不能随便开玩笑，讲粗话，更不能唱情歌，谈论两性关系。和女人交谈要用女人特用语，若讲粗话或不用妇人的特用语和她们交谈，在旁的亲友会一走而光，讲话人被社会视为没有教养，父母也因此感到羞愧。路上相遇，晚辈要主动向长辈招呼，年纪小的主动让路给年纪大的，女的让男的，轻便的让负重的。碰见老人挑担，年轻人要乐于与老人“换肩”，帮挑一段路或送到家，所以在黎族地区的鳏寡病残智弱无助者极少，而流浪者更是没有。到亲朋家做客，进出主人房屋，男从南门，女从北门，不能直接从这门进那门出，否则被视为不懂礼貌。用餐时，客人不入席不开饭。酒席上，让年纪最长者坐首位，第一碗酒要敬给年纪最长者。与老人交谈或相处，不论老人的社会地位高低，家境贫富，一律不能直接叫老人的姓名，而要用尊称，如公某某、婆某某、伯某某等，而用“侬”来称呼自己，表示谦虚。解决民事纠纷，要请村中德高望重的老人来调解、仲裁。在任何场合，不尊重老人、虐待老人都被视为没有教养、缺乏道德的行为，将受到社会舆论的谴责。爱幼则主要表现在对幼儿抚爱和舆论的导向、行为的影响上。婴儿出生母亲无奶水时，村中所有育婴期的妇女都乐于前来给新生婴儿喂奶，女人抱起来亲亲脸，男人抱起来轻拍屁股，以表示疼爱。黎族社会没有性别歧视，男女都一样，嫌弃女婴的现象十分罕见。

（四）热情好客，恪守信用

当客人置身于黎族村寨中，不论是本民族还是其他民族，不管是老客新客、认识或不认识，凡到家里都是朋友、都是亲戚。热情的主人会先用上等的烟叶、槟榔来招待客人，然后再以好酒、好菜、好饭来款待，喝酒时客人喝得越醉，主人越高兴，要是喝不醉主人会感到脸上无光，所以每个到黎村的客人都有宾至如归之感。客人除了主人招待外，还会被主人的亲戚或邻居请去吃饭，如请而不去，会被认为看不起人家，请客的人会很不高兴。黎族对客人中的长者、新客人尤为热情，所以凡想到黎家做客的新客人和长者要有喝醉酒的心理准备。

黎族人朴实善良，恪守信誉，不偷，不受偷，不欺，不受欺，所以黎族在好客的同时，希望客人肝胆相照、以诚相见，说一不二，恪守信用，不诚实的人被社会认为是最缺德的。黎族在同别人进行贸易、借贷或其他往来，只要有言在先，各方都严守信用。要诡计、欺骗人的行为，为黎族社会所不容，并由此可能引发纠纷甚至械斗。所以连古人也发出这样的感慨："（黎人）与省商人博易，甚有信，而不受人欺给。商人有信，则相与如至亲，借贷所有不吝，岁望其一来，不来，则数数念之。"

（五）廉洁自爱，路不拾遗

不贪心，不偷盗，是黎族每个家庭对子女的基础教育之一。自幼起，黎族家庭就对孩子进行这种观念的灌输，培养他们对别人劳动成果的尊重。所以 1949 年以前，多数黎族村寨都是"路不拾遗，夜不闭户"。如果你看中了一棵树或一个鸟巢、一块荒地，只要在旁边打个草结，就不会再有人来侵占或提取。如果路上发现有失落东西，也拾起放在较显眼处，以便失主寻找。以前耕牛放牧，不会丢失。为避免火灾，谷仓建在离村较远的路边，不上锁，不用看守，也不必担心会被偷。

三、特别的"亲权"

亲权这一古老的概念渊源于罗马法和日耳曼法。但近代民法中亲权的性质和内容与古代和中古时期的亲权已有了极大的区别。在早期的罗马法中，"家父权"以亲权人的利益为出发点，表现为家父对家子的占有支配权。家父权制度是罗马法特有的一项制度，在古罗马"家父之于'家子'，未必果有父子之关系也"，再"家父权之行使，不以对于婚生子女为限；养父之于养子女及生父之于认领之非婚生子女，亦有家父权"。① 家父对家子在人身方面的权利是很大的，家父就是家子的法官，对于家子所犯的过错，家父有权以任何方式予以处罚，包括监禁、身体刑，甚至死刑。而日耳曼法的父权不同于罗马法中的家父权，它以子女的利益为出发点，表现为对子女的保

① 陈朝璧：《罗马法原理》，法律出版社 2006 年版，第 409 页。

护权。近现代许多国家的亲权制一般多继受日耳曼法，以保护教育未成年子女为中心，表现为权利和义务的统一。

近现代西方法制中之“亲权”，是指父母对子女基于身份关系所产生的权利和义务。对亲权概念的界定，学术界主要有以下几种观点：一种观点认为：“亲权是指父母对未成年子女在人身和财产方面的管教和保护的权利和义务。”① 另一种定义为：“父母保护教养未成年子女之权利义务，谓之亲权。”② 第三种定义为：“亲权在近代立法，谓以教养保护未成年子女为中心之职能，不仅为权利，同时为义务。”③ 还有一种定义认为：“亲权是指父母对未成年子女有身份上及财产上的以监督保护为内容的权利义务的总称。”④ 上述各定义，尽管表述上有差异，但其基本的内涵是一致的，都表明了亲权是基于基本的身份关系而产生的，专属于父母对于未成年子女的权利和义务。

由于人口增殖对于黎族社会具有维护族群存续的重要意义，女性在婚姻家庭乃至社会生活中都具有很高的地位，非婚生子女也不为社会家庭所排斥，黎族亲权习惯法对非婚生子女也给予了平等的保护。另外，因“不落夫家”习俗影响下产生的子女与舅公生活在一起的特殊家庭形态的存在，舅公与外甥形成特殊的亲属关系，舅公承担着亲权中父权的一部分职能，负责教育和保护外甥。母亲在子女教育、管理方面起主导作用，舅公分享父权，在黎族习惯法中，亲权体现出向母系倾斜的特点，具有浓厚的黎族特色。

（一）婚姻与家庭在时间维度上脱节，父母与舅公均构成亲权人

亲权人即亲权的主体，是指享有亲权的人。古代法几乎都以父为亲权人，亲权不及其母。现代各国立法以男女平等为原则，故在亲权主体的规定上，父母为当然的亲权人，即把亲权平等地授予父母双方，黎族习惯法中的亲权人既有近代法平等原则下规定的主体，又有自己的特别之处。

1. 父母与继父母为主要亲权人

由于黎族传统社会存在着“不落夫家”习俗，使黎族人生活中的两项重大事件

① 李志敏主编：《比较家庭法》，北京大学出版社1988年版，第227—228页。

② 林菊枝：《亲属法专题研究》，台湾五南图书公司1985年版，第139页。

③ 史尚宽：《亲属法论》，中国政法大学出版社2000年版，第657页。

④ 《新版新法律学辞典》，中国政法大学出版社1991年版，第521页。

——婚姻的成立与家庭的产生——之间发生了时间上的脱节，婚姻缔结后并不随之产生家庭，女子大多在生下第一个孩子后即定居夫家，黎族小家庭模式的形成以女子定居夫家为标志。黎族社会并不强制未落夫家的女性对丈夫保持性的忠贞，奸生子女的存在也就不足为怪了。

对奸生子女，黎族习惯法表现出与现代家庭法同样的宽容心，按习俗规定，女子出嫁但私通怀孕的，不允许在娘家分娩，需要到夫家分娩。而夫家和民间也认为这是正常的事情，生下来的婴儿，是夫家的成员，孩子的命名和抚养都是由夫家负责办理。①

对婚外生育的子女，习惯法给予的是双重保护。由于民间男女青年多自由择偶，男女青年在爱河中发生关系私生子女，属于非婚生子女。非婚生子女一般有两种前途安排，一是留在娘家，与舅公共同生活，受到舅家的保护，实质上与舅公形成了类似于现代民法意义上的收养关系；② 二是在得到继父的抚养许诺后，随母亲出嫁，与继父确立正式的父子关系，列入继父的直系血亲之内。③黎族人认为生男育女是神灵的安排，因此，即使是非婚生子女也不会受到家庭成员和社会的歧视，并且他可以和婚生子一样得到平等教育和保护。

对于与父母共同生活后因父亲死亡或父母离异的年龄小的未成年子女而言，一般是随母亲生活④，也会有两种前途安排：一是父亲死亡，母亲不改嫁，则与母亲仍留在原家庭，形成单亲家庭。二是随母改嫁或回娘家，则与继父新组家庭或与舅公共同生活，继父将承担子女的抚养义务，视为己出；或者舅公代替父亲的部分职责，承担抚养义务。

对于因母亲“不落夫家”而一直生活在娘家的未成年子女而言，则舅公行使父权，其亲权人为母亲和舅公。

2. 舅公是一种特殊的亲权人

上文已经论及，舅公并不以养父的名义对与其共同生活的未成年外甥履行抚养义务，这是黎族亲权法的一大特色。

对于未成年的婚生子女和非婚生子女来说，基于母亲血缘和“不落夫家”习俗的原因，母亲可能与未成年的子女生活在其兄弟（对未成年子女来说就是舅公）的照顾下，与偶婚制时期不同的是，母亲带子女加入的不是母系氏族大家庭，而是舅公所在

①③④ 王学萍主编：《中国黎族》，民族出版社2004年版，第203、203、112页。

② 此种情形，在黎族习惯法中，舅公名义上还是以本色出现，并无养父身份。

的小家庭，可能出现子女与母亲、舅公，有可能还有舅母、表兄妹一起生活的特殊家庭形态。

这种特殊的家庭形态源于原始社会母系氏族时期，以母系血缘关系确定氏族成员关系习俗的遗留。在母系社会中，基于母系血缘关系，子女生活在母系氏族社会中，舅公成为原始家庭模式下“男人—丈夫—父亲”的替身，孩子们也都是在舅公的庇护下成长。舅公代替了家庭中父亲的角色，他们在外甥心中的地位，远过于自己从未见过的父亲。舅公的优势地位一经确立，久而久之，便形成了一套具有约束力的舅权思想道德体系，影响着黎族传统社会家庭模式的形成。过去，不论外甥官做多大，到舅家时一定要下马进村，脱帽进屋。① 黎族社会直到现在还留有“天上雷公大，地上舅公大”② 的谚语。

在这种特殊家庭形态之中，舅公对外甥的照顾类似近代法意义上的养父，却以自己本身“舅公”的名义行使类似养父的职责；同时，由于母亲的存在，舅母与外甥却并不存在血缘或姻亲之外的任何关系，与外甥不产生任何权利义务关系。所以，外甥舅母之间并不符合现代意义的养子与养母的关系。因此，外甥与舅公仅仅形成类似养父子的关系，却不与舅公、舅母形成收养关系。③

虽然舅公并不属于近现代亲权法中亲父、继父、养父的亲权人范围，但是舅公对外甥的权利与义务却符合亲权关系中的要素。首先，舅公对外甥的照顾与保护责任源于原始氏族血缘关系的遗留，舅公以自己名义行使外甥父亲的亲权内容。其次，受到“不落夫家”习俗的影响，子女随母亲居住娘家不是无奈之举，而是传统习惯法下的家庭规则，外甥、母亲及舅公一起生活，形成特殊的家庭关系。第三，在外甥与舅公生活在一起的情况下，舅公虽然承担类似养父的责任，却不产生收养关系。所以，在黎族的传统婚姻家庭习惯法中，亲权人不像近现代法中定义的那样专指父母，还包括

---

① 王学萍主编：《中国黎族》，民族出版社 2004 年版，第 152 页。

② 孙绍先、欧阳洁著：《黎族女性文化专题研究》，海南出版社、南方出版社 2008 年版，第 37 页。

③ 我国收养法中一般收养关系成立的要件包括：（1）被收养人是不满 14 周岁“孤儿”“弃婴和儿童”、或生父母有特殊困难无力抚养的子女；（2）收养人须年满 30 周岁、无子女、有抚养教育被收养人的能力；未患有医学上认为不应当收养子女的疾病；有配偶的需夫妻共同收养；只能收养一名子女；（3）送养人须是孤儿的监护人、社会福利机构或有特殊困难无力抚养子女的生父母；未成年人的父母不具备完全民事行为能力的，监护人不得将其送养；监护人送养未成年孤儿的，须征得其他有抚养义务人的同意。特殊收养关系成立的条件包括：（1）无配偶男性收养女性的，年龄应相差 40 周岁以上；（2）收养三代以内同辈旁系血亲的子女的，不受被收养人不满 14 周岁的限制，但需被收养人父母双方同意。参见《中华人民共和国收养法》。

特殊的亲权人——舅公。

（二）亲权对象含括未结婚、成家之子女

近现代法所称亲权对象之子女，以未成年者为限，亲权因子女成年或宣告成年而终了。黎族传统社会习惯法没有规定成年与未成年的界限，对于父母来说，只要子女没有结婚成家，即在亲权之下，父母对其有照顾、教育、保护等责任。结婚成家之意，在黎族习惯法中，对男女有不同的标准。

对女儿而言，即使其结婚，也因不落夫家而继续在父母的亲权之下，只有其结婚并落入夫家脱离父母以后，才能够算作是成年。另外，如果黎族女性落入夫家，但又离婚回到娘家的，还是处于父母的亲权或舅权①之下。所以，对于黎族女性来说，享有亲权以住在娘家为限。

对儿子而言，只要其缔结了婚姻，并建立了属于自己的家庭，即为成年。享有亲权，应以未结婚且未建立起属于自己的家庭为限。

并且对特殊亲权人舅公来说，因为舅权的实质是代替了亲权中父权的某些职能，所以，只有其外甥在以下几种情况下才能成为舅权的对象：

第一，不随母亲出嫁并且符合黎族意义上的未成年标准的非婚生子女；

第二，以下几种情况的婚生子女：①因母亲不落夫家，一直随母亲住在娘家，并符合黎族意义上的未成年标准的；②因父亲死亡，随母亲回娘家居住，并符合黎族意义上的未成年标准的；③因父母离婚，随母亲回娘家居住，并符合黎族意义上的未成年标准的；④母亲死亡，父家丧失抚养能力，并符合黎族意义上的未成年标准的②。

（三）亲权内容以教育和照顾为主

黎族传统社会里，父母继父母与舅公对于子女及外甥，承担着教育及照顾为主的亲权义务。

首先，父母对子女的亲权主要表现在其教育和照顾方面。在局部地区，在外来文化（主要是汉族文化）的影响下，后来也出现了父母主导子女婚姻的情形。

---

① 所谓舅权，在这里不做概念使用，仅用以指称舅公对外甥的照顾与管理，也即上文已经论述的在特殊家庭形态中舅公对外甥的特殊亲权人之资格。

② 孙绍先、欧阳洁：《黎族女性文化专题研究》，海南出版社、南方出版社 2008 年版，第 141 页。

1. 教育权

黎族很重视对子女的教育，谚语有云：“养儿不教如养牛，养女不教如养猪”，“春耕不好害一年，教子不好害一生”①。男孩在童年时跟随父亲学习持弓射箭、捕鼠捉鸟和抓鱼技术，到了少年，在父亲指导下掌握必要的记数知识和有关历法知识，十几岁时，学会犁耙田、爬树砍山栏和使用火药枪打猎。② 女孩则跟随母亲，从小挑水、煮饭、舂米、拔秧、插秧、放山栏稻种、捻稻等。③

对于孩子的教育，父母双方都有义务，但更多的是妇女担负着这个责任，“生男育女要教育，母亲的话要记取”④。因为黎族没有文字，其子女的教育由母亲一辈辈以歌谣的方式传述，如黎族的摇篮曲因不同的性别有不同的内容，对男孩唱的歌的内容主要是与男性工种有关，如砍山栏、犁田、狩猎、砍柴等，“长大拿弓箭，入林射山鸡。阿妈吃它头，翅膀给爷爷，大腿给阿爹，记住啊我儿”⑤。而对女儿歌唱出与女性有关的插秧、种田、收割、纺织等内容。

2. 照顾权

由于“不落夫家”习俗的存在，黎族家庭最大的特色就是子女“未成年”的标准不同，在“未成年”的这段时间里，子女都能受到父母的照顾。父母对子女除了人身的照顾权，还包括财产的管理权。在黎族一夫一妻制家庭中，一旦父亲死亡，应当由儿子继承父亲的财产，如果儿子未成年，则由母亲代替儿子保管遗产，直至儿子成年即交还。

3. 惩戒权利与赔偿义务

惩戒权为基于保护教养权之权利，尤其为基于教育权之权利。⑥ 这种惩戒权在黎族传统社会里，甚至都延伸到女性出嫁之后。如果女性在夫家有不当行为，父母仍有惩戒权，“女子在夫家违反家规，经丈夫出面向娘家说明，娘家负有教育责任”；“出嫁的女子，在夫家发生危及社会公德的行为，夫家和娘家都要承担赔偿责任”。⑦

---

① 保亭黎族苗族自治县地方志编纂委员会编：《保亭县志》，南海出版公司 1997 年版，第 491 页。

②③ 王学萍主编：《中国黎族》，民族出版社 2004 年版，第 378、379 页。

④ 王月圣：《黎族创世歌》，海南出版社 1994 年版，第 254 页。

⑤ 陈立浩：《论黎族歌谣》，载《琼州大学学报》2000 年第 1 期，第 61 页。

⑥ 史尚宽：《亲属法论》，中国政法大学出版社 2000 年版，第 667 页。

⑦ 孙绍先、欧阳洁：《黎族女性文化专题研究》，海南出版社、南方出版社 2008 年版，第 141 页。

4. 局部地区的婚姻主导权①

白沙县黎族人婚姻多由父母包办，如果青年男女通过“夜游”对歌私定婚约的，也要征求双方父母同意后，由男方补送聘礼。②《保亭县志》也记载：“解放前，男女13—14 岁便可结交异性朋友，但婚姻都由父母做主。”③

在黎族传统社会里，由于上文所提到的舅公的特殊地位，舅公也行使一部分亲权。

（1）对外甥的教育职责

从舅权的行使对象上来讲，舅权是相对于外甥——姐妹的子女——而言的，《尔雅》曰：“谓吾舅者，吾谓之甥。”特别是对于黎族女性在未结婚时即生的子女而言，舅公代替了父亲的角色，成为他们的保护人，并把他的生产技能、生活经验以及他对精神层面的认知等等一齐传授给外甥子女。

（2）对外甥的保护职责

外甥在随母亲回娘家与舅公一起居住后，会与本族中其他的同辈之间产生各种冲突，在冲突之中，舅公作为特殊家庭形态中的男性长辈，承担对外甥的保护职责。

此外，在黎族传统社会里，舅公的权力范围广泛，甚至都延伸到女性出嫁之后。三亚市凤凰镇槟榔村黎族丧葬习俗的田野调查提到：黎人去世后，要马上通知死者嫁出去的女儿、舅公及其他亲属，在这些人中，女儿、舅公是最主要的，出殡的日子要等到出嫁的女儿和舅公到达后才可以进行。④ 若“出嫁的女子受到丈夫的欺负，娘家兄弟出面谴责和处罚”⑤，在习惯法上，舅公也是出嫁姊妹的保护者。

（四）亲权随亲权人、相对人死亡或成年而消灭

亲权的对象消灭时，亲权消灭。对于父母与未成年子女间亲权关系来说，子女死亡是亲权绝对消灭的原因。对于儿子而言，一旦结婚并组成自己的小家庭生活，其亲

---

① 上文已经论述到，黎族婚姻基本上是自主婚姻，后期由于汉族文化的影响，逐渐产生了一些父母主导子女婚姻的形式与内容，这里讨论的仅限白沙县等局部地区的情况，意在全面讨论父母的亲权内容。

② 白沙黎族苗族自治县地方志编纂委员会编：《白沙县志》，南海出版公司 1992 年版，第 320 页。

③ 保亭黎族苗族自治县地方志编纂委员会编：《保亭县志》，南海出版公司 1997 年版，第 495 页。

④ 《黎族田野调查》编写组：《黎族田野调查》，海南省民族学会 2006 年编印，第 26 页。

⑤ 王学萍主编：《中国黎族》，民族出版社 2004 年版，第 194 页。

权也归于消灭。至于女儿，落入夫家后，父母或舅公对其的照顾教育义务依然部分保留。

亲权的主体消灭时，亲权消灭。当父母双亡时，父母所有之亲权消灭；若父母一方死亡的，则可由另一方或者舅公行使亲权。当舅公死亡，则舅权消灭。

断亲仪式是亲权消灭的一种方式。若家中有人在外面闯了祸或做错了事，就要加以教育让其承认错误。如不服劝导，家长就设酒席，请村中的老人和亲属朋友喝酒，举行“断亲仪式”，当众宣布脱离父子或兄弟关系，由村中最有威信的老人主持，用尖刀把两支箭镞各砍一刀，作为断亲的标志，由双方各执一支，作为凭证，以免日后再起纠纷。① 被“断亲”者立即离开原家庭，此后再有惹是生非的事情发生，与原家庭无关，亲权关系至此断离。

四、以保护为目的的收养

黎族传统社会里，由于经济发展缓慢，早期就因经济原因产生了收养成年人的普遍现象，在海南哈黎地区过去曾经有着这样一种结“干亲”的方式，凡是没有田产，生活困难的人家，可以去投靠田产多的富裕人家拜认为“父母”。首先，由贫困户的妻子带些礼物，到富裕人家去拜认“父母”，请求帮助。经对方同意后，再与丈夫同去，让丈夫拜该富裕人家夫妻为“岳父母”，双方就此成为亲戚了。“父母”会给一头牛和一些田地，交给“女儿”“女婿”去耕种，不用缴租。以后双方来往彼此殷勤招待，一方有事，另一方要帮忙。

黎族“合亩制”地区，还有收养义子的情况。“原乐东县番阳乡雅开村王老元父亲被生活所迫，协子 2 人投奔毛或村，寄食在龙公王老发父亲家中，后来，王老发父亲便以水牛 1 头、猪 1 头、酒 1 缸和稻谷 1 把，把王老元买做义子”②。这种收养的义子大多是成年人，也有未成年人，收养的义子“要拜义父的祖先，改为义父的姓氏，不能和义父有血缘关系的女儿结婚”③，并能够继承义父的遗产。“原乐东县番阳乡抱隆村王老易父亲死后无亲生的儿子，义子王明享继承了他的全部财产，后来还当了亩

① 黄庆印等撰、中华文化通志编委会编：《中华文化通志·民族文化典（侗、水、毛南、仫佬、黎族文化志）》，上海人民出版社 1998 年版，第 513 页。

②③ 陈立浩、陈兰、陈小蓓：《从原始时代走向现代文明——黎族“合亩制”地区的变迁历程》，南方出版社、海南出版社 2008 年版，第 62、63 页。

头。番阳乡什茂村王德球父亲死后，义子王亚农和亲生儿子王德球共同有继承其财产”①。

黎族社会收养成年人习俗中最为典型的是合亩制地区的投靠现象，成年人以投靠“龙公”的方式被收养。黎谚云：“只有山猪才能独自寻食，人不能单独做食”②，“一个人不能养活全村人，全村人可养活一个人。”③投靠人为寻求经济、政治上的保护，通过改姓等程序与被投靠人形成近现代法意义上的收养关系，其规则极其特殊，对其进行深入研究，无疑会丰富收养理论。

（一）投靠现象因经济或纠纷原因普遍产生

投靠是黎族社会的一种普遍现象，在它最初的阶段，具有氏族收养成员的意义。所以，投靠人的出现，实际上是被保护民的产生。黎族合亩制地区称被投靠人为“龙公”，投靠人为“龙仔”。产生投靠的原因有很多，主要分为以下几种：

1. 以经济问题为主要原因的投靠

这一类又分为短期投靠和长期投靠两种方式。龙仔的短期投靠，有的是由于穷困欠债，便拜认债主为龙公，债主多为亩头，龙仔到龙公的“合亩”内做活，同时通过从事副业生产积钱还债，一旦还清债务，便可以离开。龙公和龙仔的关系从此不再存在。短期投靠的龙仔不必经过拜认龙公的仪式，也不用随龙公改姓，其待遇与一般的亩众相同。④

龙仔的长期投靠，一般是因为孤苦伶仃，或因重大变故完全破产无法生存，如遇到家中失火丧财的情形，有钱有米有田的人即为势弱者投靠的对象。这种龙仔不需举行拜认龙公的仪式，但是要随龙公改姓，称龙公为叔或哥，成为“合亩”内的一个成员，终身从事劳动。⑤

2. 为寻求较大群落保护的投靠

黎族社会不存在统一的权力结构体系，5 种部族语系间族群林立，各族群大小不同，生存的实力也相差悬殊，某些较小的群体为了确保自己生命财产的安全，便投靠实力强大的群体，拜认他们中声望大、威望高的人为龙公，日后他们出了什么事，龙公就出面为他调解。这类拜认龙公的情况是必须举行仪式，即“入主”仪式。由龙公

---

①④⑤ 陈立浩、陈兰、陈小蓓：《从原始时代走向现代文明——黎族“合亩制”地区的变迁历程》，南方出版社、海南出版社 2008 年版，第 63、58—59、59 页。

②③ 王养民、马姿燕：《黎族文化初探》，广西民族出版社 1993 年版，第 34、35 页。

带龙仔全村走一遍，并请村里的老人来喝酒，龙公在酒席上当众说明他和某人举行“人主”仪式，互为龙公龙仔的关系。然后“斩箭”，从此都受到约束。① 这类投靠可能是源于父系氏族时期“收养外人入族”的情形。

3. 为解决纠纷而投靠

还有的是某些黎族人由于“闯祸”“犯罪”受了罚，但本人无经济能力交付罚款，为了逃罪免罪，便跑到异地，投靠某一富裕的家庭，一般是亩头的家庭，在该“合亩”做活，躲避一段时间，等到问题过去了，龙仔交给龙公 3 头牛，龙仔和龙公的关系即告结束。②

据调查：某黎族村落的一个人失误打死属于其他村落的一只鹿，他为了和解，投靠了一个势力很大的家族，并举行仪式改名换姓。之后，该家族族长来向那个鹿的主人道歉，纠纷因此得以解决。③

（二）不同的程序规则产生不同的投靠效力关系

对于龙公而言，龙公具有养父的权利义务，对投靠其的龙仔有照顾、保护的责任。

不必经过拜认龙公仪式的短期投靠的龙仔，其地位与普通亩众的相同，在劳动和产品的分配上与普通亩众一致；但是短期投靠的龙仔，因为债务的原因，其投靠具有以劳抵债的意味，没有继承龙公的财产和地位的权利，龙公也没有帮助未婚龙仔娶妻的义务。

不必经过拜认龙公仪式，但需改姓的长期投靠的龙仔，其在所投靠的家庭内部地位是平等的。龙公接收龙仔产生类似养父子的关系，如果龙仔未婚，龙公一般要帮助他娶妻，结婚后夫妇便成为“合亩”内的一户，可以按户平均分得一份谷物。龙公死后若是没有弟弟、儿子，则龙仔有继承龙公的财产和亩头职务的权利。④

---

①②④ 陈立浩、陈兰、陈小蓓：《从原始时代走向现代文明——黎族“合亩制”地区的变迁历程》，南方出版社、海南出版社 2008 年版，第 60、58、59 页。

③ 海南大学法学院黎族习惯法制调研组于 2008 年 7 月在五指山市的调研，载于《调研笔录》，海南大学法学院图书馆馆藏。

全村全峒集体投靠龙公当龙仔的，需举行拜认龙公的“入主”仪式。① 龙公接纳龙仔，主要是为了壮大自己的势力，而龙仔投靠龙公，则主要是取得政治上的依附与保护。这类龙仔，既不随龙公改姓，也不为龙公劳动，在龙公家没有任何的继承权。

（三）不同的仪式解除投靠关系

一般短期的龙公龙仔打算脱离关系时，只要将牛、钱赔偿清楚即可，对于经过仪式确认的龙公龙仔关系，如要脱离，就要先宰一猪，龙公龙仔分别将箭射向天，龙公的箭射向东方，龙仔的射向西方，射完后解除关系。

长期投靠的龙仔如果在外面闯了祸或做错了事，并不服劝导，就可以通过举行“断亲仪式”来解除关系。家长（龙公）就设酒席，请村中的老人和亲属朋友喝酒，举行“断亲仪式”②，被“断亲”者立即离开原家庭，此后再有惹是生非的事情发生，与投靠家庭无关，投靠关系至此解除。

黎族社会的投靠关系类似收养，当然从程序、仪式、效果上都有很大不同。近现代收养法中，被收养人为未成年人，而黎族的习惯法中，被投靠人一般是成年人，结“干亲”者或收养的义子有可能是未成年人；黎族投靠关系的成立和解除分不同的情况需进行不同的仪式、规则；不同的程序规则产生不同的投靠效力关系。从这些情况可以看出，黎族习惯法中投靠规则、内容比近现代收养法要丰富得多。

---

① “入主”仪式一般分两步，第一步是“分肉”，就是在拜认龙公时，龙仔除了必须给龙公三头牛或一个铜锣外，还要拿出一头猪或牛，杀来煮熟，切成小块，由龙公带龙仔走遍全村，给每户分送一块肉，并请村里的老人来喝酒，龙公在酒席上当众说明他和某人举行“入主”仪式，互为龙公龙仔的关系。第二步是“斩箭”，就是拿出两支箭，龙仔在箭上各斩7刀，表示将来如不承认龙公龙仔就要照数拿出牛和银元给龙公。龙公又在两支箭的另一边各斩一刀，表示他承认这种关系。“斩箭”后，双方各拿一支，龙公龙仔关系宣告成立。载于陈立浩、陈兰、陈小蓓：《从原始时代走向现代文明——黎族“合亩制”地区的变迁历程》，南方出版社、海南出版社2008年版，第60页。

② “断亲仪式”普遍适用于父子关系，包括亲生父子，及改姓认龙公祖先的龙仔与龙公。

第三节

离　　婚

黎族婚姻一般都建立在爱情的基础上，所以婚姻家庭生活比较稳定、和谐，离婚率极低。即便夫妻感情破裂，离异也不受限制。“或有不谐者，男女自由脱离”①。寡妇再嫁或招赘也很自由。“再嫁时男家请媒说合，寡妇同意后，择定日子由一妇女去亡夫家接她”②。“有些寡妇觉得亡夫家田产多，牛只也不少，不愿离开时，可以招男子入赘共同劳动生活，财产多由她掌管”③。但在再婚、离婚过程中仍有许多限制。

一、婚姻关系终止的程序

婚姻的终止是指合法有效的婚姻关系因发生一定的法律事实而归于消灭。④ 在黎族，夫妻终止婚姻关系的原因有二：

一是夫妻一方死亡。婚姻是当时社会承认的两性的结合，夫妻是婚姻关系的主体，夫妻一方死亡，婚姻关系因其主体之一的消失在客观上已不复存在而自然结束。

新中国成立前，黎族妇女出嫁后和娘家的人仍保持着十分密切的关系，有些地区当丈夫死后，她就由娘家兄弟或侄子接回娘家与其父母或兄弟一起生活，原来的家庭解体，婚姻关系不复存在。这种由娘家亲属照顾、供养的习俗，在黎族地区被认为是一种应尽的义务。而其所生子女则留在丈夫家由夫家照顾；如果子女太小，可暂时随其回娘家，待长大后再送回夫家，而夫家也照惯例给其一些报酬。⑤

需要说明的是，失踪在黎族传统社会中会产生婚姻终止的法律后果。如果一方失踪后另一方再娶或再嫁，都不会受到阻拦，婚姻关系即告终止，即使失踪的一方后来

---

① 民国《感恩县志·黎防·黎情》卷十三。

②③ 中南民族学院本忆编辑组：《海南岛黎族社会调查》（下卷），广西民族出版社 1992 年版，第 10、196 页。

④ 陈小君主编：《婚姻家庭法学》，中国检察出版社 1995 年版，第 224 页。

⑤ 中国科学院民族研究所广东省少数民族社会历史调查组编印：《黎族合亩制调查综合资料》第 4 册，第 32 页。

出现，那也不存在复婚的问题。在福关村的调查中就有这样的例子："有一家的妻子因为受不了家庭的贫穷，离开家已经几年了，虽然两人没有离婚，但村里的人都认为男方可以再找一个了。"①

二是离婚。黎族人在离婚方面，没有太多的要求与限制。夫妻感情不和，任何一方都可以提出离婚的要求，并且所有的合乎情理的离婚要求，都会得到众人的理解和社会的支持。

在合亩制某地区，男女提出离婚，要请父老乡亲喝酒，席上说明理由，双方同意，以一块黑布撕成两半，各执一半，即为离婚，离婚后的男女双方都可以再娶再嫁。②《白沙县志》中记录到离婚的习俗：女方不愿意与男方生活，便自己收拾衣服离开，但不能带走家里的东西。若是男方不愿意与女方共同生活，便要求女方离开，男方要备酒一罐，鸡一只，伴送女方回娘家，并讲清离婚情由，得到女方父母及兄长的谅解，方算结束了夫妻关系。新中国成立后，离婚者多数仍按旧俗办理离婚手续。③

在黎族，离婚的情况并不常见，黎族的基本婚姻制度是实行一夫一妻制，无论是富人还是穷人，大多数都严格恪守一夫一妻制。大多数黎族人一生只结一次婚，有的女性即使早年丧偶，也不曾改嫁，独自含辛茹苦把孩子拉扯大。民歌中表达了黎族人对于感情的执着："有心等到树生籽，等树死去才分离。"④ 对于黎族人来说，他们的夫妻关系是和谐的，家庭暴力在当地是非常罕见的，离婚率出奇地低，而离过婚的男女也不会受到社会歧视，这一婚俗可能是我国民族中黎族独有的优良传统。

在黎族人的婚姻中，妻子已落夫家后，夫妻俩就要严格遵守一夫一妻制的婚姻，不许有通奸的行为。若丈夫与别的女人通奸，妻子劝说不听，可纠集娘家的人到现场捉奸。通奸的男女若逃跑没被捉获，妻子可以将通奸女人的衣服和奸夫带去的东西拿回来；若东西都被卷逃了的话，妻子可到通奸女人的家里把奸夫的东西夺回，并要求其部落的人一块去拘捕通奸男女。捉获，令奸夫奸妇向其妻子谢罪，若得到其妻子的

---

① 张跃、周大鸣主编：《黎族——海南五指山市福关村调查》，云南大学出版社 2004 年版，第 199 页。

② 王海、江冰：《从远古走向现代——黎族文化与黎族文学》，华南理工大学出版社 2004 年版，第 83 页。

③ 白沙黎族苗族自治县地方志编纂委员会编：《白沙县志》，南海出版公司 1992 年版，第 321 页。

④ 《中国歌谣集成·海南卷》编辑委员会：《中国歌谣集成·海南卷》，中国 ISBN 中心 1997 年版，第 280 页。

宽恕，则由奸夫出猪一头，奸女出酒一坛，给部落的人来喝，事情就算了结。若其妻子不肯宽恕，则将结婚时所带来的东西携带回娘家，与其丈夫离婚。反之，妻子与人通奸亦受到同样的处罚，而且离婚后，妻子的娘家还要赔偿水牛五头。①

好吃懒做、酗酒，劝说不听，也是导致夫妻离婚、家庭破裂的一个原因。黎族谚语说："不种田吃好米，没有老婆得好妻。"②流行于保亭、琼中一带的《割茅歌》中唱道："老婆滚地猛哭喊；骂老公太惰……全村老少来取笑，碰上这老公猪一样懒！"③而保亭县加茂镇毛林村的村规民约中也规定："反对酗酒闹事，一旦发现，派出所就将其留制，直到酒醒承认错误。"④ 已婚者偷窃，将会成为夫妻离婚的一个原因。⑤

婚姻关系的解除常伴随以下的后果：

其一，夫妻身份关系消灭。夫妻关系是男女两性因结婚而产生的相互间的权利和义务的关系。男女双方基于夫妻身份所发生的一切权利义务，都随婚姻关系的解除而不复存在。黎族婚姻关系的解除不以办理离婚登记为条件，而是以习惯法中的离婚仪式得以确定。

其二，财产关系的变化。由于黎族人家庭大多贫困，离婚很少涉及财产分割。《白沙县志》中记录到：若男方提出离婚的，则婚前送给女方的财物一概不予收回；若女方提出的，必须赔偿所领男方之一切财物。双方婚后财富与儿女均作两份，债务一般由男方承担。⑥《保亭县志》中记录到：男方提出离婚的，男方除了给女方一件衣服外，不用再给其他的财产；女方提出离婚的，女方一定退还以前男方所给的礼聘。⑦

其三，子女抚养权的归属。黎族人对于离婚后子女的抚养一般来说没有争议，由谁抚养都可以，若只有一个孩子，由村里年长的人来决定给谁抚养。美孚方言的江边、石碌、重合等地，离婚后子女都由女方带走，东河、大田、抱板、保平等地，不论哪方提出离婚，子女都留在夫家，因孩子太小一时离不开母亲的，长大后仍会回生

---

①②③⑤ 王养民、马姿燕：《黎族文化初探》，广西民族出版社 1993 年版，第 74、64、65、67 页。

④ 本书编写组：《黎族田野调查》，海南省民族学会 2006 年编印，第 39 页。

⑥ 白沙黎族苗族自治县地方志编纂委员会编：《白沙县志》，南海出版公司 1992 年版，第 321 页。

⑦ 保亭黎族苗族自治县地方志编纂委员会编：《保亭县志》，南海出版公司 1997 年版，第 495 页。

父家生活。①

其四，儿子的继承权。父母离婚后，因年纪太小随母亲生活的男孩，长大后回生父的家里生活，仍有继承生父财产的权利。随寡妇再嫁的子女，在继父家里会得到平等的待遇，不受任何歧视，男孩也有继承继父财产的权利。②

二、复婚与改嫁

黎族男女的复婚、改嫁现象很正常，并且不会受到人们的歧视。不论女方是由于丧偶而回娘家，或是与丈夫分开回娘家，都没有人指责，黎族人对此采取很开明的态度。女子第二次结婚全由自己意思，没有人会干涉。

黎族是一个非常注重仪式的民族，不仅体现在结婚方面，而且在复婚方面也极为特殊，也要有特定的形式。如在保亭地区，若离婚是由男方提出，在复婚时，男方就要挑一担糯米饭到女方家，不论女方家是否同意，东西都不能再带回来；如果是女方提出离婚，在复婚时，只要征求男方意思便可以了，若男方三次都不答应，女方也就不会再提了。在通什地区，复婚也需置办酒席，举行甚至比初婚时更隆重的礼仪：一般由长老来主持，请来“神公”“神婆”作法，有过错的一方须受到教训。③

黎族俗语说：“一嫁由父母，二嫁由自己。”④ 女方若丧偶，再婚则没有其他特别的形式，财产一般由儿子掌控，如果孩子年纪小，就带回娘家抚养，大了回男家，也有女方带着孩子改嫁的情况，女方和孩子都不会受到新夫家的歧视。黎族歌谣中对娶寡妇的看法这样写道：“找个寡妇娘，财宝满屋粮满仓。”⑤ 和汉族社会截然不同的是，有子女随嫁的寡妇更受异性的欢迎，因为黎族地区对劳动力十分看重，随带的子女可为新家庭出力，再有就是证明寡妇有生育能力。一般来说，年纪比较大的寡妇，儿子又已经结婚或长大就很少考虑再嫁，而留在夫家和子女一同生活。⑥ 有的寡妇为了照顾子女，也可招夫入赘。

---

①② 符兴恩：《黎族·美孚方言》，香港银河出版社 2007 年版，第 115 页。

③ 熊云辉：《婚俗、法治及其路径——以海南黎族婚俗的调查为对象》，载 2006 年 9 月《甘肃政法学院学报》，第 9 页。

④ 王养民、马姿燕：《黎族文化初探》，广西民族出版社 1993 年版，第 76 页。

⑤ 王月圣：《黎族创世歌》，海南出版社 1994 年版，第 264 页。

⑥ 张跃、周大鸣主编：《黎族——海南五指山市福关村调查》，云南大学出版社 2004 年版，第 260 页。

第五章

黎族习惯法的多元纠纷解决机制

稳定的社会秩序是人类生存和发展的基础，人类似乎也对秩序有着天然的热爱。哈耶克关于社会的二元秩序划分，将秩序分为“自生自发的秩序”和“人造的秩序”。① 黎区的秩序正是在那种封闭的环境中，经过长期的历史积淀自然形成的“自生自发的秩序。”黎族地区的人民大多居住在偏远的山地，且自然条件恶劣，但他们要生存发展，要抗拒天灾人祸，就需要一个稳定、有序的社会环境，这样才能进行他们赖以生存的农业生产、牧业生产和渔业生产，求得种族的生存与发展。

在众多的社会秩序当中，生产秩序是人们生活和生存的基础。黎族地区在漫长的历史长河中，逐步形成了以畜牧农耕为主，刀耕火种原始农业为辅，采集和狩猎也占重要地位的生产方式。② 围绕着传统的农业社会的发展，在自给自足的自然经济基础上，于人们赖以生存的农业生产、牧业生产、渔猎生产中，生产活动成为一种秩序化的行为。一切生产活动都是有条理、有组织地被安排着。从农业耕种的组织、日期、工具的使用；狩猎的组织、猎物的分配；渔业与采集的人员安排；直到对土地、牧场、草场、渔场所有权或占有权的宣示和占有，以及对违反生产习惯行为的处罚。整个社会的生产处于一种有序的状态，正是在这种俨然的生产秩序之下，黎族人民才能够生存、发展与壮大。

根据田野调查，结合有限的文献资料，基本可以厘清黎族人民是怎样利用习惯法来解决各种纠纷的。黎族地区有着自己独特的生产生活秩序，人们自觉遵守并维护着这一秩序。当然在黎族地区的社会关系中，同样存在着各种纠纷，既有触犯神灵危及民族生存的公共犯罪，也有危害族内同胞生命健康及财产的一般刑事犯罪，还有诸如借贷、婚姻、一般侵权等民事纠纷。针对这些多元纠纷，黎族形成了一套习惯法纠纷解决机制，纠纷是多元的，其解决纠纷的方法也是多元的。

① 哈耶克指出，所有的社会秩序，不是生成的就是建构的，可以分为“自生自发的秩序”与“人造的秩序”。其中“人造的秩序”是一种源于外部的秩序安排，而自生自发的秩序则是一种自我生成的或源于内部的秩序。参见〔英〕哈耶克：《法律、立法与自由》（第一卷），邓正来译，中国大百科全书出版社 2000 年版，第 52—55 页。

② 王学萍主编：《中国黎族》，民族出版社 2004 年版，第 281 页。

第一节

纠纷的类型

在黎族地区，契约活动也同其他社会一样，蔓延得极其广远和长久。在黎族人民内部与黎族人民与其他各民族之间，都有着各种各样的契约关系。从一般财产权的占有、使用，到土地的买卖、租佃等，再到黎族内部或黎汉之间的交易活动。以刻木为信为代表的契约活动，几乎影响到了黎族社会的绝大多数家庭，而一般人的社会经济行为也同样会受到契约的影响和制约。契约规范成为这个小型区域社会秩序的主体部分。契约规范保证了财产权的公正、交易的公正，民商事活动秩序也由此形成。

婚姻家庭是一个民族生息繁衍的本源。“它意味着避免混乱的性竞争以寻求安全的生活；达成经济协作和共同分享的和谐机制以维持生命；繁衍种族，哺育后代，完成家庭的生物性功能”①。黎族在其形成发展的历史进程中，逐渐产生了本民族独有的婚姻制度、婚姻习俗与家庭制度，包括了婚姻成立（婚制、婚龄、禁婚疾病等）、婚姻缔结程序（订婚程序、结婚程序）、离婚、夫妻关系、父母子女关系等。这些有关婚姻家庭的制度、习俗使得黎族的婚姻家庭状况达到了一种较为平和稳定的秩序。正常的婚姻家庭秩序，对于保障民族人口繁衍和延续具有重要而深远的意义。

秩序的另外一层含义就是治安，是靠对已建立的权威表现尊敬而避免混乱或分裂的状态秩序。治安表现在三个方面，即对安全的追求，对公共秩序的维护；保护私有财产权，对地方经济的维护；禁止不端行为，树立淳朴的社会风尚，维护社会治安秩序。在黎族地区习惯法是保障治安秩序的权威，这种权威的产生基于民族群体的共同利益和整体利益，以追求社会的安全与稳定。当有人试图挑战这一权威时，相应的惩罚机制便会自动运行，通过给予相关人员一定惩罚，弥补被损害的社会关系，给予受伤害者一定的抚慰，继续给人的生存发展提供一个安全和谐的社会环境。

以上是对秩序的类型以及纠纷的产生的简单概述，采用这种划分方法有助于对黎

---

① 陈金全主编：《西南少数民族习惯法研究》，法律出版社2008年版，第183页。

族社会中的纠纷有一个全局的把握，进而从内容上把握实质。下面分别对每一种纠纷类型及其相应处罚做一论述。

一、民商事方面

（一）财产权纠纷

财产权在当今社会的法律体系之下，已经成为我们每个人必不可少、最为基础性的一项权利，对于生活在黎族地区的人民也一样。黎族习惯法在此方面予以重要的保护，由此来处理这种最易出现纠纷的民事关系。在黎族的习惯法中存在大量的关于处理财产权纠纷的内容。对于私有财产的保护，按照习惯法，如各户在坡地种植的作物、宅旁果树皆归其所有。对于无主的财产所有权产生了争议，则是以“台梓布罗”（黎语音译，意为打结）做记号，来处理谁先占则谁先有，后来者不能侵犯先占者的权利。例如：在本村的公有土地上，如有人要想砍山开荒种山栏，在肥沃的土地上，确定开荒土地的面积，并用茅草在树干上打结，标明砍山的范围，别人看见标记，知道此地已有主人，便很自觉地另辟一处。在本村的公有土地上，长出一棵果树苗或其他实用树苗，哪怕只有一尺高，谁先用茅草在树干上打结或用刀在树干上砍一个交叉做记号，这棵树长大成材或开花结果，则归打草结或砍交叉做记号的人所有，其他人不得采摘、砍伐，违者按盗窃罪论处。① 此外，在山地、草地、树木或蜂窝等的中间或旁边插上一根棍子，上面绑有青草结，结头指向该物（有时还在果木或树的根部用刀将树皮砍成“×”状），表示这些东西已有主人，他人不得随便动用、掠取和占据。②

在我们的调查中，据王国全先生介绍说：“开春生产时，砍山栏、敬祖先、拜地神，向祖先请求开地，一经开垦即为己有，并用符号标记，如圈地（用东西将占用的地圈起来）。占有别人做了记号的地是不行的。占树木用‘×’，占蜂窝以树枝为记号。此种诚信源自祖先崇拜。若占用了已做记号的土地、树木等，占用人是会被社会遗弃的。违规占有者会遭到击鼓通报，洞主、亩头会前来批评、调解，事情小拿一头

---

① 王学萍主编：《中国黎族》，民族出版社 2004 年版，第 286 页。

② 黄庆印等撰、中华文化通志编委会：《中华文化通志·民族文化典（侗、水、毛南、仫佬、黎族文化志）》，上海人民出版社 1998 年版，第 513 页。

猪招待大家，把占有的东西还给人家即可，不能打架，不能拿枪。”

（二）债权纠纷

黎族社会私有制存在已久，而且出现了黎族内部和黎、汉之间的贸易及其他经济活动。对有关买卖土地、牛只，典当、租佃、雇佣、借贷方面，习惯法都有所规定。

土地买卖方面，在合亩制地区按照习惯法，合亩所有的土地出卖，需得到全合亩的同意；几户所有的或一户所有的土地可自行决定出卖。但在出卖时，首先应卖给本合亩的人，如本合亩无人购买，就按照血缘关系的亲疏，依次卖给同村的其他合亩、同远祖的其他村；最后才能卖给无血缘关系的人。

在买卖土地的中，由买者备酒邀请村内亩头、奥雅、本合亩的兄弟亲属，以及卖田者全合亩的人喝酒。双方在酒会上讲明价格，成交。日后如有纠纷，则由参加饮酒的人作证。在一些村庄，还要“刻竹为凭”，即将价格刻在竹签上，砍为两片，由买卖双方各执一片。① 习惯法的这些规定，不仅可以预防纠纷的出现，即使在出现纠纷时也能由证人做证等方式很好地化解掉纠纷。

借贷方面，黎族人民观念淳朴，互相借用东西都能提供帮助。在习惯法中，缺粮借粮上百斤需偿还，借粮 400 斤偿还的期限一般为 3 年，可用一头牛来折算抵债偿还。3 年后无力偿还，用一个男孩去帮债主养牛 3 年抵债。如在 3 年里家里有人生重病，需杀牛祭祀又向债主借一头牛，这样就等于借债主两头牛，无形中就等于把儿子卖给债主，债主把这个孩子当成自己的儿子一样对待，改名换姓随债主供奉一个祖先鬼，他的后人即使是中华人民共和国成立后，也一直留在债主的村子里和债主的后人供奉同一个祖先鬼。② 在新中国成立前，黎族地区也曾有过放高利贷的情况出现，由此而引发一些纠纷。总体而言，在借贷方面按照习惯法都能很好地解决，即使发生了纠纷，也是比较容易解决的。后来由于贫富阶级的差别，出现剥削之后借高利贷，情况才有了一些变化。欠债不还时，则有以工抵债、子孙抵债、吊打等多种手段。

租赁方面，在生产生活实践中产生了关于租赁牛只的习惯法以应对出现的各种纠纷。虽然黎族各个方言区关于租牛有些差别，但是还是有一些为各村共同遵守的租牛习惯法：③

第一，租来的牛若被偷走，租牛者要负责赔偿。如牛在夜晚被偷，按原数、原价

①③ 广东省编辑组：《黎族社会历史调查》，民族出版社 1986 年版，第 155、158 页。

② 王学萍主编：《中国黎族》，民族出版社 2004 年版，第 112 页。

偿还，白天被偷，加倍偿还。如万板村徐伯娘的父亲，向开迈村刘阿罢租了一头黄牛，在晚上被偷，要赔一头黄牛，徐伯娘的父亲没有牛，就只好以3块田折牛价补偿。

第二，如果牛得了瘟病而死，租牛者不负任何责任，但要及时通知牛主抬回去；牛主还必须将牛颈、牛腿等给租牛者。牛主若不想要牛肉，则可由租牛者所在的合亩分食，另外给牛主一头猪以及一个光洋作为补偿。如果在牛得瘟病死后，租牛者未能及时通知牛主，被牛主知道后，是要罚租牛者进行赔偿的。

第三，在承租期间，如果牛老死或因劳累过度而死，租牛者需以一赔一，死牛归租牛者。

第四，租牛所生的小牛属于牛主，如被人偷去小牛，租牛者要赔偿一头猪。

以上几种规定，都有利于租赁关系所产生的纠纷的解决。这些习惯性的规则是处理纠纷的依据。

（三）商事纠纷

黎族内部或黎汉之间的交易，过去以物物交换为主，黎族家庭以牛只的多寡定贫富，几十、上百只为富裕者。有关贸易关系，缔结契约的方法以刻木为契、砍箭为信、结绳记事、书面契约四种为主。借贷不能偿还，时间无论多久子孙可拿借据讨债。此种行为规范得到了普遍的遵守，以防止纠纷的出现。

二、婚姻家庭方面

（一）继承纠纷

对财产的继承权的规定。黎族家庭财产采取父系继承制，只有男性后嗣才有继承权，一般最小的儿子多分一份。死者无嗣，继子继承，无继子则兄弟的孩子继承。①在纹茂地区，财产的继承法是，父亲去世后，财产由长子继承，并负责抚养母亲和未成年的弟妹；哥哥不在世时，由弟弟继承。兄弟间如要分家，就互相协商分配父亲留下的家产。若兄弟不和单方面提出分家的，就要杀猪摆酒席，请村里老人们和乡亲们

① 王学萍主编：《中国黎族》，民族出版社2004年版，第112页。

聚餐评理，定出分配方案，由老人们监督执行。①

在我们的调查中发现，习惯法中对于继承的规定比较清晰，有助于减少纠纷，而且即使出现纠纷也能够妥善处理。总体来说，黎族地区家庭的财产虽然较少，但直系继承的习惯法已经确立，此种习俗起了巩固家庭的作用。

（二）婚姻纠纷

婚姻家庭关系的各种规范是黎族传统习惯法的一个重要内容，各地区都有着各自独特的婚俗。从订婚、结婚到离婚都有着一系列详细的习惯法规定予以约束；同时，对于婚姻生活中侵犯对方的行为，也都有相应的制裁措施。这些规范与措施构成了婚姻纠纷解决的重要依据。

近亲结婚纠纷。关于通婚范围的规定，禁止近亲结婚，有血缘关系的不能通婚。琼中红毛地区黎族隔十多代也不能结婚，如两人执意要结婚，族中长老罚两人脖子上挂牛轭、牛铃铛游村方可结婚。上辈认了“同年”“老童”（即结拜兄弟姐妹）虽然没有血缘关系也不能通婚。保亭加茂镇毛林村，男女双方的祖先，由于婚姻的关系而引起械斗赔款，定下双方不能通婚的规矩。②

离婚纠纷。男女双方都有权利提出离婚，大致的情况是，男子提出离婚，结婚时交给女方的聘礼及其花费，不再索回，子女归女方抚养；女子提出离婚，要退还男方给的聘礼和花费，子女归男方抚养。由于存在支系和地区性差异，在财产和子女的处理上，还存在一些地区性的不同。如琼中黎族苗族自治县红毛乡，男方提出离婚并得到女方同意的，男方可收回结婚时的聘礼，但要赔一头牛做“丈夫”，子女归男方抚养（年纪很小的暂由女方抚养，长大后送回男家）；女方提出离婚的，除了退还聘礼外，如男方不同意离婚的，女方要赔一头牛做“妻子”，带走属于自己的衣物，子女归男方抚养。20 世纪 50 年代后，财产和子女的处理由区政府帮助解决。男方提出离婚，可分一部分山栏稻和牲畜给女方；女方提出离婚，聘礼退还男方，不分家庭财产。不论哪一方提出离婚，都不再赔一头牛作为“丈夫”或“妻子”，只有一个孩子的，归男方抚养，如果两个孩子双方各抚养一个。在保亭黎族苗族自治县的加茂镇毛淋村，不管是谁提出离婚，子女都归男方抚养。在陵水黎族自治县北光乡，不管是谁提出离婚，是一个孩子的归男方；孩子是一大一小的，大的归男方，小的归女方；是

①② 黄庆印等撰、中华文化通志编委会：《中华文化通志·民族文化典（侗、水、毛南、仫佬、黎族文化志）》，上海人民出版社 1998 年版，第 513 页。

一男一女的，男孩归男方，女孩归女方，或由子女选择。①

放寮引发的纠纷。由于黎族地区有着传统的放寮习俗，因此，由放寮所引发的纠纷也是很常见的。习惯法对于放寮也有着比较详细的规定。例如：放寮的范围与通婚范围相同。未成年青年、离婚的和鳏夫、寡妇放寮都不受到限制。但已婚而未成户的妇女放寮，会受到一定舆论的压力；同时，丈夫有权禁止她放寮。如她放寮被丈夫当场发现，不但要打骂妻子及情人，还要罚和妻子放寮的对方一口猪，罚岳父家一缸酒，有时丈夫便因此提出离婚。

黎族习惯法的“通奸”是指男女双方或一方有配偶而又与他人发生并保持性关系。丈夫在捉奸过程中将通奸者当场杀死，不承担任何法律责任。一般情况下对通奸的处理：有妇之夫与未婚之女子通奸被妻子捉获的，一般的情况是丈夫向妻子请罪，表示以后不再犯。若得到妻子宽恕，则由奸夫出一头猪、奸女出一坛酒请村里人吃喝，问题便算解决。若妻子不肯宽恕，则实行离婚，并把结婚时带来的嫁妆全部带回娘家；有夫之妇与未婚之男子通奸被捉获，妻子要向丈夫承认错误、谢罪。若得到丈夫的原谅，则由女方出一坛酒、男方出一头猪请乡亲们吃喝，问题便算解决了。若丈夫不饶恕，则实行离婚，由妻子之娘家赔偿水牛 5 头作为聘礼的损失。有夫之妇与有妇之夫通奸被捉获，若得到丈夫或妻子的饶恕，也由男的出猪、女的出酒宴请乡亲们。若受害的夫或妻不肯饶恕，便可提出离婚。这类问题，经村中老人调解，大都能言归于好。②

另外，据海南省民族博物馆原馆长王国全（其父亲是奥雅）先生说，对于通奸的处罚是：男的绑起来，在他身上放上蚂蚁窝，让黄蚂蚁咬；女的，则由娘家出面请客摆平。此外，我们在调查中还了解到，一个已婚的妇女跟别的男人私奔后，如果他们被抓回来，要在全村人面前接受质问。有时候，这个妇女的丈夫有权利打死这两个人。

夫妻纠纷。丈夫虐待妻子，妻子娘家的亲属可以到肇事者的村寨，毁坏房屋、砸坏器具、牵拉牲畜，也可暂时居住在肇事者家中，大吃大喝，干扰其正常生活，待肇事者当着村中奥雅或众人的面答应赔礼道歉后，这些人员才会撤离；有的妻子可以提出离婚并拿回嫁妆。

---

①② 黄庆印等撰、中华文化通志编委会：《中华文化通志·民族文化典（侗、水、毛南、仫佬、黎族文化志）》，上海人民出版社 1998 年版，第 512、441 页。

三、社会治安方面的纠纷

黎族社会的伦理道德一直受黎族地区经济文化发展的影响，封建礼规较少。黎族人民按照传统的伦理道德规范自己的行为，人与人之间和睦相处。从我们走访调查的情况来看，民众间的纠纷一般都是一些民事类的纠纷，而较少刑事纠纷。原因恐怕在于，一是以自然和谐为观念的传统哲学造就了黎族地区人民的淳朴的社会道德观念、重视家族的家庭观念，人与人之间讲究互助而且重情尚义，在此观念影响下纠纷很难在黎族社会内部各支系发生；二是因为生产力落后，没有发生大规模利益冲突的土壤，遇有争端，往往大事化小，小事化了，不至于引发大规模的刑事纠纷。这种传统的习惯规范在当今的黎族社会中仍然有着重要的作用，影响着黎族地区刑事纠纷的处理方式。

总体而言，黎族的习惯法对某些道德准则和社会规范并没有精确、详细的规定，各地区对犯罪的处理不尽相同，没有常设的执法机构。对弓峒之间的纠纷械斗，由各弓峒的峒长们协商解决；对峒内的刑事纠纷和违法行为，由峒长裁决；在村内的刑事纠纷和违法行为由村长和村中奥雅裁决；在两个村之间的刑事纠纷和违法行为，由两个村的村长和村中奥雅协商解决，解决不了由峒长裁决，或举行神判。峒长无法裁决的才送交官府处理。①

以盗窃为例，各个时期各地区对盗窃的处理不相同。如昌江七差一带美孚方言的黎族，1949 年以前，盗贼夜晚行窃被打伤、打死，都要罚其家人赔偿牛、谷等。被罚的物资全村人受用。②在黎民心目中，偷牛、偷铜锣的罪行不亚于杀人，属最严重的犯罪。因为牛（主要是水牛）是重要的生产资料，黎族家庭以牛只的多寡定贫富。陈铭枢《海南岛志》说“黎人之主要畜产，有牛、猪、羊、犬、鸡、鸭、鹅各种，牛为黎人唯一之财产”；又据张一凡《中国南疆崖县之观况》：“黎人以牛为货财，家之贫富视牛之多少。一牛可易田二三亩……富者……视铜锣为珍宝。锣质愈古价愈昂，每古锣有价至数牛或十余牛者。”可见，牛和铜锣是黎族人最主要的两种财产。

失主发现牛被某人偷走后，就将案情报告村长或峒长处理。一般的情况是“偷一罚十”。然后，失主将罚得的牛只杀掉两头宴请乡亲。若偷盗者无法即时赔偿，则责令其“刻木为契”，日后陆续还清；若罪犯无力赔偿，亲族又不愿意帮助的，被盗者

①② 王学萍主编：《中国黎族》，民族出版社 2004 年版，第 111 页。

可以将罪犯杀死。这样处理，犯人的家属和其他人也不敢提出异议。对于偷猪者，罚水牛两头、猪一头。水牛归失主，猪则杀了给全村乡亲们吃。对于偷鸡者，罚猪、鸡各一。鸡归失主，猪杀了供全村乡亲们吃。对于偷盗光洋等钱财的，赔偿10倍。失主将其中的一部分钱买酒菜请乡亲们喝酒。对于偷粮食者，罚得更重，即偷1斗粮食，赔偿水牛10头，失主将一部分牛杀了招待乡亲们。①

墓山是祖先安息的地方，盗墓侵扰了祖宗大鬼，伤天害理，应处死。当场打死盗墓贼，不承担任何责任。墓山的树木不能砍伐，以免惊动鬼神危害人间。砍伐墓山的树木时被人抓到，有些村庄除罚4个100外还罚一头牛，这些物产供全村人享用。

“对于偷猪者，罚水牛两头、猪一头。水牛归失主，猪则杀了给全村乡亲们吃。

“对于偷鸡者，罚猪、鸡各一。鸡归失主，猪杀了供全村乡亲们吃。

“对于偷盗光洋等钱财的，赔偿10倍。失主将其中的一部分钱买酒菜请乡亲们喝酒。

“对于偷粮食者，罚得更重，即偷一斗粮食，赔偿水牛10头，失主将一部分牛杀了招待乡亲们”。②（注：黎族人对偷谷物之类粮食的行为原先并不以为是犯罪，然随着人口的增加，生活日益艰难，对粮食重要性的认识也逐步改变，尤其是非黎族人盗窃黎族人粮食的行为开始严厉处罚。）

对于瓜菜之类被偷窃，失主就将部分遗留物用木条挂在路口上，让“天地看见”，表示民众愤慨，预兆缺德者总有一天会受到应有的惩罚。③

黎族人民对内讲究团结、和睦，对外重视友好相处，不侵犯他人利益。在这个前提下，若家中有人在外面闯了祸或做错了事，就要加以教育、承认错误。如不服劝导，不接受家教，又在社会上多次惹事，违犯了习惯法，造成严重后果，而当事人又固执不改，严重损害家族声誉时，家长要设酒席，请亲戚朋友入座，当着村寨众亲声明父子断亲或兄弟断亲。断亲时在酒席上放置两支箭，由村寨中有权威的头人，用利刃把两个铁箭头一刀斩割，作为断亲记号，断亲的双方各保存一支。举行了断亲仪式后，断亲者要立即离开原来的家庭。此后断亲者若在村寨或社会上惹祸，原家庭成员

---

① 黄庆印等撰、中华文化通志编委会：《中华文化通志·民族文化典（侗、水、毛南、仫佬、黎族文化志）》，上海人民出版社1998年版，第511页。

② 广东省编辑组：《黎族社会历史调查》，民族出版社1986年版，第229页。

③ 詹慈编：《黎族合亩制论文选集》，广东省民族研究所印行1983年版，第192、221、273页。

不负任何责任，一切后果由断亲者自己担当。①

另外，历代统治阶级对黎族地区的统治没有颁发系统的成文法，只是到了明清，涉及某一方面的事情引起纠纷、械斗或者是官员假借官府之名摊派各种劳役，民苦不堪言，民告官后官府刻石立禁示碑。禁示碑的数量很少，内容比较简单，但在一定程度上保护了黎族的利益，也起着处理、预防黎族地区刑事纠纷的作用。

奉宪□□□（□为缺字）［乾隆四十四年（1779年）］

特受琼州府正堂随带加三级记录五次肖

为严行申禁事，照得衙门官吏、书役人等，入黎索扰久奉明禁。

本府自莅琼南，叠经申明禁令，遵行示晓谕在案。今据昌化县属大员峒、大村峒黎民符那休持呈称，该处从前奉颁示禁，日久无口，以致骚扰复萌，或借官司名色，或借差役横眉饬取贡香、珠料、花梨、大枝渡船木料、豹皮、棉花、黎峒藤、竹、鹿茸鞭、熊胆、花竹、苏木等货，奔走无期，犹索脚步陋规，膏脂尽竭。乞再给示勒碑，永垂严禁。凡遇应时公务，着落峒长办理，毋许书役擅入黎地，借端索扰，至于峒长遵照，无故不得更，以俾得黎民安堵，共享舜日尧天等情，前来当批准，给示严禁并行县遵照。嗣后倘有书役入黎，借端索扰等，捆获送究在案，除行该县遵照外，合行严禁，为此示谕告该黎峒峒长、黎民人等知悉，嗣后遇有必须应时正经公务，听候该县令传唤，峒长谕令查办，倘有不法书役借称官差，擅入黎，勒取贡香料等物，索扰黎民，许该峒峒长、黎民捆获解赴。

本府只凭严行察究，该峒长仍得所颁口示勒石，永远遵照，毋得有违，自干重咎，特示。

乾隆四十四年七月初三日（峒长谢根村遵立碑起）

又如：

严禁碑［乾隆四十七年（1782年）］

代理昌化县事儋州正堂随带加二级记录三次记大功二次李为严禁私挖，照得县属亚玉山坐落黎地，土产石碌向有不法民人，潜入该山偷采，业经前县林封禁在案，未及立碑。

本府奉委代理昌篆，于四月二十日到任，合行勒石，永远封禁，所有县

① 《海南岛黎族苗族自治州保亭县毛道乡黎族合亩制调查》，全国人民代表大会民族事务委员会办公室印行1957年版，第213页。

属军民人等，一体遵照勿违，特示。

乾隆四十七年六月初一立

再如：

凭示勒碑［道光二十二年（1842年）］

署昌化县正堂加五级记录十次凌　为准自行投纳事，今于抱上都摘出水头村、坡威村、居索村、居新村、落洒村、哥霸村黎粮一十六户，共应纳地丁征银九两，大钱五分四厘正，遇闰每两加银四分六厘五毫，准该黎户符那横等，每年限定三月初十日着落哨官游马传符养外兴老大、老二、万方等六名自行来县投纳清楚，以免粮差下村加征，滋扰黎户。每两定折收纳铜钱二千三百二十文算，共应折铜钱二十乙千四百三十二文，该黎户不得违误，过限致干并究，特示。

符登葵代请

峒长绅士林开甲进官讨示　道光二十二年五月吉日众黎户建立①

综观黎族习惯法关于刑事纠纷的规定，习惯法体现出一种和谐宽容的人道主义精神，对于刑事纠纷的处理，往往采用较为平和的手段。习惯法维护基于血缘纽带而建立起来的家族氏族利益，同时它也广泛地承担着维护整个黎族社会秩序、惩罚犯罪的功效。

四、公共利益与秩序方面的纠纷

黎族由于长期以来生产落后，形成了相对封闭的社会环境，使得黎族人民对于公共组织、公共利益具有一种淳朴的认同感。这些包括了公共生存环境、公共墓地、合亩之内的生产关系等等。相应地，习惯法中也就有了大量的维护侵犯公共利益的规范，调整着侵犯公共权益所引发的种种纠纷。

在合亩制地区，劳动要由亩头带领，亩众自觉参加。生产中亩众时常因为合亩内的劳动分工，产配分配产出现纠纷。例如：在保亭县的抱曼村，在王老鞋曾祖父当亩头的时候由于生产上有些人早出工，有些人迟出工，于是王老鞋曾祖父一支的女人和王老定曾祖父、王礼文一支的女人便发生了纠纷。② 对于此类纠纷，习惯法赋予了亩

① 王学萍主编：《中国黎族》，民族出版社2004年版，第113页。

② 广东省编辑组：《黎族社会历史调查》，民族出版社1986年版，第17页。

头处理调解的权力。

对全峒的公共财产的规定：峒与峒之间以山川河流为界，峒管辖的范围神圣不可侵犯。峒内的土地、森林、河流未经许可，外人不能越界砍山开荒、采藤、伐木、打猎、捕鱼和居住等，须经本峒许可，还要上缴一定数额的物产给峒长，上缴物产的多寡要根据内容和行为而定。采藤、打猎、捕鱼要上缴一些猎肉、鱼，这些物产由峒长和峒长所居住的村庄的奥雅享用。砍山开荒、伐木、居住上缴的物产多，如上缴猪、牛、光洋这些物产是峒长所居住村庄的公共财产。当外人侵犯了本峒利益而与别峒发生械斗时，全峒人都要参加战斗，战斗所需要的费用由全峒人共同负担。峒的公共财产受到全峒人的保护，全峒人也要保护峒内成员的私有财产不受他人侵犯。①

氏族有共同的墓山场地及共通的宗教仪典。墓山是氏族成员死后归葬的场所，它的一草一木不能移动，神圣而不可侵犯，只有正常死亡的成年人新入葬时才能伐木动工。非正常死亡者及夭折的儿童不能入葬氏族墓场，要另埋他处。这和黎族普遍敬畏"祖先鬼"的信仰有关。② 墓山是祖先安息的地方，墓山的树木不能砍伐，以免惊动鬼神危害人间。砍伐墓山的树木被人抓到，有些村庄除罚4个100外还罚一头牛，这些物产供全村人受用。③

五、侵犯他人生命健康的纠纷

如杀人、伤害、未落夫家女子堕胎等。杀人包括故意杀人与过失致人死亡；前者即故意非法剥夺他人生命，后者是指出于过失而导致他人的死亡。伤害包括故意伤害和过失重伤；前者指故意非法损害他人身体健康的行为，后者则是由于过失而致人重伤的行为。黎族丈夫视未落夫家的未婚妻堕胎为故意杀死自己的孩子——尽管其孩子不一定是他的；但一方已婚、一方未婚，放寮时怀孕的，女子可以服草药堕胎。对杀人、伤害的处罚可以参考下述案例。

据宋·范成大著《桂海虞衡志》记载：黎人"性喜仇杀，谓之捉拗。所亲为人所杀后，见仇家人及其洞中种类，皆擒取，以荔枝木械之，要牛酒银瓶乃释，谓之赎命

①③ 王学萍主编：《中国黎族》，民族出版社2004年版，第111页。

② 黄庆印等撰、中华文化通志编委会：《中华文化通志·民族文化典（侗、水、毛南、仫佬、黎族文化志）》，上海人民出版社1998年版，第439页。

……”①

据说黄姓的祖先明公，明洪武年间从福建迁来……明公生6个儿子，长子长大后看上石弄村一女子，女子很喜欢他，同时毛林村陈姓一男子也看上此女子。有一天明公发现长子两天未归，便到石弄村女子家找儿子，女子的母亲说：“两天前他来我家，天正好下大雨，雨水把他的衣服淋湿，当时陈姓的男子也来，他看见你儿子后对他说，山上有一窝小山猪我们一起去抓吧。他俩便走了。”明公去陈家找人，责问陈家儿子：“你和我儿子去山上抓山猪，山猪在哪里？”陈姓男子看见再也无法掩盖事情的真相，便道出实情，陈姓男子也爱上石弄村女子，女子并不爱他，女子喜欢黄姓男子。陈姓男子看见黄姓男子也去找石弄村女子，便怀恨在心，借着天下大雨，便骗黄姓男子去山上抓小山猪，将黄姓男子害死，用脚把黄姓男子踩进深水田里埋起来。人死不能复活，杀人者偿命。明公提出陈姓需用7条人命来抵偿。7条人命太多，陈姓无法接受，经陈姓协商，以一半村址的土地割给明公作为赔偿。明公一家便搬来现在的毛林村定居，两姓住地种刺竹隔开，从此结拜兄弟，互不通婚。②

黎族习惯法严禁非法剥夺他人生命，对故意杀人害命者予以严厉的处罚。故意杀人一般要看是杀外村峒（族）之人，还是本村峒（族）之人。杀死外村峒（族）之人，双方便在两村峒（族）长的主持下，会同两村峒奥雅或全体成员协商，和解成功，便由杀人者支付“赎命价”。若协商不成，往往会先引起村峒之间械斗和血亲复仇，连累无辜，牺牲更多的性命和造成更大的损失，抓到凶手便以命偿命；抓不到凶手，便会引起两村峒（族）之间冤冤相报不止，直至两村峒（族）再进行谈判协商，最终以凶犯家钱财赎罪了事。故意杀死本村峒（族）之人，须以命抵命，但也有例外。

过失杀人的，由村峒中的奥雅主持，双方协商，根据是非曲直判决过失者交纳“命价”款折抵处罚，其命价款的多少一般以“富者多交，穷的少交；穷人无力赔偿的，由家族或氏族分担赔偿”为原则。

这里需要指出的是械斗中的杀人，被杀的人是相当无辜的，但却不一定能得到赔偿，对这样的杀人或被杀是为了村峒的利益的，是公对公，集体对集体，无法处罚，也许只能通过下一次械斗或械斗结束之后的“议和”来解决。

对伤害罪的处罚基本与过失致人死亡的处罚类同。打架时，如果有过错方把无过

---

① 周伟民、唐玲玲编辑点校：《历史文人笔记中的海南》，海南出版社2006年版，第110页。

② 《黎族田野调查》编写组：《黎族田野调查》，海南省民族学会2006年7月编印，第37—38页。

错方打伤时，有过错方要负责照顾好无过错方，一旦打死人后，先把死者下葬，然后再赔偿死者家，一般是多少头牛多少头猪。

在黎族地区，秩序的产生主要不是靠规范与规范之间的互动，而是需要靠规范与社会诸因素之间的互动。这诸多的因素中，倘若有任何一个因素发生变化，秩序也必将发生变动。在一个稳定的秩序之下，这种变化的后果就是对于现有秩序的破坏。导致秩序破坏的原因是多种多样的，自然资源的相对有限性与社会主体需求的矛盾；社会主体对角色与地位欲望要求的不满，甚至社会中总有些不安分的分子试图冲破既有秩序和限制以求获取非正当的利益乃至单纯的刺激，这些都是导致秩序破坏的原因。

第二节

解决纠纷的机构

一、一般纠纷的解决主体

黎族本身并没有常设的固定执法机构。黎族社会中享有司法大权的人或司法官是指拥有一定权力，掌握行使刑事审判权的人，具体包括总管、峒长、哨官、头家、村长、亩头、奥雅等，也包括族长。

这是与黎族人的行政体制直接相关的。过去的黎族，除了中央政府在黎区设立的知县、府台等中央官吏外，黎族人本身也有自己的一套“土官”官吏机构，“品阶”由高到低依次是上面提到的总管、峒长、哨官、头家、村长、亩头、奥雅等，当然他们并没有封建政府里官吏们那般明显的高低贵贱之分。这些人都是“官”，每一级别的官，管理自己对应大小的区域；他们既得到政府的承认，也得到黎族群众的认可（一般是自下而上的）。

黎族人称老人为“奥雅”，而这些土官大都是德高望重的“奥雅”（近代以来由于私有财产和继承制的确立，首领们不一定是老人了），他们都是黎族社会自然产生的领袖。除了总管需要政府的任命外，其他都是群众推举之后，世袭罔替的，因此他们在自己的管辖区域内拥有极高的威信，是一方之主；虽然如此，他们管理本区域的事务靠的不是高高在上的权力，而更多的是威望。

黎族人是很尊重、信赖自己的头领的，黎族人认为：

一个大塘，必有一条大鱼；一片山林，必有一只“谷姑”；

一片村庄，必有一个“土地公”；一个地方，必有一个头人。①

能够体现黎族头人地位的诗歌还有很多，例如黎族人由师公或道公祭请主峒神降坛时唱的《峒主歌》：

信主烧香拜财神，正府峒主到坛心。
左时你在铁山庙，注生注死管凡民。
右时你在国王殿，掌管牛头马面人。
行善放他长命路，行恶送他上铁床。
玉皇奉教为微帝，百鬼诸神尽伏行。
拜送峒主上马去，夫妻合室保平安。②

这些都充分体现了黎族人对于自己头领的尊重信任，说明了黎族头领们的极高威信和在黎族社会中的重要作用，因此，他们能集行政司法于一身，他们做出的判决也会被黎族群众所信服，他们就是黎族人所信赖的司法官。他们或单独或集体协商，行使群众所赋予的司法权，公平地处理大大小小的刑事案件。正如传记《黎族人民领袖王国兴》书中所说的那样，“如有诉讼纠纷，他便是当然的公证人、调停人和裁决人”。③

以峒为例，峒长除参与本村、本血缘单位的事务外，还参加村与村之间和全峒性的事务。如处罚、械斗等纠纷牵涉的不止一个村，甚至涉及全峒或几个峒时，要由峒头、哨官、团董等共同解决。

一般来说，在纠纷解决的层次上，发生纠纷先由合亩或村峒内的头家解决纠纷，头家不能解决者，诉诸哨官，哨官不能解决者，诉诸峒长；由峒长召集全峒的哨官、头家开会共同解决。峒长不能处理的问题，报请总管处理。④

需要说明的是，奥雅、哨官、保长、甲长以及前面说的亩头、村头、峒长的功能界限有时候并不那么清晰。在不同的黎族地区，奥雅、哨官、保长、甲长、亩头、村

① 民族院校公共哲学课教材编写组编：《中国少数民族哲学和社会思想资料选编》，天津教育出版社1988年版。

② 杨滋举、罗海燕、李柏青：《海南民族歌谣初探》，南方出版社2008年版，第142页。

③ 中元秀：《黎族人民领袖王国兴》，民族出版社2009年版，第3页。

④ 广东省编辑组：《黎族社会历史调查》，民族出版社1986年版，第171页。

头、峒长有可能由一个人担任，或者相同职能的人因地区不同而称呼不同，或者在职能上有所交叉。当然，这不会影响到他们在黎族文化圈内的地位及调处纠纷的作用。黎族的纠纷调处者，虽然名称各异，职能和形成过程也不尽相同。例如：峒相当于部落，是由一群操相同的方言土语的近亲部落联盟组成，民国时《海南岛志》记载："黎人择地而居，自谋生活部……峒之大者十村八村，小者三村五村"；"熟黎……以先入峒者为峒首，同入共力者为头目。"① 这些头家都或多或少地有着维护黎族社会稳定、调解社会矛盾的功能。

二、妇女充任纠纷解决中的特殊角色

在调查黎族习惯法中的传统纠纷解决者时，我们发现了一个很独特的现象——妇女在纠纷解决中常常起着重要的作用，一些很严重的纠纷，如果妇女出面，往往就能够得以圆满地解决。无独有偶，在遥远的欧洲，古罗马著名史学家塔西坨在考察日耳曼人的族群状况时，也发现了女性在战争中的重要作用。"在传说中，有许多已经溃败的战役都被一些妇女们挽救过来了。这些妇女不断地祈祷着，并且袒露着胸脯，这样便使男子们俨然感到她们将被奴役，而妇女之被奴役乃是他们所最为痛心的事。……不仅如此，他们还感觉到妇女身上有一种神秘的和能够预知未来的力量。他们从不轻视妇女，和她们商量事务，尊重她们的意见。在魏斯巴兴的时代，我们见到魏勒妲（Veleda）曾被许多人长期奉为神明"②。

黎族的这种纠纷解决现象引起了我们浓厚的兴趣，下面根据材料做一些分析。

据清代《黎岐纪闻》（卷二）记载："其俗贱男贵女，有事则女为政"，"遇有事妇人主人，男不敢预也"，"语言不合辄持弓矢标枪相向，势不可挡，有妇人从中间之，即立解"。《广东新语》《峒奚谷纤志》《琼黎一览》等文献也有类似记载。现今黎族的某些地区仍有"蕊岔"③ 的传统和解仪式，其中有寡妇作为双方代表。清末在

① ［明］戴焯、欧阳灿总裁、蔡光前等纂修：《万历琼州府志愿》卷八，《海黎志》，海南出版社 2003 年版，第 409—411 页。

② 塔西坨、马雍等译：《日耳曼尼亚志》，商务印书馆 1959 年版，第 59 页。

③ 黎语称为"蕊岔"意为"给好眼色"。械斗的双方，若想停战讲和，言归于好就各派一名寡妇出面充当调解员，双方同时也各出一名代表。寡妇先把若干铜钱投入一盆清水中，双方代表从水中取出钱，互相揩抹一下对方的眼睛。然后，互相接过对方的铜钱往脑后抛掉。最后，互相敬酒，以示达成和解。

保亭黎族苗族自治县“合亩制”地区毛枝峒和毛道峒发生械斗时，最终达成和解协议，双方各派出寡妇一人为代表，举行一种传统的和解仪式，黎语叫“蕊岔”。清代汉籍如《广东新语》《琼黎一览》《黎岐纪闻》《琼崖黎岐风俗图说》等都记载一些地区黎族间发生争斗纠纷时，只要有妇女出面干预调解，就可以息战罢兵。

在谈判时，毛道代表带了一个老寡妇，毛枝代表也找一老寡妇作陪。毛道的老妇来到门前时，毛枝老妇站在门内，手托清水一碗，碗内放一个铜钱，门前的旁边，置一个破水缸。毛道老妇从碗内拿出铜钱，抹毛枝老妇的双眼，口念“毛道打死你们的人，你们不要蒙眼，要开开眼，以后好来往，好做亲戚”等语，念毕把钱放回碗中；毛枝老妇再拿出铜钱来抹毛道老妇双眼，口念“毛枝打死你们的人，要你们的牛，你们也不要蒙眼，要开开眼，以后好来往，也可以做亲戚”，念毕把钱交给毛道老妇，毛道老妇把钱丢在背后，接着毛枝老妇把那碗水倒掉，用右手按水缸，口念前语，毛道老妇亦如此做。进屋后两个老妇对坐，中间放鸡、猪、牛肉各一碗，酒两碗，毛道老妇倒些酒在地上念“不要蒙眼，毛道人好来毛枝，毛枝人好去毛道，子子孙孙做好亲戚”。毛枝老妇亦如此做。然后毛道老妇撕一些鸡肉丢在地上，再念前语，毛枝老妇也如此做。她们做毕，开始吃酒，那三碗肉只能给两个寡妇吃。谈判，则由代表进行。谈判完毕，双方代表各拿出一支箭并在一起，先由毛道代表在近箭头处砍一刀，再由毛枝代表在近箭头处砍一刀，然后再在另一边的中间各砍一刀，最后折断箭头，表示今后不互相射杀打仗，各执断箭为凭。喝完了酒，毛道代表带牛颈和装水的碗、小水缸回去，到半路把碗和水缸丢掉。①

为什么寡妇有如此大的影响力呢？

我们认为这可能跟黎族长期处于母系社会的原始社会形态有关，长期的母系社会造就了黎族母系的大量残留，再加上黎族地处偏远，长期受封建正统思想影响较小从而形成了妇女在纠纷解决中的特殊地位。关于黎族的母系社会残留，宋代周去非著的《岭外代答》有黎族女性担当峒首的记载，《岭外代答》记载：“王二娘者，黎之酋也，夫之名不闻，家饶于财，善用其众力，能服群黎，朝廷赐封宜人。琼管有令于黎峒，必下王宜人，无不帖然。二娘死，女亦能继其业。”另据《黎族社会历史调查》记载，有些地区峒首被称为“毕寡”②。“毕”是母亲，“寡”是管理的意思，即是峒首像母亲一样管理峒中的事物，这可看作是语言方面的一个佐证。在母系社会残留的影响下，妇女拥有一定的地位。在发生纠纷时，以情理推测，一是寡妇在已进入父系

---

①② 广东省编辑组：《黎族社会历史调查》，民族出版社 1986 年版，第 95、58 页。

氏族时代的部落里，身份与地位都很超脱。她兼有夫家氏族和娘家氏族的双重身份；二是她的特殊身份会令厮杀双方联想到男性的死亡与妻子孩子的不幸，而更易于打动人心。

三、神职人员是神鬼判的仲裁者

在黎族社会生活中神事祭鬼是常有之事。宋代李光《元夕阴雨孤城愁坐适魏十二介书来言琼台将然万炬因以寄之》（载《庄简集·五言古诗》卷二）诗云：荒祠鼓坎坎，老巫舞蹁跹。

黎族土生土长的巫师自古就有，那就是“老人”。老人是黎族特有的“宗教”角色，黎族人一般称为“鬼老人”，人死了“鬼老人”专为丧家念祖先鬼名，所以他是懂事而记忆力较强的人，黎族社会中特有，主要在中心地区和边缘地区，年龄在40岁以上，因为会念诵“祖先鬼”的名字和迁徙地名，故群众对他们很尊重。

道教传入后（道教何时传入已很难考证），黎族的信仰开始跃入更高的发展阶段，开始有了正规的神职人员，如道公等；但他们不是专业从事迷信巫术的，虽如此，但他们的出现，使得黎族的巫术变得更加专业化。

道公，海南方言称为“三伯公”，也称为“抬公”，是巫师，更是巫医；是从汉族传入，但具体时间无法考证：有人久病不愈请汉族道公帮查病查鬼，从此学道，有些地区还分文、武道公。道公（即三伯公）是因病学道的。即查鬼看病。首先，道公与“老人”合作做祖先鬼，其次为招魂、求子、求福等与娘母一起合作；此外，他还懂得用巫术治病，但不得疮科。道公念咒用海南汉族方言，三伯公是世袭的，父传子一代传一代，一般不授徒不外传。

娘母者，可以是女的，也可以是男性的，但是以男性占多数。操黎语看病，做大鬼时穿民族服装（女装，男娘母同样穿），一起合作叫作“做亩”（一种凡见异征后禳邪的法事），在活动范围方面一般都有分工，互不相混，各有所长，年龄一般都在30岁以上。其实质是巫医，只懂得做鬼，不懂得差鬼问禁。他们一般不外传，有女儿的便传给女儿或媳妇，如果没有女儿，媳妇也不愿学，那只有任其失传。娘母以查疾病做祖先鬼法事为其特色，其次为招魂、求子、求福等，懂得用巫术治病。

据调查，到20世纪50年代中期，黎族宗教活动的主持人只有这三类。上述道公、娘母、老人未分化成专业化的宗教职业者，仍与劳动生产相结合，用现在的话说，是农民中的“兼职者”。不过虽非专职，却各擅其道，分工明确。在大多数地区，道公以查鬼、查“禁”、解“禁”、保命为其擅长；娘母以巫术治病为其专业；老人则以“做祖先鬼”、杀牛或“做枪打鬼”时的念祖先鬼名为其特色。就其道术而言，道公与娘母都是因病而为之，老人则一般是深谙事故尤其须熟谙祖先之名方可胜任；就其使用的语言而论，道公是用海南汉语“做鬼”，娘母和老人则操黎语；其相互关系而言，娘母可与老人一起合作“做亩”，而道公则多是单独举行。此外，在活动范围方面都有分工而互不相混，且各有擅长。①

由于巫术的神秘性，巫术在纠纷中扮演着重要的“裁判”角色。黎族的首领并不是神仙，在这个方面不具备巫师的权威或者说功能。只有巫师以鬼的代言人的身份，用与鬼交流的形式，借鬼的名义做出对纠纷的处理。由于人们对鬼的恐惧，巫师的判决也就容易接受并被遵守。

第三节

纠纷处理的方法与程序

任何社会都离不开解决纠纷的手段，只要有社会冲突的存在，以纠纷解决为任务的司法必然成为社会架构中的一个重要组成。② 为了解决社会纠纷，保障社会秩序，维护公共利益，黎族形成了纠纷解决方面的习惯法，包括调解和审理、械斗、神判等。在一般情况下，黎族人选择调解和审理方式解决纠纷；在重大冲突时，械斗方式被用来平息纠纷；在人力无法判明时，神判成为化解矛盾的有力方式。

一、一般纠纷的解决程序

通过调研我们发现，调解和审理成为黎族地区处理纠纷的常见方法。一般情况下会先由当事人互相协商解决，若是纠纷超越了当事人自己解决的范围，或是当事人协

① 王学萍主编：《中国黎族》，民族出版社 2004 年版，第 174—177 页。

② 高其才：《瑶族调解和审理习惯法初探》，载《清华法学》2007 年第 2 期，第 5 页。

商不成，纠纷返回到原初状态，此时就需要第三方的参与，或审判、或调解。①

在黎族地区，对于哪些纠纷适用审判，哪些适用调解，我们认为界限并不明显，所谓“调解”与“审判”，并不存在多少区别。因为在黎族地区的一般纠纷解决，无论是通过审理、审判，还是依赖第三方的调解手段，统统都具有一种“调解性质”，我们可以将黎族的这种纠纷解决归纳为“说理—心服”模式。即无论是依照习惯法的审判，还是依靠他人的调解，都恰似一幕通过希望讲道理解决纠纷的第三人与听别人讲道理而从内心表示服从的当事人表演的戏剧。基于这种调解性质，我们把黎族地区的这种混合了“调解”与“审判”性质的纠纷解决机制统称为纠纷的调处，调处在黎族地区是极为普遍的。在传统的黎族社会中，人们较多的依靠峒组织、合亩组织、村落组织、宗族氏族的力量解决生活中的纠纷。但无论是融调解和审理于一体的调处，还是械斗、神判，其都有着一整套完整的程序规范，这也正是纠纷解决的权威性的体现与保障。“审判”是现代法律解决纠纷的首要模式，在这种模式下，法律规范严格排斥其他规范，任何纠纷解决的过程，都是运用相关程序来适用法律的过程。我们前面已经说过，黎族纠纷调处机制并没有发展成为现代法律程序中那样完备的一整套程序规则。但从上述案例中显示的纠纷解决的途径来看，我们虽然很难区分调解与审判的边界（或许这二者之间并没有存在多少区别），却仍然会发现一些固有的程序：

“当事人报案（一般是受害方向自己的头领报告）—头领受理，召集开会（案情重大的由原告打锣通知全体成员集合，简单的就相关头领几个人）——讨论协商，与会者达成一致——侵害方给受害方赔偿——答谢有关人员（宴请与会人员，答谢头领）”。

这些程序规范与现代法律中的程序或多或少还都有着某种联系或相似之处。一个案件无论是刑事的还是民事的，所经过的程序大体都是这样，由“头人”召集主持会议，参与者都是一些德高望重的“老人”，大家一起开会讨论、查明案情、询问当事人，如果当事人能达成和解，那么调解成功，如果双方互不相让，则由他们做出判决，最后判决的结果还要得到大众的确认。

---

① 梁聪：《清代清水江下游村寨社会的契约规范与秩序——以文斗苗寨契约文书为中心的研究》，人民出版社 2008 年版，第 135 页。

（一）调处组织的形成以及调解和审理的提起

在传统的黎族社会中“文化是稳定的，很少新的问题，生活是一套传统的办法”①。习惯法形成于黎族人民长期的经验生活之中，其产生和存在的方式便决定了它必然包含着民主的成分，在黎族习惯法的调解机制下这种民主精神也有着深刻的体现。尽管自然的村峒社会组织、血缘等级造就了人们经济与社会生活地位的差异，但这并不意味着在纠纷调解中，高等级的人对低等级的人就占有绝对的优势地位。在某些情形下，为了能使纠纷更圆满地得到解决，奥雅、地方村峒组织的首领、老人、纠纷各方当事人的亲朋甚至是交易的中人、证人等这些人会共同组成一个庞大的调停人团体。如在丁案美孚族和外族的战争与和谈一案中，不仅有七差村长和两个奥雅组成的侾方代表团，而且还有汉族政府出的汉商去当调解人。在我们的调查中也印证了这一点，如果两个村庄发生严重的刑事纠纷，对当事人要处以极刑时，必须要由纠纷双方的村庄各派出一个审判代表，并且审判的参与者人数上一定要是单数，以便互相牵制，采取多数原则做出公正的判决。这种民主合议的办案形式不仅可以避免调解者误判或偏私，也更容易实现双方当事人和纠纷解决者之间的信息沟通。因此，我们认为，黎族这种调解的纠纷解决方式超越了血缘等级的狭隘，延续着习惯法源自远古时代的原始民主精神。

在调处组织的介入方式上，调解者介入纠纷通常受当事人双方或一方的邀请、召集，但如果村峒纠纷在经过当事人的自身努力后仍无法获得妥善解决，村长、峒长等首领包括“奥雅”出于维护地域社会的秩序、保障社会生产正常进行的需要，总会积极的介入纠纷，甚至以强制手段解决纠纷，这对于纠纷双方的当事人而言是一种平等的态度。

（二）处理结果的民主评议

整个调处的过程采用的是一种民主协商的形式，与现在的调解结案有类同之处，往往是“头人”的一人之见不能成为定论，必须征求参与调解的奥雅、老人及双方当事人的意见，力争达到双方满意的处理结果。从上述案例我们可以看出，对于纠纷的处理结果，一定要得到大家的同意，只有经过大众一致的同意，对处理结果的确认，

① 费孝通：《乡土中国》，北京大学出版社1998年版，第66页。

之后这个结果才具有公信力，才能够被顺利执行。

如果参与的大众不同意，这时候调解的主持者就要重新做出处理的决定，如在甲案和乙案中群众不同意峒长的判决，则可以在会上大呼：“不成！不成！”当峒长听到这种呼声以后，就必须考虑，并重新做出处理，直至群众全部一致同意为止。相反，如果大家一致同意首领的判决，则高呼：“好了，完了！”我们可以看出，即使是首领的处理意见，如果得不到大众的支持也要被否定，即首领的判决必须得到大众的同意。这一民主的评议过程就相当于我们今天法律中的确认程序，任何处理结果只有在经过了民主评议，大众对处理结果的确认之后，才能对当事人产生效力。

（三）案件处理中的喝酒吃饭以及案件处理后的酒宴

在某种社会里，友好关系的恢复被作为准审判过程最重要的目的，通常在纠纷解决后，作为友好关系的恢复要举行一定的仪式。① 通过上述案例，我们发现黎族人在纠纷处理结果确认后，也要举行一定的仪式，以防止当事人反悔，这种仪式就是喝酒吃饭。有时酒宴往往是会议、谈判的开始，最后也成为纠纷处理结束的标志。

在一个相对封闭的环境中，大家围在一起边喝酒边评理，其乐融融地化解当事人的矛盾，恢复被当事人破坏的秩序，从而达到解纷息讼的目的。不得不承认的是这种颇具亲和力的解纷方式，极大地增加了解决纠纷的成功率，便于解纷裁定得到执行，从而最大限度地恢复已被破坏的社会秩序。在纠纷被处理后酒宴成为一种仪式，表示双方当事人达成协议，要喝协议酒，双方当事人喝酒之后就不能反悔。由此可见，黎族解纷举行仪式的重要性，即起到了一种宣示证明的效力。若有人事后违背裁定，会受到众人的责难。

此外，黎族还有一种家庭断亲习惯法，其仪式性更为突出。当家庭的成员中有人不接受家教，在社会上多次惹事，违犯了习惯法，造成严重后果，而当事人又固执不改时，家长要设酒席，请兄弟朋友入座，当着村寨众亲友声明父子断亲或兄弟断亲。断亲时在酒席上放置两支箭，由村寨中有权威的头人，用利刃把两个铁箭头一刀斩割，作为断亲记号，断亲的双方各保存一支。举行了断亲仪式后，断亲者要立即离开原来的家庭。此后断亲者若在村寨或社会上惹祸，原来家庭成员不负任何责任，一切

---

① 参见〔日〕棚瀬孝雄：《纠纷的解决与审判制度》，王亚新译，中国政法大学出版社 1994 年版，第 27—30 页。

后果则由断亲者自己担当。①

总结上面的纠纷处理方式，我们可以将调解纠纷的具体程序概括为以下几步：

第一步，双方请来“头人”、奥雅等进行调解，或者“头人”主动参与到纠纷当中；第二步，由调解的主持者宣布规则，取得大家的信任；第三步，双方陈述事实、互相辩论；第四步，“头人”或主持者做出判决；第五步，民众进行民主评议，对判决进行确认；第六步，举行仪式酒宴。这种处理方式在黎族纠纷解决机制中被广泛采用，其效果也最令人满意。调处使双方当事人能够和睦相处，对于处罚也自觉地接受和执行。

黎族调处程序的可操作性表现在三个方面，首先便于人们及时的化解矛盾，其次也便于社会接受，最后也有利于规训整个黎族社会，教导人们遵守习惯法的规范。

二、特殊的纠纷解决方式

一个社会的安宁秩序往往要靠许多规范协同运作才能适当地维持，这些规范包括自然的天理、神旨、道德、礼俗以及人为的法律、家训、乡约、乡规等。② 在多元的规范之下，相应的纠纷解决方式也是各种各样的。前面已经介绍了黎族习惯法中调处解决纠纷的一般程序，接下来我们要考察的是黎族地区纠纷解决的3种特殊方式：神判、械斗与血亲复仇。神判是用来解决世俗手段不能解决的纠纷，械斗则关涉群体利益比较大的纠纷。这两种方式是传统黎族社会中解决疑难案件和群体性纠纷的最佳选择，因此，神判与械斗是黎族习惯法制度中的一项具有补充性和选择性的重要程序制度。

（一）神判

当纠纷的解决者对纠纷的处理令双方当事人难以满意时，或双方对纷繁复杂的案件，各执一词，难以辨明证据真伪，纠纷调处者也会束手无策，此时就需要求助于神灵的力量，这就是通常所说的神判。神判这种特殊的纠纷处理方式，在人类法律文化

① 参见《海南岛黎族苗族自治州保亭县毛道乡黎族合亩制调查》，全国人民代表大会民族事务委员会办公室1957年印行，第213页。

② 张伟仁：《传统观念与现行法制》，载《台大法学论丛》1987年第1期。

发展的初期，世界上任何一个有文字记载的社会都有着类似的神判的记录，① 而在事实上，利用神判来判别是非、解决纷争的也并非只是原始民族。② “像这许多不同的习惯，虽然包含各种不同的方法和程序，但是人们依赖神灵求助神灵的裁判，目的完全相同”③。

无论是何种形式的神判，其核心都是对不可知力的超自然力的崇拜，是人们在不能利用自己的智力来搜索犯罪证据或迫使嫌疑者吐露实情时，不得已而采取的一种信赖超自然力的审判方法。④ 这种对超自然力的崇拜，归根到底反映的是人们对世界的认识、对自然的认识。而在黎族人的认知系统中，这些世界观、价值观、思维方式等，再经过历史的积淀，形成了一种传统的自然崇拜心理，这种自然崇拜心理构成了黎族人特有的信仰，凝固于他们的生活中，成为民族性的生活习俗，也成为一种生活方式和评价生活的方式。

在黎族地区，人们在原始的自然观指导下，形成了诸多的社会心理因素，这些因素的共同作用，使得人们十分重视充满万物和生命的世界，并且相信一种自然秩序的存在。万物有灵和自然崇拜是这一观念的终极体现，是“支配着人们日常生活外部的力量在人们头脑中的幻想的反应”⑤，在这种反映中，“人间的力量采取了超人间的力量形式”⑥。并且造成了人对自然的认可与归属感。在相信万物有灵的社会里，自然崇拜形式上是直接对自然物体进行崇拜，实质上是对各种各样的自然灵魂（鬼神）进行的崇拜；而这种对自然（天）的崇拜，也就是人对自然秩序的追求与渴望，因为“如果人首先把他的目光指向天上，那并不是为了满足单纯的理智好奇心。人在天上所真正寻找的乃是他们自己的倒影和他那人的世界的秩序”⑦。人本来就是大自然的

① 例如：《圣经·旧约》中记载有古代以色列人以苦水试验妻子贞操；在古巴比伦《汉谟拉比法典》则把被怀疑有通奸行为的女子抛入水中以其浮沉来判定她是否贞洁；古代印度《摩奴法典》的补充文本《伏那罗陀法典》第102条中规定了火审法、水审法、秤审法、毒审法、圣水审法等八种神明裁判的方法；古代希腊有常常使受怀疑者浮在海上或从高岩跃下的习惯；毒剂是非洲A-shanti人常用的一种方法；JuJu人则使嫌疑犯在充满着蛇和鳄鱼的池里游过去；苏门答腊人以一握生米或面粉令人吞咽；Borneo人有斗鸡斩猿的惯例；古代埃及把嫌疑犯拉到神庙，在神灵面前祷告以定罪之有无；古代日本和古代口耳曼有铁火判、捞沸判的记载。

② 在中世纪的欧洲，以实施决斗明是非，直到13世纪初还在欧洲的司法体系中占据着重要地位。

③ 瞿同祖：《中国法律与中国社会》，中华书局1981年版，第271页。

④ 陈金全主编：《西南少数民族习惯法研究》，法律出版社2008年版，第92页。

⑤⑥ 《马克思恩格斯选集》第3卷，人民出版社1972年版，第354—355页。

⑦ 〔德〕卡西尔：《人论》，甘阳译，上海译文出版社1985年版，第62页。

一部分，生活于其中必要寻求一种自然秩序的平衡。在黎族人看来，“人的全部（从形体到精神）都与自然相类，所以，人才应该刻意效法，因循自然”①。因此，自然秩序就是人的秩序（社会秩序），自然（天）的法则也是人的法则，二者浑然一体。概言之，就是黎族人的自然观念就是天人合一的自然观念。

当这种天人合一的自然观成为黎族人民的共同意识，这种原始的自然观念、世界观也就几乎支配着黎族社会生活的各个方面。黎峒中每有大事要决定，通常要进行鸡卜，如战争、出猎、订婚、出嫁等。以战时鸡卜为例：战前，全峒参与者集合，并把武器齐放于峒前草坪上。由主持鸡卜的人杀一只小公鸡，将鸡血淋在武器上，并抽出小鸡的两根肋骨来查看鸡卜。杀鸡时，占卜者念咒，求鬼保佑击败敌人。在鸡股骨的营养孔插入小木签高于右肋骨的，表示我强敌弱，当天出战必胜；反之，则会失败。作法完毕，以酒肉款待主持鸡卜的人。若依鸡卜结果行事而获得胜利，事后更要以牛只、铜钱酬谢占卜者。若当日鸡卜不利，三天后再做，直至出现吉兆。②

文学艺术也和自然观密切相关。黎族村峒中的铜锣平时不能随便敲，只有到了重大的活动时方能使用。民间传说是黎族口头文学形式。一般由村里的老人讲述，内容包括人类来源、“鬼神”、祖先事迹、村峒历史、部落关系、英雄事迹和爱情故事等等。著名的《黎族创世歌》中就包含着许多原始自然观、世界观的认识。

在婚姻恋爱方面，也受到这种观念的强烈影响。男女相爱便在一起居住，睡觉时如男方做了吉利的梦，就可以结成夫妻，如做了不吉利的梦，恋爱便告终止，双方需另择所爱。

丧葬方面，人死后要杀鸡、猪，请“道公做鬼”，还要煮饭、泡酒以祭死者，连续数日。选择墓地时还要进行“鸡卜”。葬后数日要接死者灵魂，本家要忌生产，若是凶死，则全合亩、村峒都要禁忌生产数日。

种种情况说明，黎族占支配地位的社会意识形态主要是唯心的，因此对世界的看法也是唯心的，其核心思想就是有一种超自然的力量在主宰着自然界和人类社会，人要遵守这种自然的秩序。因此，当人们遇到自然灾害和自己不能解决的社会问题时，只有祈求神灵的帮助。黎族习惯法中的神判也就由此产生。从黎族人天人合一自然观的角度看，神卜也罢、禁忌也罢，甚至包括梦的启示，最终都是一种秩序的体现，也就是天人合一的自然秩序。

---

① 范忠信：《中西法文化的暗合与差异》，中国政法大学出版社 2001 年版，第 20 页。

② 广东省编辑组：《黎族社会历史调查》，民族出版社 1986 年版，第 182 页。

关于黎族传统社会中存在的神明裁判见诸各种调研资料：①

如：神（鬼）审判

黎族信仰原始宗教和巫术，他们十分相信神（鬼）判的效应。只要遇到难以判定的事情，他们便发毒誓，祈求神灵的效应以惩罚坏人。神（鬼）判是一种巫术活动，是维护和执行习惯法的一种辅助而又具有强制性的手段。神（鬼）判经常用于对通奸、盗窃等行为的裁定。如果丈夫风闻妻子与人通奸，但又没有抓住把柄时，只好采取此手段：用火塘里燃烧的木炭和火灰撒在茅草屋门里，对妻子说："你光脚从这里踩着出去，如果你与别人通奸，眼睛会变瞎，不然是我的眼睛变瞎。"但妻子往往为了保全丈夫，宁愿承担罪名，而不走出去。黎族一惧怕死亡，二惧怕眼睛瞎，过去，黎族过着刀耕火种的生活，生产力低下，食不果腹，眼睛瞎就意味着丧失了劳动力，将给家庭带来沉重的负担。在医学落后地区，青光眼、白内障也会导致人的眼睛变瞎。但人们没有意识到这一点，而错误地认为是做了坏事拒不承认，鬼神弄瞎他（她）的眼睛。这种神（鬼）判冤枉了许多人。

再如：雷神判

雷电往往造成人畜死亡，这种自然现象对于缺乏科学知识的人，则认为是雷专劈坏人。当有些事情不能明断的时候，便进行雷神判。如某个人的财物被盗窃，又没有抓住盗贼，只是怀疑某人。在此情况下，无论是被偷的一方，还是被怀疑的一方，都可以把口水吐到手心里，对对方说："如果你确实没有偷我的东西，你敢用你的手掌击我的掌心吗?"或者说："你确实认为我偷了你的东西，你敢击我的掌心吗?"如果是做贼心虚或者是不敢确定，一般不敢与对方击掌。击掌后由雷来审判，雷劈死谁，就是谁做了亏心事。人们相信，雷会劈死做亏心事的人。

综上所述，黎族的神判是在原始的自然观念与自然秩序客观要求下的产物，当人们缺乏识别能力和不能以确凿的证据解决争端时，只好通过自然的指点来确定是非黑白。从自然秩序客观要求来看，对那些既缺乏证据又无法弄清原委的案件，为了防止纠纷的升级，避免人员的伤亡和财产的浪费，纠纷及时地得到处理，化解矛盾。选择神判的方式，是对自然秩序有效的修复。当然神判并非万能，疾病、灾难未必不会降到无辜者身上。但我们要看到的是，通过神判所采取的这些方式，人们的行为受到一

① 王学萍主编：《中国黎族》，民族出版社2004年版，第114页。

定的心理约束对人产生强大的心理威慑，从而有助于社会的安宁，也符合自然秩序的客观要求。

（二）血亲复仇

黎族人的血亲复仇渊源已久。据《文献通考·四裔考八》卷三三一，引《桂海虞衡志》记黎人“捉坳”俗：“吒陛喜仇杀，谓之作坳。黎人所亲为所杀，后见仇家人及洞中种类，皆擒取以荔枝木械之，要牛、酒、银、瓶乃释，谓之赎命。”《岭外代答》和《诸蕃志》均有类似的记载，这种血族复仇现象在当今仍然会时有发生。

黎族是以家族、氏族、村峒为基本单位建立社会组织，黎族内部又分为五种黎，各黎族内部之间的血亲复仇普遍存在，结怨甚深。黎族从来没有统一过，只有当他们遇到共同的外族敌人时，才暂时联合起来，抗击外来之敌，维护彼此之间的共同利益。一旦军事活动结束，或共同利益发生变化，联盟关系会随之解体。各黎族支系或者说村峒又恢复原状，依旧彼此独立，各行其是，为了维护各自利益，互相争斗，互不相让。

古代黎族人狂野剽悍，有仇者必报。凡本氏族成员受到他氏族成员的羞辱和伤害，每一个氏族成员都要为受害者复仇。在他们心目中，复仇被视为神圣的义务和不可推卸的责任。为了切实履行这种责任，他们以复仇为荣，以不能复仇为耻，与整个家族群体荣辱与共、生死相依，为私结怨仇所付出的代价甚至于有些过分。黎族人的血亲复仇通常牵涉范围很广，从家属到仇人所在的整个村峒，皆是复仇的目标。

血亲复仇反映了原始氏族的犯罪观念，这种习惯法是少数民族黎族“刑事”习惯法与调解处理审理习惯法的最初形式。① 所有这些，都源于“同一个祖先，同一个信仰”。

（三）械斗

械斗，即持械聚众互相打斗，其造成人员伤亡十分惨重。在黎族社会，黎族不同村峒家族之间是有严格地域界限的，非本峒人未经允许是不准在本峒内活动的。由于民族、土地、财产、人口、婚姻、债务、仇恨等方面的纠纷，个人、家庭、家族、村寨、地区、部族、民族之间经常发生摩擦。即便是某一个人被害或犯罪，不但是其族

---

① 高其才：《中国少数民族习惯法研究》，清华大学出版社2003年版，第24页。

群所有人，甚至是其祖先鬼，也要来参与索赔或理赔，由此便往往发生纠纷。① 家族、村峒的利益受到了侵犯，如果协议不成功，便会引起村寨之间的械斗，械斗便成为黎族人数较多群体之间解决纠纷的一种特殊方式和最终手段。② 虽然黎族的械斗比较野蛮，毁弃对方的一切，但在械斗中，争斗双方都要遵守一些共同规则。如在械斗中不伤害对方的妇女、儿童和老人；不伤害对方弃械投降者；对俘虏按照身份索取赎金；不毁坏对方村寨的庄稼；对械斗中伤亡过重的一方进行一些赔偿；等等。

在黎族村峒纠纷中，械斗是比较频繁使用的解决方法。械斗涉及的是群体之间的纠纷，用来解决敌我矛盾，这种解决纠纷的方法是最为严厉的惩罚措施，这与黎族地区特殊的社会结构不无关系。黎族地区，社会组织主要是村峒，村峒组织是黎族人民联系的纽带，不同的村峒代表着不同的地区、不同血缘集团。峒体现部落关系，而村则体现血缘关系。③ 黎族习惯法的一条重要原则即同一村峒的成员必须互相帮助和保护，峒内成员有互相援助和保护的义务，如受到外峒人的欺侮时，必须为其复仇。④ 也就是说，当某成员受到外人伤害时，其他人有为他报仇的义务，这充分体现出习惯法维护血缘集团、村峒利益的原始家族主义特征。在古代黎族地区的械斗多发生在不同的村峒之间，到了近代甚至村峒内部各家庭支系之间也间或发生械斗。

械斗针对的是较大的纠纷，需要较多的人参与，因此它是有组织的行为。黎族的械斗有两种形式，一是预先约定的械斗，一是不预约的械斗，一般为一方偷袭另一方而产生的混战，但黎族人通常是光明磊落地选择前者。一般而言，黎族在进行械斗前，要当事人向村、峒的头人申诉、请求。头人同意后，便向对方下通牒。通牒是用细小的一条白藤打一个大圈和三个小圈，插上鸡毛做成。鸡毛表示要烧村庄、屋舍，藤条表示见人抓人、见牛拉牛、见物抢物。大圈代表头人“龙公”，第一个小圈代表当事人，第二个小圈表示要罚牛，第三个小圈表示要罚钱。通牒由对方以前嫁来的妇女或请第三方的人递送对方。对方收到通牒后，由村、峒的头人商讨解决的办法。只有两种选择，一种是向对方赔偿损失、接受罚款、赔礼道歉。把通牒收下，双方派人谈判。另一种是拒绝对方提出的赔偿、罚款条件，以械斗来解决，把通牒退回给对

① 张冠梓：《论法的成长——来自中国南方山地法律民族志的诠释》，社会科学文献出版社 2002 年版，第 315 页。

② 李鸣：《碉楼与议话坪》，中国法制出版社 2008 年版，第 239 页 。

③ 高泽强、文珍：《海南黎族研究》，海南出版社、南方出版社 2008 年版，第 75 页。

④ 王学萍主编：《中国黎族》，民族出版社 2004 年版，第 104 页。

方。于是，双方进入械斗的准备状态。① 进攻前必须举行“鸡卜”以占吉凶。对待俘虏一般不加杀害，以便和解后与对方交换或索取赎金。械斗的和解一般请有权势的峒长主持，并由双方当事人杀牛设宴，在宴会上峒长与械斗双方砍箭为约，达成和解。黎族械斗可以说是原始氏族社会血亲复仇的延续和残留。械斗前的祭祀仪式、械斗后的和解仪式仍带有浓厚的原始色彩。

从我们所了解的几次械斗，有以下一些环节：

1. 通牒

有两种方式：一种用猪颈，一种用“鸡毛信”。即用一条细小的白藤，打一个大圈、三个小圈。小圈上插上猪毛，其意义群众解释：鸡毛表示要烧房子、村庄，藤表示见人抓人、见牛抓牛；大圈表示罚牛，三个小圈表示罚钱。

凡是因某种事引起一方要处罚另一方时，一般都先经过本村或本峒的村头、峒头、哨官等共同商量，决定后，以猪颈或鸡毛信通知对方当事人或他的亲属，表示要对方接受处罚。当事人接到通牒后，就要报告本村的村头、峒头或哨官，共同商量对策。如果接受处罚，则留下猪颈或鸡毛信，双方可以通过谈判解决；如果拒绝接受，把猪颈或鸡毛信退回去，则说明已经准备用械斗方式来解决，这样双方就进入械斗状态了。

据相关资料记载，通牒一般是请别人或者对方嫁到本峒的妇女做使者。据说，这是为了避免对方杀害或扣押。

2. 请援

械斗双方往往请求自己的龙公来援助，没有龙公的就去拜龙公，甚至有龙公的也有再去拜认的，以增强自己的力量。请龙公援助，需给予报酬。

3. 兵头

他的任务是带头进攻，是由领导和指挥者出赏征用的。应征的兵头与指挥者订立“合同”，用小竹枝或藤条，按指挥者右手中指第二至第三个关节的长度，刻四段或五段交给兵头收执，表示按攻进对方村庄的先后次序给予若干奖赏，兵头再去组织几个人共同配合行动。在实际战斗中，也可能是其他人首先攻进村庄，兵头就应把竹枝交给首先进攻者，由他受奖。如攻不进村不给奖。

---

① 《海南黎族社会历史调查资料》（四），1963 年铅印本。

4. 俘虏

不杀俘虏，和解了可以赎买，赎金多少按俘虏的身份有所不同：一般是哨官、峒头等比老人多，老人比青年多，男子比妇女多。

5. 分配

械斗中攻进对方村庄后，首先要烧毁对方为首者和引起事件之当事人的房子，在村内任意抢掠。首先攻进村子者，第一次抢的牛只归己，鸡鹅及一般衣物用具谁抢的归谁；其余一律归公，然后进行分配。铜锣归哨官、峒头所得，牛只首先由哨官、峒头等各分一头，其余由参加械斗者均分；猪少全体共同吃，多了由抢到的人抬回本村共同吃。

6. 负担

请龙公援助及奖励兵头的费用，由各户分担。

7. 和解

没有固定的仪式，番满与什稿地区的和解是由番阳龙公五人主持，在王友凤家杀牛喝酒；龙公说："喝酒以后两村不要再打架，不谈过去的事，后代也不再计较。"然后，龙公及械斗双方在一双箭镞上各砍一刀，双方代表互换酒碗喝酒，各执箭镞一支，并共同送给龙公5头牛，这样便算和解了。也有的是一方希望和解，便请别峒的哨官或峒头为使者，征求对方同意以后，双方各自杀牛喝酒了事。

第四节

黎族习惯法责任形式与纠纷解决原则

一、黎族习惯法的主要责任形式

黎族人讲究有错必纠、有罪必罚；也坚持惩前毖后，治病救人，宽严相济。行为人承担责任的方式可谓是黎人智慧的体现，五花八门，形式多样，有轻有重，其责任形式既有威慑、惩治效力，又有教育改造的功能。

（一）身体制裁

（1）死刑。即剥夺行为者生命的处罚。黎族死刑方式多样，包括勒死、乱刀砍死、火烧、活埋、溺死、乱棍打死、用箭射死、枪击等。

（2）肉刑。即毁坏行为者肢体器官的处罚。所谓“以牙还牙，以眼还眼”，包括割手、挖眼、割耳朵、放脚筋等；但要说明的是黎族人很少采用毁坏人肢体的肉刑。

（3）用蚂蚁咬，用蜜蜂蜇。实际上这种处罚是相当残酷的，被海南的黄蚂蚁咬、毒蜂蜇，异常痛苦，不是一般人所能忍受的。

（4）捆绑吊打。将犯罪人捆绑后吊在树上（梁上）让众人用树条或鞭子抽打。

（5）打板子。即用木板子打犯人的脊背或臀部。

（6）监禁。即将犯罪人抓住关在一定小的空间里，使其失去人身自由。

（二）经济制裁

（1）赎命价。即当事人致人死亡后，经黎族社会里有威望人士出面调解，在被害方家族及其家属同意的情况下，可通过交纳“命价”款来折抵处罚，“命价”一般会罚很多，行为人若赔不起，通常要其家族或整个村峒负连带责任。

（2）罚款。对一般性违犯习惯法的行为，则以罚款为主。① 所罚金钱主要给受害人及其家属。

（3）罚物。包括牛、铜锣、酒、猪、鸡、谷等。这是黎族最常用的处罚。黎族的犯罪人被罚之物一般都是牛、米酒、猪等，受害人在得到赔偿后要给主持调解的头领好处，双方要杀牛、猪等宴请全村峒的人喝酒。

（4）没收田产。

（三）身份制裁

（1）剥夺权利，增加义务。当行为人侵害行为不严重，或者因行为人故意不还债或长期欠债不还，行为人将丧失一般人的部分权利，并增加部分义务，要听债主的话并为其无偿劳动直至还清债务。

（2）增加生活的难度。如不准犯事者在本峒内取水砍柴狩猎，而要去峒外自谋生

① 詹慈编：《黎族合亩制论文选集》，广东省民族研究所 1983 年印行。

计，等等。

（3）断绝亲缘关系。当犯事人的罪行玷污了家族的荣誉或屡教不改，其亲人便会通过举行一定的仪式与犯罪人断绝关系，诸如断绝父子关系等。

（4）开除籍贯、逐出村峒。当全村寨人认为被处罚者继续在村寨或家族有可能使该村寨和家族的声誉受到毁损或不利，那么犯事者将受到完全断绝其生活来源和撵出村寨的处罚。让犯事者孤独一人，自生自灭，听天由命。

（四）耻辱制裁

（1）游街示众或戴枷示众。黎族人当场抓住的现行犯，诸如现行偷盗、抢劫者，除了可能的一顿暴打之外，还会将犯罪人（一般是非本峒人员）捆绑游街示众，让其边走边陈述自己的罪过，且告诫众人不要这样做；或者在犯罪人身上挂某种用以羞辱犯罪人的道具绑在树上示众以引起众人对犯罪行为的认识和公愤，进而“公议”如何处罚。

（2）警告恐吓。通过巫术，借助“鬼”的指示，让鬼显灵，传达鬼要降罪于他，对犯罪者进行威胁恐吓，令其好自为之。

（3）训诫谴责。对小偷小摸、游手好闲、不务正业并不思悔改、不听教诲者，众人或奥雅会在公开场合对其进行谴责训诫，促使其悔过自新，并令其保证不再违犯。

（4）批评教育，对于轻微犯罪或者因为年轻不懂事或偶尔糊涂触犯习惯法，并未造成较大后果的；或者是村峒内各户之间、家庭成员之间、夫妻之间发生的纠纷，由其家长或族长、亩头等对其批评教育，劝其不要再犯。

二、黎族习惯法纠纷解决原则

所谓黎族习惯法纠纷解决原则，是指解决所发生的纠纷、对违法侵权行为人进行处罚时，遵循的基本准则和指导思想。这些原则主要有：

（一）黎族习惯法纠纷解决遵循的原则

1．家族、村峒、民族、利益至上原则

黎族人认为，所有的黎族人都是姐妹兄弟；但是黎族人之间又是有区别的。在黎族当中，按照语言和文化特征的不同，还可以把黎族分为哈、杞、润、赛、美孚5种方言区。尽管黎族的“五黎”之间有着各种区别，但黎族作为一个共同体，作为中华民族的一员，其统一性是主要的。黎族人作为一个整体是十分团结的。对于外来民族的入侵向来同仇敌忾；在保护本民族的利益上，黎族人是很团结的，海南主要有黎族和苗族两个少数民族，黎族是海南本土民族，而苗族是明朝时从广西迁来的；黎族比较排斥苗族人，黎族人从不跟苗族人通婚。但黎族内部各方言之间，各方言内部不同峒落、同峒的不同村寨和各合亩之间又存在着各自的利益，因为这是属于不同家族的，各家族的祖先是不一样的，所以这种利益是不容侵犯的；为了保护各自村峒、家族的利益，保卫自己的疆界，各村峒家族的成员会不惜生命，经常相互大规模械斗；对维护赖以生存的群体利益不作为就要受到严惩，但这往往造成群体与群体之间外部关系的紧张，不利于局部地区安定，但黎族习惯法制裁措施却总能一次次把这些纠纷化于无形。正是由于黎族习惯法纠纷解决机制的调节，才理顺了黎族社会的内部秩序。

2. 连带或责任共担原则

在黎族的械斗和血亲复仇中，同村同峒的黎人之间，自然是“同甘苦共患难的”，同村峒的人共同地报复敌方村峒的所有人（当然女人除外），毁其所有，抢劫一空，责任共担。

另外，亩头对于自己合亩成员行为所负的责任，视血缘关系的亲疏或事件的大小而定。据材料记载，“例如老奔、老出、老斥、家园、家洗，是同一个祖父，如果其中某人因偷盗、放寮或其他原因被别人追究时，除抓当事人外还要抓亩头，即使当事人的父亲尚在，也要抓亩头。但是如果已经分了合亩，则亩头老奔或老奔的父亲就不负责了。同一合亩，但血缘关系较疏的亩头并不对他的行为负责。如果事件重大（如杀人等），则不但亩头而且村头也要负责了。如果排从的任何人犯了杀人之罪，对方要抓人和处罚，均唯村头王文理是问，因他是排从各房中辈分最长者。被罚的款和牛，首先由当事人负担（指田地已分的，田地未分的由合亩负责）然后由合亩其他兄弟帮助，甚至全村帮助。一般情况下，合亩成员出了事不论是否应由亩头负责，出事者都要找亩头商量，亩头有责任帮他想法解决”。① 解决纠纷既是亩头的责任，也是亩头的权力，这也体现了权利与责任的平衡原则。

3. 调解为主、强制为辅原则

如上所述，黎族人更加习惯于自己的“土法”，而自己“土法”与“官法”的一

---

① 广东省编辑组：《黎族社会历史调查》，民族出版社 1986 年版，第 207 页。

个很大区别就在于，土法比较随和，易于大家接受，因为它以使矛盾双方从内心摈弃前仇的“以调解并最终促成双方和解”的方式来解决刑事纠纷，而不似“官法”那么刻板强制——这种方式虽带有权威性但易使双方积怨；所谓“冤家宜解不宜结”，黎族人深知此中道理，黎族人之间各种纠纷，无论大小，大都通过调解的方式达到双方的和解。

这一原则，体现了黎族习惯法责任形式所包含的和解、宽容、妥协的精神。

4. 轻重有别原则

黎族人对违法侵权的处罚并不是“一刀切”，而是根据不同情节区别对待。其“对通奸处理较轻，对盗窃处理较重；对本村人处理较轻，对外村人处理较重；对峒里人处理较轻，对外峒人处理较重”①。此外，也因时间、地点和侵害对象的不同而有所区别；例如，以盗窃为例：在夜里偷盗比在白天偷盗处罚要重，在墓地盗窃比在其他地方盗窃要重，盗窃牛、铜锣要比盗窃其他东西的处罚要重等。

从这个原则我们可以看出：通过轻重有别、具体问题具体分析，也显出黎族习惯法责任承担方式有着自己的道德倾向和价值取向，凡是黎族人最为看重的便惩罚重，其他的则轻罚。

5. 惩治与教化相结合的原则

对于违法侵权的惩治，黎族人不单单靠各种处罚来威吓、惩戒行为人，还十分注重教育挽救。千百年来，黎族人民很注意教育的传承，为防患于未然，他们充分利用民间故事传说和训世歌、道德箴言、峒规村约等多种形式反复告诫、教育黎人从小就要安分守己、热爱劳动、敬老爱幼、从善弃恶、恪守信用、廉洁自爱。如广为流传的故事《猴子屁股为什么红》《牛屎鸟》等都是扬善贬恶，劝导人们向善不为恶。

（二）黎族习惯法纠纷解决机制的特点

在上述原则指导下，经过长期的发展、演变，黎族习惯法纠纷解决机制形成了自身的特点：

1. 一定程度上的刑事责任年龄，平等但怜老恤幼

与汉族以及其他民族不同，黎族男子成年是没有盛大的“冠礼”仪式的。根据调

① 王学萍主编：《中国黎族》，民族出版社 2004 年版，第 112—113 页。

查，黎族成年的标准一般是以玩“隆闺”为标志的，有的也以为是以开始“文身”为标志①。玩“隆闺”也没有硬性的年龄限制，一般黎族女子的家长根据对自己孩子的观察，主观上以为自己的女儿不适合与家人一起住，便在自己家的附近为其建造“隆闺”，以方便成年的男子前来幽会。青年男女玩“隆闺”之后，情投意合，结为夫妻，男的分家与自己妻子独立生活，标志着男女的正式成年。成年便意味着达到了负刑事责任的标准，同时也是某些犯罪成立的必备要件（如已婚妇女放寮罪）。

通过对第二部分的论述，我们知道，由于黎族人的平等观念，黎族人在法律面前可谓是人人平等的；有错必纠，有罪必罚。但黎族人也很懂得保护教育孩子，尤其懂得尊重老人。一般地说，未成年人的犯罪行为，不追究其本人的刑事责任，但严重的，他们的家长将受到村峒的民事处罚。由于黎族人民整个的崇尚勤劳俭朴、互帮互助、和谐相处，所以未成年人在成长过程中受到的深刻影响和众人的监督会让他们遵纪守法，远离犯罪。黎族人一般称老人为“奥雅”，黎族的首领都是“奥雅”。他们德高望重，受人尊敬；老人极少犯罪，即便犯了罪，一般对于上了年纪的老人也不予处罚。

由此，我们可以看出：黎族“刑事”习惯法既严格依法办事又兼顾了“理”，有刚有柔。

2. 同态复仇

黎族的同态复仇，也就是黎族“血族复仇制”源自黎族峒的组织及其要求。黎族的峒组织要求：凡同住一峒的人，都被认为是峒的一个成员，他们都以世代祖先的传统习惯为一切行动的准则。如对峒的疆界的保卫责任，峒内成员间相互援助和保护的义务，特别是受到外峒人欺侮时必须帮助复仇。本峒内成员被其他峒的人伤害，本峒成员须为其报仇，甚至直接引起峒之间的大规模械斗。

据《文献通考·四裔考八》卷三三一，引《桂海虞衡志》记载：“所亲为所杀，后见仇家人及洞中种类，皆擒取以荔枝木械之，要牛、酒、银、瓶乃释，谓之赎命。”《岭外代答》和《诸蕃志》均有类似的记载，当袭自范成大《桂海虞衡志》之说。这种血族复仇现象在20世纪三四十年代的黎族合亩制地区还时有发生。特别是近百年来，哈黎与杞黎之间，无理重罚、械斗比较频繁。虽然这种行为很严重，但却是黎族内部都能接受的，并且发生了复仇行为后，双方都能按照黎族的习惯谈判协商解决，

① 黄仁昌：《人类原始文化的遗痕》，载《民族古籍》1999年第4期。

故而也成为黎族习惯法纠纷解决机制的一项颇具特色的惩罚方法。

黎族人自古认为“杀人偿命”“欠债还钱”“以眼还眼”“以牙还牙”是天经地义的，是无须非议的。对犯罪行为的处罚，既可以是对等的质，也可以是适当的量。对于罪犯，其处罚有时是以另一种侵害行为的方式付诸实施，以犯罪对犯罪，以暴易暴，这也理直气壮，无可非议。

3. 正当反击或正义免责

在传统的黎族社会，行为人为保障和维护自己的合法权益而实施的对非法行为的对抗，即便造成了人命和财产后果，也可以不承担任何受处罚的风险。无论是当场发现侵害行为，还是事后得知，受害方都有权在任何地点、任何时间采取对应或者是过当的方式实施反击，只要黎族人（公众）以为他是正义的，便可以免责。

例如，黎族各峒之间是有明确的疆界的，峒界是神圣不可侵犯的，任何外峒人未经该峒同意，不能越过峒界砍山种植、采藤、伐木和捕鱼，但可以狩猎和放牛。如峒界受到侵犯，全峒的人便予以反击和报复，甚至大规模的械斗。被侵犯的一方认为自己的行为是理所当然正当的，是保卫祖先的利益，可以不问青红皂白冲杀过去将敌方峒内村寨尽毁，东西掠尽，人命（女人除外）也随意伤害——这可以说是正当反击吧。再如已婚女子“放寮”被女方丈夫当场发现，不但可以打骂妻子及其情人，甚至可以当场杀死和妻子放寮的对象，也不为罪，非但不进行赔偿，相反还可以要求处罚自己岳父母家和那个与妻子放寮的对象家财物。还有，若是男方虐待妻子，则女方家长可以到男方家庭闹事，“团吃”，损坏家庭财物，理亏的一方只能忍气吞声、赔礼道歉，在峒中奥雅的主持下协商事后的补偿办法，直至有理的一方满意为止，方才善罢甘休。再有，未落夫家的女子在娘家“放寮”——实际上是与其他人发生性关系而怀孕堕胎的，丈夫知道后有权责备岳父母，甚至说岳父母杀害了他的儿女，可以要求处罚他们——这是正义免责。

4. “土法”先于“官法”，或者说“习惯先于判决”

从西汉武帝于元封元年（前110）在海南设立儋耳、珠崖郡，海南即归于中原王朝治下。然而，由于海南黎族与中原文化在婚姻、饮食、信仰以及生活习惯等方面的习俗有着较大差异，黎族习惯法与“王法”的规定差异颇大；加之历代统治者对海南黎族的治黎策略失当，中原王法在黎区的适用是十分缓慢的，在五指山腹地的生黎地区，直到20世纪50年代丝毫没有过任何外来势力或文化的进入，黎族各部基本都是各峒自治。在这种情况下，黎族人在处理各种纠纷时，更多的还是采用自己的习惯法，由双方的峒长、亩头们聚在一起，公平合理地协商解决。只有当黎族人自己没法解决或者发生了大规模的冲突或者是与其他民族发生纠纷时，才会不得不请政府官员出面，依照“王法”的规定来定夺；即使是依照官法，在很大程度上也得尊重黎族的习惯和风俗。不可否认的是，随着中央政府对海南黎族统治的加强，王法的适应范围也是不断扩大的；但即便如此，黎族人还是愿意先适用自己习惯法来处理纠纷。这与梅因在《古代法》第一章得出的“原始社会是判决先于习惯”的原则是完全不同的。这也体现了黎族习惯法纠纷解决方法对黎族人的重要作用和影响，也是其为什么会有那么强大生命力可以传承至现代的原因。

5. 以补偿代刑罚或以赔代刑

从一定角度上说，黎族人是很善斗的，相互之间的械斗也很频繁，由此引发大量的刑民事纠纷，但不论是杀人命案、伤害、偷盗，还是一般刑事纠纷，黎族人在处理善后事宜时都能冷静下来，并不是一味地“杀人偿命”、简单地以暴易暴，而是大都能实现以民事赔偿来作为最终解决措施。几乎在所有的纠纷解决机制中，都贯彻着经济处罚的方式，黎族人自古以来始终贯穿着以赔为主、以刑为辅的特点，实行“以赔代刑”的方法。这无疑体现了黎族刑事习惯法中重现实、重实际、向前看的特点。

总之，黎族刑事习惯法有着十分独特的原则和鲜明的特点，这些原则与特点的形成无疑与黎族的生活环境关系密切，可以说是深受黎族人独特生活习俗的影响。

第五节

黎族习惯法纠纷解决实例

一、刑事类案例

（一）刑事案例

案例一：约在 20 世纪 30 年代，抱曼村王老翁合亩成员王某唆使同亩的人去偷另一合亩亩众的 1 头牛。事后，牛主请当时的峒长王老魏伯父解决，老魏即召集全峒大会，由失主打锣通知全峒群众集合。会上，峒长老魏先说："大家相信我能解决这件案子吗?"当群众表示完全信任他之后，他才着手处理。最后，王某承认合谋偷了牛。于是峒长便判处王某赔偿失主水牛1头、黄牛2头、铜锣1个和光洋11个，群众表示同意这一判决。假如群众不同意峒长的判决，则可以在会上大呼："不成！不成！"峒长当听到这样的呼声以后，就必须考虑，并重新做出处理，直至群众全部一致同意为止。在案件处理完毕后，被罚者王某还要杀1头牛；而原告牛主则负责供应米酒给全峒群众大喝大吃一顿，峒长个人则得到1条牛腿的报酬。①

案例二：约在20世纪40年代，南冲村王某和一雅袁人同伙偷了抗班村王老爷合亩成员王老电的铜锣。于是，老电便请峒长老魏解决；峒长随即召开大会，主持会议者除老魏外还有他的哥哥，以及雅袁派来的王老衿、王老伦（甲长）、王老压等5人。会议判决偷锣者赔偿失主牛3头和火药枪1支。与会者一致同意这一判决，于是全体高呼："好了，完了！"事后，失主老电送给峒长等5位老人1头小牛做报酬。②

案例三：约在20世纪40年代，抗班村王某偷了王老林妻子的耳环，交给了自己的侄子；因侄子又把耳环送给了一位妇女，这一偷窃案便败露了。为此，峒长王老魏、亩头王老本、王老满、王老人、王老易和王老丙一起，在老满的家里开会解决。他们判决盗窃者赔偿失主牛3头和一些光洋（耳环折价在内）。并且，盗窃者还得置酒肉招待峒长、亩头等老人。③

案例四：美孚族和外族的战争与和谈。新中国成立前，美孚族也常常因为拉牛和欠租、争水和复仇等而发生战争，同样，也可因这些原因和临近的其他支族（宣战与和谈），如侾族等。据史图博描述，1932年8月间七差和重合之间，即发生战争，起因是七差侾族缴不起田租而发生的。侾族租耕美孚族田地耕种而缴不起租，使得松岩美孚人于3月向侾族宣战。7个侾人被打死，4个美孚人也死了，但是侾人宣称胜利而要求和谈。谈判地点在重合村，汉族政府派人差儋州汉商去当调解人。七差村长和两个奥雅作为侾方代表团到重合村开和议会谈。在竹林围着的重合村口，挂着的胜利物品有：3个人的头发、1把刀、1块腰布、弹药带。重合村的男子都在菠萝蜜树下集中着。会议开始时是酒宴仪式。与户人员参加酒宴。几小时后酒宴散了，就一齐到村长家里，坐在宽大而有遮阴的村长家门口廊角下设置好的座位上。村长供给水烟筒给中人和侾族代表团抽烟。重合美孚人也有村长和奥雅组成的代表团。开会时，首先由会议仲裁人汉商讲话。然后，美孚人的村长提出战争赔偿的要求，之后，美孚族村长

①②③ 广东省编辑组：《黎族社会历史调查》，民族出版社1986年版，第58、59、59页。

和他的兄弟，以及两三个奥雅为一方，与傣族代表团一方争论一番。虽争论时间长，但两方都集中注意对方的发言，有耐心，也不激动，有礼貌和有秩序进行。不断抽烟，使会议平静地进行。傣方提出愿意用水牛和米作为赔偿，但数目不大，美孚族一方则要求更多。在谈判过程中，不时听见包围着那所屋子四周的小伙子和妇女们的叫喊声，但也没有影响会议的进行。会议谈了两个小时因没有结果而散会。散会是很有礼貌地打招呼后才离开会场，傣族代表团即一起回自己的村子。①

案例五：以偷牛为例，在美孚族的审判盗牛犯的历史记述中我们可以看出，偷牛犯被捉后即用铁链锁上，被带上村长家。由村长打起挂在他家门口的牛皮大木鼓召众开会审判。审判官们包括奥雅（老人）等人，他们聚集坐在村长房屋后面天井矮板凳上，围成方形，开会讨论。犯人坐在他们附近地面上。审判由早到晚，一直到深夜，第二天还继续。可见做出判决之艰难。审判中他们不仅要询问犯人，还要询问被害人的意见，听取双方家族、村峒、合亩内一些群众的意见。审判时，大家都愿意听对方的语言，并且没有厌倦，谈话活泼，有礼有序地讨论着。最后经过长时间的讨论，做出决定。犯人往往是被处以罚款，但是如果交不出罚款，就会被处死。而且罪犯死后，他的肉还有被吃去的（这是在街站村的说法，当然，今天是不会再发生这种审判方式和吃掉罪犯的肉的了）。②

（二）刑事和解

清末在保亭黎族苗族自治县“合亩制”地区毛枝峒和毛道峒发生械斗时，最终达成和解协议，双方各派出寡妇一人为代表，举行一种传统的和解仪式，黎语叫“蕊岔”。在谈判时，毛道代表带了一个老寡妇，毛枝代表也找一老寡妇作陪。毛道的老妇来到门前时，毛枝老妇站在门内，手托清水一碗，碗内放一个铜钱，门前的旁边，置一个破水缸。毛道老妇从碗内拿出铜钱，抹毛枝老妇的双眼，口念“毛道打死你们的人，你们不要蒙眼，要开开眼，以后好来往，好做亲戚”等语，念毕把钱放回碗中；毛枝老妇再拿出铜钱来抹毛道老妇双眼，口念“毛枝打死你们的人，要你们的牛，你们也不要蒙眼，要开开眼，以后好来往，也可以做亲戚”，念毕把钱交给毛道老妇，毛道老妇把钱丢在背后，接着毛枝老妇把那碗水倒掉，用右手按水缸，口念前语，毛道老妇亦如此做。进屋后两个老妇对坐，中间放鸡、猪、牛肉各一碗，酒两

①② 参见曾昭璇、张永钊、曾宪珊：《海南黎族人类学考察》，华南师范大学地理系2004年3月编印，第219、218页。

碗，毛道老妇倒些酒在地上念“不要蒙眼，毛道人好来毛枝，毛枝人好去毛道，子子孙孙做好亲戚”；毛枝老妇亦如此做。然后毛道老妇撕一些鸡肉丢在地上，再念前语，毛枝老妇也如此做。她们做毕，开始吃酒，那三碗肉只能给两个寡妇吃。谈判，则由代表进行。谈判完毕，双方代表各拿出一支箭并在一起，先由毛道代表在近箭头处砍一刀，再由毛枝代表在近箭头处砍一刀，然后再在另一边的中间各砍一刀，最后折断箭头，表示今后不互相射杀打仗，各执断箭为凭。喝完了酒，毛道代表带牛颈和装水的碗、小水缸回去，到半路把碗和水缸丢掉。①

（三）偷盗罪

案例一：在乐东县三平区番阳乡的合亩中，若本合亩的人有偷盗行为，失者就找偷盗者所在合亩的亩头，要该合亩负责赔偿；如该亩头不理，则与偷盗者一起被抓治罪。在白沙县（编者按：现改属琼中县）什运区毛贵乡的合亩中。亩头对于自己合亩成员行为所负的责任，视血缘关系的亲疏或事件的大小而定。例如在是同一个祖父的合亩中，如果其中某人因偷盗、放寮或其他原因被别人追究时，除抓当事人外，还要抓亩头，即使当事人的父亲尚在，也要抓亩头。同一合亩，但血缘关系较疏的，亩头并不对他的行为负责。但是，如果是事件重大如杀人等，则不但亩头而且村头也要负责。一般情况下，合亩成员出了事，不论是否应由亩头负责，出事者都要找亩头商量，亩头有责任帮他想办法解决。②

案例二：因偷盗被处死的个案：在 20 世纪三四十年代，福关村的黄占笏偷别人的猪、牛、谷物多次，最后盗取他人园地里的包谷时被抓到，村民把他带到乡长黄老崖处，结果被判处杀死。③

案例三：在本村的公有土地上，如有人要想砍山开荒种山栏，在肥沃的土地上，确定开荒土地的面积，并用茅草在树干上打结，标明砍山的范围，别人看见标记，知道此地已有主人，便很自觉地另辟一处。在本村的公有土地上，长出一棵果树苗或其他实用树苗，哪怕只有一尺高谁先用茅草在树干上打结或用刀在树干上砍一个交叉做记号，这棵树长大成材或开花结果，则归打草结或砍交叉做记号的人所有，其他人不

---

①② 广东省编辑组编：《黎族社会历史调查》，民族出版社 1986 版，第 95、207 页。

③ 张跃、周大鸣主编：《黎族——海南五指山市福关村调查》，云南大学出版社 2004 年 7 月出版，第 257—258 页。

得采摘、砍伐，违者按盗窃罪论处。①

案例四：因偷盗引发的械斗：东方市江边乡报英村83岁老人符永对讲述报英村与东河镇玉道村因盗窃引发的一次械斗。约在1921年前后，报英部落“奥迓”“尢”把一头牛给报湾村（今属乐东县山荣村）的朋友“龙”饲养。没过多久，这牛就不见了。“尢”认定是“龙”偷杀吃了，要罚“龙”两头牛。“龙”很冤枉又很焦急，派人暗中查访，得知是本村一个叫“农空”的人偷了卖给冲南村（今属东方市东河镇）的“奥迓”“红”饲养。“尢”派人暗中核实后便出使问罪，冲南村置之不理。报英村便串联江边、江边营、报白3个村，某日集结在离冲南村不足10公里的报白村，然后绕过玉道村，直扑冲南村。报英村联盟几百人马拥入村里，把用的东西都背走，把牲畜都往回赶，可怜的冲南村遭劫如洗。冲南村“奥迓”“红”直奔玉道村“奥迓”家击鼓告急。当着玉道全村人的面，“红”陈述遭劫的情况，要求宗主村设法解救。玉道村当机立断，组织人马在报英联盟人马返回时突遭袭击，他们被挤压在进昌化江。虽然，他们从小在昌化江长大，个个都能泅水过江，人员无一伤亡，但武器及抢到的东西都丢在江里，牲畜全部被拦截，此次行动宣告失败……在三年的战争中，报英（玉龙）联盟与玉道（东方）联盟双方，都有很大伤亡。最后，由于力量对比发生了变化，且多面受敌，资源消耗严重，玉道村终被玉龙村打败。玉龙村报去领赏的耳朵有200只，报英村赏给他们200多头牛。后来才知道玉龙村每打死一人，都割去两只耳朵领赏了，也就是说在这场部落械斗中，玉道村至少有100多人被打死。战后，作为战争赔偿，玉道村将其拥有的一段昌化江河道割让给玉龙村，“尢”也从冲南村追回那被偷的牛只。②

二、民商事案例

（一）物权

案例一：抗班村王老满说：“如果甲峒的人必须越界到乙峒开垦荒地，越界开垦者就要先请本峒峒长送猪肉和酒给对方的峒长，由两位峒长一起喝酒商量此事；待对方峒长征得全峒亩头的同意后，才允许越界开荒，但多以一年为期，如第二年再欲越

① 王学萍主编：《中国黎族》，民族出版社2004年版，第111页。

② 符兴恩：《黎族·美孚方言》，香港银河出版社2007年1月出版，第118—120页。

界垦地，则仍需按上述过程，征询对方峒长的意见。据老满说，大约在60年前，王老魏的祖父任峒长时，毛枝峒有人想来毛道峒开荒，便请毛枝峒长挑着1缸酒和1口约二三十斤重的猪，送给王老魏祖父。于是，老魏的祖父便约请两峒的亩头一起喝酒。最后，他们商量决定，同意这位毛枝人来毛道峒开荒，但种植一年后，即回毛枝去。"①

案例二：典押价格。一般相当于出售价格的1/2～2/3个别典价也有几乎和卖价相同的。如空套村陈开先父亲出典0.5亩田的典价，是水牛、黄牛各1头，该田的卖价是2头水牛。又据在抱隆村的调查，田地典押的价格大约是2头水牛和5个光洋，中等田2亩值1头牛和5个光洋；但若典押者有急需时，就可能低于一般的典价，即2亩上等田是2头水牛，2亩中等田是1头水牛。赎典物都以原典价赎回，不论年限长短，一概无息。如空透村各于新中国成立前，以1头牛的代价，将1.6亩田典给才花村的曹提方，新中国成立后，仍以1头牛赎回。

在典押关系成立后，双方还要割竹为凭：即用一寸宽五寸长的竹片一块，把典押价格用钩刀割划于其上（如典价为2头牛，即刻二划），然后由当事人的某一方将竹片一劈为二，由出典人与受典人各执一半为据。日后赎典时，便以此为凭。出典人归还典价后，就收回出典物；同时，当场焚烧竹片，典押关系即结束。典押也可演变为买卖，如出典人在出典期间，要把出典物卖断，经受典人同意后，双方协商，由受典人再给买主一些牛或光洋，土地所有权就属于受典人了。

上述双方都遵守约定的典押关系，个别人有过违约的。如抱隆村王老易得祖父曾将6亩田以1头牛的代价，典给洪吐村的人，王老易祖父毁，王老易父亲想赎田，但那人却说王老易祖父已将此卖断，拒不让赎回；不过，这种情况是很少见的。"借贷"和"典押"在近数十年来较为普遍。②

（二）债权

案例一：因欠债而变为"龙仔"的案例：福关村民黄老兴，新中国建立前曾向"亩头"黄老苦借了一头牛，后因这头牛被盗，被加罚2头牛。后又因老父亲死亡及无辜被大"奥雅"黄老关处罚，一共欠黄老苦5头牛。此外，他还向他人借了5拇（两拇约合382.5市斤）粮食。几年后，利上加利，黄老兴把自己田产卖光，仍还不清债。最

①② 广东省编辑组：《黎族社会历史调查》，民族出版社1986年版，第158、156页。

后被迫拜黄老苦为“龙公”，帮他做工，3 年后海南解放了，这才摆脱束缚。①

案例二：合亩内的借贷，有两种情况：第一，在合亩内的旁系亲属之间的借贷，一般与合亩外的借贷相同，即借一还二。在盖章村王老捆做亩头时，合亩内的王老陆向堂侄王老识借稻谷一对（一对 =6 攒），王老捅也向堂侄王老识借稻谷一对。同年，王老陆、王老撕的堂侄王老乙，向王老撕借稻谷 6 把，同年还 12 把。据说，如果当年不还，第二年则利上加利。据王老恒说，王老陆做亩头时，合亩的王老晚曾向他的妻子借光洋 1 个，折稻谷 24 把，几年未还清，到最后以黄牛 1 头偿还。有些合亩内旁系亲属之间的借贷属于帮助性质，也不偿还。在新中国成立前，盖章村王老捆合亩的王老桶，曾向堂兄王老捆借稻谷 18 把。新中国成立后，王老恒合亩的王老吓曾向堂兄王老光借稻谷 1 斗；王老欧曾向侄子王忠仁借稻谷 36 把，都没有偿还。第二，合亩内直系亲属之间的借贷，完全是互助的性质，往往借了不还。②

案例三：黎人如有事故，与汉人借贷，一千本，二千利；或借与钱百文，折放谷子一称，亦是一本二利。春借冬还，或遇岁数大不能全还，将利作本生利，来冬再还。乐安汛属有一寡妇，借钱二千八百文与黎人，陆续共计还钱四百八十余千，尚不能完数。故黎人借汉人债，实为一家之累。③

案例四：据王老洪说，在王老木的祖父王老报做亩头时，对某些困难户，合亩有特殊的照顾。如王老报合亩中的王老报、王老未、王老巴、王老棒等四人，他们由于生病向南冲村王供猜各借牛一头祭鬼。所借的每头牛，每年支付利息谷 1 拇，他们无力支付。因此，合亩在分配产品时，就先留出稻谷 4 拇，代他们四人支付牛租。④

案例五：王老排多病，多杀了一头共有牛做鬼；王老排在乐东买盐时不按时还款，被罚牛 1 头和光洋 6 个；王老排的儿子偷了崖县汉商的手捻小刀，被罚牛 3 头。这些都是用共有牛或出卖共有田款偿还的。⑤

（三）继承

案例一：历史上也确有女性继承峒长身份的案例：“宜人王氏年老无子，嘉定九

① 张跃、周大鸣主编：《黎族——海南五指山市福关村调查》，云南大学出版社 2004 年 7 月版，第 247 页。

②④⑤ 广东省编辑组：《黎族社会历史调查》，民族出版社 1986 年版，第 122、121、111 页。

③ 海南省民族学会编、王献军主编：《黎族藏书 方志部》卷一，海南出版社 2009 年 11 月版，第 715 页。

年五月，诏宜人王氏女姜氏袭封，统领三十六峒。”①

“王二娘者，黎之酋也，夫之名不闻，家饶于财，善用其众力，能制服群黎，朝廷赐封宜人。琼管有令于黎峒，下王宜人，无不帖然。二娘死，女亦能继其业。”②

案例二：农具的继承，如什守村王老牢死时无子，什守村王老忙死后，耕牛 1 头由他的儿子王文启继承，而镰刀、小铲按习惯由其妻带回娘家。如果父死时儿子年幼，农具便在近亲中进行分配，什守村王老忙死时，儿子尚小农具便由他的弟弟使用，二弟王老洪分得犁、耙锄头各一把，小铲、镰刀按习惯由其妻带回娘家。③

三、婚姻家庭案例

（一）结婚

案例一：黄荷群，女，85 岁（其爱人黄老笔，86 岁），身体健康，耳聪目明。荷群六七岁时从福利（距福关七公里）嫁过来。当时是由男方的父母和叔婶带着一块蓝布（约五六尺，能够做一件衬衫）和一块光洋，到女方家提亲，荷群那时很小，没有见过男方模样，只能由父母做主。提亲后不久，就择日结婚。如果碰到白事（一方有白事）要延长一年。男方送给女方 1 头牛和 25 块光洋，迎娶的人有十多人（父母、兄弟、姐妹等），上午到女方家，杀猪，喝酒，唱歌，下午撤回。新郎穿一套黑衣服，戴十几副银项圈；新娘上穿黑衣，下着艳丽的筒裙，佩戴银项圈、耳环、手镯，包头巾，如果碰到村里有不正常死亡的人或是喝醉酒的人，就要在村口搞个仪式：由一个会搞宗教仪式的老人，右手拿一把砍刀，刀把往地下戳，左手拿一个臭蛋（未孵出小鸡的蛋），一块似红领巾的红布，挂在脖子上（如果是不正常死亡的，如被枪打死的，要拿粉枪、鸡蛋、红布；如果是上吊死的，要拿绳子、鸡蛋、红布），如果鸡蛋不行，要用小鸡，如果手上什么东西都没有，情急之下可用小石头替代，口中念咒语。仪式完后，在村后新娘换一套新衣服，一行人便可以进村了。晚上杀猪、喝酒、唱歌直至天明。婚后第四天，由夫家的妹妹送回娘家，拿上一小坛 biang 酒（糯米酒）小腰篓的米回娘家，住一个月，由夫家的弟弟接回，娘家也回赠酒和米。

---

① ［元］脱脱帖木儿：《宋史·蛮夷三》卷四九五，中华书局 1974 年版，2377 页。

② ［宋］周去非：《岭外代答》卷二，《海外黎蛮》，广陵书社 2003 年版，第 7 页。

③ 广东省编辑组：《黎族社会历史调查》，民族出版社 1986 年版，第 123 页。

刚嫁过来时，女方一个人住隆闺，丈夫和父母一起住，一直到十多岁才跟丈夫住在一起，当时没有搞成人仪式。生了7个孩子，三男四女，都是由村里的接生婆接生。生孩子时门口挂一条龙眼枝，四天不许生人进门。如果娘家人来，留下所穿衣服或头巾，不留衣服，对孩子不吉利。如果有钱，留钱也行。过一个星期，来看孩子时，再把头巾或衣服取回。①

案例二：如果两个村落祖辈们因争抢女子发生过械斗或仇杀，其子孙后代一般都忌讳联姻。如保亭黎族苗族自治县加茂镇毛林村1队的陈姓不与2队的黄姓通婚，因为陈、黄两姓的祖先，因争附近村一女子为妻而发生谋杀事件，两姓祖先订下规矩：陈、黄两姓永不通婚，违约者罚吃青草。如果陈、黄两姓青年谈恋爱被人发现，村中长者去摘一把青草强迫两人吃，或者叫两人像牛一样爬着去啃青草，啃完青草后两人必须分手，不得继续谈恋爱，几百年来，陈、黄两姓从未有人敢通婚。

据说黄姓的祖先明公，明洪武年间从福建迁来……明公生了6个儿子，长子长大后看上石弄村一女子，女子很喜欢他，同时毛林村陈姓一男子也看上此女子。有一天明公发现长子两天未归，便到石弄村女子家找儿子，女子的母亲说："两天前他来我家，天正好下大雨，雨水把他的衣服淋湿，当时陈姓的男子也来，他看见你儿子后对他说，山上有一窝小山猪我们一起去抓吧。他俩便走了。"明公去陈家找人，责问陈家儿子："你和我儿子去山上抓山猪，山猪在哪里？"陈姓男子看见再也无法掩盖事情的真相，便道出实情，陈姓男子也爱上石弄村女子，女子并不爱他，女子喜欢黄姓男子。陈姓男子看见黄姓男子也去找石弄村女子，便怀恨在心，借着天下大雨，便骗黄姓男子去山上抓小山猪，把黄姓男子害死，用脚把黄姓男子踩进深水田里埋起来。人死不能复活，杀人者偿命。明公提出陈姓需用7条人命来抵偿。7条人命太多，陈姓无法接受，经陈姓协商，以一半村址的土地割给明公作为赔偿。明公一家便搬来现在的毛林村定居，两姓住地种刺竹隔开，从此结拜兄弟，互不通婚。②

（二）离婚

如女方提出离婚，要赔偿双倍礼金。离婚手续是由男女双方家长请村头、保甲长、团董等人主持做证，撕块黑布各执一半为凭。如番满村王老担的姑母，原嫁毛准村人，但不愿返夫家，要求离婚；由其父携一铜锣，到毛准村和亲家商量，双方同意离

---

①② 本书编写组：《黎族田野调查》，海南省民族学会2006年7月编印，第85—86、37—42页。

婚后，请什益村王友风、新村王德福、番满村王益东等主持，言明双方同意离婚，日后不得追究，即撕布为凭。男方提出离婚，一般是按结婚时的礼金，再付一次给女方，才能离婚。①

① 本书编写组:《黎族田野调查》，海南省民族学会2006年7月编印，第207页。

土家族法制史

TUJIAZU FAZHISHI

序 言

据全国第五次人口普查，土家族有人口802.81万人，主要分布在祖国中部的湘鄂渝黔四省市的毗邻地带，属武陵山区及其邻近地区。

土家族是个古老、勤奋、勇敢的民族，他们为争取生存、发展的权利，曾长期进行反对封建压迫的斗争。土家族人民在与自然、社会和各种邪恶势力的较量中，在严酷的生存竞争中，寻觅着公平、正义，土家族的习惯法就是其民族为生存、发展，为权利而选择的、伟大的创造发明。这是人类社会法制进程中的社会根基，至今在民间仍发挥着一定的作用。

土家族法制史与中华法系血脉相连，是中国法制史不可缺少的有机组成部分。然而，由于多方面的原因，在我国法制史的研究中对少数民族法制史的研究是不充分的，对土家族法制史的研究更是涉猎不多，为了弥补这一缺失，我国法制史专家、资深教授张晋藩，首创提出的“中国少数民族法制史”社会科学规划课题的研究，为土家族法制史的研究提供了契机。在我国建设社会主义法制国家的过程中，能把土家族法制的历史和法律文化，打开一个窗口，建设一个平台，以聚焦的方式，进行理性地分析、探讨，确实是难能可贵的事情。书中同时还对历代中央封建统治者对土家族地区的法制管理方式，进行梳理、整合，以深入地剖析在历史的长河中，中央政府对少数民族地区制度的关怀和规范管理的策略，弘扬这种有中国特色的民族法制传统，也是本课题研究的目的。

研究土家族法制的历史，不仅是解读土家族法制产生、演变、发展的历程，更是全面了解土家族人们的心理行为方式、价值观念、民族性格及其对祖国的热爱的品德，对民族学的研究也是一大贡献。

土家族法制史，是依存于中华帝国的大社会、大背景的前提之下，因而每个阶段都与中华法系紧密相连，与其他民族有共同性的一面；但是土家族生存的自然地理环境，社会发展的程度，其民族的结构、性格都有其特殊性，其法制史也必然有其特殊性的一面。土家族法制史既没有离开共性，又凸显其个性、特殊性的一面，是该书成功之处。

土家族法制史顺应依法治国、建设社会主义法治国家的要求，在科学发展观的指导下，结合各个发展阶段法制的历史背景、不同特点与土家族社会法制之间的关系进行探讨，并大量吸收了对土家族研究的成果，运用历史辨证法、人类社会学、法文化学、民族学的理论，进行了较深入的研究，形成“土家族法制史”这一理论成果，无论对充实中华法系，还是对当今的民族法制的建设，对土家族法制的发展，都有深远而重大的意义。

王德靖（原湖南省民委主任）

前　言

土家族是我国少数民族之一。人口有802．81万人（据2000年全国第四次全国人口普查统计），主要分布于荆楚、巴楚、黔楚区域，即今湖南西北部、湖北西南、重庆东南、贵州东北部的区域。土家族的语言属汉藏语系藏缅语族中的一种独立语言。

在漫长的历史发展过程中，勤劳智慧的土家族人民不仅创造了丰富多彩的物质文化，也有悠久灿烂的精神文化，包括独特的法律文化。

我国历史上历代封建王朝长期实行以中原、汉族地区为核心直辖于中央的、严密的行政管理体制，对边远少数民族地区的管理，则实行松散的、间接的管理方法，通过对当地民族头领进行管理的体制，这种体制是多元、多层次的行政管理方式，有的学者称其为二元管理体制。其上古时期我国被划分为五个行政区域，即史称的“五服区”。《史记·周本记》记载：“夫先王之制，邦内甸服，邦外候服，候卫宾服，蛮夷要服，戎翟荒服。”土家族区域被划为“要服”区域。秦始皇统一中国后，在土家族即巴人区设巴郡、黔中郡、南郡至汉改为武陵郡。中古时期土家族地区是“藩属”之地，其含义是附属之国，故土家族地区有较多独立自主的行政权力。

唐宋王朝对土家族地区实行怀柔的“羁縻”制度，行政建制虽是郡县制，但实质仍是地方的土官制即“土司”管理，近似以自治管理。元朝至雍正年间，在460余年的历史长河中实施的是土司制度，即封建王朝通过土家族民族领袖，对其实行间接管理。从中可以看到，在土家族地区所实行的是二元、多层次的管理体制，故土家族地区长期以来多种法律制度并行不悖。

土家族既有上层国家法律制度的实施，以确保国家的统一，又有地方土家族头领所制定和实施的、封建领主的法规，还有民间在长期生产、生活实践中形成的禁忌、习惯法等。

国家制度的更替、变迁决定着土家族法制历史的流变，土家族的地区的法制也经历了五个阶段的演变。

一是唐五代至宋朝时期，封建王朝在土家族地区实施“羁縻制度”，统一地方政权后形成全民族比较统一的土家族语言，统一的梯玛法事，统一的“赶仗”（狩猎）方式和习惯法等。

二是元明时期，元朝对南方少数民族的治理，有了新的发展，建立了土司制度，始设各级土司官职。明朝时期是土司制度发展的鼎盛时期，受封的各级土司皆为世袭。在土司政权统治下，随州封建统治阶级的各种需要土家族的土司法和习惯法也在原有基础上得到改革、发展。

三是清雍正年间，在土家族地区实行“改土归流”废除土司制度，清在改革土司陋规之际，对土家族许多原始习惯法进行废除，又逐步融入有封建意识的风俗习惯。

四是在民国时期，随着新思想、新文化、新风气的传播，土家族吸取了许多汉文化的优点，其法制逐步演变为有近代法文化的内容。

五是中华人民共和国成立后，消除了封建迷信色彩的风俗习惯，废除了封建领主经济及制度，使其演变为现代法律制度。

土家族法制虽经历史上数个朝代的演变，在土家族聚集的地区仍较完整地保持着土家族语言和传统的习惯法。其中除服饰变化较大外，生产、婚嫁、生育、节日、丧葬和各种禁忌等方面传统习俗和文化活动中，仍表现得十分突出。土家族法制文化中其核心价值还在延续。他们追求的公平、正义，至今在土家族人们心目中、土家族习惯法中仍有充分的体现。

以往对法文化的研究其着力点大多是成文的法律、法规和典籍，但是法文化有多种多样的存在形式，特别是远离统治中心的土家族区域，古属“武陵”、“五溪”之地，古风遗韵浓厚，有原生态的特点，其法文化存在于民俗、民风、歌谣、歌舞等众多的文学、艺术之中；存在于民族意识、民族心理和民族精神之中。土家族法制史借助于大量原始资料，参阅已有的科研成果，提炼、概括出土家族特有的传统法文化精粹。

同时，我们应特别注意对法文化器物遗存的发掘、保护和利用，如元明清时期的土司遗迹，如首八峒、老土司城及应有关的墓碑石刻十分丰富。据2002年湖南文物考古队在里耶发现龙山文化遗址，里耶位于武陵山区、湘鄂渝黔四省（市）的里耶古城，隶属土家族苗族自治州龙山县，“里耶”为土家语，意为被开发的地方。这里先后战国、西汉、东汉古城各一座，是旧石器时代的文化遗址。出土竹、木秦简三万六千枚秦简，刻有10余万字的古篆书、古隶书的惊世发现，刻记了2200多年前，秦朝从纪年至秦二世元年的官署档案文书，内容涉及政治经济文化，记录详细到年月日，堪称国宝。对于秦代及秦国时期的秦、楚、巴之间的关系，秦与西南少数民族历史的研究弥足珍贵，还发现各类印章及青铜器、铁器、玉器等等，是中华民族璀璨的文化遗产。2002年国务院将里耶古城遗址列为全国重点文物保护单位。

还有五代后晋时期的“溪州铜柱及其铭文”，是我国和土家族古代法文化的器物遗存，是极其珍贵的法律实物见证，蕴含巨大的学术价值。

土家族法制史和中华法系血脉相连，与其他民族有相同方面，但土家族生存的自然地理环境，社会发展的进程，其民族的结构、性格，都有其特殊性，其法制史也必然有其特殊性。土家族法制史既没有离开共性，又凸显其个性，是该课题研究的重点。

导 论

科学研究是建立在实事求是、尊重历史史实基础之上的。土家族法制史研究和写作的宗旨，是以唯物辩证史观为指导，以土家族法制的历史史实为基础，以历史发展进程为主轴的法制历史。其法制的发展、演变是客观存在的历史现象，唯物史观是尊重历史史实，按照土家族法制历史的本来面貌，揭示其真相，提供历史经验，探寻规律，这既是该书的指导思想，也是写作过程的第一要务。同时土家族法制的发展过程也不是简单、直线式的，而是复杂曲折迂回的，在继承中不断发展的，是多种条件和各种因素相互作用和影响的结果。本着以辩证思维的方法，进行从现象到本质、从抽象上升到具体，遵循历史和逻辑的统一规律，力求揭示其法制历史的真谛。

土家族法制史研究的对象和主要内容：

一、土家族法制史研究的对象

土家族是生活于荆楚、巴楚、黔楚之域的少数民族，独特的高山流水生态环境和社会文化生态，孕育了土家族独特的法文化精神。

土家族法制史是研究土家族法制产生、发展、演变的历史。但是土家族法制的历史不是孤立的社会现象，对它的研究，既不能脱离人类社会和中国历史的长河，也不能仅仅局限于土家族区域法制的历史，因为土家族法制是中华法系的有机组成部分，它与中华法系血脉相连，与中华法系有着源远流长的关系。因此土家族法制史的产生、流变，必须放在中华法系的大背景下进行研究，既有其相通的普遍性，更有其特殊性。土家族法制史重点对其法制特殊性的一面，在中华法系大背景的视野中，逐一展开研究；土家族法制产生于土家族社会生活实践中，土家族法制是土家族人民理性的追求和创造；其内容是丰富多彩、光辉夺目的；既有土家族社会的禁忌、习惯法、宗族法，封建领主法规，又有国家制度的成文法律。

在我国历史上，历代封建王朝曾长期实行以中原、汉族地区为核心的、直辖于中央的、严密的行政管理体制，对周边少数民族地区的行政管理，则实行松散的、间接的管理，即通过当地的民族头领进行间接管理的体制。我国历史上的这种行政管理体制，有的学者称为二元管理体制，或称为多元、多层次的行政管理方式。在上古时期我国行政的区域，被划分为五个区域，即历史所称的“五服”区；“夫先王之制，邦内甸服，邦外侯服，侯卫宾服，蛮夷要服，戎翟荒服。”① 这五个层次的管理区，其管理方式有所不同。土家族地区被视为“要服”区域。秦统一中国后，在原巴人地区设巴郡、黔中郡、南郡，汉改为武陵郡。中古时期土家族地区是“藩属”之地，“藩属”的含义是附属之国，使土家族地区有较多独立自主的权利。

唐宋王朝对土家族地区政治上实行怀柔的“羁縻”制度，行政建制是郡县制，实行土官体制。元朝至清雍正年间，在460余年的历史长河中，实施的是土司制度，即封建王朝通过其民族首领，实行间接管理。从中可以看到，在土家族地区所实施的政治管理制度，是二元、多层次的结构，多种法律制度并行不悖；既有上层国家法律制度的实施，以确保国家的统一，又有地方土家族头领所实施的、封建领主的法规，还有民间通行的禁忌习惯法。

国家制度的更替、变迁，决定着土家族的法制历史的流变，社会制度的更替是不断进行着的，但土家族精神和心理层面的习惯法、价值追求是很难改变的，在土家族族群社会生活中，本土的禁忌、习惯法得到群众广泛的信仰，这种法律在社会中是活生生的，正如法国伯尔曼所说“法律必须被信仰，否则它形同虚设。”② 其习惯法对维护社会秩序和调节纠纷，起着不可替代的作用。土家族地区这种既隶属中央的体制制度，又有较大独立性的地方民族法律制度，这两种制度和多元法文化之间，存在着同向和博弈的复杂关系，这种复杂关系，铸造成独特的土家族法律制度和法文化现象，它贯穿于土家族法制史的发生、发展、流变的全过程中。

---

① 《史记·周本记》

② 〔法〕伯尔曼：《法律与宗教》，梁志平译，中国政法大学出版社2003年版，第3页。

二、土家族法制史一书的结构和主要内容

土家族法制史的形成，有其特定的自然、社会和文化的生成机制，与其自然、社会与政治体制之间都有纵横交错的关系。土家族法制史是这些关系的综合体。本部分内容是以历史纵向发展过程为主轴，结合横向的内容和专题，涉及有关事件的各个主要方面，分别进行阐述。这部分内容由五个部分，共十五章构成。

第一部分，包括三章，第一、二章是对土家族地区的自然、生态环境、土家族的族源、族称、民族形成及其社会历史发展进行概况性的阐述，是其民族及其法制生存发展的前提和基础。这部分还包括土家族的族称、族源及演变的历史状况，其法制生成所依赖的社会政治、经济、文化生态等独特的条件。这片神奇的大地，是孕育其特殊法制的沃土。第三章是从土家族法制历史发展的进程中，通过比较、分析的方法，归纳出土家族法制的主要特征，既有其民族法制的一般特征，也有习惯法及各个阶段法制发展的特征。从其法制的特殊性中探寻其普遍性。

第二部分，包括第四章、第五章，是土家族早期的禁忌和习惯法，尽管成文法很少，但这些史实说明，法律决不是国家出现以后才有的社会现象。中外人类学研究的共同结论是，自有人类群体出现，凡是有人群的地方，就有法律现象存在，土家族习惯法的历史史实，也说明法律并非是国家和阶级出现以后才有的现象。人类学家的研究证明，法律像空气和水一样，对于人类族群的生活是不可分离的。著名的法国人类学家霍贝尔认为：法律无法从全部人类行为方式中截然分割开来，法与人类社会共始终。从土家族禁忌与习惯法的历史中，都可以证明这是千真万确的真理。

禁忌和习惯法，是人类社会法文化的胚胎和基因，是土家族法制史生成的基础，它最集中地体现土家族的价值追求，是其族群在生存发展中，为调节自然和社会关系，维持社会稳定，惩罚罪恶而创造的行为准则。是被其成员共同认可的、共同遵守的、已经形成的自然的行为和习惯。这种习惯尽管已成为历史和传统，但仍有其继承性和延续性，有一些习惯至今还鲜活地存在着，其民族精神长期影响着土家族群体和社会生活。

土家族生活在中国的中部，是中原与西南的必经通道，因而接受汉文化较多，习惯法和中华法文化存在着共性、普遍性，中华法制受儒家文化的影响，以儒家的礼法相融贯穿其中。因此土家族习惯法中也有很多儒家伦理因素。黑格尔在他的历史哲学

中指出："在中国，道德构成了法律的内容。"①。历史发展的实践证明，正确处理法律与道德的关系，无论过去或当下都有非常重要的意义。

在第四、五这两章中，比较详细地记述其民族禁忌、经济生活及群体活动中的习惯法。如在经济关系、宗族关系、婚姻继承与自然环境的关系等等方面的有关内容和作用，体现了土家族丰厚的法文化土壤和智慧。

第三部分，遵循历史发展进程，第六、第七章，从秦汉至唐宋时期，封建王朝对土家族实施的政治制度、行政管理的"羁縻"州、郡县制度的建立，为此所设置的、特殊土官制的政策等方面历史，从理念到制度都在博弈中进行。

第四部分，从第九章至第十三章，是始于元代的土司制度成为一代之治，明朝对土司管理制度的加强，使其制度得到完善和发展。至清雍正五年"改土归流"，土司制度覆亡。在这400多年的历史变迁中，充满着各种制度和力量的反复较量，是跌宕起伏的历史，回顾过去的历史经验，对当下的民族法制建设，是有现实意义的。

本部分内容对元、明、清三代，中央王朝对各土司的征服和治理，土司与中央王朝的关系，土家族区域土司制度的设置、流变的历史进行了梳理。对土司制度的社会性质、历史作用及在该地区的特殊性，运用史与论相结合的方法进行辨析，从中总结出历代中央王朝对土家族地区的行政管理方式的深化和变革，以及怎样处理好法律与民族、法律与政治、法律与经济、法律与军事等诸种关系，处理好这诸种关系，是实现国家行政管理和达到所需目的的重要途径。

特别值得注意的，是始于元朝的土司制度的历史背景中，震撼社会和法律界心灵的事件，是五代十国、后晋天福四年（939）在土家族地区曾经历了"溪州之战"和"溪州铜柱"的竖立②，重大历史事件的发生。土家族的首领彭士愁，率万余人展开与楚国争夺地盘之战，战后楚王马希范与其首领结盟明誓，缔结契约，并于天福五年（940）年，在溪州（今古丈会溪冲）用铜5000余斤，铸铜立柱，刻铭文，历史上称为"溪州之战"和"溪州铜柱"。据考，中国古代铜柱共有八根，至今这是唯一保存完好、铭文字数最多的一根，十分宝贵。③ 1961年被国务院列为我国首批重点文物保护单位。

溪州铜柱及铭文之所以震撼人心，是因为它铸造了法律的辉煌，历经千余年，至

---

① 〔德〕黑格尔：《历史哲学》，商务印书馆1963年第1版，第209页。

② 详见本书第八章。

③ 彭武文：《溪州铜柱及其铭文考辨》，岳麓书社1994年第1版，第156页。

今仍闪耀着法的理性光辉。

一是溪州铜柱及铭文从时间上看，发生在“五代十国”时期，其年代距今已经有一千多年之遥，从地理位置看，发生在远离京城的蛮荒之地，是土家族先民生活的区域，当时的文化生态并不很发达。

二是该铭文的内容，难能可贵是首次以铭文的形式记载了土家族的制度史，并制定了具有契约性质的法律文书，这是非常难能可贵的；不仅有成熟的法律规范，还含有政治、经济、军事、民事及如何处理民族关系的法律，这些丰富的内容，是超越那个时代的法律思想的结晶，至今闪烁着理性智慧的光芒。

三是其铭文中诸多法律规范条约，已具备近现代法律所必须有的构成要件。

四是铜柱及其铭文十分珍贵，是研究相关历史的实物见证，是我国古代法文化的瑰宝，充分体现了事件主导者的法律智慧，具有相当高的科研价值。它所起的历史作用影响深远，对当时的统治者及历代统治者的民族政策，起着重要的先导作用。元代继承和发展了历代对南方民族地区的“羁縻”政策，选择和确立实施土司制度，溪州之战及其历史教训，也是历史渊源之一。

研究土家族历史的学术界中，有观点认为：“湘西的土司制度起于五代，发于两宋，成于元，兴于明。”① 其史实根据就是溪州铜柱铭文中，记述“只要溪方归明王化，授予彭士愁溪州刺史官衔，世袭相传，允许对其管辖区域进行自治管理”。② 为后来土家族地区八百年的社会稳定和土司制度的推行奠定了基础。

本部分内容第八章辟专题对“溪州铜柱及铭文的法律思想”进行探索性研究。其丰富的法律思想宝库，还有待有志之士进一步深入挖掘。

第五部分，第十四至第十五章，是清于雍正五年（1727）至十三年（1735），先后在土家族地区实行改土归流。改土归流是对土家族政治、经济、文化制度的一次根本性的深刻变革。享有各种政治、经济特权的土司，并不甘心放弃自己的特权，在土家族地区，改土归流的过程不是一帆风顺，是归附与反归附反复较量的过程。在这个过程中，寻觅制度变迁对土家族地区产生的深刻影响。改土归流使延续了460多年的土司制度被废除，纳入了全国统一的中央政治、经济、法律制度体系中。彻底改变了该地区的封建农奴领主制，是对其社会制度和秩序的根本变革与重构，以流官取代土官，以郡县制取代土司的世袭制，以统一的法制代替各封建割据的法律，以开放边区

① 龙先琼：《政治秩序变动与区域社会生活变迁》，载《吉首大学学报》2009年第1期。

② 见本书附《溪州铜柱铭文实录》原文。

代替原“汉不入境，蛮不出峒”的法律制约，以统一的里甲制取代土司的旗长制，制度的变迁促进了该地区社会政治、经济、文化的快速发展，是符合社会生产力发展要求的。

这里还特别需要说明的是，第十五章的专题论述，“土家族人民反帝、反封建的斗争”，这似乎有与“土家族法制史”课题的题外话之嫌。但是作者认为，该章仍然是土家族法制史史实的有机组成部分。因为土家族人民反帝、反封建的多次起义和斗争，是为了实现社会的公平和正义，是为了生存和发展的权利，理应是法制史内容的一部分。

法制的精神实质、核心和精髓是什么？是对正义、人权的追求，法律与正义可以说是同一语义的两个方面，两者存在着相融、相交的关系，法律源于对正义的追求，法律立足于正义，正义是法律所追求的目标和最高境界。法律脱离正义就是恶法，正义脱离法律，正义就失去了载体。两者是相辅相成的关系。正义的对立面是邪恶，正义是为了实现社会公正。

土家族群体为了追求正义，反抗外国势力的入侵和反抗封建统治者的残酷剥削和压迫，争取自身的权利，不畏强暴，进行了不屈不挠的斗争。这些内容理所当然属于土家族法制史的内容。

在明嘉靖年间（1525—1566），国家政治腐败，防务废弛，倭寇乘机侵略我国东南沿海地区，北至辽东，南至福建、广东沿海，无不遭受倭寇蹂躏，但是朝廷将领昏庸无能，士气低落，缺乏战斗力，战斗中溃不成军。沿海各族人民的生命财产受到严重威胁。在民族危机之时，土家族人民奔赴抗倭前线，土家族地区永顺、保靖等地的土官、土兵于嘉靖三十三年（1554），先后组织土兵万余人，奔赴苏州、松江英勇抗击倭寇。于嘉靖三十四年（1555），在常熟、嘉兴、宁波、奉化一带，连战皆捷，屡建奇功，倭寇闻之丧胆，特别是同年5月永保士兵与汉军协同一举歼灭近两千人，立下赫赫战功，被朝廷封为“东南战功第一”。嘉靖三十七年（1558），土司彭志显率六千土兵，不怕牺牲，英勇战斗，在舟山取得大捷。以土家族土兵为主的抗击倭寇侵略的战争，沉重打击了倭寇的嚣张气焰，成为名震中外的劲旅。土家族土兵为抗倭、保卫国家领土和海疆安全，谱写了辉煌的篇章，做出了重大贡献。土家族抗倭之所以战功显赫，与其严格的组织纪律性、为伸张正义而战的旺盛斗志是分不开的，也与其一贯建有民间的神兵组织有关。

土家族人民为了与反抗封建统治的残酷压迫和剥削，组建民间的“神兵”。其神兵虽然是民间的军事组织，但有极其严密的机构、入会程序、宗旨章程和行为规范。他们为生存而聚义，为权利而斗争，为正义而不屈不挠。土家族这种为社会的公正、为伸张正义而勇往直前的法文化精神，是难能可贵的，也是我们应继承的精神财富。

三、研究土家族法制史的意义

（一）对土家族研究的领域有所开拓

自20世纪80年代以来，大批学者参加了对土家族的历史、政治、经济文化等方面的研究，并取得了丰硕的成果，但是对土家族法制史的研究还刚起步。本书对土家族法制史的研究，进行了初步的探讨，还仅仅是个序幕。

（二）以史为镜，知古鉴今

本书基本梳理了土家族法制历史的脉络，不同时期制度的变迁，各土司与中央王朝的关系，历代统治者对土家族地区的特殊管理方式，运用多元政治体制、多层次法律的互动，实现对其民族头领的征服与治理，知古可鉴今，从其法制历史演变中进行借鉴。

“治与乱”、“正义与邪恶”之间的较量，是历史永恒的主题，也是贯穿于土家族法制史研究的主题，土家族人民为此进行了可歌可泣的英勇斗争，从中可看到土家族人民自觉的权利意识和强烈的追求正义的价值观，对提高其民族的法律意识和自豪感，有积极意义。

（三）发掘土家族丰富的法文化资源

以往对法文化的研究，着力点大多是成文的法律、法规和典籍，但是法文化有多种多样的存在形式，特别是远离统治中心的土家族区域，古属“武陵”、“五溪”之地，古风遗韵浓厚，有原生态的特点，其法文化存在于民俗、民风、歌谣、歌舞等众多的文学、艺术之中；存在于民族意识、民族心理和民族精神之中。土家族法制史借助于大量原始资料，参阅已有的科研成果，提炼、概括出土家族特有的传统法文化精粹。

同时我们应特别注意对法文化器物遗存的发掘、保护和利用，如元明清时期的土司遗迹，如首八峒、老土司城及应有关的墓碑石刻十分丰富。据2002年湖南文物考古队在里耶发现龙山文化遗址，里耶位于武陵山区、湘鄂渝黔四省（市）的里耶古城，隶属土家族苗族自治州龙山县，“里耶”为土家语，意为被开发的地方。这里先后战国、西汉、东汉古城各一座，是旧石器时代的文化遗址。出土竹、木秦简三万六千枚秦简，刻有10余万字的古篆书、古隶书的惊世发现，刻记了2200多年前，秦朝从纪年至秦二世元年的官署档案文书，内容涉及政治、经济、文化，记录详细到年月日，堪称国宝。对于秦代及秦国时期的秦、楚、巴之间的关系，秦与西南少数民族历史的研究弥足珍贵，还发现各类印章及青铜器、铁器、玉器等等，是中华民族璀璨的文化遗产。2002年国务院将里耶古城遗址列为全国重点文物保护单位。

还有五代后晋时期的“溪州铜柱及其铭文”，是我国和土家族古代法文化的器物遗存，是极其珍贵的法律实物见证，蕴含巨大的学术价值。被誉为“溪州铜柱耀千古”，是最恰当的评价。如何继承和弘扬这份珍贵的遗产，是本课题研究的目的，本书只起到抛砖引玉之作用也足够了。

第一章

土家族概述

自然环境和人文生态是土家族生存、发展的基础和必要条件，是土家族法制和法文化生长的土壤，土家族法文化产生、发展的摇篮。

第一节

土家族地区的自然生态环境

一、土家族区域的地理概况

土家族分布于湘鄂渝（今重庆）黔交界的毗邻山区，这个地区处于中国的中部偏西区域。包括湘西北的土家族苗族自治州及大庸、桑植、慈利等县；鄂西南的恩施土家族苗族自治州及五峰、长阳两个自治县；重庆市黔江开发区等5县；黔东北的沿河、印江、思南、江口、德江等县。其地理位置处于云贵高原北缘与江汉平原边缘相接的区域中，境内有武陵山脉、大娄山脉、大巴山脉、荆山、巫山等，其中以武陵山脉分布面积最广，又称武陵山区。武陵山区也即是湘鄂渝黔接壤的广大地区域，属于次高原和丘陵地相结合的地区，地势较高，地貌以高原型山地为主体，有半数以上地方在海拔1000米左右。并兼有低山峡谷、盆地，其内河流交错、沟壑纵横，有酉水、清江、乌江、武水、沅水、澧水等。其地形处于中国地形的第二阶梯向第三阶梯过渡地带，有独特的地形、地貌。武陵地处亚热带，雾多湿气重，雨水充沛。适宜农作物及各种动植物的生长。

土家族聚居地区的武陵山区，有重要的人文战略区位价值，它自古就生活在中国的腹心地带，位于东西南北的交接点上，历史上是中原入川和进入大西南的咽喉之道。现代是东、中部发达地区和西部大开发地区的接合部，西部开发的最前沿。北临江汉平原，南依云贵高原，这里是中原与西南和南方广大区域的中转枢纽、军事要地，东西、南北文化在这里交流、碰撞。土家族生活在既闭塞，又与中原文化有较多联系特殊的生态环境中、，既接受中原汉文化的影响，又汲取着南方诸少数民族的文化。武陵山地区居住着土家族、苗族为主体的白族、侗族等30多个民族。

二、土家族是个古老的民族

土家族是历史悠久、人口较多并富于光荣传统、多元文化态势的兄弟民族，它古老且年轻，说它古老，据考古学界近期发掘证实，早在夏商周时期，其先民——巴人就居住在这里，而且许多地方至今还保留着巴人的历史遗迹和独特风俗。说它年轻，是由于在20世纪50年代中期，才被确认为一个单一民族。这是有多方面原因的：一方面是历代统治者实行民族歧视政策，不承认土家族是一个单一民族，其民族成分被历史所淹没；另一方面，由于土家族居住在古代中原与大西南连接的通衢之地，所以接受汉文化影响较多，模糊了对它是少数民族的认识，因而自新中国成立后，随着民族政策的落实和近现代大量考古文物的发掘证实，经过专家群体深入调查研究、多方论证，土家族有本民族的语言、有自己的聚居区，有独特的民族文化和心理素质的土家族法文化生态群，于1956年10月土家族被国家正式认定为单一民族。

土家族居住在溪洞相连的武陵山区，与其他民族一样，是生活在特定的、独特的自然地理环境中、有别于其他民族的特定群体，是有共同文化心理素质的民族群体。目前学术界在土家族的族源上虽然有分歧，并不影响土家族是一个单一民族存在的事实。凡社会群体必然生活有维持社会秩序和人际关系的礼俗、宗法和习惯法的文化氛围内，并内化为群体的心理，成为该民族的价值观和无形的行为准则。

第二节

土家族的族称族源

一、土家族族称

土家族族称；土家族自称“毕兹卡”或“毕基卡”（“毕兹”何意待考，卡是“家”“族”或“人”的意思，含意为本地人）。称其相邻的苗族为“白卡”，称外来的汉人为“帕卡”或“客家”人。“土家”是汉人进入土家族地区后逐步形成的与客家相对应的称谓。

土家族有本民族的语言，属汉藏语系、藏缅语族，接近彝语支，没有本民族文字，已通用汉文、汉字。土家族的历史悠久源远流长，其族称在不同的历史时期有不同的称谓，并不断发生演变。

二、土家族族源多源说

大量考古发现和文字记载，湘鄂渝黔接壤地区距今十余万年以前，就有古人类居住。现今土家族居住地区从1956年至20世纪末，不仅发现大量古人类化石，还发现有旧石器、新石器时代遗址数十处，三峡库区建设发现了168处巴人生活遗址，这说明自古以来就有人类在这里生息繁衍。专家们认为，长期居住在这里的先民，应该是土家族古老的先民之一部分，当然这些古人类集群，尚不知属何种、何族，仅是考古历史家们的推断。

土家族来源众说纷纭，目前学术界还难以统一，主要观点有：

一是巴人后裔说。这是已故民族学专家潘光旦教授提出的，他认为土家族的主源是古代巴人的后裔，由古代部分巴人演变发展而形成的。在他的《湘西北的土家与古代巴人》① 一文中，对巴国的迁徙地、巴人的主要大姓与土家族大姓有沿袭关系，以及从民俗、信仰的相同等各个方面进行了详细的考证。

秦灭巴后，巴人先民就融入“南郡蛮”“武陵蛮”“武溪蛮”之中。从地域建制考察，土家族与古代巴人有直接的渊源关系，据《春秋左氏传》《山海经》等先秦史书中载巴人是一个古老的民族，巴人与土家族生活的区域大体相同。秦汉时期，史书对巴人有多种称谓；有的以地域命族，有的以使用武器特征命名。秦时称“巴蜀之民为南夷，是南夷的一种”②。据《后汉书·南蛮西南夷列传》记载，湘鄂川黔边缘交接处，是古代巴人、巴国的属地，史书把这些人又称为“巴郡、南郡蛮”和“武陵蛮”。武陵蛮中除巴人外，还有现今的苗、瑶、侗、壮等少数民族。从考古发掘表明：巴人在三峡地区长江支流有相当多的聚居点，并留下众多战士墓葬，随葬有许多巴式武器及铜、陶器等。从保靖东洛、龙山里耶、大庸古人堤和泸溪浦市等出土的新旧时期文化遗址证明，这些地方最早居住的应该是土家族先民，很多土家族语地名至今仍

---

① 《民族研究论文集》第三集，中央民族学院研究部编1984年版。

② 《汉书·地理志》卷二八。

存在。

从姓氏源渊看，巴人的主要姓氏与现在土家族的一些大姓有传承关系，现在的一些人名、地名、族名与巴人的某些大姓有源渊关系。巴人的覃、相、田等现仍是土家族的大姓，有些巴人词语仍保留在现今的土家族语言中。

从原始崇拜考察，巴人与土家族相同，土家族与巴人都崇拜虎。其先民因崇拜虎被称为“廪君种”。从传统习俗看，土家族许多民间文学、神话传说都与巴人、虎等有关。从近现代考古发现，商周时，巴人活动于清江流域。从土家族生活的区域不断出土了大量巴器，如虎錞于和剑等。

对“巴人后裔说”，目前得到多数学者的认同。

二是本地土著先民说。认为湘西土家族主源是古代湘西土著即本地土生土长的本地居民的后代，是古代湘鄂川黔本地土著先民和以后迁来的其他民族和汉人融合而形成的，彭武一《唐宋年间土家族先民的族属问题》①，认为湘西的古代不属于巴国领域，土家族语与巴语不是同一语系等。

三是乌蛮说。认为土家族是乌蛮一支融合土著、巴人形成的。唐至五代时期，越西一带“乌蛮”曾入侵贵州，当地的土著一部分被征服，一部分与其长期斗争而被迫迁入湘西，是由贵州迁入的“乌蛮”的一支为主体融合而形成的。

贵州西北一带自古有“比兹”族、“比际”等族称，与现在土家族自称基本相同。

四是江西说。认为土家族主源，唐末是从江西吉安迁徙来的彭氏的后裔，认为彭氏是湘西土司的始祖，据民国《永顺县志 》、光绪《龙山县志》记载，唐末五代初年从江西进入湘西的彭瑊率领江西彭氏子孙，及百艺工匠入主湘西后，披荆斩棘，开山造田，对此繁衍生息起了巨大的作用。“彭氏”是土家族大姓，湘西土家族大都信奉彭公爵主，但这个说法有分歧。

五是源于古代“蛮蜒”之后即濮人说。据有史文献记载，古代“蛮蜒”族群最早活动在湘川鄂黔接壤的区域，后有巴人、濮人、楚人部族加入，经长期杂居共处，逐渐发展为土家族。

以上诸说都有一定的依据，目前鉴于史料的局限，还不能确凿地断定哪种说法正确，但是从中可得知，土家族的族源具有多元性。

目前虽然还有不一致的意见，处于各种观点并存的多元说阶段；但事实上从古至

---

① 《江汉论坛》1983 年第 5 期。

今上百万年的历史过程中，是土著族群、巴人、乌蛮人、濮人、板楯蛮等等民族在长期的迁徙、变化过程中不断融合的结果。土家族多元说并不影响土家族作为一个单一民族的存在。目前多数学者的意见认为，巴人是土家族民族的主源、主体民族，也有部分学者认为是以本地土著民为主体，融合了其他外来族群，可以说土家族在漫长的历史发展中，是多元主体多元融合的民族共同体。

有史料可查的是，土家族族源最早可追朔到古代巴人，较早《世本》记载，以后《后汉书》《华阳国志》均有记载，“禀君之先，故出巫诞”。有“巴方”，在讨伐商纣王的战斗中英勇善战，被封为子爵，在川东、鄂西、黔北一带建了巴子国。公元前661年，“楚人、秦人、巴人灭庸”后，巴人获得庸国的古渔国的部分区域，部分巴人流入五溪地区，与土著先民融合，后又不断融入汉和其他民族，汉代后土家族先民的分布基本未变。古代巴人活动地域有些地名、人名、族与土家族相同，另一方面，历史上的巴蜀民就是南夷的一种。

秦灭巴后，陆续在各地设郡县制，巴人地域设有巴郡、南郡、黔中郡、长沙郡，其中巴郡设置最早。巴郡辖江州，即今重庆的南部和东南部，于今贵州、湖南、湖北接壤的地区，大体属古时的巴人和众多族群聚居的区域。到汉代，改黔中郡为武陵郡，其中少数民族又称“武陵蛮”，“武陵蛮”中除巴人外，还有现今的苗、侗、壮等民族的先民。西汉时期又将巴人称为“廪君种”，居住在今川东的巴人称为“板楯蛮”。东汉时，土家族就包含在“武陵蛮”“澧中蛮”“娄中蛮”“零阳蛮”等，这时的史书上出现了区别其他民族的“土兵”“土人”“土丁”“土蛮”等，无疑专指土家族了。

经过魏晋南北朝时期的民族大迁徙、大融合后，进入隋唐时期，土家族先民逐步聚居于湘鄂川黔四省边缘地区，形成了以武陵山区域为中心的分布格局。

第三节

土家族的形成

唐朝的唐高祖李渊下了《镇抚夷狄诏》，强调对少数民族采取“怀柔远人，义在羁縻”的政策，以便实现安定统一的局面。遵循“附则受而不逆，叛者弃而不追”的原则。唐太宗认为“异狄亦人耳，其情与中华不殊，人主患德泽不加，不必猜异类”。元明清时期，土家族地区建立了土司制度，清雍正“改土归流”后，由于汉人大量迁入，便明显出现了“土民”与“客民”“土籍”与“客籍”之分，用汉语自称“土家”，对于其他民族则称为客家，邻近的苗族称为苗家。

大量古文献记载和考古发现，湘西、鄂西、渝东、黔东北一带的武陵山区，这里气候温和，雨量充沛，湘鄂渝黔接壤地区距今十万年以前就有古人类居住。1956 年，在湖北长阳县发掘出一件残缺的左下第一颗前臼齿为代表的“岳阳人”古化石，专家们断定，这是旧石器时代中期的古人类化石，说明这里旧石器时代已有人类居住。1970 年，在湖北建始、巴东发掘出南猿、巨猿和 20 多种半生动物化石，其中在巨猿人化石同一层发现有 3 颗高等灵长类的下臼齿化石，同属于“南方古猿类”，不同于巨猿或大猩猩，而属于古人类化石。1987 年，湘西自治洲、县联合调查组再次对酉水沿岸文化遗址进行普查，共发现古文化遗址 73 处，其中旧石器遗址 1 处，新石器遗址 2 处，商代遗址 2 处，西周遗址 16 处，商西周战国遗址 7 处，商代西周汉代遗址 23 处，这说明湘西鄂西渝东区域在更新世的远古年代，就有古人类在土家族生活的区域生存、活动，且延绵不断，创造了灿烂的酉水文化。

在现今土家族居住的区域，新石器时代的遗址又有多处发现。1973 年湘西泸溪县浦市二中和五里洲，发现两处新石器时代遗址，从中发现有石斧、石凿、石棒、槌击器和各种陶器达数十件，专家们推断，这属于龙山文化时期。1978 年，龙山县里耶镇也发现了新石器时代遗址 1 处，遗存大量石器、陶器，说明这里也早有古人类居住繁衍。1980 年在湘西大庸县（今张家界永定区）又发现一处新石器时代遗址，该遗址沿酉水河沿岸，长约 1000 米，文化层最厚为 1 米多深，专家们断定，这个遗址上层属战国文化，下层为原始社会晚期文化。2007 年，湖南、重庆考古发现酉水河中上游距今 6000 年前的新石器时代的遗址和墓葬群，填补了酉水文化序列中新石器时代的空白。

从以上考古发掘说明，湘鄂渝黔接壤区域在四五千年以前，或者更早就有古人类活动、居住，在没有大的自然灾害的环境下，这些先人不可能全部迁移或死亡，而是继续繁衍生息至今。这些遗址的发掘专家断定，居住在这里的古人类群，应该是现今土家族古老的先民族群之一。

土家族多元说，并不影响土家族作为一个单一民族的存在。土家族的族源尽管众说纷纭，大家还是有共识的，自唐代后，湘鄂渝黔边“土家族”有共同的语言、共同的地域、共同的经济生活和共同的文化心态，稳定的共同体，事实上已经形成一个单一的民族，成为中华民族大家庭中的一员。

土家族是如何形成为一个单一民族的问题，彭英明教授在《试论土家族形成和稳定的历史过程》① 中，将土家族的形成与发展过程叙述得比较清晰、全面，他将土家族形成和发展过程划分为发育、形成、稳定、融合发展 4 个时期，即发育于秦汉，形成于唐宋年间，稳定发展于元明清初，融合发展于清初“改土归流”后。

唐宋时期中国社会经济空前繁荣时期，也是土家族初步形成时期。

土家族发展时期，特点是一体多源。一体指以巴人为主体，多源指多族源群体，包括当地的土著先民濮人、僚人等，这些部落群体聚在共同地域，长期共同生活，互动交往、互相影响促使血缘部落关系解体，地缘关系建立必然逐步形成共同经济文化、语言共同体，这是土家族形成之初时期。

唐宋时期由于中央王朝对周边少数民族实行了羁縻政治制度，极有利于各民族经济文化的发展和社会的稳定，也有利于各民族的形成。

宋元明清时期是土家族民族共同体形成和稳定发展的历史时期。从目前研究情况看，这一论述和划分，比较符合土家族历史发展的实际。

土家族的形成主要由政治、经济、文化 3 个因素决定。

一、政治因素

土家族形成，在很大程度上与政治制度相关联；秦是首建的、中央集权的统一国家，土家族先人被称为“蛮”或“蛮夷”。各少数民族部落，也逐渐成为郡县制下的民族部落。唐代对湘鄂川黔边区实行羁縻州制度，这是唐朝为安抚边境区域少数民族，所设置的一种特殊的行政建制，是一种开明的政策，主要是利用当地土家族及各民族族群的首领，进行治理其地。“唐初，溪洞蛮酋归附者，世授刺史，置羁縻县隶于都督府”②，开元二十一年（733）开始在土家族地区设置，朝廷封冉安昌为思州招慰史，田世康为黔州刺史。唐文宗开成元年（836）授田英为得州刺史。唐德宗建中元年（780）令荆南节度史统荆州兵、黔中观察史发黔州兵去抵御“西原蛮”。③ 深受

① 彭英明：《学步文集——民族理论与民族历史问题探讨》，民族出版社 2003 年版。
② 《来凤县志》卷二七。
③ 《资治通鉴》卷二二六。

当地群众拥护。到宋代羁縻制有所加强，为了增加控制的力度，朝廷在土家族聚居的荆湖路区域设了38个羁縻州，宋以后武陵地区在史籍上出现了，区别于其他民族的、专用于土家族的别称，如“土民”“土蛮”“土丁”等称谓，以区别其他少数民族。元至清初，土家族地区实行土司制度，规定“蛮不出境，汉不入峒”，使居住在湘鄂渝黔边缘的土家人，处于较长期稳定的环境中，客观上保持了土家族自有的民族特色。

由于实行以夷治夷政策，当地刺史官既效忠朝廷，又能得到本地民众的信服，实施军政合一的世袭统治，有利于社会的稳定、经济的发展和土家族的形成。

特别是元代开始实施的土司制度，是土家族形成发展的重要历史阶段；唐宋实施羁縻制度时期，土家族以大姓为主的各大家族势力不断加强，加强了民族的认同，但并未得到官方承认。进入元代后逐渐被元朝廷承认，并被分别授予土司职衔，土司制度在元朝至明、清之际的实施，随着土司制度的完善，不仅把湘西、鄂西、川东南、黔东北地区逐渐连为一体，而且土司的设置多以土家族大姓为依据，当时散毛诸土司设立的原则是“令覃、田、黄、向诸大姓各有所属”①。

土司制度也使土司成为土家族地区行使政治、经济、军事、法律等权力的最高统治者，一些小姓民众为了不受欺凌而归附大姓，宗族势力不断扩大，使其民族特性也逐渐显著。

二、经济因素

唐朝统治者在全国统一后，提出了“以文治国”“先存百姓”的方针，实行轻徭薄赋的政策，注重农业发展，从而推动了当时农业、手工业和商业的全面发展。至唐太宗时代出现中国第二个封建盛世——贞观之治。到南宋时期，全国经济重心南迁，不仅加强了诸蛮、各民族与中央王朝的联系，而且更有利于土家族地区的经济发展。特别是明代后种植业、手工业都有较多发展，为土家族的形成创造了经济方面的条件。

① 《蛮司合志》。

三、民族意识的出现和形成

政治经济的稳定发展，也决定了各族族群在语言、风俗、信仰等方面的稳定发展和不同区域民族之间的差异性，久而久之，就逐渐形成了民族内部的认同感和本民族意识。在这样的背景下，土家族的民族意识不断增强，民族分界也随之产生。所谓民族分界，即对异族的分界意识和对本民族的认同意识，如在后晋发生的“溪州之战”就是土家族民族意识最集中的体现。晋天福四年（939），溪州刺史彭士愁继其父位，统管溪州，势力渐强，为与楚争夺地盘，率兵万余进攻辰、澧二州，结果虽不分胜败，彭氏同意归附于楚，楚王马希范不仅仍同意彭氏继世袭溪州刺史，而且还和彭定了盟约，刻在了双方共铸的“溪州铜柱”上。彭氏管辖范围据《宋史·诸蛮传》载：“州有三：曰上、中、下溪；还有龙赐、天赐，忠顺、保靖、感化、永顺等总二十个州。”这些区域与现今的土家族地区基本吻合。溪州战后，彭氏在政治上取得了合法地位，为其实行800年统治创造了先决条件。这也是土家族重新聚族和形成的最优的条件。到宋代，土家族的民族共同体的主要民族因素已经形成，民族特征已经非常明显，民族意识更加强烈，其民族名称也自然出现，很多史书中出现了“土丁”“土人”“土兵”等名称，作为区别于他族的土家族共同体已被朝廷和社会所承认。

第四节

土家族的发展和人口分布

一、土家族的发展

土家族形成后，从元朝至清初是一个稳定、巩固和发展的时期。元、明、清几个朝代都是中国历史上持续统一的大格局，这不仅有利于汉族，也有利于各少数民族的稳定和发展。特别是元以后朝廷对“蛮夷”地区继续推行唐宋的羁縻制度的基础上，又推行了土司制度，这对土家族和其他少数民族的稳定和发展起到至关重要的作用。

元朝时在土家族地区先后设立了永顺安抚司、新添葛蛮安抚司、散毛、大旺、龙潭、石柱安抚司等等。到了明代，其土司制度更完备，管辖地域不断扩大和完整，在土家族地区先后设立了施南安抚司、散毛、忠建、容美、宣抚司，还有永顺、保靖宣慰司、桑植安抚司、酉阳、石拄宣抚司以及下属若干长官司，充分利用土司、土官、土酋治理其地，并实行世袭统治，直至清初的“改土归流”。前后在土家族地区实行449 年的土司制度，客观上对土家族的稳定发展起到了重要历史作用。

土家族社会政治上的稳定，结束了战乱和族群之间的斗争，土司制度的推行，密切了土家族统治者与中央王朝的关系，推动了经济的发展，不断加强与汉族思想与文化的交流，有利于土家族社会经济、文化的发展和进步，增强了土家族人民群众爱国主义精神。

土司制度规定“土兵”在全国范围征调，更激发了土家族的爱国精神，特别是明代嘉靖年间的抗倭斗争中，由于朝廷政治腐败，将领昏庸无能，士气低落，缺乏战斗力，抗倭战斗不战自溃，在这种战局下，朝廷抽调数千“土兵”赴东南沿海抗倭，土兵英勇善战，抗倭大获全胜，被朝廷封为“东南战神第一”。这不仅激发了土家族人民的爱国主义精神，体现了民族意志，增强了民族凝聚力，同时也是土家族顽强的民族性格在世间的展示。

清改土归流后的逐步封建化：

土司制度发展到后期，由于历代世袭，封闭自守，对百姓的剥削愈加残酷，极大地束缚生产力的发展，阻碍社会的进步，于清雍正年间朝廷对土家族地区实行了“改土归流”政策，实施与汉族地区同样的政治经济制度，汉人大量迁入土家族地区，带来了先进的生产技术和文化，这虽然对土家族传统文化和民族特色带来一定的冲击，但从总体上评价“改土归流”的制度，无论从主、客观看，改土归流的实施是顺应了历史潮流的要求，封闭的土家族地区打开了大门，大大推动了土家族地区政治、经济、文化的进步和发展，也是土家族发展的融合时期。

改土归流后，在政治上改土官为流官，废除世袭，行政上设立统一的府、县政权机构，加强了对地方的控制，这些措施打破了“蛮不出境，汉不入峒”的禁令，有利于国家的统一，有利于各民族的团结。在经济上随着土司制度的废除，封建领主经济解体，地主经济得到发展，清政府没收土司占有的大量土地，大部分改由农民耕种，又废除了土司阻碍生产发展的各种陋规，实行清查土地，按田亩计征秋粮，统一赋税制度，广大农奴摆脱了对封建领主的人身依附关系，变为自由农民，既拥有土地，又减轻赋税。这些措施极大地提高农民的生产积极性，促进了社会和经济的发展。同时大量汉人的迁入，带来了先进的工具和生产技术，使土家族地区生产技术水平迅速提高，促进了农业、商业手工业的迅速发展。

二、土家族的人口与分布

由于历代统治者推行民族歧视政策，加之土家接受汉文化影响，某些地方汉化影响较早，某些地方汉化程度较高，所以土家族逐步被历史所淹没和淡化。

新中国成立后，由于中国共产党民族政策的正确实施，土家族获得新生，被国家正式批准为单一民族。1957 年 9 月，湘西土家族苗族自治州成立，当时土家族人口仅 50 余万人，其中湖南 34 万人，湖北 20 万人。后由于反右斗争的扩大化，把一批主张单独自治的土家族干部、知识分子打成右派和民族分裂主义者，使土家族刚刚激发起来的社会主义建设积极性遭受到严重打击，民族感情受压抑，许多群众不敢公开自己的民族成分。中共十一届三中全会后，由于党的民族政策的全面贯彻落实，湘鄂川黔边境地区有相当一部分群众恢复了民族成分。

民族区域自治政策的全面贯彻落实，土家族地区全面实行了区域自治，到目前为止，已先后建立自治州 2 个，即湘西土家族苗族自治州和 1983 年成立的湖北鄂西土家族苗族自治州（1993 年改名为恩施土家族苗族自治州）。此外各地建立自治县 9 个其中土家族自治县 4 个。1984 年在湖北建立五峰、长阳土家族自治县，1987 年贵州建立沿河土家族自治县、四川建立了石柱土家族自治县。四川还有土家族苗族自治县 5 个，四川酉阳、秀山两个土家族苗族自治县（今属重庆），黔江土家族苗族自治县（今属重庆）、重庆彭水苗族土家族自治县，贵州还建立了印江土家族苗族自治县。1991 年湖南石门、慈利两县土家族成分得到承认。在散居区还先后建立了 50 个土家族乡，广大土家族人民充分享有了当家做主的民主权利。

国务院人口普查办 2002 年公布，土家族人口已达 8028133 万余人①，在全国少数民族中居第六位，为人口超常规增长的民族之一。其分布为，湖南的湘西土家族苗族自治州的永顺、龙山、保靖、古丈、吉首、泸溪、凤凰、花垣等地，湖南张家界市的桑植、永定、慈利、武陵源和常德市石门县等；湖北恩施土家族苗族自治州的来风、鹤峰、咸丰、宣恩、利川、恩施、巴东、建始等地，湖北宜昌市的五峰、长阳两个土

① 国务院人口普查办公室，2002 年，第 18—46 页。

家族自治县；重庆市辖的石柱、彭水、秀山、酉阳 4 个自治县和黔江区；贵州铜仁地区沿河、印江两个自治县，以及江口、铜仁德江和黔江五县、思南等县。此外还有 5000 余万人散居于全国各地。全国有 4 个省市和 34 个县市聚居和杂居着土家族人。

现在土家族分布地区与清初“改土归流”前土司管辖地区基本吻合，都属于湖广五大土司（永顺司、保靖司、容美司、散毛司、施南司）和重庆酉阳司、石柱司以及湖南桑植司、贵州忠建司的治地。土司管辖的边缘地区也聚居和散居着部分土家族人。如湖南的石门、慈利、武陵源、沅陵、芷江等地的部分土家族群众。从总体看土家族分布比较集中，几乎全部定居于湘鄂渝黔接壤的边缘区域，从与其他民族的关系看，又有大杂居、小聚居的特点。

在漫长的历史发展过程中，勤劳智慧的土家族人民，在长期社会发展和生活实践中创造了丰富的物质和精神文化，区别不同民族的其中一个最重要的标志是其独特的传统文化基因，至今还有丰富多彩的历史遗存，它全面反映了土家族的族源、社会制度、经济、生产生活、风俗习惯、宗教信仰、伦理道德、法律意识的等状况。土家族在长期历史发展中积累的文化知识宝库是中华文化遗产不可分割的部分。

第二章

土家族社会概况

我们在探讨土家族法制历史的过程中，不能脱离对土家族社会的经济、政治及其文化氛围、气候的认识，法的孕育、产生、发展等都在特定社会环境的土壤中。历史唯物主义认为，经济、政治等决定和制约着法和法律关系。

第一节

土家族社会经济的发展

土家族地区的经济属于山区农林经济类型，大体上经历了4个较大的发展阶段：

一、原始氏族部落社会经济阶段以采集渔猎为主，群团粗放的生产方式

土家族先民在秦汉前，是以血缘氏族部落聚居为村落，每个人都是氏族成员，生产工具、生活资料共有，劳动果实平均分配，一切活动也是部落酋长安排。

采取原始的生产方式，主要进行采集、渔猎和原始的刀耕火种，山区丘陵地段多种粟类、豆类、燕麦等杂粮。主要生产活动是狩猎、捕捞和农业采集、种植。是半农耕、半渔猎的简单粗放的生产方式，勉强维持温饱。由于生产水平低下，任何个人都无法单独生存，决定了生产资料的公有和共同生活的方式，土家族先民特别喜爱集体围猎，名曰赶仗（打猎），少则几十，多则几百人，在深林密箐处有赶仗的“猎头”，专司指挥，侦察环网、堵卡、围场等团队协作，劳动所获是人人有份，劳动产品平均分配。

在原始社会后期土家族先民已经用磨制的石器，进行简单的农业生产。

二、秦汉进入封建社会时期

公元前221年，秦灭六国，在土家族聚居地推行郡县制，设巴郡、南郡和黔中郡3个郡。受封者都必须向楚王缴纳贡赋，这是封建社会经济的重要标识。当时土家族的区域范围并不明晰，其范围以大体上处于上述三郡的广阔地带，即大体范围近似于

今湘鄂渝黔四邻接壤的边缘地带及广东广西的部分区域，汉继秦，将黔中郡改为武陵郡，开始用简单的铁制农具。

“秦惠王并巴中，以巴氏为蛮夷郡长”①。鼓励垦田开荒，归垦荒者私有，其首领占有大量田土，有的拥有数百、数千顷土地，土家族区开始进入封建社会。封建王朝对土家族地区实行封建政治统治，带来了中原比较先进的耕作方式，开始用锄耕和犁耕，并已经开始种植水稻，《汉书·地理志》载：“江南地广，是民食鱼稻，以渔猎山伐为业，食物常足。”“火耕水耨”，即“烧草下水种稻，草稻并生，高七八寸，复下水灌之，草死，独稻长”②。这种原始粗放的农业生产方式，只能维持糊口果腹，没有剩余。经济还很不发达，隋时湘鄂川黔边地区人口稀少，如清江郡统盐水、巴山、清江、开夷、建始五县，只有 2658 户③。春秋战国至两汉时期，随着中原文化的传入，铁制农具的普遍使用，农业生产力也逐步提高。

巴人还善于纺织“賨布”，从秦汉起，封建王朝使令巴鄂人以賨布缴纳贡赋，说明这些地区的少数民族，包括土家族在内，除进行农业生产外，纺织等手工业也有一定的发展。随着农业手工业的初步分工和发展，武陵、五溪地区同中原的贸易也在逐步发展。土家族地区的特产如丹砂、蜡烛、麝香、黄连、賨布、茶叶等与内地的铁制农具、食盐等进行交易，并已经有钱币流通。秦至唐宋时期，武陵地区的农业、手工业又得到较大的发展。已经有了水利设施，水稻种植面积也逐步扩大。南宋时期在湘鄂川边把交纳赋贡由賨布改为粮食，这说明武陵地区农业生产力有所提高。从武陵地区的黔中都督府所辖的贡物的品种和数量，也可以反映当时的经济状况，据唐《元和郡县图志》载：黔州“开元贡：蜡五十斤，竹布、纻麻布”。思州，“开元贡：葛、朱砂”，溪州贡“朱砂、黄连、黄蜡”。至唐宋时贡赋多以土特产和手工制品为主，反映了当时民族特色及工艺品的发展。

从总体说，秦汉时期铁制工具的应用、贸易和手工业的发展及其分工的状况，封建郡县制度的建立等状况说明土家族社会已经进入封建社会的初期。

三、元朝至清雍正年间，进入封建领主经济时期

元朝土司制度建立后，对土家族地区实施土司制度，土司既是朝廷最高命官、最

① 《后汉书·南蛮传》。

②③ 《汉书·地理志》。

高统治者，握有本地域一切大权；又是族长、最大的封建领主，不仅拥有大量土地，而且拥有大量家奴，封建领主占有“成熟之田，土官多择其肥饶者，其余被舍把头人分占，土民只有零星琦角的一点份地”①。平坦肥沃的田土都归土司所有，其余为头领的舍把、各头人分占；广大农民没有土地，是大小领主的农奴，对他们任意驱使。土民领到一点份地后，就被束缚在土地上，要为大小封建领主服劳役，他们与封建领主是人身隶属关系，领主对农奴有惩罚处死之权。农奴对领主服差役是无偿的，他们没有人身自由，是封建领主的终身农奴，不是封建地主与佃农的关系。

土司时期，由于中原较先进的农业生产技术的引入，农业、手工业、商业、贸易经济得到了一定的发展，商业也得到一定发展，土司衙署所在地已成为商品交换的重要场所。龙山里耶与酉阳邻界一带，已经成为多方贸易的集散地，来自汉及其他少数民族的商贩，携带日用商品来这里进行交易。手工业发展也较快，尤其家庭纺织业，独具特色，如永顺、保靖、龙山等地的土家族妇女为“洞锦、洞被、洞巾等织作鹤、凤花鸟之状”②。销路很好。

元开始实行屯田制，屯田方式分军屯、民屯两种，军屯由军户耕种土地以供军用。民屯则招集汉民来开垦土地。到明代屯田规模扩大，永定、九溪、施州等卫所附近及各卫所管辖下的上千户、上百户先后被列入军屯和民屯范围。有的任其开垦，军屯无赋税。在卫所地区是汉土杂居，受地主经济的影响，元末明初土民私有土地已经出现，土地的私有为土地买卖与地主经济的产生发展创造了条件。土官经济开始向地主经济转化。明初，慈利的土官陆续购买了产粮一千余石的汉民田土。③ 地主经济的出现，加强了与中央王朝和内地的交流。元末明初，由于封建王朝鼓励垦荒屯田的政策，愿垦荒者，可以分一小片土地，归自己私有，私有制的出现，使土官由封建领主变为地主，封建领主经济逐渐向地主经济转化。地主经济最先出现于卫所地区，在土司管辖的边缘地带。

明代的农业、手工业、商业都有了新的发展，农业灌溉已有简单的水利设施，如在汉土杂居的地区，简单水车的运用，不仅有利粮食种植，经济作物如油料、茶叶、药材等也有发展。手工业已经初具规模，有纺织、编织及家庭作坊的加工业，如加工生产铁制农具，初步的冶炼等。商业贸易区域更为广泛，明代，不仅在土司所在地设

---

① 嘉庆《湖广通志》卷首。

② 光绪《湖南通志》卷四〇。

③ 万历《慈利县志》卷八。

立了一些大的货栈，以利进行商品交易，而且在人口较密集的农村，兴起大量的商业集镇，有固定的交易时间和场所，称为“场”。如在永顺的王村、龙山的里耶、酉阳的龙潭等都市商贸集镇。商贸交易的频繁和发展，必然需要货币作中介物，大量纸币在土家族地区流通，说明其经济发展已经进入新的阶段。

四、清雍正年间“改土归流”后，封建地主经济发展阶段

改土归流后，封建领主经济也随之解体，地主经济得到迅速发展。清朝把土司占有的土地一部分分给土民，一部分以“赐地”的方式给土司的下属土官，这些土司从此丧失了领主的地位，变为地主。结束了土家族地区农民沉重的赋税和劳役。土司占有的官山，鼓励农民开垦荒地，对开垦百亩以上者，“重加奖赏”①。许多荒山坡地，逐渐变为良田沃土。农作物的数量、品种、产量显著提高。

这时期先进农具广泛使用，铁犁、铁耙代替了木制的犁耙，引进先进的耕作方法，引进优良品种，兴修水利，利用水动力碾米、磨粉、榨油等，使农业、手工业、商业等都得到很快的发展。改土归流后，废除了土司时期限制外地经商者进入土家族地区的规定，鼓励汉人和商人进入土家族地区开发和经商。永顺府在改土归流的20年间，大批汉民和商人入山开垦，商人和商品交流带来了商业的发展和繁荣，土家族地区初步形成了遍及城乡的商业网络。

第二节

土家族社会政治制度的发展

秦统一六国后，华夏民族统一。巴人地区成为秦疆域的一个组成部分，其社会政治制度至鸦片战争前，可区分为4个历史时期，秦汉时期的羁縻郡县制、唐宋时羁縻州的设制，以及元、明、清时期的土司制度，清朝雍正年间改土归流后，建立了封建统一管理的羁縻保甲体制。

---

① 雍正《保靖县志》卷四。

一、秦至汉朝的羁縻郡县制

秦始皇统一中国后，封建王朝在巴人（土家族先民）聚居区设黔中郡，广泛推行“蛮夷君长”的统治制度。一方面对少数民族首领封官加爵实行羁縻政策，另一方面又采用郡守县令制，实施两者并行的统治方式。且用县令钳制地方的“蛮夷君长”的办法，巩固其统治。但控制力很松散，时断时续，又由于战争频繁，社会长期动荡不定，土家族社会内部各势力也处于很不稳定的状态。后又在巴人地区（土家族先民）设巴郡、南郡和黔中郡3个郡，分而治之。①

西汉继秦将黔中郡更名为武陵郡。在武陵郡境内设迁陵县（含今保靖、秀山等地），东汉继西汉之制，建制没有变动，但在有的郡县下设立过“里”“亭”等基层机构。三国两晋南北朝时期，战争频繁，疏于对武陵地区的统治。

两汉时期虽采用郡县制，汉律并没有强行在土家族地区实施，难以生根，仍以俗治俗，采用旧制羁縻郡县制，实行直接统治与间接行政统治相结合的方式。

二、唐宋时期的羁縻制

公元618年唐朝建立，土家族的头领纷纷归附于唐王朝，中央王朝继续采取“以蛮治蛮”“附则受而不逆，叛则弃而不追”，树其酋长，以镇抚之的羁縻政策，达到安抚的目的，同时改郡县制为州县制，把原有的4个郡改为56个羁縻州，册封巴人的头领为刺史、县令，以加强对土家族地区的直接统治。唐对少数民族地区建立的州县制，既是秦汉时郡县制的延续，又为元朝实行土司制度创造了条件。五代时期，溪州地区分为上、中、下溪州。

宋初湘鄂川黔边的土家族头领先后归附朝廷，宋朝基本继承了唐代羁縻州县制度，树其酋长，使自镇抚，羁縻州的土官孝忠宋廷的，可以得到升迁，有的是授官封爵，有的还赐予疆土，笼络其首领，达到有效统治的目的。

总之，从汉始至唐宋，这种羁縻州制度得到进一步发展，上层只需与朝廷保持名义上的臣属关系，一切内部事物，主要依靠土家族首领自行治理，这些土官世代承继绵延不断，不仅带来土家族地区的政治经济相对稳定，在一定意义上，可以说是对少

---

① 《史记·秦始皇本纪》。

数民族自治的、一种初始的制度建设。这种政治制度既有利于少数民族地区的稳定，也进一步加强了少数民族和汉族及其他地区的经济文化交流，促进了该地区的经济发展。唐宋时期的羁縻制度为元朝的土司制度奠定了基础。

三、元、明、清中期时的土司制度

元明王朝再一次实现了我国历史上大一统的局面，巩固了统一的多民族国家的基础。元朝为了加强中央集权的统治，扩大其管理权限，改变唐宋时松散的羁縻郡县制政策，开始在土家族地区建立了新的、对少数民族的治理措施，这就是土司制度。土司制度始于元代、兴于明代、废于清雍正年间。大体上是从元世祖至元十二年（1275）逐渐建立起来的，到 1726 年，是土家族地区长达 400 余年的土司制度时期。元明王朝，为了对少数民族进行有效的管理和控制，采取的措施，其实质是利用当地上层的、有权势的少数民族头领，进行间接统治。

土司制度在明朝进一步完善和发展，是土司制度的全盛时期。明在元所设置安抚土司的基础上，对土司的建置、职官品位的承袭、废置、升降、朝贡等，明确了土司制度在国家政权中的地位、作用，成为国家封建王朝中的重要组成部分，这些都以国家法律制度固定下来，做出了更具体明确的规定。这一制度的实施，使封建中央王朝对土家族地区的控制有所加强。

在土司统治的时代，大小土司在其统治的世袭领地，有绝对权威，土司是军政合一的政权组织，他不仅掌握辖区的军政大权。下属各土司内部也有一套严密的、等级森严的官僚体制；土司不仅可以自行任命辖区的官职，而且拥有辖区内田土、山林等资源。而土民的大部都是他们的佃户或家奴，劳役地租是封建领主剥削农奴的主要形式。“土司及土知州皆自有山及田，役佃户种之。佃户者，皆其所买入如奴仆然”①。土司时期的经济是封建与农奴相结合的封建领主制度经济。

土司管辖地区的边缘地带，元、明时期建立卫所，实行屯田制以保证驻军就地粮饷的供应。

土司制度的实施，对于维护土家族地区长期稳定的社会秩序，促进与汉族经济和文化的交流，对土家族社会发展，民族的形成和社会进步都有积极意义。

---

① 同治《桑植县志》卷二。

四、“改土归流”后，土家族地区进入全国统一的封建体制国家

改土归流是土家族地区社会性质的、一次根本性的制度改革。废除地方土司，改为流官。打破了以往与外界隔绝封闭的状态，社会政治、经济制度全面改变。废除了封建领主制的经济和社会关系，带来土家族社会各个层面的改变，建立新的社会关系，经济和社会生活、文化教育等都发生了巨大的变化。改土归流后彻底结束流土分立的局面，进入全国统一的中央集权的封建管理体制国家。其政治结构、法律制度、行政管理，都逐渐变为封建专制和中央集权的统治体制。是土家族区域的政治、经济等等方面的重构，改变了“汉不入峒，蛮不出境”的禁令，大量汉民的流入，带来了中原先进的技术和文化，推动了社会发展，对土家族社会经济和生活方式都产生了重大、深远的影响。

第三节 土家族社会文化的发展

土家族的文化的发生、发展是与其生产方式、制度的变化密切相关联的，经济和制度的变化是文化发展直接或间接的决定因素。土家族人民在漫长的历史发展过程中，以自己的勤劳、勇敢和智慧，创造了极其丰富多彩的民族文化。从生产方式、建筑风格、服饰、民俗节日到信仰、禁忌，还有大量特色鲜明的文学艺术等灿烂的民族文化。

一、土家族文化的形成

首先，土家族文化是土家族的人们在长期生产、生活实践中积累的结晶。

民族既是一种社会的政治、经济、民族意识和民族心理的集合体，也是文化的民族共同体。土家族首先是本民族特色文化的创造者，也是本民族传统文化的承载者和

体现者。土家族人在自己的生产、生活实践中创造了独特的土家族文化模式；从精神文化层面说，土家族的先民以古代巴人和土著人为主体，土家族的原始文化，必然含有古代巴人及原土著人的遗传基因；诸如民族心理的质朴与强悍、行为模式的集团宗族性、价值观念中争取权利平等，语言、宗教信仰、人伦关系、文学艺术等等都有其特殊性，在传承和社会发展中不断发展。从物态文化层面说，如生产生活方式，采集、鱼猎、建筑。从精神层面有诗词、戏剧、歌舞、宗教信仰、风俗习惯等等，都反映了土家族自我发展的历史和文化精神，是土家族主体社会生活实践和历史的产物。

其次，土家族文化是多源发生、融合多民族文化、多维发展的文化生态。

土家族不是生活在真空中，他们必然受环境、社会制度变迁和其他民族文化的影响。土家族先民生活在湘鄂渝黔接壤地区，长江上、中游地带即巴楚文化圈，这里也是多民族的聚居地，各民族发展的历史不尽相同，但在各个历史时期，各民族在迁徙中不断地相互渗透融合，形成一源多流的文化圈。这里也是中原汉文化与西南少数民族文化、楚文化和巴楚文化的多元文化的沉积带。如张正明教授指出："中国地形，从西到东，从高到低，大致可分为三级阶梯，位于第二阶梯中段的东缘和第三阶梯东段的西缘，是一条文化沉积带。土家族分布于长江上游和长江中游的交接地带。①"古代的许多文化现象，在这条文化沉积带中，却保存了许多古风、古文化遗迹；同时这个地带还是荆楚、渝黔文化的交汇区，是多民族聚居的区域，因而土家族民族文化处于多文化的交融与激荡之中；土家族本身是巴人为主体和其他民族融合发展的文化群体；一方面土家族是本民族主流文化的承袭、发展者，另一方面又是多区域、多民族文化的汲取和发扬者。

土家族地区的社会制度也几经更迭，制度的变迁是土家族文化和法文化不断变化更新的重要原因。在汉唐宋羁縻时期与土司时期及改土归流时期的文化，也随其不断变化，特别是改土归流之后，吸取大量的汉族文化，其古老的文化传统，不断融入新的元素，使其不断的丰富多样，表现其文化生态的多源发生、多源并存、多维发展、多姿多彩的形态。

---

① 《土家族研究丛书·总序》，北京中央民族大学出版社 2002 年 6 月版。

二、土家族传统文化的特点

（一）原始古朴性的山地文化，自古就能歌善舞

土家族在宋以前的经济，是半耕半渔猎的经济，以后逐渐发展，仍是以山地农业和农耕渔猎相结合的经济，农业以种水稻和山坡旱地为耕作方式。长期以来，由于生产工具落后，往往以宗族或村寨为单位，进行集体简单协作式的耕作。由于有纵横发达的河溪和丰富的森林，捕鱼和狩猎不仅是生活的必要补充，而且成为土家族集体生产活动的重要场所，是土家族先民一种重要的生产方式。据《黔记》载："性犷悍，爱鱼猎。"在耕种、渔猎这些集体生产活动中，必然产生多种围绕农耕和渔猎的神话、歌舞、祭祀等丰富多彩的文化，特别在赶仗（狩猎）活动中，充分体现出土家族协作、勇敢、尚武的民族文化气质。

由于其生存的自然环境是连绵起伏的、叠岭险峡急流之中，四面盘山阻隔，处于较封闭地理环境中，历史发展和生活节拍较外围地区舒缓，"古代许多文化现象在其他地方已经绝迹或濒临绝迹了，在这里却尚有遗踪可寻"①。他们古朴的巫韵盛行，重鬼神、好祭祀、人神共歌舞的原始文化为底蕴，以楚文化、巴文化及多文化的交融为主流构成了有鲜明特色的、多种多样的土家族文化。如武陵山区的"傩祭""傩戏"；鄂西长阳土家族的跳丧舞"撒尔嗬"；浓郁古朴、充分体现古文化意蕴的歌舞"茅古斯"；都是反映土家族"童年"时期生产与生活的原生态的戏剧艺术。土家族的摆手舞活动，少则十余人，多则数十、数百人共跳的"摆手歌舞"，是最具民族特色的土家族古歌舞，摆手歌舞由梯玛念诵的，具有史诗性质的长诗。摆手歌的内容十分丰富，包括了天地起源、万物萌生、民族迁徙、祭祀典礼、生产劳动的种种景象。唱摆手歌跳摆手舞充分表现各种神话、传说，人神杂糅的民俗比比皆是，古朴刚健，形象优美，突显民族的原始古朴性。土家族的《梯玛神歌》是土家族著名的祭祀古歌，它通过梯玛与各神灵的对话，充分表现了土家族先民在生产力低下的情况下，祈求平安消除灾祸，敢于战胜邪恶的斗争精神。它与《摆手歌》《打溜子》《土家织锦》均先后被评为国家级非物质文化遗产项目名录。

① 《土家族研究丛书·总序》，中央民族大学出版社 2002 年 6 月版。

随着生产工具的进步，原始农耕方式早已发生了变化，狩猎活动逐渐减少，但其传统民族文化精神仍然代代相传。

（二）以血缘为基础的社会关系文化

土家族大多是聚族而居，形成山寨，往往是同一姓一村寨，鄂西宣恩县土家族是以姓氏为村寨命名，如向家村、覃家坪等等。湘西有彭氏、覃氏、王氏、田氏等大家族。自然村多为同姓、同宗，同姓都是以血缘相联系的，凡同姓者都自认是同一始祖的后代。同一近祖的人称为一房，同房的人往往聚居在一处，都是房族关系。土家族普遍有宗祠组织，基本是以血缘关系组成的房族，每个家族有族长，他们的内聚力很强，每个村寨又是沿家族血缘关系相关联的，每个村是一个大的血亲集群。这些强宗大姓还有许多社会文化职能，如组织生产、生活，进行祭祀活动，订立成套的族规、约法，违者会受惩处；这也是一种法文化现象，对于维护社会秩序和社会稳定有积极意义。族内有遇困难、或产生纠纷的事件，由族长牵头，招集血缘关系近的人聚议协商，予以帮助解决。这些活动中都以血缘宗亲相联系，必然形成家族为核心的文化和习惯法文化。①

传统的土家族乡村，是宗族为经，以姻亲集团为纬编织起来的社会网络。②土家族各姓氏的宗族是其社会关系的基本结构，必然形成以血缘宗族为基础的社系文化。如宗族举行的祭祀活动、生日庆典、红白喜事等，都有纷繁、多彩的文化活动相随。不定期地制定族法规约，对违者惩处，突显法文化传统。

（三）土家族有比较发达文人文化

土家族传统文化有鲜明的民间性，土家族先民居住于中原华夏文化最发达的边沿地带，受汉文化影响，特别是历代上层人物较早接触汉文化，汉族族群也不断向土家族地区流动。明代朝廷规定：凡是承袭土职者必须入学，不入学者不准承袭。这一规定，客观上促使土家族上层人物接受了大量汇集的汉文化，促使土家族文人文化的发展。

在唐宋时期土家族地区受汉文化的影响，已有少量私塾，私塾真正兴起于改土归流之后。一批精通儒学的汉人，拥入土家族地区，开学馆，执教私塾。据不完全统

---

①② 瞿州莲：《一个家族的时空观》，贵州人民出版社 2002 年 1 月版，第 86、108 页。

计，雍正年间，今恩施州、五峰县有私塾234个学馆，今湘西的古丈、龙山、保靖、桑植，贵州的印江等地有私塾1381个学馆，有的有学生数百、千余人。①

土家族大部分处于鄂西、湘西，受荆楚文化熏陶，书院文化也发展较早，书院是一种文化传播的重要形式，北宋庆历年间（1041—1048）武陵土家族地区始建学宫。南宋绍兴年间（1131—1162），创鸢塘书院，是最早的书院。元大德八年（1304）大庸永定建有天门山麓书院，永顺县设有“若云书院”等②一批书院。这些书院不仅传授儒家文化，学习四书五经，而且重视人格道德教育，注重社会实际调查，培养有真才实学的人，这在当时是很不简单的。

教育的发展汇集了汉文化、荆楚、渝黔文化，及各民族的文化，是多源文化融合、多种文化的交汇、渗透、杂糅，形成土家族独特的人文生态。

元明土司制度时期，统治者采取各种措施，使其接受汉文化。元代建始要求各宣慰司建立学校，朱元璋下令“诸土司皆立县学”。明成祖永乐六年（1480），设立酉阳宣慰司学，培养土官及其子弟学习汉文化。弘治十四年（1501）明孝宗下令规定，土司、土官子弟，凡要承袭土司职的，必须入学，不入学者，不准承袭。③ 于是各土司纷纷设立学校，招收土家族及各族子弟入学。统治者是为了使其接受汉文化和儒家思想，但在客观上对发展土家族地区的文化教育，提高土司的文化素质有积极的作用。学校、书院的兴起，当时特别是元代后，明清还鼓励私人办学，土家族地区如雨后春笋涌现数十所书院，书院传授四书五经，儒家伦理道德教育，土家族接受了大量汉文化，出现了一批文化较高的土家族人。上层文人队伍的涌现，出现了颇负盛名的田氏土司诗人群，在各地出现了一大批善写“竹枝词”的著名诗人。

土家族文化中以诗歌最著称，明万历年间田子寿开诗派，容美土司田世氏、田顺年的诗词歌赋，久负盛名。世代相传，较为著名的有田子寿、田九龄、田九峰、田元、田圭等田派诗作颇丰，历久不衰。

明代后，文人文学也得到迅速发展，有诗词、歌赋、人物传说、故事、戏剧绘画、雕刻等等层出不穷，表现出土家族人民的智慧。从元代到改土归流前，土家族人考取进士、举人的不乏其人。这些考取功名的大都派往各地区担任知府、知州、知县等职。同时也涌现了一批文学、艺术、史志方面的学者和作家。永顺土司彭士麒著

---

① 引自宋仕平：《土家族古代社会制度文化研究》，北京民族出版社2007年6月版。

② 杨昌鑫主编：《湘西土家族苗族自治州教育志》，湖南人民出版社1997年版。

③ ［民国］《永顺县志》卷二一。

《永顺宣慰司志》，是研究湖南土司制度的重要著作之一。

（四）巫鬼文化发达

自古以来土家族巫术占卜极为盛行，历史上虽有多次冲击，但在农村行巫占卜古风仍较为普遍。主要是有一批专门从事巫术占卜的职业者，土家族语称为“梯玛”，又称其“土老司”。

从近期考古中发现长江中下游曾有丰富的巴楚巫鬼文化圈。

概而括之，土家族法制的历史，都与其社会的经济状况、政治制度和风俗习惯、文化传统的发展密切相关。

TUJIAZU FAZHI DE ZHUYAO TEZHENG

第三章

土家族法制的主要特征

第一节

概　述

中国法制史是由中国各民族的法制发展历史共同组成，土家族法制是中华法系的有机组成部分。因而土家族法制史既有与国家法相同的方面，也有不同于国家法的方面，是有其特殊性的另一种法制文化现象。

土家族的法制是土家族为了满足本民族繁衍生存的需要，为维护民族共同利益、维持社会秩序而产生的，是土家族法文化价值观的体现。它是随着社会经济、文化的发展及统治者的改朝换代的政治而不断变化的。土家族法制的发展与其他民族既有共性，更有其特殊性。

法律制度其主体，是国家正式颁布的成文法法律，但是还有大量的、非正式的约定俗成民间习惯法；从历史的、广义法文化视野观察，土家族法制历史，表现为多种形式，它应包含国家的成文法，也含有民间的习惯、宗族法规、禁忌、行规、宗教信条规范等等。土家族习惯法是广义的、是泛法文化现象，特别是古近代，其社会关系的调整，是以禁忌、习惯法、行规、宗族法为主的规范模式。土家族习惯法是千百年来的生活生产实践中，被其民族确认和信守的行为规范，是自觉地运用规则的方式调节土家族群体的社会关系，及各种矛盾的产物，是为维护民族共同利益和社会秩序而逐渐形成的，它存在于土家族社会发展的各个阶段，对土家族社会的稳定和发展及民族文化传递起了积极的作用。土家族的习惯法是其法文化传统的重要组成部分，是土家族长期共同生活的价值选择，继续和持久地影响着土家族人民的观念和行为方式。

一、土家族法制史的一般特点

土家族法制的发展有其明显的阶段性：

一些生活在我国大西南的少数民族如侗族、苗族、瑶地区等，由于山高林密的地缘环境，统治者鞭长莫及，至新中国成立前习惯法的原始状态保存得比较多，基本没有向国家法转型，还保留较浓厚的原始习惯法，很难有明显的阶段性。土家族与偏远地区的少数民族相比，地缘与中原接近，接受中原地区相对影响较多，土家族法制的发展历程，大体经历 4 个历史发展阶段。

第一个阶段，禁忌与习惯法阶段，是法律意识的萌芽阶段。

第二个阶段，秦汉唐宋时期的土官制度阶段，即羁縻制度初始阶段。

第三个阶段，是土司制度阶段。土司制度阶段时间较长，历经元、明，至前清，历经 400 余年。是唐宋以来羁縻制度的发展、完善阶段。

第四个阶段，明末至清晚期是改土归流阶段。是国家法律即成文法律制度在土家族地区的逐步发展阶段。

当然上述 4 个阶段的区分是相对的，不是截然分开的。土家族习惯法就贯穿于每个历史阶段。产生于不同的区域、群体，即使是同一民族，也因有不同的社会经济背景，因而有各自不同的习惯法，用通常话说，是百里不同风，乡村不同俗。

二、土家族法制的发展，经历了两次大的转型

其一，从秦汉唐宋以来的羁縻政策、土官制度，转型为元明清的土司制度，所实施的，基本是一种“羁縻”性质的民族自治制度。

其二，清末雍正年间的改土归流，是从民族自治逐渐转型，向国家法制发展阶段，对土家族社会的治理方式来说，这也是一次大的、根本性的转折。

从土家族法制的沿革发展进程的历史，可以看出土家族法的产生、发展既与自身的生存、发展的需要密切相关，也与中国社会的政治、经济和制度变迁密切相关联。

上述法制发展的 4 个阶段，两次法制转型，并非是泾渭分明，而是互相交错、相互渗透、互相影响的，当然我们进行这种区分是相对的，是为了便于从法的历史发展的进程进行考察和阐述。

第二节

土家族禁忌和习惯法的主要特点

禁忌和习惯法是土家族在长期的社会践行中，为满足生存、发展和繁衍的需要，

处理人和自然、社会、人与人之间关系的准则，是土家族社会对人们行为进行了制度化的初步规范，是其社会产生的最早的社会规范。原始的禁忌包含了法的胚胎，是法的萌芽阶段，是习惯法的早期形态。原始文化学者冯特把“禁忌”看作是最古老的、不用文字写成的戒律法典。禁忌和习惯法都是调节个体和群体行为的准则，是“法”概念生命运动的起点，禁忌是土家族的先人为了寻求公平、正义和秩序，而限制个体的、有损害群体的某些欲望和行为，法国学者雅克·卢梭认为：“禁忌就是利用人们避免痛苦和惩罚之心理。”① 当然初始的禁忌是粗造的、简单的。土家族在漫长的历史行程中，经过长期的生活体验，使禁忌逐渐成为土家族群体固定的行为模式被遵守，有违反者会受到惩处，这就促使有民族特色的禁忌成为风俗习惯，进而形成习惯法。原始的禁忌和习惯法是土家族的社会价值观的体现，通过代代口耳相传，它长久而持续地影响土家族人一代又一代的心理、思想和行为，成为一个民族社会心理层面的民族信仰，对维护本民族群体的利益、维持社会的正义和秩序、促进社会发展、保存民族文化都起着积极的作用。

一、土家族尊崇“梯玛”

土家族语“梯玛”意为敬神的人。是古汉语中的“巫师”之义，俗称“土老司”，是土家族对敬神者的特有称呼。土家族认为他是人神合一的结合体，是神的化身，能传递神的意志，又是人的代言人，能代表人向神进行祈求，为人排忧解难，消灾祛病，保佑族群人丁兴旺。在土司时期，直至新中国成立前，凡有病痛，定请“梯玛”作法事，驱邪医治。如有纠纷，请他调解公断。有旱涝灾害，也请他向神祈雨、消雨、降福。其民族群众的很多活动都是通过梯玛的法事进行的，还愿、驱鬼神、传授各种知识，调解民事纠纷，文化娱乐等，都是在梯玛及执事人的主持下进行的。②土家族习惯法既是其民族的经济、政治和文化的反映，也是区别于其他民族的重要标志。

---

① 〔法〕卢梭著：《社会契约论》，陕西人民出版社 2004 年版。

② 田荆贵主编：《中国土家族习俗》，中国文史出版社 1991 年 4 月版。

二、成文法很少，没有完备的法制

土家族习惯法绝大部分是通过口耳相传，是不成文的风俗习惯，由长期积习演变而来。而且长期贯穿于其民族的社会生活中。

土家族地区长期存在着习惯法与国家法并存状况。由于土家族经济长期发展缓慢，习惯法与其生活经济发展相适应，导致习惯法长期存在。虽然人类文明已经进入21世纪，中国也经历了数个不同制度的转换，经历了无数大浪淘沙的洗礼，但是在土家族聚居的区域传统的禁忌与习惯依然我行我素，还发挥着不可替代的作用。这充分说明习惯法的合理性，以及它内在的精神价值。当然随着时间的推移，国家法不断得到强化，习惯法将不断弱化，但它们所追求的的精神内核和价值观永不会消失。

三、没有严格的程序，以罚代刑

土家族习惯法没有严格的程序。对案件的裁决是靠族长、梯玛（巫师、祭祀的主持者）、土王，或者神明裁判断定。这说明土家族社会这种禁忌和习惯是具有法律性质和功能的。是成文法产生之前的一种法律形式的雏形，即使出现了成文法，由于历代统治者实行因俗而治，许多习惯法仍然在民间保留，形成国家法与习惯法的并行不悖的二元法，习惯法不可能形成完备的法制。

土家族地区位于湘、鄂、渝、黔交界的大山区，社会经济发展缓慢，其习惯法反映的是独立于国家之外的，不可能有近现代意义上的刑法。凡是违犯者，往往以是否违犯族法、族规或村规民约进行衡量，采用“神明裁判”的方法，作为判定是非曲直的标准，予以人身或财产处罚。有罚金、鞭挞、逐出村寨、死刑等。这是世代相传，自觉遵守的约法。元朝后，随着土司制度的推行，土家族的社会政治生活被纳入土司制度之中，土司对其管辖的民众有生杀予夺权。但是土家族村民社会中习惯法仍然通行于社会，有些至今还影响着他们的思维和行为方式。土家族习惯法中的宗族族规是其中的重要内容，其目的是保护宗族的整体利益和维护社会秩序，有积极的一面，但也有许多是含封建迷信专制的元素，如，有的宗族戒规的刑罚中，有掌板、逐出、流徒、更姓、罚款、黑办沉河等，这些都是保证族规得以执行的处罚办法。其中，“黑办”是最高、最残酷的处罚，即给人身拴上磨盘沉入河底。新中国成立前四川酉阳土家族地区曾有一个女子自由恋爱，遭家族反对，经家族商议，吊磨盘沉河，被抛入河后，还拿竹竿用劲把人往水中杵，残忍之至。

四、带有浓厚的民主自治色彩，重视纠纷的调解

土家族习惯法是从其民族的习俗和信仰发展而来，必然是民间自治的方法实施。恩格斯说：在原始时代，“一切问题都由当事人自己解决，在大多数情况下，历来的习俗就把一切都调整好了”①。土家族习惯法有浓厚的民主自治色彩。

土家族认为姓是宗族的标志，土家族择偶不仅有一定的标准，而且有一套族规族约，有“乱亲不乱族”之约定，意为婚姻可以打破辈分界限，但是同族、同姓不能结婚。认为姓氏是区别血缘关系的依据，在许多土家族宗族习惯法中“同姓结婚”是绝对禁止的，这是祖辈定下的规矩，始终成为禁忌，如果违反，会受到严厉制裁，被社会所唾弃。如湖南永顺县瞿氏家族就有这样的族规，甚至沿袭至今，离瞿家寨 20 多华里的万坪，有名叫瞿英的女子，长得水灵漂亮，自主谈的对象是城里人，各方面条件很优越，两个人感情很好，她无父母，婚事由哥嫂做主，开始哥嫂听说她找了城里的人，心里很为她高兴，后经了解才知道，男方也姓瞿，哥嫂坚决不同意，同族的人也坚决反对，但是本地的瞿姓人少，帮不上多少忙，于是他们找到瞿族聚集的大村，塔卧村瞿家寨，这里宗族聚集，族规约法严格，虽素不相识，仅凭都姓瞿，听说瞿英竟敢和同姓人通婚，都非常生气，认为是违反了祖宗的规矩，丢了祖宗八辈子的丑。经共同商量，想出了办法。由哥嫂出面，将妹妹从男朋友家约出来，带到事先约好的地点，瞿家寨 10 多个男青年在此等候多时，见瞿英一来就将她强行拉到瞿家寨，这个寨子的人和她没有任何亲缘关系，就依靠宗族习惯法的权威，出面找一户异姓男子将他嫁了出去。后有人去调查瞿英。她说：我很伤心又无奈，只能认命。② 从瞿家对她的态度看，也说明其首领的设置及组织方式具有浓厚原始民主自治的性质，没有严格的程序，一切都是群众民主议定，同时也说明人们的社会活动是与其社会经济发展的水平和社会的发展相适应，随着时代的发展宗族习惯法也有所改变和突破。

他们很重视对各种纠纷的调解，对纠纷以教化引导为主，在土家族还“傩愿”的《解洗》词中，土老司借助神灵，对于人世间的种种冤孽进行一一揭示、评理、解说；

① 《马克思恩格思选集》第四卷，人民出版社 1972 年版，第 92 页。

② 瞿州莲著：《一个家族的时空观》，贵州民族出版社 2000 年版，第 88—89 页。

对家庭不和、偷盗行为、商业欺诈、买卖不公、伤天害理等大量的违反伦理道德的行为予以揭露。其唱词中共有三十解，区分若干组，每组有十解，大体是同类、同性质的为一组，如第一组是对家庭伦理道德方面的有：一解打男和骂女。五解姑嫂相争执。七解兄弟不孝顺。第二组多是违反社会公德方面的，如对欺诈行为的，如四解欺骗昧良心。五解伤天和害理。六解挑唆暗害人。九解依强来凌弱。第三组是反对办事不公方面的，如二解写状诬告人。四解买卖不公平等等。最后有一句是，不解不洗有灾殃，如今解了得安宁，自从今日解洗后，冤家咒诅化灰尘。① 形成具有鲜明土家族特色的、重视纠纷化解和调解的法文化，对现今建立和谐社会也有积极意义。

五、习惯法和伦理、宗教相交融

土家族的习惯法源于禁忌，禁忌本身就是一种原始的宗教。土家族习惯法其内容有浓厚的宗教色彩，兼有道德痕迹。其习惯法既有法律规范的性质，具有法的意义和作用，又含有大量的伦理道德规范和宗教信仰的价值观。土家族信仰受巴楚巫文化的影响，信仰原始巫教即“傩”，土家族的傩与道教无论在价值观方面，还是从土家族心理层面，都有趋同的体现，说明两者之间有深厚的渊源；正如邓红蕾在《道教与土家族文化》一书中说：“一方面，在土家族信仰中随处可见道教的痕迹；另一方面，在道教的实践中又常常体现出土家族信仰的奇特风貌。”道教传入土家族地区的时间很早，东汉时张鲁的五斗米教在土家族地区域流行，在土家族长期的发展中，虽然也受佛教影响，但是佛教传入较道教晚，影响远不如道教深远。道教与土家族的原始宗教互相渗透、融合，在土家族土老司的祭祀活动中，主要是自然崇拜和祖先崇拜，巫道二教的多神崇拜。这些从土家族所挂的神像图中得以充分体现。道教是中国的伦理道德之教，与其原始巫教信仰的诸多方面相同，特别是伦理规范相互借鉴，使土家族的习惯法更具有比较全面的伦理性质。

六、物权方面具有浓厚的原始公有制痕迹

物权是对物的支配和所有权。土家族先民以狩猎为主，土家族的“赶仗”是全寨子的集体活动，每年冬狩猎谓之“起仗”，又称为“赶仗”“赶肉”。按土家族习惯法

---

① 摘自《沅湘傩辞汇览》，香港国际展望出版社1992年版，第55页。

规定，赶仗前要进行隆重的祭祀活动。队伍组织严密，分工合作。其首领“猎首”是以民主推选的方式产生，他靠的是长期狩猎活动积累的丰富经验和胆识，熟悉野兽活动规律，能判断野兽出没的时间、大小等，被周围的人们所信服，作为首领，在狩猎活动中不但没有任何特权，而且往往要比其他人多尽义务，还要出猎网、猎狗，在狩猎过程中要立首功，分配给他的猎物和其他人完全一样。捕获的猎物要先祭猎神，然后进行分配。土家族习惯法的分配原则是“上山打猎，见者有份”。对于开第一枪的猎手或杀第一刀者，还往往给予优待，可以分得头或腿，其余参与者平均分配，体现了原始公有、平均分配的分配制度。

第三节

土司时期土家族法制的特征

一、长期存在的习惯法与国家法的二元体法制

土家族地区长期存在的习惯法与国家法二元并行不悖的状况，一方面是因为历代王朝都给少数民族习惯法一定的地位，实行“以夷是制夷”的羁縻政策。从汉唐代就推行羁縻府州制度，就是用少数民族头领，针对少数民族不同习俗和惯例进行治理。土家族长期遵循习惯法办事，历代统治者对少数民族的管理采取了以其故俗的治理办法，允许习惯法的存在。另一方面在土司时期，土司制度的性质具有双重性，土司既是唐宋羁縻政策的继续和发展，是封建国家授予管理地方行政、司法权力，是封建统一法制的维护者；土司又是土家族的具有一定权威的民族首领，是按照土家族的风俗、习惯进行治理的，客观上必然是形成习惯法与国家法二元法制的长期存在。

在中原地区，特别是自秦统一中国后，长期以来法制都是国家制度的体现，是国家制定实施的、正规的、系统地反映国家政治和经济制度的成文法。即使如此，在中国广大乡土社会里也普遍存在着民间习惯法。所谓民间法，梁治平先生认为，民间是相对于国家而言的，民间法是这样一种知识传统，它生于民间，出于习惯乃由乡民长期生活、劳作、交往和利益冲突中显现的、具有自发性和丰富的地方色彩的礼俗、习

惯、族规、族法，称为中国式民间法。这些礼俗、人情、宗法、习惯或有明文规定，或约定俗成，它具有多种形态，可以是家族的，也可以是民族的相沿相袭，往往是靠社会公众舆论或某种微妙的心理机制维持，有的也由主持人来维持。我国的乡村的民间法与土家族习惯法有其共同点。

假如把法律仅限于以国家权力所制订的规则，那么可以说土家族社会很长一个阶段是“无法”的社会，但是这并不会影响社会的秩序，这就是习惯法的力量。它虽不是真正意义上的、有鲜明法律规范模式的法，但却起着法律意义的作用——强制性和惩处性，是对法律的一种补充。以保证社会有序的运行。这充分说明，法律存在着多种表现形式，它可以是有严密组织、严格程序立法的国家法，也可以是松散的不需经过严格程序的约定成俗的、活生生的习惯法。①

二、叛服无常

土司制度是中央王朝与土家族地区矛盾解决协调的重要途径，对于少数民族来说有较强的灵活性、适应性，对于中央王朝说实现“归服统一”“以土治土”。是统一性与特殊性相结合的重要方式之一。虽然土司制度从总体上看是成功的，但是在实施过程中也不是一帆风顺的，在征讨中，降与叛、归附与反抗归附的斗争，自元代初土司制度建立至清末改土归流的过程中，从未中断过。

元初至元十八年（1281），散毛、大小盘诸洞蛮反叛，朝廷命大将军石抹领蒙古、汉军三千人平叛，蛮酋等降。② 至元二十一年（1284）七月，又巴、散毛洞蛮覃顺又起兵反元，并得到其他土司的响应，元世祖“敕荆湖、西川两省合兵讨之”③。据载，湖广土司包括鄂西土司被征降服，但他们凭险恃阻“随服随叛”。④

明初，慈利土司覃垕，于洪武三年（1370），覃垕聚集九溪十八洞举兵反明，明王朝即命湖广行省平章、杨景等带兵镇压，覃垕虽顽强抵抗，最终兵败。明代土家族地区土司反明规模较大的还有；嘉靖四十二年（1519），施州蛮王忠反叛，掠龙潭，

① 梁治平：《民间法、习惯和习惯法》《习惯法和国家》《清代习惯法：社会和国家》，中国政法大学出版社 1996 年版。

② 《元史·石抹按只传》。

③ 《元史·世祖本纪》。

④ 《蛮司合志·湖广》。

攻支罗，荆楚二蕃皆骚动，时巡抚都御史谷中虚下令讨之征服，质忠出降，下令杀之。① 乃削去安抚司，夺其印章。从上述说明，土家族土司制度的建立是经过无数次降服与与反叛的争斗、较量才逐步建立起来的。

清代的土司制度，虽袭明制，但又经“三藩之乱”，吴三桂以“兴明”为由反叛清朝，吴军占领了土家族大部地区，重兵压境的情况下，各土司纷纷叛清降吴，接受吴三桂的“伪封”。

三、实行土司制与卫所制相结合的统治方式

土司制度是中央在少数民族地区设立的，以地方头领担任长官、用土官以土办法为主进行管理的制度。

在土家族地区明清王朝为了维护统治，削弱和限制土司势力的发展，曾置卫所制度。质言之，明清对土家族地区的统治实行土司与卫所相结合的治理方式。

设置卫所，首先是明王朝在洪武十四年（1381）六月，在施州设置的施州卫军民指挥使司，后废州存卫。是朝廷的军事机构，其目的是便于对当地的土司进行监控和管理，制止土家族土司的反叛和战争。其官员是朝廷任命的汉族官吏。卫所下设“指挥使司、指挥同知、指挥佥，左右中千户所、千户、百户”②。士兵是政府的正规军，在该地区建立起军事防御包围圈，以便对土家族地区进行有效的控制；如明洪武年间在施州土家族聚居的腹地，咸丰境内设立大田军民千户所，大田于八面环夷于腹心之中，通楚蜀要道。“大田虽弹丸之地，实拳泥而塞多孔”，紧扼诸司之咽喉。各卫所由朝廷直接派兵，开垦屯田，“且耕且守”。设立的安福守御千户所，“调拨南北省指挥一员，千户四员，百户二十员至。编民之户，并沔阳州景陵县军人守城”③。卫所任务一是镇压土家族反抗，二是抵抗外敌侵略。平时，无战事则开土屯田，收纳粮米，有战事则执兵从战，管束土家族地区军民，裁汰个官等。

明政府还在卫所所在地设立学校，传播中原文化教育制度。地方管理与中央管理两种制度并存，必然也并存两种类型的法律文化，这两种类型的制度随着时间的延续，必然产生渗透、交流和碰撞，卫所把汉中原的文化和先进的农耕技术带到土家族

① 吴永章著：《湖北民族史》，华中理工大学出版社1990年3月版，第152页。

② 万历《湖广总志·兵防一》的行列中。

③ 乾隆《永顺府志·杂记》卷一二。

地区，加强了汉族与土家族制度与文化的交流和彼此的认同感，对土家族社会产生了较深远的影响。

另外，在明代还允许土司建立自己的军事组织，即营旗制度，营是土家族正规军队的建制，是土司的常备军，只有较大的宣慰司，宣抚司才可组建营旗军事组织。这种军事组织的性质是兵农合一的组织。

四、严格的封建领主等级制是土司统治时期的政治特征

土司时期建立了一整套等级森严的、不可逾越的封建等级制度，土司承袭制度是封建世袭制，是至高无上的土皇帝，其官位代代相传。在土司统治境内各大小土司不仅是地方的最高行政长官，也是军事经济的掌控者。土民称土司为“爵爷”“都爷”或“土王”，称其妻为夫人，妾为某姑娘，幼子为官儿，女为官姐。土司子弟担任官职的称“总爷”。土司对土民则酷刑视其牛马，还生杀予夺。据载土司“杀人不请旨”，稍不如意对土民任意屠杀，是“无礼义，无法度，虽居中国，逸若海外”①。

第四节

清代及“改土归流”阶段法制的特征

一、土家族地区归附清廷和改土归流的时间较晚，但是改制彻底

清朝时，土家族地区归附清廷时间普遍较晚；一方面是由于清兵进入土家族地区较晚，明朝的旧臣在福建、湖广等地建立永历政权，史称为南明，其土司大都与南明政权关系较好，容美、永顺土司与南明政权关系密切，曾大力支持南明政权。另一方面，由于农民起义军夔东十三家的存在，土家族土司迫于农民起义军的威力，在清军尚未大规模进入土家族地区之前，不敢降清。在湖广土司中，最先归附的是顺治四年

① 张天如：《永顺小志》。

（1647）湘西的桑植宣慰司，授原职，颁发印信。但这次归附是短暂的，不久南明政权和夔东十三家农民起义军，发起反清复明的战争，清军暂时退出湘西地区。在此后的数年中，保靖、桑植土司与南明政权保持数年关系。① 至顺治十三年（1656），清军又大举进攻湘西，土家族地区永顺等土司才归附。

土家族地区改土归流的时间也较晚，雍正四年（1726），清廷在云贵等少数民族地区，实现大规模的改土归流，至雍正九年（1731）基本完成。土家族聚居地区，特别是鄂西土司的改土归流从雍正十年（1732）才开始，至雍正十三年（1735）基本完成。土家族地区，特别是鄂西土司的改土归流从雍正十年（1732）才开始，至雍正十三年（1735）基本完成。土家族地区土司制度延续的时间，也较其地区的时间长②，但是改制较彻底。

清雍正年间，湘鄂边的土家族地区整体改制成功，改土归流后云贵、广西、四川等全国土司主要分布区，仍有大量土司存在，但湘鄂土司却已全部改制。据载，“清有天下，仅施南、散毛、容美三宣抚使，永顺、保靖两宣慰使而已。雍正年间施南、容美、永顺、保靖先后纳土，合境无土司名目”③。

改土归流后，在政治上，土家族地区被纳入全国统一的清王朝统治制度中，政府派流官直接管理土家族地区，实行统一的行政设置。改革了原土司各霸一方的为政局面，结束了土司长达数百年的统治，有利于土家族地区的社会稳定和经济的发展。随着改土归流政策的实施，土家族经济得到了迅速发展。改土归流后土家族实行的文化教育事业也得到了较快的发展，清政府在土家族地区设置学校，并设考场、开科考进士的制度，为传播文化和土家族文化教育事业的发展起了一定的推动作用。

二、改土归流后，土家族地区爆发大规模反封建的农民起义，充分体现其民族反压迫，争取平等权利的的意识和斗争精神

土家族地区改土归流后的社会经济，虽然得到迅速发展，但广大贫苦农民仍然只有少量土地，或者没有土地。他们租佃地主的田土耕种，倍受高地租的盘剥。乾隆五十三年（1788），土家族地区连年灾荒，粮食连年歉收，苛捐杂税繁重，又大量摊派

---

① 《清史稿·湖广土司传》。

② 吴永章著：《湖北民族史》，华中理工大学出版社 1990 年 3 月版，第 184 页。

③ 《清史稿·土司列传一》。

粮款、劳役，广大农民饥寒交迫，食不果腹，人民无可忍受，接过川、楚、陕、甘、豫白莲教起义的旗帜，于嘉庆元年（1796）正月，在湖北来凤爆发大规模白莲教起义，他们攻打县城，惩办贪官，杀富济贫，打击贪官污吏和地主豪绅。民众纷纷响应，咸丰、酉阳、宣恩、长阳、龙山、桑植等土家族地地区，短短几天加入白莲教起义的土家人、汉人、苗民等达数十万人。① 与来凤、龙山白莲教起义相呼应的是，以长阳县为中心的白莲教起义，于嘉庆元年（1796）二月，覃士辉、覃加耀、林之华等率领一万五千余教民，在地势险峻的山地建立据点，组织营伍，设立都督、先锋、提巡等官职，与清军对垒，清军兵力分散，也难于深入，相持达半年之久。② 起义军每到一地，都受到土家族、苗民、汉族贫苦农民的大力支持，所到之处，有屋舍居，有衣食火药接济，有骡马、刍草以夺骑更换，有当地人为之向导负运，足见民心所向。嘉庆二年（1797）八月，覃、林义军出没鄂西山区，抗击官兵，四川教首杨秀潍、汤永礼两股起义军，与利川教首陈大朋各聚集数千起义军，协同作战，他们攻打县城，声势浩大，清军溃败。起义军四起，震撼了清廷，清统治者一方面从直隶、山东、山西、江西、吉林、黑龙江调集兵力，一方面大力组织地主乡团对所有绅士乡勇等进行犒赏，“择其尤为出力为首者给六品顶戴，其余分外出力者酌赏七、八品顶戴”③。十月清兵、地主豪绅纷纷组织乡团，协同清军官兵数十万人，对湖北、湖南、四川起义军进行围剿，起义军虽然英勇顽强，艰苦奋战，但清军人数众多，嘉庆三年（1798）春，土家族地区为时两年的起义失败。土家族地区起义军，歼灭了上自总督，下至数万清军官兵和封建官吏的地主武装，起义军虽然被清军镇压下去。他们打起反封建压迫的大旗，聚集民众的力量，给清封建统治以沉重打击。④ 并直接支援了乾隆和嘉庆年间的苗民起义。影响至清在《大清律》中直接规定；确认苗、瑶、壮、彝等少数民族习惯法在该地区的法律效力。这是清朝政府对少数民族立法中绝无仅有的。是少数民族地区，特别是湘西、黔西北长期反抗、斗争的结果。说明历史上，少数民族的权利是斗争中取得的。⑤

从上述土家族法制的诸特征中，可以总结出：

（1）法制与社会经济、政治制度发展有密切的关联性；不同的经济发展阶段有不

① 摘自石亚洲著：《土家族军事史》，民族出版社 2003 年 6 月版，第 164—166 页。

② 同治《宜昌府志》。

③ 嘉庆《恩施县志》卷首。

④ 摘自土家族简史编写组：《土家族简史》，湖南人民出版社 1986 年 4 月版，第 133—135 页。

⑤ 徐晓光著：《中国少数民族法制史》，贵州民族出版社 2002 年 7 月版，第 339 页。

同的法律及法律文化，不同的社会政治制度也必然有不同内容法制。

（2）从五代后晋天福四年（945）的溪州之战，彭氏与楚王立铜柱定契约，至清乾隆、嘉庆年间，土家族及苗族等的农民大起义，反抗清朝封建统治的过程中，都显示出土家族人民的要求平等和顽强的反封建压迫的斗争精神，已有维护民族权利的自觉意识，这是土家族人民难能可贵的优良传统。

第四章

土家族禁忌及其社会功能

土家族禁忌与习惯法源于远古氏族部落社会时期，经长期流变发展，是自然和逐步形成的，虽没有文字记载，靠口耳相传，被土家族社会成员所默认、具有一定约束力的行为方式，是其生产、生活的行为准则，它贯穿于土家族的整个社会发展史。土家族禁忌规定的内容很多，包括图腾禁忌、两性禁忌、生育禁忌、丧葬禁忌、生产禁忌、生活禁忌、食物禁忌等各种禁忌风俗。禁忌是人类社会最古老的不成文法，土家族禁忌习惯法，虽然不是国家公布的法律，但其规范具有法的性质和普遍约束力。研究土家族禁忌及社会功能，对研究土家族传统法文化有重要意义。

第一节

禁忌是土家族习惯法的渊源

“禁忌”一词，原是南太平洋波里尼西亚群岛之一汤加岛人的土语 Taboo、Tabu 的意译，意思是为了避免遭到惩罚，禁止用“神圣”的东西，禁止接触“不洁”的人和事。“禁忌”一词。在中国古代典籍最早见于《汉书·艺文志》：“及拘者为之，则牵于禁忌。”“禁”，许慎《说文解字》有：“吉凶之忌也。”“忌”，孔颖达《周易·央·疏》有：“禁也。”这表明“禁”与“忌”有相同、相通的一面。但二者也有所侧重。“禁”，“从示林声”，林者，《尔雅·释诂》为“君也”。“示”，“语也，以事告人曰示也”。“示，天垂象见吉凶，所以示人也”。可见，“林”“示”之禁，多指来自君、神的外力所禁之意。“忌”，“憎恶也，从心己声”。“己”者，“身也”。“心”者，“人心土，藏在身之中”。可见，“己”、“心”之忌，含有自我避戒、自我抑制之意。① 将“禁”与“忌”合成“禁忌”一词，既包含了外界社会对个体行为的禁止之意，又包含了主体基于内心而对自身行为有所约束的含义，属于禁止性规范。冯特把“禁忌”看作是人类最古老的、不用文字写成的戒律法典。② 禁忌是土家族原始时期先民的“法律”。禁忌表现为各种形式，是原始社会自成一体的“习惯法”，起着规范原始先民的行为，调整人们之间的关系，维持社会生产、生活正常运

① 任聘著：《中国民间禁忌》，作家出版社 1990 年版，第 4 页。

② 《原始文化研究》，生活·读书·新知三联书店 1988 年版，第 91 页。

行的作用。土家族禁忌是关于社会行为、信仰活动的某种约束来限制观念和做法的总称，禁忌成为原始社会唯一的社会约束力，是人类社会中家族、道德、文字、宗教、政治、法律等所有带有规范性质的禁止性规定的总源头。禁忌是人类最古老的无形法律，它的存在通常被认为是远比神的观念和任何宗教信仰的产生还要早。

一、土家族习惯法发轫于禁忌是最早的社会行为规范

禁忌“是关于社会行为，信仰活动的某种约束来限制观念和做法的总称”①。在人类社会形成的愚昧、低级阶段，生产力和认识水平十分低下，原始人的思维相当简陋和感性，是一种本能的“纯粹畜群的意识”，它们不能把自身与外在世界，主体与客观、个体与群体、精神与物质区分开来，日月星辰的明灭，春夏秋冬的交替，山川草木的枯荣兴衰，人自身的生老病死，都会令原古的土家族人觉得不可思议。自然界作为一种现存的、外在的、确定的存在物，对于那时的人来说是一种变幻莫测，既无法离开、又十分陌生，恐惧中无法解脱。对日月星辰变化的疑虑和担心无法理解，尽管如此，社会仍然需要用以调节个人和社会关系的规范或机制，缺少了这种规范或机制，社会就不能正常有序地运行，这种规范或机制我们可看成是法的雏形。当原始先民对外界超自然力的恐怖，特别是各种矛盾缠绕他们又无法解决时，由种族繁衍而产生的“万物有灵”的观念特别发达，“一个能够到处渗透的弥漫的本原，一种遍及宇宙的广布的力量使得人和动物有灵性，在人和动物里发生作用并赋予它们以生命”②。

在生存本能的驱使和“灵”的观念的支配下，土家先人为了避免灾难，保护自己，控制自然，便由对超自然力等神秘力量的笃信和敬畏，给它加上若干禁制。祈求通过自我的约束控制，鬼神的神秘力量转化为“护己”“顺己”的武器，从而避免可能遭致的厄运和惩罚，这样就形成了最早的禁忌。禁忌就是原始社会最早的规范或机制。它被原始民族恪守不移，奉若神明，受到严格遵守，形成为习惯法。

在原始社会，土家族先民的禁忌，一方面表现了原始民族对不可触犯的万物有灵的乞求和恐惧，另一方面则是原始民族消极地为自己规定的这也不行、那也不准的约束自身行为的规范。各民族的禁忌中，无论是自然崇拜、祖先崇拜、图腾崇拜产生的禁忌，还是各种生产禁忌、行为禁忌、宗教禁忌等禁忌形式，几乎都有一种共同的功

① 乌丙安著：《中国民俗学》，辽宁大学出版社 1985 年版，第 20 页。

② 〔法〕列维·布留尔著：《原始思维》，商务印书馆 1985 年版，第 432 页。

能和特性，即对人的本能行为进行限制，制止和预防潜在的危险，保护原始先民的生存，达到控制自然危害的企图。正如恩斯特·卡西尔在《人论》中指出的：“人类经验的每一方面都具有实在性。”① 可以说在原始社会，原始禁忌是一种最早、最特殊的规范形式。

二、禁忌是土家族最早的不成文法

土家族禁忌的形成过程，与其群体社会的形成初期是同步进行的。在部落氏族时期，当开始从食物采集转变为狩猎群体，开始从事集体劳动时，他们内部之间达到的人与人的关系还处于一种纯自然状态，靠自发的优势服从关系调节群体关系。随着生产发展，这种优势服从关系和杂乱的性关系，难以适应集体内部在公共劳动过程中形成的协作关系，并逐渐成为内部协作关系的破坏力量，最终被一种初级的、社会意义的民族群体的禁忌关系所代替。这种初始意义上的社会关系，在食物分配上表现为“酌量取用关系” 和相应的食物禁忌规范的形成，在两性关系上表现为族外婚的实行禁忌规范，它们标志着土家族在自身内部相互关系中初步结束了优势服从原则的统治，使群体内部的相互关系从自然状态转入社会调节状态。土家族社会规范起源与群体生产劳动关系的形成，体现着民族群体对社会关系调整的初步认知。

禁忌的作用在于对人的自身欲望、需要、本能的一种限制和约束，是土家族群体最早的社会控制的手段。所谓社会控制，就是利用某种方式，对个人和集体的言行进行约束，以协调个人与社会之间的关系，以保持社会有序运行。一个民族的生存与发展，客观上需要一个有序的环境，禁忌的形式正是这种社会需要的反映。人具有同其他动物一样的自然本能，这首先是摄食本能、性本能和自卫本能。社会意义上的人与生物学上的人的一个重要区别在于，社会意义上的人的自然欲求是通过社会化的方式实现的，并通过劳动分配保障生存资料的获取以供衣食，通过婚姻制度调节性关系等。而生物意义上的人（原始社会初期）却直接以其自然本能为动因，总是力图满足其自然需要和本能。在这个意义上，可以说在原始人中间，同其他许多动物群体一样，群体关系的调节是通过生物本能的机制来完成的。如果说社会起源的意义在于实现人由生物群体向社会群体的转变，那么它的中心内容之一就是以某种社会方式实现对人的生物本能的社会控制，以初步觉醒了的社会约束意识来支配和控制本能。

① 〔德〕恩斯特·卡西尔著：《人论》，上海译文出版社 1985 年版，第 99 页。

土家族禁忌是其民族最早的社会意义上的行为规范。谢苗诺夫在作全面的研究后，得出的结论是："禁忌是比一般原始社会的禁规更为古老的社会规范，是最古老的社会规范。"① 另一位前苏联学者雅维茨在其《法的一般理论——哲学和社会问题》一书中提出："在遥远的过去，单纯依靠禁忌调整人们的相互关系，是规范人们行为的最初和最低级的形式。在当时，禁忌的作用和效力由恐惧和习惯保障的，它被看成是统治整个共同体的自然的、基本的力量。"因此，他认为，原始社会中的社会规范是按着禁止性规范（禁忌）—义务性规范（道德义务）—授权规范这 3 个阶段发展起来的，禁止性规范，也就是原始禁忌，是土家族社会规范发展的起点。②

三、禁忌在土家族早期社会中发挥着法的功能

土家族禁忌源于图腾意识的图腾崇拜，随着生产力的发展、原始先民对周围世界认知的开化，也发生了相应的变化。从而对图腾物的规定，由一般到个别、由普通到典型，如土家族先民始于对白虎图腾的崇敬心理和畏惧情绪而产生了诸多对白虎的禁忌。这些逐步演变为习惯，最后形成为民族一般的习惯法。因为禁忌具有现实性，即禁忌应与原始先民的社会生产和生活有直接联系，是生产和生活不可缺少的，同时禁忌具有普遍性，即禁忌并非针对个别的、少数人，而是一个群体中的绝大多数人所遵循或认可的。在没有国家和成文法出现以前，禁忌事实上也必然是人类最早的行为规范，是法律的源头和种子，是原始社会的法，是民族的习惯法，正是有了禁忌，通过它的作用才影响、支配、调控着当时处于混沌状况中原始社会的各个方面。

法从根本上讲，实质上是一种规范模式或文化形态，而世间一切规范都来源于禁忌。因此分析法的源头必须从禁忌入手。禁忌成为原始社会唯一的社会约束力，是人类社会中家族、道德、文字、宗教、政治、法律等所有带有规范性质的法制的总源头。它扮演着法律的角色，事实上发挥着法律的作用，是阶级社会前期成文法律的萌芽。无怪乎德国著名学者冯特说："禁忌是人类最古老的无形法律，它的存在通常被认为是远比神的观念和任何宗教信仰的产生还要早。"③ 法国学者倍松也说："说得好听一些，图腾主义便是原始人民的宪法。"禁忌是法的源头。禁忌对土家族先民有引

① 〔苏〕谢苗诺夫著：《婚姻和家庭的起源》，中国社会科学出版社 1983 年版，第 71 页。
② 〔苏〕雅维茨著：《法的一般理论》，辽宁人民出版社 1986 年版，第 101、106 页。
③ 〔奥〕沸洛伊德著、杨庸一译：《图腾与禁忌》，中国民间文艺出版社 1986 年版，第 32 页。

导、提醒、警示、保护其民族成员规范行为的作用。现代法律是以“明确、肯定、具体”的规范形式指引着人们的行为。告诉了人们应当做什么，不应当做什么，提醒人们在生产劳动、婚嫁丧葬、祭祀仪式时必须小心行事，千万不能乱来；它就像一个“危险的符号”随时指令人们的行为模式，并且人们也自觉地屈服于这种禁制，维护这种禁忌准则；警戒人们采取禁止、回避的方式尽量不与某些危险的事物相冲突或者发生接触，否则将导致灾难，受到报应和惩罚。虽然在我们现代人今天看来有些禁忌显得荒谬和没有根据，“是一种智力贫乏的表现，但对于那些受它统治的人来说却是一件理所当然的事情”①，有着无上的权威力。

一个民族的禁忌与习惯法，具有扼制、威慑、制裁、惩罚其民族成员违反禁忌行为的作用。《礼记·曲礼》曰：“入境而问禁，入国而问俗，入门而问忌。”这说明只有先了解了禁忌规定，才可能避免麻烦或遭受惩罚，《周礼》中也说“犯禁者，举而罚”“戳其犯禁者”，一般来说，对触犯禁忌规定本身最常用的处置办法是献祭和忏悔，而对氏族部落来说，鞭打、罚款则更常用。在西藏，禁忌汇入法典，具有成文法律一样的约束力，违禁的处理方法与违法的处理方法有很多相似之处。禁忌是人迄今为止所发现的唯一的社会约束和义务的体系，它是整个社会秩序的基石，在土家族早期社会体系中没有哪个方面不是靠特殊的禁忌来调节和管理的。这种被禁忌习惯法所规定的规矩，向人们设置了无数条警戒线，虽然没有任何形式和公告，却没有人可以逃脱它，如有违反，就必须付出代价，遭到惩罚。弗洛伊德针对这种惩罚特性曾分析说：“当神和精灵的观念出现以后，这些观念就和禁忌结合在一起，于是，违反禁忌所带来的惩罚被认为是自动地由这些神的力量所致，随着这些观念的进一步发展，社会本身才承担起惩罚违反禁忌规定者的职责。因为，如果对它不加以惩罚，就会给他的伙伴带来危险，这样，人类最早的刑罚制度可以追溯到禁忌。我们现在所说的法律是人类社会文明进步的标志；它对社会的规范和调控，除依靠人们对法的自觉遵守外，更多地带有国家的强制力作后盾；而禁忌习惯法主要依靠共同忌讳下的“自我扼制”的集体意识，靠氏族首领和部落酋长、宗族族长、村寨头人的力量来控制，它是非理性和缺乏真实实证的。

土家族的禁忌与习惯法，具有调整其民族成员之间、成员之集体、各部分成员之间行为关系的作用，是当时土家族社会控制的重要手段，促进社会秩序有序运行。禁忌习惯法作为一种较低级的社会控制形式，它是一种约束面最广的社会行为规范，从

---

① 朱狄著：《原始文化研究》，三联书店1988年版，第91页。

吃穿住行到心理活动、从行为到语言，人们都自觉地遵从禁忌规矩；禁忌像一只看不见的手，暗中支配着人们的行为，起着一种社会协调、整合的功能作用，有助于社会关系和社会秩序的建立和延续。我国学者朱狄在他的《原始文化研究》一书中将禁忌的功能、目的概述为以下几条：保护重要人物如族长、祭师等免受伤害；保护弱小者如妇女、儿童和普通人等不受族长、祭师等和强人所伤害；预防由于抚摸或接触尸体或误食某种食物等所引起的危险；保护一些重要的生活行为如生育、成人礼、婚姻和性机能等免受干扰；保护人类不受来自神的精灵的愤怒或力量的伤害；防止个人财产、庄稼、工具等被窃。这些功能和作用为其后的法律所吸收，对法律的产生和发展，起到了一种承先启后的过渡、推动作用。如调节食物分配、限制饮食本能的禁忌使人高于动物，乱伦禁忌和图腾外婚制保证了社会秩序的稳固和种族的繁衍，源于植物崇拜或图腾崇拜，禁止砍伐社树和神树在客观上起了保护生态平衡的作用，其后法律中的禁止偷盗、实行一夫一妻制等无不是这种禁忌特性的缩影或扩张。禁忌不仅在成文法产生以前曾起到调节人的行为的主要作用，而且在成文法产生后也仍然起着补充作用，可以说，法律是在原始禁忌的母体内孕育成长起来的。

禁忌在其产生之时，就扮演着法的角色，具有法的权威性和约束力，逐渐成了该民族的习惯法，其内容一部分成了阶级社会产生后制定成文法的来源，另一部分成了人们的社会习惯。如弗洛伊德所说："随着文化形态的改变，禁忌形成为一种有它自己基础的力量；同时，也渐渐地远离了魔鬼迷信而独立，它逐渐发展为一种习惯、传统而最后则变成了法律。"①

随着生产力的发展，人们认识水平的提高，原始禁忌在实践的传承中会发生分化和变异，一部分禁忌将被淘汰、废弃；一部分禁忌将为习惯法所吸收，经过一番扬弃和改造，融入其后的法律、法规中。习惯是从很古远的时代遗留下来的原始的禁忌的一种，在古远的时代是一种"禁忌"，到后来便变成了礼貌或道德或法律的问题了。由禁忌到禁忌习惯法，再到成文法律是一个自然演进过程。在任何民族的法律体系中，习惯是一种不仅最古老而且是最普遍的法律渊源。为此恩格斯曾指出："在社会发展的某个很早阶段，产生了这样一种需要，把每天重复着的生产、分配和交换产品的行为用一个共同规则概括起来，设法使个人服从生产和交换的一般条件，这个规则首先表现为习惯，后来便成了法律。"②

---

① 《法律进化论》第 3 册，商务印书馆 1992 年版，第 209 页。

② 《马克思恩格斯选集》第 2 卷，第 538 页。

我们对土家族禁忌所具有法文化价值的分析，明晰了禁忌与法起源的关系。一方面土家族民族习惯法在发展过程中，受到了民族禁忌的深刻影响，它直接影响着民族习惯法的内容、形式。土家族的禁忌种类繁多，有生产禁忌、饮食禁忌、生活禁忌、两性禁忌、交往禁忌等等。各种禁忌形式，几乎都有一种共同的功能和特征，即对人的本能行为进行限制，制止和预防潜在危险，保护当时人们的生存，达到控制危害性自然力的企图。可以说，土家族禁忌是土家族社会一种最早、最特殊的规范形式，禁忌对习惯法的影响最初是分散的小范围的，随着社会的发展，那些为大多数土家族先民所公认的禁忌，成为习惯法的组成部分，而且有了强制性和权威性，兼具神灵与世俗双重保障。禁忌成为原始社会唯一的社会约束力，是人类社会中家族、道德、文字、宗教、政治、法律等所有带有规范性质的禁制的总源头。另一方面，民族习惯法对禁忌也有影响。民族习惯法也不仅仅只是被动地受禁忌的影响，而是通过确认某些禁忌，使禁忌具有了法的效力，从而能动地保障禁忌，要求全体社会成员遵守这些习惯法化了的禁忌，违反者要给予各种处罚，从而强化了土家族社会成员关于禁忌的法的意识。

第二节

土家族生产生活中的禁忌

土家族的日常社会生产生活中，禁忌很多，涉及劳动生产、宗教信仰、人际交往、衣食住行等各个方面。禁忌都有一定的目的，其中主要目的就是避免灾祸和不祥，所以它是一种自我保护手段或精神防卫措施。禁忌的流行使之具有习惯法的约束力，规定人们不该做什么，不能做什么。禁忌可以防止任何发出这种力量和命令（对鬼魔力量的恐惧）的物体产生作用（因为它具有隔离作用），如果禁忌遭到破坏，而这种破坏不管是有意的或是无意的，则会遭到神灵的报复，必须加以躲避或转移。

土家族禁忌习惯法也和世界上其他任何民族一样，也是原始文化的特征和对鬼神信仰的一种表现和延伸，土家族的禁忌形态表现多种多样。

一、图腾崇拜和禁忌

白虎图腾是土家族人比较普遍的图腾信仰。土家族的白虎图腾源于古代巴人的廪君神话。《后汉书·南蛮传》载秦汉时期的传说："巴郡南郡蛮，本有五姓：巴氏、樊氏、瞫氏、相氏、郑氏。皆出于武落钟离山。其山有赤黑二穴，巴氏之子生于赤穴，四姓之子皆生黑穴。未有君长，俱事鬼神，乃共掷剑于石穴，约能中者，奉以为君。巴氏子务相乃独中之，众皆叹。又令各乘土船，约能浮者，当以为君。余姓悉沉，唯务相独浮。因共立之。是为廪君……廪君死，魂魄世为白虎。巴氏以虎饮人血，遂以人祠焉。"土家族先民一支为廪君之后，以白虎为图腾。据考证，这支土家先民最早的姓氏是以虎为姓，务相即是虎姓。务相被五姓"奉以为君"时，就是以其图腾白虎为称号——即廪君。古代巴人语和现今土家语一脉相承，皆呼虎为廪、林、利、李等字，形异而通，原意为虎。故廪君即虎君。

在古代巴人生活的地域内，有崇敬白虎和射杀白虎的不同的族落。即使是以射杀白虎为业的"板楯蛮"，历史上仍被称为"白虎之后"。可见土家族与"白虎"的血缘关系之密切。现今土家族对白虎仍怀有无上崇拜，这当属氏族时期图腾崇拜的遗风。土家族聚居区域至今还流传着不少关于白虎族祖或虎祖的神话传说。据《后汉书·南蛮西南夷列传》记载曰："巴郡南郡蛮，本有五姓：巴氏、樊氏、瞫氏、相氏、郑氏皆出武落钟离山其山有赤黑二穴。未有君长，俱事鬼神。"土家族人以白虎为图腾崇拜，尤以"坐堂白虎"为甚。昔日，户户设坛祭虎神，或在神龛上供坐堂白虎；土家族有的族群习俗中也存在赶白虎驱白虎的习俗，《岑巩县民族志》记载："田姓土家人忌白虎、赶白虎，视白虎为不祥之物。"还有耗财白虎、过山白虎等，俗有"小孩遇到白虎星，不死也要脱道生""赶仗遇白虎（指耗财白虎），一天无雀兔"的说法。有学者认为供祭的白虎和驱赶的白虎是两类不同的白虎，堂屋供祭的是天门白虎，是廪君的化身。被驱赶的白虎则是五方白虎。据说五方白虎是山野遍地跑的虎群，必须驱赶，土家族民间直到现今敬和赶白虎的仪式还大量保留着，这与其既敬又畏的民族心理是相联系的。

现今土家族习俗中，对白虎有敬、畏之分，其大体分别是：鄂西为敬、信奉；湘西为畏。鄂西较普遍地信奉："白虎当堂坐，无灾也无祸"；"当堂坐的是家神"，因此各家堂屋里多设有白虎神坐堂。而在湘西有部分地区和黔东一些地区，则多信奉：

“白虎当堂过，无灾也有祸。”以忌虎为特征，永顺、保靖、龙山县一带，不少人认为自己的祖先是“打虎匠”，视白虎为凶神，并忌讳虎字，多以“猫”代之。湘西永顺县土家族传说他们来到永顺的祖先，一个叫铜老虎，一个叫铁老虎。保靖县土家族传说他们来到保靖的3个祖公，老大叫飞山虎，老二叫过山虎，老三叫爬山虎。另据王姓土家族老人说，他们的族祖是虎，为忌讳呼虎，故以虎额头上花纹形似汉字的“王”字代称，并作为姓氏。

土家族对白虎图腾的崇拜和禁忌，体现了对祖先的怀念和崇拜和怀念，希望得到它的护佑。

二、两性方面的禁忌

在任何民族的社会生活中，婚姻都是人生中的一件大事。每一个民族对其婚姻方面的规矩都是很多的，禁忌也是很多的。据贵州民族工作人员调查，在贵州省志民族志编委会编《民族志资料汇编》编写的第9集中记载，当地土家族在两性方面的禁忌有：新娘出嫁时，要穿公婆穿得半旧的衣、裤、鞋袜等（被称之为“露水衣服”），以干扰新娘到夫家这段路程中沿途鬼魂的纠缠，不然新娘在路上要被鬼怪附体，带到婆家，对婆家及新娘不吉，同时，新娘穿的“露水衣服”不能穿进婆家，要在进屋之前脱下，不然仍谓不吉利；抬花轿者，切忌已婚男子，非得要所谓黄花郎不可，否则被认为今后新娘会怀怪胎，甚或危及新婚夫妇的家庭生活；送迎亲队伍，路过洞穴之处，切忌大吹大擂，要偃旗息鼓，以免惊扰了洞穴鬼神，不然新娘的灵魂就可能被鬼神掠去，非死即病，迎亲队伍在路上遇上土老师作法或土老师身背法器，对新娘视为不吉；新娘刚到婆家，没有同新郎喝交杯酒以前，切忌同没有结婚的姑娘碰面，不然今后夫妻生活不和；新娘离开娘家时，要由新娘的兄弟把她背负出屋，新娘子的双脚绝不能沾地，不然谓把娘家的泥土带走，谓娘家从此败落（因信土能生万物）；入洞房后，新娘切忌先坐新床，不然谓今后夫妻不和。新娘刚进夫家，公婆要回避片刻，不然谓新娘沿途可能携带的邪气，会危及公婆。新娘在途中极可能沾染上邪气，另外新娘如来月经等，被认为将给夫家带来邪气，但只要新娘在进入夫家堂屋时，跨越安放在门口的七星灯（用筛子装上7支点燃的蜡烛），便可去邪，使夫家不致受污。迎亲队伍切忌碰见“送阳孕”的人。所谓“送阳孕”，即是指妇女生小孩养不活，为求得解脱养活今后所生的孩子，预先知道某家迎送亲，就用一面镜子，照着迎送亲队伍的必经之路，然后燃化香烛、纸钱等物进行祷告，这样就可以把生育多胎都养不活的灾祸转移到新娘身上，自己则得到解脱。但如迎送亲的人知道后，踹掉镜子，踩灭香烛，并在原地解小便，即可解脱。花轿抬到夫家门外时，要“回车马”，就是把轿子的头掉向外，然后在轿顶上滴几点雄鸡血，这样便可以“回煞”，去掉新娘沿途可能带来的邪气。寡妇再嫁时，前夫的亡灵可能纠缠不休，且有可能把孝带进后夫家，但如向前夫家交纳所谓安葬费，且守满孝，新婚夫妇就能安度岁月。

湘鄂西土家族人民还忌豆腐上喜宴。这是因为土家族人办丧事，以白色为“孝色”，奠仪堂用白布装饰，孝服用白布裁制；豆腐也是白色，用油煎成豆腐块，成为丧事宴席中的首菜。通常以“吃煎豆腐”作为办丧事的代名词。由于这一原因，土家族人儿子结婚、女儿出嫁等喜事，席上不以豆腐做菜。婚姻忌单数：土家族人俗信好事成双。若遇单数便意味着不吉利。择期选日办喜事，在双日。如：初二、初十、二十、二十二等。婚宴席上，坐八人、十人、十六人等，不能坐五人、七人等单数。若只有七人进餐，进餐后的人也要来一个陪坐。

三、生育方面的禁忌

生育后代是一个民族的重大事情，关系到能否确保子孙后代身强体壮、智力发达的问题。每一个民族在这个问题上都会有一些禁忌。据贵州省民族志编委会编写的《民族志资料汇编》第9集记载，当地土家族人民在生育方面有如下禁忌：产妇严禁吃牛肉，不然谓孩子长大后不会说话，产妇严禁吃鸭肉、鸭蛋，不然孩子长大后，走路像鸭子一般，产妇严禁吃白鸡，否则谓吃了白虎，今后孩子养不活；产妇未满月时，绝不能到其他人家走动，不然谓其身上的污秽扫了他人的财门，使其不能生财；刚生下孩子的产妇，切忌见到孕妇，否则婴儿没有奶吃，婴儿刚出母体，家里的人要从屋外抓一把泥土进屋，意即小孩土生土长，可以长大成人，不然要中途夭亡。擦洗新生儿的水，只能泼到厕所或火灶旁，不然要污秽神灵，使婴儿养不活。湘鄂西一带的土家族妇女坐“月子”时期也有很多禁忌：产妇碗筷不得与他人共用，产妇生孩子三天内不得上火堂、进灶房，未满月不得进别人的屋，产妇忌吃鸡颈肉、鸡爪子、鸡屁股、猪嘴肉，忌吃水果及酸性食物；穿草鞋、穿钉鞋、穿蓑衣的人不得进产妇房，毛头姑娘、孕妇不得进产妇房或看小婴孩等等；婴儿夜哭不止，则用红纸写上“天黄地绿，小儿夜哭，君子念过，夜夜安宿”等字，贴在十字路口，则婴儿再不闹夜了；

小儿生下后，请算命先生排算八字，如有关煞，还要请“梯玛”渡关。还要带两个煮熟的鸡蛋，一把小米，一束香，背婴儿到水井边出月，先把小米撒在井里，焚香后，对井三拜，然后用井水洗手，喝一大口井水，并用茶壶盛一壶水回家，热好后，给婴儿洗个澡，这样使婴儿不生疮疱，免却灾难；这一天也是“出月”的日子，外婆亲自接新生的小孙子，婴儿的额上仍用锅灰画个黑“十字”，摇篮边插一把小刀，还用布巾搓成火绳，路上点着，说是这样可以吓走白虎，因为白虎是凶恶之神，专抱土家族人的小孩，婴儿额门的黑“十字”算是虎符，又有武器、又有火绳，白虎就不敢拢边了，可保婴孩在路途中的安全。不准小孩吃猪鼻子，说是长大打鼻鼾，不准未婚男女（含小孩）吃猪脚叉，说是将来难找到对象，即使找到了也会叉脱。不准小孩吃鸡爪，否则上学写鸡爪字，不准小孩吃祭神用的饭菜，吃了记性差。禁生人当着父母面同闺女开玩笑，禁将女人裤子晒在男人衣帽上，禁生人在火坑边坐媳妇的座凳；禁新生婴儿洗澡水乱倒，须倒入火坑下，忌孕妇看望未满月婴儿，说是婴儿会长四眼；禁孕妇看别人做豆腐，以免豆浆化成清水，土家人称孕妇为“四眼人”，四眼人眼最“毒”，他看人家做豆腐，那豆腐就不凝固，就会变成水；她看人家做豆豉，豆豉就煮不烂，“发”不香；禁在孕妇家中动土、敲打、拆门、移动家具等，以免孕妇惊吓造成坠胎流产，禁孕妇和寡妇观看婚礼，以免带来新婚夫妇日后不和；禁到新生婴儿家中借东西和接火种，以免使婴儿啼哭不止或不幸夭折。

四、丧葬方面的禁忌

丧葬方面也是一个民族社会生活中规矩和禁忌较多的环节。据贵州省《民族志资料汇编》第9集记载，当地土家族人在丧葬仪式中有以下一些禁忌：家里死人，绝忌死人脚沾地，不然谓把家中地气沾走，如此，则丧家从此人丁不旺，六畜不兴。家里死人，孝子如不洗澡净身，谓对死者不敬，那么亡灵就会作祟报复。父死，孝子用苦竹，母死孝子用杨柳木做哭丧棒，向亡灵表示自己的哀痛，不然亡灵谓孝子不孝，亡灵愤怒，孝子必遭报应。

埋葬死者，丧家要根据死者的生辰八字择坟地坐向，不然死者阴魂不悦，丧家便难安生。出殡之时，切忌抬棺木的抬杠断，不然惊动死者灵魂，家中不吉。出殡之时的抬棺工具如杠子、绳子等物，切忌拿回家再用，不然谓“丧回原家”，家中还要死人。死人出殡上山安葬，棺木出门之前，孝子要用箩筐装些柴草，然后坐一下，谓之坐财，不然从此败财。待死者安葬完毕，孝子要从山上拿回一些柴草，谓之抱财，不然今后没有富贵。死人的棺木切忌落地，如出殡时路途遥远，抬不动，就用凳子垫，不然谓：丧落地，三年不利，亏损后人。人死后，生前用的床，要拿起来竖立起，铺床的稻草要烧掉，生前用的鞋子要盖上一个筛子烧掉，意即死者背不起床，找不到回家的路，不然生者在床上睡了，就要被死者的亡灵背去。

孝子居丧期间，不得当着死者灵牌吃肉，不然死者有灵，谓吃了他的肉，就必遭死者阴魂报复，非死即病。孝子在死者死的三天内，不得到其他人家，不然谓把“丧”带到别家，那样人家就会死人，三天后孝子不得带着孝帕到其他人家去，如要去，亦得在门外把孝帕除去才能进去，不然亦谓把孝带到别家去了。出殡三天之内，孝子每晚要去坟上送灯火，不然谓亡灵没有灯火煮饭，无法招待附近来做客的鬼神，亡灵将会埋怨孝子，于孝子不利。家中老人去世后三天之内，丧家不得扫地，不然会把老人为后代积累的家财扫出去，若一定要扫地，也要从外往里扫，不得往外扫。在安埋死者后的四十九天内，孝子在每天吃饭之前，用香烛、钱纸、饭、酒、肉等物在死者灵牌前供奉死者灵魂，不然死者谓子不孝，不但不暗中保佑，反而作怪为害，惩罚后人。三年之内，孝家不能沾红，即使写春联也得用白纸，不能打家中阳尘，不然谓对死者不敬，必遭死者阴魂报应。家中死人，三年之内不得娱乐，不然是对死者不敬，必遭死者报应。新坟三年以内，要在清明节前挂清，不然老坟鬼神难容，新坟就会遭雷击，死者亡灵就会遭罪。忌“重丧”日，意即死人的日子是重丧日，家里还可能要死人。可以请“梯玛”作法解除，然后再在棺木里放上一个装有一只鸡头的小木盒，一齐拿出埋葬，就可以代替活人。

未成年的人死，要用独杠抬出，只能早晚安埋，且父母不能在场，由外人埋葬，否则要跟着父母回家，就会作怪为害。青年妇女难产身亡，埋葬之时要用铜铁钉等物放入棺木中，同时，还要撒一把菜籽入棺，不然谓要回家作怪。妇女连续生几胎都养不活的孩子，谓是来欺骗父母的，为了今后能养活再生下的孩子，且不欺骗别的父母。对死婴要把其尸切碎抛入洞穴或水中，不然谓还会找回家，继续欺骗，使今后所生的孩子仍然养不活。得传染病死的人，死者的口要用帕子遮住，不然谓死者之病传染后人，还要遭丧。在外非正常死的人，不许抬进堂屋，不然谓要冲撞家神，所谓野鬼不能上家仙，不然，祖宗神要埋怨，主人家就没有家仙保佑，就会事事不顺利。生前作恶，危害社会的年轻人死，入殡时，要在棺木中撒放芝麻或绿豆之类，让他永远数不清棺中芝麻或绿豆，就永远翻不了身，不然他会变怪为害。

湖南省永顺县的土家族人也规定在外地死去的尸体，不准抬进屋，都只能在屋外停棺待葬，因为冷尸野鬼不能见家神。还认为祖坟是神圣不可侵犯的圣地，祖坟四周的草木土石，均不许人畜践踏和攀折，更不准任何人在祖坟附近动土伐木，一旦犯禁，必须公开向其后世子孙道歉，并恢复原状，烧香焚纸以谢罪。

五、生产方面的禁忌

在长期的生产实践中，处于武陵山区的土家族人民总结历史上的经验和教训，形成世代遵守的禁忌：土家族人认为戌日不动土，凡逢戌日，不能直接从事农业生产劳动，如犁田、挖土、播种、收获等。传说“凡人不禁戌，阳春冤枉种”，如果不禁戌日，庄稼生长不好。逢鼠日忌播种，认为鼠日这天播种，庄稼必然遭鼠等兽虫危害。元月二十一日早，在雀儿还没有出窝开叫之前，要用树枝、竹枝挂上糍粑等物放在野外，喂食雀鸟，意即把雀鸟的嘴巴封上，不然当年的麦子、谷子等粮食，要被鸟雀啄食。立夏时和初八日，为黄牛和水牛的生日，要让其休息，忌耕地。立春日，忌别家的妇女进屋，认为会毁坏农具。逢七忌砍竹子，认为这天砍竹子将不发竹笋，因为“七”是不生长日。逢六忌杀猪，腊月二十六忌杀年猪，否则今后养猪不利。下种时，特别是玉米种，忌到别人家借种，否则玉米不结棒。

每年端午节时，要“打土地”。所谓“打土地”就是用纸牌和酒肉、香纸等物，在田边先烧香，然后在每块田角插上两块纸牌，念道：上头的土地请下来，下头的土地请上来，两边的土地请拢来，中间的土地保佑五谷丰登。不然，来年将无收成。家里猪、牛、羊等大牲畜怀胎，房屋四周不能大动，动则流产。

湘鄂西等地的土家族人习惯严禁砍伐古树，认为古树是神树，要保护。被雷劈的古树被认为是妖精树，有“树长三百年成妖精”之说。雷劈的树不能拿回家做柴烧，否则要失火；不能拿回家做建材，否则会同样遭雷击。土家族人爱在房前屋后种南瓜，南瓜开花分公花、母花，母花才结瓜，公花做菜吃，为了多结瓜，严禁用手指母花，否则母花上的小瓜仔要“气”死。禁止锄头扛在肩上和挑空水桶、空粪桶进屋（可用手提着），不准将畚箕覆在堂屋中，因为这是埋人的迹象。年三十不准去水井挑水，否则来年会遭水旱之灾，年三十不准宰杀禽畜，说是“麻雀也有三十夜”。正月初一不准洒水扫地，以免将财气扫出门。正月初一至十五，大人小孩不能剃头，以免秧苗长成“癞子头”。吃年饭不准泡汤，否则来年涨水冲垮田坎，清明、立夏、四月八不准使用耕牛，否则牛会生病，满日为土瘟日，忌播种，有“下种遇红煞，种粮子归家”之谚。

土家族人水上捕捞的历史悠久。在漫长的水上生产、生活中，土家族船民、船工形成一些特有的风俗习惯。其中禁忌亦属此类。如：禁“翻”“沉”“晒被絮”等语，凡碰上这类事，说话时用意思相近的字代替，翻山越岭说成上山越岭，“睡觉翻身”说成睡觉侧身；“沉下水去了”说成落下水去了。连“翻”字的同音字“帆”“番”也忌讳。把“帆篷”说成布条，把“翻一番”说成两个多，把“凡是”说成全是等。船头不准放女人的裤子、袜子、鞋子等物。船头禁止女人站、坐、走、睡。任何人不准在船头大小便。

六、生活方面的禁忌

在日常生活方面，据贵州《民族志资料汇编》第9集记载，当地土家族人有以下生活方面禁忌：孩子入学切忌闰年，否则不利于功名高就。小孩子切忌吃猪尾巴，否则终身做事，事事落后于人，一事无成。小孩子切忌吃猪鼻子，否则今后睡觉之时会鼾声如雷。小孩子切忌啃饭勺，否则今后凡见人必脸红，没有出息。

农历七月半，切忌在堂屋中摆凳子、纺花、牵线织布等，不然谓祖宗回座取线之时会被绊着，是对祖宗的不敬。切不能用脚踩灶，腿胯亦不能面对灶门，不然就是对灶神的大不敬，如若灶神上天奏本告状，明年收成无着。家中做灶时，不能有女人来家做客，不然谓今后蚂蚁上灶。妇女走亲串门，不能横坐人家门槛，不然谓扫人家财门，此家从此家财难理。每年腊月二十三日以前打扫灰尘，因为腊月二十三这天灶神上天奏本，所以须打扫干净，灶神就可在天上为主人家多说好话，不然以后家中灰尘将成线往下掉。另外，打扫下来的灰尘不能随便乱丢，须收集拢来，仔细撒在地上，然后主人家再在上面印上一个一个清晰的脚印，谓从今以后，主人家凡做事事成。年三十夜吃饭，切忌喝汤，不然谓喝汤泡垮田坎，不吹火，不然谓吹坏庄稼，而这一切都会导致庄稼无收成。过年时，房屋周围需撒石灰，点香烛，在堂屋上要用石灰画上刀剑、钢叉等坚兵利刃，这样可避鬼邪，不然，来年鬼邪定会骚扰不断，主人家不得安宁。惊蛰节时，房屋一定要用桃枝打扫，可以避虫蛇鸟兽之忧，不然虫蛇骚扰不息，主人家不得安生。四月八日这天，家家要送毛毛虫。用竹子做一个十字架，写上：福星四月八，今日毛虫嫁，嫁出青山外，永远不归家。意即虫蛇可以不侵家里，不然有虫蛇侵扰。解渡之时，切忌听到阳雀（布谷鸟）啼叫，不然谓：解渡听到阳雀啼，不死也要脱层皮。要解脱，就只有讨百家姓（七姓即可）的米做饭吃，另外，午睡之时，如听到阳雀啼叫，亦要赶快翻身，因为认为，人死时亦是平躺，所以不翻身就会死，如若午休者没有听见，家人亦要赶紧替他翻身。别人家的黄牛，切忌进屋，不然家神受惊，家财不顺，如若发生，只有请土老师作法方可解脱。水桶切忌空着挑进堂屋，要进必须提着一只，不然谓不懂礼节或认为家里的财要被挑出去，亦即要破财之意。

贵州铜仁地区的土家族人，平时清晨不能说“死”“病”“痛”“穷”“杀”“没有”“光了”“苦”之类的话。过大年前后，即腊月二十五至正月十五之间，禁说“死”“伤”“病”“杀”等话。腊月、正月妇女、儿童忌说：“鬼”“魂”“埋”“丧”“孝”“白”等语，坐船禁说“破”“翻”“沉”“开”等语。锅里的汤开了，亦只能说锅里的汤涨了。贵州提溪司土家族人的禁忌很多，主要有以下一些：腊月、正月是忌年头、忌年尾，不准妇女、儿童说“鬼”“魂”“死”“丧“等不吉利的话，初五以后才可随便。年三十那天禁止去水井挑水，因这天是龙王团年，不能惊动它；否则，来年龙王会捣乱，遭水、旱灾害。七月半是祭祖先的节日或是祖先生期、死期，见到蛙蛇和其他大虫、蝴蝶进屋不准打，让它自来自去，说是祖先的化身回家看望。在修房、婚丧喜事，必须选择吉日，日子不好，认为办事不利，要出现凶事，如建房要“天翻地复”倒塌等。祭祖神时忌听猫叫声，停丧不准有猫进灵堂。

湘鄂西土家族人流行禁忌很多，年三十不准宰杀牲畜家禽，说是“麻雀也有个三十夜”。吃年饭时，禁止用汤泡饭，否则来年会涨大水，大水会冲垮田坎。初一禁止扫地，否则会将财气扫出门。忌半夜三更到别人家借钱借物，认为“夜晚不破财”。忌端着饭碗站在别人背后吃；否则，别人会“背时”。禁直接坐在别人的正门槛上，有欺主之嫌。禁半夜三更在居屋内吹口哨，这样会引鬼入门。药匠忌吃狗肉和五爪肉，否则，药物符水不灵。过大年、小年间，忌推磨。忌孝子与人发生口角，以免祸事牵连。客人歇宿，听从主人安排，最忌男客乱窜媳妇闺女房，说是行为不轨。走亲访友，忌带中草药入灵屋，否则主人家不吉利。人前人后，忌谈人家“血疮”（即隐私），忌拿生理缺陷开玩笑，有“人到五十八，不笑人家跛和瞎”之谚。腊月二十九，妇女忌做针线和洗衣，否则与人发生口角。正月到岳丈家去拜年，忌女人走在前，否则男人走“背时”运。一、四、七、十月的蛇日，冬月的鸡日，逢三、六、九，腊月的牛日被视为红煞日，忌出远门，“有出门遇红煞，一去不归家”之说，又有“七不出门八不归家”之说，即逢七的日子不离家，逢八的日子不归家。结婚忌单日子，喜双日子。报丧事，则喜单日子，不喜双日子。正月初一，不准说不吉利的话，凡是涉及“死”“病”“痛”“穷”“杀”“血”等字眼的话不能讲。“没有”、“不要”这类表示否定的词句，也不要轻口妄说，更不能哭泣、吵架、骂人。如果犯忌，这一年都不顺利。在节日和喜庆的日子里，不准乱说话，忌说“死”“亡”之类的字，敬神祭祖时，严禁小孩谈话。土家族人在早晨禁言龙、蛇、虎、狼等凶猛动物。他们认为，早晨说话声音传得远，容易惊动凶物，导致它们发怒而伤害人类。早晨若需言这些动物，便用其他字代替。如：龙曰虫、蛇曰虬（音丘）、虎曰猫、狼曰狗等。

湖南永顺县土家族人也规定，正月初一，不准说不吉利的话和哭泣、吵架、骂人，特别是当日清晨没吃东西以前要求更严，连带有“死”“病”“痛”“穷”“杀”“没有”“不要”等字音的话都不能讲。所以，这天都早起床，吃东西，动口以后，说话就自然些了。腊月二十九日过年，饭上甑后，妇女要停止针线活，也不能洗衣服，让各种有生命的东西，都安全地度过“三十夜”。

不准把山上野外死的雀鸟野兽拿到家里来。见了死禽死兽，也不要告诉亲人，特别是正月为最。禁止把看到蛇交配的情况告诉别人，因为这是不祥之兆，应先给树木讲，对树讲了，树要枯萎。不准用脚踩在灶上，不准在灶上烘衣裤、鞋袜和其他脏物，灶上禁煮狗肉。禁止随意移动火坑中的三脚，每年只能在腊月三十日动一次，因为三脚是一家之主，不随便动位置，这是安居的象征。出门求医，忌逢搬挖锄、带畚箕的人。农村草医忌吃狗肉和其他 5 个爪子的兽肉；否则，药物、符水不灵。禁用五爪肉和其他非宰杀的肉祭神，否则是对神灵的侮辱。出门办事忌逢女人。

湖北省鄂西清江沿岸土家族人对“三十六”这个数字的禁忌，当地人流传着“人人有个三十六，喜的喜来哭的哭”的谚语，人们对三十六十分忌讳。昔日写任何名单，第三十六位往往写上当地庙宇的名字，认为那个人逢上三十六，就大不吉利，庙宇不怕灾星，可以写上它的名字。这种忌讳如今仍存在，三十六岁祝寿的大有人在，他们摆酒席、放鞭炮，哥儿兄弟，大庆一番，这倒不是为大寿而庆，而是为了顺利度过这个大节而祝，认为人生三十六无灾就是福，不忧则喜。由于这种心理作用的影响的，不少人逢三十六岁总是心有余悸，提心吊胆过一年。

七、食物方面的禁忌

在食物方面，土家族人的禁忌有就餐时忌说话，禁小孩吃猪蹄子，恐怕小孩将来找不到对象。禁小孩吃猪尾巴，恐怕小孩将来能力低下，事事不如人。除夕吃年饭忌泡菜汤，恐来年洪水冲垮田坎。巫师忌吃带 5 个爪动物的肉，有的地方的土家族人还禁吃羊肉、狗肉等。在土家族历史上，对习惯法最具意义的还是在土家族地区广为流传的女孩禁吃鱼卵的禁忌。

土家族吃鱼时，禁止女孩子吃鱼卵。这也是土家族人对人类发祥的一种记忆和忌讳。从现在民族史和民俗学，都可以看到世界上许多民族，几乎都经历过洪水滔天，绝灭人类的时代。引起洪水的原因和结果，大致都相同。皆源于捉杀雷公、洪水淹人类。只有兄妹俩因释放雷公而得到的葫芦，坐于葫芦之中生存下来；最后兄妹成婚生血团怪物，剁血团甩四方而再有人类。土家族人民也有这样一个类似的神话，是说由于天旱，有个神人沿马桑树爬上了天庭，要玉帝降雨解救世上人们。玉帝拿起扫帚将金盆里水扫下凡间，结果涨上齐天大水，绝灭了人类。玉帝派傩神爷爷和傩神娘娘两兄妹下凡来繁衍人类。傩神爷爷和傩神娘娘感到是兄妹，不好结婚，也通过神的撮合，滚合石磨，栽葫芦藤相缠，劈竹等手续，结了婚。结婚后，傩神娘娘生下的不是孩子，也不是血球，而是一串葡萄。傩神爷爷和傩神娘娘恼羞成怒，将这串葡萄剪一颗扔一颗，扔在土上的变成了土家人，扔在禾苗上的变成了苗家人，扔在洞里的变成了侗家人，扔在水里的变成了水族人，扔在旱地带的变成了汉（旱）族人……各民族就是这么来的。人繁衍起来了，万物复苏了，马桑树又长得齐天高了。玉皇怕有人又沿着马桑树爬上天来闹事，就狠狠地踩了一脚，还念道："马桑树儿高又高，不到三尺就勾腰。"从此马桑树再也长不高了，地上的人再也上不了天了。神话，既道出了各族同源异流，又揭示了血缘婚的危害。过去，土家族缺乏生育的科学知识，对生葡萄怪胎感到很恐惧，见鱼卵形似葡萄，头脑里又存在着原始卵生观念，故出现了禁止女孩子吃鱼卵的禁忌。

第三节

土家族禁忌的约束力

土家族禁忌规范中的一些内容，是土家族人民的祖先对神灵信仰、崇拜的结果。在原始社会时期，由于生产力水平和人们认识能力均极为低下，使土家族先民对大自然束手无策，对变幻莫测的自然与人生现象百思不解，因而产生了“万物有灵”的观念，认为各种“神灵”法力无边，决定着人们的灾祸吉福。受这种原始宗教观念支配，面对这些神灵，人们惶恐、敬畏，不敢触犯神灵，担心神灵报复，尽量使自己的行为符合神灵的要求，以减少和消除灾祸的发生，由此导致了种种对自己行为的限制，一些禁忌规范得以产生。土家族人的传统禁忌习俗中的许多内容都是直接源于这种原始宗教信仰，其中在图腾禁忌、丧葬禁忌、祭祀禁忌中尤为明显，禁忌的目的，都是为了防止触怒神灵，防止招引野鬼作祟，而另外一些禁忌，如忌手指月亮，忌脚踏火塘三脚架，则直接来源于对月神、火神的崇拜。

一、土家族禁忌产生的诸因素

土家族禁忌规范中的一些内容，是土家族人民的祖先借助神灵观念对人生、自然、社会诸现象进行解释的结果。土家族先民由于生产力与认识能力低下，而难以用理性和实证方法来解释客观世界时，禁忌就通过其特有的直观性、猜测性的幻想方式为当时人们所接受。在古代社会，不论禁忌的目的怎样，实现禁忌的手段却总是一样的，这就是借助鬼神的力量来加以实现，但鬼神的观念并非随着人类的产生就有的，由于科学技术落后，人们对自然界许多复杂的事物不能科学地解释，只能借助形象，以万物有灵的观念去理解，从而产生了鬼神观念。在早期破坏禁忌所遭受的惩罚，无疑的是由一种精神上的自发力量来控制，即由破坏的禁忌本身来执行，只有鬼神观念产生以后，禁忌才开始和它们结合起来，惩罚本身也就自动地附随在这种神秘力量上了。在土家族社会，鬼神的神秘性使它成为一种力量，人们在禁忌规范中正是借助了这种力量，来面对生产、生活中种种不能解释的现象，如年轻妇女难产死亡或生出畸形儿、天灾人祸等。

土家族禁忌规范中的一些内容，是土家族人民的祖先借助一些宗教方式进行心理安慰，以避开灾祸、缓解心理压力，保持对人生、生活充满信心、希望的结果。禁忌习惯法是对各种灾祸的恐惧而引起的自我限制和消极防卫，因而它也像宗教一样，对人有一种精神上的安慰、麻醉作用。人们虽然一方面相信鬼神的存在，但另一方面，又认为这种力量可以解脱，从而千方百计地企图去克服这种力量，以保护自己及群体的利益。如土家族禁忌中，别人家的黄牛进自己的房子，被认为是对家仙（祖宗）的冲撞，从此难得发财，但是只要请梯玛（当地的巫师）作法就可以解脱此灾。土家族人中的这种禁忌行为表明人们的认识能力有限，无法了解此种现象。在现实生活中，土家族人往往把严格遵守禁忌当作改善环境、遇难呈祥的有效手段。从某种意义上讲，对禁忌的笃信麻醉了他们的心理，满足了一种精神上的需要，减少了对现实生活的忧虑与失望，使他们在对命运和自然的挑战中增添了几分信心和力量，如忌“红煞日”播种和出远门、早晨禁言龙蛇虎狼等凶猛动物，这类禁忌，是对未知危险的一种消极预防、对可能出现的灾祸的一种主动回避，它表现出一种避开灾祸与不幸的良好愿望。

土家族禁忌规范中的一些内容，是土家族人的祖先对自身欲望进行限制的结果。由于生产力水平极低，人们的生产能力十分有限，对客观环境的认识也十分有限，在原始人心目中，其周围的世界本身就是神秘莫测的，山川、河流、植物、动物等一切事物都有其神秘性质和神奇的能力，两性关系在他们的心目中就更是如此。在性禁忌起作用的时期，如猎狩、生产季节，他们对性关系感到恐惧，害怕两性关系会给自己带来危险。禁忌是以某种不可测的危险的存在为前提的，这种危险在禁忌被严格恪守的时期始终隐蔽地、潜在地存在着。一旦禁忌被违犯，潜在的危险就会自动变为现实的危险，并往往造成覆灭的威胁，不仅是对个人，而且也对犯禁者所在的整个集体。禁忌所以以简单的否定形式出现，是人们无法认识行为与某种结果之间的肯定联系的表现，仿佛是从外部强加于集体及成员的一种行为规范。这种行为规范的产生，表明当时的人们已不是纯粹受生物本能的支配，而是受着某种超越于生物本能的东西支配。这种超乎本能的东西从心理学意义上看，表现为某种对自己行为、活动与某种后果之间因果关系的初步领悟，表现为当时人类思维意识的发展水平。

禁忌规范不仅要求个人执行，而且要求群体成员一并执行，因为这是人们意识到进行某种活动不仅会危及个人，也会危及家族群体的安全。要避免这种危险，大家必须都不违犯禁忌，这是以独特的否定方式意识到集体的共同利益的存在，它体现了人类集体意识的初步觉醒。人类的历史，就是不断争得自由，将人从“自然”状态中解放出来的历史。为了自身的繁衍生存，为了社会的和谐平稳，为了渔猎耕作的丰顺，土家族先民有意识地克制自身的欲望，约束自己的言行，由此产生了种种禁忌。土家族人传统禁忌规范习惯中规定的饮食起居禁忌、社会交往尤其是男女交往禁忌，大多源于此。

土家族禁忌规范中的一些内容，是土家族人民的祖先对长期以来生产、生活中形成的经验和出现过的教训进行总结、汲取并世代相传、自觉遵循的结果。

如对孕妇、产妇、婴儿的禁忌，大多是有一定的科学根据，有利于妇幼身体健康，只不过由于人们对其只知其然而不知其所以然，不能唯物地、科学地去加以解释，因而只能以禁忌的形式世代相传，遵守直到今天，不少地区、民族都仍保留着各自不同的禁忌习俗。

从禁忌规范的发展历程看，早期的禁忌规定可以理解为是一种原始民族对于神灵信仰达到表现和延伸。他们认为，禁忌可以防止任何释放出这种力量和命令的物体产生作用（因为它具有隔离作用），如果禁忌遭到破坏，而这种破坏不管是有意的或者是无意的，将会遭到魔鬼力量的报复，则必须加以躲避或转移。逐渐形成一种习惯、传统，像一种无形的法律，在人们的物质和精神生活中自觉或不自觉地产生约束作用。如同文化哲学家卡西尔在《人论》中所说的那样，禁忌体系尽管有一切明显的缺点，但却是人迄今所发现的唯一的社会约束和义务的体系，它是整个社会秩序的基石。

二、土家族禁忌的作用

毫无疑问，土家族禁忌规范在土家族发展过程中起到了习惯法的作用，维持着正常的社会生活、生产秩序，客观上有利保护自身，保护整个人群。

首先，禁忌是土家族人自我约束与自律的最基本、也最原始的形式，这种自我约束与自律，其根本目的与意义在于避凶趋吉，保护自身，这是土家族传统禁忌的习惯法功能。在土家族人的现实生活中，这种习惯法功能仍发挥着较大作用，这是因为有一些禁忌规范本身有一定的科学道理。如家有孕妇，禁止屋前屋后大兴土木。

其次，土家族禁忌规范起到了调控社会关系，使社会关系有序进行的作用。禁忌的存在是社会存在的必然要求，一个民族的生存与发展，客观上需要一个有序的社会环境。禁忌即是反对思想上和行为上的自由化，它作为一种社会法规范，正是调整社会关系，促进社会关系有序进行的重要手段，调整了人与自然界的关系，如禁忌砍伐村寨后山树木、禁忌房前屋后乱动土等，都有助于保护动物、保护生态环境，维持自然界的生态平衡。

再次，调整人与社会、人与自然的关系，起到了维护公共秩序的“社会契约”作用。为了民族发展的共同利益，其成员必须在感情、价值、信仰、行为等方面保持一致。禁忌规范正是这种社会要求的体现者和执行者。在没有国家机器的早期社会里，或在以后的社会形态中，国家机器没有触及的社会生活领域，民间习惯法在起作用，如有关保护森林的禁忌，客观上达到保护环境的作用。

最后，调整了人与人之间的关系，使土家族人保持平等友爱、互助互利的和谐的人际关系。个人之间因言行不慎导致的矛盾，家庭成员之间因伦理问题而引起的冲突，均直接影响到家庭的安宁、族群的稳定，对于生存条件不佳的土家族人，不能指望每个人温文尔雅，必须借助于具有习惯法作用的禁忌规范这种强制手段实行社会控制。土家族人禁忌中的忌不尊重长者、忌揭人之短、忌取笑他人之生理缺陷、忌在别人喜庆之时说不吉利之言，及男女之间的种种两性禁忌，均对减少人们之间冲突、保证家庭和睦、稳定族群生活秩序起到一定作用，这些禁忌涉及的内容，由禁忌对此进行限制与调节，这正说明了禁忌的社会规范作用。

TUJIAZU SHEHUI JINGJI SHENGHUO XIGUANFA

第五章

土家族社会经济生活习惯法

在湘、鄂、渝、黔边区生活的土家族历来存在丰富的习惯法，是土家族法文化的重要组成部分，其中蕴含着法的观念、价值取向、行为和规范等等，它是土家族在社会的践行中产生的、有民族特色的、有一定强制性的、具体性的规范。土家族习惯法有着自身的内涵和特征。其习惯法包括土家族的禁忌习惯法、宗族习惯法、村寨习惯法、生产习惯法、婚姻家庭习惯法、秘密社会组织习惯法等。

第一节

土家族习惯法概述

土家族习惯法不是国家制定的，是土家人中有威望的社会组织或土老司制定的行为规则。习惯法是维持和调整某一社会组织或群体及成员之间关系的约束力量，是由该组织或群体的成员出于维护生产和生活需要而约定俗成，适用一定区域的带有强制性的行为规范。习惯法的强制性可以由各种权力实施，但更多的是由一定区域的社会人群默认的社会约束力来实施，后者或因国家认可和未明确表示不认可而合法，或因社会群体默认而合法。习惯法是一定区域的特定人群在其长期的生产、生活过程中，自然形成或逐渐养成的为其成员所遵守并具有约束力的行为准则，禁忌的本质是认定某些行为会带来危险和噩运，为避免危险的结果，而成为人们自觉遵守的规则。

一、土家族习惯法的发生

从现今搜集到的武陵山区土家族习惯法的资料看，一些习惯法条文具有相当约束力，有的是由群众共同制定的条例，有的是祖辈流传下来的，也有不言而喻、自然形成的。生活在武陵山区的土家族人民，古代对山地资源使用的规矩是谁先来占有就归谁，后来者则另觅场地，这是民间一般使用的先来后到的原则，先来者优先，后来者不能抢占先来者的所得。这是土家族人民习惯遵守的，这就是占有、使用山地的习惯法，谁也无法例外。由于土家族人民习惯地遵守着，就成了一种习惯法。正如恩格斯所说的：“在社会发展某个很早的阶段，产生了这样一种需要，把每天重复着的生产、分配和交换产品的行为用一个共同规则概括起来，设法使个人服从生产和交换的一般条件。这个规则首先表现为习惯，后来变成了法律。”① 而土家族人关于偷盗的防止与惩治方法，则是后来集体议定的。原没有防止、惩治偷盗的习惯法，从远古以来，武陵山区土家族村寨，民风淳朴，昼夜不闭户，路不拾遗，后来出现了偷窃盗取的事，日趋严重后，在群众的要求下，头人或首领便召集群众会议，共同讨论拟定出防止偷盗、惩治偷盗犯的条例。

法律总是与一定的社会形态相适应，一个社会处于什么样的历史发展阶段，就有什么样的法律。社会形态决定着法律的形式和内容。土家族习惯法受所在地域的居住环境、生存条件、生产状况、生活方式的制约和影响，是土家族人在长期生产、生活等社会活动中总结、积累而成的，经过世代传承、发展而成为本民族的社会规范。它一经形成便在较长时间内调整社会关系，并具有相对独立性，尤其是民族习惯法核心内容和基本精神，是民族文化的重要组成部分，习惯法观念又是民族意识和民族心理的重要方面，因而又具有稳定性。一个民族的习惯法实际上是该民族人们的“百科全书”，内容包罗万象，涉及社会生活的各个领域、各个方面。因此，习惯法是土家族民族文化的载体，习惯法世代相传的过程也就是民族文化保存、继承、传递的过程。

二、土家族习惯法的发展、变化

从历史进程来看，土家族习惯法的形成、发展，是在当时中央王朝的统一法律还不完善和施及力还达不到的情况下，对国家法律的一种补充，客观上起到了维护本民族内部社会秩序的作用。我国历代中央王朝都制定、颁布过法律，都想在全国各民族地区推行实施，但由于我国幅员辽阔，许多少数民族居住在偏僻山林、沟谷、草原和岛屿，社会结构各不相同，交通不便，与外界交往甚少，中央王朝的法律很难在各少数民族地区完全实施。“而夷狄殊俗之国，辽绝异党之地，舟舆不通，人迹罕至，政教未开，流风犹微”②。而历代王朝的政治、经济、文化中心大都在北方，因此对北方少数民族的影响较大，国家法律对北方各民族实施较有力。公元7世纪中叶，伊斯兰教传入我国后，我国北方的少数民族又受到宗教教法的约束。相对来说，北方少数民族的习惯法到了近现代已较少。相反在南方各少数民族社会中，习惯法还保持着较强的生命力。特别是对于武陵山区土家族人们，由于从秦汉时期就实行了羁縻政策，

① 《马克思恩格斯选集》第二卷，第538页。

② 《史记·司马相如列传》第3051、3049页。

即任用当地少数民族的首领为统治者，治理该民族地区，从而保持该民族地区政治、经济、文化制度不变。东汉顺帝永和元年（136），对武陵蛮采取“羁縻而绥抚”①的政策，汉代以后，羁縻政策逐渐推广。在少数民族地区，“其义羁縻，勿绝而已”②。宋代以后开始实行土司制度，武陵山区土家族人的社会秩序、生产生活方式基本沿袭不变。

土家族地区地处中原，一直在中央王朝的管辖之下，中央王朝在土家族地区施行的政治法律制度影响了土家族习惯法的嬗变，但却始终无法取代土家族习惯法。

土司制度，是我国封建王朝在统一的疆土内的某些地区，即主要是南方少数民族地区，采取了一些有别于汉族地区的措施进行统治的一种制度。其主要内容有：

一是中央王朝对归附的各少数民族或部族首领假以爵禄，宠之名号，使之仍按原有习俗管理其所辖地区，即通过土著首领对少数民族地区实行间接统治。

二是少数民族或部落首领须服从中央王朝的领导听从驱调，并须按期上交数量不等的贡物，即承担一定的政治、经济、军事义务。土司，是由封建国家设置并赋予地方行政、司法大权的特殊地方官员，和一般地方官员不同，它是地方权力的象征，是集立法、司法、行政权力为一体的个人化了的权力机构。在土司制度下，不可能适用中央王朝统一的法律规范，因其赖以生存的社会形态不同。如明朝规定土司统治地区，不能完全适用明王朝的法律，“不可尽绳以法”“不可施以汉法”③ 之说。各土司在自己的领地内照旧分管地方，自行制定各自相适的地方行为规范，并由地方强制力保障实施。正如《元史·仁宗本纪》所载：“从本俗职权以行，对蛮夷土官，不改其旧，顺俗施政。”而各土司在当时的情况下，只能且必须适用旧有的习惯法作为其有本地效力的法律规范。在土家族地区，长期的社会发展所形成的习惯、惯例、禁忌、族规家训，将自己内部事务及与外部的关系处理得有条不紊，正如恩格斯说的那样：“一切问题，都由当事人自己解决，在大多数情况下，历来的习俗就把一切调整好了。”④ 土司制度下，土司的组织机构、权利义务及其统治方式和策略在土家族地区具有一定的法律性，体现为其既包括土家族习惯法，又包括封建中央王朝成文法；土司既是中央王朝统一法制的维护者，又是土家族习惯法的执行者，以此维持既有的社

① 《后汉书·南蛮西南夷列传》，第2833页。

② 《史记·司马相如列传》，第3049页。

③ 《明史·广西土司列传》一。

④ 《马克思恩格斯选集》第四卷，第93页。

会秩序。在土司制度下，土家族地区的民族区域地方法规体系，必定是以土家族习惯法为主要内容。

改土归流在土家族历史上是一件重要的大事，在土家族习惯法发展史上也是件大事，对土家族人民行为方式、生活生产方式均有影响。改土归流，是指中央王朝在实行土司制度的少数民族地区废除一些世袭土司，改为直接委派朝廷地方官员为当地官吏的一种统治制度。据《清朝文献通考》卷一三六记载，行改土归流始于明朝永乐十一年（1413），因为贵州思州、思南两母氏宣慰同土司争地相互仇杀，引起地方混乱，明王朝便举兵压境，废除两个田氏土司，改派政府官员直接管辖。清雍正四年(1726)，清王朝实行全国性的改土归流。五六年后，基本完成。改土归流后，地方官按照封建王朝的法律、制度，在土家族地区先后实行一些政策，改变了原有的社会秩序。改土归流后实行的政策，具有封建社会法律的性质，有一些有益于土家族地区文化教育，也是对传统习惯法中土家族人民乐于相互学习生活生产经验知识的一种认可，如要求婚配双方年龄相当，禁止婚礼大宴宾客，对于革除积弊也是十分有益的。当然，更多的是与土家族人民传统习惯法相冲突的，对土家族地区社会经济文化发展虽有促进作用，但也有相当部分是封建束缚，起消极的作用。如禁止男女自由交往、自由恋爱，用封建礼教束缚女性，婚姻由父母做主和须凭媒约，已婚女子从夫而终，限制再婚、限制分家，禁止摆手舞，禁止集体娱乐等。这些政策后来实施中效果也不明显，有的甚至完全实施不下去，这也说明，习惯法在一个民族社会生活中的强大生命力。由于土家族习惯法直接产生于日常生产和生活中，凝聚着土家族人民的心理、智力与情感，因此它以规范模式在土家族社会中有着巨大的、高度的稳定性、延续性、群体认同性和权威性。它事实上成为土家族人平时更为常用、更容易接受的法律形式，直至今日仍在一些地方广泛存续和流行。

第二节

土家族经济活动习惯法

土家族在其长期的生产劳动中，形成了许多习惯法，有关于狩猎、捕鱼、养牛、制酒、行船、建屋等的民族习惯法，这些习惯法促进了土家族地区生产劳动的发展，其内容极为丰富。其中租佃、雇佣、工资、借贷等构成债权法内容，猎物分配、产品分成、孳息物归属、自然物占有的公示方式等构成物权法内容。

一、租佃方式与租金缴付

在土家族地区，田地属土司或头人所有。土民种田，不仅负担繁重的劳役地租，还须缴纳一定数量的实物地租。每年，一个土民有3—5个月时间服劳役，土司或头人凭借土地所有权和借助于超经济强制手段，使“土民”无偿地为他们提供进行耕作劳动和其他劳动。后来，普遍实施实物地租，一部分封建领主和土官等成为封建地主，地租的主要是缴纳实物，一般是中等田一等种（0. 8亩）一石稞（75公斤），上等田加二成（20%），下等田减二成，旱田依质而定，10—50市斤不等。

土司为了枷锁土民，在租佃之初，迫使土民交类似保证金的“庄钱”，若租佃年限未到，佃种者迁徙他地，不退“庄钱”。这种实物地租制，将土司与土民变成主仆关系。有的地方还存在土司、包佃（二地主）、佃户三重关系。从事佃种生产的农民一般有生产资料，劳动力的组合、耕畜的配备等均由他们自己安排。租佃田地时，一般随田搭配一口或数口堰塘的一部分柴山。除了实物地租、劳役地租外，还有劳动分成的地租形式，即一部分以实物地租缴付，一部分以劳工方式缴付。随田出租的山林，一般是“砍柴”归劳（即茅草、荆棘、杂藤、幼栎枝等，亦称“地柴”），“柯柴”归地（各种树木的枝丫用柯刀削下，亦称“天柴”，全部归土地出租者）；杂树烧炭，炭归地，枝归劳；栋梁之材，地七成（70%），劳三成（30%）。随田出租的堰塘，水产分成视情而定。鱼苗由佃种者投放，地主收辞年鱼10—30斤，或按其数折钱。鱼苗由出租者投入，每次捕鱼后过科，地四成，劳六成。随田出租的耕牛产犊后，牛犊一岁作价，地三成，劳七成，老牛宰杀，地劳各五成。

“改土归流后”，很多地租以银两缴付。乾隆十九年（1754），思州地主刘神保和刘明将其川水坡山土租给外来流民垦种，缴纳租银一两六钱，历年无缺。

后来又出现了押租，押金一般占稻谷的一成以上。湖南保靖等地规定租佃十挑稻谷，要缴押谷一挑，每挑重120斤，这实际是一种担保物权制度。如退佃则退原押物的50%—60%不等。

二、雇佣与雇工报酬

土家族习惯法关于雇佣的规定，主要有对雇佣的种类、期限、工资等作出的规定。土家村寨俗称此类生产方式为“帮工”。在古代，雇佣生产按期限划分，一般可分为两种：一是长期雇佣，俗称“长工”；二是临时雇佣，俗称“短工”。长工一般分为三年、五年、十年三类。男性长工主要从事农田生产，一般是日出下地，日落收工，中午“打方”即把饭菜送到田头。长期受雇佣者，除父母伤病之外，一般不得请假。三年长工期满，地主除支付工钱外，另给三匹土布；五年则另外给夏冬衣服一套及“西兰卡普”等，十年则再送小型农具一套。短工除地主在农忙季节雇佣外，亦有部分自耕农雇佣，时间一般有一月、三月、半年三种。地主亦称“大户”，一般雇佣女性当丫环、使女，有的系贫苦人家典卖的少女。典卖分三年、十年、终生三种。其方式都是典买时一次付清“身价钱”。丫鬟、使女的地位低下，常受到主人和主人妻女的打骂。典卖三年者期满，主人仅置办一套衣服；典卖十年者期满，丫鬟出嫁，主人家仅置办少许简易嫁妆；终生典卖者生活最苦，婚前是丫鬟、使女，婚后生了小孩，充任奶妈，奶水供应主人家少爷、小姐，自己的小孩以面糊度日。近代，雇佣有长工（一年以上）、月工（一月以上）、短工（即零工）、白工（即佃户为地主白尽义务）四种。长工，以年计算，由地主供给食宿，每年所得工钱15—20元；月工，不供食宿，每月工钱7—9元，如供食宿则工钱减半；短工，每日所得工钱2—3角，供食减半，概不借宿；白工，地主自留一少部分田地由佃户义务耕种，不付工钱，佃户义务耕作时间是每年20—30天。

三、手工业者的报酬

土家族习惯法中关于手工艺人的做工报酬，规定比较详细，有计时报酬和计件报酬两种。计时是论年、月、旬、日，工钱，一般折成实物。一般是日、旬、月折粮食，年折棉花或土布，个别的亦折粮食。三年及三年以上者，折棉搭粮，或者折粮搭棉。计算时，单日工钱不计“七”，双日工钱不计“六”。例如日工五天算五日工钱，六天、七天也只算五日工钱，八天实算八日工钱。若请旬工，8—13天算一旬，14—22天算两旬，23—35天算一月。一年工，腊月二十结工钱。三年工，三十五个月算三年，腊月初一结工钱。日工一般是一天一升粮。一旬工，钱一斗三升。两旬工，钱二斗五升。一月工，三斗五升。半年工，二石。一年工，四石一斗。三年工，14 石粮食，外搭三匹土布。手工艺人实行点天、认月、包年三种报酬方式。点天是工钱及时付，工钱标准为一般帮工工钱的两倍。点天的艺人主要是木工、篾工、漆工等。认月是一种包时包工方式。土家族人做房子、烧砖窑等，对石匠、瓦匠、木匠等艺人实行包时包工。一般情况下，一月工钱相当于点天艺人 25 天工钱的总和，另加三成（30%）的喜钱。包年的艺人主要是缝纫、理发及榨木匠等。一般情况下，东家包缝纫一年是一石粮食，婚事衣妆另算；包理发一年，一人二至三斗粮，婚事新郎理发加喜钱，丧事给半匹孝布；包木匠一年二石粮、一桶油。计件报酬主要是在作坊加工、运输中涉及的部分手工艺人中实行。一般情况下，榨坊论“响”（即加工一次），槽坊论“作”（取酒一次日作），磨坊论石（米杂一石 100 公斤，谷物一石 75 公斤），匠人论件。尤以运费复杂，须综合物资数量、运输里程计算。物资分泡货、实货、流货三类，里程分上坡、下坡、平路三类。一般情况下，以实货、平路综合计算为基数，泡货、流货在实货基础上加成计算，上坡、下坡在平路基础上加成计算。计件付工钱不计数字，俗有“有一算一，六不舍，七不丢；盈不弃，缺不包”之说。对于学徒报酬也有规定，若师徒两人进门，学徒工钱视学艺年限而定，半年内东家只管饭不支付工钱，从师六月后，做艺两日算一天工钱。徒弟的全部工钱由师傅领取，三年出师，师付给徒弟五套工具，给一定数量的满师钱。

四、借贷方式与利率的确定

“有借有还，再借不难。”淳朴的土家族人民在其生产、生活中相互借用东西是常有的事，一般都是对方主动提供方便。借贷方式的形成，利率的确定都是“改土归流”后出现的。“改土归流”后，土家族地区人民要向流官缴赋税，并且赋税是以货币支付的。有的村民因为家里贫穷，交不起赋税，只好去借。从此后，高利贷制度在土家族地区广泛流行。高利贷利率一般是按借银利率三成（30%），借粮四成（40%）或五成（50%）。即正常年景里，借粮方有偿还能力时，借贷双方直接办理，利率四成；若遇灾年，或者贷方怀疑借方的偿还能力，便实行借贷双方请中间人担保办理，利率五成，贷方得四成半（45%），余下半成（5%）归担保人。一般情况下，担保人不收半成利，实际利率为四成半。若借方到期不还，便经中间人出面，将利息转成本金，土家族人称此方式为“驴打滚”，意思是“利滚利”。史载，四川酉阳土家族的农民向富户借洋40元，其借约保上加保，共借6个月，月息5分，现扣利息8元，借款人实收借洋32元，到6个月期满，共应还本利银44元。有借用5月、6月、8月或10个月钱的“独脚会”“堆金会”等，如借人100元，分5个月还清，每月还头利银24元，如6个月还清，每月还利银22元，如8个月还清，每月还头利银16元，如10个月还清，每月还头利银13元。有来凤冯家坪地主冯玉峰夏天借给农民吴东柏谷1石，秋收后还2石；地主向京中借给农民间维仁5斗谷、4块银元，三年后，本利翻成11石谷；在湘西古丈，出现民间借谷累利无已，动至一二斗谷，折算及于房屋。

五、商业交易惯例

依习惯法规定，商品贸易成交有自己的作价规矩。湖南《永绥厅志》记载：“布以两手一度为四尺。牛马以拳头多寡定价，不任老少，以木棍比至（牛马）放鞍处，从地数起，高至十三拳者为大，齿少拳多价昂，反是者为劣，统曰‘比马’。”出售干鲜杂货用“估堆法”定价、计价，如卖水果菜蔬，则以堆、捆、把定价计价。卖粮食论挑、背或升、斗，少有论斤的。卖肉也论堆，卖肉者按堆码喊价，故名“码肉”。卖猪因猪大小而卖法不同，仔猪论个，比较大小而价有别；大猪论卡，张开右手，大拇指尖与中指尖的距离为一卡，一般按卡数论总价，也可根据当地“相猪经”而砍价。依习惯法，买卖大件物品时还有专门规矩，如鄂西土家族地区称牛、马为大牲品，大牲口是家里的宝贝，卖大牲品如卖田一样，首先应卖给族人，如族人不买，方可卖给外姓；在买卖成交过程中，须请中人作证，证明牛来去清白；卖主还要给牛角扎红布，俗称“挂红”，红布上缠绕红线、白线，俗称“长命线”，象征牛体强力壮，长寿不老。当买卖成交时，卖主且祝福道：“四蹄端正，水草通行”“耕田田兴，犁地地兴”“牛仔生牯牛，三年九头牛”等。有时卖大牲口是件大事，左右邻舍都要派家长到卖主家吃一顿饭，喝几盅酒，以兹证明和庆贺，名曰“吃割食”，有的卖主还给客人少量的利市钱，这叫“割食钱”。

六、猎获物分配规矩

世代居住在武陵山区的土家族人，喜好集体狩猎。狩猎方式有“围猎、套猎”

等，根据土家族习惯法，打到猎物后，猎物的分配原则是“上山打猎，见人有份”。但具体分猎物的程序还有规矩。野兽被打倒后，即高呼“啊喂”“啊喂”，大家听到呼声，知野兽已获，从四面八方赶到现场，清点到场人数，每人分一根兽毛，证明是到场的人。被猎获的野兽抬回家，先敬梅山神（即猎神），然后杀好，按股分肉。分肉的规矩是：死兽从颈项砍下，连头在内，不论多少片，都要归开第一枪或杀第一刀的猎手。打第二枪或刺杀第二梭标的，叫“二彩”，分一条兽腿。野兽心肺，分给猎狗吃，其他就按人均分。只要看到野兽倒地的人，都有一分，叫“沿山赶肉，见者有份”。分肉的方法是把每份肉用棕叶穿好，合着放在簸箕内，然后再盖上一个簸箕，仅马提肉的棕叶露在外面，取肉时，将簸箕摇几转，谁也看不到肉的好差，每人拿着穿肉的棕叶，拿好拿差，谁都没有意见。肝肺内脏及四蹄一锅煮，大家一起吃，共享猎狩胜利之乐并以此证狩猎、分配完毕。

七、物权所有、占有的公示方式

草标，是土家族人执行乡规民约的一种特殊标志。草标代表了土家族人的一种没有文字的语言。森林周围，插上草标，说明此处是封山地界，此山的一草一木，都要保护；进出种粮食地界，留有草标，说明此中粮食还未收净，千万不能进去放牧；在一堆干柴上挂有草标，说明柴有主；田边插上草标，说明此田需要水，别人不能乱放；池塘边插上草标，说明塘内有鱼禁止放毒。对于自然物，发现者可以留草标以示占有，如有人发现一窝地雷蜂，在离窝不远的地方留下草标，说明此处地雷蜂已有人发现，而且当晚就要来烧，别人不要打这窝地雷蜂的主意了，也绝不会有人再来占有它。

第三节

土家族宗族习惯法

一、土家族宗族组织

土家族从氏族社会起，就形成以姓氏为单位的血统宗族，自古以来，在土家族传统社会生活中，宗族、家族占有重要地位，宗族通过族规和家训维持着、控制着家族成员的各种关系。宗族是一种以血缘为纽带的组织形式，是供奉同一父系先祖的同姓亲属组成的集团，即所谓同祖为宗、同姓为族。如湖南省永顺县塔卧土家族聚居区，都是同一姓氏同一宗族居住在同一村寨，且村寨也以姓氏命名，如彭家寨、沈家寨、李家坡、瞿家院子、瞿家坪、瞿家寨等。查看他们的家谱便可发现一个寨子同姓由同一祖先发源而来，自然这里的宗族意识浓厚，宗族势力强大，凡大姓宗族都设置祠堂，为处理族内日常事务、举行族会和祀奉先祖的场所。祠堂内有先祖的神位，置宗族的族规、章程，族规是宗族的法典。是宗族权力的体现，“宗之有规，犹国之有法也”。族规有不成文和成文的两种方式，这不成文的往往形成习俗，成文的多载于家谱中。这些宗族规约有很强的约束有力，是强化宗族意识，维护宗族组织秩序，规范宗族成员行为的准则。

二、土家族地区的宗族活动及宗规、家训

土家族地区各宗族每年要进行1—2次集会，或检查有违反族规的，予以惩戒、或进行祭祀活动。族长是宗族的首领，房长管辖各房。有的设族长一人，也有的一正、一副，或2—5人。族长由德高望众的长者担任，须经全族人公推、选举产生。有不定期的首领会议和定期举行的宗族大会。族长的职权是：召集族人开会或进行祭祀活动，担当族人的分家、立嗣、财产继承的公证人及纠纷的裁决。制定族章、规约，监督执行，凡发现有违反者，轻则受惩罚，重者则被处死。如族内有男盗女娼者，都要吊石磨盘沉水。凡有讼事，先由族长召集族内人解决，非万不得已不愿诉讼。清雍正九年（1731）《保靖县志》记“民多扑直，惧官怕讼”之说。

宗族发展壮大可分出支族，另建祠堂。宗族有共同的族田，由公推的管家管理。宗族还要定期续修族谱，以备传承。宗族有成文的族规、礼仪、戒条及一些不成文的规矩共同构成宗族习惯法。

土家族宗族习惯法中的一个重要内容就是宗族族规。宗族组织通过族规来维系宗族的团结和一体化，保护其宗族的社会秩序、整体利益和每个家族的利益。湖北省来凤县《来凤卯峒向氏族谱》载其族训如下：自古创业维艰，守成不易。我先人受安抚土司之职，历唐、宋、元、明，至我本朝恳请辞职，蒙恩赐世袭千总。凡我子孙须上报国恩，下光前烈，所以家训条规开列于后：

（1）承袭官须笃忠，悃公忘驻，忧国忘家。靖共尔位，不坠清白之家声。恪守官箴，庶继前人之旧迹。

（2）先孝弟。事父事兄，圣贤最重。务循冬温夏清之典，体隅坐徐行之文，大端克立，乃为孝子悌。

（3）在忠信。尔诈我虞，失其本心，宜尽已而全固有，行事一本天良，三省常惕，庶几祖德无渐。

（4）勤耕读。负耒横经，生人事业，必披星戴月力其事，朝渐夕摩深其功。孝弟力田，无不长发。

（5）居乡党。父兄宗族在焉，敬耆老而慈幼稚。一本无乖，九族无紊。登堂自泯嚣凌之气，入室斯有亲逊之风。

（6）待乡里，贵相亲睦。出入相反，守望相助，疾病相扶。不可憎人便已，幸灾乐祸，以违先绪。

（7）持家固当量入为出，尤必忠厚待人。斗秤升斛，切勿大小异用，贫富异施，以至瞒心昧已，殄灭身家。

（8）钱粮贡赋之入，王章所垂，必当先期完纳。况身受国恩，止此一点敬奉，我为良民，切勿延缓。

（9）戒淫行。淫为恶首，阴骘照然，切勿望复关页微笑，指蔓草以偕臧，败绝门第，永世无耻。

（10）赌博、陆博、踏局，非贤者事。或高堂缺养，或颠连子妻，甚至为匪作盗，亏躬辱亲，有何面目得不对祖宗而恧然乎？

（11）崇礼、让礼、行逊，出君子哉。而子弟之秀顽虽殊，要宜卑以自牧，雍雍有儒者之气，循循有学士之风。庶乎堂构相承，箕裘克绍。以上数事，各宜勉旃。

湖北省长阳县渔峡口镇双古墓村土家族人的《覃氏族谱》载其族规如下：

（1）每月朔日由族长派明白通解子弟一人宣讲《圣谕广训》，集众赴祠敬听，俾知孝弟人伦。如托故不到，准族长薄惩。农忙之月停讲。

（2）子弟不孝父母，大肆忤逆者，准其父兄投祠议惩。如不受约束，公同送究。

（3）族中子弟必遵祖宗议定派序依次取名，不得擅行更改。

（4）族中独子不准与父母分析。

（5）服内子弟与尊长有争，不得不投祠理处，无庸辄行控案，且不得无故干犯，即尊长亦不得故意欺凌。

（6）子弟不务正业，酗酒肆赌，甚或奸抢刁拐，一切不法情事，犯则公同送究。

（7）异姓不准滥宗。如乏嗣，招赘乞养异姓之子，俟殁后由祠内箫公给产，令其回宗；另于亲房择其昭穆相当者，为嗣承祀。族中不得妄生觊觎。

（8）族中女子如在夫家不孝不敬，辄短见轻生，不准报案兴讼。如夫家嫌磨以致威逼殴毙，始准投祠公①议。倘不率教，任意回家投诉，即抚慰送归，不准投祠。

（9）公择族中品端分尊素所畏敬者四人作正副族长，约束族众，管理祠内账务一切，每年于清明时轮流推充。

（10）族中有妇女守节，矢志坚贞者，由族长随时举报，以励风化。

（11）祠内当设立家塾，择族中之品学兼优者为教习，贫穷子弟亦得入家。

四川省酉阳县后溪乡后溪土家族白氏《南阳族谱》中写明其宗族戒规如下：新列戒规十条：——同姓为婚，周礼所禁……如敢故犯，以篡宗论，除更姓外，处以重罚。——叔嫂转房，法所不宥……如违，以弑兄谋嫂论，以重罪。——孝为百行之原……自今有不孝者，来祠报告，拟以官法处治。——弟主于敬，坐则隅坐，行则随行，负剑碎珥，礼之常也……自今有不弟者，来祠报告，决以公法从事。——同族之中，年有老少，分有尊卑，恭敬撙节，礼之的也……自今有以下犯上者，众共击之。——同祠之人，理宜亲爱……自今有以尊凌卑者，合祠公议，处以重罚。——礼义之家，最重纲纪……自今有败坏纲常者，田地充公，流徙别省。——明德之后，必有发达……尚有不遵王法，不守家规，放辟邪侈，失却天理人情，狂荡骄淫，全无内纲外纪，一经发觉，除刑惩外，逐出远方。——兴词具状，小则破产，大则倾家……自今族内参商，宜先投祠首，和平解决，如擅行具控者，大众约集，公议处罚。——祠内值年，族众公签，凡银钱出入、租课收付，必须对众质明，勿得隐微……自今有侵蚀公项、支吾帐目者，一经查出，除赔款斥革外，酌以新章发落。

后溪白氏新寨祠堂光绪二十五年“万古常饮”碑碑文：新列章程十条：——议祠中子孙，先须孝敬，如有大逆不道，子伤父母，弟伤兄长，祠众公议，黑办无辞。——议祠内人等，有以下犯上者，恁从祠众公议，杖责无辞，上欺下、强凌弱者，亦然。——议祠中子孙，入文武之半者，给钱伍十串，赴乡试者，给路费钱十串。——议祠土钱谷，不准首士并房族人等借项，如有横行估借者，公议杖责。——议同姓为婚，大伤风化，永不准行祠中。有为私事兴讼，不准支取钱银，并不得需

① 孙秋云、崔榕著：《鄂西土家族地区宗族组织的变迁》，载《中南民族学院学报》2000年第2期。

索。——议春秋二祭，祠首前数日预备猪羊等物，不得推诿，店租贴项，同心收取，不得徇情。——议待奉香灯者，每月给钱，不准屯留面生歹人，冷落香烟，侵蚀什物钱谷。——议词内有亲戚朋友，不准寄百物等件，倘或估占至有失落，不得一香老滋非。——议值年首士，由众公举，不得恃势混入私收店租帐项等情。——议祠内人等，有侵蚀公项者、永绝子孙，尽力者，长发其祥。

四川省酉阳县大溪区可大乡老店村《李氏族谱》：敬书先祖家规十六条：一、族内处家者，必宜孝父母，敲五伦，如有忤逆不孝者，该众族重贵。二、处家笃友者，须宜兄宜弟，如有欺凌不逊者，该众族严加督责。三、族内有出仕者，宜忠君爱民，倘有慢上残下者，谨宜戒之惕之。四、处乡与长者接，宜隅坐随行，不顾者，众族重罚。五、耕耘者，须出作入息，胼手胝足，如有游荡不务本业者，该族重罚。六、读书者宜五更三灯，黾勉从事，如有怠惰不振者，该族严责。七、操弓马者，务宜幸勤劳苦、精通武艺，如有借名游耍者，该族重罚，八、有争夺田地者，必须讲明，如有唆是唆非，该众族重罚。九、绝嗣者，须抚族内子孙，先亲后疏，如有滥收异姓者，众族严禁。十、有前代抚异姓者，不许葬入祖坟，如有恃强不服者，该众族严禁。十一、族内有不幸而寡居者，可守则守，不守则出，半途而废者严责。十二、族内有押钱赌博者，有任委（手）游荡者，该众族督责，摈斥异方。十三、有男女混杂，以坏闺门，以该众族督责，送官惩治。十四、族内有奸盗诈伪者，必宜屏绝异地，若姑息养奸，该族为督责。十五、族内有田地基址园圃、依分关管理，如有混侵争强者，公议重罚。十六、族内有衣食充足者，不得欺压贫困，如有逞势凌人者，该众族公议重罚。凡此十六条，皆先祖之家法，世子孙永守勿僭。

湖南省永顺县塔卧区瞿家寨土家族人的宗族族规相对比较简明，该村360多人，全部瞿姓，无一外姓，是一个典型的宗族村寨，在这里，宗族成了一个放大的家，其修订的《瞿氏族谱松阳堂》所载族规规定：重载松阳家训八则：一、正心术，二、端品行，三、严家法，四、督功课，五、戒酗酒，六、戒宣淫，七、戒赌博。八、戒恃横。①

土家族宗族习惯法中的族规，内容全面，具体文字多少不等。在许多宗族戒规中，对违反族规者的惩罚办法有所谓掌板、杖责、沉河、逐出、流徙、更姓、斥革、罚款、黑办等等，其中，黑办最为吓人。黑办的方式比较多，最残酷的是吊磨盘沉河。凡是给宗族“扫了脸”的，都可以被黑办。新中国成立前，四川省酉阳县后溪乡

① 引自李星星著：《曲折的回归四川酉水土家族文化考察记》，上海三联书店1994年版。

后溪白姓土家族曾有一个女人私自跟了别人出走，后来被族人抓了回来。经宗族会决定，立即吊磨盘沉河，被抛下河沟后，还要用杆子使劲往下按，残忍之至。

宣恩县的《侯氏族谱》中较详细记载了其族规及族长拥有的权力：

族内有人犯偷、抢罪者，可以处活埋、掀天坑（天然形成的深地坑），并召开全族大会，通过，执行。

违反家规者，罚跪在堂屋给长辈磕头赔礼；不服者打竹板、耳光罚常跪待到认错，并有保人做保，保证永不再犯。

犯国家法逃跑者族长有权组织全族人将其捉拿归案，交官惩治，以免株连九族。

全族中不孝父母者，族长有权治其不孝之罪。

如，有一个彭姓的人，与母亲发生争吵，打了母亲两拳头。族长以不忠不孝名，还可处以沉河。派人将彭某拿往，用铁链子捆起，押往老寨游街，并一边吹号，一边朗声宣布该犯罪名。后来，来了个称为老姑婆的彭氏老辈子，跪在头人面前为彭某求情，头人才答应看在老辈子的份上饶罪犯一回，不过需押回祠堂，掌板四十。① 由此可见，土家族宗族族规的严厉和处罚的残酷。

三、土家族区域宗族家规的作用

土家族宗族家规习惯法还可调整宗族族人与外宗族族人之间的法律关系。在和外民族有矛盾时，往往一致对外。在湖南永顺县塔卧瞿家寨，数年前，一名瞿姓女子，嫁到周家寨，因她无生育，又是农村妇女，姓周的瞧不起她，把她折磨死了。瞿家寨的全寨老少一齐出动，到周家去讨公道，对周家进行一次大洗劫，房子拆了当柴烧，猪杀了全吃光。全寨老小上百口人吃住一个星期，所有东西一扫而光。然后派人到政府上告，直到给姓周的判处“死缓”方才罢休。可见，每当不同宗族的村寨与村寨之间发生冲突，同寨人会在族长的主持下，根据族规商议对外解决方案，全体族人团结得如同一股绳，一致对外，而绝不会计较以前有何冲突。

土家族宗族习惯法还直接或间接地调整宗族成员婚姻关系。土家族宗族习惯法规定，同姓不婚，即同一宗族是一家人，皆兄弟姐妹不能结婚，毫无疑问，这是土家族先民总结出来的一条经验，为土家族人世代遵守，现在也一样。在土家族村寨，“同姓结婚”是十分忌讳的。若违反了它就犯天条，全族人会群起而攻之。湖南永顺县万

---

① 引自李星星著：《曲折的回归四川酉水土家族文化考察记》，上海三联书店 1994 年版。

坪镇一个姓瞿的女子，人长得漂亮，找了一个朋友是永顺县城的，哥嫂听说那男的也姓瞿，就坚决反对这门亲，但当地姓瞿的家族人少，没办法就向姓瞿的大家族请求帮忙。瞿家寨老少听说同姓还敢通婚十分气愤，认为是丢了祖宗八代的丑。经家族商议，想出一个法子，由他哥嫂把他妹妹从男朋友家约出来，到约好的地点，瞿家寨的人已在此等候多时，两相见面，二话没说，将该女子抢回"瞿家寨"，这个寨的人与她虽无任何亲缘关系，却轮流将她养起来。后来，由此寨的人出面找了一户人家将她嫁出去，日子过得很清苦，但一个弱女子面对人多势众的大家族及其宗族习惯法的无形约束又能怎样呢？对瞿家寨人来说，同姓不能通婚的唯一理由就是同姓人就是一家人。"宗内决不能有同姓"这一宗族习惯法规范，在瞿家寨已成圣条。

第四节

土家族村寨习惯法

村寨，是基于地缘关系而由若干不同的宗族、家族集团或家庭组合而成的社会生活共同体。为维护村寨利益和秩序，往往会形成各种规约惯例，我们称之为村寨习惯法。土家族地处武陵山区，由于中央王朝统治权力影响较弱，这种村寨习惯法发挥作用很大，持续期限很长。

土家族村寨习惯法中，乡规民约的内容最丰富、存续时间长、富有生命力。村寨习惯法是该村寨村民在长期的生产、生活实践中形成的，体现了该村寨的集体利益和对村民的保护，为村民世代相传，自觉遵守的习惯和规约。乡规民约，是土家族习惯法的重要内容之一，具有法的权威和功能。土家族习惯法涉及的乡规民约，其内容十分广泛，如封山育林公约、保护秋收公约、收捡桐茶公约、水井公约、维护地方治安公约等。

一、封山育林公约

土家族人封山育林的条款制订十分具体，执行也十分严厉。凡封山地区，都插上禁牌，标明四界。封山期限也很长，有10年、20年之久的。凡封山的地段，自宣布之日起，公推专人看管。在封区禁止放牧牛羊，禁止拾柴割草，禁止落叶烧灰，禁止铲土职肥，禁止砍伐一竹一木。把封山区封成真正的禁区，三五年内，蔚然成林。在封山育林的规约中，对于风景林、路边林、古庙林、墓地林及井边、路边、凉亭边的树林，都在保护之内，凡是插上草标的树，都不准伤害一枝一叶。违者，都要按条款处置。对于经济林的保护更为严格，具体有油桐树、油茶树、木油树、倍子树、漆树等5种树，不准当柴用，即使枯死，也不准山主随意砍伐作柴烧，要按统一规定的时间，古历七月十四、十五、十六这三天为砍枯死经济林的砍伐日，定这三天是因为一般树绿叶青葱，与枯死的树容易区别。事先由看守员把枯死的树划上记号，然后鸣锣告众，在三天内把枯树背回家去。谁若不遵守规定的办法和时间，要与砍树一样受到处罚。看守员是经过大家推选的，他忠于职守、不徇私情。他执行任务时，发现有人破坏，不管是谁，当场抓住或抢去斧头、柴刀或扣住背笼，然后把情况报到村寨首领那里。首领立即召集全村的人，按条款处置，并当众宣布。被罚的人只有乖乖地接受处罚。

二、社会治安

在维护地方治安的条款中，首先规定本村寨的人，都必须安分守己、务农耕田，不得参与不正当的活动。如果发现村寨里有不轨之徒，或直接参与盗窃，或有穿针引线行为，立即捆送官府处治。情节严重，证据确凿者，则就地处决，然后报官。处决坏人时，谁打第一枪、谁打第二枪……都经抽签决定，并由全村共同承担责任。本村寨谁家耕牛被宰或财产被盗，全村寨的人，共同查访、寻觅、破案、捉拿，追还原物。其盘缠伙食及其他费用，都不要失者负责，由全寨人分摊。村里不准打牌、赌博，不准吸大烟，不准开赌场，有大烟瘾者，限期戒绝，违者或罚款或捆送官府。村寨各户，不准留宿来历不明的人或平素行为不轨的人。如果发现，立即驱除出村或捆送官府。谁家违此条款，即按窝藏坏人处理。

在粮食秋收期，容易遭到盗贼偷收、野兽糟踏而减少收获成果。因而很多土家族村寨在苞谷壳开始由青变黄、稻谷开始吊边之际，为保护秋收劳动果实，经过开会商讨，订出护秋条款，写在禁牌上，昭告大家遵循。并公推护秋人数名，巡逻护守秋粮。牲畜糟踏粮食，是秋收期间的问题之一。因而自出标禁牌之日起，牛羊不准随便放牧，牲猪必须归栏，鸡鸭不准放养。如发现牛羊猪糟踏粮食时，主人必须加倍赔偿，第二次已属屡教不改，则没收牛羊牲猪。牛羊牲猪要管制到粮食全部收净之后，至九月重阳放款时止。俗有“九月重阳，打破牛栏”之说。在稻谷成熟期间，鸭子不能下田，下田一次罚十斤谷。防止山粮被盗条款规定，盗山粮与盗家财、盗耕牛同罪。轻则罚款，重则捆送官府治罪。在苞谷未收获之前，不准砍苞谷秆，不准以扯猪草为名，背着背笼进入苞谷地里。除粮食外，辣子、草菸、花生、芝麻、蔬菜等物，都在秋收保护之列。唯有打猎人驱除野兽，保护粮食，是保护秋收的有功之臣，烧几个苞谷棒子充饥是特别许可的。但只准吃熟，不许带生。猎手们所烧食的苞谷棒子，食后用苞谷叶将棒子裹住，表明是猎手们烧食苞谷的标记。凡是山粮挂上草标之后，都是看守人经过的地方。如果发现山粮及各种作物有被牲畜糟踏或被人盗窃等情形，由看守人负责追查，破案。如追查不出，则由看守人负责赔偿。看守人是经过大家公举的，他们的报酬由各家分摊。

三、乡规民约的制订的形式及执行

乡规民约的形式，成文法少，以不成文法居多，表现为口头传录和行为继承。

（1）土家族村寨乡规民约的制订有一定形式要求。如湖南永顺县内土家族人聚居的村寨，制订有很多乡规民约，制订乡规民约不同于封建宗族的族规族法，是由全村寨人共同制订和遵守的准则。全村寨不分族别、姓氏、男女，须户户遵守、人人执行。制订和通过某项乡规民约时，由村寨头人先提出此次制订乡规民约的内容、目的、条款及执行的办法，请大家商议。经过大家的认真讨论，充分表示意见，在意见取得一致的基础上，主持人归纳出若干条款，宣布通过，然后率领大家焚香、磕头、敬神，最后大家端起酒杯，主持人在神桌上宰断雄鸡的头，把血酒分别滴在每个人的酒碗里，大家一饮而尽，表示坚决执行乡规民约的决心。会议把所决定的条条款款，写在大大的木牌上或刻在石碑上，立于村内外的要道，以示村内村外的人，都要遵照执行。

（2）乡规民约制定后，执行程序也有讲究。以封山育林公约为例，具体执行程序为：封山这天要举行杀羊封山仪式，由村内有威望的首领主持杀羊祭仪，在山林交叉路口杀羊一只，以羊血喷溅在白色的清明纸上，并把带血的清明纸剪成若干小方块，然后贴在路旁树干上，表示此山已封禁。封禁期限，有永久性的，也有十年、八年的，一旦封山，便鸣锣示众，任何人不得违禁。封禁内容有：封山之内禁止放牧牛羊，禁止打柴割草，禁止砍伐树木，禁止放火烧山，等等，如有违犯者，必受罚；对违反者的处罚办法有罚款、罚粮、罚栽树、罚修路等，惩罚均按条款执行，村内村外，一视同仁。被罚的钱粮收入，须当众公布，由村里头人经管，年终结算，用于杀羊祭仪费用和植树造林费用。被处罚者鸣锣认错，手提铜锣，边敲边喊："为人莫学我，快刀砍禁山。"另外还要公推管山员一名，执行巡山看林任务。

（3）有些乡规民约的规定极严。如湘西、鄂西土家族地区，每年六月间，逢辛卯日，村寨聚众杀猪，"吃新"敬神时，当着神灵，议定秋收事宜，确定收摘苞谷、豆子、菜子、桐子等日期和惩罚偷窃事宜款项，还推选监款人、看山人；所立章程，一经议定，当众宣布，任何人都不准违反，若有违款，定严惩不贷。

（4）许多土家族村寨只有传统的规约，是不成文的。如为防兽、防盗匪、防山火袭击村寨，村民们要义务出工、出钱、出材料，在村里头人的组织带领下，修筑村寨围墙，修筑保寨碉楼；村寨的风水树、神树，谁也不准砍伐，谁若违禁，败了风水，触了神灵，要谁杀猪杀羊，请巫师祈祷、悔罪；村寨井泉，一年一度要敬祭，要洗净污泥，要议定用水规约；村民服从安排，按人口交纳所需之费用，自觉遵守规约；村里发生瘟疫，病人得立即抬进山洞，实行隔离；举行宗教活动，家家都要出钱，购买祭品；村寨里的山林、田土、人，受到外村人的砍伐、侵占、欺负等，全寨人都得齐心协力，捍卫村人利益，打官司，不惜倾家荡产，械斗，不惧流血丢命。此外，还有一些约定俗成的规款，在公共场合和大路上，不准丢死鼠、死蛇及其他动物的死尸和乱抛破瓷、碎瓦、石头等等，不准在村寨周围打鸟，特别不准打阳雀、布谷鸟、啄木鸟、猫头鹰等等。这些事没有经过大家商议，也没写成文字、石碑，但却为大家遵守，没有人违反。

在土家族历史上，土司的残暴、官吏的腐败，均给土家族人留下很不好的印象，因而形成了土家族人世代"畏官惧讼"的心理，有民间谚语云："做客莫落后，见官莫上前。"这加强了土家族人有纠纷请村寨首领或梯玛解决的传统，使其间一些规矩得以巩固、强化，形成习惯法。若村寨村民间发生纠纷，一般就由村寨头人（寨老）进行调解、仲裁。如不服仲裁，大都是请"神"判，到白帝天王庙去吃"猫血酒"，赌咒发誓："我若冤你，我九死九绝；你若冤我，我大发大旺。"吃了"猫血酒"，庙祝打竹牌、阴阳胜三面分胜负，谁的牌若被摔着为阳面胜者，谁就是有理者；谁的牌若被摔着为阴面者为负，谁就是亏理者。亏理者，不但向有理者登门放鞭炮挂红彩赔礼，而且还得杀猪宰羊祭祀白帝天王，谓之"悔罪做鬼"。除了请村寨头人解决外，也有的地方土家族人请梯玛解决。发生纠纷，请梯玛调解，不起诉讼。梯玛调解民事纠纷的原则是实事求是，主持公道，不分亲疏，不受贿赂，以真凭实据判断是非，断案的目的是以和为贵，大事化小，小事化了。断案方法是，教双方当事人宽容，不计前嫌利害，责非者道歉，诚心赔礼补偿，劝双方互忍互让，言欢和好。梯玛这种调解民事纠纷的原则与方法，深得土家人的信赖和拥护。

第五节

土家族婚姻家庭习惯法

有关婚姻家庭方面的习惯法是土家族习惯法的重要组成部分。自由恋爱和一夫一妻制是其基本内容。土家族习惯法，在婚姻人数方面规定了一夫一妻制，并禁止有妻再娶行为；在通婚范围方面认可了在不同历史时期规定不同，经历有群婚、血缘婚、氏族外对偶婚等不同形式，确认了姑表婚、收继婚、转求婚、换亲婚的合法性；在婚姻程序方面规定了恋爱自由制度和订婚、结婚的程序；在婚姻效力方面规定了婚后新娘宗族亲属关系、夫妻平等关系、夫妻财产共有与特有关系；在家庭成员方面规定了成员组成与家庭分立、成员平等与家长权利、扶养与敬老关系等；在家庭财产方面规定了分家、析产、继承的程序与效力。

一、恋爱自由制度

历史上，土家族人婚姻自由，青年男女订亲完全出于自愿。

土家族人喜爱歌舞，恋爱婚姻全过程均有歌声相伴，对歌可以站在对面山坡进行，也可以站在吊脚楼上进行，还有一些地方有专门的节日，如花朝节、女儿会等等。根据土家族习惯法规定，男女婚姻是以自由婚配为主的，女子在婚配上有较大的自主权利。在湘鄂渝边土家族的一些偏僻村寨，长期以来一直以歌为媒，婚姻自主在男女心目中视为理所当然之事，尤以女子婚姻的自主权受到保护。恩施石窖现仍流行的“女儿会”，就是以妇女为主去赶会，也有青年男子参与，那是为了寻找对象或与情人会面，畅诉衷情。

恋爱关系确立的凭证。土家族习惯法认为，青年男女确立恋爱关系须有信物，即凭证一般是手巾。土家族姑娘从小就要学绣花，长大成人时，特绣一条花手巾作为爱情的信物。姑娘与情人定下终生的时候，以送绣花手巾为凭。手巾多为家机布做成，上面绣上花草和人物。清江流域沿岸的茶山可以说是土家姑娘表达爱情的场所，一旦中意，茶仙为媒，手巾为凭，以后如“变卦”必退回手巾，明白人不用多说话，退手巾即表明爱情关系结束。

婚姻关系订立程序与仪式。由于与中原相邻，土家族人的婚姻仪式与规矩，不免受汉族伦理规范的影响，但仍有自己的民族特色。如湘西土家族青年订婚有以下程序：①打样。这是土家语称谓，译成汉语，即“瞧样子”，就是“相对象”。媒人意欲为某两家做媒，就向两家青年男女示意，授意他们相互暗地去打样，视人才满意之后，再正式出面登门说亲。②求婚。打样之后，双方满意，男家则正式请媒人去女家求婚。媒人到女家去求婚，提一块肉，带一把伞，至女家门，将伞撑开，倒立在门外。女家若将肉收下，并把伞顺立过来，则示意不拒绝这门亲事，否则表示拒绝。③取八字。当地人叫“讨红庚”。求婚未遭拒后，男家接着备办点酒肉，由媒人送至女家，向女家“讨红庚”。所谓“讨红庚”，就是请求女家将姑娘的生辰年月日时，写在“红庚帖”上。按规矩，是男家先将男的生辰年月写于“红庚帖”的左边，女家写于右边。讨得了女方“红庚”，男家则请巫师或算命先生，帮合男女八字，按阴阳五行推论，看是否相克，如有相克可以作法事帮解；若不能相解，只好不讲这门亲，一般都能相解。④定亲。当地人叫“插芋香”。合了八字，男女生辰没有相克之处，那就是“天作之合”，男家则择日定亲。定单亲，须给女方送衣服、首饰、银钱、酒肉，表示正式订婚。女家请女孩外婆、外公、舅父舅娘、族人长辈及伯叔、堂兄弟等，齐聚子祭祖，神龛上红烛高烧，香炉插香，神桌敬酒。定亲，实则是取得社会承认，宣布某家之女已许人家。⑤行冠礼。土家族人将成年冠礼与婚礼一并举行，很隆重。男冠礼在发轿前一天举行。一般是新郎穿上新衣新裤新鞋，包上新头包，在经过复杂的冠礼仪式后，新郎来到祖先牌位前，叩拜祖先。女子冠礼，也在出嫁前一天，由两位大嫂给出嫁姑娘“上头”“开脸”。所谓“上头”，即将姑娘时禁留的发辫，梳成妇女“粑粑髻子”，别上银簪，插上红花。所谓“开脸”，即用男家送来的红头绳，在出嫁姑娘眉额上绞三下，眉梢绞三下，后颈绞三下，然后，用男家送来煮熟的鸡蛋，在脸上滚三下，谓之“开脸”。按土家族规矩，姑娘脸上汗毛是不准扯刮的，扯刮脸上汗毛，意即是妇女了。经过“上头”“开脸”，就向姑娘时期告别了，做“媳妇家”开始了，仪式很庄重。⑥拜堂。这是土家族姑娘出嫁的最重要程序，在习惯法中，拜堂有着证明缔结夫妻关系的践成行为功能。“拜堂”是婚礼中的核心仪式，男女双方对天地祖宗拜堂成亲，结为终生，以此取得合理合法的权利和亲朋的认可。

二、姑表结婚与换亲结婚

土家族地区早先存在姑表成亲制度，叫姊妹开亲又叫老表开亲，即姑舅老表或姨老表之间成婚。姑之女嫁到舅爷家，名为“回头亲”，并有“姑家女，伸手取”“舅家要，隔河叫”的说法。舅之女嫁到姑妈家，名为“侄女赶姑”，俗话说：“侄女赶姑，狠似五阎王。”人们在实践中已认识到这种有血缘关系的“姊妹开亲”，结果总是不好的。在土家族地区，历史上存在过一种调换亲，举例说，张家的女儿嫁给李家为媳，而李家的女儿又嫁到张家为媳，两家结为姻亲，有了子女以后，对任何一方，既是舅妈，又是姑妈。故人们说：“调换亲，亲上亲。”在相当长的历史过程中，姑表结婚、换亲结婚都是习惯法认可的婚姻制度。

三、再婚制度与财产继承

在历史上，土家族人的恋爱、结婚都是自由的，也认可妇女再婚，但并不很自由，须遵循“收继婚”和“转求婚”的规矩进行。“收继婚”也叫“填房”，其形式：一为“叔就嫂”，即亲兄死后，其单身弟（嫂称其弟为“小叔子”）可同亲嫂结婚，故流传有“叔就嫂，千般好”的谚语，好在哪里？好在相互了解，有利于维持这个家庭的财产关系；二为“伯就弟”，伯指伯哥，弟指弟媳，即弟弟死了，单身哥哥可与弟媳成婚；三为“姐死妹继”，即出嫁的同胞姐姐死了，其妹可与姐夫结为夫妻。若叔、伯、姐夫皆不愿娶，寡妇方可外嫁，但须守孝三年，外嫁时只许带走其当时娘家嫁妆，夫妻存续期间财产均归夫家，且婆家尚要收取“赎身钱”“棺材钱”“满堂酒”。若男女青年双方正式订婚后，男方死去，女方无权退婚，男方有权“转求”，即要求她嫁给死者的兄或弟，甚至堂兄弟；若男方不再“转求”，女方方可退婚，与他人订婚，此为“转求婚”。这些都得到土家族习惯法的认可，在清代“改土归流”后，流官曾发文告禁止土家族人的寡妇再婚制度，但还是没有完全消失，有些偏远村寨一直按习惯法的规矩办事。

锯牛角为约分家，析财产及继承

在历史上，土家族人民很早就意识到孩子长大结婚后独立成家的重要性，因为只有这样才能激发年轻人的权利、义务、责任意识。在土家族地区，有俗语为证：“树大要分桠，儿大要分家，女大要出嫁。”“葱不分不长，家不分不发。”将一只牛角锯成若干节，各人保存一节。等到将来太平了，子孙后代定有相聚之日。相认时，能接成一支完整的牛角，就是同祖族人了。

立“分关”析产。兄弟分家，必立“分关”，就是凭证，这是土家族的规矩。兄弟分家包括祖传的家业，仅兄弟商议不行，必须请家族中有威望的族人和村寨首领参加主持公道，将财物搭配合理，并“口说不为凭，立据定乾坤”。立分关很严肃，首先由家长公开家底，共同商议，公开分股，然后将各股名目写成字条，捻成砣子，应分得者，各人去拈，叫“拈阄单子”，拈哪一份就是哪一份，最后将各人分得的一股，包括父母的养老股写成“分关”，各股当事人画押（签字），族人及首领签名，“分关”方能生效，受到社会各界的承认和维护。各人分得的田地、大牲口以后如要出卖，首先要卖给族人，本族无人买，才能卖给外族人，而且各兄弟还须得“中人钱”一份。

家产继承。家产继承，如田地房屋，原则是儿子有继承权，女儿没有继承权。土家族人认为，“养女是人家的人”，“只吃得肉，吃不得骨”。家产就祖业的继承份额方式，普遍是按口均分，谓之“口份田”。分家的时间，有的是每个儿子一结婚就分家，未出嫁的女儿，或未成婚的幼子，一般与父母同居，要适当多分一些好田好土，俗称“姑娘田”，以供食用和备办嫁妆；父母所分的田土，也要好些，俗称“养老田”。

土家族人民很重视家庭财产的继承，有内容丰富的财产继承方面的习惯法，对财产继承人、继承原则、顺序等作了具体规定。若父母去世，谁为父母办衣棺丧事，田土就由谁继承；女子出嫁了，田不能带走，留给同居的父母，无父母者，归同居的兄嫂；没有子女的人家，可以过继子女，一般是过继弟兄的后裔或同族的后裔，但须当着族人举办过继拜祖仪式，然后按字辈取名，表示是血亲了，有权继承家业；若不过继子女，在临终时，由家族人主持丧仪，议决家产的处理。谁继承谁就负责扫墓祭祀，或将家产收归祠堂，由祠堂负责祭祀；义子也有家产继承权，但异姓子没有家产继承权，土家族习惯法禁止异姓子承宗，即有“异姓乱宗”之说。异姓子一般为养子或乳子，是不能上族谱和祖先牌位的，一旦其养父养母去世，族人就将他驱逐走。在古代、近代经常发生驱赶或杀害养子惨案。

对于出卖继承的财产，也有规矩。家产祖业要出卖先要征求族人意见，若族人要买，得卖给族人；若族人不买，才能卖给他族。一般不到走投无路，是不能变卖祖业的，认为这是“败家子”“报应崽”。卖祖业，要请人去寻买主，俗称“中人”。卖价由中人从中周旋，中人将买卖价协商好了，就由买主备办酒席，请卖主及卖主家族、做中的人来写买卖字契，卖主、中人、写字契人及卖主族人，都得在契约上签字画押，卖契方能生效。买主须给中人、卖主族人分送签字画押礼，吃签字画押酒。

现在土家族地区，依照《民族区域自治法》及相关法律法规，当父母去世或姑娘出嫁了，他们所承包的田土山林鱼圩，一般都照过去家产继承办法进行转让移交，地方政府不得干涉，尊重民族风俗习惯。

第六节

土家族兵制章程及征调

湘西土家族人民，自古以来就养成了一种“崇兵尚武”习惯，远古渔猎时期，先民们为了生活生存，常以石器、木器与凶禽猛兽作搏斗。部落时期，为捍卫本部落的生存安全，又以弓箭、长矛、大刀作战器与外部落入侵者斗，甚至与朝廷斗。土司时期，逐渐形成了一种亦农亦兵的法规章程。

一、土家族的兵制

兵制分旗甲、陆营。旗甲是土司军政合一的基层组织，用则为兵，散则为民。陆营，又称五营。是禁卫城堡维持地方治安的军队。土司为维护统治地位，除了行政手段外，还得依靠军事力量。其兵源来自于“旗”“甲”，保靖宣慰司设28个旗，56个甲，旗有旗长，甲有甲长，拥兵数千。“有事则调集为军以备战，无事则散居为民以耕凿”。此外，还建有卫城戍伍，谓之“五营”。旗甲之上建卫所管理机构，设指挥使、千户、百户等军官。这些军官及五营官兵的给养，全是“屯田自给，官不支俸，兵不请粮，自备兵械。”

永顺三知州之长官地方，多为58旗，其目为“辰、利、东、西、南、北、雄；将、能、精、锐、爱、先、锋；左、韬、气、茂、亲、熏、策；右、略、灵、通、镇、尽、忠；武、乱、雨、星、飞、义、马；标、冲、水、战、涌、祥、龙；英、长、虎、豹、嘉、威、捷；福、庆、凯、旋、智、胜、功”。以七字为句，每字一旗，凡56旗，后添“说、谋”二旗58旗。

此外，有“戎、猎、镶、苗、米房、鼓吹手”六旗，伴当七旗，长川旗、散人旗、总管旗。旗各有长，管辖户口，生男女辄报名于册。长则当差，各旗分隶各州司，而统属于总司。有事则调集为军，以备战斗；无事则散处于民，以习耕凿。

阵法。每司24旗，头每旗1人居前，次3人横列为第二重，次5人横列为第三重，以7人横列为第四重，又其后7人横列为第五重，其余置后，欢呼助阵。若在前者败，则二重居中者进补，两翼亦然。胜负以五重为限，若皆败则无重矣。每旗16人，24旗合384人，皆为精兵也。平时，定期在县北教场坪训练，县宣慰使半年一次小检阅，一年一次大检阅，宣慰司曾有明文规定：“古著阅兵以讲武事，盖安不忘危之意，营兵骄惰，战难获胜，故岁度之检阅，不可废焉。累经演阵，甄别将佑，考校士卒，以为黜陟赏罚，超擢录用。”

二、封建王朝的征调

明朝时候，宣慰司的军队，是半独立性质的，受着朝廷兵部的钳制，经常奉令出兵征战。《明史·湖广土司传》云：“每逢征伐，辄愿负戈前驱。”在倭寇大举进征我江浙沿海一带时，保靖宣慰使彭九霄、彭虎臣、彭良臣、彭荩臣父子等人，曾数度被征调率领土兵，前往江浙一带剿倭。

由于经常奉令出兵征战，彭荩臣想到，为今只有步营尚无水师，万一需要水上作战，便一筹莫展了。所以他一直琢磨建立水师的事。于是看中县郊酉水的河滩，决定在那儿建造战船。故《保靖志稿辑要》有云：“艨艟溪在县北二里，源出著苦土山，南流入北河。相传土司彭荩臣，在明嘉靖时奉调征倭，遣战船于此溪口，故名艨艟溪。”战船造成之后，彭荩臣派出几路人马，到自己辖区、永绥、凤凰的五寨长官司、竿子坪长官司及龙山南部大喇司，捐募水兵1500余人，彭荩臣亲自督练水兵。操练有追击、迎击、合击、夹击、包抄、牵制等等。每当操练时，60艘战船同时出动。这样一来，步营水师皆齐备，屡次被征招，抗倭获胜，立下功勋。据清同治十年《保靖县志》载："嘉靖六年，以禽岑猛功，进九霄湖广参政，赐银币。长子虎臣战殁，赠指挥佥事，次子良臣袭职，特免赴京。二十六年免保靖秋粮，三十三年诏调宣慰彭荩臣帅所部三千人，赴苏松征倭遇倭于石塘湾，大战败之。贼北走平望诸军尾之，于王江泾大破之。录功以保靖为首，敕赐荩臣银币并三品服，令统兵益击贼。""及是以王江泾捷，进荩臣为昭毅将军。既又调保靖土兵六千，赴总督军前，从胡宗宪请也。时已叙赵文华、胡宗宪功，复加荩臣右参政，管宣慰司事，仍赏银币。"又据清同治八年《保靖志稿辑要》载："彭荩臣，保靖宣慰司，嘉靖中调赴苏松征倭，战于石塘湾败之，贼北平望。荩臣率兵尾之于王江泾又大破之，斩获二千余级倭，为夺气盖东南战功第一云。而录功以保靖为首。赐三品服，令统兵益击贼，进昭毅将军加右参政。"

湘西的土兵将士，奉征抗倭，都屡建功勋，生者奖之，死者祭之。清同治十年《保靖县志》载有"收新建伯王守仁"《祭永顺保靖土兵文》一文曰："惟湖广永顺保靖之土兵多有物故于南宁诸处者。嘉靖七年元月十五日已卯，钦差总制四省军务尚书左都御史新建伯王，委南宁府知府蒋山卿等，告于南宁府城隍之神侠，号召诸物故之魄魂，以牛二羊四豕四祭而告之日，呜呼！诸湖兵壮士，伤哉尔等皆勤国事而来，死于兹土，山溪阻隔，不能一旦归见父母妻子。旅魂飘飘于异域无所依倚，呜呼，痛哉！此我等上官之罪也，复何言哉，复何言哉。"虽然是封建王朝对为国勇战而牺牲者，也是尊崇歌颂，以告慰逝者。

这些优良传统对当代仍有现实意义。

TUJIAZU QINHAN ZHIJI DE XINGZHENG JIANZHI

第六章

土家族秦汉之际的行政建制

第一节

概　　述

一、秦汉时期土家族社会概况

公元前221年，秦统一六国后，建立了中国历史上第一个封建统一的多民族的国家。秦汉两朝为多民族统一国家奠定了稳定的基础。原处于巴、楚境内的土家族地区纳入秦国版图。巴、楚已经过奴隶社会向封建社会转变，秦的统治加速了向封建社会转变。秦朝建制是吸取历代经验的基础上建立起来的，地方机构的设置采用郡县制，郡县制是中国古代历史上一项重要的政治制度，也是从秦至唐宋时期，对少数民族进行政治统治的一项基本政治制度。在政法司合一的秦朝，郡县制是国家政令和法律的执行机构。

在今土家族地区设立了巴郡、南郡、黔中郡3个郡，把巴、楚河巫郡一部分地并入南郡和黔中郡，分而治之。①“自相君长”的政策，“蛮夷”，纳入了秦统一的行政建制。秦朝的行政建制是吸取战国时期经验的基础上建立起来的，地方机构的设置则采用郡县制，郡县制是是中国历史上、也是对少数民族进行政治统治的一项基本的政治制度。西汉继秦，将黔中郡更名为武陵郡，在武陵郡境内设迁陵县（含今保靖、秀山等地），南郡设巫县（含今巴东、建始、恩施等地）。东汉继西汉只在溇中地区郡县之下设过“里”“亭”等基层机构。三国至隋，封建社会长期动乱，对土家族地区控制松散，时续时断。东汉后期，统治者腐败，豪强势力争夺扩张，地方官吏任意强征压迫，天灾人祸，百姓无法忍受，永和四年（92）冬，土家族地区、“溇中蛮”“澧中蛮”在潭戎的统率下聚众起义，东汉王朝派兵镇压。永和十三年（101）“巫蛮”巴郡、南郡也相继揭竿而起，起义军前后斗争数十年，东汉朝廷调集数万大军进行镇压。

① 《史记·秦始皇本纪》。

秦汉时期土家族进入封建社会制度，从生产力、生产工具的角度看，大体属于铁器时代。恩格斯说：铁工具的使用有更大面积的农田耕作，开垦广阔的森林地区，成为可能；它给手工业工人提供了一种其坚固和锐利非石头或当时所知道的其他金属所能抵挡的工具。

中国社会早在春秋战国时代，铁制生产工具在农业和手工业中就已经广泛采用。春秋初期，人们把青铜叫作“美金”，用来制造剑戟；把铁称为“恶金”，用来制造农工器具。《国语·齐语》曰：“美金以德剑戟，试诸狗马。”土家族地区的巴国被秦灭之后，铁器工具也得以迅速推广。可以认为，从公元前316年秦灭巴到宋代，土家族的生产力主要以铁锄为代表。

二、秦汉时期土家族社会的经济结构

（一）农业

秦灭巴时，巴国的农业已经是很发达了。《华阳国志·蜀志》云：“司马错率巴蜀众十万，大舶船万艘，米六百万斛，浮江伐楚，取商於（指今湘西、黔东及临近的渝鄂二省长江以南部分地区）之地为黔中郡。”600万斛粮米当取之于巴蜀，可见当时巴蜀的粮食之丰腴和农业的发展程度。秦灭巴后，一方面在政治上迅速推行羁縻郡县制，《后汉书·南蛮传》载：“及秦惠王并巴中，以巴氏为蛮夷君长。世尚秦女，其民比爵不更，有罪得以爵除。”另一方面，秦看到巴国地区人烟稀少，生产的发展受到了很大限制，因此采用迁徙人口的办法，充实该地劳动力。惠文王之后，秦往巴地的移民活动始终未断。后来的汉王朝为了削弱和破坏“巴郡南郡蛮”的势力，加强对这些地区的统治，同样采取了大量迁徙人口的措施。被迁往巴蜀地区的人民，他们带去先进的生产经验和生产工具，同时也带去大量的生产资金，这对于发展生产，提高垦荒能力，起了十分重要的作用。

秦汉时期，土家族地区生产普遍以农业为主，兼有畜牧和狩猎。而农业又以粗放简单的耕作方式为主。当时的水稻种植方法是在春季将田间杂草烧掉，引浅水种稻，稻生长起来以后，再灌水将杂草淹死。这是一种“火耕而水耨”① 的生产技术，说明

① 《史记·货殖列传》，第3270页。

了耕作方式还处于原始的粗放阶段。但由于土家族很早就种植水稻，因此兴修水利也是较早的。在汉代，土家族地区就已经有了大规模的兴修水利。据《水经注·沔水条》载："楚时，于宜城东，穿渠上口，去城三里。"此灌溉工程直到清代，民仍"赖其利"。巴蜀之地是当时全国重要的粮食产地，汉王朝常调巴蜀的粮食赈济灾荒。土家族在生产中已经使用了铁锄、耒耜等铁制农业生产工具，这些说明了当时的土家族已经进入了锄耕农业的阶段。

（二）特产业

早在巴国时代，土家族地区的特产业就十分发达。《华阳国志·巴志》载："土植五谷，牧具六畜，桑、蚕、麻、织、鱼、盐、铜、铁、丹、漆、茶、蜜、灵龟、巨犀、山鸡、白雉、黄润、鱼粉，皆贡纳之。其果实之珍者，树有荔枝……其药物之异者有巴戟天椒，竹木之贵者有桃支、灵寿……其民质直好义，土风敦厚，有先民之流。故其诗曰：嘉谷旨酒，可以养毋。"当时的柑橘、茶叶生产尤为著名。左思《蜀都赋》云"户有橘柚之园"。到后来的西汉时，在巴郡朐. （今云阳西、万州一带）、鱼腹（今奉节）特设橘官，以管理柑橘生产，这在全国其他地区是没有的。到东汉，在江州（今重庆）仍有柑橘官。荆州地区也盛产柑橘，汉代即有"江陵千树橘"之称。南北朝时的夷道县（今枝江县）"柑橘遍野"，上明城（今湖北松滋县西）附近的柑橘"左右有数十洲，盘布江中，其百里洲者最为大也。中有桑田果映江依洲"。

（三）手工业

早在奴隶制的巴国时代，土家族地区以青铜器为主的手工业就十分发达。秦灭巴以后，土家族地区的铁器生产得到了迅速的发展。《史记·货殖列传》载："蜀卓氏之先，赵人也，用铁冶炼。秦破赵，迁卓氏……致之临邛，大喜，即铁山鼓铸，运筹策，倾滇蜀之民，富至数千人。""程郑，山东迁虏也。亦冶铸，贾椎髻之民，富埒卓氏，俱居临邛。"这些说明了蜀卓氏与程郑氏使用大批奴隶，从事开采铁矿、铸铁器的手工业，并将铁器等由临邛（今四川邛崃）运到巴郡、武陵郡等地，从而使大量的土家人放弃石农具，采用铁农具，促进了土家族地区的农业发展。黔涪地区还以盛产丹砂著名，巴寡妇清因开发丹砂致富，还受到秦始皇的表扬，特为她修筑"怀清台"。涪陵、丹兴（今黔江）出丹砂，徙县（今黔东）出丹砂、雄黄、空青，还有纺织品。据《华阳国志》载，巴郡黄润作为贡品；蜀都江源县"安汉上下，朱邑出好麻、黄润细布、有羌筒盛”。

汉代，土家地区的盐业、矿冶业、纺织业、漆器和金银制造业都很著名。四川井盐至迟在战国时代就已经开发，秦并巴蜀，即设盐官。据《华阳国志·巴志》载，永兴二年（154），巴郡“盐、铁五官各有丞、史，即盐、铁合共五处”。“凡郡县出盐多者，置盐官主盐税；出铁多者，置铁官主鼓铸”。

（四）商业

在原始社会末期，由于生产力的发展，引起了社会分工和商品交换。由于有了商品交换，便逐渐形成了集镇。据永顺、保靖、桑植等县《县志》载，汉王朝统治确立以后，在湘西设置了酉阳、迁陵等县，并修建县城，作为政治经济中心。这是湘西历史上的第一批集镇。当时，巴地土家族商人还到滇国（今云南曲靖地区）进行交易。秦朝所开“五尺道”，自今四川宜宾而至滇国，是当时的商业交通要道。《史记·货殖列传》说：汉初，自关中地区经巴蜀而达滇中，“栈道千里，无所不通”。商人们用工农业产品与土家族地区的土特产品进行交换，这对土家族地区的经济发展起到了促进作用。

第二节

土家族地区郡县制的推行

一、郡县制是封建王朝与地方土官联合执政的制度

前述巴人即是土家族先人，为尊重历史，我们仍沿袭“巴人”的称谓。即是土家族生活聚居的地区。

公元前316年，秦灭巴后，是土家族社会发展史上的重大改变，土家族地区成为了秦朝疆域的一个组成部分，并且随着秦王朝有步骤地进行一系列封建改革，从而使巴人地区由奴隶制时代迅速过渡到封建制时代，完成了又一划时代的伟大变革。

巴人等少数民族聚集地区，在交通极其落后的情况下，距离中央是遥不可及的荒

蛮之地，难以直接进行管理，只有借助民族地区的部族首领，中央也派部分流官对这些土官进行管理监督。这种制度既统一又分散的管理体制，达到了统治目的，又实现了以其故俗治俗的统治形式。其实质可以说是巴人地区的管理有相对的独立性，是开创了我国民族自治的先河。

巴人地区进入封建制时代，是从公元前316年秦灭巴后开始的，巴子国奴隶制政权的灭亡，一方面，完全表明了奴隶制生产关系已经不适合生产力的性质了，它成为了社会生产力进一步发展的障碍，生产关系一定要适应生产力的发展规律。奴隶制生产关系已经走到了尽头，封建制即将呼之欲出，这已成了不可抗拒的历史潮流。另一方面，巴人地区在奴隶制过渡到封建制的过程中，与汉族从奴隶制过渡到封建制比较，汉族地区基本上走的是一条和平演变的道路。而巴人地区则是由秦的武力征服，消灭了巴子国，迫使巴国走上封建制时代。因此，可以认为，巴人地区由奴隶制进入封建制，主要依靠的是外力的推动，如果没有这种外力的推动，很可能巴人的奴隶制时代还可能会持续很长一段时间。

二、秦、汉王朝对土家族地区先民的早期统治

秦灭巴后，建立起统一的封建王朝，为了有利于对土家族的统治，在巴人地区用统一的中央集权的郡县制来取代原来大小奴隶主分裂割据的状态。从此土家族被纳入中央政权的管辖范围。把巴、楚和巫郡这一部分地区并入南郡和黔中郡，分而治之。巴郡大致相当于巴子国在今四川、重庆等地的部分区域；南郡大致相当于今湖北鄂西山区和今重庆巫山等区域；黔中郡大致相当于今湖南湘西、重庆东南、贵州东北部等区域。设立郡县制以后，秦即着手营建新的政治中心，即使之成为控制巴人、加强统治的政治、军事重镇，又使之成为经济中心。张仪、司马错灭掉巴国后，迅速在江州、阆中等地构筑城池。据《舆地纪胜》载：“（古江州城）东接（渝）州城，西接（巴）县城。”①《巴中记》云：“张仪所筑。”《华阳国志·巴志》载：“（秦灭巴后）置巴蜀，及汉中郡，分其地为（三十）一县，仪城江州。”张仪还在阆中构筑池廊，《舆地纪胜》卷一百八十五载：“《（元丰）九域志》支云：阆中古城本张仪城也。《图经》云：秦司马错执巴王以归阆中，遂筑此城。今仪庙存焉，谓这张丞相庙。”秦在巴人地区推行封建土地所有制，废井田，开阡陌，这是巩固其统治的有效的手段。

① 《舆地纪胜》卷一七一。

《汉书·地理志》载："孝公用商君，制辕田，开阡陌，东雄诸侯。子惠公初称王，得上郡，西河。孙昭王开巴蜀……"①《史记·秦始皇本纪》也载："（秦昭王）立四年，初为田开阡陌。"秦在巴人地区实行封建的赋税制度和军功爵制度，以此取代奴隶制的贡赋制度和世卿世禄制度。《后汉书·南蛮西南夷列传》载："及秦惠王并巴中，以巴氏为蛮夷君长，世尚秦女，其民爵比不更，有罪得以爵除。其君长岁出赋二千一十六钱，三岁一出义赋千八百钱。其民户出嫁布八丈二尺，鸡羽三十 。"这说明秦王朝既要向耕种或拥有土地的人收取地租，同时也要按人口缴纳人头税，还采取迁徙移民政策。一方面，秦王朝将大量秦地的一般居民迁到巴蜀地区；另一方面，秦王朝也将这一些其他地区的所谓罪人大量流放巴蜀地区，以改变人口结构，发展巴蜀经济。

从秦对巴人地区的初期统治来看，涉及政治、军事、经济、文化、农业生产等等方面，充分体现了全面和完整的特点。1979 年，在四川省青川县战国古墓中，出土了秦到时候修（即变更修改）田律木牍一件，《田律》看重规定了在 8、9、10 三个月内有关的农业生产，如修治封埒疆畔、除草、治道、治沟、修坡堤等等方面的规定。这很可能是针对巴蜀地区而制定的关于农事的条例，甚至具有法律效力。2002 年 6 月 3 日，从湖南省湘西龙山县里耶的一口古井中陆续出土秦简 3 万余枚，总字数达数十万。专家们发现，在这数万枚简牍中，除十余枚残破的楚简外，其余全是木质秦简。经研究考证，专家们认为简牍是当时留下的档案文书，内容涉及战国至秦代湘西乃至更多地区的政治、经济、军事、文化、社会诸多方面。已清洗的秦简纪年从秦王政十五年至秦二世胡亥二年，纪年完整，年月日甚至每天的每一刻都详细记录于上。简文中还提到了许多湖南至今仍然保留的地名，以及当时的职官名称等。最引人注目的是一枚长 22 厘米，宽 4. 5 厘米木牍，两面都用秦国隶书记录有乘法口诀，有专家认为这些秦简的考古价值几乎可与殷墟甲骨文、敦煌壁画相媲美。湘西里耶是一座战国古城，古城遗址基本保存完好，面积约 2 万平方米。专家初步认定，这座古城可分为建城前的聚落时、建城始筑时、城的使用和井的挖掘时以及废弃时 4 个阶段，对应的历史时期分别是战国中晚期、战国末期（前两期为楚国所据）、秦统治时期和西汉初年。很可能，里耶古城最早是一座军事堡垒，其用途随时代的变化而变化。随着人们对里耶古城秦简的完全解读，必将全面地揭示出秦对这一地区的全面统治情况。

---

① 《汉书·地理志》，第 1614 页。

三、羁縻郡县制度是我国民族自治的开端

在秦的短暂统治中，在土家族地区迅速建立羁縻郡县制，中央王朝实施“因俗施治”的民族政策，通过羁縻郡县制与土家族的部族首领、豪族大姓之间的盟约关系，以这种制度维持统治，实现社会稳定。在政治上是民族政策的一大突破，是民族自治的开端，具有一定的进步性和合理性，促进土家族地区社会稳定和经济发展。

在经济方面，改变了土家族地区封闭落后的生产方式，促进经济的发展。同时在与汉族地区物品交换的来往中，学习汉族先进的生产技术和文化，促进土家族地区的文化有较大的发展。

西汉初，中央王朝将秦时设立黔中郡改为武陵郡，在武陵郡下设立县，为基层政权的行政区划，这是我国在民族地区推行郡县制的初始。在土家族地区实施的郡县制与汉族地区的郡县制是有区别的，在土家族地区实行的是羁縻郡县制，羁縻州的划分，大部分是按各部族或强族大姓自然区域确定，而且授这些部族的头领为都督或刺史。这是中央政权对民族地区特殊的、有进步性的制度安排，也为后续的统治者，在如何处理民族关系方面的一种制度选择。

另一方面，秦汉的残暴统治也导致民怨沸腾，群雄揭竿而起，秦终于被汉高祖刘邦所灭。《华阳国志·巴志》载：“汉高帝灭秦，为汉王，巴、蜀。阆中人范目，有恩信方略，知帝必定天下，说帝，为募发賨民，要与共定秦。秦地既定，封目为长安建章乡侯。帝将讨关东，賨民皆思归；帝嘉其功而难伤其意，遂听还巴。谓目曰：‘富贵不归故乡，如衣绣夜行耳。’徙封阆中慈乡侯，目固辞，乃封渡沔（县）侯。故世谓‘三秦亡，范三侯’也。目复（请）除民罗、朴、督、鄂、度、夕、龚七姓不供租赋。阆中有渝水，其民多居水左右，天性劲勇；初为汉前锋，数陷阵，俗喜歌舞，高祖观之，曰：‘此武王伐纣之歌也’。乃命乐人习学之。即今所谓‘巴渝舞’也。”“天下既定，高帝乃分巴（蜀），置广汉郡。孝武帝又两割置犍为郡。故世曰：‘分巴割蜀，以成犍、广也’。”从这一大段记载来看，说明了以下几个问题：

首先，巴人积极地参加了高祖灭秦的战争，特别是阆中巴人范目具有战略眼光，说服高祖招募巴人灭秦。巴人为什么如此争先士卒呢？因上秦灭巴的切齿之恨还使人记忆犹新，亡国之痛尚未平息，所以，巴人积极地参加刘邦灭秦实为强烈的民族复仇心理的充分表现。

其次，刘邦平定三秦后，对巴人皆“遣还巴中”或“遂听还巴”，允许巴人回归故乡，当然，实际上也有相当部分巴人留在了陕南一带。再次，刘邦平定三秦后，对巴人的赋税有所减轻，甚至允许一部分不缴租税，实际上这是对巴人充分给予休养生息，也是对巴人平定三秦立下大功的褒奖。

最后，汉对巴人地区重新进行了建制的设置和划分。西汉时，将秦所设黔中郡更名为武陵郡，在武陵郡境内设迁陵县（含今保靖、秀山等地），酉阳县（含今永顺、龙山、黔江、酉阳等地），零阳县（含今龙山、永顺、慈利等地），充县（含今桑植、张家界、来凤、宣恩等地），沅陵县（含今永顺、泸溪等地），佷山县（含今长阳、五峰等地）；南郡设巫县（含今巴东、建始、恩施等地）。东汉继西汉之制，建置没有多大变动，只是在属国地区郡县之下，设立过“里”“亭”等基本机构。东汉时，封建统治者还经常征调巴人作为镇压其他民族反抗的工具，如羌人等的大规模起义，都是依赖板楯蛮巴人进行武力征讨的。《后汉书·南蛮西南夷列传》载：“板楯七姓，射杀白虎立功，先世复为义人。其人勇猛，善于兵战，昔永初中（安帝年号，107—113）羌入汉川，郡县破坏，得板楯救之，羌死败殆尽，故号为神兵。羌人畏忌，传语种辈，勿复南行。至建和二年（148），羌复大入，实赖板楯连摧破之。前车骑将军冯锟南征武陵，虽受丹阳精兵之锐，亦倚板楯以成其功。近益州郡乱，太守李 亦以板楯讨而平之。”《华阳国志·巴志》也有类似记载。

第三节

“武陵蛮”的形成、演变和反封建王朝的斗争

一、武陵郡建制形成概况

武陵郡地区又称“武陵蛮”又称“五溪”古蛮夷地，春秋战国时属楚。秦昭襄王三十年（前276），秦“蜀守（张）若伐楚，取巫郡及江南黔中郡”。《括地志》云：“黔中故城在辰州沅陵县二十里。江南，今黔府亦其地也。”“今黔府”指的是黔州都督府，其治所在今天四川的彭水，领地为辰、锦、巫等州。汉高帝二年（前

205）改为义陵郡，在辰阳县界与蛮夷相接，数为所攻破。汉光武时郡治东近临沅，后改为武陵郡。其范围基本是巴人聚集区域。

汉代武陵郡包括的地域范围很大。西汉时武陵郡管辖的地方为 13 个县。东汉时武陵郡略有缩小，除把 佷山县（今湖北长阳县）划为南郡以外，基本上就是西汉武陵郡的旧地。据《后汉书·郡国四》载，东汉武陵郡辖县十二：临沅（今常德）、汉寿（今常德东北汉寿县）、孱陵（今湖北的公安和湖南的华容、澧县）、零阳（今慈利、石门、临澧县地）、充（今桑植）、沅陵（今沅陵、泸溪、吉首、麻阳县地）、辰阳（今溆浦、辰溪、怀化、芷江、新晃、麻阳、凤凰、花垣等县地）、迁陵（今保靖县地）、酉阳（今永顺、龙山、古丈县地）、镡城（今洪江、黔阳、靖县、会同、绥宁、通道等县地）、沅南（今桃源）、作唐（今安乡）。

武陵郡各县虽治所多在沅水、澧水等五溪流域，所以又称“五溪”，但其辖就包括了四川的东南部、贵州的东北部和湖北的西南。如酉阳县，县治所在永顺的东南，其辖地达到了川东和黔东北，据《旧唐书·地理三》载：“彭水（今四川彭水）汉酉阳县，属武陵郡。”镡城，其治所在今靖县，辖地到了贵州清江流域，可见，武陵郡是一个北接鄂西，南达湘南的巫、渠二水，东接洞庭，西包乌江中流的广大地区。

“五溪蛮”的活动中心地域是在五溪流域。北魏郦道元在《水经注·沅水》三十七中做过解释：“武陵有五溪，谓雄溪、樠溪、无溪、酉溪、辰溪是其一焉，夹岩是蛮左所居，故谓此五溪蛮也。”梁时沈约的《宋书夷蛮传》载：“居武陵者有五溪，谓雄溪、樠溪、潕溪、酉溪、辰溪，谓之五溪蛮。”《文献通考》说五溪是“辰溪、酉溪、巫溪、武溪、沅溪”。虽说法不尽相同，但五溪指的是今湖南沅陵以西沅水中上游的 5 条分支是一致的，从分布的地域看，“五溪”之地比“武陵”之地要略小一点。

“武陵五溪蛮”的北部一支，主要是酉水和沅水下游及澧水流域。

《后汉书·南蛮传》载：“光武中兴，武陵蛮夷特盛。建武二十三年（47）精夫相单程等，据其险隘，大冠郡县。”东汉光武帝派遣武威将军刘尚发南郡、长沙、武陵兵万余人，乘船泝沅水入武溪征讨，当时刘尚轻敌入险，一是山深水疾，舟船不得上；二是粮少途远，不晓道径。遂采取屯聚守险，避而不占。等到刘尚因缺粮而退时，相单程缘路邀战，尚军大败，悉为所没。

建武二十四年（48），相单程等下攻临沅（今常德），光武帝又派遣李嵩、中山太守马成击之，不能克。于是又遣派伏波将军马援，中郎将刘匡、马武、孙永等将兵至临沅，击破之。单程等饥困乞降。

建武二十五年（49）春，马援军至临乡（今桃源县地），《后汉书·马援传》载："二十五年（49），军到临乡，遇贼攻城县，援迎击，破之，斩获二千余人，皆散走入竹林中。"马援军在下隽研究征讨"武陵蛮"路线时，发现"有两道可入，从壶头（今沅陵县）则路近而水险，从充（今桑植县）则途夷而运远"。—耿舒欲从充道，援以为"弃日费粮"不如进壶头，"当先击充"，攻其腹心，动摇相单程的后方，"扼其喉咽，充贼自破"①。相单程的后方充（今桑植、大庸等县）不战自溃。最后按照马援的路线，从壶头进军，精夫相单程仍按照对付刘匡的办法，"乘高守隘"，待机而动，使马援军所乘之船不得进。当时又碰上暑热，士卒多中疫而死。不久，马援也病死在军中，这次征讨就这样失败了。最后相单程还是由宗均降的。

汉章帝以后，"武陵五溪蛮"仍然在充、零阳、作唐、孱陵等地不断进行反抗。据《后汉书·南蛮传》载，东汉建初元年（76），"武陵澧中蛮陈从等反叛，入零阳蛮（今慈利县）。其冬，零阳蛮五里精夫为郡击破从之，从等皆降"。三年（78）冬，溇中蛮覃儿健等复反，攻烧零阳、作唐（今安乡县）、孱陵（湖北公安县）等地，汉王朝出兵征讨，覃儿健被杀害。

和帝永元四年（92），溇中、澧中蛮谭戎等反，燔烧邮亭，杀掠吏民，郡兵击破降之（《后汉书·南蛮传》）。七年（95），《后汉书·帝纪》又说："武陵溇中蛮叛，郡兵讨平之。"

安帝元初二年（115），《后汉书·南蛮传》和《东观记》都记载"二千余人攻城长吏。州郡募五里六亭兵追击之，皆散降。赐五里、六亭渠帅金帛各有差"。上述这些帮助汉王朝镇压"澧中、溇中蛮"的"五里蛮"，当然就是"归顺"汉王朝的部落酋长。

汉王朝得手之后，继续加强对这一地区的剥削和镇压，顺帝永和元年（136）武陵太守上书，"以蛮夷率服，可比汉人，增其租赋"。而尚书令虞 提出了"羁縻政策"，但顺帝否决了这一意见，采取"增加租赋"的办法。结果这年冬天，"澧中、溇中蛮果争贡布非旧约，遂杀乡史，举种反叛。明年春，蛮二万人围充城，八千人寇夷道"。按《后汉书·郡国四》说的，夷道在今湖北的宜昌一带。

综合上述，"武陵五溪蛮"的北部一支，以充县为根据地，包括了酉水和沅水的下流以及澧水流域，这里"蛮夷"诸种，不管是反抗朝廷或是协助朝廷讨伐"蛮

① 《后汉书·郡国四》。

叛”，其“蛮酋”多以相（向）、覃、谭、陈为姓，这无疑是“廪君五姓蛮”的后裔。

“武陵五溪蛮”的中部一支，以武溪流域为中心。《渠阴边防者》说：“泸溪县西别有武溪，且武山。”也就是现泸溪县的武建武十三年（37），藏宫“击武溪贼，至江陵，降之”。《后汉书·马成传》：建武二十四年（448），中山太守马成“南击武溪蛮贼，无功，上太守印绶”。武溪活动的东界，“长沙，益阳蛮”分布地域连成一片，其族当为“苗蛮”部落。

“武陵五溪蛮”的南部一支，活动在巫山水流域。《渠阳边防考》说：“从湖南界城步县巫水流出，经关夹而下若水，洪江者，曰雄溪。”巫水源于今城步县，溪即今天的资水。《后汉书·应成传》说：桓帝元嘉元年（151），“武陵蛮詹山等四竿余人反叛，拘执县令屯结深山”。詹之部“屯结”于何地呢？据《水经注·资水》云：“资水东北经邵陵武冈县南，县分都梁所置也，县左右二冈对峙，重山齐秀，间可二里。旧传后汉伐五溪蛮，蛮保此冈，故曰武冈。”詹山连年屯结当然就在今天的武冈县地。“武陵五溪蛮”的南部一支以武冈、城步为根据地，并向东南发展，并“苗蛮”连成一片。

二、封建王朝对土家族地区的控制和反对封建王朝的斗争

随着秦汉统治者在武陵五溪地区设置郡县，加强对该地区的封建压迫和剥削，五溪各族人民的反抗斗争就连绵不断。公元前46年，零陵、武陵、黔中“蛮”同时举起反封建的旗帜。莽新末年，武陵郡教少数民族人民以田强为首，在酉阳（今永顺县一带）起义，有力地配合了荆州绿林军的斗争。

东汉初，武陵“蛮”族势力渐强，建武二十四年（48），武陵“蛮”首领相单程等下攻临沅，光武帝刘秀派遣谒者李嵩、中山太守马成击之，不能克。武威将军将尚率三郡人马万余前往镇压，由于各族人民据险抵抗，朝廷改派李嵩和马成率军进攻武陵各族，又被各族人民打败。刘秀无计可施，举朝震骇。建武二十五年（491），刘秀又派威名远播伏波将军马援率军4万人征讨武陵五溪“蛮”。五溪各族凭险抵抗，加上时逢酷暑，病疫流行，马援军病疫死者过半，连马援自己也死在沅陵二酉山下。东汉统治者的3次大规模军事征剿，均以失败告终，后继者软硬兼施，才把这次“蛮”民起事平息。但后来又由于各地方官吏征敛无度，甚至所派赋税徭役超过经济发达的汉族地区，这又引起了武陵地区各少数民族人民的反抗。从76年到116年的40年中，

武陵、零陵等地土家族、苗、瑶族先民的起义就史不绝书。据《后汉书·南蛮传》载：从汉章帝建初元年（76）起，先后“澧中蛮”陈从等起义，“零阳蛮”响应；溇中“蛮”4000人起义，他们穿红衣，裹红巾，举义旗，称将军，烧官署，震动了东汉王朝。汉顺帝时因增加了武陵各少数民族的赋税，更引起了武陵各族“举种反叛”，义军二万围充城（今属张家界市），八千人攻夷道（今湖北宜昌），拘县令、杀乡吏、焚税册。到汉桓帝、汉灵帝时，各族起义更多，如151年武陵、零陵等地以詹山为首的4000余人起义，157年，长沙郡苗瑶各族起义，占益阳、桂阳、苍梧、南海、交趾等郡，义军发展到万余人。武陵“蛮”6000人响应。他们杀官吏、攻郡城，荆州刺史刘度和南郡太守李肃弃城逃命。后朝廷调了10万大军才把义军主力冲散，但官军一走，他们又聚集起来。这样直到汉灵帝及汉献帝时，起义仍接连不断。黄巾大起义时，武陵各族纷纷响应。①

① 参见游俊、李汉林著：《湖南少数民族史》，民族出版社2001年7月版。

TANGSONG SHIQI TUJIAZU DIQU DE TUGUAN ZHIDU

第七章

唐宋时期土家族地区的土官制度

第一节
概　　述

一、唐宋时期土官制的历史背景

唐宋土家族区域土官制与中央王朝的关系。

唐宋时期土家区域的土官制度与中央王朝的官制及国家兴衰有关系。因此，在研究唐宋土家族地区区域的土官制度时，必然不能脱离唐宋王朝的官职制度。

（一）唐宋土官世袭制

唐朝从618年始进入初唐，唐初出现了“贞观之治”，史称“太平盛世”。时过90余年后，唐玄宗李隆基继位，由中唐逐步进入晚唐。他在各地区尤其是边远地区各军事重镇特设“节度使”，掌握地方军、政、法大权。其职还可以传位给子孙后代。逐步形成诸多地方势力。久而久之，他们公开不听朝廷的命令，史称“藩镇割据”。其后果造成了“安史之乱”，更有藩镇联合反唐事件发生。在这样的社会环境中，便产生了赫赫有名的黄巢、王仙芝等农民大起义。

（二）五代十国分裂局面

唐季的出现，史称“后梁”“后唐”“后晋”“后汉”“后周”，亦就是五代十国的分裂局面。唐季经历了53年全国性的大混乱，一直到960年北宋统一各国。宋在官制方面基本上仍继唐制，在形式上无多大变动。

唐代官职分三十级：一至三品分正，从两级，四品以后到九品除分正、从外，另有上下级之分。① 从职官的性质上看，唐已逐步形成了散官、勋官、爵位、上助国等官职制度。有些是荣衔、散官中又有文散官和武散官，文散官有开府仪同三司、光禄

① 《旧唐书》卷四二，第1791—1803页。

大夫等，武散官有骠骑将军、辅国将军等，宋代则称为寄禄官。

（三）唐宋封爵与食邑

唐宋均有封爵即一般是同姓封王，异姓封爵为公、侯、伯、子、男五等。封爵与食邑基本是一致的。如《溪州铜柱铭文》云："推诚奉节，弘义功臣，天策府都尉，武安军节度副使，判内外诸司事，永州团练使，光禄大夫检校太傅，使持节，永州诸军事，行永州刺史兼御史大夫，上柱国扶风县开国侯，食邑一千户马希广。"在唐代只有侯爵可以食邑一千户以上。并非收租税一千户以上。而只是表明职位高下，勋爵与食邑的一致性。又据《后汉书·马援传》云："封援为新息侯，食邑三千户。"① 可见侯爵有一千至三千户不等。

二、中央王朝法制的调整对土官制的影响

唐王朝对所设官制的法制调整。

唐初重新设置"御史大夫"和"监察御史"之官，使唐王朝产生了翻天覆地的变化，对土家族区域的官制影响极深，现对"御史大夫"和"监察御史"之官的解释如下：

御史大夫和监察御史——秦汉时设置，其位仅次于丞相的高官，主要管对各级官员（包括中央官员）的弹劾、纠察、监察、执法及重要文书图籍。魏晋开始将其官职取消不置。可是时间过了将近 4 个世纪，到了唐初，唐高祖李渊又深深感到依法治国的重要性，于是唐王朝又重新复置"御史大夫和监察御史"等官职，并且采取了许多有力措施，加强了公、检、法、司的职能。所以出现了"贞观之治""太平盛世"的时代。使唐王朝维持了将近 300 年之久的统治。这应当是依法治国的贡献之一。

法制的调整对土家族区域的土官制影响很深：在土家地区的刺史之官一般均兼"御史大夫"或"监察御史"之官职。如：在《溪州铜柱铭文》上签字的十九人中有十七人兼"御史大夫"，有两人兼"监察御史"，都是为了加强土家地区的法制建设，使地方上能依法治理州、县，以求一隅之安。

土家土家族地区土官的产生：唐宋时期，中央王朝在土家地区坚持羁縻州的土官

① 《后汉书》卷二四，第 838 页。

制度，使土家地区的土官制就相对灵活。土家地区的一号酋长一般由中央王朝任命后，其余的官职大多数是“自署为刺史”。据《宋史·蛮夷一》载：“唐季之乱，蛮酋分据其地，自署为刺史。”而刺史以下的官职就不在话下了。但是我们并没有排除招安求官；纳贡求官；上言求官等现象的出现。

中央王朝对土家地区的法制调整，使土官权力不断扩大。在上古时执行“要服”制，地方无条件地服从中央王朝的法律，否则就是犯罪；重者斩首，轻者宫刑、割耳等，土官犯罪也不能特殊。自从唐王朝进行法制调整后，在土家地区坚持实行“羁縻制度”，使土家地区变成了“藩属”地，土官在地区有军队、法制、管理一切政务的自主权利，不受中央王朝的干涉，有的地方自立土官仍然有效，土官又可世袭，于是土官可以为所欲为。

第二节

土家族地区土官制度的建立

一、土官产生的源渊

（一）土官产生的第一阶段

土家族是一个历史悠久的古老民族，其土官制度的建立要从传说时期谈起。据《后汉书》卷八十六载：“巴郡南郡蛮，本有五姓：巴氏、樊氏、瞫（音审）氏、相氏、郑氏。皆出于武落钟离山。”《代本》曰：“廪君之先，故出巫诞也。”其山有赤黑二穴，巴氏之子生于赤穴，四姓之子皆生黑穴。未有君长，俱事鬼神，乃共掷剑于石穴，约能中者，奉以为君。巴氏子务相乃独中之，众皆叹。又令各乘土船，约能浮者，奉以为君。余姓悉沈，唯务相独浮。因共立之，是为廪君。乃乘土船，从夷水至盐阳。《荆州图（副）》曰：“（副）夷陵县西有温泉，古老相传，此泉原出盐，于今水有盐气，县西一独山有石穴，有二大石并立穴中，相去可一丈，俗名为阴阳石，阴石常湿，阳石常燥。”又据盛弘之《荆州记》曰“昔廪君浮夷水，射盐神于阳石之上”。按：“今施州清江县水一名盐水，原出清江县西都亭山。”《水经》云：“夷水（别出）巴郡鱼复县。”注云：“水色清，照十丈，分沙石。蜀人见澄清因名清江也。”盐水有神女，谓廪君曰：“此地广大，鱼盐所出，愿留共居。廪君不许。盐神暮辄来取宿，旦即化为虫，与诸虫群飞，掩蔽日光，天地晦冥。积十余日，廪君（思）、（伺）其便，因射杀之，天乃开明。”据《代本》曰：“廪君使人操青缕以遗盐神，曰：‘婴此即相宜，云与女俱生，（弗）宜将去’。盐神受缕而婴之，廪君即立阳石上，应青缕而射之，中盐神，盐神死，天乃大开也。”“廪君于是君乎夷城，四姓皆臣之。廪君死，魂魄世为白虎。巴氏以虎饮人血，遂以人祠焉。”① 这就是土家族在传说时期产生君长的全过程。这种产生土官的形式是“自选自置”的土官，并非上级任命的土官。

（二）土官产生的第二阶段

土家区域土官产生的第二阶段是汉代宋均置吏阶段。据《溪州铜柱铭文》云：“汉则宋均置吏稍静溪山。”

汉则宋均置吏——据《后汉书》载：宋均字叔庠，南阳安众人也。父伯，建武初（25）为五官中郎将。均以父任为郎，时年十五……至二十余，调补辰阳长（辰阳今辰州，辰溪县）……会武陵蛮反，围武威将军刘尚，诏使均乘传发江夏奔命三千人往救。“既至而尚已没。会伏波将军马援至，诏因令均监军，与诸将俱进，贼拒扼不得前。及马援卒于师，军事多温湿疾病，死者大半。均虑军遂不反，乃与诸将议曰：今道远士病，不可以战，欲权承制降之何如？诸将皆伏地莫敢应。均曰：夫忠臣出境，有可以安国家，专之可也。乃矫制调伏波司马吕种守沅陵长，命种奉诏书入虏营，告以恩信，因勒兵随其后。蛮夷震怖，即共斩其大帅而降，于是入贼营，散其众，遣归本郡，为置长吏而还”②。这是汉代宋均置吏的经过情况。亦即宋均代表东汉（建武初年）光武帝在土家地区任命土官的经过情况。从此以后，历代王朝均在土家地区有任命土官之事。

（三）上官产生的第三阶段

据《宋史·蛮夷一》载：“楚庄既霸，遂服于楚。秦昭王使白起伐楚，略取蛮夷，

---

① 《后汉书》卷八六，第2840页。

② 《后汉书》卷四一，第1411—1412页。

置黔中郡，汉改为武陵郡。东汉建武中大为寇钞，遣伏波将军马援至临沅击破之，渠帅饥困乞降。历晋、宋、齐、梁、陈、或叛或服。隋置辰州，唐置锦州、溪州、巫州、叙州，皆其地也。唐季之乱，蛮酋分据其地，自置刺史。”① 在土家族的历史上，从远古就产生了自置土官的习惯。有时自置后又通过纳贡，上言等方式要求王朝认可，下诏或赐锦袍、锦带等。

二、唐宋时期土官产生的几种方式

自置土官：据“唐中和三年（883），溪州首领分据其地，自置刺史。散毛覃氏唐有墨米送。覃行璋自为土官”②，像这种自置各级土官的现象，在唐宋时期是很普遍的。

招安求土官：通过招安的形式求土官情况亦很多，在此仅举一例说明。据《资治通鉴》载：“宪宗元和八年（813）八月，遣湖南观察使柳公绰，先后讨张伯靖。伯靖上表请得乘荆南乃降……宰相李吉甫以伯靖挟怨而叛，压以大兵而招之，可不战自定。乃命能兵毋出，独治缓招之。于是，伯靖率家属诣江陵降。授右威立羽府中郎将。”

向皇帝纳贡求土官：土家地区用这种方式求土官的也不少。据《宋史·蛮夷一》载：“太平兴国二年（977），懿州刺史，五溪团练使田汉琼，以其子弟，女夫，大将，五溪统军指挥使田汉度以下十二人来贡。皇帝下诏并加检校官以奖之。”

向皇帝“上言”求土官：这类事情经常发生，据《宋会要·南蛮》载：至道二年（996），上亲祀南郊，富州刺史向通汉上言：“圣人郊祀，恩浃天壤，况五溪诸州边接十洞，控西南夷戎之地。惟臣州自昔至今，为辰州墙壁障护辰州五邑，王民安居，臣虽偏处遐荒洗心事上伏望陛下察臣勤王之城，因兹郊礼特加真命，诏加通汉检校司徒，进封河内郡侯。”在史书中如此类记载颇多。

---

① 《宋史》卷四九三，第1417—1472页。

② 同治《来凤县志》卷三〇。

第三节

羁縻州的建立与分布

一、羁縻州的建立

所谓羁縻制是相对于中央王朝直接进行统治而言的，是中国古代中央政权对周边少数民族采取的怀柔、安抚的统治方略。通过封地方头领官爵、赐名位，进行间接统治，取得对中央政权的归附。据《溪州铜柱铭文》云：“中古渐尔羁縻。”这就是说，土家地区的羁縻制，虽然很早，但是渐渐形成的。中古的时限：自秦汉以迄宋称中古时代（前221至1279）。① 土家族地区，在远古属于“要服”之地。秦汉至宋逐步变成了“羁縻”地区，亦即“藩属”之地。汉代马援征服了交趾国，交趾国向汉朝称“藩属”（羁縻之地）这与古之“要服”之地是有很大区别的。

唐宋时封建王朝对土家地区实行“怀柔远人，义在羁縻”，东汉，顺帝永和元年（136），对武陵蛮“难率以礼，是故羁縻而西绥抚之，附则受而不逆，叛则弃而不追”的羁縻政策。尤其是中央王朝对土家地区的法制调整之后，使土家地区土官的权力越来越大。

唐开元间（713—741）在土家族地区“设溪州灵溪郡，灵溪郡，辖今永顺、龙山、保靖、古丈等县地；澧州澧阳郡，辖今桑植、大庸（张家界市）、慈利、石门等县”。对土家地区实行羁縻制后，土家地区逐渐变成了独立自主的羁縻州、郡。土官具有政治、经济、文化、军队、法制、立法、司法的自主权力。中央王朝对羁縻地区基本不管。主要达到“以土治土”的目的。据“唐开元二十八，户部记账，凡郡府三百二十有八。县千五百七十有三。羁縻州郡不在此数”。这就充分证明唐代时土家族区域由于实行“羁縻”制度，所以成了一个独立王国。又加上940年楚王马希范同蛮方彭土愁立溪州铜柱为界，更进一步表明了井水不犯河水。羁縻制和立铜柱为界这是

① 《辞海》，第81页。

土家地区的根本大法，是神圣不可侵犯的。从此以后，土家族地区在政治、经济、文化、军事、法律、司法、立法、公安、监察等不但能充分体现羁縻制度的优越性，而且全然是一个完全的“独立王国”。土官可以推其雄者为首领，组织土官的军队，制定土官的一系列的法律，执行土官的法制，独立自主地开展土官的州、郡、县、区的地方工作，不受外来的势力干涉。使土家族地区维持了彭氏八百余年的统治。另外，羁縻制为元代土司制度的建立打下了坚实的基础。

二、羁縻州的分布

唐季羁縻州的分布：唐季土家地区分为20个州，唐季（即五代十国时期）其时间是后梁开平年间（907—960北宋立止），前后共53年时间，而土家彭氏活动应从后梁太祖朱温开平四年（910）吴水军指挥使敖骈围彭瑊于江西赤石，楚兵救瑊为溪州刺史，后其子彭士愁为静边都指挥使，守溪州刺史。

唐季土家区域共有20个州，各州有刺史，以下溪州刺史兼都誓主，其余19个州称誓下州。

上溪州	今湖南龙山县地，湖北来凤一部分
中溪州	今湖南永顺中部及北部
下溪州	今湖南永顺东南及古丈地
永顺州	今湖南永顺西部
保靖州	湖南保靖、四川酉阳、古丈地
龙赐州	今湖南龙阳县地
忠顺州	今湖北宣恩县地
天赐州	今湖北恩施州境
感化州	今湖北来凤、咸丰县地
懿州	今湖南芷江、溆州、谭阳县地
洽州	今湖南芷江地
安州	今贵州石阡县地
富州	今湖南麻阳县高村地
高州	今贵州桐梓、凤泉（宋初改高州为珍州）
新州	今湖南永顺、新兴（旧县）地
远州	今湖北施州境
宁州	今云南曲靖境，清溪镇为治所
顺州	今湖北宣恩县境
南州	今四川綦江南

在溪州铜柱铭文后签字的土官有：彭士愁是下溪州刺史又是其他 19 州的都誓主（即盟主），其他 19 州不论规模大小，均设有刺史之官，称为誓下州，并受盟主管辖。

在溪州铜柱铭文后签字的 19 人，他们是 20 州的五姓代表（田、龚、覃、向、朱），以彭士愁为盟主。

第四节

中央王朝对羁縻州制的政策

一、中央王朝建羁縻州制度的背景

隋朝结束了南北朝长期分裂的局面，统一了全国，但其统治期限很短，对民族地区的影响很小。唐代，统治的疆域空前扩大，中央王朝亦有“内忧”和“外患”。不仅有强西大北诸番民族的威胁，而且被称为“南蛮”“西南蛮”的南方诸侯，势力也颇盛，唐王朝面临着许多重大而复杂的国内问题。如何对民族地区进行治理，是唐王朝必须解决的重大问题。

唐王朝仍继承历代对民族地区的怀柔政策。唐代把羁縻州制确定为治理民族地区的一种行政制度，并广为推广。这也并非完全是新创造，而是吸取前人之遗训，继承中有新发展。其特点是少数民族区域广泛实施羁縻州制，羁縻州与汉族地区众多的行政州一样，是中央王朝管理下的一级政权组织。其区别是任用当地民族首领为羁縻州的都督、刺史、县令，在羁縻州实行怀柔政策，以达到抚纳的目的。唐代羁縻州制对安抚边远民族地区取得了成效，需要说明的是羁縻州与正州（非羁縻州）之间并非是界限分明的，在某种情况下是可变化的。当封建王朝对民族地区统治加强时，可把羁縻州改为正州，以利于直接控制。而当统治者统治力量削弱时期，又可将正州改为羁縻州，以利安抚。封建统治者对民族地区的政策是有灵活性的，宋朝的羁縻州也是在唐代的基础上发展而来的。

唐代羁縻州制的建立和一系列羁縻政策的实施，促进了民族地区经济和文化的发展，加深了民族地区与汉族地区的交流，对巩固和发展民族统一起了积极作用，但是也加强了统治者对土家族地区残酷的剥削。因统治者长期采用以夷制夷的政策，使民族地区民族之间的矛盾不断发生的反抗也频频出现。

在土家族地区高祖天福四年（939），发生了唐季之乱。首先，马殷临终时之遗嘱，“兄弟相继”。马希声死后，马希范相继王位，其他兄弟各有异志、互相争夺王位，其内耗十分大。

天策府学士拓跋恒所分析的，今淮南为仇雠之国，番禺怀吞噬之志，荆渚日图窥伺。淮南是指东方的南唐；番禺是指广东的南汉，在楚之南；荆渚是指荆南，在楚之北。三国与楚相邻，经常产生摩擦。事实上于951年被南唐所灭。楚之西是溪州土家族先人彭氏世居之地，于939年攻“辰、澧”属楚管辖之地。

当时楚王对蛮方根本不敢用兵，如果用兵太多，时间过长，可能楚国内部矛盾激化，加速楚国的灭亡。

其二，楚王希范自幼好学，尤爱历史、文学，他吸取了历史上的诸多经验与教训。他认为历代王朝的兴衰和国家政权的更迭，与处理好和蛮方的关系极为重要。单用征剿不是有效办法，而必须剿抚兼治或以安抚为主才能见效。这样，可将干戈化为玉帛，又能扩大自己的实力，一致对付外来之敌——南唐、南汉、荆南等。

其三，楚王具有深谋远虑，对于妥善处理南方各民族关系，早有“预见性”。楚王在《溪州铜柱铭文》中云：“肃清五溪，震龚百越。”楚王坚信：如能实现楚蛮友好合作，树立一个友好的榜样之后，将会对西南各民族，主要是百越民族的支持。因此，楚王继续采用安抚的羁縻政策。

二、中央王朝的“怀柔”政策

中央的“怀柔政策”，并非楚王自己所创造，而是吸取前人之遗训。《溪州铜柱铭文》云：“古者叛而伐之，服而柔之，不夺其财，不贪其土，前典故，后代蓍龟（占卜）。”由此观之楚王的怀柔政策是来自前人无疑。

楚王说：“乃依前奏，授彭士愁溪州刺史，就加检校太保。”

楚王对彭士愁之子——彭师杲之安抚，亦是非常适当及时的。首先表彰彭师杲说：“彭师杲为父输诚，束身纳款，我王愍其通变。”当面授彭师杲“补武安军牙校”，在马希广名下任强弩指挥使，后在马希广执政时，彭师杲任殿直都虞侯等职。

王曰：“诸子将吏，咸复职员，赐赉有差，俾安其土。”楚王将蛮方的诸子都提升为官吏，使蛮方政府减少重复机构和人员。对于没有升官的人怎么办？楚王论功行赏，有其差别，使蛮方官兵安心在地方上做事，使官员、群众、军心、民心均能稳定，创造出安定团结的政治局面。

为了对蛮人的开发和教化，将州城从山上迁入平地，有利于教化，培养地方官员，发展边远地区的政治、经济、文化，所以“乃迁州城，下于平岸”为上策。

对群众的安抚政策，主要包括6个方面：不要扰乱农民；不要烧他们的房屋；不要放火烧山，以免毁坏树木和牧草，不影响樵夫砍柴和牧童放牧；不要阻塞山川交通；不要因为自己依靠着湍急的流水和悬崖峭壁而称雄一时；我王本来就有继承了父王的丰厚钱财，对羁縻州不会有任何苛求。

楚王曰：“尔能恭顺，我无科徭，本州赋租，自为供赡。”中央不收地方的税课，省下的钱，以资自养，使地方经济得到稳定和发展，对地方的士兵亦不抽差，免除了服劳役之苦。这样可以确保耕桑之业，人民的安居乐业有了可靠的保障。

三、中央王朝对羁縻州立铜柱为界的政策

中央王朝为了取得一隅之安，对羁縻州、郡，以立铜柱为界，将其誓约刻于溪州铜柱之上，以示其诚。楚王自称马援之后，谓曰：“我烈祖昭灵王，汉建武十八年，平征侧于龙编，树铜柱于象浦，其铭曰：‘金人汗出，铁马蹄坚，子孙相连，九九百年，是知吾祖宗之庆，胤绪绵远，则九九百年之运，昌于南夏者乎！’”马援是东汉大将之一，建武十八年（42）《后汉书》载：交趾女子征侧及征贰反，攻没其郡，九真、日南、合浦蛮夷皆应之，寇略岭外六十余城，侧自立为王。马援任伏波将军出征于十九年（43），明年正月，斩征侧、征贰，传首洛阳。封援为新息侯（并非昭灵王）。龙编是县名，在越南德江北岸，树铜柱于象浦就在此地。据唐刘恂《岭表录异》认为伏波铜柱在爱州（今越南清化县城西北）象浦是也。楚王马希范认为他是马援之后，应效法马援树铜柱。楚蛮双方都求得一隅之安。因为，马援两次征五溪都失败了。马援树铜柱的任务就落在马希范的身上。

铜柱就是界碑，其本身是“定分止争”的法律基石。

铜柱是产生于一场激烈争夺地盘、搏弈的结果，为避免以后的纷争，战争双方必然确定各自的管辖领域，权限范围，立碑为界，既是我国历史上的惯例，也是最有效力的、定分止争的法律界定，是构筑社会稳定和经济秩序的法律基础。

立铜柱是楚、蛮双方饮血盟誓，以相互表诚信的结果。一方面楚王求得一隅之安，便给蛮方相当多的安抚政策。通过立铜柱、誓约铭其上，以示诚意和怀柔。当然界碑的确立，双方都是有条件的，有前提的。这些前提和条件，其实质是双方法律上诉求和要约，以及确定各自的权力和义务。楚方、蛮方是依法享有权力和承担义务，法律关系的主体，这在1000多年前的中国，弥足珍贵。铜柱及其铭文正是通过谈判，体现了楚、蛮双方的政治地位，管辖领域、财产、税赋等等权利和义务的法定化。这些都要世代相传，不得违反；铭文中载“苟违诫誓，是昧神”“子孙相连，九九百年”，意为有谁敢于违反誓约，就是欺骗天地神灵，就像盟誓时“饮血”时的公鸡一样，被砍头，必受天和地神的严惩，这些誓言愿子子孙孙相传下去。

四、中央王朝对羁縻州的“德教”政策

楚王在《溪州铜柱铭文》中云：“贵谋贱战，兵不染锷。”即对羁縻州的蛮人要用“德教”政策。楚王又说：“崇侯感德以归周，孟获畏威而事蜀。”

所谓崇侯感德以归周就是说：崇侯即崇侯虎，其国称崇国。据《左传》喜公十九年载：周文王知道崇国的德行昏乱，于是决定发兵去攻打他，打了一个月左右，崇国人都不投降，于是周文王下令不打了，退兵回城去。并下令收兵后，要对崇国人进行修明教化，讲德行昏乱，对社会有什么害处；而德行好者，对人民有什么益处的道理，以“先礼后兵”之法去说服他，尔后崇国人就在周文王所筑的营垒里投降了；这就是崇侯感德以归周的典故。

楚王又用“孟获畏威而事蜀”为先例来教育蛮人。在《三国志·蜀志·诸葛亮传》裴松之注释引《汉晋春秋》曰：“亮至南中，（今云南昆明）所在战捷，闻孟获者，为夷，汉所服，募生致之。既得，使观于营阵之间，问曰：此军何如？获对曰：问者不知虚实，故败。今蒙赐观看营阵，若只如此，即定易胜耳。亮笑，纵使更战，七擒七纵，而亮犹遣获。获止不去，曰：‘公，天威也！南人不复反矣。’遂至滇池。南中平，皆即其渠率而用之。”由于孟获得到七擒七纵，均未杀他，于是孟获在思想上很受教育，他感受到应报答不杀之恩，决心不再反叛；尔后蜀以御史中丞封之。这就是“孟获畏威而事蜀”的典故来历。

楚王希范对蛮人彭师杲，也是用三国时诸葛亮对孟获是一个道理。可见彭师杲已被教化，想报楚王“给衔”之情和“不杀”之恩。

五、中央王朝对羁縻州采用“和亲”政策

采用“和亲”政策，是文昭王接受了历史的经验教训而得出的一条政策，在我国历史上像这种“和亲”政策有不少的例证。如：汉代时，汉王将王昭君招入宫，然后再采用“和亲”政策，将王昭君嫁给匈奴的单于，其效果良好，公然调整了汉王朝同匈奴的民族关系。

唐穆宗时，对西藏也采用了“和亲”政策。当时唐穆宗命刘元鼎为会盟使，到逻娑寻盟。可黎可足赞普用重礼招待唐使，在公元822年，唐同西藏在逻娑结盟，并于公元823年立下了会盟碑（此碑似溪州铜柱）。今尚存于大昭寺前，盟文大意是说：弃宗弄赞赞普，迎娶唐文成公主；弃隶缩赞赞普又迎娶唐金城公主，“永崇甥舅之好矣”。“父王弃猎松赞赞普有意‘甥、舅’商量和协，欲社稷之如一统，与唐皇帝结大和盟约……”

楚王利用“和亲”政策，据《十国春秋》《旧五代史》载：彭（彭系彭士愁之伯父）奔楚为国姻戚，夫固有天意存焉。彭之女嫁文昭王马希范为妾，彭氏虽其貌不扬，但彭氏相当聪明会管家务，楚王希范很喜欢她。文昭王封彭氏为秦国夫人。彭氏常往城北报恩寺烧香，时僧魁谓之长老，问曰：“夫人谁家妇?”彭氏大怒，索檐子疾驱而归，文昭惊曰：何归之速也？夫人曰：今日好没兴，被老秃贼问妾是谁家妇女，且大凡妇女皆不善之辞，安得对妾而发！文昭王笑曰：此所谓禅机也，夫人宜答弟子是彭家女，马家妇（非妾也）是则通其理矣，何怒之有乎！

由此观之楚文昭王同蛮方彭士愁的关系是“内弟”关系。

综上所述，中央王朝对羁縻州的安抚政策；“怀柔”政策；“德教”政策；“和亲”政策；“免税”政策；“免兵役”和“免劳役”的政策；“立溪州铜柱为界的政策”。对西南各民族影响之深，其收效极佳。事实再次证明了楚王“肃清五溪，震袭百越”之预言完全得到了证实。

楚王创造出处理民族关系的典范，这对云、贵、川、桂等省的广大南方民族来说，是一个极为宝贵之佳音，于是云、贵、川、桂诸首领，纷纷前来楚国归附。如：南宁州酋长莫彦殊率其本部18州；都云酋长尹怀昌率其昆明12部，酋长张万浚率其夷播等7洲皆附于希范。

第五节

唐宋时期土官的地位与作用

一、唐宋时期土官的地位

土家地区属“夷蛮要服”，每年为皇帝提供一次贡物，如果不向皇帝提供一次贡物，则要被皇帝派兵征伐。攻打，是人头落地的大问题。中央直管的土官是没有特权的，只有为皇帝服务的权利，一年四季受皇帝的压迫、剥削，这就是上古时土官所处的地位。

“要服”制和羁縻制相比较：“要服”制的土官地位。据《溪州铜柱铭文》云：“上古以之要服”。又据《史记·周本纪》云：“夫先王之制，邦内甸服，邦外侯服，侯卫宾服，夷蛮要服，戎翟荒服……要服者贡（韦昭曰：供岁贡）为皇帝每年提供一次贡物……不向皇帝朝贡则征伐也……”①

羁縻制的土官地位：据《溪州铜柱铭文》云：“中古渐尔羁縻。”中古——自秦汉以迄宋亦称中古时代（221—1279）。中古渐尔羁縻，土家地区逐步变成了“羁縻”地区。亦称“藩属”之地。正如汉代马援征服了交趾国，交趾国向汉朝称“藩属”（羁縻之地），这与上古之“要服”是有很大区别的。

唐开元间（713—741）在土家地区设溪州灵溪郡。灵溪郡，辖今永顺、龙山、保靖、古丈等县地；澧州澧阳郡，辖今桑植、大庸（张家界市）、慈利、石门等县。秦、汉迄宋对土家地区实行羁縻制后，土家地区逐步变成独立自主的羁縻州、郡，土官具有政治、经济、文化、军队、法制、立法、司法的自主权力。中央王朝对羁縻地区基本不管。据“唐开元二十八年，户部记账，凡郡府三百二十有八，县千五七十有三。羁縻州郡不在此数”。这就充分证明唐代对土家地区实行羁縻制度和土官制度，所以成了一个“独立王国”，大大提高了土官的地位。

---

① 《史记·周本纪第四》，第136页。

唐宋官制调整进一步提高土官的地位：从唐季彭士愁的官职可以体现出来："静边都指挥使，金紫光禄大夫，检校太保，使持节，溪州诸军事守溪州刺史兼御史大夫，上柱国，陇西县，开国男，食邑三百户彭土愁。"

静边都指挥使——静边都是指溪州地，都指挥使即五代时的统兵官。设都指挥使一人，为地方最高军事长官，隶属京师五军都督府。

金紫光禄大夫——汉武帝时称金紫光禄大夫，掌顾问应对，属光禄勋。魏晋以后无定员，皆为加官及褒赠之官，加金章紫绶者，称金紫光禄大夫，加银章青绶者，称银青光禄大夫。唐末五代为文职阶官称号，光禄大夫为从二品，金紫光禄大夫为正三品，银青光禄大夫为从三品。

检校太保使持节——太保即太子太保。为辅导太子的官，加检校字样则成了荣衔。使持节即魏晋以后，掌地方军、政、法大权的官，只有下溪州的都誓主（盟主）才能加"使持节"的称号，给以殊杀中级（包括中级）以下官吏之权。次一等的称"持节"，再次称"假节"。其权力递减。至隋唐五代时则仅为刺史例加的衔。

溪州诸军事守溪州刺史兼御史大夫——管溪州各军事的首领，守溪州刺史，加"守"字原因是阶官低于职事官，则在职事官上加"守"字。阶官比职事官低二品则加"试"字。溪州刺史是彭士愁的职事官，可是彭士愁食邑三百户（属男爵），比刺史小些，所以加"守"字。彭士愁兼御史大夫，在秦汉时期仅次于丞相的中央高官。可是隋唐五代至宋虽然置御史大夫，但与秦汉不同，这里仅专掌监察、司法、执法，尤其是刑法等。这个官小于刺史。从这个角度说，刺史前也应加"守"字。

上柱国，陇西县，开国男，食邑三百户——上柱国一词前已作解释。陇西县（在今甘肃省境，另外，五代时的静边都又为大乡、三亭、陇西县）① 开国男，晋至五代爵号加"开国"字样以示尊贵，不加"开国"的称散爵，男是第五等级的最低勋爵，食邑三百户，是表示官位高低并不表示实际的赋锐收入。

宋朝时下溪州都誓主（盟主）彭儒猛是金紫光禄大夫，检校兵部尚书，使持节，溪州诸军事，溪州刺史兼御史大夫，上柱国长沙县，开国伯，食邑九百户，五溪都团练使彭儒猛与彭士愁的地位相同，因此不再解释。

唐宋中央王朝为加大地方土官的司法权力，中央王朝在土官设置上，特别是重视法制建设，并将落实在土官的设置上，现以唐季土官为例：

在溪州铜柱铭文上签字的19位土官，管20州的政务，可是每位土官，都有一个

---

① 《永顺县志》卷一，《沿革》。

兼职。在19人中有17人兼“御史大夫”，其中有两人兼“监察御史”。前面述“御史大夫”和“监察御史”，他们的主要任务是兼管地方的司法、执法、刑法、民法、经济法、行政法、公安、检察、法院、监狱等法律事务。

特地给盟主再加两顶帽子。关于设置“使持节”和御史大夫之土官增加刺史（盟主）的特权。

唐宋时，土家地区的都誓主（盟主）如：彭土愁和彭儒猛的兼职是很特殊的，彭土愁是唐季人。彭儒猛是宋朝人，可是他们两人都是不同时期的下溪州的“刺史”，都是兼有“使持节”和“御史大夫”之官。因为“使持节”之官有殊杀中级官员之特权。当然下级官员就不在话下了。① 关于御史大夫和监察御史之官，这一举措都是从法律的角度出发的。尤其是古代很重视刑法。并且在刑法方面有许多法律条款，又具有操作性。这些土官权力又可以世袭。

中央这些措施的实现，都大大提高了土家地区的各级土官的特殊权力，使土官地位越来越高。

二、唐宋时期土官的作用

唐宋时土官对土家地区的全面管理。唐宋土官因为中央王朝对土家地区实行羁縻制、立铜柱为界、法制调整等使土官地位提高了很多倍。自主权力及司法权力不断增大，于是土官在土家地区有职有权进行全面管理，使土家族地区政权稳定，经济得到不断发展，人民生活也不断得到提高。

如：土官管理内部民主集中制，其中最重要的核心是实行军事、政治、经济、行政、司法、执法、监察等实行民主集中制，有事开会民主讨论，然后由都誓主来集中，大家都服从都誓主的统一指挥。据《宋史·蛮夷一》载：“初，北江蛮酋最大者曰彭氏，世有溪州，州有三，曰上、中、下溪，又有龙赐、天赐、忠顺、保静、感化、永顺州六、懿、安、远、新、洽、富、来、宁、南、顺、高州十一，总二十州，皆置刺史。而以下溪州刺史兼都誓主，十九州皆隶焉，谓之誓下。州将承袭，都誓主率群酋合议，子孙若弟、侄、亲党之当立者，具州名移辰州为保证，申钤辖司以闻，乃赐敕告、印符，受命者隔江北望拜谢。州有押案副使及校吏，听自补置。”②

① 《溪州铜柱及其铭文考辨》，第38页。

② 《宋史·蛮夷一》，第147—148页。

彭士愁是唐季溪州刺史又是其19州的都誓主（盟主、领主），其他19州不论规模大小均置刺史，称为誓下州，均受盟主、领主彭士愁的统一领导和管辖，在溪州内部也实行羁縻制度。各州又有自己的独立性。20州的军事、行政、民政、司法、执法、监察、财政、经济、外交、文化等方面的大问题，均由彭士愁率领群酋合议，发扬民主后，再由彭士愁集中统一执行。这样则可产生组织巨大的力量。对于“以土治土”和维护中央王朝的羁縻制度均起了巨大地推动作用。

土官制实质是实行封建领主占有制：土官即为当地的封建领主，是领主奴役、剥削、压迫农民的坚实基础。土官是所辖内土地的最高所有者，是最大的封建领主。土家地区的所有田地、山林、河流、池渔等都归大大小小的土官所有，官田、官地、官山、官湖等均按土官等级各得一份。可以世袭。而广大农奴尚无立锥之地。亦仅有使用权、没有所有权。领主随时可以将其占为己有。领主把广大农奴束缚在土地上。有战争时参战即是土丁。所以《溪州铜柱铭文》载有“逃走户人”的现象。只是逃走的“户人”都是一些被压迫、被剥削的没有人身自由的农奴。农奴犯罪者，农奴主根据情节轻重，进行斩首、宫刑、断指、割耳、毒打等刑法。

在阶级社会中，法制是统治阶级内部治理国家的工具和手段。对农奴来说是没有任何平等权利可言的。他们是被制裁的对象，被剥削、被统治、被压迫的对象。而民主、自由法制面前人人平等，只有在无阶级社会中，才有可能实现。

唐宋土官与农奴推动了经济向前发展。据《溪州铜柱铭文》云：“凡是王廷差纲，收买溪货并都幕采伐土产，不许辄有庇占。”王廷派人收买地方土特产。实际上是一件大好事，是地方同王廷做生意，搞交换的好机会，当时有很多土特产销不出去而霉烂。这是一条非常有利于地方民族经济发展的经济政策和经济法的制订。不论王廷派员也好，或外地客商也好，他们采集山产，不能弄虚作假，不准骗人，要讲质量。于是，王廷派人和外地客商都来土家地区购货。当时王村就是木材、桐油、竹子、药材的集散中心，通过西江到洞庭湖、长沙、武汉等地。

还有外商上门购货，其价亦便宜，质量好数量够，大大刺激了当地手工业、农业、商业的大发展。这样，地方上对各种有技术的人员，需要量猛增，对文化素质也要求提高。地方上对工业、农业、商业的监督管理法制水平和法律观念亦要求提高。文化和法制水平提高后，又转过来促进工、农、商业的发展。使土家地区的政治、经济、文化、法制、道德、文明综合素质的提高，形成一个相对繁荣的局面。

这对中央王朝很有利。一是“以土治土”的目的已达到；二是节省了中央对地方的管理费和军费开支；三是中央和地方均求得了一隅之安；四是，对中央王朝的经济发展也有利。可以互通有无，中央和地方交换大量土特产品，可以发展各自的经济。

综上所述，唐宋时期土家地区的土官制度，主要是实行中央王朝的羁縻制度下的土官制度，使土家地区变成了中央王朝的“藩属”之地。彭氏将20个州变成了自己（土官）的独立王国。实行封建领主农奴制，彭氏在政治、经济、文化、军事、法律（公、检、法、司）土官均有独立自主的权力。唐宋王朝不能随意干涉土官的内政，使唐宋王朝达到“以土治土”的目的。当然唐宋时期土官制度的确立，亦为元代土司制度的建立，打下了坚实的基础。

XIZHOU TONGZHU MINGWEN FENGFU DE FALÜ SIXIANG

第八章

溪州铜柱铭文丰富的法律思想

第一节

概　　述

土家族地区著名的碑刻铭文，1961 年被国务院列为国家重点文物保护单位。溪州铜柱是五代后晋时期天福五年（940）十二月，土家族地区的溪州刺史彭士愁与楚王马希范为争夺领土进行的激战（史称“溪州大战”）后议和，双方誓盟缔结契约书，立碑刻文为标记。在八面菱形、抱围多粗、五千斤重的铜柱上，镌刻了 2614 字，宋代补刻的（含复溪州铜柱记）497 个字，这又称铭文、金文。其内容丰富，涉及当时的政治、军事、经济、法律、文化及民族关系等诸多方面，它不仅是土家族先人，也是中国古代法律文化史上的文物古迹，是历史实物见证的精华，为土家族历史谱写了光辉灿烂的篇章，也是中国宝贵的文化遗产之一。

铜柱铭文记叙了五溪聚族的历史沿革，难能可贵的这是首次以铭文的形式，记载了土家族地区的制度史。

一、中央王朝法制对土家族地区的影响

在中国历史上，历代王朝在处理民族关系和对少数民族地区的治理时，都有特殊的政策和法律，积累了丰富的经验，在不同时期中央王朝的政策也有所不同。

（一）上古的土家族

据《溪州铜柱铭文》云：“上古以之要服。”土家族地区，在上古的时候属“要服”之地。上古以之要服——据《史记·周本纪》云：“夫先王之制邦内甸服，邦外侯服，侯卫宾服，夷蛮要服，戎翟荒服。”甸服者祭（韦昭曰：供日祭）每日提供祭品。侯服者祀（韦昭曰：供月祀）每月一次祀忌之物。宾服者享（韦昭曰：供时享）经常提供享受之物。要服者贡（韦昭曰：供岁贡）为皇帝每年提供一次贡物。荒服者王（韦昭曰：王，王事天子也，诗曰：莫敢不来王）不向皇帝朝贡则征伐也。日祭，月祀，时享，岁贡，终王。先王之训祀也（先王之训），有不祭则修意（韦昭曰：先

修志意以自责也)。有不享则修文(韦昭曰:文,法典也)。也就是要按法律规定办事,有不贡则修名(韦昭曰:远人不服,则修文,德以来之)。序成而有不至则修刑(韦昭曰:序成,谓上五次序已成,有不至则有刑罚也)。严重者还要杀头(按:以京城为中心,五百里为一服)。

(二)中古时的土家族

土家地区秦属黔中郡,汉改武陵郡,实行羁縻制,据《后汉书》云:东汉,顺帝永和元年(136),对土家地区"难率以礼。是故羁縻而绥抚之"。东汉马援征交趾时,就将交趾(今越南)实行羁縻制度,秦汉到唐宋时期土家地区也逐渐实行羁縻制度。据《溪州铜柱铭文》云:中古渐尔羁縻——中古逐渐变成藩属地。土家地区发展到唐宋时期,逐渐变成了"藩属地"。(秦汉迄宋为中古)

藩属地——服属之地。如:古之越南、缅甸诸国本皆为中国的藩属地,亦称属国。溪州彭士愁"世传郡印,家总州兵"。

如《溪州铜柱铭文》云"中古斯尔羁縻",就是说中古自秦汉以迄宋,称中古时代(前221—1279)土家地区变成了"藩属"之地。藩属是属国之意,使土家地区具有独立自主的权利,与大国有平等的地位。有自己的军队、国防力量,发展自己的民族事业,实行自己的民族统治,实行封建领主农奴制度。所以说,羁縻制就是土家地区的"根本大法",其他诸多具体法律的产生,都是由于"羁縻制"派生出来的。另外,楚蛮双方立铜柱为界亦是"根本大法"的体现。在土家地区实行羁縻制度,实质上是实行封建领主农奴制,"大大小小的土官就是大大小小的封建领主(世袭),平民百姓是农奴,封建领主土地占有制是领主奴役和剥削农奴的坚实基础。而土官则是所辖内土地的最高所有者,大量的官田,官地,官山,官湖均按等级各得一份。可以世袭"。广大农奴只有零星的田边、地角、不毛之地,并只有使用权,没有所有权。领主随时占为己有。领主将农奴束缚在土地上,农奴每年要用大量的时间为土官服劳役。他们没有人身自由,是束缚在封建领主统治下的农奴,他们平时是农奴,战时为土丁。他们为领主服务终身。

土家族地区溪州首领彭士愁经过多年苦心经营,势力逐渐强大。除拥有"上、中、下三溪州外,还拥有龙赐、天赐、忠顺、保靖、永顺、感化、来化、懿、洽、安、富、高、新、远、宁、南、顺州等二十州"。有统属的军队,县下设团、保、命官置吏,俨然是一个独立王国。

二、溪州之战与溪州铜柱

（一）溪州之战

据《五代史》《九国志》载：后晋天福四年（939）八月溪州彭士愁联合五溪流域酋长万余人，攻打楚国的辰州、澧州，溪州之战爆发。这场战争其实质，是由于楚方的官兵侵暴溪峒“蛮夷”地区，经常进行强取豪夺，敲诈勒索，民众不堪重负，这些地区的土家族、苗族、侗族等少数民族在彭氏率领下，反抗楚王朝的斗争。

彭士愁开战顺利，势如破竹，楚军节节败退。楚王马希范急忙派遣静将军指挥使刘勍、廖匡齐率衡山兵五千讨之。彭依有英勇善战的土兵，地理上的山高路险、激流飞湍等有利的据守条件，从天福四年八月坚持到次年一月。战争进入相持阶段，彭军并未取得预想的胜利，而楚军也长期疲于征战，也无力消灭溪军，双方都有罢战之意。

天福五年（940）一月彭遣其子师暠及诸酋长，携溪、锦、奖三州印，请降于楚。楚王希范为安定边关，亲赴溪州与彭饮血结盟，缔结盟约，史称“天福之盟”。天福五年五月，经奏请朝廷授彭为溪州刺史、检校太保官官职，并立铜柱刻铭文以誓焉。

楚王马希范在获胜的情况下，立铜柱盟誓求和是明智之举。楚王继承了历代统治者处理民族问题的羁縻怀柔政策，遵照“服而柔之，不夺其财，不贪其土”的古训，以稳定西南诸“蛮夷”的局面；另一方面，当时楚政权正处于内耗外患之中，内有兄弟的王位之争，周边众强敌虎视眈眈，马楚政权以胜利者的姿态与彭结盟，显示他宽容大度，以进一步提高他的威望。

彭士愁对于与马楚政权结盟明誓，求之不得，虽败犹荣。

（二）铜柱及其铭文

楚王与彭士愁立誓于天福五年五月，铜柱铸于是年七月，字镌于八月，柱立于十二月的溪州古城，距今已有1069年之遥。马希范用铜5000斤铸立铜柱，并召命天策府学士李宏皋撰铭文誓状于其上，“立之溪州”。铜柱高四米，入地二米，直径40厘米，呈八面体，周长120厘米，上盖八方铜帽（铜帽已毁）。下有石莲花台拱托。天福铜柱（940）刻铭文2117字铭誓。北宋天禧元年（1017）加52个字，天圣初年

（1023）彭儒猛期间加445个字，溪州铜柱总字数达2614个字。在古铜柱中字数之多是铭文之首，而且至今字迹清晰，是国家第一批重点文物保护项目。

溪州铜柱的铭文实际上包含3个部分。

第一部分是天福五年（940）的原镌刻文字，有2117字；铭文从“天策上将军”起至“辛亥立止”，原刻文字无标题，字体近唐宋书法家欧阳询体。

第二部分是宋真宗天禧元年（1017）所刻的“复溪州铜柱记”共有52字，字体接近颜真卿体。

第三部分是在铜柱空白处，所加刻的其“54个衔名”它加刻年代待考，可能是天禧二年（1018年至天圣初1023年的五年间为彭儒猛在位时间所加刻），其字数为445字。这三部分的总字数为2614字。

铜柱是国古代法文化的瑰宝。铜柱立于“会溪城”，即今酉水下游的会溪坪北岸，今永顺县与古丈两县交界之地。

第二节

溪州铜柱铭文中的法律思想

一、铜柱铭文是土家族地区的第一部成文法典

溪州铜柱铭文具有“根本法”的作用。

这里说的“根本法”就是铭文的内容中土家族地区的社会制度、治理方式和民族是否相对独立、民族间是否平等、民族内外是否团结、民族能否发展的根本大法。

据《溪州铜柱铭文》云：“因六子以（己）分居入五溪而聚族，上古以之要服，中古渐尔羁縻。”这就是中央王朝对土家族区域的法律关系的调整。

因六子已分居入五溪而聚族——彭氏在远古传说时期，因六子已分居，入五溪而聚族。他们是从外地迁来五溪的。

上古以之要服——据《史记·周本纪》云：“夫先王之制，帮内甸服，邦外侯服，侯卫宾服，夷蛮要服，戎翟荒服。”上古土家地区属“要服”，要服者“供岁贡”，为

皇帝每年提供一次贡物，贡物数量没有限制。说明土家地区是直接受皇帝管辖，墨守成规，要按国家法律办事。土家地区到唐宋时期则发生了翻天覆地的变化。

溪州铜柱铭文具有诸多法律思想。

溪州铜柱铭文，除了体现根本法外，还包含了许多具体的法律思想，如：许多官职的设置和职能，就能体现诸多法律思想。另有2614字的铭文更能体现其司法、刑法、民法、民族习惯法、经济法、税法、兵役法、监督法、民俗法、民生法，还体现军事、道德、民主、民族、物质文明、精神文明、政治文明等等方面的内容和丰富的法律思想。

二、溪州铜柱铭文的契约思想

（一）契约的基本概念

溪州铜柱铭文的契约思想产生很早，早在汉代马援、唐代武则天、五代马希范和彭士愁及清代的光绪等，均有立铜柱订契约的思想，以达到互不侵犯的目的。

首先，须知：什么是契约？契约有什么作用？订立契约有什么形式？

所谓契约是一个或一组诺言，是社会管理者与被管理者权利和义务的规定，或者是个人与个人之间，社会共同体之间权利与义务的共同约定。签订契约的过程就是法律规则的制定过程。是社会制度化的过程，违反约定者必受到一定的惩罚。契约是对双方权利和义务的限定。二人以上双方同意订立之条款曰“契约”。缔结契约的双方地位是平等的。

其次，誓约与契约的一致性。

溪州铜柱铭文的本身就是一种“誓约”、“契约”之类的书面文件。溪州铜柱铭文规定了楚、蛮双方的权利和义务。有的是有偿的，有的是无偿的。如：“当都愿将本管诸团百姓军人及父祖本分田场土产，归明王化”。这类表现了无偿的性质。

有偿的表现在：“当州大乡，三亭两县，苦无税课，归顺之后，请仍依旧额供输。”旧额是多少？据《元和郡县志》卷三十载：“溪州唐元和年间，贡朱砂十斤，黄连二百斤。”亦属“税法”之类。

据《溪州铜柱铭文》规定的片务是：“凡是王廷差纲，收买溪货，并都幕采伐土产，不许辄有庇占。”（按：亦属质量法之类。）王曰：“尔能恭顺，我无科摇，本州赋租，自为供赡，本都兵士，亦不抽差。”这类又是规定双方的义务，亦是片务。亦属“税法”和“兵役法”之类。

溪州铜柱铭文的产生形式，也是一种“要式”。这种“要式”同土家族的习惯法有关，在订立“和约”前均要“赌咒”“发誓”“饮血求誓”。这里采用歃血求誓的形式——即将公鸡的血滴在酒碗里，由楚、蛮双方的法人代表，各饮半碗血酒，以表决心，并表示永不违背誓约（契约）。若有违誓约者，则像雄鸡那样被杀头而死去。

（二）镌契约铭文的程序

楚方的法人代表是楚王马希范；蛮方的法人代表是溪州刺史彭士愁代表五姓（田、龚、覃、向、朱）进行谈判，“饮血酒”、立誓约。由楚王马希范派十八学之一的李弘皋撰写并认证。

楚王马希范在最高处前面签字：天策上将军，江南诸道都统、楚王希范；蛮方法人代表在最后签字：静边都指挥使，金紫光禄大夫，检校太保，使持节，溪州诸军事，守溪州刺史兼御史大夫，上柱国陇西县开国男，食邑三百户彭士愁等十九人签字划押……

落款：大晋天福五年岁次庚子七月甲子朔十八日辛巳铸，八月甲午朔九月壬寅镌，十二月壬辰朔二十日辛亥立。

因为楚蛮双方法人代表，其中一方是楚王马希范，所以“契约、誓约”都不需要批准。作为“圣旨”是无条件执行问题。违背者，犯有欺君之罪。这同一般的“田契”“地约”大不相同。一般的田契、地约，均产生法律效果。而溪州铜柱铭文，比一般的法律效果更高一筹。可以说，溪州铜柱铭文是神圣不可侵犯的法律条款。谁要侵犯、违犯溪州铜柱铭文，谁就要负“毁约”的法律责任，并犯了欺君之罪，那是要斩首的。

三、擅移溪州铜柱的3次毁约

从铜柱的3次毁约的历史过程中，可充分说明铜柱的法定作用。

第一次迁徙铜柱和毁约。

这里说的迁徙铜柱，主要是新中国成立之前的3次移铜柱。新中国成立后的3次移铜柱不在此列。

3次毁约主要指宋朝。为什么要争夺铜柱?

一是铜柱起着界碑的作用，即楚、蛮双方以此为界，并互相尊重主权和领土完整，互不侵犯、互不干涉内政、平等互利、和平共处。古往今来，地域之争成为铜柱迁徙的主要原因。因此“约定则碑立”“约毁则柱移”。

二是铜柱已被双方视为珍宝，历代州、府间互相争战，导致铜柱迁徙。

三是铜柱被视为吉祥之物，或者是神圣之物，民间私移也有可能。

据《宋史·蛮夷一》载：太平兴国七年（982），宋王朝下诏书：“辰州不得移部内马氏所铸铜柱。”这就充分说明，在公元982年以前，就有擅移铜柱者，因此，宋王朝特下诏书，明文禁止擅移者。由此观之，溪州铜柱至少移动一次是毋庸置疑的。此次铜柱被移，是在辰州部内边界上的移动，尚未超出辰州管辖之范围。由此可知，铜柱移动的位置离会溪坪不远的辰州境内，所移的具体地名无考，这是第一次毁约、移动。

第二次迁徙铜柱和毁约

据《宋史·蛮夷一》载：维天禧元年（1017），溪州蛮寇扰，遣兵讨之。二年（1018），辰州都巡检使李守元率兵入白务团，擒蛮寇十五人，斩首百级，降其酋二百余人。知辰州钱绛等入下溪州，破砦栅，斩蛮六十余人，降老幼千余。这次是否将铜柱俘去之事而尚无记载。据笔者研究认为，这次李守元和钱绛已俘去溪州铜柱无疑，并且是当年俘去溪州铜柱而又在当年的十一月十五日移回溪州会溪坪原址，这样才有十一月十六日的“复溪州铜柱记”……

本文所作的这一历史结论，主要依据如下：在溪州铜柱柱头顶端刻有“复溪州铜柱记”6个字，后空有两个字的距离，接着又铭刻（字体一致）：维天禧元年（1017）十一月十五日移到，至十六日竖立记。铜柱高壹丈贰尺，内入地陆尺，重伍仟斤，并石莲花台及下有石共52个字，天禧元年（1017）是宋真宗的年号。根据这一事实而定。假如李守元和钱绛于公元1017年攻打溪州时并没有移动铜柱，怎么又能在当年1017年11月产生这一“复立记”呢？这当然是不可能的。只有李守元和钱绛攻打溪州后俘去溪州铜柱，并于当年又复立铜柱。因而方能出现铜柱上铭刻的“复溪州铜柱记”。因此本段之论述可以补充《宋史》之不足。

值得一提的是，此次“复立”所加刻的文字，“复溪州铜柱记，维天禧元年十一月十五日移到，至十六日竖立记，铜柱高壹丈贰尺，内入地陆尺，重伍仟斤，并石莲花台及下有石”。共52字，做这样的记号，以免再有人破坏和移柱。另外，经研究，其字体基本上接近唐颜真卿体。这与天福原刻接近唐书法家欧阳询字体相差甚远。同时这52字的字体也与另外加刻的54个衔名完全是一种自由体，字迹粗劣。

第三次迁徙的主要依据《宋史·蛮夷一》载：北宋“至和二年（1055）知辰州宋守信等再次攻下溪州，俘其孥及铜柱”。这次溪州铜柱被俘，被俘后如何处理，另立何方？或收藏观赏，均无文字可考。但《宋史·蛮夷一》中另载：北宋“嘉祐二年（1057）始退还溪州铜柱”。又将铜柱立于原址——会溪坪，这便是铜柱的第三次迁徙，迁出1055年迁回1057年仅算一次迁徙。

宋朝3次擅移溪州铜柱，主要是因战争双方为了争夺地界，撕毁契约（誓约），压迫、统治少数民族人民。所以要争夺铜柱，取得新的合法权益，从中可见铜柱铭文的法律威力。

四、历代立铜柱与其法律思想

溪州铜柱铭文的契约思想，并非楚王马希范的独创。有据可考的，早在汉代马援时就产生了。接着是唐代的武则天、五代的马希范、宋代的真宗、清光绪皇帝等。通过契约，确保一隅之安，收到显著效果千余年的统治者均尝到了立铜柱订契约（誓约）的甜头。

（一）汉代马援立铜柱及铭文

据《溪州铜柱铭文》云：“我烈祖昭灵王，汉建武十八年，平征侧于龙编，树铜柱于象浦。其铭曰：金人汗出，铁马蹄坚，子孙相连，九九百年。是知吾祖宗之庆，胤绪绵远，则九九百年之运，昌于南夏者乎？”共有40个字的铭文。

我烈祖——我显赫的祖宗，即光宗耀祖之意。

昭灵王——马殷自称是汉代马援之后，昭灵王是指马援。马援是东汉光武帝时的大将军之一。

平征侧于龙编——据《后汉书·马援传》“又交趾女子征侧及女弟征贰反”“至十六年，交趾女子征侧及其妹征贰反”，（笔者按：一是“女弟”，一是“妹”之区别），攻没其郡，九真、日南、合浦蛮夷皆应之，寇略岭外六十余城，侧自立为王①。马援并非昭灵王，昭灵王者马殷所封。龙编——县名治所，在今越南北部德江北岸。

树铜柱于象浦——据唐刘询《岭表录异》认为，伏波铜柱在爱州（在今越南清化

---

① 《后汉书》卷八六。

县西北）象浦是也。

铭——记也，刻也。

其铭曰——伏波铜柱在爱州，其铜柱铭文曰：金人汗出——带着金色盔甲的军人或将军（此指马援的军队，勇猛善战，十分威武）。

铁马蹄坚——指的是战马，“铁马兵河”经常联用。马蹄坚固有力，能迅跑，冲锋陷阵。

子孙相连，九九百年——从东汉马援开始，今后的九九百年各代的子孙相连，都要有一个征服蛮人的传统，建武十七年（41）遂共聚会徒党，攻没皖城，马援到交趾的象浦之地立铜柱为汉之极界也。到汉建武二十四年（48）马援又奉命征剿武陵五溪蛮夷，建武二十五年（49）再次攻沅陵，从壶头侧路进而水急，从充（桑植县）则涂夷而道远，三月进营壶头，水急，船不得上。会暑甚，士卒多疫死，援亦中病，后因暑疫而病死，未能征服五溪之地，这次亦未能立铜柱。马希范要继前辈之业，征服五溪后，要以立铜柱为界。

胤绪——后代，世系之意。

昌于南夏者乎——我东汉能否繁荣昌盛于全部华夏和南部象郡之地呢（按：象郡是指越南）。

建武十九年（43），马援植第二铜柱及铭文。

又据清代史料刊清屈大均著《广东新语上》载：40 铜柱界：钦州之西三百里，有分茅岭。岭半有铜柱。大二尺许。水经注称：马文渊（指汉代马援）建金标。为南极之界。金标者。铜柱也。

《林邑记》云。建武十九年（43）马援植两铜柱于象林南界。与西图国分疆。

铭之曰。“铜柱折。交趾灭。”（按：这就是分茅岭半的铜柱铭文，亦是“誓言”和“誓约”）由于有“铜柱折，交趾灭”之誓约，“交趾人至今怖畏。有守铜柱户数家。岁时以土培之。铜柱仅露五六尺许”。

从今地图上观之，分茅岭在越南芒街和广西东兴各族自治县交界之地，这就是马援所竖立的第二铜柱。铭文较简单，只有 6 个字。

（二）唐代武则天等立铜柱

唐代武则天等立五铜柱均遭毁坏。

长寿三年（694）武后建铜柱，于天门街，寇坦李休烈撰，在开元中（713）洛阳尉，有诗一首《咏铜柱》云：

天门街里倒天枢。

火急先须卸火珠。

计合一条丝线挽。

何劳两县索人夫。①

注：长寿三年（694）武后则天建铜柱。谓之天枢。开元中（713）铜柱被毁。先是有讹言云：一条丝，挽天枢。故休烈诗及之。天门街应在越南和云南交界之地。以下有事实证之。

唐开元中（713）何履光以兵定南诏（今云南省）同越南交界处复立铜柱为界。武后铜柱遭毁于713年。何履光定南诏取安宁城及盐井亦在713年复立铜柱为界。事实说明，713年武则天建的铜柱被毁。何履光于当年又在原址复立一根新铜柱。这应是唐代的第二根铜柱。

唐代第三根铜柱是何年何月立无考。据《广东新语上》载："其后安南都护（今越南，唐交趾郡）张舟立铜柱。"这个其后是指公元713年之后，具体某年尚未注明。张舟在安南立铜柱是肯定了。这要算是唐代立的第三根铜柱了。应是在原处所立。

唐代第四、第五根铜柱的产生。

元和中（806）宪宗李纯任马聪为安南都护（今越南唐交趾郡他也认为他是马援的后裔又立二铜柱于汉故处。平群蛮才著唐德。以名伏波之裔。

（三）楚王马希范与彭士愁立溪州铜柱

北江彭氏世有溪州，下溪州刺史彭士愁于后晋天福四年（939）引群蛮寇辰、澧。楚王马希范派刘伐之。经过急战，楚决胜指挥使廖匡齐战死。蛮方丧亡亦很重。彭士愁便到锦、奖州，建立新的根据地。彭士愁甘愿困难而绝不投降楚方。楚王亦无可奈何……"其子彭师皋，为父输诚，束身纳款，我王愍其通变受降招携"。——彭师皋对其父很尊重，自己把自己捆起来作人质到楚王马希范处，谅楚王不敢对彭师皋下毒手。果然如此，楚王当场任彭师皋为补武安军牙校，后任指挥使。授彭士愁溪州刺史就加检校太保……

楚蛮双方于（940）"以饮血求誓"的习惯法方式，在会溪坪立溪州铜柱为界。在

① 《全唐诗》卷一二〇，第1211页。

溪州铜柱上刻有双方的“誓约”，今后任何一方均不能违“誓约”。使楚蛮双方求得一隅之安①。溪州铜柱是我国古代的第 8 根铜柱。清代的是第 9 根界碑铜柱。

（四）宋代在溪州铜柱上加刻 54 个衔名

众所周知，溪州只有溪州铜柱尚存，自古以来溪州没有听说“溪州二铜柱”存在。可是据清《广东新语·上》载：“晋天福五年。楚马希范平群蛮。自谓伏波子孙。立二铜柱于溪州。铜柱故不一。”清人屈大均先生所指的“立二铜柱于溪州”应是宋代真宗派人在溪州铜柱上加刻的 54 个衔名，称溪州第二铜柱。

从历史记载看：天禧元年（1017）是宋真宗的年号，溪州蛮寇扰，遣兵讨之。二年（1018）辰州都巡检使李守元率兵入白务团，擒蛮寇十五人，斩首百级，降其酋二百余人。知辰州钱绛等攻入下溪州，破砦栅，斩蛮六十余人，降老幼千余。刺史彭儒猛亡入山林，执其子仕汉等赴阀。诏高州蛮，捕儒猛来献者厚加赏典。其年，儒猛因顺州蛮田彦晏上状本路，自诉求归，转运使以闻，上哀怜之，特许释罪。儒猛乃奉上所略民口、器甲，诏辰州通判刘中象召至明滩，与饮血要盟，遣之。“诏以仕汉为殿直，儒霸，儒聪为借职，赐冠带，缗帛”②。

溪州第二铜柱来历之一：天禧二年（1018）辰州都巡检使李守元兵入白务团（今溆浦）知辰州钱绛攻入下溪州，破砦栅，刺史彭儒猛亡入深山……上（指真宗）哀怜之，特许释罪。于是宋王朝下诏辰州通判刘中象代表（宋王朝）；溪州刺史彭儒猛代表（蛮方）至明滩与“饮血要盟”，遣之。笔者认为“盟约”肯定有，既然双方“饮血求盟”一定会有盟约。这个盟约是什么内容呢？可以判定是按原来铜柱上铭刻的“誓约”为准，并进行重申。皇帝又下诏彭仕汉（彭儒猛的大儿子）为殿直（在皇帝身边工作），儒霸、儒聪（彭儒猛的两个弟弟）为借职。又皇帝赐冠带、缗帛。彭儒猛的一家该封官的都由皇帝封了官。所以彭儒猛回溪州后，有了尚方宝剑，又经过双方“饮血求盟”，于是就在原溪州铜柱上加刻他自己和亲属在内的 54 个衔名。第一个衔名是盟主：“金紫光禄大夫，检校兵部尚书，使持节，溪州诸军事，溪州刺史兼御史大夫，上柱国长沙县，开国伯，食邑九百户，五溪都团练使彭儒猛。”第二个衔名是：“银青光禄大夫，检校国子祭酒，知溶州军州事兼监察御史武骑尉彭仕端（是彭儒猛的别子）。”第 16 个衔名是“高州巡检使彭儒聪”，是彭儒猛的弟弟；第 44 个衔

---

① 彭武文著：《溪州铜柱及其铭文考辨》，岳麓出版社 1994 年版，第 3 页。

② 《宋史·蛮夷一》，第 147 页。

名是“溪洞巡检使知武宁州军州事是彭儒霸”是彭儒猛的弟弟）。

在儒猛的“猛”字、“仕端”二字、“儒霸”二字均有意思地打了数十个麻点。有两种可能是彭文绾等人所为。因为“天圣三年（1025）儒猛攻杀文馆”。二是因铜柱时间久远偶遇无知之人所为也有可能。

关于54个衔名加刻时间之异说。，

据《宋史·蛮夷一》载：天圣初（1023）以状白辰州，自言父老兄亡，潜归本道，愿放还家属。诏徙其家京师，舍以官第。未几儒猛言仕汉逃归，诱群蛮为乱，遣别子仕端等杀之。朝廷嘉其忠，降诏奖谕。时儒猛为检校尚书右仆射，特迁左仆射。又以仕端为检校国子祭酒，知溶州，加赐盐三百斤，彩三十匹。彭氏有文绾者，知中彭州，即忠顺州也。

天圣初（1023）因仕端有功，朝廷嘉其忠，降诏奖谕。以仕端为检校国子祭酒，知溶州之官与加刻在铜柱上的官职相同（银青光禄大夫只能说明品位，兼监察御史武骑尉是彭儒猛所加）。因这个官职是1023年获得。以前仕端是否内定这种官职呢？如果不是，则溪州铜柱加刻54衔名，应在天圣初（1023）所加刻。加刻54衔名是彭儒猛在位期间是无庸置疑的。其时间应在1018—1023年间。或者是三次加刻。天禧元年1017年刻复溪州铜柱记；天禧二年1018年或天圣初年刻54衔名，具体时间待考。

历代立铜柱的目的，是为了双方盟主的契约，为互相约束而达到互不侵犯的目的。以铜柱为界双方均不能越出此界限。事实证明：“自汉至今，恪必遵约。”铜柱铭文就是石碑上的法律条文。

第三节

溪州铜柱铭文中依法治天下的进步思想

一、中央王朝的法制调整对土家族区域的影响

唐宋时的楚国法制仅限于征兵、征苛税等方面的法条，法律制度很不完善。土家地区是楚国的一部分，在各个时期的法制均有所不同。

上古以之要服，据《史记·周本纪》云："夫先王之制邦内甸服，邦外侯服，侯卫宾服，夷蛮要服，戎翟荒服……要服者贡（韦昭曰：供岁贡，为皇帝每年提供一次贡物）……有不享则修文（韦昭曰：文，法典也）有不贡则修名（韦昭曰：名谓尊卑职贡之名号也）……有不至则有刑罚也。"

土家地区在上古属于国家的"要服"，就是一部较早成文法典，先王对每一服都有文字要求，严格的法律规定，民族地区只能执行，不能违抗，违抗者要受法律制裁。这部成文法典所包含的法律内容十分广泛和具体，有可操作性。它包含了宪法、民法、刑法、税法、经济法、监察法、行政管理法等。

下溪州的刺史对其他19州仍然效法皇上的政策法令，并根据土官需要又规定了诸多"地方法规"要求农奴执行。农奴受双重压迫剥削。

（一）中古渐尔羁縻

中古渐尔羁縻——土家地区在秦汉迄宋时逐渐变成"藩属"之地。

藩属——服属之地也。如古之越南、缅甸诸国本皆为我国之属国亦称藩属。下溪州等19州为唐宋时期的"属州"。"彭士愁世传郡印家总州兵"，是一个小独立王国。

下溪州实行羁縻制，实质上是实行的封建领主、农奴制，大大小小的土官就是大小领主、平民百姓是农奴。封建领主土地占有制是领主奴役和剥削农奴的坚实基础。而土官是所辖内土地的最高所有者，大量的官田、官地、官山、官湖，按官阶大小各得一份，并可世袭。广大农奴是无地和少地之人。少者只有零星的田边、地角、不毛之地。并且只有使用权，尚无所有权。领主可以随时占为己有，领主把农奴束缚在土地上。农奴每年要用大量的时间为官员们服劳役。所以《铜柱铭文》所说的"逃走户人"的现象。那些要逃走的"户人"都是一些被压迫和被剥削的没有人身自由的农奴阶级。

关于"法与阶级的关系"：国家和法从一产生就是在社会中占统治地位的阶级，维护和发展对该阶级有利的社会关系的工具，执行着阶级统治的职能。法律总是表现一定社会的统治阶级（即掌握国家政权的阶级）的意志和愿望。阶级意志性是法的本质的一个重要方面。当现行统治阶级被推翻，代之以新的阶级实行统治时，法的历史类型也会随之更替。"统治阶级利用法来形成统治阶级的整体意志，协调统治阶级内部的关系，协调各联盟阶级的关系，确认与被统治阶级的关系，缓和阶级之间的矛盾。对法的利用程度，关系到阶级统治的稳定性”①。

（二）羁縻州郡统治合法化

据《湖南少数民族》云：“从中古开始，土家地区建立了羁縻州郡制度。土家族聚居区多受黔中、沪溪、灵溪等羁縻州郡统治。中央王朝对溪洞蛮酋归服者，世授刺史。公元836年封田英为溪州刺史。唐朝末年，藩镇割据，土家首领也乘机崛起，摆脱王朝的控制。公元879年石门‘蛮酋’向瓌建立郎北军，发兵攻击澧州，杀死刺史吕自牧。”

五代十国时期，武陵“蛮酋”雷彦恭与向瓌割据朗澧一带。此时溪州“蛮酋”相继而起，分据其地，自置刺史。溪州彭士愁经过多年苦心经营，势力逐渐强大，除拥有上、中、下三溪州外，又有龙赐、天赐、忠顺、保靖、永顺、感化州六，懿、安、远、新、洽、富、来、宁、南、顺、高州十一，总二十州，皆置刺史。县下设团保，命官置吏，俨然是一个独立王国。

宋代，土家族首领彭允林、允殊、文勇、儒猛、仕端、仕羲、师晏、仕诚等先后归顺宋王朝。宋在荆湖路、澧州、澧阳郡设立石门、慈利等县。在辰州沪溪设立沅陵、沪溪等县，在鄂、川、黔设有38个羁縻州，羁縻制前树其酋长，使自镇抚。土官的任命、升降、调换，都须得到宋王朝的认可。可是羁縻州则不相同，羁縻州刺史拥有武装。士兵组织寓兵于农，平时务农，战时出征。“宋仁宗时，荆湖路的辰澧等州设立了土丁刀弩手或刀箭手，共有弓弩手一万五千人”。土官的任命、升降、调换均由自己决定。

二、溪州铜柱铭文是定纷止争的法律基石

溪州铜柱铭文是定纷止争和治理社会和的法律基石。

溪州铜柱铭文，用2000余字记载了湘西北地区土家族地区五代史的社会制度，溪州大战的原因、经过和结果。铜柱是界碑，是定纷止争的基石。以契约法的形式，划定了各自管辖范围，定下互不侵犯的条约，规范了交战双方的权利和义务，是以法治规范的形式实现稳定局面，以法治理社会的目的。是社会稳定和经济发展的法律基

---

① 叶传星：《中华法学大辞典》，第202—203页。

石，是土家族地区最早的成文法，具有成文法的内容和要件，也起到了成文法的作用。

这部刻在石碑上的成文法典，无论唐宋王朝还是蛮方都要无条件地执行。双方都要按“铭文法典”来教育子孙万代，《溪州铜柱铭文》云：法典要代代相传。

“子孙相连，九九百年”。永世不能违背“成文法典”，而且要世世代代相传下去，谁违背“成文法典”谁就像“饮血”时的公鸡那样，被砍头而死去。谁违犯根本大法，谁就要遭到法律的严惩。

三、铜柱铭文中规定了双方的权利和义务

（一）铭文中确立双方的政治地位

在政治上溪方发誓为楚方的臣属，铭文载：溪方归顺王化，永事明廷，溪方一心归顺王化，服从王廷按排。上对三十三天明神，下对诚敬的地神发誓，永不反悔。

楚方在溪方归顺的前提下，继续实行羁縻政策。楚王继续实行怀柔的民族政策，体现了唐以来的保持华夏的统一，又对溪州实行独立自主的管理方式。条件是溪方只要“尔能恭顺”，你能归附顺从我的领导，承诺尊重溪方的要求，楚方承诺无科徭，不征税赋。本州赋租，自为供赡，本都兵士亦不抽差。永无金革之虞，克保耕桑之业。皇天后土，山川鬼神，吾之推诚，可以玄鉴。

本州赋租自为供赡——溪州的田税和租税，自己可以供养自己。赡即供养。铭文规定，本都兵士，亦不抽差——本都指静边都，兵士即静边都管辖的兵士，亦不拉他们或抽调他们做别的差事。永无金革之虞，克保耕桑之业——这样做就永远没有兵士起来造反的忧虑。可以确保农民的耕种之业。皇天后土，山川鬼神——皇，君也，故尊而君之，则称皇天，后土谓地也！地言后土者，犹天称皇天也。皇天后土，山川鬼神都属于君，大千世界由君来指挥，都属君所有由君来主宰。皇帝的“圣旨”天下人都照办不误，比法律更高一筹，违者犯有欺君之罪，要斩首的。

吾之推诚，可以玄鉴——我的尊奉而且是很真诚的，可以对幽远深奥的铜柱记文进行审察。这里说铜柱记文就是“监察法律、法规”，皇上也要遵守这一“根本大法”，根据“根本大法”可以制订若干种“子法”，所以说铜柱记文可包含若干种法律思想。

（二）铭文规定了双方的权利和义务

溪州铜柱铭文的“右据状，溪州静边都，自古以来代无违背，天福四年九月蒙王廷发军收讨不顺之人，当都愿将本管诸团百姓、军人及父祖本分田场土产归明王化。当州大乡三亭两县苦无税课，归顺之后，请依旧额供输。不许管界团、保、军人、百姓乱入诸州四界，劫掠玄盗，逃走户人。凡是王廷差纲，收买溪货并都幕采伐土产，不许辄有庇占。其五姓主首州县职掌有罪，本都申上科惩如别无罪名，请不降官军攻讨，若有违誓约，甘请准前差发大军诛伐，一心归顺王化，永事明廷。上对三十三天明神，下将宣为证者”。

右据状，溪州静边都——状，公文的一种，用于下级对上级呈述的理由，但这里指的是彭氏对楚王，据状对楚王呈述理由，使官司可以打赢。

自古以来，代无违背——溪州静边都从古到今，世世代代就没有出现过违背上司的事情。彭氏的世世代代都是要尊纪守法的。违法之事不去做。

天福四年九月，蒙王廷收讨不顺之人——天福四年九月（939 年 9 月），承蒙王廷派兵收编，讨伐那些不肯归顺的人。

当都愿将本管诸团百姓军人及父祖本分田场土产，归明王化——我静边都愿意将所管的诸团、百姓、军人、公、检、法、司机关和祖辈、父辈本来有的田场土产，一律归顺楚王朝，服从楚王朝的管辖。团是军队的编制单位。本分是应享有的一份。

当州大乡、三亭两县，苦无税课——溪州所管的大乡（即永顺县）、三亭（即保靖县）两县苦于没有正规合理的税课，上级随时想抽什么税就抽什么税，想抽多少就抽多少，所以人民负担实在太重了。如果能按税法和租金法的法律规定，按数量、按时间、按地点进行抽税，这样可以减轻人民的负担。

归顺之后，请依旧额供输——归顺之后，请只按照旧额提供（旧额：在唐代每年只交为数不多的朱砂和黄连），“溪州唐元和年间，贡朱砂十斤，黄连二百斤”。①

不许管界团、保、军人、百姓，乱入诸州四界——不允许管界的团、保、军人、百姓，随便进入辰州、澧州的边界。据《隋书·食货志》云：“五家为保，保有长，保五为闾，闾四为族，以相检查焉。”以便互相监督（按：具有行政监察法的思想）。

---

① 《元和郡县志》卷三〇。

劫掠玄盗，逃走户人——指抢劫、诈骗、偷盗、拐走人户等刑事犯罪、诈骗罪、拐卖人口罪、偷盗等罪犯，给予严惩！

凡是王廷差纲，收买溪货——凡是王廷派遣差人，收买地方土特产，差纲即差遣。王廷派人收买地方的土特产。实际是一件大好事，是地方和王廷做生意，搞交换的好机会，当时有很多土特产销不出去而霉烂，这是一条非常有利于地方民族经济发展的经济政策和经济法律。

并都幕采伐土产，不许辄有庇占——以及王廷下属的文、武官员，采集砍伐山产，不许管界之人包瞒和占有。都幕即唐末藩镇亲兵的称号。辄即总是这样。货物要讲质量，讲信用，不能弄虚作假，不准欺骗别人。这包含了“民法”“经济法”“质量法”“行政监察法”“森林法”等等。

其五姓主首，州县职掌有罪，本都申上科惩——彭氏是其他五大姓的首领，州、县的官员如果有罪过，我们都会自己申报并请求依法律规定来惩罚；职掌即职务、职官。科是指法律条文，科惩是依法惩治。

如别无罪名，请不降官军攻讨——如无其他罪行，请不要派军队攻讨。这是土家首领要求在军事上、政治上、法律上争得主动权和自主权。限制楚王的某些不合理、合法的监督和监察。

楚王对溪州彭氏封官许愿，对民众承担了更多的义务。

授予彭氏为溪州刺史，就加检太保之官职（历代相沿，太保为三公，多为大官加衔，以示恩宠）。彭氏管辖的区域不仅是溪州刺史，又是其他 19 州的都誓盟主。彭的管辖扩西南至今贵州的桐梓、云南的曲靖及四川的东北部分、广西的北部。彭氏真正成了诸“蛮夷”之王。楚王还对彭氏之子及其下属都授予官衔，以稳定军心。

楚王对贫困民众不仅开仓济民，还制定了有利于发展山区的经济政策，承诺免征税、征兵和服劳役之苦。确保民族地区的经济发展，民族关系稳定。

楚王之所以给溪方这些宽松的优惠政策，是接受了历史经验，历史上汉曾两次征伐五溪，两次兵败。历史告诉楚王应该放弃强攻以怀柔修明教化，先礼后兵之法制治理，也达到华夏统一之目的。

第四节

溪州铜柱的历史地位和作用

一、溪州铜柱的历史意义

（一）溪州铜柱维护了民族统一和社会稳定

溪州铜柱维护了华夏的大一统的民族统一。维护了彭氏800余年的统治，开始了土家族地区较长期安定的政治局面。

这800余年分成两个历史时期，第一个历史时期是唐宋的“羁縻制度”时期。其历史特点是：各羁縻州的大小土官均是民族上层分子皆世袭，“刺史”有自置的也有朝廷赐给印章的。唐王朝列置州县、都督府，首领为都督、刺史，皆世袭。土家地区从中古开始实行羁縻制度，容美田行皋为唐元和元年（806）授为施州刺史。唐中和三年（883）溪州首领分据其地自置刺史①：又有散毛覃氏唐代有墨米送，覃行璋自为土官。

从唐末五代始，“羁縻制”在土家地区普遍实行，到了宋朝羁縻制度已发展到比较典型的地步。羁縻州普遍增多，仅溪州彭氏就有20个州，由土官专治一方。“以土治土”已完全实现。

唐宋羁縻制再向前发展，到元初正式实行土司制度。

土司制度创始于元，发展于明，洪武初年，各地首领归附者，明朝用原官授之，父子承袭，官制、法制、土司制更加完善和进一步得到发展，使彭氏的政治、经济、军事、法制等统治稳如泰山，这与楚王立铜柱之功劳是分不开的。

---

① 《容美土司史料汇编》序。

（二）溪州铜柱对西南各民族的影响

楚王立铜柱和安抚政策相结合，州边各“蛮夷”部族纷纷归附。溪州西接牂（今云南、贵州交接之地）。南连广西桂林，溪州盟约后，其周边部族都归附于汉楚，楚王的势力和管辖地域空前扩大。

楚王立铜柱，对彭氏采用安抚政策。这对南方诸民族影响很深，事实上是楚王早就预料到的。如：《溪州铜柱铭文》云：“肃清五溪，震百越。”自从立铜柱之后，可以说五溪已被“肃清”“永无金革之虞”。这对其他西南诸蛮酋长产生了积极影响，南方的百越民族和西南的苗、瑶、壮、侗、布依、白族、彝族等几十个民族也纷纷效仿彭氏蛮人，要求归附楚王朝，以修盟好。据《新五代史》云：“溪州西接，雨林、南通桂林、象郡希范乃立铜柱为表，命学士李皋（《溪州铜柱铭文》云：李弘皋）铭之。”于是南宁（今广西、湖南交界地）酋长莫彦殊率其本部 18 州、都云（今贵州省、云南省交界之地）酋长尹怀昌率其昆明等 12 部、酋长张万浚率其夷播等 7 州皆附于希范。

楚王希范的一系列安抚政策：

楚王的“羁縻”政策、“怀柔”政策、“德教”政策、“和亲”政策、“免税”政策、“免兵役”“劳役”政策、“立铜柱为界”等等，对西南各民族的影响之深，收效极佳。历史再次证明楚王“肃清五溪，震百越”之预言完全得到证实。

当楚王治理五溪之后便创造出楚王处理五溪民族关系问题的“典范”。众所周知，榜样的力量是无穷的，这对云、贵、川、桂等省的广大南方民族来说，是一个极为宝贵之佳音，于是云、贵、川、桂的诸蛮首领，纷纷前来楚国归附，希望楚王马希范能按照他对彭士愁的立铜柱为界，搞安抚为样板，平等友好地处理与西南各民族的关系。

历史事实表明，由于楚王通过彭士愁立铜柱为界，而且又妥善地解决了五溪地区的民族友好关系，同时又进一步调整和融洽了与西南各民族的关系，从而大大提高了楚王在西南各民族中的权威，扩大了楚王在南方各民族中的影响，充实了楚国的实力，对楚国的政权巩固起到了促进作用。

时过一千余年，今日学者刻苦研究溪州铜柱及其铭文，深感“铜柱铭文”是一部较早的“成文法典”，又是一部“南方民族关系史”、“民族关系学”、“民族法制史”、“土家族历史”的实物见证。楚王立铜柱和一系列的安抚政策的胜利，时至今日仍然像溪州铜柱一样闪闪发光。

（三）溪州铜柱促进经济、文化的发展

立铜柱之前，溪州人民受到双重剥削，生活困难，文化、经济落后。一是历代皇朝的贡税、田赋、劳役等王廷差纲繁重；二是当地土官的盘剥压榨，各种名目的税款、实物、劳役如“烟户钱”“火坑钱”“锄头钱”等等，农奴在双重剥削和压迫下，全年在死亡线上挣扎，所以不断出现“逃走户人”之现象，农业生产遭到极大的破坏。

立溪州铜柱后农业得到了发展：一是楚王对溪州不收税，并且免劳役，可把劳动力稳定在农业生产上了，再不会出现“逃走户人”之事；二是楚王免去各种赋税，地方将剩余的钱财，用于本乡、本土的建设，购买、改进农耕，促进了农业生产的发展；三是由于经济的发展，相应地要求提高生产技能，这必然带来文化的发展；四是由于经济、文化的发展，很自然地使人民生活得到相应的改善，为人民大众繁衍生息创造了较好的条件。

立溪州铜柱后，使五溪地区人民的综合素质提高了。据《溪州铜柱铭文》云：“凡是王廷差纲，收买溪货，并都幕采伐土产，不许辄有庇占。”这种王廷差纲包括从外地到溪州来的客户、商人，来到溪州收买溪货、土产，溪方则要如数按质按量将溪货卖给客商。这样做，包括王廷差纲与外地商贾都络绎不绝地前来湘西购买溪货和各种土特产品等。原来此地交通闭塞，运输不便，使大量货物积压霉烂。现在有外商上门购货，其价亦便宜，质量好，数量多。大大刺激了手工业、农业、商业的大发展。当时王村古镇，使是桐油、木材、竹子、药材的集散之地，货物通过酉水、沅江运到长沙、洞庭湖、武汉等地。

立溪州铜柱溪州得到综合发展。

在会溪坪立铜柱以后，使农业、手工业、商业均得到了发展。溪方吸收了汉的农业新技术，提高了生产能力。地方对工业、农业、商业的监督管理法制水平和法律观念亦有所增强。文化和法制水平提高后，又转过来促进工、农、商业的发展，使五溪地区的政治、经济、文化、法制、道德、文明综合素质得以提高，形成一个相对繁荣的局面。

二、铜柱的现实意义

（一）溪州铜柱铭文纠正了诸多史书的舛误

因溪州铜柱铭文的时间久远，加上当时唐宋历史复杂，多次战争，多次谈判，多次分合，使溪州铜柱多次被迁徙，又多次复原。又加上中央法制不断调整，使民族地区情况不断变化。所以使诸多的著作家、金石家，对当时情况调查研究不够。使“著书者”产生一些舛误。后来又以讹传讹，一直到今，仍然有以讹传讹的现象发生。影响很大的如《旧五代史》《新五代史》《资治通鉴》《九国志》《十国春秋》《十驾斋养新录》、清《溪州铜柱与土家族历史原流》等等，都或多或少的有误解，以讹传讹影响很大。现有保存完好的铭文可以纠正那些历史的差错。

（二）溪州铜柱铭文是研究西南土家族区域古代史的实物见证

溪州铜柱铭文是深入研究五代时期，楚国和各民族关系历史的实物见证。科学研究工作者，对民族社会学、民族文化史、中国民族碑刻的历史文化等学科等的研究，对溪州铜柱和铭文具有极高的价值。

（三）溪州铜柱为我国的旅游经济作贡献

中国古代铜柱共有9根，其他7根已荡然无存。从铜柱铭文来看，汉代马援立二铜柱有铭文共46字。其余铭文都不多。

现在尚存的是溪州铜柱，可算是我国古代铜柱的佼佼者，是唯一幸存的古铜柱。1961年是国务院将溪州铜柱列为重点文物保护单位。铜柱是八面体中空，每面宽15厘米，直径39厘米，周长壹佰贰拾厘米；铜柱高壹丈贰尺，内入地陆尺，重伍仟斤。原来内空装满了方孔大铜钱和锡蛇子，现铜钱锡坨已无存，原有八方铜帽一个，现铜帽亦无存。

溪州铜柱的精华是铭文，天福原刻有2117字；宋天禧元年（1017）加刻“复溪州铜柱记”共52个字；溪州刺史彭儒猛加刻445个字总字数为2614个字，占古铜柱铭文之首，十分珍贵。它比较系统地记载了土家族的历史和土家族的法制史，可以说这是土家史上的第一次系统记载。这是铜柱铭文难能可贵之处，也是研究其他某些史书的实物见证。因此，溪州铜柱及铭文以其相当高的科研价值和历史价值而成为国内重要的旅游景点。所以中外诸多科考和旅游团队，前来永顺王村科考和旅游络绎不绝，从而溪州铜柱及铭文为湖南的旅游经济发展做出了巨大的贡献！

综上所述，溪州铜柱及其铭文具有丰富的法律思想，过去没有被重视，现在看来很有研究价值。如彭士愁的丰富法律思想与楚王的丰富法律思想都是互相影响的。而彭士愁和楚王的法律思想又与历代中央王朝的法制调整有着直接的关系。因此，当我们研究地方或个人的法制思想时，必须重点研究中央王朝对法制调整这个重点。也就是抓住主要矛盾去解决，其他次要矛盾就会迎刃而解了。

第九章

土家族地区土司制度概况

土司制度是我国封建王朝对西南少数民族地区实行统治的、有别于中原部族或族群的一种特殊的管理方式，也是一种特殊的政治制度，是唐宋羁縻政策的延续和体现。具体内容是中央王朝对少数民族的头领、贵族或酋长封官、赐名号。允许土司"世官其地，世有其土，土民世耕其地，世为其民"①。并以少数民族习惯法对其管理内部事务，实现加强统治的目的，各个少数民族的头领必须服从中央王朝的领导和听从调遣，并承担一定的政治、经济、军事方面的义务。土司也需借助国家的力量，不断加强自己的统治地位。

土司制度是历史的产物。是元代开始在西南少数民族地区建立的、与中原地区郡县制有区别的政治制度。土司是一种较完备的政治制度，推行的是怀柔、羁縻政策。

土司制度起于何时，学术界还有不同观点。一种观点是土司制度从元朝开始实施，土司制度建于元，兴于明，废于清雍正年间，历经元、明、清至雍正年间改土归流的清初为止。但是王承尧、罗午认为："湖南湘西彭士愁就任马楚静边都指挥使，溪州刺史，可以说土司制度在五代时期，晋天福五年（940），土司制度在这一地区已初具规模，宋时得以发展，元在此基础上，对土司官制、等级及与中央王朝的关系进行了补充、修改、完善了土司制度。"② 龙先琼也认为"湘西的土司制度起于五代，发于两宋，成于元，兴于明，至清雍正年间改土归流，清末基本结束"③。我们认为，土司制度是逐步形成和发展起来的，可以溯源至秦汉、唐宋的羁縻制度，全国和西南绝大多数少数民族和土家族地区土司制度的正式建立是从元代为始，兴于明到清雍正的改土归流基本结束。这种观点大多是一致的。

土司制度是社会的进步，土司制度的实施对西南民族社会的政治、经济、文化和社会生活都产生了重大深远的影响。土家族地区土司制度的建立是有其政治、经济基础的。

---

① 《明史·食货志》。

② 王承尧、罗午著：《土家族土司简史》，中央民族学院出版社1991年版，第26页。

③ 《吉首大学学报》（社会科学版）2009年第1期。

第一节

土家族地区土司制度产生的历史背景

一、强宗大族是土家族地区土司制度产生的前提

秦汉至隋为蛮夷之地，名曰“武陵蛮”或“五溪蛮”。他们是南方一支势力很强、极其活跃的“蛮夷”群体。汉兴，改黔中蛮为武陵蛮，这一广大地区包含今湖南湘西、鄂西部分地区、渝东及黔东，基本是属于土家族先人的聚居区。他们聚族而居，素无君长，在历史长河中形成了许多割据一方的强宗大姓，他们“自相君长”比如湘西的彭氏、向氏，鄂西的田氏、覃氏，渝黔边的冉氏、田氏，黔东石柱的马氏等。其中彭氏“世有溪州，州有三，曰上、中、下溪；又有龙赐、天赐、忠顺、保靖、威化、永顺州六；懿、安、远、新、洽、富、来、宁、南、顺、高州十一；总二十州，皆置刺史①”。冉氏之地有“九溪十八洞”。有的姓氏十分强大，《周书》载：“蛮者……有冉氏、向氏、田氏者，聚落尤盛。余则大者万家，小者千户。更相崇树，僭称王侯，屯据三峡，断遏水路，荆、蜀行人，至有假道者。”实际上，这些强宗大姓成为武陵山区的政治割据势力，他们各霸一方，很有权威，掌握其区域内的一切权力，少数民族聚居的大部地区是蛮荒之地，中央王朝因鞭长莫及，采用绥抚政策，利用土酋的权威，并允许用本地的习惯法进行治理。从隋唐以来封建王朝对土家族地区进行间接管理，这是推行土司制度的前提条件。

二、唐宋时期的羁縻州县制，是实行土司制度的政治基础

郡县制度是中国古代历史上重要的政治制度，自秦灭巴（前316），唐在“蛮夷”地区实行“怀柔”政策，以少数民族的部落范围为基础，设立羁縻州、郡县，将其民

① 《宋史·蛮夷传》

族头领封为各级土官，以求达到绥靖之目的。在贡赋、军事、法制等方面都较灵活，比中原地区宽松。在政治管理方面，秦朝开始实行郡县制度，在土家族先民聚居地区设立巴郡、南郡、黔中郡的边郡制度，从地域范围看已经包含了今湘渝鄂黔毗邻的广大地区，还涵盖了贵州东部及两广的一部分。两汉继续实施郡县制度，并不断完善，建立了郡管理县的二级行政管理机构。

唐兴实行了较宽松的民族政策，在土家族地区建立羁縻府州，取代了秦汉以来的边郡制度。唐宋时期大力推行"以夷制夷"的政策实行羁縻州县制，优先使用归附的土家族首领，以少数民族强宗大姓的首领为州、县长官，世有其地，世袭其职。唐朝取得夔峡地区以后，即以"巴酋长子弟，量才授仕，置之左右"①，"唐初，溪洞蛮酋归顺者，世授刺史，置羁縻州县，隶于都督府，为授世职之始。宋参唐制，析其种落大者为州，小者为县，又小者为洞，其酋皆世袭"②。唐贞观四年（630），建立黔州都督府（驻今彭水），领9—15个羁縻州。以黔州都督府为依托，唐开元二十年（733），设置黔中道，辖50个羁縻州。其域东到湖南溆浦、沅陵，南到广西凌云，西到贵州毕节，北到湖北建始③，较今土家族分布地区略宽。宋袭唐制，以夔州路绍庆府（治今彭水）领隶羁州49—56州，仍是今土家族地区。羁縻州的建置，开启了少数民族首领世袭知州的先河，为土司制奠定了政治基础。

羁縻州县的长官与内地知州、知县有区别，被称为"土官"，其属民被称为"土民"，由之而出现了"土丁""土兵""土人"等称谓，宋朝史籍记载，屡见不鲜。秦汉以来，定居武陵山区的巴人及其后裔，与当地居民，其他民族，统称为"蛮"。他们复合并存，和睦相处，相互渗透，长期融合，到隋唐时，形成了"苗民""土人"两大族团。苗民是历史悠久的苗族的祖先。土人经过唐宋羁縻州的治理，逐渐增强了民族意识，形成了土家族的前身——土家人。在土家语中为"毕兹卡"，意即本地人。这就为土家族土司制度的建立提供了民族和群众基础，所以后来土司辖地的居民统称土民。

元朝统治者以武力征服西南少数民族时，对表示愿意归附的土家族首领，采取招抚政策，委以土司官职……清同治《来凤县志》载："元置军民府土州、土县设官如府、州、县，其法略备。"元朝初年对西南少数民族地区，基本沿袭宋制，原为羁縻

① 《资治通鉴》卷一八八。
② 《来凤县志》土司志：总考卷二七。
③ 《旧唐书·地理志》卷四〇。

州者置土州；亦仿内地置宣慰司、宣抚司、安抚司等名号。为笼络少数民族强宗大姓的首领，无论何种形式的行政机构，均以当地少数民族首领为长官，并沿袭旧制，实行世袭。唐宋的土官制为元土司制度的形成奠定了政治、法制基础。

三、土家族地区经济的发展为土司制度提供经济基础

武陵山区经过武陵蛮的披荆斩棘，辛勤劳动，努力开发，度过了漫长的原始经济时代，到了唐、宋时期，农业经济已经发展，成为社会共同经济生活的来源，同时手工业、交通贸易也有了较大的发展。唐代，在夔州、黔州等地，水稻已经大面积种植。1975 年在彭水郁山汉墓中，发现陶田（内有鱼、龟）等随葬品，说明汉代已经种植水稻了。《舆地纪胜》卷 176 引《旧经》说，黔州“夏供茶、蜡，秋输米粮”。唐代，一批皇室成员和权臣，因黔州能按唐制提供包括细白米，粳稻在内的“一品俸”而被流放在此。南宋朱辅《溪蛮丛笑》载：巢穴外虽峙险，中极宽广……鸟飞不能尽也，周数十里皆腴田。水田的开发，标志着农业经济发展到了一定程度。农业生产的发展，形成了自给自足的小农经济。这为建立割据一方、闭关自守的土司制度提供了生活条件、经济基础。

第二节

土家族地区土司制度的社会性质

土司制度是一种集政治、经济、法制、军事、文化为一体的国家管理制度。特别需要指出的是土司制度所体现出来的一种重要的思想：为了国家的统一这个大家局，也为了教化发展比较滞后的少数民族地区的部落群体，而实行的特殊的治理方法。中央王朝因时度势，对不同地区、不同民族的统治采取“因俗施治”的思想至今仍有现实意义。

土司的含义有四：署名、官名、地方政权、社会管理制度。唐宋羁縻州县的长官称为土官；元明土司的长官也称为土官。土司本是官署名称，元明土司的长官名“使”，如宣慰使、宣抚使、安抚使；他们的衙署称为“司”，如：宣慰司、宣抚司、

安抚司；因为这些“使”都是土官，故他的衙署就称为土司，即土官的衙署。由官署名称演化、简称为官名，因宣慰使司、宣抚使司、安抚使司的长官“使”是土官，故简称为“土司”。土司先为武官，后管民事，故是辖区军政合一的最高长官。

一、土司制度是中央王朝对土家族地区政治法制的管理制度

土司制度是对唐宋以来羁縻政策的强化，它将部落首领氏族血缘统治上升为有国家法制保证的高级形态，既扩大了统治者的权力，又使诸“蛮夷”听命于王朝的统治。它充分利用了民族地区家族酋长制的权威。使其统治易于被接受，更适应于少数民族地区的实际状况。

土司的正式建置于元朝，明土司的设置分文、武两职；据《明史・职官志》载，文职职衔有：

土府职衔即土知府、土州职衔即土职州、土县即土知县；武职的设置有：宣慰使司即宣抚使、安抚使、安抚司、招讨司、长官司、蛮夷长官司。长官的置废、承袭、升降等都要经当时中央王朝核准，下诏、赐封方能有效，土司也是朝廷命官，在朝廷的统一下实施工作；所以土司又是封建王朝的地方政权；它对朝廷承担守土、征调、贡赋等义务。

土司世守其地，世袭其职，占有辖区的土地、土民，并设置等级森严的官职，在土司辖内土司自设官职；分设总理、家政、舍把、旗长、亲将、总爷、峒长、寨长等。凡土官子弟均称为总爷。土家族实行族姓统治，将土地、土民分给下属官员、至亲族人，形成了一个庞大的统治阶级；并有军队、监狱、法律，残酷地压迫、剥削土民，形成了一个基层的统治阶级。土司是世袭其土，在其领区内有至高无上的权力，有生杀予夺之大权，土民背着沉重的赋税劳役，受惨酷的剥削，土司制度的实质是一种割据封闭的封建领主农奴制度。

元明王朝实行土司制度的目的是“以夷制夷”，统治少数民族地区，加强中央集权。余贻泽在《中国土司制度》一书中说得很清楚：一是“以蛮制蛮”之策。所谓“以蛮制蛮”，即捐虚名，而收实惠也；是统治者通过土司实现其更利于统治的办法和政策；如以流官统治，则语言不通，风俗各异，又兼交通艰难，常引起误会纠纷。加之无所出，郡县之无益，不若由其土官统治。二是招抚之策，不愿多事四夷，轻其征讨也。彼来则招抚之，使其就要范围。彼去也不追，于我无损。三是中国历史上的封

建统治者，对各少数民族族恒存轻视之心，惟待以化外之民，不屑以中国礼教治之。”《宋史·西南溪洞诸蛮》中记载唐宋羁縻州时说：“古者帝王之勤，远略要四夷，不过欲安内而捍外尔，非所以求呈也。而西南诸蛮，崇山峻岭，杂侧荆楚巴黔巫中，四面皆王土，乃欲揭上腴之征，以取不毛之地，疲易使之众，而得梗化之民，诚何益哉。树其酋长，使其镇抚，始终蛮夷适之。”少数民族首领及土司土官们为了维护自己的既得利益，有效地割据一方，统治属下的土民，也乐于接受朝廷的封号，拉大旗作虎皮，愚弄人民。

二、土司制度是关于经济、军事等方面的法律制度

在土家族地区，土司制度是军政合一、兵农合一的政权组织，这种政权形式延续至清雍正年的改土归流。土司既是政治上的统治者，地方的最高行政长官；还是各自区域内的最大封建领主，经济全权的所有者；战时是军事征战的首领。所有土民平时为民，战时为兵。他们平时服劳役，战时服兵役。在军政合一的“旗”之外，还有专为土司家族服役的执事农奴。农奴不但要服劳役，还要缴纳一定数量的实物地租。《土家族简史》载；湖北咸丰县唐崖土司城遗址中可以看出当时农奴的劳役繁重，该土司城规模较大，号称三街十八巷，三十六院。遗址中有银房、瓦房、碗场、马客房、百兽园等。街巷都有石板条铺就，说明土司有大批服劳役的执事农奴。

土司有“供征调”的职责。土家族土司都各自拥有一支强大的武装力量——土兵，明朝石柱土司秦良玉是著名的女将军，她率领的白杆兵闻名于全国。因此，土司在抵御外侮，保卫边疆，维护中央集权，巩固祖国统一等方面做出了重大的贡献。著名史学家范文澜认为在封建社会里中央王朝就是国家的象征，土司供王朝征调，也就是爱国主义的行为。

明嘉靖三十一年（1552），倭寇连船数百，侵扰江浙，海滨数千里告急。自称徽王的王直及其部属天差平海大将军徐海，勾结倭寇，肆意劫掠，祖国沿海边疆大受威胁。时尚书张经总督江浙军务，决定调湖广土兵和广西兵助剿。嘉靖三十四年（1555），3 万土兵和狼兵在松江会师。四五千倭寇进犯嘉兴地区，保靖土兵在吴锡石塘湾击败入侵之敌；永顺土兵中路拦击，迫使倭寇退入嘉兴南部王江径。永保土兵合围，歼敌 2000 余人，斩首 1000 余级，烧死、溺死无数。容美土兵又在浙江黄宗山一带大败倭寇。次年永顺、保靖、容美等土兵包围贼首徐海，大败贼敌于沈家庄，斩杀

徐海，王直投降，江浙倭寇初告平定，土兵立下“东南第一功”。永顺土司长官田菑、田半年，保靖舍把彭翅，容美土司、老将军田世爵等均以身殉职。参加平定倭寇的土兵，容美一万人、永顺三千人、保靖三千人，永顺宣慰使彭明辅率两千人殿后，酉阳派出部分兵力。

明天启六年（1626），努尔哈赤继汗位，崇祯九年（1636），称帝建国后金。他从明万历四十六年（1618）起，进攻明军，夺取辽河流域大片土地，关外告急。万历四十六年明廷调酉阳土兵援辽抗金（清）。次年，酉阳土司冉跃龙遣子天允及土官冉见龙、冉文光等率土兵赴辽阳，三解奉集之围，再援沈阳，浑河失利，见龙战殁，死者千余；降卒纵火，文光阵亡，死者七百。冉跃龙捐金二千两，运军械至榆关（今山海关）招魂振困。泰昌元年（1620），明廷又调石柱土兵援辽。土司秦良玉遣兄秦邦屏、弟秦民屏率兵五千先行，与子马祥麟率兵三千殿后。杏山一仗，明将洪承畴，总兵刘挺大败，独良玉军凯旋。再援沈阳，浑河失利，邦屏牺牲，官兵阵亡千余人，民屏杀出重围。良玉闻讯，星夜兼程，榆关一战，杀退入侵之敌，祥麟目中箭矢，追杀如故，金军惊愕，良玉镇守榆关。兵部尚书张鹤鸣说：“浑河血战，首功数千，实石柱、酉阳二土司功。”

秦良玉威震关内外，金军不敢越榆关一步，改由喜峰口进关。崇祯三年（1630），永平四城失守，京师已见烽烟。明廷急诏勤王，各镇官兵裹足不前，秦良玉急令侄子秦翼明，筹资济饷，誓师入京，秦良玉收复永平，击退金军。秦良玉不仅“援辽”“勤王”有功，而且早年随夫平定杨应龙之乱；天启三年（1623），与酉阳土司冉跃进龙平定奢崇明之乱。清军入关，明朝灭亡，秦良玉致力于保境安民，退居玉音阁，足不履地，以示不见清人的天地，充分显示了她崇高、伟大的民族气节。

三、土司制度是唐宋以来对少数民族宽松民族政策的具体化

唐宋在土家族地区的羁縻制度，是历代中央为安抚边境地区内附的少数民族部落，而设计的一种特殊的制度安排，一种特殊的行政区化制度。所谓羁縻州，就是少数民族部落地区单独列置为州，其首领地为都督府，首领授为都督、刺史，皆得世袭，所有贡赋均予减、免。说明从唐代政府时期，对不同地区、不同民族的统治采取“因俗施政”“ 修其教不移其俗，齐其正不易其宜”的思想。唐帝国曾被世人称为盛唐，历时三百年。其疆域领土空前扩大，出现“贞观之治”和“开元之治”的经济

繁荣局面，其中一项主要内容是唐代对少数民族正确的扶持政策，致边境四夷各个部落纷纷归附。《大唐六典・户部上书》载：“凡天下之州府，三百一十有五，而羁縻之州盖八百焉。”说明少数民族羁縻州建制占全国的四分之一，数量之多，建制之完备也说明政府重视之程度。当时土家族地区有记载的有；黔中道都督府，楚王马希范平五溪蛮，立铜柱，铜柱上详细记载了许多羁縻州县名目。羁縻府州以部落划分，大者为州，小者为府。

羁縻州制度是一种特殊的政治制度，是调整中央与少数民族关系的重大决策，是允许少数民族地区首领进行自治管理的制度。中央与地方是松散的关系，元朝建立的土司制度是羁縻制度的发展和具体化。

第三节

土家族地区土司制度的社会历史作用

土司虽是封建领主农奴制，残酷压迫、剥削人民，但当生产关系与生产力、政治体制与社会发展相适应时，也曾发挥了它应有的作用。这是土家族历史从原始社会经过奴隶社会进入封建社会的必然阶段。土家族聚居的武陵山区，处于汉族包围的内地。唐宋时，周边都早已走过了奴隶社会，进入了封建社会；而土家族的前身武陵蛮还处于原始农村公社状态，不可能跳越奴隶社会，进入封建社会的体制。中央封建王朝推行羁縻州和土司制，适应其经济文化的发展水平，形成了封建农奴制。即是一个必然的发展阶段，也就有它应发挥的历史作用。土家族土司的历史作用，主要在于巩固祖国统一，促进民族融合，发展民族经济文化，开辟和发展了武陵山区。

一、土司制度的积极作用

首先，土家族土司制度的建立，使武陵山区的地方政权稳定，保持了国家的统一。

土司制度的实施维护了土家族地区的社会稳定。自建立土司制度以来，土家族地区地方政权稳定，社会秩序安宁。有一个安定的环境，以安居落业；可每当王朝换代，天下大乱，土司谨守疆土，保一方平安；当新朝确立之后，土司又纳土归附，成为一统。武陵山区如此循环反复，历经元、明、清三朝，土司制度长达四百五十九年。清雍正年间改土归流，同内地一样，建置州、县，流官治理，武陵山区终于走完了封建农奴制，进入了完全的封建社会，从相对独立到完全投入了祖国的怀抱，土家族人民成为中华民族大家庭的成员。

其次，各民族加强了融合。马克思指出：“在氏族制度下，只有当结合在一个政府之下的诸部落融为一个统一的整体时，民族方始产生。”① 武陵蛮族团的众多民族，到隋唐时，融合成“苗民”“土人”两大主要族体，到唐、宋时，土家族的前身——土家族人已经形成。土司制度的建立，稳定和发展了土家人的民族意识，促进了土家族的稳定和发展。国家民委关于恢复土家族成分的文件明确规定：“改土归流前土司辖区，土官、土民的后裔是土家族。”土司的职责，首要的是“附辑诸蛮”，就是团结境内外的少数民族。元、明时，凡是愿意归顺朝廷的少数民族，人数多、地域宽的就建置土司，人数少、地域窄的就近附属于一个土司。《明史·四川土司二》载：酉阳土司“永乐三年（1405）指挥丁能、杜福抚谕亚坚十一寨生苗136户，各遣子弟入朝，命隶酉阳土司”。

元、明时期，土司制度的形成，土司的建置，形成了完善、稳定的地方政权，基本上统一了生产、生活习俗，加强了土家族地区与中央王朝、汉人的联系，先进的汉文化、生产技术和经验传入了土家族地区，发展了武陵山区土家族、苗族的经济和文化。

再次，土司制度推动了土家族地区的经济发展。

土家族地区的农业生产，虽有发展，但仍很缓慢，大多数地区仍处于“刀耕火种”的原始状态。《彭氏家谱》载：永顺地区“山多田少，刀耕火种。方春，砍木薙草，举火燔之，名曰剁畲。食以穇子、小米为主”。因此，土司时期，土家族地区仍是多种经营并存，靠山吃山。狩猎仍占重要地位，每年冬闲，特别是正月，土家族村村寨寨都要集队上山打猎，称“撵仗”，永顺土司还设置有专门狩猎的旗。土司制度后，打破了土家族社会长期封闭的格局，引进了汉族地区先进的生产技术，促进了和周边地区的经济往来。土司制度虽是封建农奴制，残酷剥削、压迫土民，但土司“谨守疆土”，领主把分散的劳动力统一起来有组织地生产；通过“贡赐经济”“卫所屯田”，传入了汉人的先进文化、生产技术……这些在客观上发展了土家族地区的经济，

① 马克思：《摩尔根〈古代社会〉一书摘要》，人民出版社1965年版。

农业生产缓慢地发展。施、黔等地被称为“熟夷”“熟地”，即较为发展的“蛮夷之地”。平坝、山岗广泛使用牛耕、铁农具，开垦良田，兴修水利，农作物品种增多，粮食产量提高，到了清朝初年和内地一样缴粮纳税，实行“地丁银”，不进贡了，表明农业生产已发展到了一定高度。

特别是出现了一些手工业作坊，如煮盐、制陶、纺织等手工业亦较发展起来，唐崖土司遗址，出土了银房、碗房、瓦房、马客房、百兽园等；永顺土司设有制金银首饰和器皿的“镶”旗，专事碾米的“米”旗。

贡赐是土司时期的一种特殊的经济形式，即交换型的商贸经济。有贡就有赐，贡得多赐得就多，土司要多贡表示忠诚，皇上要多赐表示仁政，而且贡的是土特产；赐的是绫罗珍品。这样一贡一赐就形成了“贡赐经济”的物品交换的经济形式。它不仅使土家族贵族获得了优厚的物质享受，也刺激了土家族地区发展商品生产的欲望。同时，商贸经济在土司时的土家族地区也开始萌芽。《容美纪游》载：容美土司田舜年“爱客礼贤招来商贾”，因之“客司中者，江、浙、秦、鲁人皆有，或以贸易至，或以技术来，皆仰善官厨。有岁久不愿去者，即分田授室”。经济的发展也带动了整个社会的发展。

元明时期的屯田制对土家族地区的农业发展起到了很大的推进作用。比如元世祖在绍庆府（今彭水）实行民屯。“至元十九年（1282），签发未当差民20户，置立屯田。二十年又加入32户，二十六年，再签发彭水编户16户补充，共91户”①。明朝黔江千户所实行军屯，屯守各半，粮饷自给。从县城桃子坝、茶园、南沟到冯家坝、濯河坝、两河口、唐崖河（阿蓬江）西岸的广大地区均为屯田区域。千户孙旺督领百户谢昂专事屯田。谢昂驻谢家坝，组织官兵建立屯田军营，开垦良田，兴修水利，广植粮棉。屯田官兵，日久立家，定居落业，致使这一带日益富裕，成为黔江的“鱼米之乡”。彭水的民屯亦使乌江农业大发展，元明时期，今彭水成了渝东南乃至武陵山区的政治、经济中心。

最后，土司制度的实施，提高了土家族地区的文化教育水准。

为了加强中央集权，巩固少数民族地区的地方政权，明朝一再下诏土司要办司学，凡袭职的土司子弟必须入学，否则不能承袭。因此，明永乐三年（1405），酉阳土司筹办司学。明朝施州设卫学。明万历元年（1573），永顺土司在老司城建若云书院。土司制度发展了土家族地区的文化教育事业。

① 《彭水县志》，四川人民出版社1989年版。

由于地方政权的稳定，农业经济和教育事业的发展，土家族地区的文化跃上了新台阶。在汉学文化的影响下，出现了土家族的举人、进士、官员、诗人。明成化年间（1465—1487），酉阳十五世土司冉天章，幼好文翰，娴吟哦，著有诗集。《冉氏家谱·艺文录·诗类》收录了他的一首《七律·题仙人洞》，这是土家族最早的诗篇；冉天章是土家族土司最早的诗人。其子，冉舜臣（十六世土司）亦有诗作《题大酉洞》（今桃花源），另著一篇优美的散文《飞来峰记》。相继十七世土司冉仪，十八世土司冉元，二十世土司冉御龙、冉跃龙，二十一世土司冉天育，二十二世土司冉奇镳等都有诗作遗留后世。土家族诗人逐渐由土司发展到了土司子弟，以诗名家的还有容美土司田世舜的第六子田九龄。明万历年间（1573—1620）他补长阳县庠博士、弟子员，著有诗文 20 卷，留传至今的还有 113 首诗。田世爵之孙田宗文，不幸早夭（29 岁），亦是著名诗人，遗诗 200 首。容美十二世土司田玄于明天启五年（1625）袭职，有诗集刊行，今存诗稿 32 首。其胞弟田圭、其侄孙田珠涛都是诗人。其侄孙田舜年（容美十六世土司）集田氏诗作，编集《田氏一家言》。田舜年生于明末，袭职清初，就学外地，广交汉儒，治学广博，著述甚丰，著有《白鹿堂诗集》，编有《二十一史纂要》《六经撮旨》《容阳世述录》和《田氏一家言》等。①

二、土司制度的消极作用

土司制度的实施也给社会带来了一定的消极影响。

首先，土司之间的争斗，兴兵仇杀严重阻碍社会发展。

各土司为了扩大自己势力，经常互相争斗，引发社会矛盾；如清嘉庆三十三年（1828）容美土司田世爵谋夺桑植向元楫人口、土地，并阴谋与其支罗黄中谋叛时，湖广巡按御史等调兵予以镇压。至明末土家族地区土司积极向外扩大地盘，攻城占地，掠夺人口财物，其中容美土司扩张活动最为频繁，其扩张至北邻的巴东、建始境和东邻的长阳县境。容美土司自明嘉靖十三年（1564）始，田氏土司不断入侵占领巴东土地，还派土官征收赋税，土民苦不堪言。清康熙二年（1663），容美、桑植二土司纠合土兵四千余人，入侵保靖司，焚劫村寨 60 余处。生产受到严重破坏。

其次，由于封闭割据，各个土司都各自为封闭的独立王国，加之朝廷有“汉不入境，蛮不出峒”之规定，使社会生活产生单一性，阻碍了经济、文化间的相互交流，

---

① 《土家族文学史》，湖南文艺出版社 1989 年版。

对社会经济文化发展极其不利。同时土司制度经济是封建奴农制经济，是对土民残酷剥削和奴役，使社会矛盾不断加剧。

再次，土司位权世代承袭，集政治、经济、军事等于一身，土民一无所有，形成对土司的人身依附关系。土司实行酷刑峻法，具有无上权威，土司杀人不请旨，社会中劳动者主体生活极其困苦，精神受到严重压抑。

概而言之，土家族地区的土司制度是适应时代的政治、经济制度而产生的，也必然随着时代的发展而逐渐消亡。这是历史发展的法则。

土司制度在土家族地区历经数百年，至今在土家族地区还有丰富的土司遗迹遗存，主要有遗址、墓葬、土司皇城，遗存有大量土司文化。湖北恩施土家族苗族自治州，有明代天启年间赐建的土司皇城，唐崖土司皇城遗址，是目前全国土司历史文化古迹中保存最完整的土司遗迹。土司城上方中央雕刻有“荆南雄镇，楚蜀屏翰”牌坊。城内中央有土司墓，墓前有精美雕琢石刻门，壁嵌有八扇石门，后部灵寝，并排四间。从中发现土司文物千余件，如土司官印等，都是国家级珍贵文物。①

湖南永顺的老司城土司遗址建于南宋（1135），是湘西土司历经23代，实行600余年统治的土司古城，是历经23代土司的不断精心营造，是湘西土家族悠久历史具有特色文化的重要基地之一。2002年被国务院列为国家级文物保护单位。

---

① 据 恩施土家族苗族自治州文化馆提供。

YUANCHAO TUJIAZU DIQU DE ZHENGZHI ZHUANGKUANG
JI TUSI ZHIDU DE JIANLI

第十章

元朝土家族地区的政治状况及土司制度的建立

第一节

元朝建立及土家族地区民众的抗争

一、元朝统一全国

公元1206年，蒙古族首领铁木真统一蒙古，建立大蒙古国。1234年，蒙军首次攻四川，陷成都。1252年，忽必烈率领蒙、汉诸军，取道吐蕃（今川西部），渡过金沙江，进围大理城。次年，忽必烈攻下大理城。至元八年（1271），建立云南行中书省。元统一西南边疆广大区域，西南少数民族地区初步稳定。

忽必烈建大元国后，挥师南下，先后攻下襄阳，樊城，渡过长江，进逼临安。1264年，改号为“至元”；至元八年（1271）建国号为“大元”，乃元朝建立之始。次年，升燕京（今北京）为大都，政治中心从漠北转到中原汉地，以至灭北宋，其疆域超过盛唐，国家大统一，各民族相互接触和融合加强，建立了我国统一多民族国家的基础，这是元朝的初期。至元十三年（1276），宋恭帝降，元军占领临安，南宋灭亡。此后，经过三年努力消灭抵抗势力，元朝统一江南及全国①。1258年，蒙军兵分三路攻打南宋。四川军民，特别是以重庆为中心的川东南军民坚决抵抗蒙军，在重庆钓鱼城，大汗蒙哥被打死。1267年，南宋灭亡，元军卷土重来，围攻重庆。至元十五年（1278），元军攻下川东南重镇绍庆府（今彭水）；次年元军攻下钓鱼城。元朝统一了四川全境。② 1260年，铁木真的孙子忽必烈，在漠南开平城（今内蒙古正蓝旗东北）即帝位，采用“汉法”，建元纪年，号为“中统”。

在元军的强大攻势下，土家族地区的一些羁縻州的世袭土官相继归顺元朝。如世袭西知州的冉万友“元世祖至元初纳地请为齐民，有诏命如旧，并授武略将军，知西阳劝农公事”③。“至元十有二年四月，传檄郢、归、峡、常德、澧、随、辰、沅、

① 参见白寿彝总主编：《中国通史》第13卷，上海人民出版社1997年版。

② 管维良主编：《重庆民族史》第七章，重庆出版社2002年版。

③ 《冉氏家谱》。

靖、复、均、房、施、荆门及诸洞无不降者”①。

元朝在湘鄂渝黔少数民族地区实行土司制度，较之秦汉唐宋的羁縻政策，土官的管理方式有了进一步提高，管理职能比以往羁縻制度较深化和具体化，当时土家族绝大部分地区属于湖广行省，有一小部分属四川行省。湖广行省其下统辖30路13州，地域范围包括今两湖、两广、川东部分、贵州大部，在“诸溪洞”区另设土司，行省的官员是朝廷所派，其任命的土家族的酋长称土司，管理本民族内部的事务，但必须归服、纳贡和一切服从朝廷调遣。

二、元朝初期土家族地区民众的抗争

元朝时从至元十一年（1274）至二十九年（1292），土家族地区反抗元王朝的活动，此起彼伏，连绵不断。统治者对湖南少数民族等地严加防范，不仅调重兵防守，而且有的蒙古军进入土家族地区后，烧杀掳掠时有发生。如至元十六年（1279）九月，有元军将领唐兀带者，引军千余人，在辰溪、沅陵、沅州等地劫掠新附人千余口及牛马、金银、布帛等物，引发民愤。② 不仅掠夺财物，伍新福主编《湖南通史》中说，有的蒙古将领还公开将“新附民”掠去变为自己的奴隶。这种现象在初期很普遍，战乱多年，民不聊生，元军刚入，社会动荡，旧政权消亡，新政权未稳，民族矛盾和阶级矛盾极端尖锐，土家族及苗、汉各族人民掀起了一次又一次反元统治的抗争。

至元二十年（1283），酉阳州所辖的“九溪十八洞蛮”起义。他们以今秀山石堤为中心，“合同盟誓，同立洞府”，“筑土城，修隘道，建花街，造衙门”，建立支州，作为根椐地；“设伏险隘，木弩竹石，伺机窃发，打击元军。起义烽火，迅速燃遍黔、施、鼎、澧、辰、沅等州，其势如暴风骤雨，席卷土家族地区”③。这次起义震动了元朝廷，调集重兵才镇压平定。清光绪《湖南通志》引《元史·列传》记：“二十一年（1361），诏四川南道宣慰使李忽兰吉、参政曲星吉思（《通鉴辑览》作奇尔济苏，《辰州府志》作关里志思）、佥省巴八、左丞汪惟正，分兵出取五溪蛮。时思、播以南，施、黔、鼎、澧、辰、沅之界，蛮僚叛服不常，劫掠边民，至是讨之。曲里吉

① 同治《来风县志》。

② 《元史》卷一一，《世祖本记》。

③ 管维良主编：《重庆民族史》，重庆出版社2002年版。

思、汪惟正一军出黔中，巴八一军出思、播，都元帅脱察出澧州，李忽兰吉一军出夔门会合。十一月，诸将凿山开道，绵亘千里，诸蛮设伏险隘，木弩竹矢，伺机窃发，悉擒杀之。诸蛮酋长率众来降。独散毛洞覃顺走避岩谷，力屈始降。

至元年间，土家族地区还发生了多次起义抗争，反抗元王朝的统治。清光绪《湖南通志》还载有："世祖至元初，叉巴洞何世雄犯澧州，泊崖洞田万倾犯辰州，讨降之。十五年（1278）十二月，以叙州等处秃老蛮杀使臣撒里蛮，命文兵讨之①。""十八年（1281），敕元州路蒙古军总管乞答，合兵取相桐木笼仡伶伯峒诸蛮未附者。"②"二十八年（1291），叉巴向十万攻莫瑶，桑木溪鲁万丑为之响导，万户府调百户千家妇，辰州差沅陵主薄邪律信居追袭至桑木溪，获鲁万丑，系囚两月，逃归。"③"二十九年（1292），辰州蛮叛，副枢刘国杰、佥院唆木兰讨之，不利，征辰、澧弩士三千，湖广平章哈利孙以民弗习战，强之伤民，不许。右丞秃忽鲁言：汉军不习弩，因蛮治蛮，古所利也，遂与之，果大胜。"④"三十一年（1294 年），命行枢密院副使刘国杰讨黔中蛮叛。黔中诸蛮酋既已内附，复又叛。"⑤

道光《施南府志·选举》载：向进益、谭世风于至元三十一年（1294 年）起事，从刘国杰讨平诸峒。

冉万、友纳土归元后，思南安抚使田慎南，以为初降未稳，自恃强大，率兵万余压境，夺州小河五堆之地，妄图动摇归顺决心，扰乱地方秩序。冉万友率兵御于河边，入夜满山篝火，以壮声威，驱甲军迎战，杀敌千余。天明，两军对峙，隔河建栅。田约以射中植枪，则以河心为界，不相侵犯。冉遂发一箭断其枪，田震服，约为弟兄，不再临河牧马，敌退乱平。⑥ 元朝的最高地方行政机构是行中书省，简称行省。《元史·百官志》："行中书省，凡十，秩从一品。掌国庶务，统郡县，镇边鄙，与都省为表里。"元朝设立十行省，其中的岭北、辽阳、甘肃、云南、湖广等都是在少数民族地区，对加强边疆和民族地区建设都有十分重大的意义。⑦

马克思指出："野蛮的征服者总是被那些他们所征服的民族的较高文明所征服，

---

① 《元史·本纪》。
②⑤ 《元史·本纪·列传》。
③ 《辰州志》。
④ 《元史·列传》。
⑥ 《冉氏家谱·万友公传》。
⑦ 江应梁主编：《中国民族史》（下），民族出版社 1990 年第 1 版。

这是一条永恒的历史规律。”①

忽必烈长期视事于汉地燕京，深知行政管理文明的重要。他即汉位后，就效汉法，行新政。忽必烈建国之始，最早的新行政机构，是统辖地的燕京路宣慰司。中统元年（1260），忽必烈践祚，七月升燕京宣慰司为燕京行中书省，承担了当时朝廷临时行政中枢的职能。中统四年（1263）五月，立枢密院，以皇子直金兼判枢密事，统一调度侍军亲军和各地蒙古、汉军万户，并设立统军司（即元帅府）为枢密院的指挥机构，集军权于中央。至元元年（1264），改燕京为中都；九年（1272），又改中都为大都，确立为国家首都。从此，中书省、御史台、枢密院均置于大都。元朝已基本建成了较完善的中央行政机构。②

三、元王朝的招抚对策

1275年元军势如破竹进两湖，经沙市，入江陵，所到之处，无不降者，湘鄂渝黔土家族地区的土酋土官，纷纷归附元王朝，对于土家族的反抗，元用武力和“抚怀”等多项对策。

首先，对于土家族地区的反抗，元王朝以和平招抚为主，以军事进攻为辅。

一方面朝廷颁发诏书：“诏书到一百日内出官自首，赦免本罪各安其业。限外不悛依例收捕。”③ 后又以招抚政策。另一方面派重兵攻打，至元十五年（1278），四川行枢密院，副史李德辉重兵围重庆月余。在大兵压境之下，诸峒蛮首领纷纷归附，至元十六年（1279）恩施、澧、辰、沅、靖、荆、清江流域的土家族酋长及诸峒无不降者。至元十二年到至元十六年，土家族地区的土司绝大部分已经归元。

其次，建制设官，稳定局面。建立官、司等机构，实行新的羁縻政策——土司制度。大量用土酋为官，均委任少数民族为长官，实行土官制。设宣慰使、宣抚使、安抚使，由当地土著首领担任。这些设在少数民族地区的、由各土著任各司长官及土府、土州的地方，后来统称为土司。元朝起，土司制即成为一代之制。元廷在总结历代统治经验的基础上，是对唐宋以来羁縻制度的发展。但较唐宋时期各土司与中央王

① 《马克思恩格斯选集》第三卷，人民出版社1958年版。

② 白寿彝总主编：《中国通史》第13卷，商务印书馆1997年版。

③ 《元典章·典章三·圣政二》，转引自吴永章著：《湖北民族史》，华中理工大学出版社1990年版。

朝的关系更密切一些：一是各土司要受路、府、州的控制，二是土司有赋役和服从征调的义务。羁縻州时期仅定期朝贡的方式，与中央王朝的关系较松散。

至元二十年，鄂湘川黔边界的土家族地区，很快定制，大处为州，小处为县，并以其酋长为官，实行终身制和世袭制。初期土家族地区土酋臣服于元廷，但不久又反叛；如鄂西的散毛峒蛮、及施、黔、澧、辰、沅等峒蛮叛服无常，元朝前后数十年，到至正二十一年（1361），才逐步稳定政治局面，在军事镇压和防范的同时对南方各“蛮夷”，注意“绥抚”和实行“以蛮治蛮”的政策。长期保留各酋长首领的地位，在其地区实行自理自治，至元世祖末年，南方各溪洞“蛮夷”首领纷纷归附。对归附的“蛮夷”首领，元朝廷授予官爵，使其治理本族内部事务，在唐宋羁縻州的基础上进一步发展，顺应形势正式建立了土司制度。

第二节 土家族地区土司制度的建立

一、元朝初期土司的行政建制概况

土司制度就全国说，是始于元，兴于明，终于清中期。但就土家族区域说，有一种观点认为：“湘西的土家族地区的土司制度起于五代，发于两宋，成于元，到清中基本结束。”① 永顺、保靖等一带的土司制度，有其特殊性，它始于更早，可以追溯至五代后晋天福五年（940），溪州土家族酋长彭士愁，被楚王封任马楚静边都指挥使、溪州刺史，其实质上实行的也就是大姓酋长对其所属领域的政治统治，即后续的土司制度。溪州彭氏刺史是其管辖区的最高长官，也是最高的政治、军事首领，具有民族自治的性质。如果以湘西溪州彭氏土司从后晋天福五年算起，土家族一些地区的类似于土司的制度，存在期有800余年的历史。可见影响之深远。

① 龙先琼：《政治秩序变动与区域社会生活变迁》，载《吉首大学学报（社会科学版）》，2009年1月。

当然从全局和整体上，我们阐述土司制度的建制仍以元代开始。

元朝的最高地方行政机构是行中书省，简称行省。《元史·百官志》：“行中书省，凡十秩从一品。掌国庶务，统郡县，镇边鄙，与都省为表里。”元朝设立十行省，其中的岭北、辽宋甘肃、云南、湖广等都是在少数民族地区，对加强边疆和民族地区建设都有十分重大的意义①。

中统二年（1261）秋，元王朝又置大司农官，并置十道劝农使司，其使者为故国老人、君子长者，亲行田里，谕以安辑，教之树艺。②说明忽必烈十分重视农业的发展和汉人、知识分子、当地贤达的作用了。

据吴永章先生认为，元王朝在土家族地区设置两种官制：一是流官，沿唐宋制，同时又设置土官，并以流官治土官的的统治策略。为缓解民族矛盾，抚辑少数民族，用少数民族上层为土官进行统治。

蒙古统治势力深入西南地区后，在湖广、四川、贵州、云南（含土家族地区）设立了大大小小的土官。成为元政权在当地、基层的统治基础。土官体制的形成，标志着元朝正式确立了土司制度。

元朝土官的职类、层次分明，在西南“诸溪峒”各少数民族地区，行省以下不设州（府）县，而设招讨司、宣抚司、安抚司、长官等诸官职，且参用土官，可以世袭。这是对唐宋时期羁縻制度的发展，为土司之始，形成了一种行政体制。行中省有土官，如省左丞、省参知政事，但只能参政，自守其土，徒有其名，而无其实。行省以下的土官，掌管辖区军民事务，是地方行政长官司。

宣慰司——宣慰司是省和郡之间的一级行政机构，多设于边疆、少数民族地区，其长官为宣慰使，由少数民族但任。《元史·百官志》载：“宣慰司，掌军民之务，分道以总郡县，行省有令则布于下，郡县有请则为达于省，有边陲军旅之事，则兼都元帅府，其次则止为元帅府。”

宣抚司、安抚司、招讨司，这些是宣慰司之下和行政机构，其职责与宣慰司同。《元史·百官志》载：“其在远服，又有招讨、安抚、宣抚等使，品秩员数，各有差等。”

土知府、土知州、土知县、土县丞。这些是州、县一级由少数民族担任长官的行政机构。清同治《来凤县志》载：“元置军民府土州、土县，设官如府、州、县，其法略备。”其长官都为少数民族，或土、流并存，故曰“土”。

①② 江应梁主编：《中国民族史》（下），民族出版社1990年版。

长官司，州县及下州的少数民族地区的行政机构，长官为少数民族。《元史·百官志》载："诸蛮夷长官司，西南夷诸溪洞各置长官司，秩如下州。达鲁花赤、长官、副长官，参用其土人为之。"

土巡检、土千户、土酋吏，这些设在边寨和少数民族地区，是基层行政或军事组织，由少数民族担任长官。土千户，亦有流官，任职后则可世袭。土官的职责是维护元朝廷在当地的统治，保证中央政令的推行；维护当地的社会秩序，保证治安，发展生产。这就是古之有的"以夷制夷"。

土官最初是武职，后集军政大权于一身。土官既是地方行政机构的长官，要维持地方治安，边疆还有边防任务，还要奉调助战，故有军权，有军队。在元朝军队中有由少数民族组成的军队，称为乡兵，这是元朝兵制的一个特点。元朝乡兵的主要任务是驻守地方，征讨未降部族，效忠朝廷奉调征战。乡兵均由土官指挥。乡兵的建立，巩固了元朝的土官、土司制度。①

二、元朝初期土家族地区土司的建制和分布

元朝初期沿袭唐、宋的羁縻州制，元土司制度在至元十二年（1275），元为之始，成为一代之制。明朝则为之发展和完善，清雍正年间实施改土归流，历经400余年。

《湘西土家族苗族自治州概况》载：元朝对少数民族采取招抚政策，委任土官，称为土司。土官可世袭，但要由朝廷任命，不得自署。

元明清时期土家族地区的土司，地域分布为四大自然区，即湘西、鄂西、川东、黔东北。

湘西地区的土司：

湘西地区的土司有宣慰司，掌军民之务，宣慰司兼都元帅府。除土司外，也有路、府、州、县的建制。但这些郡县政权都任用当地酋长为官，也往往冠之为土之名。

当时湘西地区有宣慰司三，即永顺宣慰司、保靖宣慰司、桑植宣慰司。

永顺宣慰司——彭氏世为刺史。永顺县名从古称也。其酋蛮，最大者为彭氏，世有溪州，州有三，曰上、中、下溪州。宋代属永顺州，元为永顺宣慰司，并兼有上溪、施溶、南渭三州。永顺宣慰司属六洞长官司有：腊惹洞、麦着黄洞、驴迟洞、施

① 江应梁主编：《中国民族史》（下），民族出版社1990年版。

溶溪洞、白岩洞、田家洞。

保靖宣慰司——彭氏。据《保靖县志》载；唐时属溪州三亭县。五代时，为彭氏所据。宋代保静州，元至正十一年（1351）永顺宣抚司改为保靖安抚司。关于保靖宣抚司升为宣慰司的时间，王承尧、罗午先生认为，在元至正二十三年（1363）①，还有一种观点认为；是明洪武二年改为保靖宣抚司，后又升为宣慰司。大体在今湘西土家族苗族自治州保靖县。

桑植宣慰司——向氏。据《桑植司志》载：巴蜀盘龙洞主向思胜征苗，于景炎三年，率领众土酋入朝服化，因功授湖广桑植等处宣慰使司职，颁发印纂一枚，赐袍带、虎符等，并下属也分别授予帖堂、经历司、总理、总巡等职衔。本慈利县地。元有上桑植、下桑植宣慰司。② 大体在今湘西桑植县西部。

宣抚司五：即施南宣抚司、散毛宣抚司、忠建宣抚司、容美宣抚司、石柱宣抚司。安抚司一：即桑植安抚司。长官使司十二，土知州三。分属澧州路、辰州路、永顺等处军民安抚司、思州军民安抚司、新添葛麻安抚司。

澧州路。“元世祖至元十四年丁丑，巴峒何世雄犯澧州，官军击降之。二十一年甲申，诸蛮叛，都元帅脱察领兵出澧州，会诸军平之。三十一年甲午，佥院唆木兰等，澧州会兵讨田万顷。”③ 这一段明确地指出澧州是元初的一个政治、军事中心。

辰州路、葛蛮安抚司。辰州，古蛮夷地，隋置辰州，宋改为辰州卢溪郡。“元世祖至元十五年（1278）……以辰、沅、靖、镇远等郡与诸蛮僚接壤，民不安业，命塔海、程鹏飞并为荆湖北道宣慰使……二十八年（1291），改辰州、靖州转运司为湖北、湖南转运司，立葛麻军民安抚司。”④ 即后来永顺司的南渭州。

思州安抚司。清乾隆《永顺府志》记：“至元中，置永顺路，后改永顺宣抚使。感化等处置蛮夷长官司，属思州安抚司。”元“置永顺安抚使，感化州麦着、会溪、施溶、腊惹、驴迟等处，属思州安抚司”。由此可见，思州安抚司在永顺一带。

湖南省少数民族古籍办公室主编的《土家族土司史录》记：湘西土司为永顺宣慰司、保靖宣慰司、桑植宣慰司、慈利安抚司、茅冈安抚司。乾隆《永顺府志·土司》载：《土司世系表》列入的主要土司为：永顺司、保靖司、桑植司、柿溪司。

---

① 王承尧、罗午著：《土家族土司简史》，中央民族学院出版社 1991 年版。

② 乾隆《永顺县志》。

③ 《明史·贵州土司》。

④ 江应梁主编：《中国民族史》下，民族出版社 1990 年版。

市溪宣抚司。柿溪，原为慈利属地。“元析慈利西境为市溪州，即今上、下峒，寻为土官向克武所据，又分为上下桑植等处，隶属新添葛麻安抚司”①。“向克武，其先亦蛮酋，宋末柿溪苗叛，克武奉调剿平，以功授柿溪宣抚司职，其地即今上下二峒”②。

慈利安抚司、茅冈安抚司慈利土酋覃氏任慈利安抚使。在元末农民起义中，覃联络慈利诸蛮起事，攻占了元设在慈利境内的都元帅府，加入陈友谅起义军，后陈被朱元璋镇压。覃氏安抚使被废，明太祖时又建慈利安抚司。

元顺帝初年，初还有短暂的土官机构。如：凤凰，“元置五寨长官司，属思州安抚司”③。芷江，“至元十二年（1275），置沅州安抚司，十四年改沅州路”④。潭州，“世祖至元十三年（1276），潭州置安抚使，十四年改潭州总管府”。麻寮，“元为麻寮宣抚司”，后改“麻寮洞长官司”⑤。至元十六年（1279），叉巴诸峒归附，诏授溪峒安抚使。⑥

鄂西地区的土司。

据载：“元代设施州，清江县并入，辖建始一县。西南部是土司地区。”

鄂西地区有宣慰使司三，宣抚使司七，安抚使司九，长官司二十二。

容美宣慰司——田氏。容美司疆界东南四百里，至麻寮所界。东北五百里，至石梁、五峰等司。北六百里，至桃符口清江河边巴东县界。(《田氏族谱》卷三)

施南道宣慰司——覃氏。施南，古荒之地，即荆梁二州南北境，属巴子国。“元初置镇边万户总管府，至元二十五年（1288），改忠义军民安抚司，都元帅纽磷招降，改施南道宣慰司”⑦。

湖南镇边毛岭宣慰司。本蛮地，曾为忠洞安抚司，宋为羁縻州顺州，元改置湖南镇边宣慰使司。“忠洞安抚司，元置湖南镇边宣慰司”⑧。

宣抚司有：散毛宣抚司。宋为富顺州，后改为柔远州，元初因之。“至元二十一年（1284），覃富入贡，升为散毛府”⑨。

高罗宣抚司。本蛮地，宋置珍州，后改高州，又名西高州。“元更置石溪洞长官司，寻改为高罗寨长官司，又升为宣抚司”⑩。

---

①②③④　乾隆《永顺县志》。

⑤　光绪《龙山县志》。

⑥⑩　同治《桑植县志》。

⑦⑨　《明史·湖广土司录》。

⑧　清《长乐县志》卷四。

“容美洞宣抚司、隆丰奉宣抚司、龙潭宣抚司、龙中路宣抚司及龙渠洞宣抚司”。

六个安抚司：“忠孝军民安抚司、盘顺军民安抚司、忠义军民安抚司、金峒安抚司、大旺安抚司、木册安抚司。此外，还有两个相当于宣慰级别的忠建军民都元帅府，东乡五路军民府”。这些建制反映元王朝对鄂西的重视和安抚政策。

鄂西的土官建制有散毛府、怀德府、盘顺府、东乡五路军民府。

渝东南地区的土司：

渝东地区有宣慰司二，长官司四。川东南最大的土家族土著势力在酉阳。唐末五代以来，冉氏是当地强势的首领，宋政和六年（1116）置酉阳州。元仍沿旧制。设宣慰使司。①

酉阳宣慰使司——冉氏，酉阳，汉武陵郡酉阳县，宋为酉阳州，元属怀德府。冉守忠为南宋酉阳首任知州。“冉氏族谱”载：其八世孙冉万友归顺元朝后，元置酉阳州，属怀德府，仁宗延祐元年（1314）改授酉阳宣慰使司。②

南宋，今秀山境内诸苗内讧，贵州土知州杨通晟率四子平定，置邑梅宣化、平茶承化、石耶顺德三军民府，及俊倍洞千户、鸳鸯嘴司务、寨娄千户。平“九溪十八洞蛮”起义后，“元世祖忽必烈清理边区行政，撤乌罗（属平茶承化府）、平茶土知府，置乌罗长官司、溶江芝子平茶长官司，均隶属思州宣抚司”③。明洪武五年（1372）四月仍置酉阳州，兼置酉阳宣慰司。

酉阳土司与元王朝保持着良好的关系。

石柱以石潼关、柱蒲关而名。后置石州，元改石柱军民府。石柱宣慰司——马氏。石柱其东南与五溪苗蛮接壤，马援及其后人知兵有胆略，五溪“苗蛮”对其敬畏如神，朝廷为震慑九溪十八峒乃置石柱安抚司，天启元年，又升为宣慰司。南宋建炎三年（1129），汉马伏波的后裔“马定虎奉诏入川，征服当地土著，受封石柱安抚使，元初在南宾县地设立石柱军民府”④。

黔东北地区有宣慰使司二、长官司四。

元代在贵州设置的土家族土司有思州田氏宣慰使司。元初田氏归附时间诸史记载不一，大体在至元十五年（1278）。元置思州军民府。初、中其曾设置新军万户府、安抚司、宣抚司、宣慰司等，隶属湖广行省。该司是土家族地区中级别较高、辖地范

---

①④ 《土家族土司录》，岳麓书社 1991 年 12 月版。

② 田敏著：《土家族土司兴旺史》，民族出版社 2000 年 9 月版。

③ 利川《覃氏家谱》。

围较大的土司。

思州宣慰司——田氏。唐改务州为思州。田氏世为思州守。至元十五年（1278）田以功授思州抚司。至正十八年（1358）古州苗叛，田祐恭平苗乱有功，授亚中大夫知思州宣慰使司，隶湖广行省。

思南宣慰司——田氏。民国《沿河县志》载：宋初为羁縻州，元时置军万户府。元十五年，改建宣抚司，隶属湖广行省。明朝置思南宣慰使司，隶湖广行省。

第三节

元朝中后期土家族地区土司制度的整顿和完善

一、成宗的“守成”政治

至元三十一年（1294）正月，忽必烈在大都病逝。经过宫廷斗争，铁穆耳于四月十六日正式登基，是为成宗，年号元贞（1295），两年后改为大德（1297）。成宗即位。

由于蒙古军受落后游牧生活和奴隶制度的影响，蒙古军进入湖南后烧杀掳掠很严重，元军曾在辰溪、沅州等处劫掠千余人口及牛马金银帛等财物，劫掠百姓为奴隶，引起民愤。

忽必烈晚年多病，力不从心，无进取之意，持守成态度，保持平衡，维持朝政。铁穆耳即位后，军国重臣，基本为忽必烈后期的原班人员，故实施世祖遗规“持盈守成”。成宗“守成”的基本精神是对外强调宽宥“惟和”。成宗至文宗诸帝（1295—1332）期间，比较注意吏治，民得以修养生息，地方官员也鼓励农桑，兴办学校，惩治豪强，下令禁止掠民为奴婢。① 据史，至元十八年（1281）湖广行省平章贾居真开放洞庭湖湖面，听民渔牧，发展经济。元王朝对西南的各少数民族，在军事镇压和防范的前提下，也注意“绥抚”政策，保留各土司的自治权力。元朝中前期各种矛盾较

① 《元史》卷一一，《世祖本纪》。

缓和，土家族社会经济得到恢复和发展。

大德（1297—1306）年间，“守成”政治稍见成效，“世道清平，人获休息”。因而成宗渐起开边之心。大德二年（1298），缅国掸族势强，遂派土官阿撒哥也兄弟入缅都蒲甘，次年杀缅王及宗室百余人。大德四年（1300），阿撒哥也废立元朝册立的国王，命云南行省平章政事薛超兀儿、左丞忙兀都鲁达失率军征讨。次年二月末，从征的云南行省参政知事高阿康（土官）、宣抚使察罕不花、万户章吉察儿收受阿撒哥也重贿，擅自班师。成宗杀高阿康、察罕不花，承认掸族有功头领统治缅国，乱平。

掸族举事，曾与今泰国北部相通。大德五年（1301），成宗以原荆湖占城行省左丞刘深及合剌带并中书右丞行云南省事，率军至云南出征八百媳妇。刘深征集军饷，引起荆湖骚然，出征被阻，中途折回。成宗诛刘深，改用刘国杰平定西南各族。大德七年（1303），春夏之际，西南地区渐次安定。

二、成宗后对土家族地区土司的整顿

西南地区渐次安定后，成宗为加强中央集权和对少数民族地区的统治，进一步完善土司制度，遂对西南地区的土司、土官进行了必要的清理整顿。土家族土司制度自然在整理之列。元朝后期，至顺年间实行“文治”，对土家族地区的土官、土司不断进行清理整顿，较之元初又完善了土司制度。

湘西地区：

永顺宣抚司。永顺《彭氏家谱》载：至正十一年（1351），彭万潜先改永顺宣抚司为安抚司，旋又升为宣抚司。史载：“元时，彭万潜改为永顺等处军民安抚司，彭天宝又改宣抚司。”①

保靖安抚司。“保靖……元为保靖安抚司。”永顺《彭氏家谱》载：彭万潜升永顺宣抚司时，“改保靖州为保靖安抚司”。

桑植宣慰司。桑植县志载：“元析慈利西境为柿溪州”，寻为土司向仲山所据。向仲山，“元朝顺帝至元年（1335）春，奉命征调，以功授湖广桑植地方等处军民宣慰司职……”② 民国《九溪卫志》：“有向仲山者，其先本蛮酋，元末讨鹅梯（今桑植县新街）寇，平之，授宣慰司职，约束苗民，有上桑植、下桑植地，在九溪西北，为桑

① 乾隆《永顺府志》。

② 光绪《桑植县志》。

植土司之祖。”

鄂西地区：

容美宣抚司。古蛮夷地，称过柘溪、容米、容阳、容美等名。宋为施州蛮田氏所据。元至大三年（1310）立黄沙寨千户所。至顺二年（1331），设容美洞长官司。至正十年（1350），升四川容美洞军民总管府。至正二十六年（1366）改为容美等处军民宣抚司。

盘顺安抚司。盘顺，原属容美。“盘顺长官司，元统二年（1334）正月置盘顺府，至正十五年（1355）四月，升军民安抚司”。

上、下爱茶洞宣慰司。二宣慰司，容美地。“至大二年（1309）置怀德府，属四川南道宣慰司。至顺二年（1331）正月升宣抚司。至正中，升军民宣慰司”。

忠孝安抚司。元初在今利川地置大奴勾等洞长官司，至正十一年（1351）七月，改为忠孝军民府。十五年（1355）四月，改为忠孝安抚司。

镇南长官司。本西溪蛮地，元初置毛岭洞。至正十五年（1355），置宣化镇南五路军民府，领提调军民镇所、蛮夷军民千户所，后更改为湖南镇边毛岭洞宣慰使司。

施南宣抚司。元至正二年（1342），施南道宣慰司（即忠义安抚司）叛，都元帅纽磷再次传谕招降之，改置为施南宣抚司。

渝东南地区：

大德六年（1302），元成宗在用兵西南之后，对今秀山境内的土司建置进行清理整顿，改邑梅宣化军民府为佛乡洞长官司，撤平茶承化军民府，即乌罗长官司和溶江芝子平茶长官司，置溶江、芝子、平茶等处长官司。石耶仍为顺德军民府。

元皇庆元年（1312），正月帝崩，仁宗即位。延祐元年（1314），酉阳知州冉载朝（冉万友子）率石堤（今属秀山）大小酋目入贡庆贺，以“远道纳贡，忠尽可嘉，敕授宣武将军酉阳等处军民宣慰使司”。

石柱，元朝中后期仍置石柱军民安抚司。

黔东北地区：

《辞海》中“思州”条说：南宋置思州，元至元时改置安抚司，泰定时（1321—1323）改为宣慰司。①

《张姓族谱·张氏源流史》记：至治（1321—1323）、至正（1341—1368）年间张焕袭父张恢亚中大夫爵，授思州宣抚司同知时，其子坤元授龙泉坪长官司正长官；

① 《辞海》（1979年版）。

坤义授沿河祐溪长官司正长官。《思南府志》："元置水特姜长官司……寻改水德江长官司。"《清史稿·土司》载："安化县丞，元时张坤元"；《张姓族谱》载：龙泉坪长官司，即安化县丞。史籍只有水德江长官司世系，其始祖为张坤元，而无龙泉坪长官司记载。可见龙泉坪长官司就是水德江长官司。由此可知，元朝中后期，思州宣抚司改为思州宣慰司，其下属有水德江长官司、沿河祐溪长官司，另有元置的田氏朗溪洞长官司、安氏蛮夷长官司。

第四节

元朝末年土家族地区的动荡及控制

一、土家族地区的社会动荡

元朝后期，随着统治阶级日趋腐败，及土司对土民剥削压迫的加重，至顺四年(1333)，惠宗，顺帝，妥懽怙睦尔即位。从此，元朝进入了衰败时期。这一时期的主要特点是权臣擅权、吏治腐败、财政空虚，社会动荡。加上伯颜秉政，排拆汉人、南人，加深了民族矛盾；滥发纸币，大肆敛财，黄河泛滥，灾害百姓，治理黄河，赋役沉重，急剧加深了阶级矛盾，终于爆发了大规模的农民起义和民族起义。

（1）湖南贵州地区的靖州、武冈、思州、锦屏一带的各少数民族，在吴天保等领导下揭竿而起，率先揭开了全国反元大起义的序幕。这次起义爆发于至正六年(1346)。据《元史》载，该年冬十月"靖州徭贼吴天保、杨留总等啸聚"，"震惊各部"。至正七年（1347）二月、五月、八月分别在土家族区域聚众起义攻占县城，溆浦、辰溪、并阵杀湖广行省右丞沙班。①

（2）至正十一年（1351）五月，韩山童与刘福通等聚众3000余人，誓告天地，宣布起义。起义军裹着红巾做标志，汇集各地义军，号称红巾军，是为"红巾起义"。经巾军席卷江南，迅速发展到10余万人。红巾军的活动靠近土家族地区，特别是湘

---

① 《元史》卷四一，《顺帝纪四》。

西一带，引起土家族地区的社会发生了动荡。起义军的陈友谅部一直在湖南活动。

清光绪《湖南通志》对土家族地区元朝中后期的社会动荡有如下的记载：

大德三年（1299）十二月，沅州贼人啸聚，命以毗阳万户府镇守辰州，镇巢万户府镇守沅州、靖州，上均万户府镇守常德、澧州（《元史·本纪》）。

武宗至大三年（1310）四月，容米峒田墨，纠合蛮酋杀千户及戍卒八十余人，俘掠良民。以永顺、保靖、渭南安抚副使梓材为永顺等处安抚使往招之（《元史·本纪》）。

仁宗延祐二年（1315），辰沅峒蛮吴于道为寇，敕调兵捕之（《元史·本纪》）。七月九日，常德、澧州峒蛮贞公合诸峒为寇，命土官追捕之（《元史·本纪》）。

英宗至治二年（1322），沅陵县峒蛮为寇，遣兵捕之（《元史·本纪》）。

泰定帝元年（1324），峒瑶寇邵边，左丞赤兔讨平之（《宝庆府志》）。四年四月，道州永明瑶为寇，峒瑶倡乱。武周县尹欧阳元单骑往谕，譬以祸福，瑶感泣，投戈降（《元史·本纪》《宝庆府志》）。

文宗天历二年（1329）十一月，广源等瑶寇掠湖南州县二百八十余处，命行省平章刘脱欢招捕之（《元史·本纪》）。

至正四年（1344）十二月，瑶贼寇靖州。六年十月，思靖瑶寇武冈。谕湖广省臣及湖南宣慰元帅完者帖木儿讨之，俘斩数百级，瑶贼败走。闰月，靖州瑶贼吴天保陷黔阳。七年二月，吴天保寇沅州。五月，天保陷武冈路。遣湖广行省右丞沙班统军讨之。七月，天保复寇沅州，陷溆浦、辰溪二县。所在焚掠无遗。九月，天保复陷武冈，延及宝庆，杀湖广行省沙班于军中。十月，天保复寇沅州，州兵击走之。十一月，天保复陷武冈。命湖广行省平章政事苟尔公领兵讨之。天保陷靖州，命威顺王宽彻不花、镇南王孛罗不花及湖广、江西二省以兵讨之。八年三月，天保复陷沅州。九年十二月，天保陷辰州。湖广行省参知政事卜颜不花、右丞阿儿灰讨瑶贼，复岳潭等处（《元史·本纪》）。十三年十二月，瑶贼自耒阳寇衡州，万户脱因死之。二十年，为汉陈友谅据湖湘间。

二、大夏政权对土家族土司的控制

元朝末年，社会动荡，群雄竞起，农民起义不断爆发。湖北鄂西随县梅丘人明玉珍参加徐寿辉领导的红巾军，在南征北战中，战功卓著，脱颖而出，成为红巾军中杰出领袖人物之一。

元至正十七年（1357），他率船队沿长江而上，乘虚攻占重庆，次年西征又攻下成都，占领全川。至正二十年（1360），陈友谅杀害了徐寿辉，明玉珍被拥戴为陇蜀王，占地巴、蜀及临近地区。至正二十三年（1363），明玉珍在重庆称帝，国名大夏，年号天统，都重庆。

大夏政权一经成立，随即制定了治国制度。中央设六卿，全国分道，道下分府、州、县三级行政，恢复生产，保境安民，开科取仕，选拔人才。对周边土司实行册封，保留原职，晋升官阶，招谕诱降，土家族地区的土司基本归顺了大夏政权，遥受其封号。

大夏政权与湖湘陈友谅对土司周边的府、县，实行占领，形成对土司的包围趋势，迫使土司自动归降。1998 年《彭水县志》："至正十八年（1358），红巾军攻陷绍庆府城。""至正二十三年（1363），绍庆府属大夏管辖。"绍庆府治彭水。1994 年《黔江县志》："明玉珍据川，称帝 10 年，黔江县为其属地。"

大夏政权对土家族土司，主要实行册封、晋阶，遥授其令，加以控制，使其为巩固大夏政权服务，保持周边社会稳定。

夏距湘西地区较远，并且湘西为陈友谅的活动区域。故湘西地区主要受陈友谅的影响，而明玉珍的影响未能达到。大夏政权的主要影响在鄂西、渝东南、黔东北地区。

鄂西地区：

明玉珍据重庆，建大夏后，对鄂西地区有一定影响，招抚或改置了一些土司。主要有：改施南宣抚司为宣慰司；置东乡五路宣抚司；改元忠路宣慰司为宣抚司；改元忠孝安抚司为宣抚司；改元散毛宣抚司为宣慰司；授腊壁司田大旺为安抚参政（辞疾不就）；改湖南镇边宣慰司为沿边溪洞安抚司；改高罗宣抚司为安抚司；改木册安抚司为长官司；改唐崖千户所为唐崖宣抚司；改湖广镇南边茅洞宣抚司为镇南宣抚司。

渝东南地区：

至正二十三年（1363），明玉珍在重庆称帝后，邑梅佛乡洞长官司主动归附，改为邑梅沿边溪洞军民土知府。

元末，"明玉珍据蜀，又改酉阳军民宣慰司为酉阳沿边溪洞军民宣慰司"①。《冉氏家谱·如彪公传》：明玉珍"据重庆，国号大夏，改元天统，伪官勒令至酉阳，改

① 冉景福：《川南土司制度浅析》，川东南民族通讯。

酉阳为沿边溪洞军民宣慰司。公以兵不力，未敢拒之，遥受其命”。

1994年《石柱县志·沿革》载：“元末，明玉珍据蜀，建立夏政权（1362—1371），改为石柱安抚司。”

黔东北地区：

思南宣慰使司——田氏

唐置，《明史·贵州土司》载；“思南，即唐思州，宋为羁縻州，元初设新军万户府，后改为思州军民安抚司后又改宣抚司。隶湖广行省。领镇远州务川县并楠木洞长官司六十六。至元十五年（1279年），知思州田氏归附元。元泰定时（1324—1327），改思州安抚司为宣慰司。”① 民国《沿河县志·土官》载：“二十五世宏政，授中亚大夫知思州宣慰事。”元末明初，思州很乱，镇远知州田茂安以地献夏，创设思南道都元帅府。

总之，元朝总结历代王朝对民族地区的统治经验的基础上，特别是吸收了唐宋对民族治理的怀柔政策，在此基础上，又有了新的发展，建立了较完备的土司制度。土司制度对如何正确处理民族关系，有重要的历史地位，对后继的统治者产生了深远的影响。

① 管维良主编：《重庆民族史》，重庆出版社2002年版。

MINGCHAO DE JIANLI YU TUJIAZU TUSI ZHIDU

第十一章

明朝的建立与土家族土司制度

元朝末年，蒙古贵族腐败，元廷陷入危机之中。以红巾军为首，农民大起义，使天下大乱，群雄竞起。朱元璋终于成为群雄中的强大势力。于洪武元年（1368），建立了明王朝。明对土家族地区的统治较元代进一步加强，不仅在元代基础继续推行土司制度，而且还不断完善加强在政治、经济等方面的控制，土司制度也不断完善，对稳定大明政权，统一中华民族有积极作用，同时也出现了归附与反叛的较量。

第一节

明朝建立与统一西南

一、明朝统一西南的土家族地区

朱元璋建立应天府，割据一方，开始了统一战争。至正二十四年（1364）二月，亲征武昌，占领湖北诸境，灭亡陈友谅的大汉政权，建立湖广行中书省。至正二十六年，朱元璋率军攻下湖州等地，包围平江城，张士城自缢，大周政权消灭。相继分兵讨平方国珍、陈友定两个割据势力。这时除四川明夏和广东何真两个较小的割据势力外，南方基本统一。此时，朱元璋已具备了北伐条件。至正二十七年（1367）十月，朱元璋率25万大军进行北伐，夺取中原。次年八月初二日，北伐大军攻克大都，元朝在中原的统治宣告结束。朱元璋在北伐进军途中，于至正二十八年正月初四日即皇帝位，国号大明，建元洪武，以应天府为京师，册封皇后、皇太子，立左右丞相、封授百官。明朝建立。朱元璋占领大都后，随即定纪立纲，整理朝政，先后出兵征伐漠北，扫除元廷残余势力，出兵岭北，进军大理，统一全国。

明洪武四年（1371），朱元璋命征西将军汤和率水军攻打重庆，征虏前将军傅友德率步兵由川北攻成都，统一大西南。当傅友德攻下成都时，汤和的水军到达朝天门江面，大夏小皇帝明升投降，大夏政权灭亡。

洪武三年（1370），晋升为大都督府佥事的蓝玉从傅友德进攻大夏。蓝玉为防止土家族土司出兵助夏，派副将赵世英由巴东入鄂西、平定散毛土府，进入川东南，驻节黔江，屯兵三千抗御诸夷。明军已占领了湖北、湖南，从东南包围了土家族土司地区。同时，明军的强大攻势，从西北截断了大夏与土司的联系。因此，土家族土司相继归顺了明王朝。酉阳土司冉如彪，唯恐获罪于朱元璋，遂遣弟冉如豹、子应仁、侄应显纳款于白帝城，领兵助战。朱元璋派兵平陈友谅，略地湖南时，思南宣慰使田仁智遣都事杨琛前往归附，缴纳元所授的宣慰诰。史载："洪武五年（1372），永顺宣慰使顺德汪伦、唐崖安抚使月直遣人上其所受伪夏印，诏赐文绮袭衣。遂置永顺等处军民宣慰使司，隶湖广都指挥使司。"① "丙午（按：元至正二十六年，1366）二月，容美洞宣抚使田光宝遣弟光受等，以所授宣抚印来归明。命光宝为四川行省参政，行容美洞等处军民宣抚司事，仍置安抚元帅治之。并立太平、台宜、麻寮等十寨长官司。"

二、明朝土家族地区土司制度的概况

明朝土家族地区土司制度的建立，是在朱元璋于至正二十三年（1363）七月，朱元璋与陈友谅的鄱阳湖大战之后，朱大败陈友谅后，两湖及两湖的西陲地区，即土家族大部地区陆续归附明王朝，土家族土司制度在明王朝中建立。这主要是指鄂西的容美土家族土司、湘西地区的诸土司和黔东北的思州、思南等地区的土司。而鄂西地区西部的大部分土司，是在洪武四年（1371）明政权灭亡之后归附。属四川省渝东南地区各土司，因地处明氏夏政权的腹地，在洪武四年，明灭夏之后，酉阳土司于洪武五年首先归附。"洪武五年，酉阳军民宣慰司冉如彪遣弟冉喜来朝贡。置酉阳州以如彪为知州"②；也有的记载不同，如《明史·地理志》则载：洪武五年，仍置酉阳州，兼置酉阳宣慰司，州寻废，八年正月，改宣慰司为宣抚司。归附之后到底是否置宣慰司，还是知州、宣抚司？依土司研究者田敏的观点则认为：根据《明实录》《太祖实录》卷七十三洪武五年四月云："酉阳沿边溪洞军民宣慰司都元帅冉如彪，遣其弟 2 来朝，贡方物……置酉阳州，以如彪为知州。"这里未提宣慰。但同书卷九十六洪武八年正月又云："改酉阳宣慰司为宣抚司，以土酋冉如彪为宣抚使。据此，则说明酉阳归附时的确设了宣慰司，故地理志也称兼置宣慰司。"③ 作者认为应以"志"为是。作者也认同田敏先生的观点。

永顺土司于洪武二年（1369）归附，洪武六年升军民宣慰司，永顺土司的归附影

① 《明史·湖广土司》。

② 《明史·四川土司传》。

③ 田敏著：《土家族土司兴亡史》，民族出版社 2000 年 9 月版。

响了周边一些小土司的纷纷归附。

据《明史·四川土司传》："洪武七年（1374）石柱土司安抚使马克用遣其子付德与同知陈世显入朝，贡方物。"《明实录》载：石柱土司在川东南诸土司中归附最晚，但由于地处鄂西诸土司入川要道，明不仅未予处罚，反而于次年予以提升。至此，土家族地区诸土司已经完全归附明王朝。明代土司制度在土家族地区确立。

洪武八年（1375）明初土家族地区土司的归附与设置基本完成。

第二节

明朝土家族地区土司的建制

国家管理属于法制的范畴。马克思主义认为：在阶级社会里，国家的法制管理是有阶级烙印的，主要是为统治阶级的利益服务的。明王朝为维护统治阶级利益，加强和完善对土司的管理，健全土司制度以巩固中央集权，维持地方秩序，控制土司及其所属的少数民族。因此明朝是土司的兴盛时期。明朝对土司的建置是较健全的，管理制度是严格的。

一、土司的官职设置概况

明王朝在元代设置安抚司的基础上，对土司的建制、职官的品位、废置、升降、征调等都作了较明确的规定。明朝"以劳绩之多寡，分尊卑之等差"①，建置大小类别不同的土司。土司分为两种：

一种是由军事部门管辖的，皆为武职、宣慰司，宣抚司、安抚司、长官司等，隶兵部武选司；

另一种是行政部门管辖的，皆文职，有土知府、土知州、土知县等，隶吏部验封司。凡边沿之地、经济滞后，少数民族聚居区建置宣慰司等土司；凡接近汉区，经济次后，有汉人杂居的地区，建置土知府等土官，而且和流官并存。土司、土官均为少

① 《明史·四川土司传》。

数民族，均可世袭。武陵山区，经济滞后，为土家族、苗族等少数民族聚居，在明朝汉人很少，故均为土司制。土司的建置，均需朝廷诏令，是为命官。也有一些自立的小土司，只附于大土司，朝廷不认可。明朝为了控御土司，还在土家族地区及其周边建置军事机构——卫所。

职官品级：明朝对土司的职官名称、数量、品级均有明确规定，不能任意变动。《明史·职官五》、清同治《来凤县志·土司志·总考》载：

宣慰司，置宣慰使一人，从三品；同知一人，正四品；副使一人，从四品；佥事一人，正五品；经历司经历一人，从七品；都事一人，正八品。

宣抚司，置宣抚一人，从四品；同知一人，正五品；副使一人，从五品；佥事一个，正六品；经历司经历一人，从八品；知事一人，正九品；照磨一人，从九品。

安抚司，安抚使一人，从五品；同知一人，正六品；副使一人，从六品；佥事一人，正七品；其属吏目一人，从九品。

招讨司，置招讨使一人，从五品，副使一人，正六品；其属吏目一人，从九品。

长官司，置长官一人，正六品；副长官一人，从七品；其属吏目一人，未入品。

蛮夷长官司，置长官一人，正六品；副长官一人，从七品。

二、隶属关系

明朝初年，暂从元制；洪武八年（1375），大定官制，对土司进行了整理，建立健全了土司制度。明朝土司职官的秩品，比元朝降二至三级，如宣抚使司，元为正三品，明为从四品，降了三级。清同治《来凤县志》载："前明踵元，故事更与约束，定征徭差发之法……后定其制，以府、州、县等官，隶验封布政司领之；以宣慰招讨等官，隶武选都指挥领之……（土司）文武相维，土流间用，有相仇者上疏，听命于天子。俾得谨守疆土，修职贡，供征调，无相携二。治蛮之法，无逾于此。"

根据《明史·地理志》和有关史籍记载，明洪武初至成化年间（1368—1487），先后在土家族地区设置和完善了土司机构，土家族土司建制的分布可分为4个行政区，即湘西、鄂西、川东南、黔东北。湘西地区设宣慰司二、州三、安抚司一、长官司十，分别隶属湖广都司和九溪卫；川东南设宣抚司二、长官司四，分别隶属四川都司和重庆。

有安抚司：慈利、茅冈。土知州六：南渭州、施溶州、安定州、上溪州、龙潭州、化被州。

长官司十二：麦着黄洞等，酉阳宣抚司——领长官司四：平茶、石耶、邑梅、地坝石柱宣抚司。

思南宣抚司：

思州宣抚司——领长官司四：水德江、沿河祐溪、朗溪三长官司；蛮夷洞长官司一。

其隶属关系列表如下：

- 施南宣抚司
  - 东乡五路安抚司
    - 领长官司三：摇把洞、上爱茶洞、下爱茶洞
    - 领蛮夷长官司二：镇运、隆奉
  - 忠孝安抚司
  - 忠路安抚司——领长官司一：剑南
  - 金洞安抚司
    - 领长官司一：西关洞（注：另记为石关洞）
    - 领蛮夷长官司一：西坪
- 散毛宣抚司
  - 龙潭安抚司
  - 大旺安抚司——领蛮夷长官司二：东流、腊壁
  - （注：另有卯洞长官司，漫水、百户长官司）
- 忠建宣抚司
  - 忠洞安抚司
  - 高罗安抚司——领长官司二：木册、思南
- 容美宣抚司
  - 领长官司四：椒山玛瑙、王峰石宝、石梁下洞、水浕源通塔坪
  - 盘顺长官司
  - （注：另有太平洞、长茅二长官司）
  - （注：另有沙溪宣抚司）
- 镇南长官司
- 唐崖长官司
- 永顺宣慰司
  - 领州三：南渭、施客、上溪
  - 领长官司六：腊惹洞、麦着黄洞、施溶洞、驴迟洞、白崖洞、田家洞
- 保靖宣慰司——领长官司二：五寨、筸子坪坝
- （注：另有两河口长官司）
- 桑植宣慰司——领长官司二：上洞、下洞
- （注：桑植安抚司为清改，明为宣慰司；上、下洞长官司原为市溪宣抚司；另有

茅冈、慈利二安抚司。）

酉阳宣抚司——领长官司四：平茶、石耶、邑梅、地坝

石柱宣抚司
思南宣抚司 ①

第三节

土司的设置与分布

明朝初年，暂袭元制，凡来归者，均授予原官职，令守治原地。对有功者晋级、升官，比如土官酉阳知州冉如彪以兵助攻大夏，洪武五年（1372）四月仍置酉阳州，兼酉阳宣慰司。② 施南宣慰使覃大胜及弟覃大旺与副宣慰使覃大兴于明洪武四年（1371）纳元所授金虎符入朝，命大胜仍为宣慰使，授大旺剌惹长官。施南宣慰为从三品，长官司为正六品。洪武五年，永顺宣慰使归顺，献大夏印，诏赐衣绮世袭，遂置永顺等处军民宣慰使司，加授四川行省参政③。思南宣慰使田仁智归顺，仍为宣慰使；其归顺代表扬琛授予宣抚使。④

洪武八年（1375），大定官制，明朝确定西南少数民族地区为土司制。明王朝建立后，西南各地先后归附，为管理这些地区的少数民族，明朝便在湖广、四川、贵州、云南、广西诸省，就原来元代所为土官设置了大批土司。但明朝的土司普遍较元朝降二至二级，取销达鲁花赤一员。土家族地区属于建立土司制的范围。

永乐定制后土家族地区土司的建制。

永乐帝定制，是指洪武末年，明代企图废除土司制，以进行直接统治，而对不顺从和犯罪的土官予以制裁，大量裁减，改土官为流官，这种废除土司的做法，引起民族地区各土司的强烈不满，叛乱之事，常有发生。土家族地区反抗元王朝活动，此起彼伏连绵不断。因此自明成祖永乐年间（1403）起，重新调整政策，大力恢复原有的

① 土家族简史编写组：《土家族简史》，湖南人民出版社 1986 年 4 月版，第 74 页。

② 《酉阳直隶州总志》。

③ 《明史·湖广土司》。

④ 《明史贵·州土司》。

土司政权，并将自洪武以来制定的、有关对土司管理新的政策，以制度的形式固定下来，不再轻易变更。如，在洪武初年，就开始在土司下设流官吏目洪武八年后，明王朝对土家族地区的土司进行不断的调整，加强管理，完善制度，到成化年间（1465—1487），基本稳定。现仍以地区分述如次。

一、湘西地区

永顺宣慰司（彭氏）。清乾隆《永顺府志》载："明洪武二年（1369）置永顺军民安抚司，领三知州、六长官司。六年，升宣慰司，又置保靖军民安抚司，隶湖广都司。"三知州：南渭州、施溶州、上溪州。六长官司为：腊惹洞长官司、麦着黄洞长官司、驴迟洞长官司、施溶溪洞长官司、白崖洞长官司、田家洞长官司。

南谓土知州（彭氏）。古诸蛮地，唐为富州，宋为中溪州，元初因之。元至元二十八年（1291），立新添葛麻安抚司。明洪武三年（1370）内附，改升南渭州。永顺《彭氏族谱》载："明洪武二年（1369），有土知州彭万全者，与其子内附，从明太祖征鄱阳有功，升南渭知州，世隶永顺。"

施溶土知州（田氏）。古诸蛮地。宋为溪州，元为白崖洞安抚司，明洪武三年内附，改升施溶州。《清史・土司一》载："施溶州，土知州，在永顺司东南……明洪武二年（1369），改州，以田建霸为土知州。"

上溪土知州（张氏）。古诸蛮地。宋为上溪州，元因之。明洪武三年（1370）黄谷踵内附，仍置上溪州。《清史稿・土司一》载："上溪州土知州，属永顺司。明洪武二年，以张义保为土知州。"

腊惹洞长官司（向氏）。古诸蛮地。宋为睛溪州，元为洞民总管。明洪武年间内附，升为腊惹洞长官司。①《清史稿・土司一》载："麦着黄洞，元曰麦着土村，属思州。明洪武五年，改属永顺司，以黄谷踵为长官司。"②"腊惹洞长官司，元属思州，……明洪武五年改属永顺司，以向世贵为长官司。"

麦着黄洞长官司（黄氏）。古诸蛮地。宋为下溪州，元因之。明洪武三年，黄谷踵内附。③《清史稿・土司一》载："麦着黄洞，元曰麦着土村，属思州。明洪武五

① 乾隆《永顺县志》。

②③ 《清史稿・土司一》。

年，改属永顺司，以黄谷踵为长官司。”①

驴迟洞长官司（向氏）。古诸蛮地。宋为下溪州，元为洞民总管。明洪武三年内附，改升为驴迟洞长官司。②《清史稿》载：“驴迟洞长官司，元属思州。明洪武五年，改属永顺司，以向迪踵为长官司。”

施溶溪洞长官（汪氏）。古诸蛮地。宋为下溪州，元因之。明洪武三年内附，升施溶溪洞长官司。《清史稿》载：“施溶溪长官司，元属思州。明初改属永顺司，以汪良为长官司。”

白崖洞长官司（张氏）。古诸蛮地。宋为上溪州，元因之。明洪武三年内附，升为白崖洞长官司。清乾隆《永顺县志》载：“白崖洞，今龙山地，元属葛麻安使司，张那律任洞民总管。明洪三年内附，升长官司。”

田家洞长官司（田氏）。古诸蛮地。宋为下溪州，元因之，田胜祖为洞民总管。明洪武三年内附，升为田家洞长官司。《清史稿》载：“田家洞长官司，明洪武三年，以田胜祖为长官司。”

罗马洞长官司（田氏）。未颁印信、不与六长官关列。

保靖宣慰司（彭氏）。清乾隆《永顺府志》载：保靖，元为州，明初置保靖安抚司，寻升宣慰司，属湖广都司。《明史·湖广土司》有较详的记述：“保靖，唐溪州地，宋置保靖州，元为保靖州安抚司。明太祖之初起也，安抚使彭世雄率其属归附，命仍为保靖安抚使。洪武元年（1368），保靖安抚使彭万里遣子德胜奉表贡马及方物，诏升安抚司为保靖宣慰司，以万里为之，隶湖广都指挥使司。”清同治《保靖县志》考证：德胜进贡是在洪武六年，十二月加升为保靖宣慰司。在明朝，保靖司领属五寨长官司、筸子坪长官司、大喇巡检司。

五寨长官司（田氏）和筸子坪长官司（田氏）。清道光《凤凰厅志》引《田氏宗谱》记述：元昭信校尉田儒铭，于洪武元年从周文贵征鄱阳湖有功，并招服五寨、筸子等六处苗民，遂赐分守。长子茂文为五寨长官司、次子茂武为筸子坪长官司。

两河口长官司（彭氏）及大喇巡检司。原为保靖司两江河口地，后隶龙山县。明正德十四年（1519），孙德惠授两江土舍，因与保靖宣慰彭氏不睦，连年仇杀。御史吴廷举奏请大江之右归保靖，大江之左二寨属长州，设大喇巡检司，任流官一员，孙德惠以两江口土舍名目协理司务。大喇巡检司即两河口长官司。③

①② 《清史稿·土司一》。

③ 光绪《龙山县志》。

桑植宣慰司（向氏）。清乾隆《永顺府志·废土司》载："桑植司，本慈利县地，南距安福所，西南距永顺司，北距容美司，东连上、下峒司。元至正二十六年（1366）二月，置桑植安抚司。洪武七年（1374），授宣慰司，设土经历，土中军等官。"

市溪宣抚司（向氏）。元析慈利西境为柿溪州，寻为土官向克武据。明洪武四年（1371），设安福守御千户所。洪武五年，征南将军邓愈平散毛、柿溪、赤溪、安福等三十九洞，置宣抚司。洪武二十一年（1388），千户夏昌圭子得忠，结九溪蛮作乱，命靖宁侯叶升讨平之，始筑城。其柿溪土司、桑植土司仍保留如故。宣德四年（1429），改柿溪宣抚司为上、下二洞长官司。向克武后裔向仕金，袭柿溪宣抚司职，有仲贤、仲贵二子争袭，宣德四年遂废柿溪宣抚司，分为上、下二洞长官司，仲贤为上洞长官、仲贵为下洞长官。

茅冈安抚司（覃氏）。茅冈司在慈利县境。清光绪《永定乡土志》引《覃氏族谱》载：明洪武四年（1371），覃子荣，字添佑，归诚，随征陈友谅有功，授茅冈隘安抚使，封开国镇夷将军，令世守其地，是为茅冈土司之始。《清史稿·土司一》："茅冈长官司，明改开平千户所。"

慈利安抚司（覃氏）。洪武三年（1370），慈利安抚使覃垕连构诸蛮入寇，征南将军周德兴平之。清光绪《永定乡土志》（卷一）载：明太祖洪武元年慈利安抚使覃垕迎降。二年，覃垕构茅冈诸寨蛮为乱、平章杨璟讨之，诈降；遁入溪洞。五年，邓愈，周德兴讨平之。可见，元末明初确有慈利安抚司，但因覃垕等土司叛服无常，有的史籍记，有的史籍不记。

二、鄂西地区

明军入川，蓝玉遣赵世英，由巴东，经鄂西，驻黔江，屯兵三千，抗御诸土司。因此，对鄂西地区威慑很大，各土司受到不同程度的制裁。鄂西地区率先归附者为容美土司。据《明通鉴》卷三载：元至正二十六年（1366）二月，四川容美峒宣抚司田光宝，遣其弟光受等以元所授敕印来归。当时有重要地位的容美土司也首先归附明朝，其他中小土司也纷纷归附。并为土家族地区土司的降服铺平了道路。

容美宣慰司（田氏）。据 2001 年《鹤峰县民族志》载，在明朝容美土司的升、降、废、复频繁，变化很大。明洪武五年（1372）降为容美洞军民长官司。明洪武七年（1374）置容美洞宣抚司，辖家乡寨，五里白崖、椒山玛瑙、水浕源通塔坪、石梁下洞、五峰石宝六个长官司……明洪武十四年（1381），因洞蛮向天富作乱受到株连，废容美宣抚司及下属椒山玛瑙、五峰石宝、石梁下洞、水浕源通塔坪4个长官司。永乐四年（1406），复置容美宣抚司，次年又复置原下属4个长官司。崇祯十三年（1640），升为容美等处军民宣慰司，下属椒山、五峰、石梁、水浕源4长官司升为安抚司，玛瑙、石宝、下洞、通塔坪4个副长官司升为长官司。

椒山玛瑙长官司（刘氏）。刘元敏剿贼有功，升安抚之职，刘氏世袭。刘氏与容美土司田氏四代结亲。洪武七年，置椒山玛瑙长官司，以刘元敏为始祖。①

五峰石宝长官司（张氏）。张友富，元夏时为容美之五峰、石宝安抚使。明洪武七年，置五峰石宝长官司。

石梁下洞长官司（唐氏）。唐元德，元夏间为石梁、下洞长官。明洪武七年，置石梁下洞长官司。②

水浕源通塔坪长官司（唐氏）。据唐氏墓碑，明洪武间，唐进宝自川入大面、水浕源落业后为长官，传子海权。传至第十代唐迁隆袭塔坪长官。③

盘顺长官司。姓氏不详。《明史·地理五》载：明洪武五年（1372）三月，改元盘顺军民安抚司为盘顺长官司。

太平洞长官司（田氏）。《明太祖实录》（春22）载：明太祖初，改容美洞等军民宣抚司为黄沙、靖安、麻寮等处军民宣抚司，以田光宝掌司事，并立太平、台宜、麻寮等十寨长官司。

长茅长官司（覃氏）。明崇祯年间（1628—1644），加升有功人员。长茅司，长阳地，原设指挥一员，弹压土司，时覃光印掌指挥使，遂颁发印信，置长茅长官司。后为田土司所并，杀长官覃嘉祉。

施南宣抚司（覃氏）。明洪武四年（1371），宣宁侯曹良臣率兵取桑植、容美洞。施南宣慰使覃大胜及弟大旺，副宣慰使覃大兴，容美宣抚司田光宝子答谷等皆来朝，纳元所授虎符，命大胜仍为宣慰使，授大旺剌惹长官。施南宣慰司为从三品，诸长官司为正六品，流官参用。十四年（1381），置施州卫军民指挥使司，废施南宣慰使司。十六年（1383），置施南宣抚司，隶施州卫。二十三年（1390），克散毛，擒人旺，置大田军民千户所。永乐二年（1404），改置长官司，属大田千户所。四年（1406），改

① 同治《桑植县志》。

②③ 清《长乐县志》卷四。

为宣抚司，领东乡五路、忠路、忠孝、金洞、中峒五安抚司，仍属施州卫。

东乡路安抚司（覃氏），洪武四年（1371）归明，六年（1373）置安抚司，二十三年（1407）废，永乐五年（1407）复置。宣德三年（1428），领摇把洞、上爱茶洞、下爱茶洞三长官司。同年，于隆奉地置隆奉蛮夷长官司；并析其地置镇远蛮夷长官司，均属东乡五路安抚司；并在怀德军民宣抚司地置上爱茶洞，下爱茶洞二长官司，于施州东南置摇把洞长官司①。

忠路安抚司（覃氏）。洪武四年（1371），归明，改夏宣抚司为安抚司，洪武二十三年（1390）废。永乐五年（1407），覃英来朝，授安抚使，复置。天启中，覃奇勋剿贵州，以功授总兵，升宣慰司。清初覃承国归顺，仍袭忠路安抚司。②

剑南长官司、建南长官司。其先是忠路安抚司，明为剑南土司，宣德三年（1428）置覃氏为长官。五年省，牟酋蛮据溪洞，招抚设官，改剑南曰建南，仍置长官司，牟酋蛮为建南长官，隶忠路安抚司。

忠孝安抚司（田氏）。明初，沿夏旧制忠孝宣抚司。洪武二十三年（1390），废。永乐五年（1407），忠孝故官子田大英来朝，夏置忠孝安抚司，属于施南宣抚司。

金洞安抚司（覃氏）。明洪武四年（1371），覃耳毛归顺，仍置金洞安抚司，寻叛，即废。永乐五年（1407）复置金洞安抚司，宣德三年（1428），领石关洞长官司、西坪蛮夷长官司，隶施南宣抚司。③

散毛宣抚司（覃氏）。明洪武四年（1371），散毛宣慰司都元帅覃野旺持夏授印归顺，降为宣抚司，覃野旺为宣抚使，领大旺、龙潭二安抚司。④ 明洪武二十三年（1390），蓝玉平散毛覃构部落乱，擒剌惹长官覃大旺，改置大田千户所。永乐二年（1404），复置散毛、施南二长官司，四年升为宣抚司。⑤

大旺安抚司。大旺元夏时为安抚司，驴蹄什用世袭，加兵部侍郎。明洪武四年（1371）归诚，兵部郎如故，仍为安抚使，奉调征川，病故，年七十三岁。

龙潭安抚司。明洪武四年（1371），田起喇归顺，改夏宣慰司为安抚司。二十三年（1390）废，二十五年（1392）复置。正德、嘉靖年间为黄氏，罪诛，田氏复为安抚使⑥。

---

① 《湖北舆地记》卷一七。

② 利川《覃氏族谱》。

③⑥ 民国《咸丰县志》。

④ 利川《秦氏家谱》。

⑤ 《明史·湖广土司》。

东流、腊壁蛮夷长官司（田氏）。明洪武八年（1375），置东流安抚司，寻废。永乐五年（1407），改大旺宣抚司为安抚司。宣德中于东流安抚司地改置东流蛮夷长官司，分大旺地置腊壁蛮夷洞长官司。二蛮夷长官司均为大旺安抚司所领，隶于散毛宣抚司。

卯洞长官司（向氏）。向氏至元，世授军民宣抚使。明初，向贵什以兵三千从中山王徐达扫除群雄。明洪武六年（1373），仍授世袭军民宣抚使①。

漫水、百户长官司（向氏）。清同治《来凤县志》载漫水："向宗烈，世袭安抚司，与卯洞，百户司同宗。明太祖时，同荆南十八土司换印，各司其土。"

忠建宣抚司（田氏）。明洪武五年（1372），忠建元帅府墨池遣子驴吾率所部溪洞元帅阿巨等归附明王朝。明置忠建长官司及沿边溪洞长官司，六年改为宣抚司，田恩俊为使。

忠洞安抚司（田氏）。大夏置的忠洞沿边溪洞安抚司，入明即废。明洪武四年（1371），改置忠建宣抚司。永乐四年（1406）复改为安抚司，隶忠建宣抚司。

高罗安抚司（田氏）。明初废，洪武六年（1373），复置高罗安抚司，次年叛，讨平废，永乐四年（1406）。复置安抚司，隶忠建宣抚司，领木册、思南二长官司。②

木册长官司（田氏）。明初因夏木册长官司，隶高罗安抚司。大军入川，民溃散，治所废。永乐二年（1404），木册长官田谷佐、唐崖长官覃忠孝，集300余户，请袭，复置木册长官司。

思南长官司（姓氏不详）。明成化后增置思南长官司，隶高罗乐安抚司。

沙溪宣抚司（黄氏）。民国《利川县志》载：明天启（1621—1627），黄中和从征贵州阳雀寨，以功授沙溪宣慰司。

唐崖长官司。明洪武六年（1373），唐崖归顺，置唐崖长官司。唐崖倔强，结散毛、腊壁、木册等司为患，后废。永乐四年（1406）复置，隶施州卫。领苍蒲、活龙左右二副长官司。洪武七年（1374），改设唐崖活龙坪长官。

镇南长官司（覃氏）。明洪武四年（1371），镇南宣抚司内附，仍置宣抚司，洪武二十三年（1390）废。永乐年间复镇南长官司，隶施州卫。永乐五年（1407），镇南长官覃兴来朝，准袭长官司。

---

① 同治《来凤县志·土司》。

② 《读史方舆纪要》卷八二。

三、渝东南地区

酉阳宣慰司（冉氏）。明洪武四年（1371），酉阳知州冉如彪，派兵助战，迎明军入川，纳土归附；次年遣弟如喜入朝进贡，敕授冉如彪奉顺大夫知酉阳州事，兼置酉阳宣慰司。洪武八年（1375），明大定官制，酉阳废州和宣慰司，改置酉阳宣抚司，隶四川布政使司，兼领平茶、石耶、邑梅、麻兔四洞长官司，绞娄、寨娄、马蹄溪3个千户所。永乐初，割石耶地置地坝副长官司，隶酉阳宣慰司。①

邑梅洞长官司（杨氏）。明军进攻大夏，邑梅、石耶归附迟缓。洪武八年定官制，罢邑梅土知府，改为长官司，属酉阳宣抚司。永乐初，邑梅为特赐长官司，隶重庆卫。并将邑梅所属的鸳鸯嘴司务改为牙阻边蛮总管；新置马蹄溪千户所；升倍俊千户为副长官司，附属邑梅洞长官司。

平茶洞长官司（杨氏）。明洪武八年撤溶江、芝子、平茶等处长官司，置平茶洞长官司，属酉阳宣抚司；并分平茶地置溶溪芝子坪长官司，隶湖广思南宣慰司；洪武十七年，改属四川布政使司。永乐初，于平茶地置客寨副长官司，附属平茶洞长官司。

石耶洞长官司（杨氏）。明洪武初，杨金隆归附，改立长官司，附于酉阳司。洪武八年，降石耶顺德军民府为石耶洞长官司，附属于酉阳宣抚司。永乐初，为特赐长官，改属重庆卫。永乐二年（1404），置绞娄千户所，属石耶洞长官司。

地坝洞副长官司（杨氏）。明永乐二年，割石耶司地（今秀山三合、莲花）置地坝副长官司，附酉阳宣抚司。

麻兔洞长官司。明洪武八年（1375），分溶江、芝子、平茶洞置麻兔长官司（今松桃甘龙区），永乐以前划归贵州松桃。

溶溪芝麻子坪长官司。明洪武八年，分溶江、芝子、平茶洞置溶溪芝麻子坪长官司，嘉靖二十九年（1550），罢溶溪芝子麻子坪长官司，地属酉阳司。

石柱宣慰司（马氏）。明洪武四年（1371），土酋马克用归顺，七年遣子入朝进贡，八年授克用宣抚使。天启元年（1621），以秦良玉授辽、勤王功，升宣慰使，以良玉子马祥麟为宣慰使。

---

① 《酉阳直隶州总志》《冉氏家谱》。

四、黔东北地区

思南宣慰司（田氏）。明太祖起兵平汉，思南宣慰使田仁智遣都事归附，仍为思南道宣慰使。洪武初，思州宣抚使田仁厚遣都事归顺，改思州宣抚司为思南镇西等处宣慰使司。明洪武五年（1372），分思州宣慰司置思南宣慰司。思州正式一分为二。永乐十一年（1413），因田仁厚与田茂安两世仇杀未已，明廷革除两土司使的职务，并废两土司建置，改土归流，设置思南府。

思州宣慰司（田氏）。朱元璋起兵太平，田仁厚遣都事林宪，万户张思泉纳款归附，将镇、古二府及各川、印水、信宁等县，龙泉，溪，沿河等司图同献呈，授思州军民宣慰使，镇远军民同知。① 明朝前期，思南、思州两宣慰司并置，永乐十一年废两司，置思南府，领长官司四：水德江，蛮夷，沿河祐溪，郎溪。

水德江长官司（张氏）、水德江副长官司（杨氏）。元置水特姜长官司，寻改为水德江长官司。明初隶思南宣慰司，永乐十一年后属思南府。首任正长官为张坤元。首任副长官为杨惟载。

蛮夷长官司（安氏），蛮夷副长官司（李氏）。蛮夷长官司在思南府城西；元属思州军民宣抚司地；明洪武十年（1378）置蛮夷长官司，隶思南宣慰司，永乐十一年后，属思南府。元正长官为安世兴始，其子安辉为明始长官。副长官元为李僧，明始为李斌。

沿河祐溪长官司（张氏）、沿河祐溪副长官司（冉氏）。宋思州宣抚司同知张焕四子张坤义，于元时授进义校尉，沿河祐溪正长官。明洪武五年张天麟袭职。元朝冉加正，征十六洞蛮有功，授黔南道万户，明洪武二十二年（1389）改授思南宣慰司千户所。其子百户于明初授沿河祐溪副长官司。

朗溪长官司（田氏）、朗溪副长官司（任氏）。元置朗溪洞，隶婺川县。明洪武年间置朗溪蛮夷长官司。洪武元年（1368），元时的定蛮威武将军田儒铭率五子从征有功，各赐土司职，田茂能授朗溪司正长官。首任副长官为任致兴。

明朝所授土司，皆当地少数民族大姓首领据有一定百姓，一定辖区，封赐时就要明确规定，绘制图册。此后，不能越域，如有争夺地域之事，必须听从调处，否则将予严罚、重惩。《读史方舆纪要》载："洪武五年，冉如彪纳土归附，仍令世守其

① 民国《沿河县志·土官》。

地。”《酉阳续州志》载：酉阳知州“八年改为宣抚司，领平茶。邑梅、麻兔、石耶四洞长官”。酉阳土司明时号称“九溪十八洞”即今酉阳、秀山两县和黔江南部地区。

明朝为了加强对土司的控制，规定了土司的等级及隶属关系，大土司管小土司，层层领属，层层管辖，层层负责，严密控制。土司的等级及隶属关系是：宣慰司—宣抚司—安抚司—长官司、蛮夷长官司，各司其职不得逾越。

MINGCHAO JIAQIANG GUANLI HE WANSHAN TUSI ZHIDU

第十二章

明朝加强管理和完善土司制度

明朝不但沿袭继承了元代的土司制度，而且对土司制度进一步加强和完善，这一方面，保证了全国范围政治上的统一；另一方面，通过本地土家族上层首领进行管理，以保持该民族地区的社会稳定。这种政策的实施也有利于民族地区经济、法制的交流和发展。明代为了对土家族地区进行防范，加强控制，在政治、经济、军事等方面都有所加强和完善。对稳定大明政权，统一中华民族有积极的作用。但土司作为封建领主对土家族地区的民众的政治压迫、经济的残酷剥削也引起民众的多次反抗。

第一节

在政治组织方面加强了对土司的管理

一、制定了严格的土司承袭制度

为严格控制土司，使土司依附于明王朝，防止土司因争承袭引起纠纷和仇杀，在明初期制定了湖广等地土司的承袭办法，对承袭的程序、条件作了严格的规定和法制化管理，土司承袭都要履行繁琐的程序。“袭替必奉朝命，虽在万里外，皆赴阙受职。天顺末，许土官缴呈勘奏，则威柄渐弛。成化中，令纳粟备赈，则规取日陋。孝宗虽发愤厘革，而因循未改。嘉靖九年始复旧制”①。明“洪武二十七年（1394），令土官无子，许弟袭。三十年（1397），令土官无子、弟，而其妻或婿为夷民信服者，许令一人袭。”石柱土司在历史上有两次由其妻袭职：“万历二十二年（1594），斗斛革职，妻覃氏袭职；万历二十六年（1598），长子千乘袭职，万历四十一年（1613），千乘瘦死云阳狱，妻秦良玉袭职。”②

明朝对土司承袭的年龄亦有规定，土司承袭的年龄为18岁，凡年幼者，必由母亲、土舍抚孤治事，到了年龄方能亲政。如酉阳二十世土司冉跃龙于天启四年

① 《明史·土司列传序》。

② 1944年《石柱县志·石柱土司》。

（1624）去世，嫡长子冉天麒年方9岁，母舒夫人先逝，由德政双馨的夫人白氏辅政袭职。长兄冉天育总理司事，境内大安。天麒长后，天育告退，不预司政。①

明朝对承袭土司的文化素养很重视，有明确的法律规定。洪武二十八年（1395），朱元璋下诏："诸土司皆立县学。"弘治十四年（1501），明廷规定："土司土官子弟，凡要承袭土职者必入学，不入学，不授职。"清乾隆《永顺府志·土司》（卷九）载："土官应袭子弟，悉令入学，渐染风化，以格顽冥。如不入学者，不准承袭。"酉阳土司冉兴邦，于永乐三年（1405），请办司学，令子弟读书。成化二年（1466），冉天章袭土司职时，"好文翰，娴吟泳"②，成为土家族土司最早的诗人。此后，相继六代土司均能写诗，著有诗集。

二、规范土司的职责，加强完善管理制度

土司受职后，须承担一定的义务，恪守其职责。明朝对此有明确规定，《明史·职官志》土司的职责是"附辑诸蛮，谨守疆土，修职责，供征调"。

"附辑诸蛮"，即招抚、团结土司周边的少数民族，维护社会稳定，负责地方治安。如酉阳土司冉兴邦于"永乐三年（1405），指挥丁能、杜福，抚谕亚坚等十一寨生苗，一百三十六户，各遣子入朝，命隶酉阳宣抚司"③。

（一）"谨守疆土"

土司受职时，就明确划定所辖区域，令其子孙世袭，谨守疆土。每当改朝换代，中原混乱，土司则谨守疆土，所部独宁。当新朝确立之后，他们又纳土归顺于中央王朝。因此，土家族地区历经四百六十多年（1271—1735）的土司制度，对土家族成为中华民族的一员，持续始终、巩固的统一在祖国的怀抱，起到一定的促进作用。

（二）定期、按规制朝贡

向朝廷纳贡，表明土司对明王朝臣服，为此朝廷作了重要规定："湖广、广西、四川、云南、贵州腹地土官，遇三年朝觐，差人进贡一次，俱本布政司给文起送，限

①② 《冉氏家谱·天章公传》。

③ 《明史·四川土司二》《冉氏家谱·兴邦公传》。

本年十二月终到京；庆贺限圣节以前，谢恩无常期。贡物不等。”① 土司朝贡，一般是三年一次，而明朝极盛，进贡的人数也越来越多，由三年一贡到两年，乃至一年一贡；鄂西龙潭安抚司是个小土司，一次进贡出动千人，几乎是全部劳动力。每遇节归附节庆、营造等事，还要特贡。王朝接纳朝贡以示皇上恩惠，国家强盛；土司定期朝贡以示臣服，履行职责。贡物均为本地土特产。有贡必有赐，赐物为主，亦可赐爵、赐官。如永顺土司彭翼南于嘉靖“四十二年（1563）以献大木功再论赏，加明辅都指挥使，赐蟒服，其子掌宣慰司事，右参政彭翼南为右布政使，赐飞鱼服，仍赐敕厉”②。入贡人数及贡使入京办法均有规定。有的土司为求得赏赐，派大量人员入京，《大明会典·礼部》六十六载：嘉靖七年（1528），容美土司、龙潭安抚司每朝贡率千人，沿途多有纷扰。针对此事，当年议准湖广土司袭授宣慰、宣抚、安抚职事者，差人庆贺、纳贡者，每司不许过三人。共三年朝觐。对于违例入贡者，则罚，处置办法有半赏、停赏、革赏，甚至问罪。说明朝廷对土司入贡是有严格规定的。

（三）必须服从征调

凡有战事，土司就要听从王朝的征调，自备粮、械，调遣土兵参战。明朝的征调最为突出，酉阳土司于洪武二十五年（1392）到正德三年（1508）一百多年间就受征调 11 次之多，平均每十年一次。出征范围远达今川南、鄂西、湘西、黔东北及周边地区。土司曾被征调南到江浙沿海平定倭寇；东到辽阳抗击清（金）军。石柱土司秦良玉被征调去“援辽”“勤王”，平定杨应龙、奢崇明之乱，攻打张献忠的农民起义军，一生征战，成为明朝著名的女将军。永顺、容美、保靖等土兵在东南沿海平倭战斗中立下了“东南第一战功”。明初征调酉阳土兵从征大夏明玉珍。洪武二十五年（1392）又调酉土兵从征散毛土司。③ 景泰元年（1450）贵州群蛮之乱等均征散毛土司参与征讨，是用土兵镇压反抗活动。

（四）奖惩分明

明王朝对土司的政绩进行考核，有功者给予奖励、以土官序列予以递升，有的还授予流官头衔。有过（罪）者给予处罚，至罢黜官职，撤销土司建置。明初，领兵从

① 《明会典·礼部》卷一一三。

② 《明史湖广土司传》。

③ 冉景福：《川南土司制度浅析》，载《川南民族通讯》（未公开出版）。

征大夏、散毛的酉阳土官，冉如豹授施州卫指挥使，冉应义授大田千户所千户长。明万历、泰昌、天启年间，酉阳、石柱土司以“援辽”“勤王”“平奢”等功，由二宣抚司升为宣慰司；酉阳土司冉跃龙进阶骠骑将军，升提督汉土官兵中军都督仍掌司事；石柱土司秦良王，加封一品夫人，授都督佥事，兼任总兵官，其侄民屏升为副总兵，侄孙翼明、拱明升为参将。清顺治三年（1646），南明王朝封秦良玉为太子太保忠贞侯。①

《明史·土官传》载：“洪武二十二年（1389）平茶洞长官杨再胜谋杀兄子正贤及杨能保等。正贤发觉逃至京师诉其事，且言再胜与景川侯谋反，帝命逮再胜鞠之，再胜辞服，当族诛，正贤亦缘坐，帝诛再胜；释正贤，使袭长官。”2001年《秀山县志》载：“嘉靖二十五年（1546），溶溪石、皮、龙、麻五姓苗民起义，赶走长官。二十九年，因治理不善，罢废溶溪芝麻子坪长官司，其地属酉阳宣抚司。”

明朝对土司制裁有律例规定，据《巴东县志》载：“查定例内……如有杀害军民，应按法律治罪……如有罪，应降一、二、三级调用者，降一级留用；应降四、五级调用者，降二级留用；应革职者，降四级留用；如遇贪酷不法之罪仍革职。”

洪武八年（1375），大定官制，明朝确定西南少数民族地区为土司制。“明王朝建立后，西南各地先后归附，为管理这些地区的少数民族，明朝便在湖广、四川、贵州、云南、广西诸省，就原来元代所为土官设置了大批土司”②。但明朝的土司普遍较元朝降一至二级，以利日后奖惩。

（五）对土官严厉法制

明王朝对犯罪土官，是要依法处置的，特别是对土司反叛明王朝的行为，则治其重罪。据《明太祖实录》卷二〇二载：“洪武二十三年（1390）六月辛未，施南宣抚司土官覃大胜作乱，凉国公蓝玉移兵讨之，擒大胜及其党羽男女八百二十人，械押京师。”对犯法土司及所领机构分别罢革、废职、降级。据吴永章先生考证，明王朝对土官治罪与流官相较，还是有所区别的，有“其人杂夷僚，不可施以汉法”之说。但宽宥是有限度的，对重罪者也是严惩不贷的。据《明史·湖广土司列传》载：景泰五年（1454年）“施州木册长官土舍谭文涛残暴，罪当其刑，其母进马赎罪，恐不可从，帝命给钞百锭以慰其母，其子仍禁锢之，表明朝廷治吏的法制之威严。

① 管维良主编：《重庆民族史》，重庆出版社2002年版。
② 江应良主编：《中国民族史》下，民族出版社1990年10月版。

第二节

明朝加强对土家族地区的军事控制

一、建立卫所制

军队是国家、政权的支柱，属于国家、政权的法制体系。自古以来，历朝都重视军队的建设。各朝的军队有不同的名称和编制。明政府非常重视军队防御的作用。在继续实行土司制度的基础上又采用了卫所制度。

卫所制的建立。明朝与元代所置土司制度的不同是实行土司制度与卫所制度相结合。卫所是军事性质的机构，是地方武装。既要服从中央的调遣，也是土司地区的常备军。各省设都指挥使司，一般由流官担任长官，称都指挥使。掌管一省的军事、法制，管理境内的卫所。明王朝在土家族地区实行土司政策的同时又建卫所，开创了土官与流官共同管理当地民族事务的局面，流官担任指挥使，形成对土家族地区的军事镇压和威慑力，以限制和削弱土司势力的发展，即土司制度与卫所制度相结合的统治方式。这是初步采用流官与土官相结合的统治体制。

卫所是明朝地方武装的编制单位，各卫长官、兵员由朝廷直接派兵驻扎，以其下有千户所、百户所，长官称为千户、百户。数所划为一个防区，设卫，领军 5600 余人。卫下设所千户领军 1120 余人、百户领军 112 人。京师和各地都设卫所。军士有军籍，世袭为军，大部分屯田，小部分驻防。

为控御土司，明朝在土家族地区及其周边设卫，在境内要害之地设所。这些卫所的一般军官大都为当地的少数民族担任。流官当任指挥使、千户、百户后，即定居、世袭，加上军士世袭，便成为少数民族地区卫所的特色，成为土司相似的机构。

“明王朝廷还在土家族地区的边缘地带，土、汉杂居地区，设置卫所，驻守重兵，加强军事防御。鄂西设施州卫和百里荒千户所；湘西设九溪卫，下辖麻寮、添平、安福三千户；永定卫下辖大庸千户所；辰州卫下辖镇溪千户所；川东南设黔江千户所。”这只是略举例证，其实还有很多，如施州卫下还有大田千户所；酉阳土司升为宣慰司后，划属领辖的就有绞娄、寨楼、马蹄溪三千户所。明朝林立的卫所，驻守在交通要道，土汉边界，控御土家族的大小土司，略举二三例。

二、卫所的分布

施州卫。明朝，改施州为施州卫，以控制土司地区，有官兵4069人。

明洪武二十五年（1392），散毛司覃构部落作乱，朝廷命蓝玉讨伐，调酉阳司土兵13000人随征。乱平，酉阳土兵驻于施州镇守。永乐三年（1405），授领兵助战的冉如豹为施州卫指挥使。其侄冉应义、冉应礼、冉应信，俱授大田所，设千户、百户15员。① 清同治《来凤县志》有记："洪武二十五年，散毛司覃构部落向天富等作乱，朝命蓝玉讨之，调酉阳土兵13000人随征。"

《明史·湖广土司》："凉国公蓝玉克散毛洞，擒剌惹长官覃大旺等万余人。置大田千户所，隶施州卫。以蓝奏、散毛、镇南、大旺、施南等洞蛮叛服无常，黔江，施州兵相志远，难应援。今散毛与大水田连，宜置千户所守御，乃改散毛为大田，命千户石山等领土兵1500人，置所镇之。"大田所今湖北咸丰县。

黔江千户所。黔江自宋元以来，半设于夷，为龚、胡、秦、向四土豪所据。洪武五年（1372），仍置酉阳州，兼酉阳宣慰司。② 施南宣慰使覃大胜及弟覃大旺，与副宣慰使覃大兴于洪武四年（1371）纳元所授金虎符入朝，命大胜仍为宣慰使，授大旺剌惹长官，施南宣慰为从三品。长官司为正六品。③ 设千户所。

蓝玉征黔，平之，设立千户所。④ 蓝玉平黔后，废黔江县，地入彭水县。"洪武十一年（1378），彭水知县聂元济言，黔江地接散毛，甚顺酉阳，诸洞蛮出没，屡为民患，宜设兵屯守，诏从其言，置千户所镇之"。⑤ 遂建置黔江守御千户所。

黔江千户所，隶重庆卫，设正副千户各一员，下属百户五员，领官兵1216人，在黔江县城修石城一座为千户所署。洪武十六年（1383），"石柱蛮寇施州"，黔江千户所击败。千户所官兵随从蓝玉进克散毛司。

洪武十四年（1381），复置黔江县，所、县并立，直至清初改为黔彭营。千户所，

---

① 《冉氏家谱》。
② 《酉阳直隶州总志》。
③ 同治《利川县志》。
④ 光绪《黔江县志》。
⑤ 《明太祖实录》，1994年《黔江县志》。

屯守各半，屯军在桃子坝、南沟、茶园等地屯垦。所属百户谢昂屯于河蓬江（唐崖河）沿岸、控御酉阳土司；黔江千户所与大田千户所，遥相呼应，控御鄂西诸土司。①

麻寮千户所。麻寮所，旧为土司属地。元置麻寮宣抚司，后改为麻寮洞长官司，明洪武十三年（1380），麻寮土司献土归降，设立麻寮隘丁守御千户所，初隶常德卫，后属九溪卫。麻寮所的主要任务是“外捍慈（利）、石（门）、九（溪卫）、永（定卫），内控容美、桑植十八土司”②，下辖十隘。麻寮所实行兵农合一制，“兵不防农，农不废兵”，“有紧荷戈，是以国家无边鄙之虑；无事秉耒，是以闾阎有三九之余”。③全所共有1所4厅10隘，正副千、百户32员，土兵1120人。每隘设总旗一帜，小军7—21户，平时小军户派丁2人，应操守堡，战事尽丁起调。实行寓兵于农的所隘制，所千户，隘百户，既是行政长官，又是军事首领。

麻寮所如何监控土司？不是是凭借中央王朝的权势，去武力打压，而是采取“化敌为友”“和平相处”的策略。容美土司是麻寮所的主要内控对象，全所十隘，其中八隘都是针对容美土司的。从设所到“归流”（1380—1735）300多年，容美土司与周边土司都未动过干戈，与麻寮所友好相处，而且世为姻亲。麻寮所的“和平友好”策略，顺利完成了监控容美土司的任务，并且使麻寮所成为容美土司对外联络的主要通道。这既保证了中央王朝对土司及少数民族地区的管理；又使容美、麻寮及周边少数民族免受战乱之苦，获得生息发展。

麻寮所和土司一样，也有向中央王朝进贡、奉调的任务。明洪武七年（1374）至成化三年（1467），93年间，麻寮所派员或千户亲自进贡9次。洪武十六年（1383），王朝对麻寮所的贡品规定为：香73斤、良马2匹、獐子1对、兔子1对，鹿1对。麻寮所在明朝，多次奉调抗倭，平叛，均立下赫赫战功，名标史册。嘉靖三十六年（1557），在沿海平倭，麻寮、桑植二土司兵，共斩首140余级，余贼焚死，被掠男女救出者100余人，贼遂平。赏桑植安抚向仕禄、麻寮千户唐臣各四品服。④

① 光绪《黔江县志》。

②③ 《九溪卫志》。

④ 祝光强：《麻寮所考》，载《土家学林》2003年第3期。

第三节

明朝土家族地区土司的政治统治

马克思主义认为，在阶级社会里，封建统治者对民族的政治统治问题，实质是包含有阶级和阶级斗争问题。列宁指出："在任何真正严肃而重大的政治问题发生时，集团都是按阶级而不是按民族划分的。"① 土司的社会性质是封建农奴制，其一切政治和策略、法制都是维护封建农奴主阶级利益的；土民和佃户（奴隶）则是被压迫和被剥削的阶级。土司的统治就是压迫和剥削农奴。

一、土司双重的政治结构

土司有双重身份：既是中央王朝统一地方的政权，又是仅臣服于中央的"国中之国"。为加强其统治，它有一套特殊的、严密的政权组织。土司的行政组织分为土司府与基层组织两个层次。

土司府俨然是一级"独立政府"，以朝廷命官"使"（宣慰使、宣抚使、安抚使）为长官，集军政大权于一身，主土民生杀，人称"土皇帝"，有的自称"土王"。土司修建衙署，为土司府。

土司府的官员，设置、称谓各有不同，其最高官员，永顺、酉阳称为"总理"；容美称为"旗鼓"，以下大都设有"家政""舍把"等。卯洞土司实行三权分立，"总理"管民政，"中军"管军事，"权司"管司法、监察。石柱土司，内分"舍人""里人""把人"等职。酉阳土司，设有"总理""家政""舍把""头人"等职。有的土司还置有流官：经历、同知、教授等官员。土、流兼置，相互监督。

二、土司是军政合一、兵民一体的组织结构

土家族地区的土司大都是军政合一、兵民一体的社会组织，大多数土司的基层组

---

① 列宁：《关于民族问题的批评意见》，《列宁全集》第20卷。

织是“营旗”制度，是中央王朝在土家族地区建立的军事组织和管理制度。它始于明代，“营”和“旗”是各自独立的军事机构，“营”是土家族土司正规军队编制，是常备军，只有比较大的宣慰司、宣抚司才可以组织以营为建制的土军。一般按土司的统辖范围和势力的大小不同，所建营的数量也不同。据载，土家族地区设营的土司有容美土司、酉阳土司等。

“旗”是兵农合一的组织机构。有事则集合为兵，可以进入军事行动，无战争平时则务农。凡是土司辖区的土民都编入其旗内，有“旗长”或“旗头”总管军民事务。旗的多少，以人地多少而定，如永顺是75旗、容美是48旗、保靖土司辖16旗，每旗各有旗名，如东、西、南、北、龙、虎等。“旗长”或“旗头”之外，设有军官，农闲训练军事，战时指挥作战。

土司之间也有行政关系，“宣慰为上，宣抚次之，安抚、长官又次之，惟宣抚不归宣慰统辖”①。即宣慰司、宣抚司之下是安抚司或招讨司，再下是洞长官司，蛮夷洞长官司。它们之间不是上下级关系，而是领属关系，层次的区别，有相对的独立性，故不如兵民一体的基层组织“旗”严密。如酉阳宣慰司领属石耶、邑梅、平茶、地坝四洞长官司，各洞自有土司建置，直隶重庆卫，号称秀山“百里四司”。有的宣慰（宣抚）司还领属土知州、土千户，如永顺宣慰司领属土知州三；酉阳宣慰司领属土千户三。②

三、实行封建领主制度的政治统治

（一）等级森严

土司是封建农奴制度，其显著特征就是等级森严。土司和土民为两大对立阶级，有天壤之别。土司自称“本爵”，土民称之为“爵爷”“爵主”或“土王”；土司之妻称为“夫人”；其子称为“官儿”，其女称为“官姐”，其妾称为“姑娘”，其当官子弟称为“总爷”。

“土民分居各旗，生男女则报名书于册，长者当差当奴，赋则无名，刑弑任意，抄弑鬻卖，听其所为”。“俗言土司杀人不请旨，见死不丁忧”。“土司一子取妇，土

① 同治《长乐县志》卷一六。

② 参见胡挠、刘海东著：《鄂西土司社会概略》，四川民族出版社1993年版。

民三载不敢婚”。①“土司出，护卫遮道，旗锣鼓伞，土民伏于道侧，莫敢仰视，稍有不慎，轻则鞭挞，重则处死”。

土司、土官和土民在住房建筑上亦有严格的等级。2002 年《酉阳县志》载：土司衙署，绮柱雕梁，砖瓦鳞次。舍把、头人，许竖梁柱，用以板壁，不许盖瓦。土民只能叉木屋架，编竹为墙，也不盖瓦。如有瓦者，即治以僭越之罪，有“只准百姓买马，不准百姓盖瓦”的说法。

（二）剥削残酷

封建领主占有土地，实行劳役地租，是封建农奴制的主要特征。土民依附土司，劳役地租的剥削是极其残酷的。土家族土司的劳役剥削有两种形式：一是土民从领主那里领取份地，然后为领主无偿服劳役；一是土司、土官占有的田、土，役人耕种，收获其全部成果。

2002 年《酉阳县志》载：“其辖区内的田土山林，均为土司所有，一草一木，土民不敢妄取。平坦肥沃田土为土司占有。其余舍把、头人分占，土民只能领取‘零星犄角’的‘份地’，或峰尖岭畔的瘠土进行耕种。土民大部分时间在土司、舍把、头人的耕地上耕种、服劳役，实际是土司的农奴，是没有人身自由的，生儿育女都要报旗总，记名造册，长大当差”。而且“每用人夫，即令舍把照户摊派，并无夫价，名曰当差。”服务和出征都是自带粮秣、器械，役使无时。土司、土官奴役种地的人，名曰“佃户”。“土司时，土司及土知州，皆自有山及田，役佃户种之。佃户者，如奴仆然”。这些“佃户”几年后可以变为土民或客兵。

使役土民劳力，还反映在女色、娱乐方面。“土民子女有姿色者，土司可唤入歌舞侑觞，不得土司的允许不能妄自婚嫁”②。

土司、土官除了奴役土民的劳力外，还要收取土民大量的实物地租。“土司旧例，每年每户，派送食米并鸡鸭肉肘，自土官、家政、总理以及该管舍把四处，断不可缺，虽无力穷民，亦必拮据以供。商贾客人，每逢年节，俱需馈送土官、家政、舍把、总理等礼物，名曰节礼，稍有不遂，非强取其货物，即抄掠其资本”。“土司向日凡养蜂蜜之家，每户每年征收蜂蜜黄蜡若干……每有无蜂之家，因其曾经畜养，俱令买蜜蜡供给”。“凡外县穷民，来至土司地方挖山种地，该管舍把，每年勒送盐米，并

---

① 同治《桑植县志》。

② 2002 年《酉阳县治》。

四时节礼”。

土民除为领主服劳役，献实物外，还要承受各种随意摊派之苦。2002 年《酉阳县志》载：“土司可以向土民任意摊派，只要有一火坑，就得交‘火坑钱’；有炉灶的交‘烟户钱’；有锄头种地的交‘锄头钱’。”

（三）兵征之苦

供征调是土司的义务。土司实行军政合一，兵民一体的法制。一有战事，朝廷下诏，就要出征，在紧张的时候，征调是“扫地出门”，即全体青壮兵丁都上前线。而且，土司出征，由兵丁“自带粮秣、器械”。平时，进行艰苦训练；战时只准前进，违者必斩。土司时，土民深受兵征之苦。兵征是土民的沉重负担。

为适应征调、作战之需，土司在农闲时组织青壮年习武，进行军事训练。军训的方法极为残忍，如“一人搏虎，二十人助之，以必毙为度，纵虎者必罚。猎他兽亦如之。得擒则信赏当先者。”围猎是一种军事训练的方法，“每冬狩猎，谓之‘赶仗’，先令舍把、头目等视点所居，率数十百人用大网环之，旋砍其草，以惊兽，兽奔则鸟铳枪立毙之，无一脱者”。永顺司有校场坝、演武厅。土兵亦练阵法：每旗一人居前，次三人横列为第二重，依次五、七、七人横列为第三、四、五重，其余列后。作战时，欢呼助阵，前败后补，胜负以五重为限，皆败则无望矣。① 石柱土司秦良玉专练一支“白杆兵”，特制一种带钩的矛，击刺带钩，锐利难挡，因以坚硬的杂木为杆，故名“白杆兵”。

明朝的征调，很是频繁，鄂西各地土司被征调达 20 余次；酉阳土司于洪武二十五年至成化年间，100 多年被征调 11 次。石柱土司“援辽”“勤王”时，自筹粮饷、兵器、马匹等，响应朝廷的征调；而且从平杨应龙之乱，到出关援辽，进京勤王、平定奢崇明、攻打张献忠，连年不断，土司秦良玉及其“白杆兵”长年战斗在沙场，耗尽了秦良玉的红颜乃至一生。容美土司在嘉靖三十四至三十七年，奉征抗倭，前后达三年之久。征调时，军令一到，立即出兵，不能延误，传说土家族过“赶年”就是为了即时出征，提前过年，家人团聚后，出征倭寇。

在征战中，土兵作战英勇，军纪严明，故牺牲很大。万历四十七年（1619），酉阳援辽土兵，“……浑河失利，冉见龙战死，死者千余人，撤兵辽阳，又以降卒纵火，

---

① 乾隆《永顺府志》。

冉文焕等战死，死者700余人”。同年，调保靖土兵5000人援辽，次年指挥使、宣慰彭象干病于涿州，土兵逃散3000余人；其子侄率兵出关，战于浑河，全军覆没。① 同时，征调的永顺土兵3000人，到关者仅700余人。土兵对连年征调，非常愤怒，以逃亡对抗。明嘉靖年间，湘鄂西土兵奉调平倭寇，“土苗官兵，团结战斗，付出了血的代价：永顺土司彭翼南的长官田蕾、田丰年和保靖土司彭尽臣的舍把彭翅，由于人地不熟，语言不通，误入贼巢，血战新场时壮烈牺牲。容美土司田九霄的父亲田世爵，因年过八旬，战争劳累，在芜湖以身殉国”。石柱土司秦良玉一生征战，许多土兵战死疆场，在夔州城北竹菌坪阻击农民军入川一战中，3万人溃散殆尽。她的侄子秦邦屏、秦民屏，在征战中，先后壮烈牺牲。②

（四）律例残忍

土司为了残酷地压迫、剥削、统治土民，不仅有官职、军队、监狱，也有律例，而且十分残忍。土司有“杀人不请旨”的特权，对土民稍不如意，则任意屠杀。顾采《容美纪游》载：“其刑法，重者经斩，……次宫刑，次断一指，次割耳。盖奸者宫，盗者斩，慢容及失期会者割耳，窃物者断指，皆亲（土司）决。余罪则发管事人棍责，亦有死杖下者。”“土司法律极严肃，鞭笞弑戮，其人死无二心。”③ 土司行刑，常以铁链系人，“土司所用系人铁链，其形粗壮，约百十斤”。更有甚者，“土民有罪被杀，其亲族尚出垫刀（钱）数十金”。保靖土兵“援辽”时，逃散的返回军营，施以“斩其手足”的酷刑。史载：土司统治时期是“无礼仪、无法度，虽居中国，邈如海外”④。

（五）仇杀殃民

明代土司之间相互争夺，争袭爵职，更加激烈，世代仇杀，兄弟动武，干戈不息，殃及土民。明孝宗弘治十二年（1499），宋农寨土官与邑梅司副长官杨胜刚父子、俊倍洞长官杨广震等联合图谋攻打酉阳土司，聚兵焚杀。⑤ 永顺与保靖土司夺地仇杀，保靖两河口土舍彭惠为祖父报仇，借永顺宣慰彭辅之兵，与保靖宣慰彭九霄，于

① 《明史·湖广土司》。
② 《石柱县志秦良传》，四川辞书出版社1994年4月版。
③ 亦雅《土司世胄》。
④ 张天如：《永顺小志》。
⑤ 《明史》卷三一二。

正德年间，往复仇杀，数年不息，死者500余人。万年二十二年（1594），石柱女土官覃氏行宣抚事，土吏马邦聘谋夺其印，与其党马斗斛、斗霖等，集众数千围覃氏，纵火焚公私庐舍80余所，杀掠一空。① 清同治《桑植县志》载："植土司向国栋恃强负固，与容美、永顺、茅冈各土司寻衅仇杀，贪曝不仁民不堪命。"

明在元土司制度的基础上，进一步发展和完善了对土司的行政管理制度、建立军事卫所制度，对于国家管理制度来说是有进步意义的，羁縻政策对于稳定政权，团结边疆的少数民族也有积极作用。由于土司实行的仍然是封建领主政治统治，即使对本民族民众也有阶级压迫和进行残酷的剥削，必然引起民众争取权利的反抗和斗争。

第四节

土家族人民反侵略的英勇斗争

土家族人民在与险恶的自然环境和残暴的统治阶级做长期的斗争中，不仅形成了吃苦耐劳、淳朴倔强的性格，而且铸造出英勇不屈、敢于斗争的精神。为了反抗统治阶级残酷剥削和外国势力的侵略，争取自身权利，他们不畏强暴、不畏艰险，揭竿而起，向邪恶势力发起了一次又一次的抗争。

一、土家族人民抗倭的英勇斗争

（一）历史背景

明世宗嘉靖年间（1522—1566），政治腐败，防务废弛，沿海空虚，日本海盗勾结下海经商的豪富地主，乘机在我国东南沿海地区大规模地进行骚扰破坏。倭寇所到之处，居民被屠杀、掳掠，财物遭抢劫，房舍被焚烧。北至辽东，南至福建、广东的沿海各省，无不遭受倭寇的蹂躏，各族人民的生命财产受到严重的威胁和极大的损害。

明朝政府虽派军队抗击倭寇，但是，由于政治腐败，将领昏庸无能，贪生怕死，

① 《明史·四川土司二》。

士气低落，缺乏战斗力，每与倭寇接仗，一触即溃，或不战自溃，多次败北，致使倭患日益蔓延，愈演愈烈。在这种战局不利的情况下，明朝政府任命张经总督东南各省军务。张经一面就地练兵筹饷，一面奏请征调广西俍兵和湖广土兵前往抗倭。胡宗宪也认为：要对付善于短兵相接的倭寇，必须动永、保二宣慰司精兵。

永顺、保靖、桑植、容美、酉阳等司与九溪卫所属土官土兵，为了抗击倭寇侵略，保卫祖国东南沿海地区的安全，积极应征。出征前，土司严格选兵遣将。出征时土司带领土兵举行隆重仪式，不仅盟誓，制定公布奖惩制度，以鼓舞士气。

（二）辉煌战果

嘉靖三十三年（1554）冬，永顺宣慰彭翼南率土兵三千，致仕宣慰彭明辅、官生彭守中领报效兵二千，保靖宣慰彭荩臣带土兵三千，自备食粮，远涉三千余里，奔赴苏州、松江地区抗击倭寇。永、保土兵一到前线，立即投入战斗。嘉靖三十四年（155）正月，倭寇聚集胜墩，广西瓦氏夫人统率俍兵由南面进攻，永顺宣慰彭翼南带领土兵从北面围剿，两支军队协同作战，南北夹击，斩首三百余级，倭寇溃败。土兵、俍兵初次与倭寇交锋，即取得胜利。

同年四月，盘踞在常熟三丈浦的倭寇，分股骚扰常熟、江阴一带，活动极为猖獗。兵备副使任环指挥保靖土官彭守忠率领的千余名土兵及官兵民丁三千余人，分三路进攻。广大汉、土官兵冲锋陷阵，英勇作战，俘斩二百八十余人，倭寇大败，“而我兵不损一人，自用兵以来，陆战全捷，未有若此者也”①。胜墩、三丈浦的胜利，打击了倭寇的嚣张气焰。听调土兵，贼兵畏忌。

五月，盘踞于柘林老巢的倭寇，大批出动侵犯嘉兴地区，掳掠抢劫，进行骚扰。总督张经立刻派遣参将卢镗督、彭荩臣率领土兵驰援，总兵俞大猷督彭翼南、彭明辅所领永顺土兵与瓦氏夫人的俍兵至平望，参将汤克宽率舟师由中路进击。汉土各路官兵协同作战，水陆三面合力夹击。保靖土兵出奇制胜，首挫其锋，败倭寇于石塘湾。倭寇见势不妙，向平望逃窜。总兵俞大猷率永顺土兵与官军拦路截击，倭寇受创，奔至王江泾。保靖土兵紧追其后，永顺土兵攻其前，永保土兵和官兵一起奋力苦战，共斩倭寇1980余人，溺水者甚重，只有少数倭寇逃回老巢柘林。取得了抗倭以来的第一次重大胜利，史称“自有倭患以来，东南用兵未有得志者，此其第一功”②。这一

① 《筹海图编》卷六。

② 《明世宗实录》卷四二二。

仗，打破了倭寇不可战胜的神话，增强了抗倭斗争的胜利信心，沉重地打击了倭寇，土兵威名大著东南。王江泾之战，扭转了抗倭的被动局面，使明军由防御转入了全面的进攻。①

嘉靖三十四年（1555）十月，倭寇由福建窜入浙江宁波、奉化一带，遭到容美土兵的打击，倭寇退到绍兴，藏匿到民家，被容美土兵与官兵合围，纵火焚烧，倭寇死亡过半，取得后梅大捷。十二月，倭寇狼狈逃窜至清风岭，此时，容美精兵悍甲诸部，万里从征，朝气正锐，乘胜俘斩倭寇170余人，又取得了清风岭大捷。嘉靖三十五年正月，倭寇由福建窜入浙江，容美土兵在田九霄带领下，同官兵一起扼守曹娥江，贼不能渡，退走。我兵追至三江民舍，连战，斩首200级，复追至黄家山，尽歼之。七月，容美土兵断其倭寇出海之路，由土官汪相、向銮领土兵捣至倭寇老巢，经激战，土官汪、向壮烈牺牲，盘踞在乍浦的倭寇被全歼。八月，抗倭名将俞大猷率官兵，容美、永顺、保靖诸土兵，将与倭寇勾结的大海盗徐海、陈东等，围困于沈家庄，土兵手持火把，冲入敌阵，火烧倭巢，计斩首1200余级，烧死无数，徐海投海自杀，土兵汪浩、田有年亦跳入海中，割取首级。余寇尽被歼灭。至此，东南倭寇初告平息。嘉靖三十七年（1558）二月，唯舟山倭寇持险负隅顽抗，官兵久围不克。这时，容美、麻察、桑植等土兵先后抵达，在俞大猷的指挥下，土兵趁大雷雨四面围攻，焚烧倭寨，短兵相接，肉搏血战，杀得倭寇无处逃窜，取得了舟山大捷，浙江倭寇全被肃清。至此沿海地区倭患平溪。② 不久土兵奉令全部撤回原籍。

二、严谨的军法是土兵连战皆捷的重要原因

以土家族为主，并有苗族参加组成的湖广土兵，特别是永顺、保靖土兵，在抗倭斗争中作出了突出的贡献，为肃清危害数十年的倭患，保卫祖国领土和海疆安全，立下了不可磨灭的汗马功劳。他们与广西俍兵、广大汉族军民一起，在我国历史上共同谱写了各族人民团结一致、并肩战斗、抗击外来侵略、保卫祖国领土的胜利篇章。

湖广土兵在抗倭斗争中之所以连战皆捷，多建奇功，成为名震一时的一支劲旅，既是由这场战争的性质决定的。抗击倭寇是一次反对外来侵略、保卫祖国领土完整、维护人民生命安全的正义战争。广大土兵出于爱国热忱，能够积极应征，踊跃赴调；

① 《明史》卷二〇五。

② 《明世宗嘉靖实录》卷四三八—四三九。

战斗时，冲锋陷阵，不惜牺牲。更重要的是有严谨的军事法纪，这是取得胜利的主要原因，严密的组织、严格的纪律、精湛的战术，也是湖广土兵“以少击众，十出九胜，天下莫强”的重要因素。

出征前，土司严格选兵遣将，“照丁抽选”骁勇而惯熟战阵的土兵，对谋勇素著者，委任为指挥统领，并且降级使用，以能带领千人的，让其当百人的长官；能领百人的，做十人的头目，使兵精将勇，有强大的战斗力。出征时，土司带领土兵举行隆重的仪式，以鼓舞士气，表示战则必胜的决心。祭祀时，土司置牛首于桌上，旁放银两，然后下令：“有敢冲锋者收此银，啖此牛首，勇者报名。”最后举行盟誓。

湖广土兵组织严密，惯熟阵法，每司设二十四旗，旗设旗头。临战时，其阵法以一人居前，其后以三、五、七人，或以三、五、七、七人横列四排、五排，形如铁塔式的战斗序列；其余土兵则列于阵后，战斗时呐喊助威，以壮声势。攻守战中，前列伤亡，后排即刻逐列进补，使战斗序列保持不变，胜负以四重或五重为限。这种严密的战斗组织与巧妙的阵法，可以进退自如，攻守兼备，利于发挥集体的战斗力。进则对列整齐，退则井然有序；攻则无往不胜，守则坚不可摧。并且机动灵活，根据战斗需要，既可以旗为单位各自为战，又可与其他旗相互配合，协同作战。

土兵有严格的纪律，其节制甚严，只许击刺，不许割首，违者与退却者皆斩。故每战必捷，人莫敢樱。这种严格的纪律，保证了土兵强大的战斗力，作战时人人奋勇争先，英勇杀敌，不必为争夺首级、领取功赏而分散力量，影响战斗效果。连坐法的实行，使官与官、官与兵、兵与兵之间齐心协力，相依为命，共同完成战斗任务。“其连坐之法极严，故士争用命”，“如此则士卒无敢不奋死矣”。湖广土兵运用自如的“钩镰枪弩之技”，使善于“短兵相接”的倭寇难于对付，无法招架。甚至胡宗宪也承认：“短兵相接，倭贼甚精，近能制之者，惟湖广兵钩镰枪弩之技。”

湖广土兵在抗倭战争中旺盛的斗志，严格的法纪，巧妙的阵法与熟练的技艺，都对明朝政府军队有很大的影响。他们从招募的民兵中“择其骁勇者，各照俍、土兵法编为队伍，结为阵营，象其衣甲，演其技艺，习其劲捷，随其动止饮食”。抗倭名将谭纶、戚继光的鸳鸯阵法，就是在学习湖广土兵阵法的基础上发展而成的。这种阵法能使各种兵器有效地配合作战，各显其能，易于战胜善设伏、擅冲锋、长于短兵相接的倭寇，在抗击倭寇的战争中发挥了很大的威力。①

---

① 土家族简史编写组：《土家族简史》，湖南人民出版社 1998 年 4 月版，第 112 页。

QING YONGZHENG NIANJIAN GAITU GUILIU
YU ZHUTUSI DE FUWANG

第十三章

清雍正年间改土归流与诸土司的覆亡

第一节

改土归流的必然性

土司制度是封建统治者对鞭长莫及的少数民族地区进行控制的一种按抚制度和权宜之计，随着中央统治者政权地位的巩固和强大，废除土司制度，更加便于直接统治。把民族地区统纳到中央王朝，以流官进行管理，使民族地区在中央王朝的直接控制管理之下，在时机成熟时必然对土司制度进行改革，这就是清王朝在雍正四年至十三年（1726—1735），在土家族地区进行了大规模的改土归流。彻底废除土司制度，取消土司享有的各种特权，对于备受土司土官奴役的土家族社会和群众来说还是有利的，对土家族地区的政治、经济、文化的发展，对多民族国家的统一都有重要的意义。废除土司制度必然遭到部分土司的反抗，但从总体说还是比较顺利的。

改土归流是历史的必然。

清雍正五年（1726）开始在土家族地区实行改土归流，改土归流是一场重大的制度改革，这不是偶然的，而是有深刻的政治和经济原因的。

一、改土归流的政治原因

（一）清王朝的壮大是改土归流的必要前提

从全国而言，自清王朝统治中原后，经过顺治、康熙到雍正已经大力经营了八九十年之久，政权得到巩固，国力增强，经济得到发展，兵力得以强大，形成所谓“盛世”时期。清王朝为了加强中央集权，政治上土司对农奴的严酷统治，严重阻碍社会发展，把西南少数民族地区由间接统治改变为直接统治，对仍然处于“国中之国”割据状态的土司制度，则视为障碍，清廷决定废除土家族地区原有的土司制度，实行改土归流。改土归流对土家族社会历史来说，是一次重大改革，其政治、经济、文化关系都发生了新的变化。

（二）土司残酷的政治统治，严重阻碍社会的发展

土司制度在初期曾起到积极的作用，到明清之际随着土司特权的加强，无论在政治还是经济上，土司制度都走向了反面，成为社会发展的阻力。

土司在其辖区有至高无上的特权，其意志就是法律。各级土司操生杀予夺大权，对土民可以任意买卖、转让、杀死。有“土司杀人不请旨”之俗。残酷的刑罚是土司对土家族人民实行野蛮统治的重要手段。稍不如意即对土民任意屠杀，“无礼义，无法度，虽居中国，邈若海外”①。据雍正《湖广总督迈柱奏》载：“各土司鲜知法纪所属，土民滥行科派甚至夺其子女，生杀任性，无所不至。”土司设有监牢和刑场，土人犯罪，小则土知州治之，大则土司自己处治。土司的刑罚极为残酷野蛮，重者斩首，轻者施以宫刑、断指、割耳、杖责等刑。土民中稍有反抗意识者，都处以极刑，一律斩首。土民怠慢土司的客人，或不按期与土司会见的都要被割掉耳朵，一般有盗窃行为的被判断指。行刑时都由土司亲自监处。犯杖责罪者则由其下属官员施行棍杖，时有死于杖下者。这种残暴的统治方式，严重破坏了生产力，阻碍了社会的发展。

二、改土归流的经济原因

土司对民众不仅在政治上实行严酷的统治，而且经济上的残酷剥削是改土归流的政治经济基础。土司残酷的剥削压迫，人民难以为生，土民迫切要求改土归流。土司经济实质是封建领主农奴制，土官是辖区内最大的封建领主。土司制度下的土家人长期受土司的奴役，经济的残酷剥削。在土司管辖的境内，所有的山川田地归土司所有，称为“官田”“官地”，土司之田地役佃农进行种植，“佃户者，皆其买入，如奴仆然”。土司对佃户实行实物地租、劳役地租及各种横征，进行经济上的残酷剥削。他们是没有人身自由的农奴，农奴不但要向封建领主服劳役，土司规定农奴每户每年必须给大小土官馈送粮食、鸡鸭、肉肘等物品，农奴穷困无力负担之家也必须照例缴纳。土司时的实物地租并不固定项目，“赋敛无名”，大小土官巧立名目，任意勒索。新委土官到任之日，所属地方头目要向每户派送礼物，名曰贺礼。土官外出巡查，所

① 张天如：《永顺小志》。

在村寨头目俱按人户科派吃食，广大农奴无形中又增加许多额外负担。清朝初年，在土司地区征收应由土司缴纳的赋税，但土司利用其政治经济特权，把负担转嫁到广大无田少地的农奴身上。如永顺府每年上缴秋粮银二百八十两，土司不以田亩多寡征收，而按每家有一火坑，分派“火坑钱”银二钱至五钱。在桑植司凡有炉灶的得纳“烟户钱”①。土司征收秋粮银两，剥削之重令人吃惊。在土官野蛮统治和残酷的经济剥削下，明末清初经常爆发反抗土司压榨的活动，土司制度已经严重阻碍着土家族地区经济的发展了。

土家族诸土司接近祖国腹地，受汉族地区经济文化影响较深，一些土司辖区开始出现地主经济，很多土司不仅是封建农奴主，而且是农奴主兼地主了。在土司统治下，土地不准买卖，土民不得迁徙，劳役繁重，剥削残酷，土司制度严重地束缚着社会生产力的发展，成为社会经济发展的绊脚石。土民不仅受着封建农奴主的劳役地租剥削，还受着封建地主实物地租剥削，生活十分贫困。土司对农奴的残酷剥削和统治，使广大农奴阶层生活在水深火热之中，渴望变革的呼声日渐高涨，纷纷向清官员俱告土司的罪状，迫切要求改土归流。奠定了改土归流的经济基础。

三、各土司之间的争斗，引发社会动荡

土司各霸一方，常为争夺领土发生战争，互相仇杀十分激烈。他们凭借各自手中的武装力量，恃强凌弱，互相兼并，连年攻劫，掠夺人口，以图扩大自己的管辖区域，致使社会动荡。元武宗至大二年（1309），常丰洞首领大弟什用纠集洗王不鬼、散毛等洞首领，劫掠永宁之阿那禾砦。次年，容美土司田墨施什用纠集各洞首领，杀千户及戍卒八十余人，掳掠良民，相继攻劫麻寮等寨。元仁宗延祐七年（1320），慈利贞家山首领贞公约集怀德府河者洞驴合什用、谢家洞巨仙什用、恩石洞没尔什用、安俱洞重达义等首领，侵占白水泉一带。到明代，土司之间的内部争夺更加激烈，相互鲸吞，世代仇杀，干戈不息。明孝宗弘治十二年（1499），宋依寨土官与邑梅司副长官杨胜刚父子、俊倍洞长官杨广震等图谋占据酉阳，聚兵焚杀。② 明武宗正德年间，永顺与保靖土司因争地攻杀，累年不决，上诉明廷，各被罚米三百石。保靖土司舍彭惠，因其祖父大可宜被副宣慰彭药哈俾所杀，并被抢占十四寨，而且两家所管土

① 《湖南通志》卷首。

② 参见《明史》卷三一二。

人亦各分党仇杀，彭惠为雪祖父被杀之恨，夺回失地，乃借助永顺宣慰彭明辅的兵力，相互仇杀，数年不息，死者五百余人。忠路与石柱两土司本是亲戚，但因争夺边界而攻杀不休。不仅如此，土司一有机会还向汉族地区扩张。明孝宗弘治年间，唐崖土司侵占黔江县的夹口地区。从明代嘉靖到清代康熙年间，容美土司借名开荒，不时侵占巴东连天关以北、桃府口以南地区，“欲以汉人为土民，汉地为蛮业”。

有些土司为了爵位的承袭，土司叔侄兄弟之间明争暗斗也十分激烈。明神宗万历22年（1594），石柱女土官覃氏行宣抚事，土吏马邦聘谋夺其印，与马混战，马斗霖等集众数千，围覃氏，纵火烧毁公私房舍八十余所，杀掠一空。土司之间的矛盾和斗争，给土家族人民带来无穷的灾难，清政府对土司的管理也变得困难重重。

四、土司对中央王朝统治的威胁

土司与中央王朝之间，既互相依存、彼此利用，又矛盾重重、明争暗斗。土司是名副其实的土皇帝，与封建王朝在统一与割据的问题上，一直存在控制与反控制的斗争。土司依靠自己的势力不断向边沿一带汉族地区扩展，侵占大量汉民的土地，甚至在临近的州县地区委派官吏，直接影响清政府在这些地方的统治。各处土地纠纷层出不穷，诉讼案件累年不息。容美土司还在临界的四川府县地区私自委派官吏，每年派遣土目滥收赋税，给清政府在该地的统治造成很大威胁。在上述形势下，改土归流已经迫在眉睫，清政府于雍正五年（1726）至十三年（1735），先后在土家族地区实行改土归流。

第二节

改土归流政策的实施

土家族地区改土归流的进行的是比较顺利的，虽也遭到一些土司的抗拒，但是没有动干戈，这是由于清廷改流中采用了灵活、切合实际的策略和有充分的准备，所起的决定作用。

一、清廷改土归流的政策

清雍正年间的改土归流，采取“剿抚兼施”“恩威并用”的政策。为避免和减少冲突，采取区别对待的方针，对自动归附者，予以奖励，分别委任以参将、通判、千总、把总等官职。制定自投为上策，剿抄为下策。并下指令：“剿抚二者不可偏废，顺者即抚，逆者定剿。”清廷一方面向土司进行攻心战，先宣谕而后达到改流之目的。另一方面又部署兵力，密令西南总领官整顿队伍，包围土司地区，又调衡州副将周一德领兵驻扎九溪、澧州、永定两营军马听其调遣，以防堵土司后路。令湖南按察使王柔、总兵刘策名分赴永顺、保靖、桑植等司，进行动员，晓以利害，争取土司自动归附。清廷委任鄂尔泰为云、贵、湘等省改土归流的总督，负责改土归流中出现的诸事宜。清廷对改土归流的严峻形势是有充分准备的。

二、改土归流的过程

清代土司因袭明制，土司职衔从宣尉司、宣抚司、按抚司、招讨司、长官司等级别。其中最高级别的宣尉司，在土家族地区有6个。清廷改流实施过程中，采取分步进行，先易后难，先湘西后鄂西和川东、黔东北。用湘西促鄂西的办法，孤立川黔土司的办法。当时宣尉司有：永顺、保靖、桑植、容美、忠建、沙溪、酉阳、石柱、思南共九大宣尉司。分布于湘西、鄂西、川东南及黔东北。

湖广总督决定，湘西三土司先改流，其他土司必自困，也会顺其自然。雍正五年（1727）七月，湖广宗督疏言，湖南桑植、保靖二土司皆愿改土归流，并进行了各种准备。

雍正六年（1728）八月正式颁谕，命保靖、桑植二司改流。雍正七年保靖宣尉司改为保靖县、桑植宣尉司改为桑植县。永顺土司彭肇槐被改流的大势裹挟，难以抵挡，主动献土归流。永顺宣尉司改为永顺县。并授彭肇槐苗疆参将，赐拖沙喇哈番之职。经济上赏银万两，给予俸禄、田产。

鄂西土司因数量较多，情况复杂，归流过程也历经曲折。时任容美土司田旻如自认为势强力壮，拒绝改流，图谋固守抵抗。为减少改流阻力，雍正帝数次令田旻如进京，田都托词拒绝。清王朝施以兵威，派遣大兵压境围困，又对其下属施加压力，其属下五峰长官司张彤柱等，率众倒戈，带领土民交出印信，请求改流。田旻如见众叛亲离，四面楚歌，携死党潜入山洞。清军大兵压境围困，他的下属五峰安抚司张彤柱倒戈，在众叛亲离的严峻形势下，田被迫自缢。清廷动员各方力量揭发其劣迹，以正视听。雍正十一年八月《湖广总督迈柱奏："查容美处在深山，该土司假虎假威，穷凶极恶，各土司以弱不敌强，只得听从，必须裁革。"雍正十三年（1735）朝廷发旨，裁废容美土司，擒其私党。在容美土司之地设置鹤峰州，其余原土司辖区归属思南府，辖恩施、宣恩、利川等六县。田旻如的死，对鄂西土司产生了很大的震动，从而加快了鄂西改土归流的进度。

清对抗拒改流的土司严刑酷法。有的遣送外地，对容美土司田旻如虽是畏罪自缢，但仍开棺戮尸，以正典刑。他的协从及家眷遣送外地，其财产则没收入官。强行改土的土司不再封官，抗拒改流的予以革职，并采取迁离本土的办法，令这些土司及亲属迁往江西、浙江、辽东、河南等地，以绝后患。

在改流的历史过程中，思南、思州两宣慰司改流最早，因自元末以来两土司就结仇，相互仇杀，连年征战，世代仇杀不断，社会动荡，使明廷决心将二土司废除，明于永乐十一年（1413）裁革二土司，改设流官知府，是最早改流的宣慰司。① 明代改土归流仅局限于局部小范围进行，但也为清廷全面改土归流开辟了道路，积累了经验。

清对土家族地区的改流，经过六七年的时间，大小40多个土司覆亡，完成改制，清王朝进行的改土归流制度基本完成。

第三节

改土归流对土家族地区政治经济制度的改变

一、改土归流对土司政治军事制度的改变

改土归流不但废除了土司制度，而且土家族地区由中央政府直接管理，不但政治

① 王承尧、罗午：《土家族土司简史》，中央民族学院出版社1991年版，第141页。

制度发生了根本变化，而且经济、文化制度及各种法律关系、社会生活都发生了重大变化。

政治军事上的冲击。

改土归流后，清政府直接委派流官代替世袭土官，解散土司及其武装力量。设立与全国各地一致的府、县地方政权机构。沿边疆地带原卫所地区的土官，一律裁撤，并入邻近各县。府、县之下设立统一的保甲制度以代替旗制。每十户立一牌头，十牌立一甲长，十甲立一保正，以加强清政府对基层政权的控制，防止土家族人民的反抗。为了实行有效的统治，清政府还在土家族地区直接派军队驻防。重要的军事要地和关口，设置营塘讯所，派外委带兵巡防。乾隆年间，清政府下令设立团练，组织地方武装。这样一来，清政府就将土家族地区的政治军事控制权牢牢掌握在手中。清廷为了实行有效的统治，还直接派军队驻防，各县派一官员领600余人驻扎。重要的军事要地和关口，设置营塘讯所，派外委带兵巡逻。

而以前堪称“土皇帝”的土司们手中的权力大大削弱了。虽然有些自请土司被清政府授以官职，但是实权已经旁落，较之以前在自己管辖区内呼风唤雨的得意相去甚远，土司们的失落之感可想而知。土司们仍幻想着夺回自己曾经有过的特权，一有机会，他们就进行反抗。①

二、对经济制度的改变

伴随着土司制度的废除，封建领主经济也随之解体，经济上封建地主经济得到迅速发展。

土司制度是建立在封建农奴制经济基础上的。土司既是政治上的统治者，又是各自区域内最大的封建领主。田土山林都归土司所有，一草一木，土民不许轻取。平坦肥沃的田土为土司占有，其余为舍把、头人分占，广大土民只有零星的一点份地。峰尖岭畔才准土民耕种，平坦处即使荆棘丛生，也不许土民开垦。土民领得份地以后，就被牢牢地束缚在土地上，除利用部分时间在自己的份地上劳动外，大部分时间在土司、舍把、头人的领地上耕种，服劳役，成为封建领主的农奴。土民生男育女，都要上报旗长，立名于册，“长则当差”，充分反映出土民处于农奴的地位，他们与土司是一种人身隶属关系。劳役地租是封建领主剥削农奴的主要形式。农奴支应差役是无偿

---

① 参见土家族简史编写组：《土家族简史》，湖南人民出版社1986年版。

的，没有任何报酬。在土司管辖地区，由于实行兵农合一、寓兵于农的制度，因此，劳役地租分为兵役地租和劳役地租两种形式。分属各旗的土兵，既是土司巩固统治的工具，同时又是封建领主经济下的农奴。他们战时服兵役，平时服劳役。

改土归流的实施，封建领主经济随之解体，为了保证购买土地的合法权利，清政府还颁布了“禁违例赎远年田产”的法令。对改土归流前“低价出售的田土，或将田土立契给人，只要无赎回的、或毫无字据的，一概不许勒赎、索要，如违令，定严刑治罪，决不宽贷”①。以保护土地自由买卖的权利，为地主经济的发展扫除了障碍。因而土家族地区的土地买卖更加盛行，田土价格日益昂贵。土地愈来愈集中于地主阶级手中，地主阶级的势力日渐壮大。

改土归流后实施统一的税制。

废除了土司时阻碍生产发展的各种陋规，实行清查土地，按田亩计征秋粮，以统一的赋税制度，代替土司以“火炕”“锄头”等名目强行征收的制度。官府派差给以夫价，并将夫价银两刻于石碑，代替土司时繁重的无偿劳役。官员到任或下乡巡视，一律不准收受礼物。一切杂派私征，严行禁止。为了巩固改土归流的成果，还把赋税稳定在土司时缴纳的限额之内。永顺府所辖四县每年缴纳秋粮银二百八十两，田亩未清查前全部免除，清查后按田亩征收，永不加耗。这些革废措施对于减轻土家族人民的负担，促进社会经济的发展起了积极的作用。地主经济得到迅速发展。

清政府将土司、土官占有的大量良田沃土，一部分以“赐地”的形式留给土司的下属土官，这些土官从此失去领主地位，变为地主。其余大部分土地为政府没收，除少量土地留作官田，以供官员俸禄，其余大部分由土民自由耕种，仅龙山县土民自占田地就达二百九十多顷。土司占有的官山，由土民自由开垦。农民开垦和耕种的田土，只要每年向清政府缴纳“秋粮银”后，余为自己所有。清政府还废除了土司时以“火炕”“锄头”等名目强行征收的各种陋规，取而代之的是实行清查土地，按田亩计征秋粮的统一的赋税制度。官府派差给以夫价，代替土司时繁重的无偿劳役。这些措施对于减轻土家族人民的负担，促进社会发展起了积极作用。然而，对于土司来说就苦不堪言了，土地减少，官山任由土民开垦，农奴摆脱对封建领主的人身依附，变为农民，不再受其控制，不再提供无偿的劳役和兵役，土司不能随意地巧立名目征收苛捐杂税，不能对过往商人进行勒索，等等。

为缓和矛盾，采取了减轻土民税赋的措施，宣布免除恩施、利川等地两年的钱

---

① 雍正《保靖县志》卷四。

粮，对来凤、龙山有田产者酌情给予种子牛具，使其尽快恢复生产。官府派差给予夫价，将夫价劳役银两刻于石碑，代替土司时繁重的剥削，还把赋税稳定在土司时缴纳的限额之内，清政府的许多政策大大有利于地主经济的发展。

第四节

土司覆亡后中央王朝“法治”开始实施

一、新的政治、军事制度的确立

清政府在土家族地区建立统一的政治军事设施。

改土归流后，由清政府直接委派流官代替世袭土官，解散土司。土司拥有的武装力量，设立与全国各地一致的府、县地方政权机构。在湘西设立永顺府，辖永顺、保靖、龙山、桑植四县，在鄂西设立施南府，辖恩施、宣恩、咸丰、来凤、利川、建始六县，设立鹤峰州、长乐县。在四川东南设立酉阳直隶州，辖酉阳、秀山二县。石柱改为厅的建制。原边沿地带卫所地区的土官，一律裁撤，并入邻近各县。府、县之下，设立保甲以代替旗制。每十户立一牌头，十牌立一甲长，十甲立一保正，以加强清廷对基层政权的控制，防止土家族人民的反抗。

这些政治上的改革措施在当时是进步的。它打破了元、明以来“蛮不出境，汉不入峒”的禁令，有利于国家的统一，有利于土家族人民和汉族人民的自由往来与经济、文化的交流，有利于封建领主经济向封建地主经济的发展。

清政府为了实行有效的统治，还在土家族地区直接派军队驻防。施南、永顺两府设协办。派副将一员领官兵约千人驻守，各县设营。派游击一员领官兵600余人驻扎；重要的军事要地和关口，设置营塘讯所，派外委带兵巡防。乾隆年间，清政府下令设立团练，组织地方武装。日间在村寨巡逻，夜晚伏路守卡，以防土司及土家族人的反抗。

二、社会生产得到发展

土司制度废除后，广大农奴摆脱了封建领主的人身依附关系，成为自由农民，并拥有自己开垦的私有土地，赋税负担较土司时“十不及一”，因而生产积极性有所提高，促进了土家族地区的社会生产的发展。

改土归流后，汉族农民和商人随之大批迁入，带去各种先进的生产工具和生产技术，使土家族地区落后的农业生产大为改观。农作物的种类逐渐增多和附近汉族地区大致相同。生产工具、水利设施与耕作方法的改善使农作物的产量显著提高。汉族地区的百艺工匠的大量进入，促进了手工业的发展。另外，由于改流后废除了土司对商人进出的限制，货畅其流，临近各省和远至福建、广东的汉族商人纷纷前来进行购销活动，使土家族地区的商业贸易空前活跃。商品交换日益发展，土家族中脱离农业而专事经销的商人随之出现，改变了过去“土民不事商贾”的状况。甚至川、陕、滇、黔、湘、鄂、闽等省，都有永顺商人的足迹。商品经济的发展，促进了土家族地区生产的发展和人民生活的改善。

三、改土归流后思想文化的变化

随着社会政治经济制度的改变，土家族地区的文化，也发生了重大变化。土家族地区的学校教育也迅速发展起来。改土归流中，打破了土司时不准土民读书识字的禁令，清政府在土家族地区兴办学校，府设府学，县立县学，书院、学宫应时兴起。与官办书院相辅而行，在人口比较集中的地区，由民间筹集经费的私办义学随之相继设立。学校的兴办，使土家族地区“文治日兴，人知向学”，有产和无产之家的子女皆可入学。清政府还在各府、县设立考棚，开科取士，以“土三客一”、多取“土童”、少取“客童”为原则，鼓励“土童”入学。兴办学校，开科取士，使土家族中具有文化知识的人数量日渐增多，土家族人流传后世的著述硕果累累，反映土家族人民现实生活的诗作也层出不穷，其中不乏上乘之作。

经过“改土归流”之后，土家族人民的心理发生了重大变化。首先，婚恋心理的变化。自由婚配的民族风习逐渐被“父母之命，媒妁之言”的封建包办婚姻制度所代替。从此，土家族男女青年便失去了自由婚配的权利，土家族女性身上的封建礼教枷锁越来越沉重，女性的人身自由特别是婚恋自由逐渐被扼杀。在封建包办、买卖婚姻制度下，土家族女性的人性被压抑，感情被禁锢、命运被宰割，婚姻悲剧也就不断产生。改土归流带给土家族人民婚恋心理的变化是巨大的。

首先，婚姻感情被压抑，掩藏深情，继而反抗。土家族的古老文明，对男女婚恋自古以来是自由奔放的。但是一旦被汉的封建文化所代替，土家族也必然接受汉文化的冲击。受封建礼教的束缚渐浓，土家族男女的婚恋自主权完全被剥夺了，男女间互相传情也就成了大逆不道之事。若被发觉，社会及家庭等各个方面的压力便纷至沓来，灾祸临头，尤其是女性的遭遇将会更惨。虽然爱情之火难以扑灭，但因压力太大，顾忌太多，因此土家族的男女青年想爱又不敢爱。相对时也情难抒。所以这时男女的恋情在表达上一反从前的明朗坦率、大胆热烈，而是由“明”转“暗”，把深情藏于心底，遮遮掩掩，从来不敢露于形色。女性更是格外谨慎，心理矛盾重重。她们时时处在进退维谷的境地，前思后想，总是左右为难，心里一直徘徊着，真正使男女的情感受到了从来未有过的压抑。对于这突如其来的情感压抑，土家族男女青年在心理上是难以接受的。随着土家族政治封建化程度的加深，它必然要对土家族人的爱情婚姻进行压抑、迫害、摧残，想使那种自由的爱情窒息。因此，“暗恋”所带来的心理压力很大，姑娘们不可能长期忍受矛盾交织的煎熬，最终必然会作出抉择，或是忍痛折磨。两个选择殊途同归，都是指向了“棒打鸳鸯两分离”的悲惨结局。

其次，逆反心理。在封建礼教和社会、家庭的重压下，土家族女儿的不同性格也表现得更为鲜明。姑娘们的“暗恋”一旦被察觉，首先就会受到爹娘的制止。虽然做父母的也愿意女儿嫁个有情的意中人，但社会家庭的指责终究难以抗拒，而钱财、门户等其他因素也铸成了父母的狠心硬肠，在人性被异化了的情况下甚至对亲生骨肉下毒手，越是“知书达理”之家管束越是严厉。在爹娘威逼之下，懦弱女子泪吞声思痛割爱，而性格刚强的姑娘则萌发了逆反心理，宁负爹娘恩、不断儿女情，宁背不孝名、不丢意中人，甚至不惜以生命为代价，强烈要求婚姻自主的做人权利。放大婚恋悲剧便是由此造成。在这种重压考验下，又反而使恋情更加坚贞悲壮动人：“除了一死无再凶，除了讨米再无穷，除了小郎妹不嫁，哪怕进监锁牢笼。”“二人是副岩磨子，十磨九难不分开。”这里充分显示了土家族青年追求爱情幸福的百折不回的执着精神，其间也饱含着土家族女性强烈的对于封建礼教伦理观念的逆反心理。

痛恨邪恶，与其抗争。这种封建婚姻制度像黑色的帷幕笼罩在土家族男女青年头上的提袋，他们没有选择伴侣的自由，“嫁鸡随鸡飞，嫁狗随狗走”。这种以“父母之命媒约之言”来包办代替的婚姻，往往会引起土家后生和姑娘的不满与反抗。哪里有压迫，哪里就有反抗，在社会的重压下，在爹娘的威逼下，性格刚烈的土家族儿女决不甘心宰割、葬送自己一生的幸福，她们会把追求幸福和自由的强烈愿望由从前的逆反心理升华为反抗行为，公开亮出对封建邪恶势力挑战的旗帜，她们横下一条心，置生死于度外，“不怕爹娘动家法，不怕爹妈动王法，刀子搁在颈项上，心不跳来眼不眨。”她们与心上人齐心协力，奋勇冲破封建牢笼寻求新生：“郎有心来姐有意，哪怕关在笼子里，只要二人主意定，生铁笼子也打碎。”即使是被迫嫁了人，也不甘让“嫁鸡随鸡，嫁狗随狗”的封建律条葬送自己的一生幸福。“人家丈夫像条龙，我家丈夫像毛虫，有朝一日时机到，斑鸠跳出画眉笼”。威武不能屈，贫贱不能移，在此得到了充分体现。这里展示的心态一反女儿柔弱小米顺之常，有力地张扬了对幸福爱情不顾一切的勇敢追求和拼死反抗邪恶的顽强斗志，其刚烈之气丝毫不让须眉，人物性格异常鲜明，然而那些为摆脱封建桎梏而发自男女青年内心深处愤愤不平的情歌，势如洪波，动人心魄，永远在土家族人民的心灵中回荡。

再次，经济心理的变化。改土归流前，土家族人民恪守着“蛮不出境”的规矩，世代生活在崇山峻岭之中，不与外界交往。土民的贸易方式多为以物易物和货币交换两种，而这些贸易方式，多为外地商人与土民之间的贸易关系。改流后，商品交换日益发展，一些土家族人逐渐脱离了农业而专门从事商业经销，成为真正的商人，一改过去“土民不事商贾”，变为“土著亦能贸易，多贩米粮”的状况。说明土家族人民的经济心理发生了巨大变化，眼界开阔了，思维活跃了，不再将思想固守在一亩三分田上，向土地讨吃喝，而是敢于跳出来从事商贸活动，改变自己的生活，这在当时是社会的一大进步。

最后，宗族心理的变化。清朝以前，由于土司的强势，一般的土家族地区不兴宗族制度，改流后，土家族人兴起了宗族制度。不但将历代祖先牌位供于祠堂内，而且修宗族族谱，还修起了宗族牌坊。这些主要是因为汉族儒家文化的传入，影响并改变了土家族人的宗族观念，使宗族观念空前地深入人心。祖先的言行，祖先的教诲变得至高无上，成为指导人们行为的最高准则；儒化教育使父权制度日益加强，而妇权则日渐衰落，最终妇女沦落为社会最底层。这些宗族观念的改变，是统治者通过文化渗透的方式，经过潜移默化，使人们逐步接受统治者的思想控制，从而达到统治者的目的。

四、生产、生活习惯法的变化

（一）生产习惯法的改变

土家族在其长期的生产劳动中，形成了许多习惯法规范，有关于狩猎、捕鱼、养牛、制酒、行船方面的，还有农业生产、建造房屋等方面的，这些习惯法规范促进了土家族地区生产劳动的发展。在改土归流之前，土司的意志是习惯法形成的重要尺度。

在羁縻制度和土司制度时期，田地属土司头人及舍把所有。土民种田，不仅负担繁重的劳役地租，还须缴纳一定数量的实物地租。一个土民一年里大约有3—5个月时间服劳役，土司头人或舍把凭借土地所有权和借助于超经济强手段，使土民无偿地为他们耕作和从事其他劳动。后来，普遍实施实物地租，一部分土司成为封建地主，土司与土民之间的地租主要是实物，根据田地等级，拟订实物缴纳基数，一般是中等田一斗种（0.8亩）一石稞（75公斤），上等田加二成（20%），下等田减二成，旱田依质而定，10—50市斤不等。土司为了枷锁土民，在租佃之初，迫使土民交类似保证金的“庄钱”，若租佃年限未到，佃种者迁徙他地，土司不退“庄钱”。这种实物地租制度将土司与土民变成主仆关系。有的地方还存在土司、包佃（俗称“二地主”）、佃户三重关系，即包佃者将土司大片田地佃下后，再租给各户。从事佃种生产的土民一般有生产资料，劳动力的组合、耕畜的配备等均由他们自己安排。除了实物地租外、劳役地租外，还有劳动分成的地租形式，即一部分以实物地租缴付，一部分以劳工方式缴付。佃户租种之前，双方按照田亩等级确定农作物产量的基数，然后拟订土地与劳力的分配办法。随田出租的山林，一般是“砍柴”归劳（即茅草、荆棘、杂藤、幼栎枝等，亦称“地柴”），“柯柴”归地（各种树木的枝椏用柯刀削下，亦称“天柴”，全部归土地出租者）。杂树烧炭，炭归地，枝归劳。栋梁之材，地七成（70%），劳三成（30%）。随田出租的堰塘，水产分成视情而定。鱼苗由佃种者投放，出租者每年收鱼10—30斤，或按其数折钱。鱼苗由出租者投入，每次捕鱼后过秤，地四成，劳六成。随田出租的耕牛产犊后，牛犊一岁作价，地三成，劳七成。老牛宰杀，地、劳各五成。

“改土归流”后，由于地主和佃户之间的人身依附关系得到改变，并且由于打破了“汉不入峒”的陈规，土家族地区与汉地的交流增加了，汉族的一些生产生活经验传到土家族地区，给土家族地区的生产生活带来巨大改变。以银两交付地租就是其中之一，土家族人在改土归流后逐渐接受了这种地租给付形式，这在一定程度上减轻了农民的负担，推动了社会的发展。

（二）借贷方式与利率的出现

淳朴的土家族人民在其生产、生活中相互借用东西是常有的事，一般是由被借方主动提供方便。俗话说“有借有还，再借不难”，土家族人民千百年来恪守着祖宗传下来的规矩，简单而又愉快地交往着。“改土归流”后，土家族地区人民要向流官缴赋税，并且赋税是以货币支付的，有的村民因为家里贫穷，缴不起赋税，只好去借。于是高利贷从此在土家族地区广泛流行。高利贷利率一般是按借银利率三成，借粮四成或五成，即正常年景里，借粮方有偿还能力时，借贷双方直接办理，利率四成；若遇灾年，或者贷方怀疑借方的偿还能力，便实行借贷双方请中间人担保办理，利率五成，贷方得四成半，余下半成归担保人。一般情况下，担保人不收半成利，实际利率为四成半。若借方到期不还，便经中间人出面，将利息转成本金，土家族人称此方式为“驴打滚”，意为“利滚利”。史载，四川酉阳土家族地区农民向富户借洋 40 元，其借约保上加保，共借 6 个月，月息 5 分，现扣利息 8 元，借款人实收 32 元，至 6 个月期满，共应还本利银 44 元。有借用 5 个月、6 个月、8 个月或 10 个月钱的“独脚会”“堆金会”等，如借人 100 元，分 5 个月还清，每月还头利银 24 元；如 6 个月还清，每月还头利银 22 元；如 8 个月还清，每月还头利银 16 元；如 10 个月还清，每月还头利银 13 元。有来凤冯家坪地主冯玉峰夏天借给农民吴东柏谷一石，秋收后还二石；地主向京中借给农民间维仁 5 斗谷、4 块银圆，三年后，本利翻成 11 石谷；在湘西古丈，出现“民间借谷累利无已，动至一、二斗谷，折算及于房屋”。

（三）敬奉祖先的出现

清朝以前，土家族人只祭族祖和部落祖先神，尚无祭祀家祖神灵的习俗。早先，土司区域建祠供历代“土王”牌位，改土归流后，受汉族儒家文化的影响，建宗祠时将历代祖宗牌位供于内。祖先遗言戒行之事不得违例去做；否则，被人骂为“将祖宗牌子反背起，不要祖宗了”。对于先人的遗物，视为珍贵之物，有“祖宗叶什不轻视”之俗，凡流传五代以上之物，视为“传家宝”，凡祖业留下多者，称为“老门老户”。

土家族信奉祖先，每家堂屋里的神龛，就是敬供祖先的神位。土家族村民堂屋的神龛位置一般都供有“××府××堂××氏列祖列宗之神位”的香火。土家族村民一般以其族祖发祥地或以其族祖官位，列为这一姓氏之宗祖，写在神龛牌上，称为某某堂。有一些地方的土家族人，还在堂屋的神龛上供奉着木雕的白虎或白虎牌位，称为“坐堂白虎”，认为白虎当堂坐，白虎是家神。祭祀祖先几乎是土家族人民日常生活中不可或缺的一个重要组成部分。过年过节都敬祖先，其中正月、七月，从初一到十五，早晚都要焚香敬祖。有的人每餐饭都要用筷子夹点菜插在饭碗上默念一下，再行动口，饮酒也是用筷子头蘸酒洒祭后再饮，这些都是每饭不忘祖宗的诚意。过年时土家族人在祭祀完土司王神及始祖、远祖后，要将神龛上的家祖牌位及香炉、蜡台等取下，置于神桌上，两边摆上猪头、糍粑、团撒、酒等祭品，由家中长者率全家人焚香燃烛，磕头礼拜，直到正月十五日，方将家神位归于神龛。亦有土家族人将自家祖先神位设于大门角落进行祭祀的。中元节祭祖一般于农历七月初一日，于祖坟前请祖灵回家，烧香祭奠至七月十五日夜，多烧纸钱以送祖灵。七月初，各家各户的当家人都会专程采购一些香烛纸马、鞭炮回来，折叠或裁剪成32开书本大小，用一种特别的家什敲出铜钱模印，或者用面额较大的纸币覆在上面摸一摸，外面用整张黄表纸密封成四棱四正的包裹，再在上面贴一张红纸，小楷恭书“敬献×祖×氏讳××老大人儿（或孙、曾孙等）××敬奉”一类的字样，“钱包”就做成了。有多少直系祖宗，只要知道其确切名讳又能排出明确辈系的，大抵都要给准备这样一个包。为防止因遗漏而得罪其他先人起见，有的还要准备几个不书名讳只写“×氏列祖列宗”字样的包，以便在门前通衢之处焚化，供南来北往的列祖列宗随意取用。待一切准备停当，过“半月节”这一天，一家之长便率领家人们依次到祖先的坟墓培土，放鞭炮、焚香、烧包、磕头，祝颂祖宗在天之灵安乐愉快，祈祷列祖列宗保佑子孙五谷丰登，安康无恙，趋吉避凶，人丁兴旺。老人们也须在此时向子孙们宣讲本家族的源流兴衰。清明节，土家族人必须祭扫祖墓。婚嫁、生育也须告祖，主要是禀告婚嫁之事，以求得祖灵的佑护。男女双方各在自己家中举行。男女在结婚前一日，先于堂屋两边贴上对联，设神桌于神龛下，供鸡、肉、糖、果等物。祭告时，男方的外公外婆、舅父母、姨夫母、姑夫母都要给新郎插花披红，祭祀过程中有引礼生、司礼生、赞礼生、歌童等人协助祭祀，其仪式有献钱、献禽、献牲、献酒等项。女方也于同日举行告祖仪式，与男方相似。生育告祖主要为夫妇所生长子（女）时，举行的祭祖仪式，一般在孩子满月后举行。夫妇怀抱子（女）向男方及女方家祖行跪拜礼亦须献祭酒肉。土家族人在平常祭祀祖先神灵，一般是就餐前，全家人盛好饭菜后，用竹筷插于饭碗中默祭，方可就餐。若小孩患病，土家族人亦先祭祖先，一是祈求祖先护佑子孙，去病健身，二是代患儿向祖灵忏悔，求其息怒，别降灾于子孙，此种祭祀多需备刀头肉、香纸，跪拜设祭。

（四）修宗族族谱

在历史上，清朝以前，土家族人不兴宗族制度，自然也没有宗族族谱。但口述的宗族历史、宗族规范是有的。改土归流后受儒家文化影响，为了教育后代，每家家长都很讲究族望、门风，把传授优良家世、家风、家谱作为神圣职责。在进行家世、家风、家谱传授活动中，由于土家族没有文字，不能书撰“家训”“家谱”，只能耳提面授，采取摆古等多种形式。有“老人不讲古，后人失掉谱”的说法。所谓“古”，就是家世、家风、家谱“史”；所谓“谱”，则指家庭成员，为人处世的“准则”。“古”摆起来内容就很多了。例如，结合过年过节，举行祭祀欢庆活动，家里长辈就向家人传讲岁时节日的来历、祭祀的仪典俗规；结合历史留存的古迹，讲古迹的来由，传民族历史文明的建树；结合劳动生产，在树脚田边地脚，讲农耕史、讲山川的变化、讲风物掌故，传远祖开辟荒蛮、艰辛创业的精神；为教家人，传土家族人天性劲勇、行侠仗义、反抗强暴、热爱祖国的民族传统，常讲授家族家史上的英雄人物，如明代土家族土兵荣获东南沿海抗倭战功第一的史迹。改土归流后，随着汉族儒家文化的影响，出现了宗族制度，修宗族族谱之风兴盛。土家族族谱一般来说包括 3 个部分：一为立谱宗旨、原则、序或跋、凡例、目录等；二为以人物为中心的系谱、传记、墓志铭、遗像以及名人经历、诗文等；三为以宗族生活为中心的族规、民约、祠规、祠记、墓记、禁约、契据等。有的地方的族谱还规定了修谱办法及收藏规矩。首先是土司家族始著谱书的，而且是仿效汉族高门大族的族谱形式进行的。修谱的一个重要特点就是将本族的“开山”祖公同与该族其实并不相干的汉族同姓联系起来，伪托本族原系华夏宗支，此即所谓“赶谱”。“赶谱”是受汉文化示范影响的一个较典型的例子。土司家族“赶谱”又在土家族其他姓氏当中产生高层示范效应，致使清代以后，“赶谱”在土家族地区蔚然成风，各大姓竞相将其始祖牵连上华夏宗姓。

（五）婚姻制度的改变

历史上，土家族人的婚姻是自由的，多以对歌形式进行恋爱，男女之间定亲完全出于自愿。土家族人喜爱歌舞，恋爱婚姻全过程均有歌声相伴，谓之“歌为媒”。土家族男女青年对歌可以站在对面山坡进行，也可以站在吊角楼上进行，还有一些地方有专门的节日，如“花朝节”“女儿会”等等。土家族地区素有“民歌的海洋”之称，“花朝节”也给这些名不见经传的民族民间歌手提供了一显身手的机会和舞台。山地民歌大多采用比喻的手法，婉转地表达歌手的情思，其中也不乏直抒胸臆的例子。“花朝节”时所唱的民歌以情歌为主，根据歌手的不同情况，有小心试探的，有大胆追求的，有婉言拒绝的，也有苦涩地绝交乃至恶语相向的，其间也有相互调笑打趣的，内容十分丰富。在土司社会里，男女之间没有封建道德的鸿沟，而可以自由地接触。双方在共同的生产劳动中，一旦产生爱情，愿结百年之好，并征得双方父母的同意，即所谓的“放话”后，即可结成终身之好，不经过什么媒妁之言。而在改土归流后，受汉族儒家文化的影响，自由恋爱的婚姻制度受到强烈冲击，婚姻自由被认为是有悖常理的，不道德的，是“诲淫诲盗”，是“乱宗渎伦”，是“廉耻罔顾”的，进行严加禁止。而强行执行“父母之命，媒妁之言”“一经聘定，终身莫改”的包办婚姻，对社会的发展，民族间的区别的无知，无视少数民族风俗习惯，确实是一种“悖理”的婚姻制度。

（六）丧礼的变化

在改土归流前，丧事都是由“梯玛”主持的，由梯玛做法事。梯玛把死者从家里送入土地堂，再送到天地公、天地婆那里去，使亡者二次投生做个大富大贵之人。出丧之日梯玛身穿法衣，手拿司刀，把亡者送到千年万载的安身之处，邪魔鬼怪不要挡道等等。改土归流后，葬事逐渐由道士主持操办。死者停止呼吸后，由道士做道场，道场种类繁多，从念“开路经”，给亡者送葬（一个晚上），是开路送葬到“小十王”，停柩三至七天上山安葬。丧事期间，堂屋改成灵堂，做成纸匾在大门口挂着“当大事”三个字，说明家有丧事，任何公事私事都不能对丧家进行滋扰。出柩的前一天为大葬日，道士先生齐聚丧家为死者诵经，为死者超度生前的各种冤孽，晚上绕棺解灯，给十殿阎王上贡，孝男孝女环泣灵柩左右。若亡者是个老人，且是正常死亡者，在停柩期间，每晚在灵堂唱丧歌，道士唱腔娓娓动听，独具特色。以伴亡灵。大葬之日，丧家杀猪宰羊作祭，亲朋挚友前来吊唁。还有的受佛教影响，道场乐器大鼓、大锣鲍铜锣响、唢呐俱全。

概而言之，制度虽然不属于观念形态，但制度的改变必然表征在社会的各个层面，从土家族传统经济、文化的改变中，充分说明制度与思想意识、价值观念有密切的关联。

GAITU GUILIU HOU TUJIAZU DIQU SHIXING QUANGUO TONGYI DE ZHENGZHI JINGJI FALÜ ZHIDU

第十四章

改土归流后土家族地区实行全国统一的政治经济法律制度

延续460多年的土司制度的覆亡，对土家族地区社会形态和经济制度的发展变更产生了重大而深远的影响；清康熙、雍正年间实行的“改土归流”政策，彻底改变了土司制度对土家族地区的统治，其影响同样重大而深远。清雍正十三年（1735）完成“改土归流”后到鸦片战争（1840）前的百余年间，土家族地区的政治、经济、文化和社会意识形态等都因为“改土归流”的实施，逐渐发展和变化，包括成文法和习惯法等多种形式的经济法律制度也随之发展和变化，具有更加丰富的内涵。

第一节

建立了全国统一的封建政治机构

一、采取措施强化对土家族地区的封建统治

改土归流后，土司的权力被削弱直至废止，土家族地区的经济形态发生了根本的变化，封建领主占有制经济解体，封建地主经济迅速发展。由领主经济逐步转化成地主经济，是这一时期土家族地区经济制度的大背景。

（一）中央王朝加强对土家族地区封建统治的措施

改土归流政策的实施，对土家族地区是一次深刻的社会大变革。是中央王朝对包括土家族在内的、边远少数民族地区实施统治的一种政治策略的改变，从此土家族地区完全纳入到封建统一的政治管理体制中。

元明清中期的土司制度下，土司是一个自治区域的首领，土司的权威加强，土家族地区社会形态中，许多原始性、奴隶性的事项得以遗留，人身依附关系明显，经济制度更多地体现了半奴隶半封建社会的性质。在土司统治下，土家族地区的社会性质变化不大，在政治、经济、文化诸方面基本上处于停滞不前的状况，发展十分迟缓，各种矛盾突出。一方面，土司与各族人民的矛盾逐渐激化；另一方面，土司与中央政权的冲突日益加剧，土司逐渐成为中央王朝的心腹之患。于是，至清康熙、雍正年间，清王朝对西南少数民族地区实施废土司、设流官的“改土归流”政策。

“废土司、设流官”。废除土司制度，就是废弃土家族土司和土官的职权爵位，收缴土司、土官的印信，委派有任期的流官治理土家族地区。在改土归流过程中，朝廷对于土司、土官采取了区别对待的政策。对于那些自请归流的土司、土官，朝廷仍委以官职，并准许其后代袭任职位。对于那些迫于形势被动归流的土司、土官，或者就地废弃，或者将他们及其家属调往江西、浙江、辽东、陕西、河南、湖北等地任职。

（二）调整行政区划，在土司的辖地上设置府、县

改土归流，土家族地区废除了土司的政治、经济权力，解散了士兵，建立了与全国各地统一的府州县地方政权机构，直接由中央委派官吏以取代世袭土官进行统治。在湘西土司地区置龙山、保靖、桑植、永顺、石门、慈利等县。鄂西设立施南府，辖六县；升彝陵州为宜昌府，遂将容美所辖之五峰、水浕、石梁各司地并划长阳，宜都、石门、松滋、枝江等县的部分地区合而设县，隶宜昌府，废除沙溪宣抚司，将其地并入利川县。

土家族地区的阶级矛盾有所缓和

土司是世袭继承的，虽然要经朝廷批准，授以印信，但土司在其统治、管辖范围，完全可以自定种种“土政策”，征纳税赋，摊派徭役，生杀予夺，朝廷概不过问。土司实际上是独霸一方的土皇帝。土司、土官与普通百姓之间是人身依附的主仆关系，具有浓厚的奴隶社会色彩。在这种制度下，带有农奴色彩的普通百姓与土司、土官等统治阶级矛盾尖锐。“改土归流”打破了原土司割据一方、各自为政的局面，结束了土司制度在土家族地区长达400余年的统治，彻底改变了封建领主制的土地关系和土民的人身依附关系。同时，封建领主经济解体，地主经济得到迅速发展，大批汉人及先进的生产技术进入土家族地区，有力地促进了政治经济与生产的发展。土家族地区人民生活水平得到了一定程度的改善和提高，阶级矛盾得到了缓和。

民族关系得到一定程度改善。

土司时期，强宗大姓的割据和土司的统治，汉文化的影响极为薄弱，地理环境上的封闭，阻碍汉族与土家族的交流，也影响了土家族社会的前进。“改土归流”废除“蛮不出境，汉不入峒”的民族隔离政策以后，大批汉族、苗族、侗族、白族、蒙古族和回族人民迁徙入境，土家族地区遂拥有了包括汉族在内的7个世居民族，形成“大杂居，小聚居”的局面。各个民族在十分广阔的领域内频繁交往、和睦相处，民族关系也较之土司时期进一步融洽。

二、土家族地区经济制度的变化和发展

（一）封建地主经济迅速发展

废除土司制度后，封建领主制经济也随之消亡，改变了土民对领主的人身依附关系。经济关系发生了重大变化。

改土归流后，清政府将土司占有的部分荒地山林，招人入山耕垦，并废除了土司的一些苛派浮征，实行赋税制度。耕垦者每年向清政府缴纳秋粮银，土地即为自己所有。开垦百亩以上者“重加奖赏”，还颁布了土地自由买卖法令。当时的这些措施，对发展生产力起到了一定的促进作用。另一部分田土山林赐给土司下属土官招租耕种，这些土官成为地主；进山客民，后至者以先至者为业主。封建领主占有制经济解体，封建地主经济迅速发展。

（二）生产力水平得到提高

封闭的土司制度的结束，使土家族区域内，由于政治、经济制度的改革，加之大量外地各族人民的进入，在引进耕作制度和先进工具同时，吸收了大量的新知识新思想，对土家人千年不变的传统习俗产生强力冲击波。“改土归流”之前，土家族地区的经济主要是农业经济，其耕作方式以“刀耕火种”为主，一般没有牛耕和中耕施肥的习惯。“改土归流”以后，流官及随之迁居而来的大批汉族农民和商人，给土家族地区带来了先进的生产工具和生产技术，使落后的农业生产大为改观。土家族人已经很少使用木犁、木耙，主要用铁犁、铁镰、铁耙等铁制农具。加工方面，利用水碓、水碾、水磨来碾米、磨粉、榨油。纺织方面，汉族手工业者带来比较先进的脚踏纺车，生产效率高，一天可纺纱近一斤纱线，无论数量和质量都比以前有很大的提高。

（三）财富积累增加，财产保护制度不断健全

改土归流在很大程度上加快了土家族地区经济的发展速度，经济的改变、赋税制度的调整，使民间财富总量增加，特别是地主阶级的财富总量增加，为了维护社会的稳定，以保护地主阶级私有财产为主要目的财产保护制度也不断健全。清廷为保护私有财产制定了法律。

第二节

商贸经济法律制度的产生和发展

由于多种因素的影响，在改土归流前，土家族地区商贸经济相当落后。一是地理因素。土家族聚居的武陵山区交通不便，与外界的交流十分困难，很难完成大宗货物的交易。二是制度因素。在土司时期实行的“蛮不出境，汉不入峒”民族隔离政策，阻碍了土家族地区与汉族地区的交往。三是经济因素。典型的自给自足的经济形式，客观上限制着土家族地区的物质需求；带有强烈人身依附的经济所创造的物质极为贫乏，不足以支撑起发达的商业贸易。改土归流后，影响商业贸易活动的诸多因素得到改善，土家族与外界的交流频繁，手工业和制造业兴起，物产不断丰富，物质需求增加，客观上刺激着商贸活动的发展。伴随着商贸活动的发展，用以调整商贸活动的经济法律制度也随之产生和发展。

一、商贸经济的出现

改土归流后，废除了土司时期的种种限制，各地区、各民族间得以互相交流。发达地区的汉族农民、工匠和商人大批迁入或者进入封闭的土家族地区，带来了先进的生产技术和加工工艺，生产力得到进一步发展，促进了土家族地区商业贸易活动的发展，也在很大程度上丰富了土家族地区的商贸形式。

（一）集贸市场

改土归流后，由于农业生产的发展，加工业的兴起，农民多余的农副产品和手工业者制造的手工产品需要卖出，许多生产生活用品需要买进。在这种情况下，集市贸易应运而生，并逐步扩大。土家人称集市为“场”，赶集称“赶场”。按照约定，场期有三日一次或五日一次，农历一四七、二五八、三六九集市逢场或者逢五逢十赶场。逢场这天，分散在各村各寨的土家族人“各携货物于宽平之地，辐辏互市”，或者搭盖草棚，或者堆架乱石。“小贸营生，储货无多者，则星罗棋布，散摊于平地之上，或坐或立”。因为居住分散，赶场的时间开场较早，散场也较早，一般是“凌晨荟萃，至日午即散”。集市上，卖出去的多是猎物、药材、茶叶、生漆、桐油等土特产品，买进来的多是布匹、食盐、器具、蚕种等生活用品。

（二）专业市场

随着商贸活动的发展，在土家族地区还产生了专业的货物市场，如猪市、牛市等。这些专业市场与集市贸易相关联，但又独立于集市。猪市主要是交易生猪，在当时的条件下，交易最多的是仔猪。土家族人从猪市买回仔猪，喂养至冬季时宰杀，制成腊肉以备过年。牛市则主要是牛只的聚散地。买主在牛市将从土家族地区甚至包括四川、贵州等周边地区的牛只买进后，再销往辰溪、常德、长沙以及武汉等地。

（三）坐商

所谓坐商，就是在土家族地区开店设铺、坐地经营的商人。土家族人以工为业者不多，以商为业者更少，大部分商人来自外地。“改土归流”后，土家族地区的市场繁荣不仅仅体现在集市贸易的繁荣，城镇的商业也出现空前繁荣。如湘西土家族地区甚至诞生了龙山里耶、永顺王村等号称“小南京”的名镇。在城镇里，“邑人列肆，所卖汉口、常德、津、沙二市之物不一，广货、川货四时皆有，京货、陕货，亦以时至”。在湖北来凤，商人、工匠来自四川、湖南、贵州、江西、浙江、福建、陕西等数省，各省商人工匠在来凤建会设馆。所设的会馆有：取名“禹王宫”的湖南会馆4个，取名“万寿宫”或“许真君庙”的江西会馆5个，取名“天后宫”的福建会馆1个，浙江会馆1个，被称为“川主宫”的四川会馆更是遍布全县各地。这些外来商人工匠，不仅设会馆，而且还分省地自立街市。县城里就有“江西街”“常德街”，充分表明这一时期土家族地区的商业活动发达。

（四）行贾

所谓行贾，就是走村串户、长途贩运的商贩。因为语言不通，在土家族地区，一般是能讲客话者，才与内地通商。同时，外地商贩也会深入到土家族聚集的地区，收购土家族地区所产木材、药材、野货、葛、棉花、峒巾、土锦、峒茶、桐油、靛等货物，经水路运往外地。如保靖县志所载：土司时期极为闭塞的卯洞，因有酉水通达洞庭，“县境与邻邑所产桐油、靛、蓓俱集于此。以故江右、楚南贸易者麇至，往往以桐油诸物顺流而下，以棉花诸物逆水而来”。这一时期，土家族地区的水上运输繁荣，湘西地区主要通过澧水、酉水将货物运往常德、津市、长沙，或过洞庭经长沙运往更远的武汉等地，鄂西地区则由清江将货物运达宜昌、武汉等地。

二、商贸经济法律制度的发展

（一）管理制度

改土归流后，清政府对土家族地区商业贸易的管理从两个方面来实现。一是对外来的客民，实行“土民客家一例编里”，打破民族间的隔阂，增进各个民族的相互交流，促进先进生产技术的普及；二是“禁外来农民送纳土舍礼物”，防止人身依附关系的产生，保护外来农民的利益；三是“革除外来商旅馈送土官礼物”，防止土官对商人的干预，创造有利的经济环境，促进商业贸易的发展。

（二）商贸习惯

在土家族地区，调整商贸经济活动的规则主要是约定俗成的商贸习惯。货物的计量主要是采取生活中的习惯方式，很少使用计量工具。出售干鲜杂货用估堆法定价、计价，如卖水果菜蔬，则以堆、捆、把定价计价。卖粮食论挑、背或升、斗，少有论斤的。卖肉也论堆，卖肉者按堆码喊价，故名码肉。粮以四小碗为一升，布以两手一度为四尺。牛马以拳数为多寡定价。不任老少，其法将篾箍牛前肋，定其宽侧，然后以拳量竹篾，水牛至十六拳为大，黄牛至十三拳为大，名曰“拳牛”。买马亦论多少，以木棍比放鞍处，从地数起，高至十三拳者为大，齿少拳多价差昂，反是者为劣，统曰“比马”。

（三）大宗物品的买卖

毕竟经济条件并不是很好，土家族地区对大宗物品的买卖十分慎重，对买卖大件物品有专门规矩。如鄂西土家族地区称牛、马为大牲口，大牲口是家里的宝贝，卖大牲口首先应卖给族人，如族人不买，方可卖给外姓。同时，对大宗物品的买卖还需要请中人作证。

（四）早期公证制度的萌芽

在土家族地区进行田地、房屋和大宗物品的交易时，都需要找一个威信较高的人做中人，中人制度的出现实际上是早期公证制度的萌芽。中人制度主要有几个方面的功能，一是证明出卖人对用以交易的田地、房屋和大宗物品来去清白，拥有处分权，二是见证买卖成交过程的合法性，保证交易的公平性。

（五）因商贸而产生的驮畜出租与租金缴付的习惯

在商贸经济比较发达以后，土家族人出远门买卖大宗货物或商业货物采购均需要依赖马等驮畜，在实践中逐渐形成了驮畜出租与租金缴付方面的习惯法。在租金缴付方面，出租驮畜者收回租金是以与承租人按运输收入进行分配实现的。其具体方式有三种："一、二、三包干"，二为"四门吊尾"，三为"一年一定"。"一、二、三包干"是一种按牲口作价为基数，估算全年运输收入，实行分年度分成包干的分配方式。例如川马一只作价白银十两，估算每年运输收入为白银十二两，第一年出租驮畜者分八成，驮运人员二成，第二年出租者分七成，驮运人员分三成，第三年出租者与驮运人员各分五成，三年后驮畜归驮运人员所有。此种分配方式使出租者除牲口本钱收回之外，获利银十四两。一年内，若牲口死亡，出租者所分八成比例不变，二年内死亡，出租者第二年分成减半，三年内死亡，出租者不得分成。"四六吊尾"是一种按牲口作价为基数，拟出每年运输收入后，分年度拟订分配的一种方式。如一只骡子作价白银十二两，拟出每年运费收入白银十四两，按十年计算，前四年出租者与驮运人各分五成，后六年出租者一年分一两银，余皆归驮运人员。十年后牲口一般是作价减半，也有的减七至八成，年运输收入基数与牲口作价相等，驮运人员分九成，出租者分一成，称之吊尾。若牲口在两年内死亡，出租者两年的分成不变，三年内死亡，出租者第三年的分成减半，四年内死亡，出租者分成减至五分银，五至十年内死亡，自死亡年度起出租者的分成全免，十年后死亡，后十年无分成。"一年一定"是牲口股份者与驮运人员每年视牲口状况拟订分配方式。一般情况下，出租牲口是亲友两户或两户以上共有，其中有一户是"劳股双兼"。为不伤和气，年头拟订出全年分配方式。

第三节

财产所有权的法律制度

改土归流后，关于财产所有权的法律制度有了很大进步与发展。财产所有权的内涵更加宽泛，对财产所有权的保护更加具体。清政府对土家族地区的财产所有权保护有了特殊规定，习惯法中关于财产所有权的保护更加完善。

一、物权制度

（一）土地所有权制度

改土归流前，土家族地区属于封建领主经济，土地是属于土司的，农民只是带着农奴性质的佃农。改土归流后，土地从土司手中划分出来，土家族地区才产生了真正意义上的土地所有权制度。

1. 土地所有权的取得

在改土归流中，官府将土司、土官占有的大量良田沃土，一部分以“赐地”的形式，留给土司的下属土官，这些土官由封建领主变为封建地主。其余大部分土地为清政府没收，除少量留作“官庄田”，以供官员俸禄外，大部分土地由土民耕种。此外，改土归流后，广大土民摆脱了封建领主的人生依附关系，成为自由农民。原土司的大部分山场和田地由土民管理和耕种。农民开垦和耕种的田土，不再负担繁重的劳役地租和实物地租，根据统一的赋税制度，只须每年向官府缴纳“秋粮银”，所有物产即为自己所有，所以农民开垦田土的积极性也高涨，大量农民拥有了自己的土地。

2. 土地所有权的变更

土地所有权的变更主要通过土地买卖来实现，清政府对土家族地区土地的买卖活动有专门规定。改土归流之前，因为土司差役繁重，田土甚至成了农民的负担，有的农民把田土以极低的价格出售，也有的农民将田土产契送给别人，只要求受送人负责承担田土所产生的差徭，根本不要转让费。但是，改土归流后，清政府对土家族地区轻徭薄赋，致使田土价值日渐升值，那些曾经把自己的田土出售或者赠送出去了的农民，又想收回自己的土地，如果争不回来就会到官府来争诉。为了解决土地所有权的纠纷，乾隆七年（1742），清政府专门制定了律例，“禁违例争赎远年田产”，规定“查定例已卖之产契无面赎字样者，不许找赎，违者治罪，通行在案。嗣后，除契载回赎字样，定有年限，确有实据者，听其备价取赎。如力不能赎，许照例凭中公估找帖，另立卖契，或尽问当主，不愿找贴听其别卖，归还原价外，其已经售卖契无回赎字样及失业多年之产，毫无凭据者，一概不许勒赎索找，混行争占，籍端捏控，如违，定行严拿，照例治罪，决不宽贷”。

3. 对汉民买卖土地的特殊规定

自改流分设郡县后，土家族地区与内地在制度上逐渐成为一体，来土家族地区的客家人以及商人，开始置办田产落籍。同时，外郡的汉民因为土家族地区粮轻产贱，而且可以冒后嗣，也倚亲托故，陆续前来，购产入籍。当时土家族地区的官府逐渐认识到，外地汉民大量进入土家族地区后，大量购置田土给土家族地区带来的隐患，认为“若再任谋买田土，则土、苗生齿日繁，将来势必难以次生，深为可虑”。因此，官府对外地汉人进入土家族地区购置田土进行了限制，乾隆十二年（1747）颁行的《禁汉人买地土详》规定：“如欲变动田土，止许卖与本籍土苗，或暂时典给汉民，银到取赎，不得再听汉民谋买。其有从前抵当或卖而未绝者，均听随便，则依契价赎回，不许勒，并添银找价复卖与汉民。若已经卖绝，中明契正者，亦不得混赎捏争，至入籍客民现有之产，将来止许当卖与此处汉土苗民，不得贪图重价再引外处人来此买住。如土民等任听谋买，则量为惩戒，令其别售。汉民则依不应律重处，姑追原价给还，倘肆行奸狡，仍敢不遵，则解回原籍，不许容留。”

4. 对土地附着物的保护

对土地附着物的保护主要有两种方式，一种是民间的习惯法，如保护秋收公约。几乎很多土家族村寨在苞谷壳开始由青变黄、稻谷开始吊边之际，就开始为保护秋收劳动果实，进行开会商讨，订出护秋条款，写在禁牌上，昭告大家遵循，并公推护秋人数名，巡逻护守秋粮。牲畜糟蹋粮食，是秋收期间的主要问题之一。因而自出标禁牌之日起，牛羊不准随便放牧，牲猪必须归栏，鸡鸭不准敞放。如发现谁家牛羊猪糟蹋粮食时，必须加倍赔偿，若有第二次已属屡教不改，则没收牛羊牲猪。在稻谷成熟期间，鸭子不能下田，下田一次罚十斤谷。为防止山粮被盗，条款规定，盗山粮与盗家财、盗耕牛同罪，轻则罚款，重则捆送官府治罪。凡是山粮挂上草标之后，都是看守人经过的地方。如果发现山粮及各种作物有被牲畜糟蹋或者被人盗窃等情形，由看守人负责追查，破案。如侦查不出，则由看守人负责赔偿。看守人是经过大家公举的，他们的报酬，由各家分摊。一般茶子成熟期是寒露左右，桐子成熟期是寒露至霜降之间。为此，各寨相互照顾就议出条款来了，规定寒露前 3 天摘茶子，过寒露后才能摘桐子，推举出一至两个包头（看守人），开款前天天在桐茶山里巡逻，抓到强盗可以砍他的背笼，晚上全寨人还要去罚他的款（加倍退桐子或钱）。开始捡摘桐茶日叫封款。封款期间，任何人不许在桐茶山寻觅桐茶果。桐茶里收捡完毕后，才准许捡野桐茶、放款。条款中规定封款、放款时间，谁也不准违背。封款期间，包头巡视于桐茶工地之中，鸣锣示警。如果发现有违犯规约者，轻者用大柴刀砍破他们的背篓，挂在入村的大路上，喝令其立即离开此地。重则以破坏乡规民约论处，或者罚款，或罚酒席。言出法随，谁也不得违抗。他们的报酬，是按照各家桐茶里的多少分摊的。至于外村人户在本村地界内有桐茶山的，也要服从本村规定的各项条款。另一种方式是通过官府制定的律例，如乾隆二十六年（1761）《马贩经由苗地禀》："土苗生齿日繁，道旁隙地，种植日广，而各马贩较前倍多，驱放马匹践食路旁杂粮，毫无顾忌，以致苗民有种无收……令田学商等将现在践食麦苗赔偿，合再据实禀请宪台，饬令凡有马贩领……不得复来苗地，使各马贩知所避忌，而土苗得保农业。"

5. 对土司墓葬的保护

清政府对土司墓葬也有特殊保护。雍正十三年（1735）《保护土司坟墓檄》称："查永顺土司向称恭顺，其上世皆立勋名，载在史策……但该土司已作流官，移驻江西，恐其祖先坟墓倘有棍徒侵削盗葬，甚至乡僻处所有刨挖偷盗等情，亦未可定。再有保靖、桑植两土司，其改流或非本意，然其先世亦有贤劳，不得以子孙不肖，祸延伊祖，况常人坟墓有被损伤，亦应钦依法律条文，分别斩绞治罪，该地方官失察匿报，均干严参，岂可以废司祖墓置之不顾？……如有不法棍徒侵剥树木，恃强盗葬及刨挖偷盗等情，许该地保甲即时飞报该地方官勘明通详，严拿究拟，倘该保甲有敢匿报，一经发觉，即以通同盗贼律，从严治罪。"说明那时已有保护文物的意识。

6. 土地所有权争诉的处理

土家族人认为"兴词具状，小则破产，大则倾家"，所以主张"族内参商，宜先投祠首，和平解决，如擅行具控者，大众约集，公议处罚"。所以对土地争诉大都是按照乡规民约，"有争夺田地者，必须讲明，如有唆是唆非，该众族重罚"。"族内有田地基址园圃、依分关管理，如有混侵争强者，公议重罚"。不到万不得已，不会去打官司。

（二）自然物所有权的取得

土家族人对自然物的占有有特别的方式。插草标是土家族人执行乡规民约的一种特殊方式。森林周围，插上草标，说明此处是封山地界，此山的一草一木，都要保护；进出粮食地界，留有草标，说明此中粮食还未收净，千万不能进去放牧；在一堆干柴上挂有草标，说明柴有主；一丘田的月口边插上草标，说明此田需要水，别人不能乱放；一口池塘边插上草标，说明塘内有鱼，禁止放毒。有人发现一窝地雷蜂（蜜蜂），在离窝不远的地方留下草标，说明此处地雷蜂已有人发现，而且当晚就来取，别人不要打这窝蜂的主意了。

（三）对族内公有财产所有权的保护

土家族地区对宗族财产保护、使用也有详尽的规定。如四川省酉阳县后溪乡后溪土家族白氏《南阳族谱》规定，祠土钱谷，不准首士并房族人等借项，如有横行估借者，公议杖责；议祠中子孙，入文武之半者，给钱五十串，赴乡试者，给路费钱十串；有为私事兴讼，不准支取钱银，并不得需索；春秋二祭，祠首前数日预备猪羊等物，不得推诿，店租贴项，同心收取，不得循情；待奉香灯者，每月给钱近，不准屯留面生歹人，冷落香烟，锓蚀什物钱谷；祠内有亲戚朋友，不准寄百物等 件，倘或估占至失落，不得与香老滋非；值年首士，由众公举，不得恃势混入私收店租账项等情；议祠内人等，有侵蚀公项者，永绝子孙，尽力者，长发其祥。

二、债权制度

改土归流后，土家族地区经济有了较快发展，债权制度也有了较快发展，使土家族法制不断完善和丰富。

（一）借贷制度的方式与利率的出现

“改流”前，淳朴的土家族人生活中，互相借钱物是常有的事。土家族向来遵循着千百年来规矩，“有借有还，再借不难”的风俗。改土归流后期，特别是乾隆后期，统治阶级日益腐败，赋税不断增加，加上地主、商贾的盘剥，广大农民的负担越来越重，贫富差距越来越大。土家族地区人民要向流官缴赋税，并且赋税是以货币支付的。有的村民因为家里贫穷，缴不起赋税，只好去借。从此，高利贷制度在土家族地区广泛流行。高利贷利率一般是按借银利率三成、借粮四成或五成。在正常年景里，借粮方有偿还能力时，借贷双方直接办理，利率四成。若遇灾年，或者贷方怀疑借方的偿还能力，由借贷双方请中间人担保办理，利率五成，贷方得四成半，余下半成归担保人。

借贷也出现利滚利，土家人称此方式为“驴打滚”的高利贷。史载，四川酉阳一户农向地主借洋 40 元，共借 6 个月，月息五分，先扣利息 8 元，借款人实收 32 元，6 个月期满，需还债主 60 元。一般情况下，担保人不收半成利，实际利率为四成半。若借方到期不还，便经中间人出面，将利息转成本金，在湘西出现“民间借谷累利无已，动至一、二斗谷，折算及于房屋”的现象，鄂西地区出现了借给村民一石谷，秋收后还二石；借给农民五斗谷、四块银元，三年后，本利翻成十一石谷的现象。

（二）手工业者的工资报酬

随着手工业的发展，手工业者的工资报酬也发展成为一种债权制度，有明确的规定。手工业人员的作工报酬有计时报酬和计件报酬两种。计时是论年、月、旬、日，工钱一般折成实物。3 年及 3 年以上者，折棉搭粮，或者折粮搭棉。手工艺人实行点天、认月、包年 3 种报酬方式。点天是工钱及时付，工钱标准为一般帮工工钱的两倍。认月是一种包时包工方式。对建房子、烧砖窑等、石匠等艺人实行包时包工。计件报酬主要是在作坊加工、运输中涉及的部分手工艺人中实行。

（三）担保物权的产生

土家族地区的担保物权制度主要体现在土地租赁过程中。土家族在改土归流后经济文化虽然得到一定发展，但是广大贫苦农民仍然只有少量土地或没有土地，不得不租佃地主的田土和“官庄田”耕种，或者出卖劳动力给地主打长工。地租以银两形式缴付，后来，又出现了押租，即佃户要想种地主的田地，在租佃以前，先交一定数量的押金，退佃后，再退还佃户。押金一般均占租谷的一成以上。湖南保靖等地规定租佃十挑稻谷，要交押谷一挑，每挑重 120 斤。

三、继承权制度

土家族地区处于比较封闭的环境中，家族制度非常强烈，特别讲究家族的传承，同时，子女成家后一般都会自己立门户，因此又产生了分家析产的诉求，为了保障家族传承和分家析产的正常进行，逐渐形成了完备的继承权制度。

（一）财产继承

土家族人民很重视家庭财产的继承，有内容丰富的财产继承习惯法，对财产继承人、继承原则、顺序等作了具体规定。

家庭财产主要包括田地房屋等不动产和牛马等大牲口，有的也把家庭的债权债务作为财产继承的一部分。

财产继承人。一般原则是儿子有继承权，女儿没有继承权。没有子女的人家，可以过继抱崽。当着族人举办过继拜祖仪式，一般过继弟兄的后裔，或者同族的后裔，举行了拜祖仪式，就按字派取名，表示是血亲了，有权继承家业。招郎婿，有继承家产的合法权，族人不得干预。义子也有家产继承权，但土家族习惯禁止异姓子承宗，异姓子一般为养子或乳子，没有家产继承权。

财产继承人的义务。土家族讲究继承权利与义务的平衡，不仅将债权债务作为继承财产的一部分，还对财产继承人设定了相应的义务。若父母去世，谁为父母办衣棺丧事，田土就由谁继承；谁继承，谁就负责扫墓祭祀，如没有人继承财产，就将家产收归祠堂，由祠堂负责祭祀。女子出嫁了，田土不能带走，留给同住的父母，无父母者，归同住的兄嫂。

财产继承的程序。土家族在财产继承方面很少用书面遗嘱的形式，一般都是以口头形式对家庭财产进行处理。一般程序是在族人参与下，对家庭财产进行处分。没有子女也没有过继抱崽的，在临终时，由家族人主持丧仪，议决家产的处理。

对家产祖业的处分。如果要出卖家产祖业须先征求族人意见，若族人要买，得卖给族人；若族人不买，才能卖给他族。一般不到走投无路，是不能变卖祖业的。卖祖业，要请中人去寻买主，卖价由中人从中周旋，中人将买卖价协商好了，就由买主备办酒席，请卖主及卖主家族、做中的人来立写买卖字契，卖主、中人、写字契人及卖主族人，都得在契约上签字画押，卖契方能生效。

（二）对家庭财产的分割

按土家族的规矩，兄弟分家必须立“分关”，也就是写凭证。兄弟分家包括祖传的家业，仅兄弟商议不行，必须请族中有威望的族人和村寨首领参加主持公道，将财物搭配合理，并“口说不为凭，立据定乾坤”。立分关很严肃，首先由家长公开家底，共同商议，公开分股，然后将各股名目写成字条，捻成砣子，应分得者，各人去拈，叫“拈阄单子”。拈到哪一份就是哪一份，最后将各人分得的一股，包括父母的养老股写成“分关”，各股当事人画押，族人及首领签名，“分关”方能生效，受到社会各界的承认和维护。各人分得的田地、大牲口以后如要出卖，首先要卖给族人，本族人无人买时，才能卖给外族人，而且各兄弟还须得“中人钱”一份。

第四节

赋税与徭役制度

改土归流初期，清政府对土家族地区轻徭薄赋，休生养息，一定程度上促进了土家族地区的发展；但是，在改土归流后期，特别是乾隆后期，官府日趋腐败，农民的税赋负担越来越重。

一、赋税制度

（一）赋税的种类

总体来说，改土归流之后，土家族地区的赋税是比较轻的。如据永顺县志记载，永顺自设县以来，未升科未置驿，赋薄徭轻，甲于湘省。今虽开垦益多，官斯土者，当念边远瘠区，毋轻听浮言，妄议更张，俾永民得以长享乐利。

这一时期赋税的种类，一是秋粮银，相当于现在的农业税，基本上以田土面积计算。但在后期，秋粮银不再按田亩面积征收，各地有各地的征收办法。二是杂税，如牙税、麂皮、京贡班等。三是地税，如买卖田地的契税。

（二）田赋的确定

土司时期的赋税，未按田亩定粮，只按土司归附时所认纳之数。改土归流之初，各土司因田亩未经清丈，或按土户均摊，赋税未予升科，仍按土司时期定额纳赋税。后来为了准确确定田赋，清政府清查户口、清查田亩，确定赋税，“令民自报田地，免其丈量，地方给照管业，匀派摊征”。允许将土民的祖、父遗留，或用价置买，或招佃开垦已经成熟田若干亩，按上、中、下三种标准地，每亩价值若干之处，限一年内自行开报，地方官给予印照，准其永远为业。俟一年报齐之后，再按田肥瘠，分别升科，以完成秋粮二百八十两之额赋。

（三）田赋的征收标准

田赋的征收标准因地区、土地种类而不同。根据田土分为上、中、下 3 等及粟地确定田赋的征收标准。如龙山县土民下田二百四十二顷八十六亩四分四厘五毫四丝，每亩派征银二厘九毫六丝四忽六微一尘六纤三渺八漠九茫，该派征银七十二两。粟地五十二顷七十五亩七分八厘九毫，每亩派征银一厘五毫一丝六忽三微六纤八渺七漠，该派征银八两。额征秋粮银八十两。保靖十六都按照秋粮原额九十六两科征，每田粮一石科征银八分九厘四毫八丝五忽七微七尘八纤八渺一漠六沙，每地粮一石科征秋粮银七分一厘二丝一忽六微三纤三渺九漠一茫三沙。

不同地区同类田土的征收标准也不同。龙山下田每亩派征银二厘九毫六丝四忽六微一尘六纤三渺八漠九茫；大喇司下田每亩派征银四分四厘三毫三丝四忽六微九尘三纤九渺。龙山粟地每亩派征银一厘五毫一丝六忽三微六纤八渺七漠，大喇司粟地每亩派征银二分二毫一丝七忽二微七尘九纤五渺。

（四）免捐政策

清王朝改土归流之际，精选良吏，轻赋除暴，施惠于民。凡改土归流地方，一律按土司时期原额银粮之数纳粮，不增加负担外，还各免 3 年秋粮银，以示抚慰。如湖北宣恩县改土设县后，除正科十七两九钱一分外，土司酷赋，一律豁免。

二、徭役制度

“改土归流”以后，清王朝为进一步加紧对少数民族的控制，在土家族地区增设屯田，加强军事设施，需要大量劳动力。永顺县志载：“因开辟六里，安设官兵，办理一切军装，自八月起至今数月以来，凡背运军装，运送柴米、粮草、豆料，用过永顺县人夫二百余名外，实用过保邑人夫七千有余……有一人而背运三四次者，有一家父子兄弟全往者，秋成收获，皆系妇人稚子，误农工而废家事，苦不堪言。虽用工之日给有夫价三分，又卑职捐银一分，并给饭米一升，以资糊口，但预期、守候、回转，或三四日，或五六日不等。上年九、十两月，连日阴雨，溪水泛涨，道路泥泞，人夫上冒风雨，下涉泥涂，更兼夜宿荒郊。缘保民与六里苗有夙隙，前往六里应夫背应，不但畏缩恐惧，且不敢擅入苗舍借爨，惟携冷饭、饮冷水，或饥饿患病者，不知凡几。”

其他事业雇用民夫，也酌定民夫报酬。在土司时期，需要雇用民夫的时候，就下令各舍把按照户口派拨，而且不给报酬，叫作当差。改土归流后，凡上级过往以及一切公务，也有很多需要雇用民夫的地方，因为土民不通汉语，即使高价雇觅也不肯应付，流官不得不令乡保头人公平雇请。但那些乡保头人在雇用过程中，仍旧按土司时期的办法，按户派拨，把应发给民夫的报酬侵蚀分肥。后来，官府为了改变这种状况，就把雇请民夫的报酬刻在石碑上，让大家都知道。一般的标准是雇请一名民夫，每日除饭米供给，还给报酬银价钱四分。并且规定，如果乡保头人再敢派拨，侵吞民夫报酬，定将乡保头人责革究追。

在改土归流后期，土家族地区革除了土司时期的土兵制度，改为设立团练。以一寨为一团。农闲时节，就将团丁组织起来练习兵法，使团丁皆知坐作进退之方，金鼓旌羽之节，而又时时告之以忠义，励之以同仇。并且对表现优秀者进行奖赏，对表现不好者进行处罚。团练所需的经费，则分上中下三等向农民均摊，“上户每日出钱十文，中户六文，下户三文，贫无业者免”。

概而言之，随着改土归流的实施，土家族社会的政治、经济、文化和人们的心理都发生了深刻的变化，从这些改变中可以总结出，制度的改革对社会的政治、经济、文化，及人们的社会关系所产生的重大轴心作用。

YAPIAN ZHANZHENG DUI TUJIAZU DIQU
ZHENGZHI JINGJI WENHUA DE YINGXIANG

第十五章

鸦片战争对土家族地区政治经济文化的影响

第一节

概　　述

1840年爆发的鸦片战争，是中国历史发展的一个分水岭。战前，中国是一个独立发展的封建王朝统治的国家；战后，帝国主义列强通过强加给中国的一系列不平等条约，使中国主权沦丧，社会结构变迁，逐步沦为半殖民地半封建的社会。随着外国侵略势力逐步深入中国内地和西部地区，地处中南、交通较为便利的土家族地区也深受影响。列强在此倾销商品、掠夺原料、输入资本和进行宗教入侵，使土家族地区也一步一步沦为半殖民地半封建社会。

然而，中国在晚清时期形成的半殖民地半封建社会形态，并不是在第一次鸦片战争爆发后就立即形成的，而是经历了一个从缓慢到急剧，从表层到里层的漫长变化过程。在第一次鸦片战争后的20年间，虽然中国闭关的大门被列强打开，开放了五口，但整个社会变化并不明显，中国社会依然保持着传统的结构与风貌。第二次鸦片战争后，尤其是甲午战争后，中国社会开始出现较为明显的变化，无论是帝国主义列强的侵略步伐，还是中国社会内部的变化进程，都大大加快了。《辛丑条约》的签订进一步强化了各国列强对中国的控制，使中国深深陷入半殖民地的泥潭。在此以后的十年间，中国社会变化的频率大大加快，而且变化进程从社会的表层结构迅速向深层结构推进，近代社会的因素与特征日益增多。因此，鸦片战争对土家族地区的影响也是逐步加深的，经历了一个由慢到快的变化过程。

第一次鸦片战争爆发时，土家族地区经历“改土归流”仅百年，其封建制度正处于变革、完善和发展之中：政治上刚刚废除了土司统治，中央王朝专制制度尚在逐步推行中；经济上刚从封建领主制过渡到封建地主制；思想文化上正处于革除土司传统陋习，汉文化加速传播之中。此后的二三十年间，为支付战争赔款，镇压当地农民起义，清王朝在土家族地区加速政治制度改革，加强军事控制，加重经济剥削，加大教育同化，并最终确立其封建统治。第二次鸦片战争以后的数十年，随着汉口、沙市、长沙、重庆、岳州、万县等与土家族地区相邻的城市被迫向外国开放，设为商埠后，帝国主义列强加快入侵中国内地的步伐，土家族地区的变化加速，并最终沦为半殖民地半封建的社会，其政治、经济、文化制度也发生了显著变化。政治方面，虽然封建专制统治仍占主导地位、地主阶级和农民阶级仍是社会中的基本阶级，但在的外来冲击影响下，殖民统治势力开始渗入，并形成了新兴的资产阶级和无产阶级，改变了传统的社会政治格局。经济方面，由于外国资本主义的入侵，打破了土家族地区传统经济的格局，农村的自然经济遭到破坏，商品生产加快发展，社会经济的主要成分，除封建地主经济、农民和手工业者的个体经济继续存在外，开始出现了新兴的资本主义经济。思想文化方面，在民族危机的刺激和西学传播的影响下，外来文化加速传播，并兴起了救亡图存的思潮及科学、民主思想，动摇了原来占统治地位的传统儒学体系。

第二节

鸦片战争后封建统治制度的加强

鸦片战争后，全国相继爆发了大规模的农民起义。在太平天国革命的影响下，咸丰、同治年间，贵州、湖南、湖北、四川的土家族地区相继爆发了农民起义，清政府调集大量兵力前往残酷镇压。为了更有效地控制土家族地区，清政府在各府州县及军事重镇和关隘地方，设立协、营、汛、所，派绿营兵直接防守。同时，推行各种制度，利用其严密的政治制度和军事制度对土家族地区进行皇权专制统治，使土家族地区封建统治制度发展到顶峰。

一、推行里甲制和保甲制度

清朝对地方的控制和管理主要沿用源于宋代的保甲制和明代遗留下来的里甲制。里甲是以110户为1里，1里又分10甲，里设里长，甲设甲长。里甲内的人民都要互相担保，不得隐藏户口，亦不得随意流动。保甲大致是以10户为1牌，立1牌长，10牌为1甲，立1甲长，10甲为1保，立1保长，牌、甲、保长都是任由官府任命和驱使的“官役”。里甲制和保甲制是封建王朝控制基层乡村社会的一项基本制度，其主要功能，在于维护地方治安，兼及赋税钱粮等杂役。同治二年（1863），宣恩县被划为7个里、25甲；同治七年（1868）恩施县改为里甲制，建立里、甲，设乡约、保正、甲长、牌头，全县共3里25甲；光绪十一年（1885），鹤峰县境设4个乡，12里、63保，每10户立牌头一人，10牌立甲长1人，10甲立保正1人；光绪十三年（1887），永顺知府张曾扬推行保甲制度，县设保甲总局，乡设保甲分局，各乡村寨依照旧法，设牌、甲、保和牌长、甲长、保董，并以军警相助。实行“牌相联坐”法，一人有犯，十家相联。清朝政府通过这种与宗法制度严密结合的里、保甲制度，对土家族地区施行教化、征收赋税、摊派徭役、征集兵丁、维持治安，确立了中央王朝在土家族地区的有效统治。

二、兴办团练

团练源于保甲，是以保甲为基础，以守望相助、武装自保为目的的地方武装。尽管历代统治者都非常重视团练组织管理，但团练势力真正崛起却在清咸同年间。清朝兵制，八旗与绿营为正规部队，由国家统一调度，地方不得自建武装。然咸丰初年（1851），太平天国起义爆发，咸丰帝沿袭嘉庆的思路，认识到必须充分动员基层社会武装，令“官军全力攻剿，壮练分段兜擒”。其中官方主导地位不得有丝毫动摇，遂降旨“湖南云贵各处。官兵加以壮练”。咸丰六年（1856），永顺知府黄其表应旨创办团练。规定以村寨为单位联十或八家为一牌，各牌声息相通者联为一团，不论贫富，家出一丁，以年满18—50岁强壮男丁充任。绅士为团总或团长，总理团务和训练兵丁。山区零星户口附于邻近团为内编查。“团清其团，牌清其牌。如一家有犯，九家同坐。一遇扰乱，即鸣锣集众，每户一名，携带武器，协力捉拿”①。团练职责虽名为保卫乡里，搜捕匪患，实则是清廷结合保甲制度，确保对土家族地区的控制的一种军事制度。

三、编练新军

甲午战争失败后，清朝依照西欧国家军队开始改革军制，设立新军。光绪三十一年（1905），清廷以“绿营兵器械大窳，兼多老弱充数，不足以御外侮而平内”为由，下旨永顺府推行“新政”，裁革绿营兵，编练新军，先后在土家地区建设警察制度，

① 民国《永顺县志》卷二五。

各县设立警务公所。宣统三年（1911），永顺的绿营兵尽裁，设团防局，招新兵200名，设管带1名，哨长2名。① 虽然当时的清王朝摇摇欲坠，不久后即被推翻，但由此可见其对地处边远的土家族地区的控制一直未放松。

第三节

鸦片战争后土家族地区政治、经济、文化制度的变化

第二次鸦片战争以后，外国列强在华的政治、经济势力快速扩大，其租借地、租界和势力范围遍及全国，还取得在中国的领事裁判权、协定关税权、海关控制权、沿海贸易权、内河航行权、驻军权和开矿筑路等让与权，控制了中国的经济命脉，操纵中国政治和司法，中国半殖民地半封建化程度加深。

土家族地区虽地处偏僻、崇山峻岭、交通不便，但随着侵华势力的深入，其政治、经济、文化制度的变化在此阶段加快。

一、政治上封建统治日益严酷腐败，并渗入殖民势力

（一）赋税繁苛，差役繁重

封建政府的传统管理职能主要体现在维持社会秩序和征收赋税上。鸦片战争后，清政府为支付巨额战争赔款，镇压农民起义，一方面通过里、保甲制度加强对土家族地区的政治统治；另一方面不断增加土家族地区的赋税，设立名目繁多的赋税，加重对土家族地区的剥削和压迫。

设卡征税。1855年，湖南巡抚骆秉章在省内特征收厘金，在各地重要的商品集散地遍设厘金局，对百姓日常生活必需品，无论大小贵贱，只要货物过境，全部征税；有的商品从原料到制成品要先后征税几次。各府、州、县为解决所需经费，也任意设

① 民国《永顺县志》卷二五。

局抽厘敲骨吸髓。1892 年，永顺县知县因办大乡书院，经费无着，于王村设厘金局，征收商品过境税。其税以盐为大宗，油、碱次之。由四川途经王村运出的盐，每篓征税 117 文，入境的淮盐每篓征税 70 文；油一篓、碱一桶各征收 40 文。征收厘金的结果，造成商品价格上涨，商人将这些额外的负担转嫁到广大土家百姓身上。

增设田赋杂税。鸦片战争以前，清政府在土家族地区只征收秋粮一项，且数额较小。鸦片战争以后，各种杂税田赋五花八门，仅四川秀山县的民间就有“曰送新、曰夏麦、曰秋粮、曰芝麻、曰茶、曰笋、曰朝贡表笺、曰月会费、曰束修、曰助边镶、曰户税、近苛敛矣”。永顺县田产房屋契税，原无定额，“而解省之款殊觉寥寥”，光绪二十七年（1901），省政府整顿税务，实行按卖价“实征三分之法”。光绪三十二年，再加二分，改为实征五分，县三分解省。从 1901 年至 1909 年 9 年中，房契税正银 1 两征税由 2 分增加到 9 分，加重 3 倍以上。

增设鸦片税。大约于清咸丰年间（1851—1861），鸦片开始进入湘鄂川黔土家族地区。“1851 年 6 月，保靖县署从贵州引进罂粟种子，在县城南门外种植”是土家族地区植鸦片之始。到同治、光绪年间，已普遍种植鸦片，在川东酉阳、秀山、黔江等县，“因鸦片得价甚昂，故乡村和篱落皆遍植之”①。清政府腐败无能，屈服于帝国主义的压力，对鸦片非但不能严格禁止，有的地方为了收取更多的税收，反而下令种植，巧立名目，设立厘卡，增加财政收入。在秀山收取鸦片烟税的名目就有：青苗税、印花税、内销税、出销税、起运税、过境税、红灯税。同治二年（1863）清政府鉴于涪陵码头鸦片流通量有利可图，便设土厘局征收鸦片厘金。据统计，该厘金局枯年可收 3.3 万余两，旺年收入可达 4.6 万两左右，成为涪陵码头一笔较大收入。② 各地方政府也把土民种植和吸食鸦片当作摇钱树，作为地方的重要财源。

加重差役。夫马差役更是有增无减。凡官员来过境，文武童生应试，都要向土民摊派差役，动辄需夫千名、数千名不等。“所当差者，均系无产、无地的贫苦农民，竭出戚悲号，溢于道路”。而且夫谷夫钱也由他们负担，“夫谷夫钱，有由一而累百累千者，小民不知不识，岁苦其供”。

（二）阶级分化，矛盾加剧

各级官吏和富商利用王朝政府加赋增税之机，层层加码，中饱私囊，有的地方官

① 同治《酉阳直隶州志》卷一九。
② 陈国安：《土家族近百年史》，贵州民族出版社 1999 年 8 月版，第 48 页。

吏利用采买“兵谷”向农民索要粮食“出售”，而农民交售粮食从未得到分文，其专项银两被官吏和乡绅、保正贪污中饱，农民“因此倾家荡产，不一而足”①。同时，鸦片的广泛种植更给土民带来无尽的灾难，各种名目的烟税，使得土家族“人民所收烟土不够交纳捐款，一时告贷无门，有的 耕牛，典青苗，售房屋，嫁妻鬻子，有的个人自杀甚至全家自杀”。由于农民的破产，无产阶级随之产生，地主阶级与农民阶级的矛盾加剧。

（三）外国宗教特权制度渗入封建专制统治中

鸦片战争后，1858 年 6 月签订了《中英天津条约》、1860 年《中法北京条约》。外国教会以条约为护身符，以炮舰为后盾成为侵略势力进入中国内地和少数民族地区的先锋和主要堡垒。外国传教士可在各地随意租买土地，自此后，大批传教士深入中国城乡，他们中许多“传教士”以慈善事业为名，实为宣传灌输奴化思想，并随意占地建教堂，搜集情报，还吸收不法教徒，横行乡里，欺诈百姓，仗势为所欲为，清乾隆时期，外国天主教的势力就开始伸向土家族地区。到 19 世纪末、20 世纪初，土家族地区各县城和重要集镇，大都有天主教、基督教的教堂，法、英、美、比利时、西班牙、芬兰等国传教士的足迹遍及城乡。这些传教士以教堂为据点，网络恶霸、地痞流氓为教民，包揽地方诉讼，掠夺田产，横行乡里，鱼肉百姓。这种宗教特权制度、压迫制度激起广大土民的强烈反对，“打洋人、反洋教、斥教民、闹教案”的风波时有发生。

其中著名的有同治时期 1862 年的反洋教会的“酉阳教案”风潮，因土民拒绝加入教会，屡被斥骂、欺凌、欧打，引起民众义愤，于 1865 年正月初六聚众捣毁教堂，广大土家族、苗族等民众拍手称快。在酉阳教案影响下，又发生了有“黔江教案”“利川教案”和光绪年间的长乐、长阳、巴东等地的反教会武装起义。光绪二十四年（1898）、二十七年（1901）、三十年（1904）年相继爆发长乐、长阳、巴东、恩施等民众反洋教的激烈斗争。鸦片战争后，土家族地区在封建王朝与帝国主义的双重统治和压榨中艰难度日。土家族人民经历了长达 40 余年的斗争充分显示了土家族人民的反帝、反侵略的顽强的民族意志，是土家族人民争取民族主权、自身权利的充分体现，为中华民族的历史写下光辉的篇章。②

① 土家族简史编写组：《土家族简史》，湖南人民出版社 1986 年版，第 158 页。
② 陈国安：《土家族百年史》，贵州民族出版社 1999 年 8 月版，第 57—59 页。

二、经济上封建地主经济制度融入资本主义因素

（一）封建地主阶级经济势力加强

鸦片战争使中国改变了其作为一个独立国家的政治地位，向半殖民地和殖民地方向发展，但其封建土地制度并没有因此而发生改变，封建地主牢牢控制了农村社会最基本的经济资源。土家族地区在改土归流以后，封建领主经济解体，地主经济迅速发展，许多拥有政治实权的汉族官吏和拥有经济实力的汉族地主、商人以及其他众多人民迁入土家族地区，他们在清政府购置土地合法令的保护下，纷纷置产落业，成为当地富豪。“县属巨族，自来客籍为多”，“富族奢丽，一里率二三家”①。鸦片战争后，在清政府推行的里、保甲制和团练制度中，这些富人多任牌、甲、保长和团长，形成特权阶层，牢牢掌控了土家族地区的经济资源。同时，借助洋货的深入和商品经济的发展，地主阶级不断扩大财富。有些地主和土绅利用土地剥削所得，投资办厂，开矿经商，接着又以此所得再大量购置土地，使土地愈来愈集中于封建地主和士绅手中。如光绪年间，龙山猛西湖的地主向仁丰，原只有一千多担租谷的田土，其子或经商或做官，至光绪末年，其购买兼并的土地，高达年收一万多担租，龙山县的他砂、八渡、猛西等地的土地，大多为其所有。其余如雷万代、陈开悌等拥有两、三千担租谷的地主也大大增加，广大土民纷纷失去土地，沦为地主的佃户和雇工。他们形成封建地主阶级既是地方社会的保护者，也是地方社会的掠夺者，他们与国家官僚紧密合作，共同在土家族地区实行政治压迫和经济剥削。

（二）自给自足的自然经济体系解体

第二鸦片战争以后，湘鄂川黔土家族聚居区周边的汉口、沙市、长沙、重庆、岳州、万县等城市相继被迫开设为商埠，欧美各国列强的商品大量向土家地区倾销，洋货如潮水般涌入，“穷乡僻壤，未有不用洋货者”。这些洋货东由长沙沿湘江，经常德运入湘西及贵州铜仁、江口等地，北由汉口、沙市、宜昌经清江运入鄂西，西北由万县、重庆顺长江而至涪陵，溯乌江而上至川东南、黔东北等地。据载，清咸丰末年，

① 同治《龙山县志》。

洋货就已经销售至来凤等土家族地区。这些洋货以棉纱、棉布、呢绒、煤油、火柴、肥皂、香烟、快靛、五金等工业品为大宗，同时又以低价掠夺粮食、油类、牲畜、矿产等农副产品和工业原料，使土家族地区变成了欧美各国列强倾销商品和掠夺原料的市场。外国棉纱未输入以前，土民遍种棉花，自纺自织自用，过着传统的自然经济生活。自洋纱进入以后，土民便开始使用洋纱织布。其中永顺县原来传统的自织土布销售周围各县，甚至远销省外，自英、日洋纱洋布输入后，土布的市场逐渐被洋纱、洋布占领，销售下降，纺织手工业者受到沉重的打击，一些家庭手工业和手工织布工场相继被迫停产、倒闭，永顺由土布输出县一下变成洋纱、洋布的输入县。由于日本、德国快靛的输入，使土家族地区过去为特产的土靛被快靛所代替，染坊由使用土靛改为使用快靛，土靛受到严重的排挤。再如土家特产黄蜡和白蜡，历史悠久，享有盛名，曾为中央王朝贡品，自洋蜡输入后，很快抢占了市场，土蜡销售日减。因此，帝国主义的入侵使土家族地区许多世纪以来的自给自足的自然经济逐步走向解体，渐渐沦为半殖民地经济。

（三）民族资本主义工商业兴起

鸦片战争以后，外国资本与洋货潮水般涌入土家族地区，各国商人也参与掠夺这里的茶叶、山漆、桐油、朱砂、皮革等土特产品，商业贸易呈现着掠夺式的繁荣，资本主义性质的商业开始在土家族地区出现。光绪年间，外地商人云集土家族地区，开设商号，专营土家族地区的洞油、茶叶、生漆、药材等土特产品。仅秀山县城就有8个资本比较雄厚的商号，专营秀山有名的桐油，时人称为“八大号”。贵州省的沿河县，到清末有外来商人开设的字号、公司17家，本地商人开设商号、公司也不少，但资本相对较小。其中资本较大、较有影响的是恒（恒永丰）、广（广源长）、久（久如茂）、永（永昌恒）四大家，他们分别在重庆、涪陵等地开设分号，并派人在外地蹲点坐庄，除了把“洋货”溯江运往乌江两岸各地外，还大肆收购当地的土特产品。光绪二十三年（1897）永顺府城始办“岳泰和”钱庄，后又设“赵祥福”“杨宏顺”“三益祥”钱庄3家。到1904年，州境凤凰、乾州、泸溪等地相继出现钱庄，经营货币借贷及兑换等业务。①

同时，带有资本主义性质的民族工业也在土家族地区逐渐出现。在土家族聚居的

① 《湘西州志》。

一些城镇，官吏、地主、商人开始创办采矿、碾米、榨油、造纸、茶叶加工、木材加工、铁器加工等新兴工厂或手工工场，商业资本开始向工业资本转化。长阳县民间集资建立斗方纸厂、皮纸厂，斗方纸厂雇用40余名工人，年产纸20多万块，值洋近两万元。当时土家族地区尤为兴盛的是采矿业，一些地主、富商自筹资金，集股合办，或与重绅合办，开采当地蕴藏丰富的矿产资源。同治年间，永顺县龙家寨田姓在二湾界试采铁矿，“常获厚利”。秀山县开采的丹砂，各“厂户贩运出境，岁利几万金”。鹤峰州经招商局奏准，招商集资于九台乡设局，开采铜铅，不久即见效。光绪年间，古丈厅“将旧空存的种植局改称矿务疏河植局”，命城千总向天爵为总经理，把总陈季春负责经营，金矿由官办，煤、锑由官招股合营。其招股办法为：山主以矿山作股份入股，不愿入股者地皮凭公作价；商股以五千文为大股，一千文为小股，大股先招六十，小股先招二百；获利按股分红，股票可自由买卖。先后在古丈开采门坎岩、洞坪的金矿，鸦角山的铁矿，三道河的煤矿，古牛岩的锑矿都较著名。① 1916—1918年间，由商人集股的民信、建华等公司，在鹤峰县望水台，建始县的六大拐山，咸丰县的大茅坡、茶园沟、孙家坪、天宝仓，巴东县万户沱等地，开采锑、铅、铜矿。帝国主义的入侵虽然破坏了土家族地区农村的自然经济，但在客观上也刺激了土家族地区资本主义因素的萌芽和发展，给土家族地区封建地主经济注入资本主义的元素。

（四）商业贸易开始制度化、组织化

在民间，随着商业的日益繁盛，散处各地水路交通要冲的农村集市贸易十分活跃，除定期的集市、圩场，在各重要城镇还有不受期场限制、每天都可互通有无的“白日市”。同时，在各县之间的边区还出现了一些新的集市，如恩施、利川与咸丰县的交界处新设了三星场，利川与咸丰交界处新设了8家台场。每逢赶集，这些市场交易都很活跃，古丈坪的清吉场，每到旺季开市，参加交易的土家、苗、汉族群众日有千余人。

在商人阶层，为保护本集团、本行业利益，其贸易及经营亦日益组织化。当时出入土家族地区的商品价格，直接受常德、岳州、汉口、万县、涪陵等地的外国洋行及其代理店的支配。外国洋行及代理人往往以压价的手段收购土特产品，而将运入的洋货抬高价格转售于商人，致使商人获利甚微，有时无利可图。永顺县商人为保护自身

---

① 光绪《古丈坪厅志》。

利益，对抗外国洋行及其代理店任意压价或抬价的垄断行为，他们联合起来在常德设立进出交易总代理员，“以监督代理店之买卖，或取消代理店，而为货栈之设置。庶几出口货可获相当利益，而入口货可得减少其高利”。此外，土家族地区各县城及贸易集镇相继出现了各种行会组织，以此维护本行业利益、避免来自汉族地区的商人独专其利。缝衣服的有轩辕会，木匠有鲁班会，鞋匠有孙膑会，铜铁匠有欧治会，“一切匠作，莫不有会”。这些行会组织，是由各行业的手工业者及商人自发组织起来的，都有严格的行规，对违反行规的手工业者，行会照规给予处罚。而且，在这种分散的行会组织的基础上还出现了统一的商会。商会的出现，对保护土家族地区手工业者与商人的利益起了一定的作用。“近年商会萌芽，收买漆、倍，本地商民亦能分利者”①。

教育制度发生变革，西学及外国宗教文化开始渗入。

改土归流使土司对普通土民不得入学读书的禁令被废除，学习汉文化的人数有所增多。鸦片战争以后，随着汉文化在土家族地区的进一步普及和发展，儒学、社学、私熟、书院都有所增加。在鄂西地区，除继续开设一些传统的学校，如官学、义学外，也逐渐兴办了一些新的书院，如咸丰的培英书院、广育义塾，宣恩的龙洞书院。在黔东北土家族地区的沿河县，在原有鸾塘胜院的基础上，清同治十三年（1862），在县城东又建鹤鸣书院、竹溪书院，以后继继建竹溪胜院、培宗书院等到。江口县建有卓山书院、双江书院。印江县创办有龙津书院、有才书院、正本书院。德江县原称安化县，附属思南府。

清光绪八年（1882），安化县移址大堡，即改称“德江县”，移址以前，“官学无一，私塾寥寥”，至同治七年（1868），创办文思书院、凤鸣书院。思南府建立的书院较多，有凤仪书院、文思书院、果泉书屋。除县城外，乡间也开始创办书院，有凌云书院、培风书院、许市书院等，其境内有书院 14 个之多。在川东土家族地区各县城也普遍建立有书院，如酉阳建有二酉、龙翔、经院、酉西四大书院。湘西地区各县也普遍创办有书院，如同治二年（1863），知府张修重修崇文书院，光绪十二年（1886），知府张曾扬扩建崇文书院，易名为灵溪书院，光绪十八年（1892），永顺知县朱益浚亲自捐资并募捐和征收厘金，在东门外土司别墅故址（今永顺民师校址），修建大乡书院。② 永顺城书院培养了一批土家族文人学士。

---

① 民国《咸丰县志》卷三。

② 《湘西文史资料》第 17 期。

戊戌变法后，清政府实行“新政”，颁布《癸卯学制》，废除科举，兴办新学。土家族地区开始兴办新学堂，或将书院、儒学、义学改为学堂，教育又一次得到发展。湘西古丈“光绪二十九年，厅自建学，脱附永顺县考试之羁轭”①。湘西永顺、龙山、保靖、桑植4县，到清末共有高等小学堂5所，初级小学14所。永顺将灵溪书院改为官立中学堂，宣统元年（1909）又改为永顺五属（指永顺、保靖、龙山、桑植、古丈5县）联合中学。贵州沿河县将鹤鸣书院和万寿宫改建成两所官立高等学堂，创建了符家寨、白石溪、谯家铺等小学堂。除了这些官办学堂，一些私立学校也相继出现。1906年永顺县设立私立竞文国民学校，其后莲蓬、黑龙坞等私立学校相继设立。至1915年，古丈县设立的私立小学达50所。特别值得称道的是一些专为女子设立的学校也已经出现，1907年，巴东县建立高低两等女子小学堂，1911年，永顺县设立了女子学校。女子学校的设立使青年妇女开始有受教育的机会，虽然其数量很少，但对于解放妇女、冲击封建传统礼教观念产生了积极影响，而且，土家族地区已有部分学子到省外读书，并开始有到国外留学者。

在西学进入的同时，外国宗教文化也开始侵入。土家族地区的宗教信仰一直以道教为主，但鸦片战争以后，随着外国传教士的深入和众多教堂的建立，天主教、基督教在土家族地区大肆发展教民，外国教会对土家族地区开始了文化渗透和侵略。仅永顺一县，县城设天主教总堂，教会学校两所、医院一所，集镇与农村设支堂、讲堂竟达10处之多。传教士们手捧“圣经”，布道讲经，对土家人民进行殖民文化和思想的渗透。

第四节

土家族军事法制助反侵略斗争的胜利

土家族人民在与险恶的自然环境和残暴的统治阶级作长期的斗争中，不仅形成了吃苦耐劳、淳朴倔强的性格，而且铸造出英勇不屈、敢于斗争的精神。为了反抗统治阶级残酷剥削和外国势力的侵略，争取自身权利，他们不畏强暴、不畏艰险，揭竿而

① 光绪《古丈坪厅志》卷四。

起，向邪恶势力发起了一次又一次的抗争。

一、土家族人民抗倭的英勇斗争

（一）历史背景

明世宗嘉靖年间（1522—1566），政治腐败，防务废弛，沿海空虚，日本海盗勾结下海经商的豪富地主，乘机在我国东南沿海地区大规模地进行骚扰破坏。倭寇所到之处，居民被屠杀、掳掠，财物遭抢劫，房舍被焚烧。北至辽东，南至福建、广东的沿海各省，无不遭受倭寇的蹂躏，各族人民的生命财产受到严重的威胁和极大的损害。

明朝政府虽派军队抗击倭寇，但是，由于政治腐败，将领昏庸无能，贪生怕死，士气低落，缺乏战斗力，每与倭寇接仗，一触即溃，或不战自溃，多次败北，致使倭患日益蔓延，愈演愈烈。在这种战局不利的情况下，明朝政府任命张经总督东南各省军务。张经一面就地练兵筹饷，一面奏请征调广西俍兵和湖广土兵前往抗倭。胡宗宪也认为：要对付善于短兵相接的倭寇，必须动永、保二宣慰司精兵。

永顺、保靖、桑植、容美、酉阳等司与九溪卫所属土官土兵，为了抗击倭寇侵略，保卫祖国东南沿海地区的安全，积极应征。出征前，土司严格选兵遣将。出征时土司带领土兵举行隆重仪式，不仅盟誓，还制定公布奖惩制度，以鼓舞士气。

（二）辉煌战果

嘉靖三十三年（1554）冬，永顺宣慰彭翼南率土兵三千，致仕宣慰彭明辅、官生彭守中领报效兵二千，保靖宣慰彭荩臣带土兵三千，自备食粮，远涉三千余里，奔赴苏州、松江地区抗击倭寇。永、保土兵一到前线，立即投入战斗。嘉靖三十四年（1555 年）正月，倭寇聚集胜墩，广西瓦氏夫人统率俍兵由南面进攻，永顺宣慰彭翼南带领土兵从北面围剿，两支军队协同作战，南北夹击，斩首 300 余级，倭寇溃败。土兵、俍兵初次与倭寇交锋，即取得胜利。

同年四月，盘踞在常熟三丈浦的倭寇，分股骚扰常熟、江阴一带，活动极为猖獗。兵备副使任环指挥保靖土官彭守忠率领的千余名土兵及官兵民丁 3000 余人，分三路进攻。广大汉、土官兵冲锋陷阵，英勇作战，俘斩二百八十余人，倭寇大败，

“而我兵不损一人，自用兵以来，陆战全捷，未有若此者也”①。胜墩、三丈浦的胜利，打击了倭寇的嚣张气焰。听调土兵，贼兵畏忌。

五月，盘踞于柘林老巢的倭寇，大批出动侵犯嘉兴地区，掳掠抢劫，进行骚扰。总督张经立刻派遣参将卢镗督、彭荩臣率领土兵驰援，总兵俞大猷督彭翼南、彭明辅所领永顺土兵与瓦氏夫人的俍兵至平望，参将汤克宽率舟师由中路进击。汉土各路官兵协同作战，水陆三面合力夹击。保靖土兵出奇制胜，首挫其锋，败倭寇于石塘湾。倭寇见势不妙，向平望逃窜。总兵俞大猷率永顺土兵与官军拦路截击，倭寇受创，奔至王江泾。保靖土兵紧追其后，永顺土兵攻其前，永保土兵和官兵一起奋力苦战，共斩倭寇1980余人，溺水者甚众，只有少数倭寇逃回老巢柘林。取得了抗倭以来的第一次重大胜利，史称“自有倭患以来，东南用兵未有得志者，此其第一功”②。这一仗，打破了倭寇不可战胜的神话，增强了抗倭斗争的胜利信心，沉重地打击了倭寇，土兵威名大著东南。王江泾之战，扭转了抗倭的被动局面，使明军由防御转入了全面的进攻。③

嘉靖三十四年（1555）十月，倭寇由福建窜入浙江宁波、奉化一带，遭到容美土兵的打击，倭寇退到绍兴，藏匿到民家，被容美土兵与官兵合围，纵火焚烧，倭寇死亡过半，取得后梅大捷。十二月，倭寇狼狈逃窜至清风岭，此时，容美精兵悍甲诸部，万里从征，朝气正锐，乘胜俘斩倭寇170余人，又取得了清风岭大捷。嘉靖三十五年正月，倭寇由福建窜入浙江，容美土兵在田九霄带领下，同官兵一起扼守曹娥江，贼不能渡，退走。我兵追至三江民舍，连战，斩首200级，复追至黄家山，尽歼之。七月，容美土兵断其倭寇出海之路，由土官汪相、向銮领土兵捣至倭寇老巢，经激战，土官汪、向壮烈牺牲，盘踞在乍浦的倭寇被全歼。八月，抗倭名将俞大猷率官兵，容美、永顺、保靖诸土兵，将与倭寇勾结的大海盗徐海、陈东等，围困于沈家庄，土兵手持火把，冲入敌阵，火烧倭巢，计斩首1200余级，烧死无数，徐海投海自杀，土兵汪浩、田有年亦跳入海中，割取首级。余寇尽被歼灭。至此，东南倭寇初告平息。嘉靖三十七年（1558年）二月，唯舟山倭寇持险负隅顽抗，官兵久围不克。这时，容美、麻察、桑植等土兵先后抵达，在俞大猷的指挥下，土兵趁大雷雨四面围攻，焚烧倭寨，短兵相接，肉搏血战，杀得倭寇无处逃窜，取得了舟山大捷，浙江倭

① 《筹海图编》卷六。

② 《明世宗实录》卷四二二。

③ 《明史》卷二〇五。

寇全被肃清。自此沿海地区倭患平溪。① 不久土兵奉令全部撤回原籍。

二、影响和意义

以土家族为主，并有苗族参加组成的湖广土兵，特别是永顺、保靖土兵，在抗倭斗争中做出了突出的贡献，为肃清危害数十年的倭患，保卫祖国领土和海疆安全，立下了不可磨灭的汗马功劳。他们与广西俍兵、广大汉族军民一起，在我国历史上共同谱写了各族人民团结一致、并肩战斗、抗击外来侵略、保卫祖国领土的胜利篇章。

三、军法与严密的纪律是土兵连战皆捷的主要原因

湖广土兵在抗倭斗争中之所以连战皆捷，多建奇功，成为名震一时的一支劲旅，主要是由这场战争的性质决定的。抗击倭寇是一次反对外来侵略，保卫祖国领土完整，维护人民生命安全的正义战争。广大土兵出于爱国热忱，能够积极应征，踊跃赴调；战斗时，冲锋陷阵，不惜牺牲，并与汉族官兵密切合作，协同作战，这是取得胜利的主要原因。与此同时，严密的组织、严格的纪律、精湛的战术，也是湖广土兵“以少击众，十出九胜，天下莫强”的重要因素。

出征前，土司严格调兵遣将，“照丁抽选”骁勇而惯熟战阵的土兵，对谋勇素著者，委任为指挥统领，并且降级使用，以能带领千人的，让其当百人的长官；能领百人的，做十人的头目，使兵精将勇，有强大的战斗力。出征时，土司带领土兵举行隆重的仪式，以鼓舞士气，表示战则必胜的决心。祭祀时，土司置牛首于桌上，旁放银两，然后下令：“有敢冲锋者收此银，啖此牛首，勇者报名。”最后举行盟誓。

湖广土兵组织严密，惯熟阵法，每司设二十四旗，旗设旗头。临战时，其阵法以一人居前，其后以三、五、七人，或以三、五、七、七人横列四排、五排，形如铁塔式的战斗序列；其余土兵则列于阵后，战斗时呐喊助威，以壮声势。攻守战中，前列伤亡，后排即刻逐列进补，使战斗序列保持不变，胜负以四重或五重为限。这种严密的战斗组织与巧妙的阵法，可以进退自如，攻守兼备，利于发挥集体的战斗力。进则队列整齐，退则井然有序；攻则无往不胜，守则坚不可摧。并且机动灵活，根据战斗需要，既可以旗为单位各自为战，又可与其他旗相互配合，协同作战。

① 《明世宗嘉靖实录》卷四三八—四三九。

土兵有严格的纪律，其法制甚严，只许击刺，不许割首，违者与退却者皆斩。故每战必捷，人莫敢撄。这种严格的纪律，保证了土兵强大的战斗力，作战时人人奋勇争先，英勇杀敌，不必为争夺首级、领取功赏而分散力量，影响战斗效果。连坐法的实行，使官与官、官与兵、兵与兵之间齐心协力，相依为命，共同完成战斗任务。“其连坐之法极严，故士争用命”，“如此则士卒无敢不奋死矣”。湖广土兵运用自如的“钩镰枪弩之技”，使善于“短兵相接”的倭寇难于对付，无法招架。甚至胡宗宪也承认：“短兵相接，倭贼甚精，近能制之者，唯湖广兵钩镰枪弩之技。”

湖广土兵在抗倭战争中旺盛的斗志，严格的纪律，巧妙的阵法与熟练的技艺，都对明朝政府军队有很大的影响。他们从招募的民兵中“择其骁勇者，各照俍、土兵法编为队伍，结为阵营，象其衣甲，演其技艺，习其劲捷，随其动止饮食”。抗倭名将谭纶、戚继光的鸳鸯阵法，就是学习湖广土兵阵法的基础上发展而成的。这种阵法能使各种兵器有效地配合作战，各显其能，易于战胜善设伏、擅冲锋、长于短兵相接的倭寇，在抗击倭寇的战争中发挥了很大的威力。

不骚扰群众确保人民生命、财产的安全；贫富要均是我国多次农民起义的口号内容，符合我国农民均贫富的思想，希望得到土地的要求，有利于动员和鼓舞土家人民踊跃参加神兵，勇敢作战。

附录

（一）溪州铜柱铭文实录

一、天福原刻实录

天策上将軍江南諸道都統楚王希範
天策府學士江南諸道都統掌書記通議大夫
檢校尚書左僕射兼御史大夫上柱國賜紫金
魚袋李弘皋撰
粵以天福五年歲在庚子夏五月楚王召天策
府學士李弘皋謂曰我烈祖昭靈王漢建武十
八年平徵側於龍編樹銅柱於象浦其銘曰金
人汗出鐵馬蹄堅子孫相連九九百年是知吾
祖宗之慶胤緒綿遠則九九百年之運昌于南

（一）

戛着乎今五溪初寧群師内附古者天子銘德
諸侯計功大夫稱伐必有刋勒垂諸簡編將立
標題式昭恩信敢繼前烈爲吾紀焉弘皐承教
濡毫載叙厥事盖聞牂牁接境盤瓠遺風因六
子以分居入五溪而聚族上古以之要服中古
漸尔羈縻洎師号精夫相名姎氏漢則宋均置
吏稍静溪山唐則楊思興師遂開辰錦迩来豪
右時恣陸梁去就在心否臧由己溪州彭士愁
世傳郡印家總州兵布惠立威識恩知勸故能
歷三四代長千萬夫非德教之所加豈簡書而
可畏亦無辜於大國亦不虐於小民多自生知
因而善處無何忽承間隙俄至動揺我王每示
含弘嘗加姑息漸爲邊患深入郊圻剽掠耕桑
侵暴辰澧壃吏告逼郡人失寧非萌作孽之心
偶昧戢兵之法焉知縱火果至自焚時晉天子
肇創丕基倚注雄德以文皇帝之徽号繼武穆
王之令謨册命我王開天策府天人降止倫物
在庭方振聲明又當昭泰眷言僻陋可俟綏懷
而邊鄙上言各請効命王乃以静江軍指揮使
劉勍率諸部將寸以偏師鉦鼓之聲震動谿谷
彼乃弃州保崄結寨凭高唯有鳥飛謂無人到

而劉勍虔遵廟筭密運神機踏堅披崖臨危下
瞰梯衝既合水泉無汲引之門樵採莫通粮糗
乏轉輸之路固甘衿甲豈暇投戈彭師杲為父
輸誠束身納欵我王愍其通變爰降招携崇侯
感德以歸周孟獲畏威而事蜀王曰古者叛而
伐之服而柔之不奪其財不貪其土前王典故
後代蓍龜吾伐叛懷柔敢無師古奪財貪地實
所不為乃依前奏授彭士愁溪州刺史就加撿
校太保諸子將吏咸復職員錫賚有差俾安其
土仍頒廩粟大賑貧民乃遷州城下于平岸溪
之將佐銜恩向化請立柱以誓焉於戲王者之
師貴謀賤戰兵不染鍔士無告勞肅清五溪震
讋百越底平疆理保乂邦家尔宜無擾耕桑無
焚廬舍無害樵牧無阻川塗勿矜激瀨飛湍勿
恃懸崖絕壁荷君親之厚施我不徵求感天地
之至仁尔懷寧撫苟違誠誓是昧神祇垂于子

孫庇尔族類鐵碑可立敢忘賢哲之蹤銅柱堪銘頤奉祖宗之德弘阜仰遵王命謹作頌焉其詞曰

昭靈鑄柱垂英烈
手執干戈征百越
我王鑄柱庇黔黎
指畫風雷開五溪
五溪之嶮不足恃
我旅争登若平地
五溪之衆不足憑
我師輕蹋如春冰
溪人畏威仍感惠
納質歸明求立誓
誓山川兮告鬼神
保子孫兮千萬春

推誠奉節弘義功臣天策府都尉武安

軍節度副使判内外諸司事永州團練使光禄大夫捡校太傅使持節永州諸軍事行永州刺史兼御史大夫上柱國扶風縣開國侯食邑一千户馬希廣奉敕監臨鑄造

天福五年正月十九日溪州刺史彭士愁與五姓歸明衆具件狀飲血求誓楚王略其詞鐫于柱之一隅。

右據狀溪州静邊都自古已来代無違背天福四年九月蒙王庭發軍收討不順之人當都頭將本管諸團百姓軍人及父祖本分田場土産歸明王化當州大鄉三亭兩縣苦無稅課歸順之後請祇依舊額供輸不許管界團保軍人百姓乱入諸州四界刼掠詃盗逃走户人凡是王庭差綱收買溪貨并都幕採伐土産不許輒有庇占其五姓主首州縣職掌有罪本都申上科懲如别無罪名請不降官軍攻討若有違

誓約甘請准前差發大軍誅伐一心歸順王化永事明庭上對三十三天明神下將宣祇爲證者

王曰爾能恭順我無科徭本州賦租自爲供贍本都兵士亦不抽差永無金革之虞克保耕桑之業皇天后土山川鬼神吾之推誠可以玄鑒

靜邊都指揮使金紫光祿大夫檢校太保使持節溪州諸軍事守溪州刺史兼御史大夫上柱國隴西縣開國男食邑三百户彭士愁

武安軍節度左押衙闊江都指揮使知使防遏營金紫光祿大夫檢校司徒前溪州諸軍事守溪州刺史兼御史大夫上柱國彭允瑫

武安軍節度左押衙充靜邊都指揮使金

紫光祿大夫檢校司徒前溪州諸軍事守
溪州刺史兼御史大夫上柱國田弘祐
武安軍節度左押衙金紫光祿大夫檢校
司徒前溪州諸軍事守溪州刺史兼御史
大夫上柱國彭師佐
武安軍節度左押衙金紫光祿大夫檢校
司徒前溪州諸軍事守溪州刺史兼御史
大夫上柱國田偉暉
武安軍節度左押衙充砂井鎮遏使銀青
光祿大夫檢校尚書左僕射兼御史大夫
上柱國彭師梔
武安軍節度左押衙前砂井鎮遏使三井
都管使銀青光祿大夫檢校尚書左僕射
兼御史大夫上柱國龔朗芝
武安軍節度左押衙充溪州副使銀青光
祿大夫檢校尚書右僕射守溪州三亭縣

令兼御史大夫上柱國彭師俗

武安軍節度左押衙充金潤里指揮使銀青光祿大夫檢校尚書左僕射兼御史大夫上柱國覃彦勝

武安軍節度左押衙銀青光祿大夫檢校尚書左僕射兼御史大夫上柱國田弘贇

武安軍節度左押衙左義勝第三都都將銀青光祿大夫檢校刑部尚書前守富州別駕兼御史大夫上柱國彭師杲

武安軍節度討擊副使左歸義第三都都將銀青光祿大夫檢校左散騎常侍兼御史大夫上柱國彭師晃

武安軍節度衙前兵馬使前溪州左廂都押衙銀青光祿大夫檢校太子賓客兼御史大夫上柱國向宗彦

武安軍節度同十將前溪州左廂都虞候

銀青光祿大夫檢校太子賓客兼監察
御史上柱國龔貴

前溪州大鄉縣令將仕郎試大理評事
兼監察御史賜緋魚袋彭允臻

武安軍同節度副使攝溪州司馬銀青
光祿大夫檢校左散騎常侍兼御史大
夫上柱國覃彥仙

武安軍同節度副使前攝大鄉縣令銀
青光祿大夫檢校左散騎常侍兼御史
大夫上柱國覃彥富

武安軍節度攝押衙充靜殺都副兵馬
使銀青光祿大夫檢校右散騎常侍兼
御史大夫上柱國田恩道

武安軍節度副將充溪州知後官銀青
光祿大夫檢校國子祭酒兼御史大夫
上柱國朱彥蝺

大晉天福五年歲次庚子七月甲
子朔十八日辛巳鑄八月甲午朔九月
壬寅鎸十二月壬辰朔二十日辛亥立

二、宋代加刻实录

金紫光祿大夫檢校兵部尚書使持節
溪州諸軍事溪州刺史兼御史大夫上
柱國長沙縣開國伯食邑九百户五溪
都團練使彭儒□

銀青光祿大夫檢校國子祭酒知溶州
軍州事兼監察御史武騎尉彭□□

知獎州軍州事彭君庸

知忠彭州軍州事彭文綰

知南州軍州事彭光明

知州彭文儻

團練彭如遷

前三亭縣令彭如喜

三亭縣令彭文雅

都監彭文威

溪州都監彭如興

溶州都監彭仕明

統軍使彭如武

都揮指使彭文仙 (都指揮使)

知萬州軍州事田彥存

高州巡檢使彭如聰

巡檢使彭如品

十洞彭如憙

統軍彭仕進

排軍指揮使陳文縉

巡檢朱繼顯

教練使屈恩

静邊都指揮使彭文勝

溪州軍事推官辛白

湘州羅文瞻

史軍羅万能

巡检羅万貴

錄事參軍廖保訓

水南都指揮使羅文彦

金唐縣田成益

教練使彭進

溪州知州彭君善

鈐轄覃万届

五都彭如亮

五溪巡检使知向化州彭如會

知保静州軍州事彭光陵

知来化州軍州事彭允會

知感化州軍州事覃文綰

團練向行仙

古州覃万貴

五溪都招安巡檢使田思蒲

左衙龔貴朋

知永州軍州事彭君昌

溪洞巡檢使知武寧州軍州事彭□□

知富州軍州事覃文勇

知謂州軍州事覃允贊

知州朱進通

知州苻彦貴

鈐轄彭如權

鈐轄覃文晃

知州田彦勝

通判田彦強

知州田思趙

施南知州彭允強

復溪州銅柱記　　維天禧元年十一

月十五日移到至十六日竪立記銅柱

高壹丈貳尺内入地陸尺重伍仟斤并

石蓮花臺及下有石頽

三、溪州铜柱铭文之避讳

天策上將(將缺笔)軍江南諸道都統楚王希範(希範二字大小不一，无避諱 疑属加刻)

天策

府學士江南諸道都統掌書記通議大夫撿(檢缺笔)校

尚書左僕(僕同音义)射兼御史大夫上柱國賜紫金魚(魚缺笔)袋李

弘臯(弘臯同音义)撰

粤以天福五年歲在庚子夏五月

楚王名天策府學士李弘臯(弘臯同音义)謂曰

我烈祖昭靈(靈缺笔)王漢建武十八年平徵側於龍編樹銅柱於象

浦其銘曰金人汗出鐵(鐵同音义)馬蹄堅子孫相連九九百年是

知吾

祖宗之慶胤(胤缺笔)緒綿遠則九九百年之運昌于南夏者乎今五

溪初(初缺笔)寧(寧缺笔)群帥(帥同音义)内附古者

天子銘德(德缺笔)諸侯計功大夫稱(稱缺笔)伐必
有利勒(勒缺笔)埀(垂同音义)諸簡編
將(將缺笔)立標題
式昭恩信敢繼　前烈爲吾紀焉弘皋(弘泉同音义)
承　教濡毫載叙厥事盖聞牂牁(牂牁缺笔)接境
盤瓠遺風因六子以(应为已)分居入五溪而聚族(族缺笔)上古
以之要服
中古漸尔羈縻洎師(帥同音义)号精夫(夫缺笔)相名姎氏漢則宋均置
吏稍靜溪山唐則楊思興師(師缺笔)遂開辰(辰同音义)錦迩(邇同音义)
來豪右時恣陸梁(梁缺笔)去就在心否臧由已溪州彭(彭同音义)
士愁世傳
郡印家總(總缺笔)州兵布惠(惠缺笔)立威識恩知勸故能歷三四代
長千萬夫非德(德缺笔)教之所加豈(豈同音义)簡書而可畏
亦無辜於大國亦不虐於小民多自生知因而善處
無
何忽承間隙俄至動摇我
王每示　含弘(弘同音义)嘗加姑息漸爲邊(邊缺笔)患深入郊
圻剽掠(掠同音义)耕桑(耕桑缺笔)侵暴辰(辰同音义)澧
壃(疆同音义)吏告逼郡人失寧(寧缺笔)非萌作

孼（孽缺笔）之心偶昧戢兵之法焉知縱火果至自焚時

晉天子肇創　丕基　倚注　雄徳（德缺笔）

以　文皇帝之徽号継

武穆（繆缺笔）王之令謨　册命　我

王開天策府　天人降止備物在庭方振　聲

明又當昭泰眷言僻陋可俟（俟缺笔）綏懐（懷缺笔）而

邊（邊缺笔）鄙上言各請効命

王乃以静江軍指揮使劉𠞰（𠞰同音义）率諸部將（將缺笔）寸（寸字左旁不显）

以偏師（師缺笔）鉦皷（鼓同音义）之聲震動谿（溪同音义）谷

彼乃弃卅保崄（险同音义）結寨凴（凭同音义）高唯有鳥飛

謂無人到而劉𠞰（𠞰同音义）虔（虔缺笔）遵

廟筭（算缺笔）密運神機跨鑿（鑿缺笔）披崖臨危下瞰梯衝既合

水泉無汲引之門樵採莫通粮糗乏轉輸之路固甘衿甲豈（岂同音义）

暇（暇缺笔）校（投同音义）戱（彭同音义）師（師缺笔）果為乂輸誠

朿身納欵（款同音义）我

王愍（愍缺笔）其通變（變缺笔）爰（受同音义）降　　掐攜崇侯

感德（德缺笔）以歸（歸缺笔）周孟獲畏威而事蜀

王曰古者叛而伐之服而柔之不龔（龔同音义）其財不貪其

土前　　王典故後代耆龜吾伐叛懷（懷缺笔）柔敢無師（師缺笔）

古龔財貪地實所不為乃依前奏（奏同音义）授彭（彭同音义）士愁

溪州剌（刺同音义）史

就加撿（檢缺笔）校太保諸子將（將缺笔）吏咸（減缺笔）復職員（員缺笔）

錫賚有差俾安其土仍頒廩粟大賑貧民乃遷州城

下于平岸（岸缺笔）溪之將（將缺笔）佐銜恩

向　　化請立柱以誓焉於戲　　王者之師（師缺笔）

貴謀賤戰兵不染鍔士無告勞肅（肅缺笔）清五溪震讐百越（越缺笔）

底（底缺笔）平壇（疆缺笔）理保 X

邦家尔宜（宜缺笔）無擾耕桑（桑缺笔）無焚廬舍無害（害缺笔）樵牧

無阻川塗勿矜（矜同音义）激瀨飛湍勿恃懸崖絶

壁荷　　君親之厚施我不徵求感

天地之至仁尔懷（懷缺笔）寧（寧缺笔）撫苟違誠誓是昧神祇垂（垂同音义）

于子孫庇尔族（族缺笔）類鐵（鐵同音义）碑（碑缺笔）可立敢忘賢

哲之蹤（蹤缺笔）銅柱堪銘顧（顧缺笔）奉　　　　祖宗之

德（德缺笔）弘皋（弘皋同音义）仰遵

王命謹（謹缺笔）作頌焉其詞曰

昭靈（靈缺笔）鑄柱垂（垂同音义）英烈、　　手執干戈征百越（越缺笔）

我王鑄柱庇黔黎　　指畫風雷開五溪

五溪之嶮（險同音义）不足恃　　我旅争登若平地

五溪之衆不足憑（憑凭同音义）　　我師（師缺笔）輕躡如春冰

溪人畏威仍感恵（惠缺笔）　　納質歸（歸缺笔）明求立誓

誓山川兮告鬼（鬼缺笔）神　　保子孫兮千萬春

推誠奉節（節缺笔）弘（弘同音义）義功臣天策府都尉

武安軍節（節缺笔）度副使判内外諸司事永州團練使

光祿大夫撿（检缺笔）校太傅使持節（節缺笔）永州

諸軍事行永州刺（刺同音义）史兼御史大夫上柱國扶

風縣開國侯食邑一千户馬　　希廣　　奉

教監臨鑄造

天福五年正月十九日溪州刺（刺同音义）史彭（彭同音义）士愁與

五姓歸(歸缺笔)　　明衆具(具缺笔)件狀(狀缺笔)

飲血求誓

楚王略其詞鐫于柱之一隅

右據狀(狀缺笔)溪州静邊(邊缺笔)都自古已来(应為自古以来)代無違背

天福四年九月蒙(蒙缺笔)　　王庭發軍收討不順之人當都

願(願缺笔)将(將缺笔)本管諸團百姓軍人及　　父祖

本分田場土産歸(歸缺笔)明

王化　　當州大鄉三亭两縣苦無稅課歸(歸缺笔)順之後

請祇(只同音义)依舊額供輸不許管界團保軍人百姓乱入

諸州四界刧掠該盗逃走户人凡是

王庭差綱収(收缺笔)買溪貨并都幕採伐土産不許輒有庇占其五姓主首

州縣職掌有罪本都申

上科懲如别無罪名請不降官軍攻討若有違誓約甘請准前差發大

軍誅伐一心歸(歸缺笔)順

王化永事　　明庭上對三十三天　　明神下将(將缺笔)宣　祇(祇同音义)

為證者

王曰尔能恭順我無科傜本州賦租自為供贍（贍缺笔）本都兵
士亦不抽差永無金革（革缺笔）之虞克保耕桑（桑缺笔）
之業
皇天后土山川鬼（鬼缺笔）神吾之推誠可以
玄鑒

静邊（邊缺笔）都指揮使金紫光禄大夫捡（检缺笔）校太
保使持節（節缺笔）溪州諸軍事守溪州剌（刺同音义）史兼
御史大夫上柱國隴西縣開國男食邑三百户彭（彭同音义）士愁
武安軍節（節缺笔）度左押衙開江都指揮使知使防遏營
金紫光禄大夫捡（检缺笔）校司徒（徒缺笔）前溪州諸軍事守
溪州剌（刺同音义）史兼御史大夫上柱國彭（彭同音义）允瑫
武安軍節（節缺笔）度左押衙充静寇（寇缺笔）都指揮使金
紫光禄大夫捡（检缺笔）校司徒（徒缺笔）前溪州諸軍事守
溪州剌（刺同音义）史兼御史大夫上柱國田弘（弘同音义）祐
武安軍節（節缺笔）度左押衙金紫光禄大夫捡（检缺笔）校司
徒（徒缺笔）前溪州諸軍事守溪州剌（刺同音义）史兼御史大夫

上柱國彭(彭同音义)師(師缺笔)佐

武安軍節(節缺笔)度左押衙金紫光禄大夫捡(检缺笔)校司徒(徒缺笔)前溪州諸軍事守溪州剌(刺同音义)史兼御史大夫上柱國田倖暉

武安軍節(節缺笔)度左押衙充砂井鎮遏使銀青光禄大夫捡(检缺笔)校尚書左僕(僕同音义)射兼御史大夫上柱國彭(彭同音义)師(師缺笔)樋(樋字迹不清待考)

武安軍節(節缺笔)度左押衙前砂井鎮遏使三井都管使銀青光禄大夫捡(检缺笔)校尚書左僕(僕同音义)射兼御史大夫上柱國龔朗芝

武安軍節(節缺笔)度左押衙充溪州副使銀青光禄大夫捡(检缺笔)校尚書左僕(僕同音义)射守溪州三亭縣令兼御史大夫上柱國彭(彭同音义)師(師缺笔)俗

武安軍節(節缺笔)度左押衙充金潤里指揮使銀青光禄大夫捡(检缺笔)校尚書左僕(僕同音义)射兼御史大夫上柱國覃彦勝

武安軍莭（節缺笔）度左押衙銀青光禄大夫捡（檢缺笔）校尚書左儏（僕同音义）射兼御史大夫上柱國田弘（弘同音义）贇

武安軍莭（節缺笔）度左押衙左義勝第三都都将（將缺笔）銀青光禄大夫捡（檢缺笔）校刑部尚書前守富州别駕兼御史大夫上柱國彭（彭同音义）師（師缺笔）杲

武安軍莭（節缺笔）度討擊副使左歸（歸缺笔）義第三都都将（將缺笔）銀青光禄大夫捡（檢缺笔）校左散騎常侍兼御史大夫上柱國彭（彭同音义）師（師缺笔）晃

武安軍莭（節缺笔）度衙前兵馬使前溪州左廂都押衙銀青光禄大夫捡（檢缺笔）校太子賓客兼御史大夫上柱國向宗彦

武安軍莭（節缺笔）度同十将（將缺笔）前溪州左廂都虞候銀青光禄大夫捡（檢缺笔）校太子賓客兼監察御史上柱國龔貴

前溪州大鄉縣令将（將缺笔）仕郎試大理評事兼監察御史賜緋魚（魚缺笔）袋彭（彭同音义）允臻

武安軍同節（節缺筆）度副使攝溪州司馬銀青光祿大夫
捡（檢缺筆）校左散騎常侍兼御史大夫上柱國覃彦仙
武安軍同節（節缺筆）度副使前攝大鄉縣令銀青光祿大
夫捡（檢缺筆）校左散騎常侍兼御史大夫上柱國覃彦富（富缺筆）
武安軍節（節缺筆）度攝押衙充静寇（寇缺筆）都副兵馬使
銀青光祿大夫捡（檢缺筆）校右散騎常侍兼御史大夫上柱
國田思道
武安軍節（節缺筆）度副将（將缺筆）充溪州知後官銀青光祿大
夫捡（檢缺筆）校國子祭酒兼御史大夫上柱國朱彦蝺
大晉天福五年歲次（在 次同义）庚子七月甲子朔十八日辛巳鑄八月甲午朔九月任
寅鐫十二月壬辰朔二十日辛亥立

金紫光祿大夫捡（檢缺筆）校兵部尚書使持節（節缺筆）溪州諸
軍事溪州剌（刺同音义）史兼御史大夫上柱國長沙縣開國伯食邑

九百户五溪都團練使彭（彭同音义）儒□
银青光禄大夫捡（检缺笔）校國子祭酒知溶州軍州事兼監
察御史武騎尉彭（彭同音义）□□
知獎州軍州事彭（彭同音义）君庸（庸缺笔）
知忠彭（彭同音义）州軍州事彭（彭同音义）文綰
知南州軍州事彭（彭同音义）光明
知州彭（彭同音义）文儻
團練彭（彭同音义）如遷
前三亭縣令彭（彭同音义）如喜
三亭縣令彭（彭同音义）文雅
都監彭（彭同音义）文威
溪州都監彭（彭同音义）如興
溶州都監彭（彭同音义）仕明
統軍使彭（彭同音义）如武
都揮指使彭（彭同音义）文仙（应是都指揮使）
知萬州軍州事田彥存
高州巡捡（检缺笔）使彭（彭同音义）如聪

巡捡（检缺笔）使彭（彭同音义）如品
十洞彭（彭同音义）如憙（喜同音义）
统军彭（彭同音义）仕进
排军指挥使陈文绾
巡捡（检缺笔）朱继显
教练使屈思
静边（边缺笔）都指挥使彭（彭同音义）文胜
溪州军事推官辛白
湘州罗文瞻（赡缺笔）
史军罗万（五缺笔）能
巡捡（检缺笔）罗万（五缺笔）贵
录事参军廖保训
水南都指挥使罗文彦
金唐县田成益
教练使彭（彭同音义）进
溪州知州彭（彭同音义）君善

鈐轄（轄缺笔）覃万留（五富缺笔）
五都彭（彭同音义）如亮
五溪巡捡（检缺笔）使知向化州彭（彭同音义）如會
知保静州軍州事彭（彭同音义）光陵
知来化州軍州事彭（彭同音义）允會
知感化州軍州事覃文綰
團練向行仙
古州覃万（五缺笔）貴
五溪都招安巡捡（检缺笔）使田思滿（滿不清待考）
左衙龔貴朋
知永州軍州事彭（彭同音义）君昌
溪洞巡捡（检缺笔）使知武寧（寧缺笔）州軍州事彭（彭同音义）□□
知富（富缺笔）州軍州事覃文勇
知謂州軍州事覃允贊（贊缺笔）
知州朱進通
知州符彥貴

鈐轄（轄缺笔）彭（彭同音义）如權
鈐轄（轄缺笔）覃文晃（应为晃音拉）
知州田彦勝
通判田彦强（强缺笔）
知州田思趙
施酉知州彭（彭同音义）允强（强缺笔）

復溪州銅柱記　　維天禧元年十一月十五日移到至十六日
竪立記銅柱高壹丈貳尺内入地陸尺重伍仟斤並石蓮花臺
及下有石頳

附录

（二）全国重点文物溪州铜柱大事年表

年号	公元	相距年	立铜柱地	记事	备注
后晋天福五年	940	0	下溪州城	楚王马希范、彭士愁立盟誓刻于铜柱	始立
北宋太平兴国七年	982	42	下溪州城	辰州奏请移铜柱，遭宋太宗拒绝	欲移未成
北宋唯天禧元年	1017	35	下溪州城	辰州掠铜柱遭朝廷指责，复立溪州并作记于柱	第一次移去速退回
北宋至和二年	1055	38	辰州府暂存	辰州宋守信俘其孥及铜柱	第二次被劫
北宋嘉佑二年	1057	2	下溪州城	辰州府迫于压力，还其孥及铜柱	第二次退回原址
宋熙宁五年	1072	15	会溪坪	下溪州改名会溪坪	未动
	1961	889	会溪坪	由国务院定为全国重点文物	未动
	1971	10	王村	凤滩水库淹水，远移三十里外王村镇	远迁

（《古丈县民族志》P172）

后 记

自张晋藩教授在昆明主持《中国少数民族法制通史》的编写会议以来，至今已有10个年头了。“土家族法制史”课题是2004年开始动手，至今也已历经9个寒暑了。自该课题启动后得到湖南省民委、湖北省民委、重庆黔江开发区民委的大力支持。中南民族大学土家族文化研究中心、湖南省民委主任王德靖同志，始终关注本书的研究和写作，在百忙中为该书作序。

在该书出版之际，对支持和帮助过我们的单位和领导，表示诚挚感谢。

参加本书写作的有湖南、湖北、重庆钱江开发区、中南民族大学土家族研究中心的同志及以土家族为主体的、16位研究土家族的学者。本书是在吸收前人研究成果的基础上，经过数年艰苦努力而完成的。由于我们的学术水平及所掌握的历史资料有限，书中难免存在错误和不足之处，诚请各位读者不吝赐教。

本书写作的分工如下：

张世珊任主编，负责全书的总策划、写作纲目的拟定，对全书进行了系统性修改。撰写导论、第二章、后记，负责全书的统稿工作。

彭继宽（土家族）任副主编，撰写第一章，参与全书编写提纲的拟定，组织编写成员参加写作，进行联络和分工，审阅大部分书稿。

张　斌（侗族）撰写第三章。

冉春桃（土家族）、蓝寿荣撰写第四、第五章。

黄柏权（土家族）撰写第六章。

彭武文（土家族）撰写第七、第八章，并参加了全书的统稿工作。

冉景福、李宁（重庆）（土家族）撰写第九、第十、第十一章。

李宁（瑶族）撰写第十二章。

吴国华（回族）撰写第十三章。

朱朝晖（土家族）撰写第十四章。

尚光菊（土家族）、张立撰写第十五章。

周兴茂、史洪江等同志也参加了该书的编写工作。还应特别感谢黄柏权、王学军、彭正刚、陈家驹等同志为该书的写作提供了很多思路和相关资料方面的帮助。

参考文献

海南黎族习惯法

[1]《汉书·贾捐之传》，中华书局 1962 年版。

[2]《后汉书·南蛮传》，中华书局 1980 年版。

[3]《谯书·谯国夫人传》。

[4]《旧唐书·李复传》，中华书局 1975 年版。

[5]《新唐书·杜佑传》，中华书局 1975 年版。

[6]《三国志·吴书·薛综传》卷五三。中华书局 1982 年版。

[7]［宋］范成大：《桂海虞衡志》，文学古籍刊行社 1955 年版。

[8]［宋］乐史：《太平寰宇记》，中华书局 2007 年版。

[9]［宋］赵汝适：《诸蕃志》卷下，周伟民、唐玲玲辑纂点校，《历代文人笔记中的海南》，海南出版社 2006 年版。

[10]［宋］周去非：《岭外代答》卷二，中华书局 1999 年版。

[11]［宋］祝穆编：《方舆胜览·海外四州》，中华书局 2003 年版。

[12]［宋］苏轼著：《居儋录》，苏过《论海南黎事书（载《斜川集》）。

[13]［元］脱脱帖木儿：《宋史·蛮夷三》卷四九五，中华书局 1974 年版。

[14]［明］唐胄：（正德）《琼台志》卷二六，海南出版社 2006 年版。

[15]［明］欧阳必进：《交黎剿平事略》，齐鲁书社（影印本）1997 年版。

［16］［明］顾岕编著：《海槎余录》。

［17］［明］《广东通志》，引自《琼台志》。

［18］［清］李调元：《南越笔记》，商务印书馆1936年版。

［19］［清］屈大均：《广东新语》，中华书局1985年版。

［20］［清］李调元：《粤东笔记》，台湾新文丰出版公司1979年版。

［21］［清］毛奇龄：《蛮司合志·两广四》卷一五，上海书店出版社（影印本）1994年版。

［22］［清］张庆长：《黎岐纪闻》，光绪三年刻本。

［23］［清］陈坤：《治黎辑要》，光绪庚寅年刻本。

［24］［清］《黎族风俗图》。

［25］［清］陈梦雷编纂：《古今图书集成·琼州府部》，《古今图书集成·广东黎人岐人部》，中华书局印行1949年版。

［26］李待琛编译：《海南岛之现状》，世界书局印行1946年版。

［27］彭程万：《调查琼崖实业报告书》，海南书局印行1920年版。

［28］海南地方文献丛书编纂委员会整理《海南地方志丛刊》，海南出版社2004年版。

［29］［明］李贤修：《大明一统志·琼州府》。

［30］［清］蒋延锡等纂修：《雍正初修大清一统志·琼州府》。

［31］［清］和珅等纂修：《乾隆续修大清一统志·琼州府》。

［32］［清］穆彰阿等纂修：《嘉庆重修大清一统志·琼州府》。

［33］［明］唐胄纂：《正德琼台志》。

［34］［清］明谊修，张岳崧纂：《道光琼州府志》。

［35］［明］戴焞、欧阳璨总裁，蔡光前等纂修：《万历琼州府志》。

［36］［清］方岱修，璩之璨校正：《康熙昌化县志》。

［37］［清］李有益纂修：《光绪昌化县志》。

［38］［清］潘廷侯纂修：《康熙陵水县志》。

［39］［清］瞿云魁纂修：《乾隆陵水县志》。

［40］［明］曾邦泰等纂修：《万历儋州志》。

［41］［民国］周文海重修，卢宗棠、唐之莹纂修：《民国感恩县志》。

［42］李待琛编译：《海南岛之现状》，世界书局印行1946年版。

［43］［民国］陈植编著：《海南岛新志》，商务图书馆 1949 年版。

［44］［民国］陈铭枢总纂，曾蹇主编 ：《海南岛志》，海南书局。

［45］周小华辑录：《二十五史中的海南》，海南出版社 2006 年版。

［46］周伟民、唐玲玲辑纂点校：《历代文人笔记中的海南 》，海南出版社 2006 年版。

［47］海南省民族学会编印：《（黎族藏书）古籍资料汇编》，2006 年。

［48］［清］冯子材：《冯子材军牍》（描拍照版本），光绪二十一年。

［49］［宋］王象之著：《舆地纪胜》（扫描拍照版本）。

［50］田曙岚著：《海南岛旅行记》（扫描拍照版本），文海出版社有限公司 1935 年版。

［51］［清］谷应泰：《明史记实本末》（扫描拍照版本）。

［52］［清］杜臻：《粤闽巡视记略》（扫描拍照版本）。

［53］［清］范端昂：《粤中见闻》（扫描拍照版本），嘉靖六年刻本。

［54］全国人民代表大会民族事务委员会办公室印行，《海南黎族苗族自治州保亭县毛道乡黎族合亩制调查》，全国人民代表大会民族委员会办公室编，1957 年 6 月。

［55］中国科学院民族研究所广东省少数民族社会历史调查组编印，《海南黎族苗族自治州黎族合亩制调查综合资料》，广东少数民族社会历史调查组编印，1963 年 10 月。

［56］瞿同祖著：《中国法律与中国社会》，中华书局 1981 年版。

［57］黎族简史编写组：《黎族简史》，广东人民出版社 1982 年 5 月版。

［58］詹慈编：《黎族合亩制论文选集》，广东省民族研究所 1983 年 5 月版。

［59］王国全主编：《黎族风情》，广东省民族研究所 1985 年版。

［60］乌丙安：《中国民俗学》，辽宁大学出版社 1985 年版。

［61］王献军主编：《黎族藏书 · 方志部 · 卷一》，海南省民族学会编印，1986 年 6 月。

［62］广东省编辑组：《黎族社会历史调查》，民族出版社 1986 年版。

［63］张寿祺、黄新美：《海南岛乐东县番阳区黎族群体变化的研究》，海南大学出版社 1986 年版。

［64］海南黎族苗族自治州概况编写组：《海南黎族苗族自治州概况》，广东人民出版社 1986 年 12 月版。

［65］民族院校公共哲学课教材编写组编：《中国少数民族哲学和社会思想资料选编（黎族部分）》，天津教育出版社 1988 年版。

［66］龚维英：《原始崇拜纲要——中华图腾文化与生殖文化》，中国民间文艺出版社 1989 年 10 月版。

［67］邢关英：《黎族》，民族出版社 1990 年 4 月版。

［68］中南民族学院本书编辑组：《海南岛黎族社会调查》（上、下卷），广西民族出版社 1992 年 10 月版。

［69］王养民、马姿燕：《黎族文化初探》，广西民族出版社 1993 年 12 月版。

［70］符和积主编，海南省政协文史资料委员会编：《海南文史资料》（第 7 辑）1993 年 8 月版。

［71］苏英博等主编：《中国黎族大辞典》，中山大学出版社 1994 年 9 月版。

［72］中华文化通志编委会编：《中华文化通志》第三典，上海人民出版社 2011 年版。

［73］叶英萍：《黎族习惯法——从自治秩序到统一法律秩序》，社会科学文献出版社 2012 年 5 月版。

［74］梁治平：《清代习惯法：社会与国家》，中国政法大学出版社 1996 年 1 月版。

［75］吴永章：《黎族史》，广西人民出版社 1997 年 7 月版。

［76］郝思德、黄万波：《三亚落笔洞遗址》，南方出版社 1998 年版版。

［77］苏力著：《法治及其本土资源》，中国政法大学出版社 1998 年版。

［78］王学辉著：《从禁忌习惯到法起源运动》，法律出版社 1998 年 9 月版。

［79］李绍明等编：《中国各民族原始宗教资料集·黎族卷》，中国社会科学出版社 1998 年 6 月版。

［80］徐中起、张锡盛、张晓辉等编：《少数民族习惯法研究》，云南大学出版社 1998 年 5 月版。

［81］中华文化通志编委会编：《中华文化通志·民族文化典（侗、水、毛南、黎族文化志）》，上海人民出版社 1998 年 12 月版。

［82］费孝通著：《乡土中国》，北京大学出版社，1998 年 5 月版。

［83］程昭星、邢诒孔：《黎族人民一斗争史》，民族出版社 1999 年 3 月版。

［84］俞荣根著：《羌族习惯法》，重庆出版社 2000 年版。

［85］张冠梓著：《论法的成长——来自中国南方山地法律民族志的诠释》，社会科学文献出版社2002年2月版。

［86］满都尔图、卢勋、罗贤佑：《白沙县黎族卷》，民族出版社2002年版。

［87］徐晓光：《中国少数民族法制史》，贵州民族出版社2002年7月版。

［88］冉春桃、蓝寿荣：《土家族习惯法研究》，民族出版社2003年8月版。

［89］赵旭东：《权利与公正——乡土社会的纠纷解决与权威多元》，天津古籍出版社2003年1月版。

［90］高其才著：《中国少数民族习惯法研究》，清华大学出版社2003年10月版。

［91］何兵：《现代社会的纠纷解决》，法律出版社2003年版。

［92］刘明哲：《中国少数民族大辞典——黎族卷》，香港当代文艺出版社2003年版。

［93］王建成：《海南民族风情》，民族出版社2004年9月版。

［94］王学萍主编：《中国黎族》，民族出版社2004年版。

［95］吴大华：《民族法律文化散论》，民族出版社2004年7月版。

［96］张俊豪：《黎族》，中国水利水电出版社2004年版。

［97］张跃、周大鸣主编：《黎族：海南五指山市福关村调查》，云南大学出版社2004年7月版。

［98］张晋藩：《中国法律的传统与近代转型》，法律出版社2005年版。

［99］胡亚玲：《海南黎族风情》，海南出版社2006年1月版。

［100］李可：《习惯法——一个正在发生的制度性事实》，中南大学出版社2005年版。

［101］毛公宁主编：《中国少数民族风俗志》，民族出版社2006年版。

［102］本书编写组：《黎族田野调查》，海南省民族学会编印，2006年7月版。

［103］曾昭璇、张永钊、曾宪珊：《海南黎族人类学考察》，华南师范大学地理系2004年3月编印。

［104］符兴恩：《黎族·美孚方言》，香港银河出版社2007年1月版。

［105］赵全鹏：《海南历史文化大系 社会卷 海南社会结构问题研究》，海南出版社、南方出版社2008年4月版。

［106］高其才：《瑶族习惯法》，清华大学出版社2008年7月版。

［107］陈金全：《西南少数民族习惯法研究》，法律出版社2008年10月版。

［108］王建成主编：《首届黎族文化论坛文集》，民族出版社2008年1月版。

［109］国家民族事务委员会全国少数民族古籍整理研究室：《中国少数民族古籍总目提要·黎族卷》，中国大百科全书出版社2010年12月版。

［110］陈立浩、陈兰、陈小蓓：《从原始时代走向现代文明——黎族“合亩制”地区的变迁历程》，南方出版社2008年版。

［111］丁世良、赵放主编：《中国地方志民俗资料汇编》中南卷（下），北京图书馆出版社出版。

［112］高泽强、文珍：《海南黎族研究》，海南出版社、南方出版社2008年版。

［113］海南民族研究之一：海南省民族研究所编，《五指山脚下的耕耘》，云南民族出版社2004年版。

［114］海南民族研究之二：海南省民族研究所编，《越过山顶的铜锣声》，云南民族出版社2006年12月版。

［115］海南民族研究之三：《拂拭历史尘埃——黎族古籍研究》，云南民族出版社2004年版。

［116］海南民族研究之四：高泽强、潘先锷著，《祭祀与避邪——黎族民间信仰文化初探》，云南民族出版社2007年12月版。

［117］孙绍先、欧阳洁：《黎族女性文化专题研究》，海南出版社、南方出版社2008年版。

［118］王海、江冰：《从远古走向现代——黎族文化与黎族文学》，华南理工大学出版社2004年12月版。

［119］王兴瑞：《琼崖黎人社会概观》，广州《民国日报》，民国二十三年（1934年）一月。

［120］江应梾：《历代治黎与开化海南黎苗之研究》，《新亚细亚》十三卷，1937年第4期。

［121］中南民院少数民族文物陈列馆1957年编印，1954年调查的《海南黎族苗族情况调查综合材料》。

［122］中山大学历史系考古学教研组：《广东原始社会初探》，《理论与实践》，1959年第12期。

［123］广东省博物馆：《广东海南岛原始文化遗址》，《考古学报》，1960年第2期。

［124］欧阳觉亚：《黎族名称的由来小议》，《民族研究》，1980 年第 2 期。

［125］詹慈：《从合亩制组织试析黎族家长制家族公社》，中国民族学研究会 1982 年学术讨论会论文。

［126］孔季丰：《试论合亩制的性质》，广东省民族研究学会 1982 年学术讨论会论文。

［127］中南民院民族研究所：《试论解放前黎族“合亩”制地区的社会形态》，中国民族学研究学会 1982 年学术讨论会论文。《民族学研究》第六辑，1985 年 3 月 1 日发表。

［128］孔季丰：《试论合亩制的性质》，广东省民族研究学会 1982 年学术讨论会论文。

［129］易谋远：《试论解放前黎族“合亩制”的社会性质》，中国民族学研究会 1982 年学术讨论会论文。

［130］陈启新；《黎族原始社会解体的原因、进程和结果试探》，广东省民族研究学会 1983 年学术讨论会论文。

［131］邢关英；《黎族的母权制遗风》，《中央民族大学学报（哲学社会科学版)》，1983 年第 2 期。

［132］杨鹤书：《论海南岛黎族合亩制的起源、发展及其性质》，《中山大学学报》，1983 年第 3 期。

［133］张伟仁：《传统观念与现行法制》，《台大法学论丛》，1987 年第 1 期。

［134］符和积：《黎族女子“不落夫家”婚俗浅析》，《社会科学战线》，1988 年第 2 期。

［135］梁天送、谢剑：《论海南岛黎族合亩制度的衰落》，《云南社会科学》，1988 年第 2 期。

［136］刘明真：《从黎族的亲属称谓看其婚姻制度的演变》，《广东民旋学院学报》，1992 年第 3 期。

［137］何勤华：《法律秩序的历史考察以及模式选择》，《中南政法学院学报》，1993 年第 3 期。

［138］梁治平：《变迁中的传统：法不等于法律》，《读书》，1993 年第 8 期。

［139］王兴瑞：《历代治黎政策检讨》，《黎族研究参政资料选集》，广东省民族研究所，1993 年。

［140］陈立浩：《论黎族歌谣》，《琼州大学学报》，2000 年第 1 期。

［141］吴永章：《黎族史散论》，《民族研究》，2000 年第 6 期。

［142］高和曦：《黎族峒的社会组织与历史作用》，《越过山顶的铜锣声》，云南民族出版社 2006 年版。

［143］〔法〕萨维纳：《海南岛志》（1928 年）。

［144］〔德〕史图博：《海南岛黎族志》（1937 年）。

［145］〔日〕冈田谦、尾高邦雄著：《黎族三峒调查》，金山等译，民族出版社，2009 年 9 月版。

土家族法制史

［1］《后汉书・南蛮传》，中华书局 1980 年版。

［2］《汉书》，地理志。

［3］《后汉书》卷二四、卷四一、卷八六。

［4］《史记》，秦始皇本记。

［5］《明史・土司列传》。

［6］《明史・湖广土司传》。

［7］《明史・贵州土司》。

［8］《明史・四川土司》。

［9］《明史・湖广土司》。

［10］清光绪《湖广通志》。

［11］清乾隆《永顺县志》。

［12］清《龙山县志》。

［13］清《保靖县志》。

［14］清《利川县志》。

［15］民国《沿河县志》。

［16］瞿同祖《中国法律与中国社会》，中华书局 1981 年版。

［17］昂格尔著：《现代社会中的法律》，吴玉章、周汉华翻译，中国政法大学出版社 1994 年 4 月版。

［18］麦克尼尔著：《新社会契约论》，雷喜宁、潘勤翻译，中国政法大学出版社

1994 年 12 月版。

［19］王文光:《中国民族发展史》，民族出版社 2005 年 1 月版。

［20］何勤华:《法律文化史论》，法律出版社 1998 年 11 月版。

［21］张建民:《中国民族学史》，云南教育出版社 1997 年 9 月版。

［22］朱炳祥:《土家族文化的发生学阐释》，中央民族大学出版社 1999 年 10 月版。

［23］伍新福主编:《湖南通史》古代卷，湖南出版社 1994 年 12 月版。

［24］杨慎之主编:《谢华集》，湖南人民出版社 1989 年 6 月版。

［25］彭勃、彭继宽整理、翻译:《摆手歌》，岳麓书社出版社 1988 年 12 月版。

［26］吴永章:《湖北民族史》，华中理工大学出版社 1990 年 1 月版。

［27］吴永章:《中国土司制度渊源与发展史》，四川民族出版社 1988 年 5 月版。

［28］湖南省少数民族古籍办公室主编:《湖南地方志少数民族史料》，岳麓书社 1991 年 9 月版。

［29］田荆贵主编:《中国土家族习俗》，中国文史出版社 1991 年 4 月版。

［30］湖南少数民族古籍办公室主编:《土家族土司史录》，岳麓书社 1991 年 12 月版。

［31］石启贵:《湘西苗族实地调查报告》，湖南人民出版社 1986 年 12 月版。

［32］彭继宽选编:《湖南土家族社会历史调查资料选编》，岳麓书社 2002 年版。

［33］田敏:《土家族土司兴亡史》，民族出版社 2000 年 9 月版。

［34］柏贵喜:《转型与发展——当代土家族社会文化变迁研究》，民族出版社 2001 年 11 月版。

［35］陈金全:《西南少数民族习惯法研究》，法律出版社 2008 年 6 月版。

［36］萧洪恩:《土家族仪典文化研究》，中央民族大学出版社 2002 年 6 月版。

［37］郑英杰:《文化的伦理剖析——湘西伦理文化论》，贵州民族出版社 2000 年版。

［38］田荆贵主编:《中国土家族习俗》，中国文史出版社 1991 年 4 月版。

［39］冉春桃、蓝寿荣:《土家族习惯法研究》，民族出版社 2003 年 8 月版。

［40］彭英明主编:《土家族文化通志新编》，民族出版社 2001 年 11 月版。

［41］宋仕平著:《土家族古代社会制度文化研究》，民族出版社 2007 年 6 月版。

［42］高其才著:《中国少数民族习惯法研究》，清华大学出版社 2003 年 10 月版。

[43]《土家族简史》，湖南人民出版社 1986 年版。

[44] 徐晓光著：《中国少数民族法制史》，贵州民族出版社 2002 年版。